公路工程与造价

陈明宪　李冠平　编著

人民交通出版社
China Communications Press

内 容 提 要

本书系统介绍了公路工程技术，从路基、路面、桥梁、隧道、安全设施、公路用地、工程造价及工程材料 8 个方面，叙述公路工程设计原理、技术指标和规范要求。编写中采用工程实例的形式，论述了公路工程实物量与造价指标，图文并茂，数据翔实。

本书具有工具书性质，实用性较强，可供从事公路工程技术、工程经济人员使用，也可作为教学、科研人员学习参考用书。

图书在版编目(CIP)数据

公路工程与造价/陈明宪，李冠平编著．—北京：人民交通出版社，2008.1

ISBN 978-7-114-06960-4

Ⅰ. 公… Ⅱ. ①陈… ②李… Ⅲ. 道路工程-工程造价 Ⅳ. U415.13

中国版本图书馆 CIP 数据核字(2008)第 004843 号

Gonglu Gongcheng Yu Zaojia

书　　名：公路工程与造价
著 作 者：陈明宪　李冠平
责任编辑：张征宇
出版发行：人民交通出版社
地　　址：(100011)北京市朝阳区安定门外外馆斜街 3 号
网　　址：http://www.ccpress.com.cn
销售电话：(010)59757969,59757963
总 经 销：人民交通出版社发行部
经　　销：各地新华书店
印　　刷：北京市密东印刷有限公司
开　　本：880×1230　1/16
印　　张：31.75
字　　数：707 千
版　　次：2008 年 1 月　第 1 版
印　　次：2011 年 8 月　第 2 次印刷
书　　号：ISBN 978-7-114-06960-4
印　　数：6001～8000 册
定　　价：100.00 元

前言

Qianyan

自改革开放以来，我国交通事业迅速发展。目前已建成高速公路4.54万公里。按照规划，在今后20年内，我国将投资约3万亿元，拟建8.5万公里的国家高速公路网主骨架，还将对包括县乡公路在内的现有公路网的建设和改造，蓝图宏伟，任务艰巨。我们不但要保质保量按期完成目标，而且要按照资源节约型、环境友好型、可持续发展型社会的要求，最大限度地保护环境，最大可能地节约资金与资源，求得最佳的社会效益。作为改革开放以后的第一批投入交通建设行业的建设者，我们躬逢盛世。30年来，我们边干边学，不仅在工程实践中积累了宝贵的经验，公路工程理论也日臻成熟。现在，人们对造价管理的意识不断增强，理论工作研究也不断深入；尤其是评价公路建设项目技术方案的经济效益和社会效益，解决公路建设中的技术经济问题往往离不开工程造价分析。多年以来，人们遇到过不少有关工程技术与造价的难题，却苦于找不到系统的、直观的、准确的具有可操作性的图书资料；凭心而论，从事公路工程经济人员，很多是直接从专攻工程设计或施工某一个方面的专业转行从事造价管理工作的，知识涵盖面和认识深度差异很大；不少专业技术人员，尤其是刚刚进入公路专业的技术人员，可谓良莠不齐，他们急需要帮助。在这样的背景之下，我们产生了撰写一本可以更好地指导公路工程技术人员特别是工程经济人员开展工作的书籍的想法。

公路建设项目前期工作各阶段设计的目的，主要是确定技术方案和工程规模，以及合理确定工程造价。本书在编写过程中，体现以下几个特点：

概括性和时效性——本书概括面广，涉及到公路工程各类专业，如公路、桥梁、隧道等专业都进行了探索，用大量的工程实例，以满足公路工程造价人员的需要，对于需要了解和掌握公路专业知识的也有参考价值。本书认真贯彻和施行了新颁技术标准(JTG B01—2003)和规范，介绍了近20年来公路、桥梁、隧道建造水平，以及应用的新技术、新工艺、新材料、新设备。

实用性和指导性——在公路工程技术领域人们对工程实物量与造价的研究还相对较少，而工程造价的指导性地位却是不容忽视。从卷帙浩繁的专业书籍中，往往不易找到需要的答案。本书编写时，注意做到突出重点难点，注重概念而不在理论上深究，采用图与文字、表与文字的结合方式，清晰地描述公路工程各部位实物结构，使工程技术与造价互为补充，形象生动，一目了然。

通用性和融合性——公路工程的实践是由技术标准和规范作指导，无论在设计还是施工中，都存在循序渐进的约定俗成；书中将琐碎而点点滴滴的分项工程予以描述，注重公路工程实物的标准化、集成化，实物量的数字化。公路工程经济融合在工程技术之中，可以这样说没有工程技术就没有工程经济，工程技术又需要工程经济的支撑；书中通过对公路、桥梁、隧道工程等实物量与造价关系的分析，以实现工程技术和造价的互动，推行公路设计新理念，合理确定工程造价。举荐工程经济人员学习工程技术，学习施工工艺和施工方法，提供工程造价框架和处理实际问题的思维方法，使之产生举一反三的效果。

本书经过一年多的努力，得以与读者见面。在付梓之前，我们曾召开多次专家咨询会，恳请了众位资深专家，对本书给予仔细的研读、透彻的分析和严格的指导，促使书稿完善。我们根据这些年的工作积累写下此书，目的还是在于抛砖引玉，将公路工程技术与造价的水平和经验交流引向深入，希望同仁不吝赐教与我们共同研讨。在书稿编写过程中，陈政、谢先康、周剑、林理其、廖雪、肖波、朱添宝、丁夏淑、卢波、张允宝、张华参加编写工作；冯桂炎、郭庆余、陈永耀、彭建国、胡明义、吴善周、陈新发、张进华、蒋响元参加审稿工作，杨辉、曾广参加绘图工作；在此一并表示感谢。

如本书对读者能有所帮助，欣慰。由于水平有限，难免有一些错误，恳请指正。

编著者

2008.1 于长沙

目录

Mulu

第一章 路基工程

路基是公路的重要组成部分，它是在线路位置选定的基础上按照一定的技术要求修筑的带状构造物。路基既是公路的主体，又是路面的基础。其设计与施工的质量，直接关系到公路的正常使用和交通安全畅通。其基本要求如下：

(1)路基是路面的基础，应作为路面支承结构物进行综合设计，它必须具有足够的强度、稳定性和耐久性。

(2)路基承受所在地区各种自然因素的作用，应设置完善的排水设施和防护工程，采取有效的病害防治措施，对不良地形、不良地质条件、恶劣环境下的路段进行特殊路基处理。

(3)设计与施工中注意保护环境，协调好公路与农田、水利设施之间的关系，维护好人与自然间的和谐关系。

1.1 路基组成与分类

公路路线是公路中线的空间位置，通过平面、纵面、横断面三种形式表现出来。公路路基则是按照路线位置和一定技术要求修筑的带状构造物，而最能够表现公路路基内容的是路基横断面。

1.1.1 路基组成

一般情况下，公路路基设计是根据公路的使用功能及预测交通量和环境条件，通过路线的平面、纵面设计，从而进行路基横断面设计。

1. 一般路基

一般路基是指公路修筑在良好的地质、水文、气候条件下的路基。一般路基的横断面由填方路堤或挖方路堑和人工构造物组成。实际上一般路基除人工构造物以外也可将其称为路基体。公路路基包含路基体、排水设施、防护工程、特殊路基四大部分组成。公路一般路基横断面如图 1-1 所示。

路基体外形是由路堑边坡线、上路床顶面、路堤边坡线，与地面线所围面积构成其外形，如图 1-2 所示。表现路基特性的数据有路基宽度、上下路床厚度、路堑边坡坡率、路堤边坡坡率、路基中心高度、路堑边坡高度、路堤边坡高度、路堑挖方与路堤填方等。路基边坡坡率是指边坡高度 H 与边坡宽度 b 之比，常用 1∶n 表示边坡坡率，如图 1-3 所示。

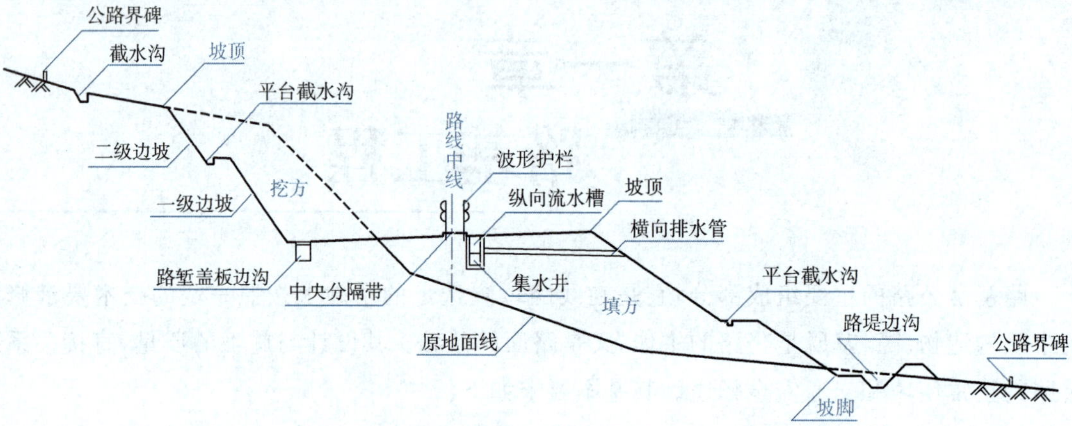

图 1-1　公路一般路基横断面

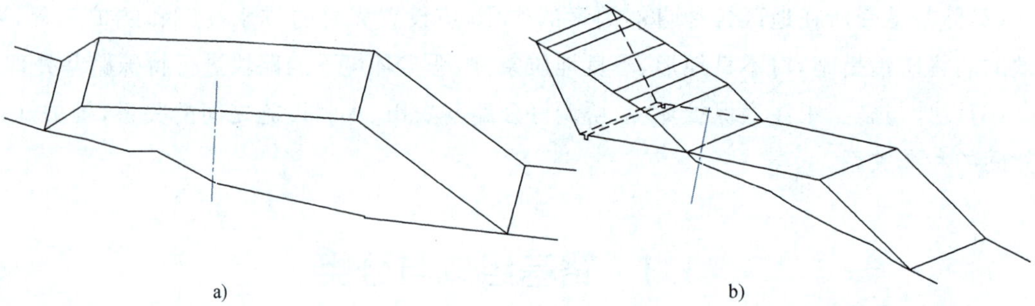

图 1-2　路基体

a)填方；b)半填半挖

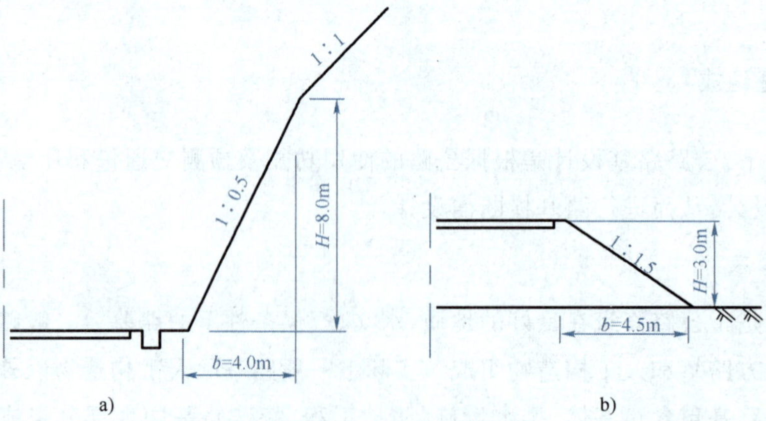

图 1-3　填挖坡率

a)路堑挖方坡率；b)路堤填方坡率

路基体基本内容如图 1-4 所示。

- 路基体
  - 场地清理
  - 挖方
    - 开挖土方
    - 开挖石方
    - 清淤
  - 填方
    - 路基填方
      - 利用土方
      - 利用石方
    - 借土填方
    - 结构物台背回填
  - 零星工程
    - 挖台阶
    - 填前挖松
    - 填前压实
    - 零填及挖方路基碾压
    - 整修路基

图 1-4　公路路基体基本内容

2. 排水设施

克服水危害(尽快排除)以及减少水分进入路基和路面，是设置排水设施的主要目的。其排除降落在公路路基界内的地表径流，并将公路上的地表水和地下水引排到公路以外的天然河沟或引排设施中，以免遭受水的浸湿和冲刷等破坏作用。公路排水设计是采取防、排、疏相结合，并与路面排水、路基防护、特殊路基地段的其他处治措施相互协调，特别要与当地排灌系统协调，遵循总体规划、合理布局、少占农田、保护环境的原则，形成完善的公路排水系统，如图 1-5 所示。公路排水设施可由以下三大部分组成：

①路界范围的地表排水设施有路堑和路堤边沟、截水沟、急流槽、排水沟等类型，由排水沟排出，接农田排灌系统或河流。

②为保证公路路基稳定和保持其强度，路基体内设置盲沟、渗沟、暗管等地下排水设施，将泉水、含水层地下水引排至地表排水设施中。

③引排设施是由涵洞将被路基隔断的溪径和路基范围的汇水接通引排至河道或水渠。

3. 防护工程

在天然地表上开挖或填筑路基，必然会改变原地面土层的受力状态，原来处于稳定状态的坡面，可能由于开挖而失去平衡。新填筑的路堤，可能由于水流的冲刷和渗入而强度下降，产生沉陷与松散。公路建设中，防护工程对保证道路使用品质、提高投资效益均具有重要的意义。边坡防护一般有坡面防护、加固防护、支挡防护和冲刷防护四大类型。

4. 特殊路基处理

特殊路基是指位于不良地形、不良地质条件、恶劣环境下的路基，以及包括高路堤、深路堑路基。特殊路基处理是针对特殊路段的各种不良因素，除采用一般路基技术标准外，而进行的特殊路基处治。其内容包括路堤、路堑及其边坡的技术处治措施，由此确保特殊路段的路基强度和稳定性。

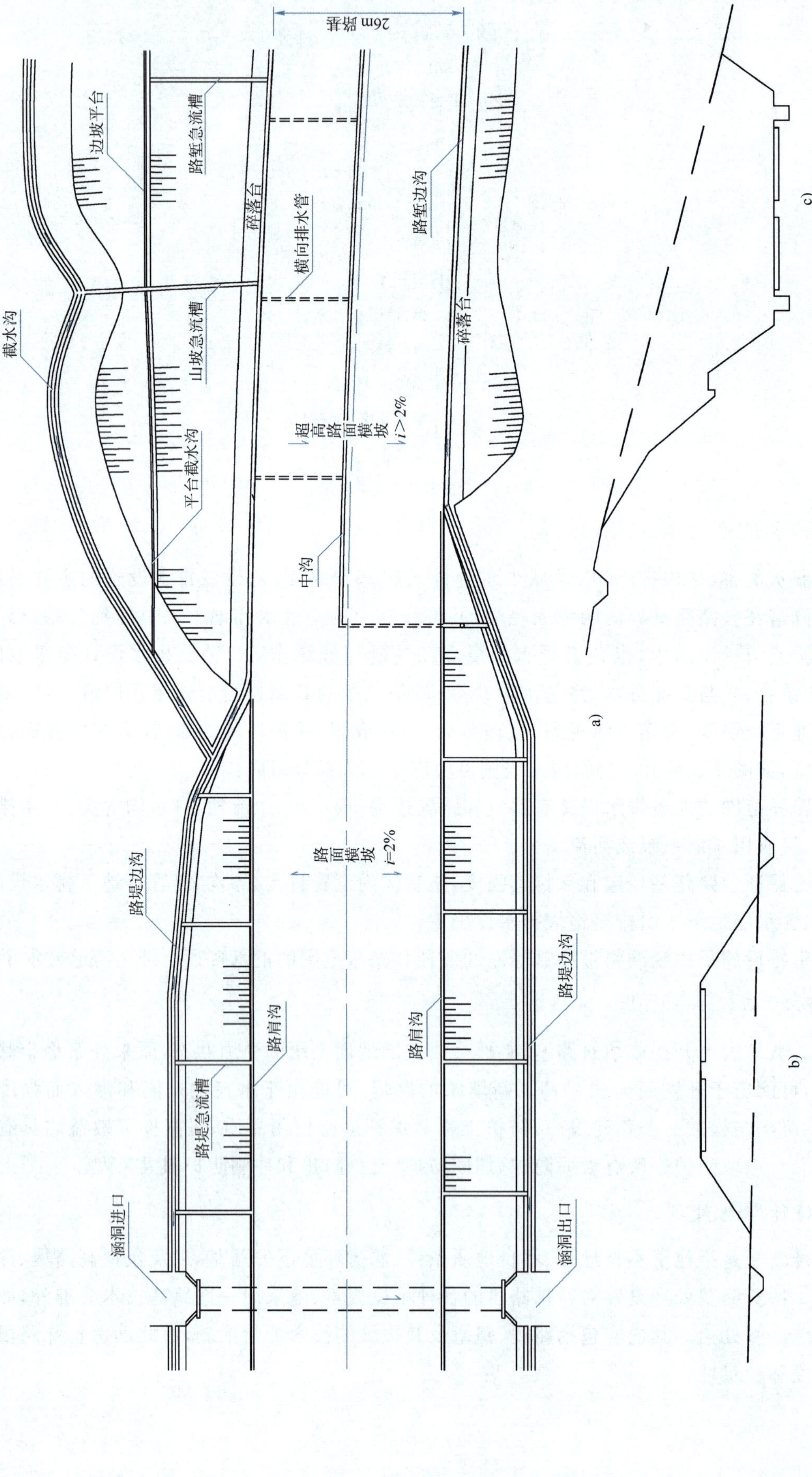

图 1-5　公路排水设施布置

a) 整体；b) 填方断面；c) 切方断面

1.1.2 路基分类

1. 路基标准横断面

公路路基标准横断面按公路等级划分为以下四种形式：

①整体式路基　高速或一级公路的一种标准横断面，由车道、中间带（中央分隔带、左侧路缘带）、路肩（右侧硬路肩、土路肩）等部分组成。

②分离式路基　高速或一级公路的另一种标准横断面，由两个分离的路基体，即车道、路肩（左、右侧硬路肩、土路肩）等部分组成。

③二级公路路基标准横断面　它是由车道、左和右侧硬路肩、左和右侧土路肩等部分组成。

④三级和四级公路路基标准横断面　它是由车道、左和右侧土路肩等部分组成。

高速或一级公路又划分有四车道、六车道和八车道标准横断面，二级和三级公路只划分双车道标准横断面，四级公路划分单车道和双车道标准横断面。公路路基标准横断面形式如图 1-6 所示。

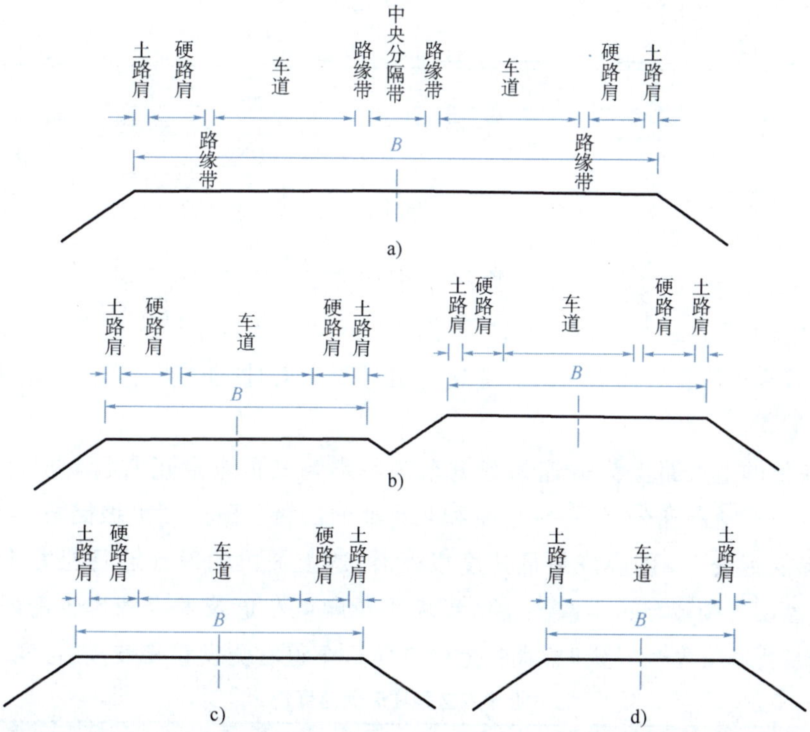

图 1-6　路基标准横断面形式

a）高速或一级公路整体式断面；b）高速或一级公路分离式断面；c）二级公路双车道断面；d）三级和四级公路双车道断面

2. 车道

公路上的车道是供各种车辆行驶部分的总称。在具有四车道的高速或一级公路上，其一个行进方向中有一个车道为超车道（左侧），其他各车道均为行车道。除此以外，公路设计还可根据需要增设加(减)速车道、爬坡车道、紧急停车带与错车道等。由此为保持公路服务水平在特定路段上增设的这些辅助车道,公路路基的横向(断面)宽度也随之增加。

(1)超车道

一般在四车道的高速和一级公路上设置,是在行进方向选择其左侧一条用于超车机会的车道,其宽度一般与同一条道路的车道相同。在对向双车道的二、三、四级公路中,不设超车车道。需要超车时,先要选择满足超车视距的路段,在对向车道上无来车的情况下,利用对向车道超车,完成后立即返回原车道。所以,具有干线功能的二级公路宜在3min的时间内提供一次满足超车视距要求的超车路段。其他双车道公路可根据情况间隔设置具有超车视距的路段。

(2)加(减)速车道

加速车道和减速车道统称为变速车道,其宽度值一般为3.5m(图1-7)。加速车道是为了保证驶入干道的车辆,在进入干道之前,能够安全加速以保证汇流所需的距离而设置的变速车道;减速车道是为了保证车辆驶出高速车道以安全进入低速车道所需的距离而设置的变速车道。变速车道还可应用在平面交叉信号交叉口、互通式立体交叉、高速公路的服务区和公共汽车停靠站、管理与养护设施等与主线衔接的出入口处,由于各自的使用特点不同,其几何设计要求不尽相同。

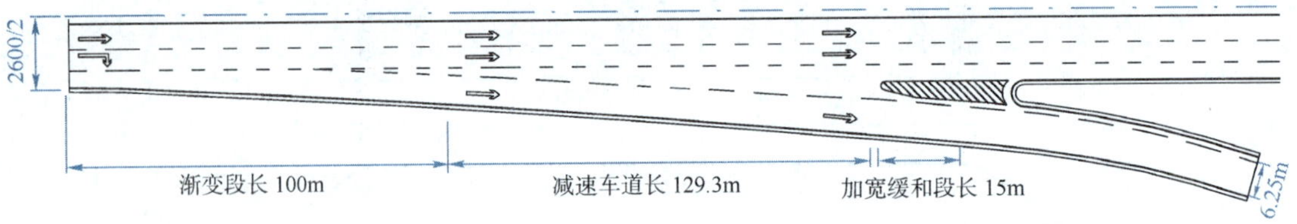

图1-7 减速车道

变速车道分为直接式与平行式两种,如图1-7所示。变速车道为单车道时,减速车道宜采用直接式,加速车道宜采用平行式。变速车道为双车道时,加、减速车道均适采用直接式。

(3)爬坡车道

它是指在长的上坡路上为低速的载重车辆不影响其他车辆正常行驶而考虑的补充措施。主要是在四车道高速公路、一级公路和双车道的二级公路连续上坡路段,当载重汽车上坡运行速度降低到表1-1的容许最低速度以下时,或上坡段的设计通行能力小于设计小时交通量时,或经设置爬坡车道与改善主线纵坡不设爬坡车道技术经济比较论证后认为有良好效益费用比、行车安全性较优时,宜在上坡方向行车道右侧设置爬坡车道。

上坡方向容许最低速度　　表1-1

设计速度(km/h)	120	100	80	60	40
容许最低速度(km/h)	60	55	50	40	25

爬坡车道的宽度应为3.5m,紧靠车道的外侧设置,可利用硬路肩宽度,爬坡车道的外侧应设置路缘带和土路肩。二级公路如需要保留原来供非汽车交通行驶的硬路肩时,可将其设置在爬坡车道的外侧。

(4)紧急停车带

当高速或一级公路右侧硬路肩的宽度小于 2.5m 时，为使发生故障的车辆因避让其他车辆能尽快离开行车道而应设的紧急停车带，其间距一般为 1～2km，有效长度宜采用 50m 以上，宽度包括硬路肩在内为 5.0m，并设置 100m 和 150m 左右的过渡段。紧急停车带如图1-8所示。

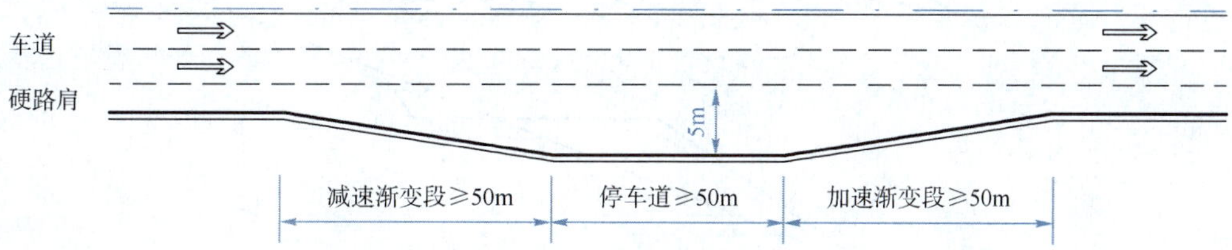

图 1-8　紧急停车带

高速公路和一级公路的特长桥梁、隧道，可根据需要设置紧急停车带，其间距为 750m 左右，过渡段长度一般采用 20m。工程特别艰巨时，最小可采用 5m。当采用最小值时，为使过渡段的外形不出现明显的折线，可使用反向的圆曲线连接。

(5)错车道

当四级公路采用 4.5m 单车道路基时，为错车而在适当距离内设置的加宽车道(图1-9)。设错车道路段的公路宽度不应小于 6.50m，错车道的有效长度不应小于 20m。为了便于错车车辆的驶入，在错车道的两端应设不小于 10m 的过渡段，错车道如图 1-9 所示。错车时间一般为 30s 左右，错车道的间距一般不大于 300m，在能看到相邻两个错车道的有利地点设置。

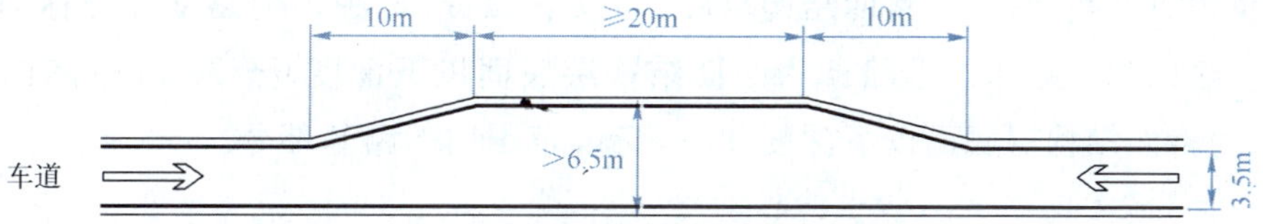

图 1-9　错车道

(6)平曲线加宽

汽车在平曲线路段行驶时，前后轮的轨迹是不同的。靠近曲线内侧后轮行驶半径最小，而靠曲线外侧行驶的前轮曲线半径最大。在曲线路段上行车，由于汽车转弯摆动，驾驶员保持在车道中线上也比较困难。为适应这种情况，对于平曲线半径≤250m 时，平曲线路段的行车道部分和路基都应予加宽。曲线加宽包括汽车转弯时需要的几何加宽和摆动加宽两部分，加宽值可根据公路交通组成确定。

3. 路基填挖类型

路基是路面结构的支承结构物，其本身应具有足够的整体稳定性，不出现过量的沉降变形和不均匀沉降变形。

路基横断面分为填方路基、挖方路基与半填半挖路基三种，如图 1-10 所示。

①填方路基是指路基设计高程高于地面高程时，需要借土(或石)填筑形成的路基断面(路堤)。

②挖方路基是指路基设计高程低于地面高程时，需要开挖土(或石)而形成的路基断面(路堑)。

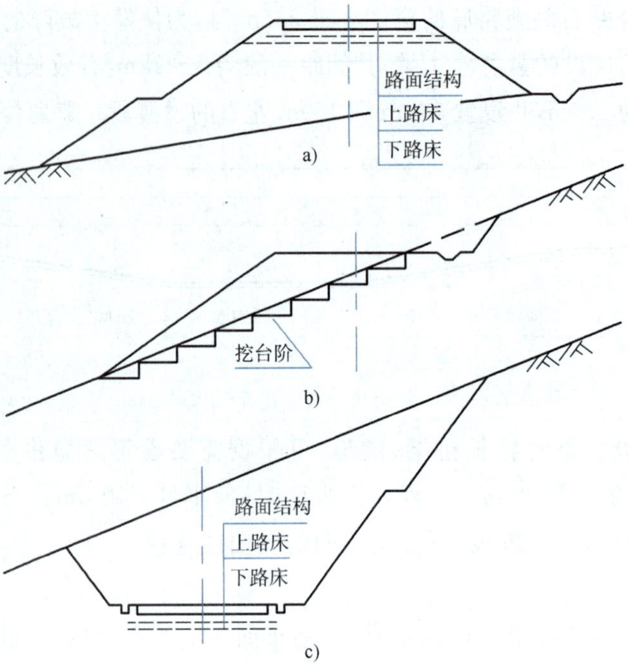

图 1-10　一般路基

a)填方路基；b)半挖半填；c)挖方路基

③半填半挖路基是指路基横断面的一侧需要填筑，另一侧需要开挖的路基断面。

路基填筑或开挖的顶面（路面结构层底面）以下 80cm 范围内的路基部分称为路床。路床又分为上路床和下路床。上路床为路面结构层底面以下深度 0～30cm 范围内的路基部分，下路床为路面结构层底面以下深度 30～80cm 范围内的路基部分。

1.2　路基技术指标

公路技术标准由公路等级、路基宽度两项重要指标体现，不同等级的公路适应于不同的交通量，公路技术指标见表 1-2 所列，各级公路路基标准横断面如图 1-11 所示。

1.2.1　路基宽度

各等级公路路基宽度为两侧土路肩边缘范围。高速或一级公路如加设加（减）速车道、爬坡车道、紧急停车带等，二级公路如加设爬坡车道，四级公路如加设错车道时，应另计这些部分的宽度。

二级公路、三级公路、四级公路的圆曲线半径小于或等于 250m 时，双车道公路路基和路面应设置加宽，见表 1-3 所列。圆曲线加宽类别应根据公路的交通组成确定。二级公路以及设计速度为 40km/h 的三级公路有集装箱半挂车通行时，应采用第 3 类加宽值；不经常通行集装箱半挂车时，可采用第 2 类加宽值。四级公路和设计速度为 30km/h 的三级公路可采用第 1 类加宽值。

公路技术指标

表 1-2

公路等级		干线公路(建筑限界净高 5.0m)													支线公路(净高 4.5m)					
		高速公路								一级公路					二级公路		三级公路		四级公路	
交通量		八车道 60 000～100 000 辆		六车道 45 000～80 000 辆			四车道 25 000～55 000 辆			六车道 25 000～55 000 辆		四车道 15 000～30 000 辆			二车道 5 000～15 000 辆		二车道 2 000～6 000 辆		二车道 2 000 辆	单车道 400 辆
交通量预测年限		20 年													15 年				10 年	
设计速度(km/h)		120	100	120	100	80	120	100	80	100	80	100	80	60	80	60	40	30	20	20
路基宽度(m)	一般值	42.0	41.0	34.5	33.5	32.0	28.0	26.0	24.5	33.5	32.0	26.0	24.5	23.0	12.0	10.0	8.5	7.5	6.5	4.5
	最小值	41.0	39.5	33.5	32.0	29.0	26.0	24.5	21.5	32.0	29.0	24.5	21.5	20.0	10.0	8.5	—	—	—	—
车道宽度(m)		3.75	3.75	3.75	3.75	3.75	3.75	3.75	3.75	3.75	3.75	3.75	3.75	3.5	3.75	3.5	3.5	3.25	3.0	3.5
中央分隔带宽度(m)	一般值	3.0	2.0	3.0	2.0	2.0	3.0	2.0	2.0	2.0	2.0	2.0	2.0	2.0	—	—	—	—	—	—
	最小值	2.0	2.0	2.0	2.0	1.0	2.0	2.0	1.0	2.0	1.0	2.0	1.0	1.0	—	—	—	—	—	—
左侧路缘带宽度(m)	一般值	0.75	0.75	0.75	0.75	0.5	0.75	0.75	0.5	0.75	0.5	0.75	0.5	0.5	—	—	—	—	—	—
	最小值	0.75	0.5	0.75	0.5	0.5	0.75	0.5	0.5	0.5	0.5	0.5	0.5	0.5	—	—	—	—	—	—
右侧硬路肩宽度(m)	一般值	3.0	3.0	3.0	3.0	2.5	3.5	3.0	2.5	3.0	2.5	3.0	2.5	2.5	1.5	0.75	—	—	—	—
	最小值	3.0	2.5	3.0	2.5	1.5	3.0	2.5	1.5	2.5	1.5	2.5	1.5	1.5	0.75	0.25	—	—	—	—
土路肩宽度(m)	一般值	0.75	0.75	0.75	0.75	0.75	0.75	0.75	0.75	0.75	0.75	0.75	0.75	0.5	0.75	0.75	0.75	0.5	0.25	0.5
	最小值	0.75	0.75	0.75	0.75	0.75	0.75	0.75	0.75	0.75	0.75	0.75	0.75	0.5	0.5	0.5	—	—	—	—
路基横断面		整体式或分离式													整体式					
分离式左侧硬路肩宽度(m)		1.25	1.0	1.25	1.0	0.75	1.25	1.0	0.75	1.0	0.75	1.0	0.75	0.75	—	—	—	—	—	—
分离式左侧土路肩宽度(m)		0.75	0.75	0.75	0.75	0.75	0.75	0.75	0.75	0.75	0.75	0.75	0.75	0.50	—	—	—	—	—	—
公路用地范围		排(截)水沟边缘以外 1.0～3.0m													1.0～2.0m		不小于 1.0m			

注：①高速、一级公路中间带由两条左侧路缘带和中央分隔带宽组成；

②高速、一级公路采用分离式断面时设有左侧硬路肩；

③高速、一级公路硬路肩宽度范围内含右(左)侧路缘带，其宽度为 0.5m；

④高速、一级公路右侧硬路肩宽度小于 2.5m 时，需设置紧急停车带；紧急停车带宽度为 3.5m，有效长度不小于 30m，间距不大于 500m；

⑤高速、一级公路的互通式立体交叉、服务区、停车区、公路汽车停靠站、管理设施等出入口，需设置加(减)速车道；

⑥高速、一级、二级公路的连续上坡路段，当通行能力、运行安全受到影响时，需设置爬坡车道，其宽度为 3.5m；

⑦四级公路采用 4.5m 路基时应设置错车道，设置错车道路段的路基宽度应不小于 6.5m；

⑧二级公路因交通量组成等需设置慢车道的路段，设计速度为 80km/h 时，其路基宽度可采用 15.0m；设计速度为 60km/h 时可采用 12.0m。

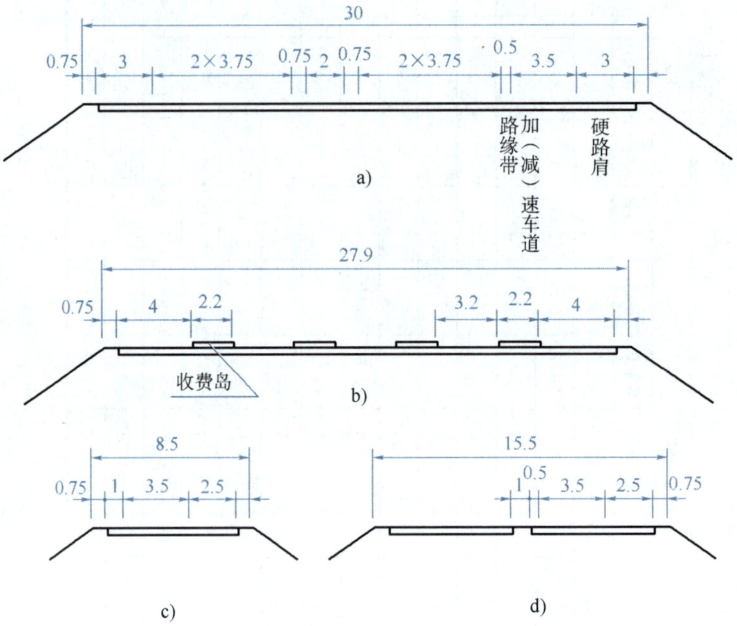

图 1-11　路基标准横断面（尺寸单位：m）

a）四车道高速公路加（减）速车道；b）匝道收费广场；c）单向单车道匝道；d）对向双车道匝道

双车道路面加宽值　　表 1-3

加宽类别	圆曲线半径（m）／加宽值（m）／汽车轴距加前悬（m）	250～200	<200～150	<150～100	<100～70	<70～50	<50～30	<30～25	<25～20	<20～15
1	5	0.4	0.6	0.8	1.0	1.2	1.4	1.8	2.2	2.5
2	8	0.6	0.7	0.9	1.2	1.5	2.0	—	—	
3	5.2+8.5	0.8	1.0	1.5	2.0	2.5	—	—	—	—

1.2.2 路基高度

路基高度是指填方路基的填筑高度或挖方路基的开挖深度。路基高度应使路肩边缘高出路基两侧地面积水高度，同时考虑地下水、毛细水和冰冻的作用，不使其影响路基的强度和稳定性。路基临界高度是指在不利季节、路基处于某种干湿状态时，路基顶面距地下水位或地面长期积水位的最小高度。路基高度服从于已经确定的技术标准，其主要有公路等级、路基稳定性及强度等要求，受路基设计洪水频率及波浪高度和壅水高度等因素制约。

1. 路基设计高程

路基设计高程，对新建公路是指路基边缘高程，在设置超高与加宽地段，则为设置超高与加宽前的路基边缘高程；改建公路的路基设计高程可与新建公路相同，也可采用路中线高程。设有中央分隔带的高速公路、一级公路，其路基设计高程为中央分隔带的外侧边缘高程。路基设计高程如图 1-12 所示。

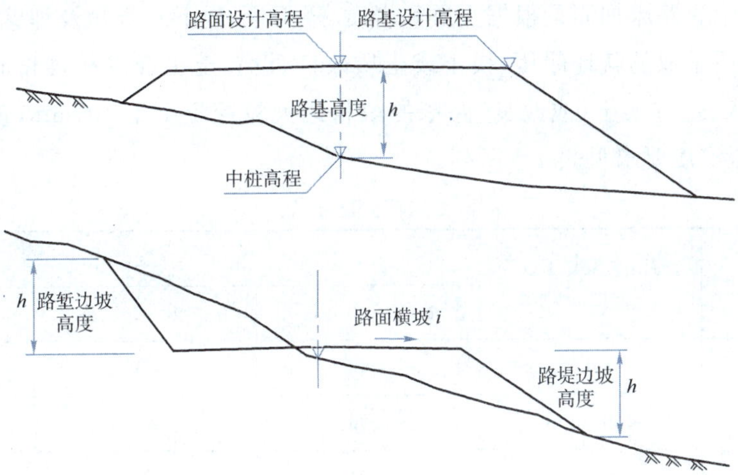

图 1-12 路基设计高程

2. 路基最小高度

根据对路基稳定性和强度要求，需要保证路基处于干燥或中湿状态，不受地面水、地下水、毛细水和冰冻作用的影响，则应结合路基临界高度和公路沿线具体的排水及防护措施，确定路基的最小高度。为便于排水，路基最小填土高度一般为：土质砂 0.3～0.5m，粉质砂 0.5～0.8m，黏土 0.4～0.7m。

3. 路基适用及经济高度

公路路基应尽可能与沿线自然环境相协调，减少对生态环境的影响，尽量避免选用高路堤和深路堑的设计方案。当路基中心填土高度为高填(例如超高 20m)或中心挖方深度为深挖(例如超过 30m)时，宜结合路线选择如桥梁、隧道等构造物形式或分离式路基进行方案比较。

4. 路基安全高度

路基高度必须满足路基设计洪水频率下的计算水位＋波浪高度＋壅水高度＋0.5m 的要求。路基设计洪水频率见表 1-4 所列。

路基设计洪水频率 表 1-4

公路等级	高速公路	一级公路	二级公路	三级公路	四级公路
设计洪水频率	1/100	1/100	1/50	1/25	按具体情况确定

1.2.3 路床压实度

路床分为上、下两层。路面底面以下深度 0～30cm 范围内的路基称为上路床；路面底面以下深度 30～80cm 范围内的路基称为下路床。路床将承受从路面传递的较大荷载应力，因而要求路床均匀、密实、达到技术标准规定的强度。

路基压实标准又称击实标准。压实度为筑路材料压实后的干密度与标准最大干密度之比，用百分率表示。路床加固是根据土质和岩质、降雨量、地下水类型及埋藏深度、加固材料等情况，经比较后采取的就地碾压、换土或土质改良、设置土工合成材料和地下排水等加固措施。填方路床、挖方换土（或改良）路床的填料最大粒径应小于100mm，顶面横坡应与路拱横坡一致。压实度要求见表1-5所列。

路床压实度要求　　表1-5

填挖类别	路面结构层底面以下深度(m)	压实度(%)		
		高速、一级公路	二级、三级公路	四级公路
填方路基	0～0.30	≥96	≥95	≥94
	0.30～0.80	≥96	≥95	≥94
	0.80～1.5	≥94	≥94	≥93
	>1.5	≥93	≥92	≥90
零填及挖方路基	0～0.30	≥96	≥95	≥94
	0.3～0.80	≥96	≥95	—

注：①表列数值以重型击实实验法为准；
②特殊干旱或特殊潮湿地区的路基压实度，表列数值可适当降低。

1.2.4 排水设施

对沿线地形、地质及路用材料等自然条件的调查，为保证路基具有足够的强度、稳定性和耐久性，路基应重视做好排水设施和防护工程的设计。

路基路面排水设计，必须是综合规划、合理布局，与沿线排灌系统相协调，保护生态环境，防止水土流失和污染水源。应根据公路等级和沿线气候、地形、地质、水文等自然条件，设置必要的地表排水、路面排水、地下排水等设施，并与沿线排水系统相结合，形成完整的排水系统。

1.2.5 防护工程

路基防护应采取工程防护和植物防护相结合等措施，并与自然景观相协调。深挖、高填路基边坡路段，必须查明工程地质情况，对存在稳定性隐患的边坡，采取加固、防护措施。沿河路段必须查明河流特性及演变规律，做好防止冲刷路基的防护措施。

1.2.6 特殊路基处理

对于特殊路基地段，应进行综合地质勘察，查明特殊地质体的性质、成因类型、稳定状况及不稳定趋势，遵循以防为主、防治结合、力求根治的原则，通过综合技术经济比较，因地制宜，采取合理的整治方案和有效的工程措施。

通过特殊路基地段的路基路面排水、路基防护工程设计，必须与该特殊路基整治措施相结合，进行综合整治。

1.3 路基体

修筑路基的填方和挖方路基体形式较多，形成路基的工程内容主要有原地基表层处理、挖方路基、填方路基等几个方面。

1.3.1 原地基处理

路基原地基强度、稳定性不足时，将造成工后沉降。因此，路基基底应清理和碾压密实。高速、一级、二级公路的基底压实度不应小于 90％，三级、四级公路的基底压实度不应小于 85％。当地面横坡缓于 1∶5 时，在清除表土后可直接在地面上填筑路堤。

1. 挖土质台阶

当地面横坡在 1∶5～1∶2.5 范围内，天然地基上应挖台阶，台阶宽度不应小于 2m；当基岩面覆盖层较薄，宜先清除覆盖层再挖台阶。

2. 填挖交界处理

当路基填土高度小于路面和路床总厚度时，地基表层土需要进行超挖并分层回填压实。填挖交界处的挖方区路床 0～0.8m 范围内土体需要进行回填压实，并应在填挖交界处路床范围内铺设土工格栅等予以处理。当挖方区为坚硬岩石时，宜采用填石路堤。

3. 伐树挖根

路基用地范围内的树木、灌木丛等均应砍伐或移植清理，并将树根全部挖除，将坑穴填土夯实。

4. 清除表土

路段清除表土厚度一般按 30cm 计列。对于软基及鱼塘、水塘地段，应视路段高度，论证采用清淤、换填、土工材料补强等不同的处理方法，并作为特殊路基工程数量计列。

5. 填前压实

填方路基应进行填前压实，下沉厚度按 10cm 计列所增加的土方量，达到压实要求后再填土路堤。

6. 路堤两侧超填

路堤两侧超填各 50cm，保证路基边缘有足够的压实度，应在路基土石方工程数量中增加该部分土方量。形成路基达到要求后，超填的土方量应予以剥离。

1.3.2 挖方路基

挖方路基又称路堑，是由天然地层构成。天然地层在生成和演变的长期过程中，一般具有复杂的地质结构。

1.挖方路基典型断面

挖方路基是指路基设计高程小于地面高程，由土方和石方工程机械开挖形成的路基，典型横断面如图 1-13 所示。

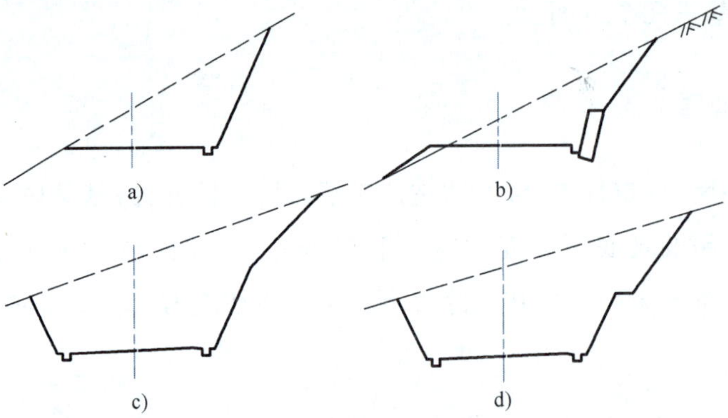

图 1-13　路堑

a）直线边坡；b）设挡土墙；c）折线边坡；d）边坡设台阶式

（1）直线形边坡断面适用于边坡为均质的岩土，且路基开挖不深的路段。

（2）折线形边坡断面适用于上部分边坡为土质覆盖层，下部分边坡为岩石的路段。

（3）挡土墙（或矮墙、护面墙）断面适用于当路基挖方为软弱土质、易风化岩层时，需要采取挡土墙或护面墙等支挡措施，以确保坡面稳定，如图 1-13b）所示。

（4）台阶形断面适用于边坡由多层土质组成且边坡较高的路段。边坡平台设为 2%～4%向内侧倾斜的排水坡度，平台宽度不小于 2m，平台排水沟可做成斜口形或矩形断面。

2.路堑边坡

土、石质挖方边坡是根据工程地质与水文地质条件、边坡高度、排水措施、施工方法，结合自然稳定山坡和人工边坡调查、力学分析后确定。

1）土质路堑边坡

适用于边坡为均质的层土，且路基开挖不深的路段。其边坡是根据边坡高度、土的密实程度、地下水和地面水的情况、土的成因及生成年代等因素来确定。在一般情况下，挖方路基水文地质及工程地质条件较简单，砂类土、细粒土的挖方边坡高度不超过 20m，粗粒土挖方边坡高度不超过 20～30m。在调查路线附近已建工程的人工边坡及自然边坡稳定状况基础上，通过工程地质类比法分析，可参照表 1-6 确定。黄土、红黏土、高液限土、膨胀土等特殊土质的挖方边坡，应按特殊路基处理。

2）岩石路堑边坡

影响岩石路堑边坡稳定的因素有岩石性质、岩体结构、水的作用、风化作用、地震、地应力、地形地貌及人为因素等。

土质路主边坡坡率　表 1-6

土的类别		边坡坡率
黏土、粉质黏土、塑性指数大于 3 的粉土		1∶1
中密以上的中砂、粗砂、砾砂		1∶1.5
卵石土、碎石土、圆砾土、角砾土	胶结和密实	1∶0.75
	中密	1∶1

①岩石的成因类型、组成的矿物成分、结构构造和物理力学性质等是决定边坡稳定的因素。由坚硬、矿物稳定、抗风化性好、强度较高的岩石构成的路堑边坡，其稳定性一般较好，反之就较差。

②岩体的结构类型、结构面产状及其与坡面的关系是岩石路堑边坡稳定的控制因素。

③水的渗入使岩体质量增大，岩石被软化而抗剪强度降低；地下水的渗流将对岩体产生动水压力等，这些对边坡稳定不利。

④风化作用使岩体裂隙增多、扩大，透水性增加，抗剪强度降低。

⑤临空面的存在以及边坡的高度、坡率等都是直接与边坡稳定有关的因素。

⑥地震将使边坡岩体的剪应力增大，抗剪强度降低。

⑦开挖边坡使岩体内岩石的初始应力状态改变，坡脚附近出现剪应力集中带，坡顶和坡面的一些部位可能出现张应力区。在新构造运动强烈的地区，开挖边坡能使岩体中的残余构造应力释放，可直接引起路堑边坡的变形破坏。

⑧边坡不合理的设计、开挖，大量施工用水的渗入及爆破等都能造成边坡的失稳。

在一般情况下，石质挖方路段水文地质及工程地质条件较简单，路堑边坡高度不超过 20～30m，石质挖方边坡坡率可参照表 1-7 确定。

岩石挖方边坡坡率　表 1-7

岩体种类	风化程度	边坡高度(m)	
		$H<15$	$15\leq H<30$
I 类	未风化、微风化	1∶0.1～1∶0.3	1∶0.1～1∶0.3
	弱风化	1∶0.1～1∶0.3	1∶0.1～1∶0.5
II 类	未风化、微风化	1∶0.1～1∶0.3	1∶0.3～1∶0.5
	弱风化	1∶0.3～1∶0.5	1∶0.5～1∶0.75
III 类	未风化、微风化	1∶0.3～1∶0.5	—
	弱风化	1∶0.5～1∶0.75	—
IV 类	弱风化	1∶0.5～1∶1.0	—
	强风化	1∶0.75～1∶1.0	—

注：IV 类强风化包括各类风化程度的极软岩。

挖方边坡高度超过 20～30m 时为深路堑，必然要大量开挖山体，容易引发崩塌、滑坡等危害和隐患。在一项公路建设中挖方路基的开挖平均深度及开挖总数量，是公路工程计价的重要经济指标之一。深路堑设计的原则为：

①首先应选择深路堑方案与隧道设计方案进行技术经济比较。

②应进行路线方案优化设计，避让不稳定山体或降低挖方边坡高度。

③当路线必须通过时，应判别山体本身是否稳定，是否有滑坡或倾向路基的岩层，沿线附近是否有古滑坡和考虑地层的天然安息角。规范要求深路堑需要做特殊设计，并对边坡要求采取有效的防护措施。

3. 碎落台及边坡平台

当边坡较高时，可根据不同的土质、岩石性质和稳定要求开挖成折线式或台阶式边坡。在路基边沟外侧设置碎落台，宽度不宜小于 1m；边坡高度每升高 6～10m 设置一道边坡平台，平台顶宽不小于 2m，坚硬岩石地段边坡可不设边坡平台。

1.3.3 填方路基

填方路基又称路堤，是由本断面需要开挖的土石方或借方（包括远运利用），采用土石方工程机械、自卸汽车运送并填筑压实而成。

1. 填方路堤典型断面

填方路基由路床和路堤两部分组成，路堤是指路床底面以下的填方部分，分为 0.8～1.5m上路堤、1.5m 以下深度范围内的下路堤。当填筑高度小于路基临界高度或小于 1.0m 时，称为低路堤；填筑高度大于路基临界高度或未超过 6～8m 时，称为一般路堤。填方路基应优先选用天然级配较好的砾类土、砂类土等粗粒土作为填料，填料最大粒径应小于150mm。公路受沿线地形、地貌的影响，填方路段横断面出现的形式很多，除一般路基以外，常见的还有挡土墙路堤、护肩路堤、矮墙路堤、沿河路堤等，如图 1-14 所示。

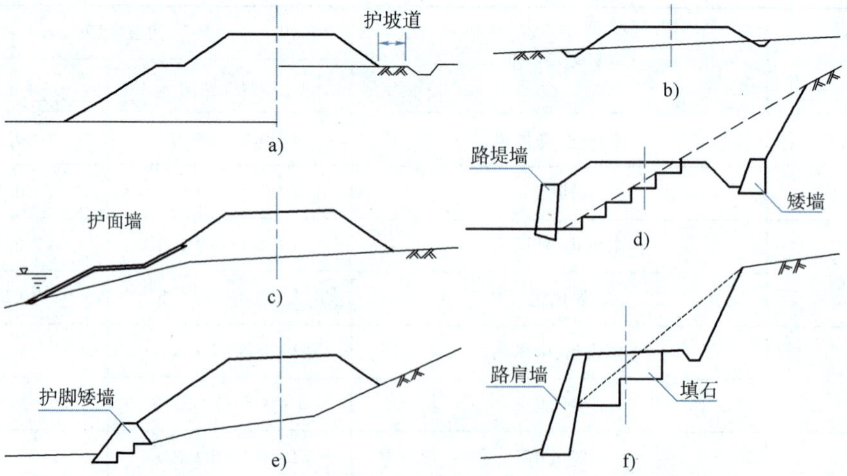

图 1-14　填方路基

a)一般路堤；b)矮路堤；c)浸水路堤；d)挡墙路堤；e)护脚路堤；f)护肩路堤

一般路堤是填方路基的基本形式，边坡坡率可根据填料种类及边坡总高度分别采用斜线形坡或折线形边坡。全部或部分填方可以在路基两侧设置取土坑，使之与坡脚边沟结合。为保护坡脚不受流水侵害，保持边坡稳定，通常在坡脚与沟渠之间预留护坡道，取土宽度可按填方路基边缘与取土坑底之高差选用。当此高差大于2m时，一般公路护坡道的宽度为1～2m；高速公路、一级公路护坡道不小于3m。

矮路堤是在地势平坦、取土困难时采用的断面形式，特别是在湖区修筑的公路多采用这种断面。平坦地区容易受到地面水和地下水的影响，设计矮路堤应满足最小填土高度的要求。在只考虑排除降水的情况下的路基最小填土高度一般取为：砂质土0.3～0.5m，黏质土0.4～0.7m，粉质土0.5～0.8m。

浸水路堤是沿河及受水浸淹地段的路堤，路基高度应在洪水频率的设计水位上再加壅水高、波浪侵袭高之和的0.5m的安全高度。路堤边坡应根据水流、风浪及冲刷情况进行防护设计。其边坡坡率一般在设计水位以下为1∶1.75～1∶2.0；在常水位以下1∶2.0～1∶3.0，若作砌石防护时边坡可以稍陡。

挡土墙路堤是支撑路基填土或坡上土体、防止填土或土体变形失稳的构造物，是为了减少路基填方量(收缩边坡坡脚)和减少占用土地，是在防止水流对路基的冲刷或防止路基坡体下滑而采用的一种断面形式。

护脚矮墙路堤是为了减少占用耕地、减少拆迁而采用的断面。矮墙可采用浆砌或干砌片石，顶宽0.5～0.8m墙内坡直立，墙外坡为1∶0.2～0∶0.5，矮墙高度，一般公路不宜超过3m，高速公路、一级公路不超过1.5m。软土地区或冰冻严重地段不宜设置矮墙路基。在山坡上的挖方路基坡脚有沿斜坡下滑的倾向，也可采用护脚矮墙路基。

护肩路堤是在傍山路段其填方部分的坡脚可能伸出较远，而不易填筑所采用的断面形式。护肩高度一般不宜大于2m，顶宽约为1m。护肩外侧襟边宽度L按表1-8确定。

襟边宽度　　表1-8

地基地质情况	弱风化的硬质岩石	强风化岩石或软质岩石	密实的粗粒土
襟边宽度L(m)	0.2～0.6	0.6～1.5	1.0～2.0

2. 填方边坡

填方路基边坡坡率对于路基整体稳定起着重要作用，路基边坡形式和坡率是根据填料的物理力学性质、边坡高度和工程地质条件确定。边坡高度超过20m称为高路堤，其边坡坡率需作路堤稳定性分析后确定。高路堤占用土地较多、工程量较大，选择高路堤方案应与桥梁设计方案进行技术经济比较。

1)填土路堤

当土质良好，填土路堤边坡高度≤20m时其边坡坡率按表1-9值取用。填土边坡高度过大时，应在边坡中部每隔8～10m设置边坡平台一道，平台宽度1～3m。设置平台排水沟的平台应做成向内倾斜2%～5%的排水坡度；不设平台排水沟的平台应做成向外倾斜2%～5%的排水坡度。

路堤边坡坡率　表 1-9

填料种类	上部高度($H\leqslant 8$m)	下部高度($H\leqslant 12$m)
细粒土	1∶1.5	1∶1.75
粗粒土	1∶1.5	1∶1.75
巨粒土	1∶1.3	1∶1.5

2)填石路堤

对于利用易风化及软质的开山岩石填筑路堤，其边坡坡率按土质路堤边坡坡率取值。

填石路堤可采用与土质路堤相同的断面形式，其填石路堤边坡坡率取表 1-10 值，边坡面码砌，内侧填石。填石路堤高度≤6m 时，码砌顶宽不小于 1m；高度 6～12m 时，码砌顶宽不小于 1.5m；高度在 12m 以上，码砌顶宽不小于 2m。填石边坡高度过大时，应在每隔 10～12m 的边坡中部设置边坡平台，平台宽度 1～3m。填石路堤的边坡平台不设平台排水沟，平台应做成向外倾斜 2%～5%的排水坡度。

填石路堤边坡坡率　表 1-10

填料种类	边坡高度 H(m)	坡　率
小于 25cm 石料	<6	1∶1.25～1∶1.33
小于 25cm 石料	6～20	1∶1.5

砌石路堤是选用不易风化、大于 30cm 的片(块)石砌筑，其内侧填石。砌石顶宽不小于 0.8m，路堤基底面应向内倾斜，砌石路堤高度不宜大于 15m。砌石内外坡率不应大于表1-11 的规定值。

砌石路基边坡坡率　表 1-11

砌石高度(m)	内侧坡率	外侧坡率
≤5	1∶0.3	1∶0.5
≤10	1∶0.5	1∶0.67
≤15	1∶0.6	1∶0.75

3)土石混填路堤

石料含量小于 70%时，土石可混合铺填；当石料含量超过 70%时，应先铺填大块石料，大面向下，再铺小块石料、石渣或石屑嵌缝找平，然后碾压整形。土石混合料比例相差过大时，应分层或分段填筑，否则应将含硬质石块的混合料铺于填筑层的下面，且石块不得过分集中或重叠，上面铺含软质混合料，再进行整理碾压。石料强度大于 20MPa 时，石块最大粒径不得超过压实层厚度的 2/3。当所含石料为软质岩时，石料最大粒径不得超过压实层厚度。

3. 填方路基压实

填方路基需要经过充分的压实，土质路基的塑性变形、渗透系数、毛细水上升高度、隔温和隔水性能都将有明显的改善，石质路基可以使石料位移靠近、嵌挤、提高材料的内摩阻力形成稳定结构。填土路基压实度见表 1-12 规定。

路堤压实度要求　　表 1-12

填方分层	路基结构层底面以下深度(m)	压实度(%)		
		高速、一级公路	二级公路	三级、四级公路
上路堤	0.8～1.5	≥94	≥94	≥93
下路堤	1.5 以下	≥93	≥92	≥90

注：①表列数值以重型击实试验法为准；

②当采用特殊填料或处于特殊气候区时，压实度可根据试验状况和保证强度要求的前提下适当降低；

③当三级、四级公路铺筑沥青混凝土或水泥混凝土路面时，其压实度应采用二级公路的规定值。

1)压实机械

土石方压实机械目前主要有碾压式、夯击式、振动式三种。需要根据各类压实机械具有的有效压实深度来确定路基分层摊铺的厚度。一般用 8～12t 光轮碾压式压路机，每层松铺厚度 20～30cm；用振动式或夯击式压路机的每层松铺厚度可达 50cm。但分层厚度还是需要在施工现场通过试验来确定。

2)填土压实

较多试验表明，土的性质不同，其干密度 ρ_0 和含水率 w_0 就不同。填土压实只有在能使土体产生最大密度时的含水率，就能容易得到最好的压实效果。也就是说，只有在最佳含水率情况下压实的土体，其浸水强度最大，即水稳定性最好。实际操作中的最佳含水率控制是在含水率小于最佳含水率时，可以洒水增湿；在含水率过大时，可用晾晒或掺石灰的处治办法。

3)填石碾压

填石路基压实控制宜采用孔隙率作为设计控制指标。不同强度的石料，应分别满足压实质量控制标准。压实质量一般通过实地压实试验与压实质量检测同时控制，实地压实试验采用重型(12t 以上)振动压路机或冲击式压路机进行压实，若压实层顶面稳定，不再下沉(无轮迹)时，即可判定为密实状态，这时记录压实功率、碾压速度、碾压遍数、分层厚度等数据，作为施工路段压实的依据。填石压实应严格控制石块的粒径、掌握分层填筑等，应留足路堤自然沉降时间，以尽可能降低工后沉降量。试验方法为：把握石块粒径和分层填筑厚度，采用重型振动压路机碾压；碾压到填石顶层稳定，无轮迹时，即可判断为密实状态；此时可记录石块粒径、分层厚度、碾压遍数及压路机型，作为指导填石压实施工的依据。如填料性质或石块粒径发生较大变化，应重新做试验。要有大小粒径的天然级配(大粒径限制)碎石混合料，必要时应进行改捶。

4)结构物台背压实

为防止路基与结构物台背间有差异沉降，在高速、一级、二级公路路堤与桥台、横向构造物连接处应设置过渡段，压实度要求不小于 96%。以往较多的桥梁在台背一定范围 6～10m 内，选择砂性土、砂砾土、粉煤灰等渗水性好、抗压强度高、易压实、能防止冻害的材料填筑压实。近年来出现有泡沫混凝土、陶土颗粒及泡沫苯乙烯工程塑料等新材料、新工艺，还有排水固结法并辅以充分的预压时间，均可大大减少地基沉降和变形。采用钢筋混凝土桥头搭板，宽度不宜小于 2m，设置平台排水的平台坡度向内侧倾斜 2%～4%，不设平台排水的平台坡度向外侧倾斜 2%～4%。采用 12～15t 三轮压路辗压时，每层压实厚度不超过 15cm；用 18～20t 三轮压路机辗压时，每层压实厚度不超过 20cm。为了保证填料的压实质量，在比较宽阔的部位尽量使用大型压实机械。只有在临近构造物的边缘 50cm 内，才采用小型振动压实机械进行压实，其压实厚度不应超过 10cm。

1.3.4 取土弃土

取土坑、弃土堆是路基工程的附属设施，在公路建设项目中起到重要作用，其场内同时需要进行排水设施、防护及绿化工程等设计。

1. 取土坑

选择取土坑需要综合考虑环境和天然地形，应有纵、横坡度，以利于自然排水。一般情况取土坑是在原地面横坡不大于 1:10 的平坦地区，取土深度 1.0m 或稍大些，长度和宽度依用土数量和用地规划而定。取土后坑底纵坡不小于 0.3%，横坡一般做成向外倾斜 2%～3%的单向坡。取土坑可以和还塘工程相结合，取土深度可大些。在洪水淹没地区的路堤（如河滩路堤或桥头引道）的两侧，一般不宜设置取土坑。

取土坑内的排水应与农田灌溉相结合计算该项工程数量，必要时还应计列防护和绿化工程数量。

2. 弃土堆

路基弃土堆设计应与当地农田建设和自然环境相结合，不能设置在水源附近，不能侵占湿地。一般选择在路旁低地就近堆弃，原地面横坡应缓于 1∶5。弃土堆形状应规则，其边坡不应陡于 1∶1.5，顶部设置（向路基外）倾斜 2%的横坡，高度不宜超过 3m。路堑旁的弃土堆，其内侧坡脚与路堑坡顶之间的距离 $d \geqslant 3m$（干燥坚硬土）或 $d \geqslant H+5m$（潮湿软弱土）。

为排除路堑坡顶与弃土堆边坡之间的地面水，可在路堑坡顶 1m 以外设置三角形土台，土台高度不超过 0.6m，顶面做成 2%向外倾斜的横坡，并在土台与弃土堆之间设梯形排水沟，其深度与底宽均为 0.3m，沟的纵坡不小于 0.5%，沟内的水通过弃土堆预留缺口排出。山坡陡于 1∶5 的石质路堑，可不设三角形土台和水沟。路堑弃土堆如图 1-15 所示。

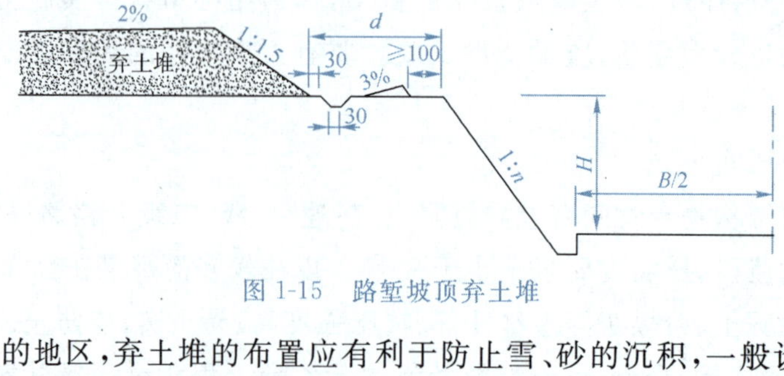

图 1-15　路堑坡顶弃土堆

在积雪、积砂的地区，弃土堆的布置应有利于防止雪、砂的沉积，一般设在迎风一侧。当路堑深度大于 1.5m 时，弃土堆距路堑坡顶应至少 20m。

弃土堆最好用土覆盖，上面可以种植绿化植物，尽量使其与周围天然生态融合。

1.4 排水设施

公路路界范围内有各种水源，水是造成路基及其沿线构造物病害的主要原因。危害路基的水可分为地表水和地下水两类。路基排水涉及到沿线生态、水土保持以及农田和水利，为其建设的地表排水、地下排水、引排水设施是指为保证路基稳定而采取的汇集、排除地表或地下水的措施。其目的在于确保路基始终处于干燥、坚实和稳定状态。其任务是将路基范围内的土基湿度降低到一定范围。排水设施层次如图 1-16 所示。

- 排水设施
  - 地表排水设施
    - 边沟
      - 路堤边沟
      - 路堑边沟
    - 截水沟
      - 坡顶截水沟
      - 平台排水沟
        - 路堤平台截水沟
        - 路堑平台截水沟
    - 急流槽
      - 山坡急流槽
      - 路堤急流槽
      - 路堑急流槽
    - 排水沟
    - 跌水
  - 地下排水设施
    - 盲沟（排泉水）
    - 渗沟（排渗水）
    - 暗管
    - 集水井
    - 检查井
  - 引排水设施
    - 圆管涵
    - 拱涵
    - 箱涵
    - 盖板涵
    - 倒虹吸涵
    - 排架式渡槽

图 1-16 排水设施层次

1.4.1 地表排水设施

地表水包括大气降雨和降雪后在地表形成的径流、低洼积水，对路基路面产生冲刷和渗透。当雨量过大流水冲刷可能导致路基整体稳定性受损，造成水毁现象；常年积水水分将渗入路基路面，使其体内过湿而降低强度。

1. 边沟

边沟是为汇集和排除路面、路肩及边坡的流水，在路基两侧设置的纵向水沟。路堑边沟设于路基挖方地段路肩边缘，路堤边沟设于路基填方地段坡脚的护坡道边缘。

(1)边沟断面形式及尺寸

根据地形、地质条件、边坡高度及汇水面积等确定,边坡形式如图 1-17 所示。在公路路堑地段,一般公路通常采用矩形边沟,高速公路通常采用盖板矩形边沟;各等级公路路堤边沟一般采用梯形边沟,少雨浅挖地段的土质边沟可采用三角形、碟形横断面。

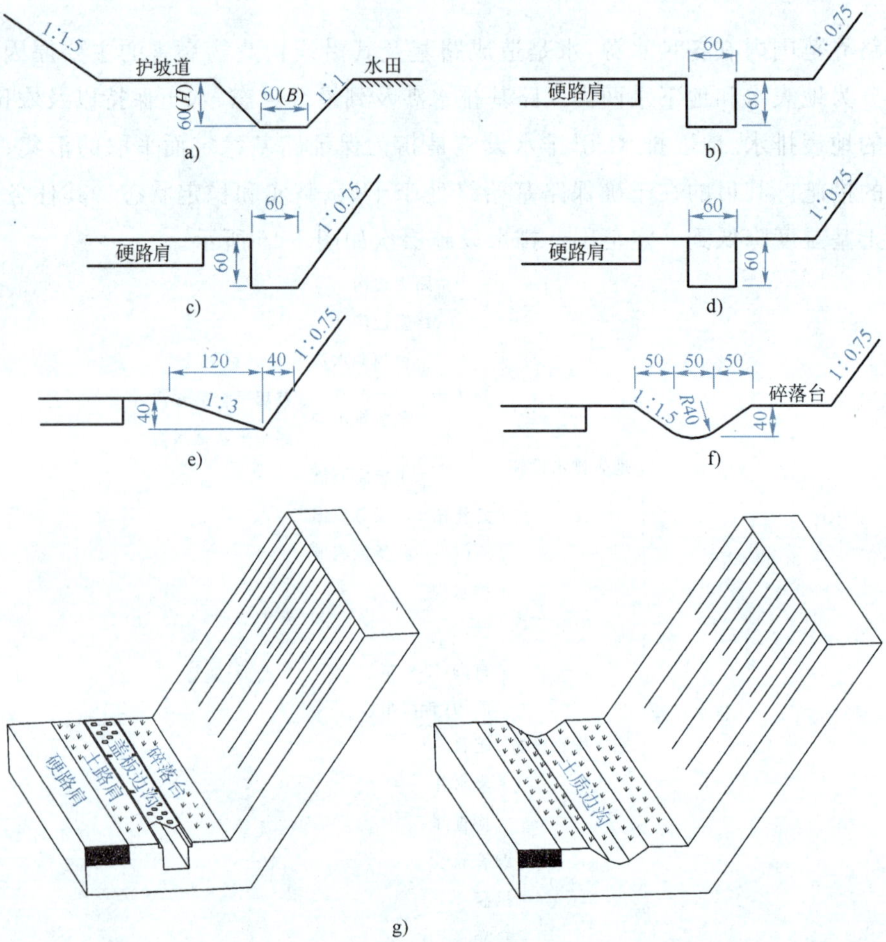

图 1-17 边沟形式

a)梯形沟;b)矩形沟;c)斜口式;d)盖板矩形;e)三角形沟;f)碟形沟;g)盖板边沟和蝶形沟立体示意图

高速公路、一级公路边沟的深度及宽度不应小于 0.6m,其他等级公路不应小于 0.4m。当排水量大时,应根据流量大小加大边沟横断面尺寸。设置超高路段的边沟应予加深,以保持边沟排水畅通。隧道前沿路堑的边沟排水,不应流经隧道排出,应另作处理。

(2)边沟坡率

梯形边沟内侧坡率为 1∶1～1∶1.5;外侧坡率分有碎落台时与内侧坡率相同,无碎落台时与挖方边坡坡率相同。在低等级公路路基边沟设计中,路堑边沟内侧可直立,并和沟底相同采用浆砌片石防护;边沟外侧坡面与挖方边坡坡率相同,可不予防护。设计土质边沟时,可采用三角形横断面,其内侧边坡宜采用 1∶2～1∶3,外侧边坡坡率与挖方边坡坡率相同。土质边沟的另一种形式是碟形横断面,内外侧坡率同梯形边沟坡率为 1∶1～1∶1.5,沟底面水平,内外侧坡面与沟底面用圆弧连接,半径一般采用 40cm。

(3)边沟纵坡

宜与路线纵坡一致，并不宜小于0.5%。在特殊情况下，边沟纵坡可容许采用0.3%，此时边沟出口间距应适当减短。

(4)边沟防护

为防止边沟产生冲刷，边沟的坡面及沟底面均应进行防护。边沟是否做砌石或混凝土铺砌应结合公路等级、路线纵坡及地质、水文条件确定。高速公路、一级公路土质边沟应全部进行防护，一般采用浆砌片石、浆砌卵石、水泥混凝土及预制块防护。一般公路土质边沟纵坡超过2%时一般采用浆砌片石、浆砌卵石防护，石质水沟不铺砌或砌筑路肩边缘一侧。

(5)边沟出口间距

一般情况下不宜超过500m，多雨地区不宜超过300m，三角形边沟长度不宜超过200m。边沟水排出应引入桥、涵或路基以外的沟谷，其结合部应妥善设计，以使边沟水流顺畅排除。

2. 截水沟

路堑或路堤边坡上方流入路界的地表径流量大时，应设置拦截地表径流的截水沟，防止水流冲刷和侵蚀挖方边坡和路堤坡脚，如图1-18所示。设在路堤坡脚护坡道外侧的截水沟可兼作路堤边沟。在坡面汇流长度大的山坡上，应酌情设置一道以上大致与路基平行的截水沟；在坡体稳定性较差或有可能形成滑坡的路段，截水沟应设置在滑坡体周界外的一定距离处。截水沟是根据地形、地质条件、汇水面积等进行设置。挖方路基的堑顶截水沟应设置在坡口5m以外，填方路堤截水沟距填方坡脚的距离不应小于2m。在多雨地区，视实际情况可设一道或多道截水沟。

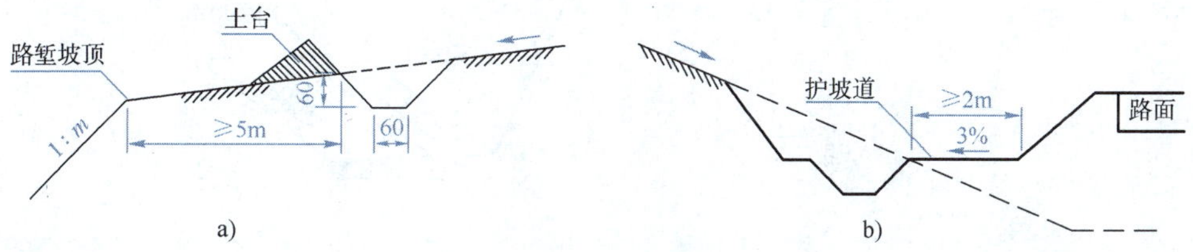

图1-18　截水沟

a)路堑沟；b)路堤沟

截水沟一般采用梯形横断面，沟坡坡率为1：1.0～1：1.5；沟底宽度和沟的深度不宜小于0.5m。地质或土质条件差，有可能产生渗漏或变形时，应采取相应的防护措施。

除地质、土质、渗漏变形外，截水沟一般坡度较大，对土质截水沟则应铺砌加固，防止冲刷及水土流失。

一般情况下，截水沟沟底纵坡不宜小于0.3%。其水流应排至路界之外的自然沟谷或水道或再接排水沟引排到灌渠，不宜引入路堑边沟。截水沟长度以200～500m为宜，超过500m时，可在中间适宜位置处增设泄水口，由急流槽或急流管分流引排。

3. 排水沟

如将路堑和路堤边沟、截水沟、取(弃)土场水沟内的水流或路基附近低洼处的水汇集引向路基以外时，应设置排水沟。排水沟起连接各种排水设施的作用，将水引排到附近自然水道或桥涵，从而形成完善的排水系统。排水沟断面形式应结合地形、地质条件、汇水流量确定，一般情况下采用梯形断面形式，沟底纵坡不宜小于0.3%，与其他排水设施的连接应顺畅。易受水流冲刷的排水沟应视实际情况采取防护、加固措施。

4. 平台排水沟

路基设置多级路堑或路堤边坡时，宜设边坡平台，在坡面水径流量大的情况下，应在每道平台上设置平台排水沟，以减少水流对坡面的冲刷和保证边坡的稳定。由于平台较窄(宽度 1～3m)，排水量有限，且又需加强冲刷防护，因而适宜于采用水泥混凝土预制的平台排水沟，减少截面积，如图 1-19 所示。

平台应做成 2%～5%向内侧倾斜的排水坡度。排水沟可设置矩形、斜口或 U 形断面，可采用浆砌片石或水泥混凝土预制构件，预制构件壁厚度 5～8cm。

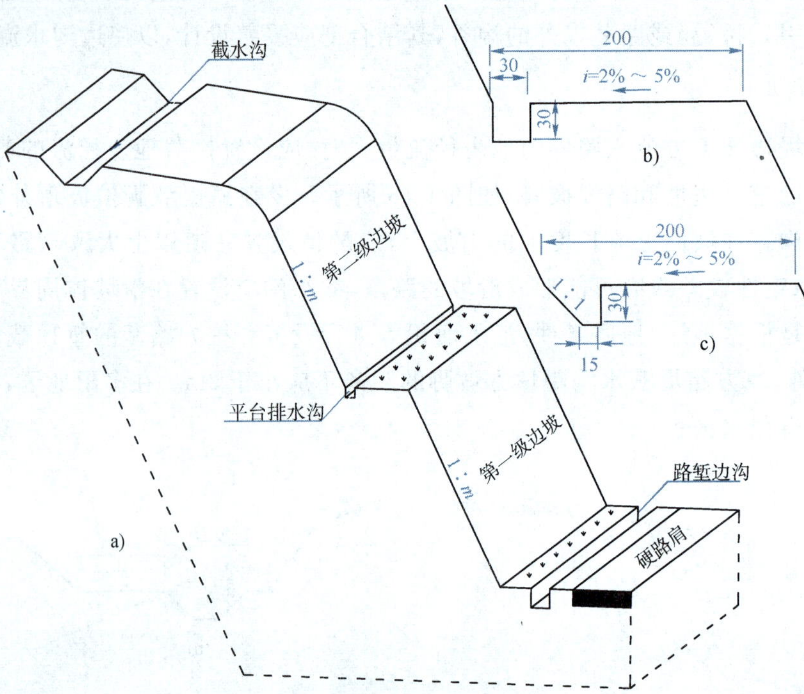

图 1-19 平台排水沟

a)路堑布置；b)矩形；c)斜口式

5. 跌水和急流槽

当排水落差较大，水流呈瀑布跌落到沟槽，称之为跌水。在陡坡或深沟地段设置坡度较陡、水流不离开槽底的沟槽，称之为急流槽。在陡坡或深沟地段需要引排截水沟、边沟的出水，为避免其出口下游的桥涵结构物、自然水道或农田受到冲刷，可设置跌水或急流槽人工构造物。参考条件是在水流通过坡度大于 10%、水头高差大于 1.0m 的陡坡地段或特殊陡坎的情况下，宜设置跌水或急流槽。跌水或急流槽均应采取加固措施。

1)跌水

跌水可带消力池，也可不带消力池，并可按坡度和坡长的不同，设置成单级或多级，其高度和长度之比，是与地形相吻合。跌水的槽身横断面一般采用矩形，断面尺寸和要求基本与急流槽相同。不带消力池的跌水，多级台阶高度一般不大于 0.5～0.6m；单级跌水墙的高度以 1m 左右为宜。消力槛的高度为 0.5m 左右，顶宽不宜小于 0.4m，槛底应设泄水孔。消力槛与跌水墙的距离为5m左右，消力池台面应设2%～3%的外倾纵坡。

单级跌水(图1-20)适用于排水沟渠连接处，由于水位落差较大，需要消能或改变水流方向，如路基边沟水通过涵洞排泄时，在涵洞进水口设置单级跌水。

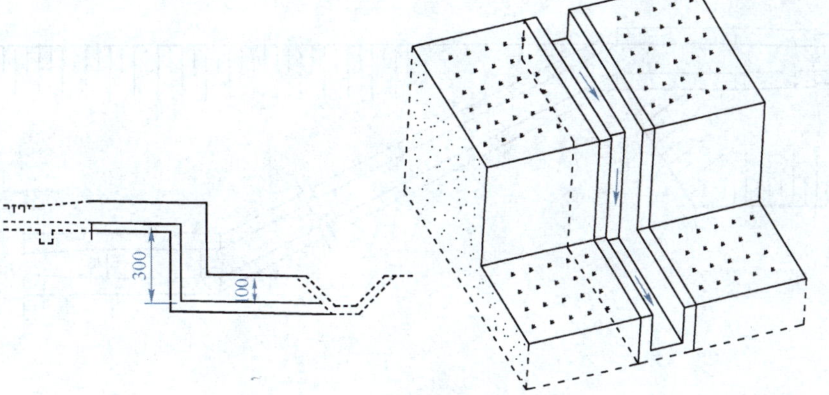

图1-20 单级跌水

较长陡坡地段的沟渠，为减少水流速度和消能，可采用多级跌水(图1-21)。多级跌水底宽和每级长度，可根据实际需要，需要各自相等的对称形，亦可做成变宽或不等长度与高度。

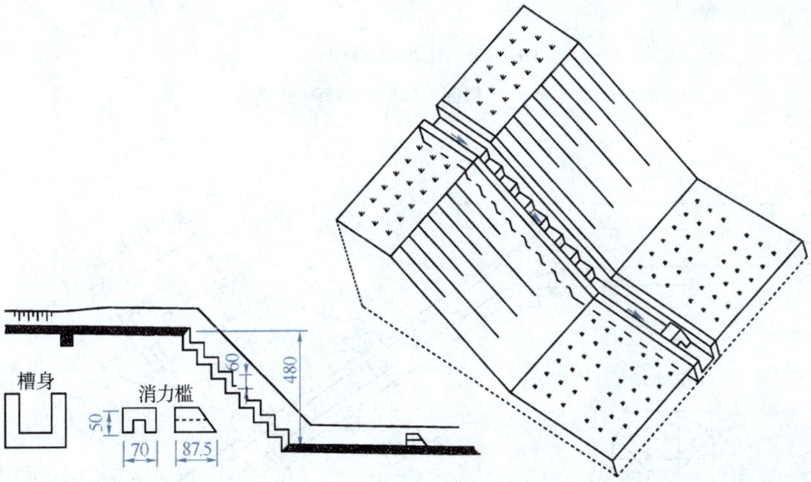

图1-21 多级跌水

2)急流槽

急流槽的横断面形式为矩形，槽底应做成粗糙面，厚度为0.2～0.4m；边墙顶面宽度为浆砌片石0.2～0.4m，混凝土为0.1～0.3m。急流槽的进水口应予以防护加固，出水口应防止冲刷，可设置消力槛等消能设施。

急流槽的纵坡不宜陡于1∶1.25。急流槽过长时应分段修筑，每段长度不宜超过10m。为防止急流槽滑动，基底可设置防滑平台，或设置凸榫嵌入基底中。防滑平台每隔2.5～5m可设置一个，其高为0.3～0.5m，宽根据急流槽的坡度而定。

急流槽大致可分为山坡急流槽、路堤急流槽与路堑急流槽，如图1-22～图1-25所示。路堑边沟与路堤边沟的连接，如图1-22所示。

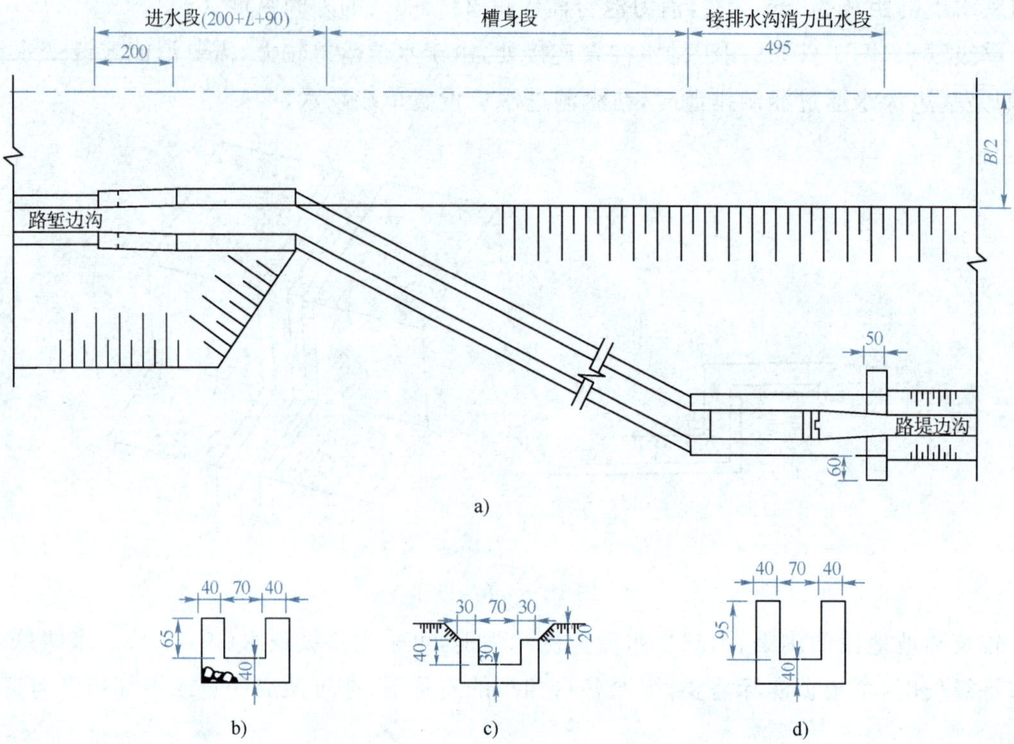

图 1-22　山坡急流槽(一)

a)平面;b)进水口断面;c)槽身断面;d)出水口断面

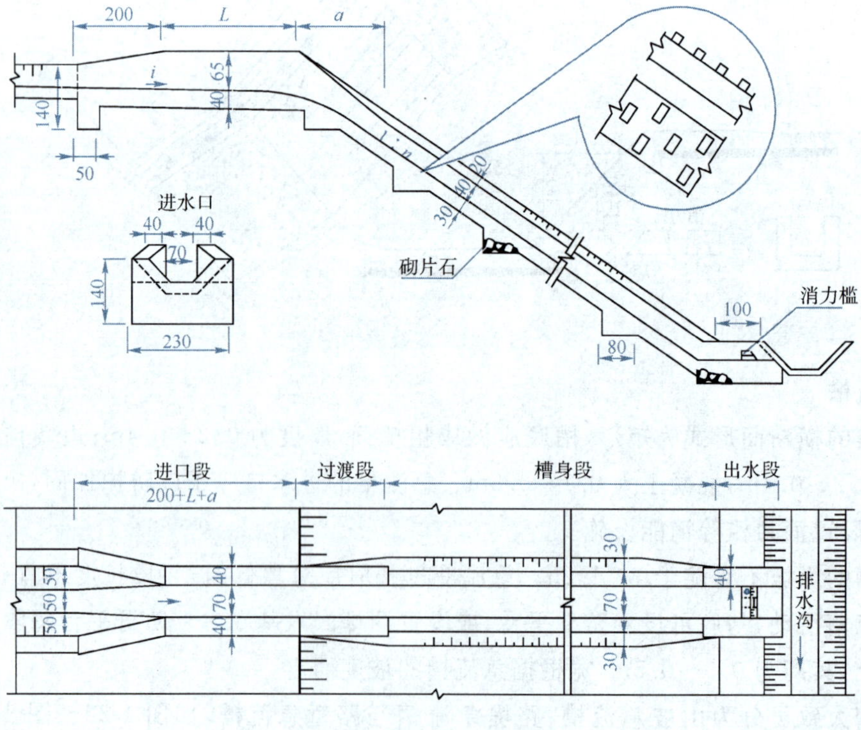

图 1-23　山坡急流槽(二)

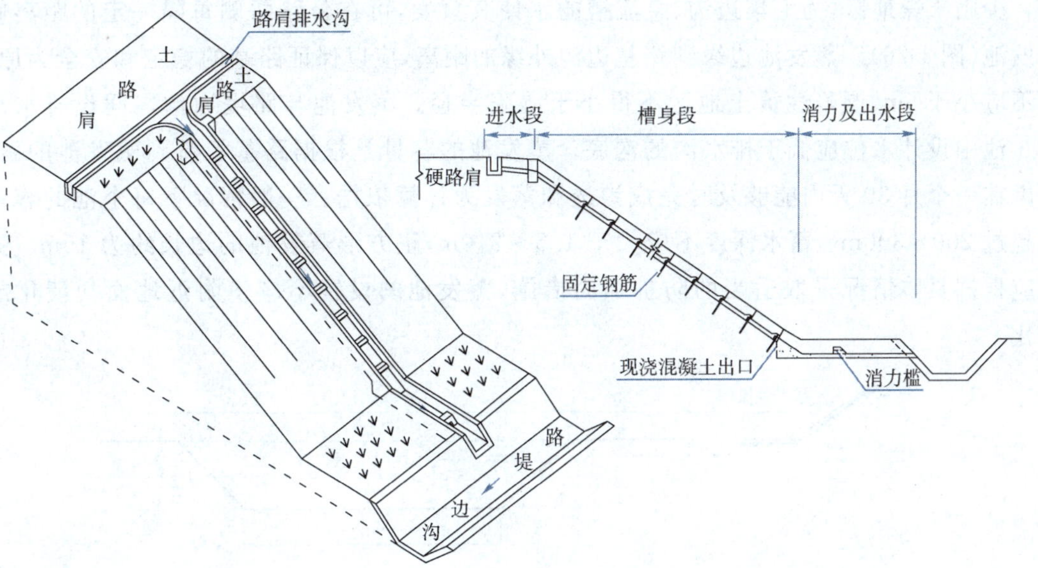

图 1-24　路堤预制块急流槽

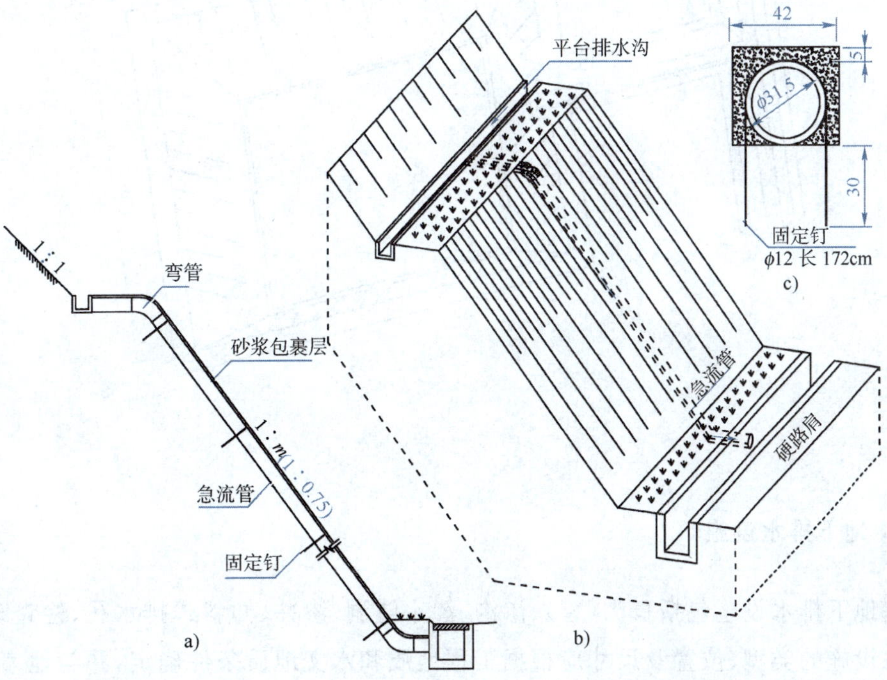

图 1-25　路堑急流槽

a)侧面;b)立体;c)急流管安装

6. 蒸发池

少雨干燥地区，为汇集边沟、急流槽的水使其蒸发，可在公路两侧每隔一定的距离修建蒸发池(图 1-26)。蒸发池边缘到路基边沟外缘的距离，应以保证路基的稳定和安全为原则，并不应小于 5m，湿陷性黄土地区不得小于湿陷半径。蒸发池与路堤边沟之间设排水沟相连。池中设计水位应低于排水沟的沟底。蒸发池的容量是根据路基汇流到蒸发池的雨水，考虑在一个月 30 天内能够及时完成渗透和蒸发为计算依据。一般情况下每个池的容量不宜超过 200～300m^3，蓄水深度不应大于 1.5～2.0m，正方形蒸发池的边长约为 15m。蒸发池应根据具体情况采取适当的防护加固措施，蒸发池的设置不应使附近地面盐渍化或沼泽化。

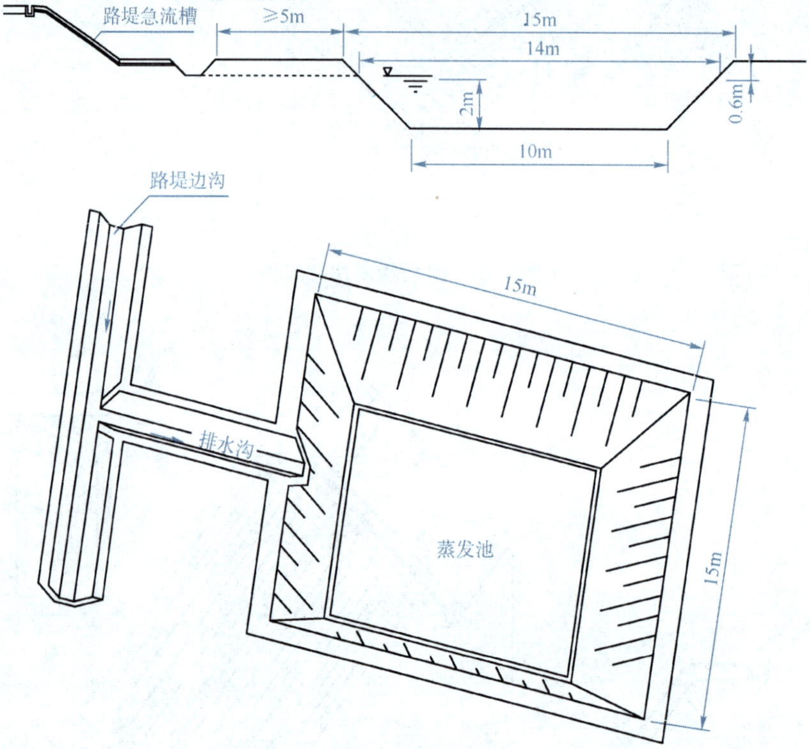

图 1-26 蒸发池

1.4.2 地下排水设施

路基地下排水设施包括盲沟(管)、渗沟、渗水隧洞、渗井、仰斜式排水孔、检查疏通井等。地下排水设施的类型、位置及尺寸应根据工程地质和水文地质条件确定，并与地表排水设施相协调。

1. 盲沟

山区或丘陵区的小股泉水露头冒出在路基基底范围内时，必须采取在外涌泉水处设置盲沟(图 1-27)或暗管将其引排至路堤坡脚边沟内。一般情况地下泉水水流较集中，盲沟视泉井大小，根据排出水量及地形、地质条件采用矩形横断面，用浆砌片石或水泥混凝土预制块砌筑，沟顶设置盖板，填土厚度不应小于50cm。盲沟的纵坡不宜小于1%，出水口应高出地表路堤边沟常水位0.2m。寒冷地区的盲沟，应作防冻保温处理或将盲沟设在冻结深度以下。

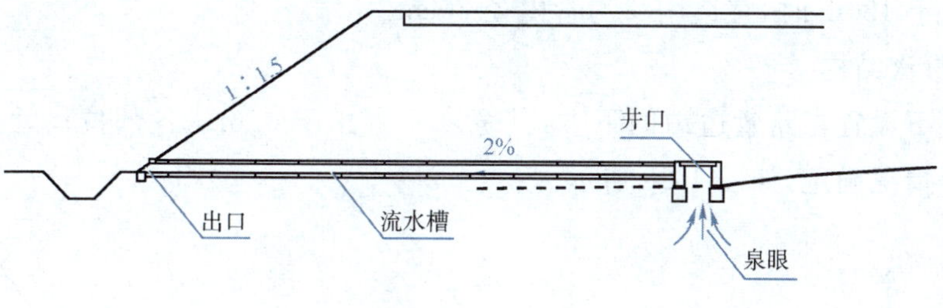

图1-27 盲沟

由于盲沟是暗埋在地下，在工程建成后将不便于清理和疏通，一般情况是在出水口段加大纵坡坡度，以加大流速，减少淤积。

2.渗沟

为将地下透(含)水层中的水拦截或降低地下水位，保证路基或路堑边坡稳定，而采用透水材料填筑的沟，称之为渗沟、渗水隧洞及渗井等引排地下水设施。当地下水埋藏较浅或无固定含水层时，宜采用管式渗沟；当地下水埋藏较深或有固定含水层时，宜采用渗水隧洞、渗井。公路路基渗沟可分为防滑坡渗沟和路堑管式渗沟。

1)防滑坡渗沟

防滑坡渗沟按其作用不同，可分为边沟渗沟、支撑渗沟及截水渗沟三种。

(1)边坡渗沟

当滑坡前缘的路基边坡上有地下水分布或坡面潮湿时，应设置边坡渗沟。边坡渗沟应垂直嵌入边坡坡体，平面布置可设计成垂直的或分支的渗沟网，主沟间距为6～10m，深度1.5～2m，沟内填充砂砾或碎石，侧壁及顶部设置反滤层，基础采用浆砌片石砌筑，并置于稳定层内。

(2)支撑渗沟

用于支撑不稳定的滑坡体，兼有排除和疏干滑体内地下水的作用。支撑渗沟应垂直嵌入边坡坡体，其平面形状宜采用条带形布置；对于范围较大的潮湿坡体，可采用增设支沟的分岔形布置或拱形布置。渗沟深度宜为2～10m，沟宽2～4m，沟底应置于滑面以下0.5～1.0m，并设2%～4%的排水纵坡，渗沟内堆砌片石，底部用浆砌片石砌筑，侧壁及顶部设置反滤层。

(3)截水渗沟

有地下水进入滑坡体时，可设置截水渗沟，平面布置宜垂直于地下水流的方向。

边坡渗沟、支撑渗沟的基底，宜设置在含水层以下较坚实的土层上；截水渗沟的基底宜埋入隔水层内不小于0.5m的深度。寒冷地区的渗沟出口，应采取防冻措施。

2)路堑管式渗沟

路堑管式渗沟用于降低地下水位时，应尽量靠近路基；用于拦截地下水时，应尽量与地下水流方向垂直。地下水位较高、水量较大的填挖交界路段和深挖路段应设置渗沟，以保证路基处于干燥或中湿状态。管式渗沟的埋置深度按地下水位的高程、地下水位需下降的深度以及含水层介质的渗透系数等因素确定。一般情况渗沟长度小于150m时，选用渗沟管内径16cm；大于150m时，宜选用渗沟管内径20cm。

(1)管式渗沟结构

一般情况下设置在路堑边沟的下方，其宽度不宜小于0.6m，各部位尺寸根据埋设深度及排水需要等情况确定，如图1-28所示。

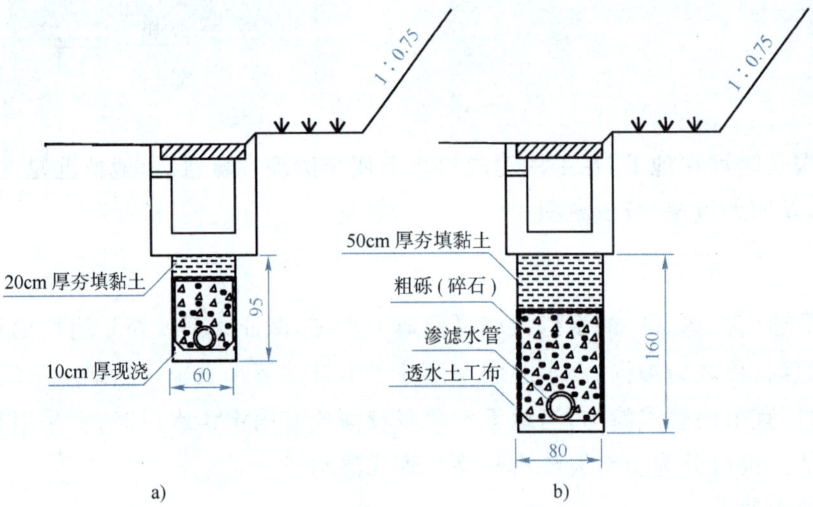

图1-28　路堑管式渗沟

a)60cm×95cm断面；b)80cm×160cm断面

管式渗沟顶部和底部设置封闭层。渗沟底部封闭层可采用M5砂浆砌片石或水泥混凝土，厚度为15cm左右；渗沟顶部封闭层填充不透水填料，一般可采用夯填黏土，厚度不少于15cm。渗滤水管周围为含水层，填充透水性材料，其粒径应为地基含水层粒料最大粒径的8～10倍。一般情况透水性填料采用粒径5～40mm的碎石或砾石，粒径小于0.15mm的粒料含量应不大于5%。当地基含水层内的细粒土有可能随渗流进入而堵塞渗沟，则应在渗沟的两侧沟壁设置反滤织物，一般采用渗水土工布。渗沟的渗滤水管，应设置在冻结深度以下，不小于0.25m处。

(2)渗沟纵坡及长度

由于渗沟深埋在地下容易被淤塞，且不便清理和疏通。对此应尽可能采用较大的纵坡坡度，其最小纵坡坡度一般不宜小于1%；并在出水口段加大纵坡坡度，以加大流速，减少淤积。为避免淤塞和便于疏通，应在其间设置出水口，通过横向排水管将渗水排至地面的低洼地或水道。渗沟的设置长度视实际需要确定，一般间隔为100～300m。对于出水口的排水通道，应作妥善处理，防止出现漫流或冲刷山坡坡面，并且要求出水口处的地下水必须处于无受阻状态，如图1-29所示。出水口处宜设置栅板或端墙，并应高出地表水沟槽常水位的0.2m以上。

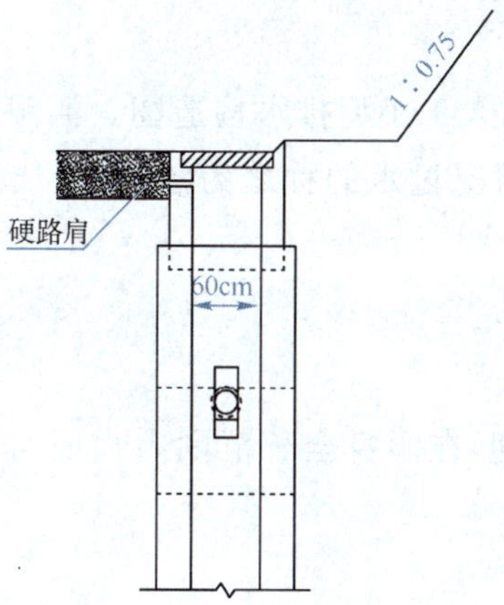

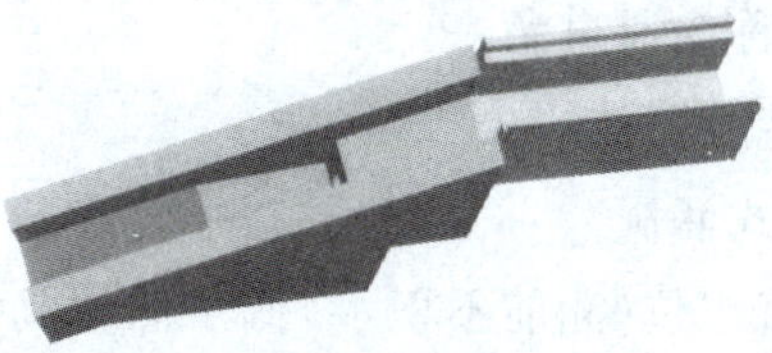

图 1-29 渗沟出口

(3)横向排水管排除地下渗水

为避免淤塞,地下渗沟长度受到限制,一般每间隔 100～300m 处,设置横向排水管出水口,通过横向排水管将地下水引出地面,排入低洼地或水道。横向排水管一般采用 PVC 塑料管,其布置安装基本与路面超高横向排水管相同。

(4)渗沟检查井

其作用是检查渗滤水管流通情况,疏通渗滤水管道及能够进行人工掏出沉淀物。在渗沟的上游端头,应设置联通与地面呈 45°倾角的疏通渗滤水管道;在直线段最大间距不得超过 150m 处,设置竖立的检查井;另外应在渗滤水管转弯、变坡处 30～50m 范围内设置检查井,在渗滤水管道交汇处、管径变换处设置检查井。检查井直径不宜小于 1m,井壁应设渗水孔和反滤层。井内渗滤水管的位置应高出井底 0.3～0.4m,检查井应设置上下人行梯,井口顶部应高出地面 0.3～0.5m,并设铸铁板遮盖。

(5)渗滤水管结构

可采用带槽孔的塑料管或水泥混凝土管。管径由设计渗流量确定。渗沟长度不大于 150m 时的最小内径为 15cm 或 20cm。带孔水泥混凝土圆管的最小直径不宜小于 20cm,带孔塑料渗水管的直径宜为 15cm,带有钢圈、滤布和加强合成纤维组成的加劲软式透水管直径为 8～30cm。管壁上渗水孔的孔径为 1.5～2cm,管壁采用渗水土工织物包裹形成反滤层。管壁上渗水孔间距为:纵向布置间距为 7.5cm,呈梅花形布置。

1.4.3 引排水设施

公路路基范围的引排水设施主要指涵洞和渡槽。公路建设中修建涵洞的目的:一是为排泄小溪流水和路界范围的天然雨水,以避免毁坏路基和保证路基的稳固;二是不致因修建公路而影响农民生产和生活,以保障道路沿线耕作水流畅通。渡槽是为跨越路基的灌渠或排洪的架空渠道,也可称为梁式水槽或运水桥,其两端与水渠相接;该内容在本章实例章节中叙述。

1. 涵洞类型

涵洞是为宣泄地面水流而设置的横穿路基的人工小型排水构造物。涵洞的结构形式可作为人行、农机具从路基下方的过往通道，一般情况过水的称之为涵洞，既能过水又可通过人群、农机具的称为通道涵。

1)按水力特性分类

(1)无压力式涵洞

入口处水流水位(涵前不积水)低于洞口高度，在洞身全长范围内水面均不接触洞顶的涵洞。

(2)压力式涵洞

入口处水位高出洞顶，洞身全长范围内充满水流、洞顶承受水头压力的涵洞。

(3)半压力式涵洞

入口处水位高于洞口高度，部分洞顶承受水头压力的涵洞。

2)按形状分类

按形状分类有圆管涵、盖板涵、箱涵与拱涵等，如图 1-30 所示。

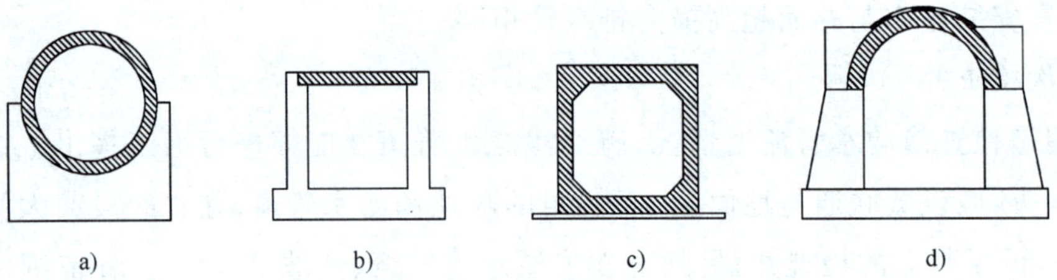

图 1-30　涵洞断面

a)圆管涵；b)盖板涵；c)箱涵；d)拱涵

(1)圆管涵

它是洞身以圆形管节修筑的涵洞。圆管涵的直径一般为 0.75～1.5m，通常预制成 1.0～2.0m 长的管节，直径较小时，可以用素混凝土；直径大于 1.0m 时，应在混凝土中配置钢筋。其优点是受力性能和适应基础性能较好，不需设置墩(台)，圬工数量较少，又便于工场预制，所以造价较低；但过水能力较小，且又要求涵顶上必须有一定高度的填土，因此在设计流量较小、路基又有一定的填土高度时被采用。

(2)盖板涵

它是在砌石或现浇混凝土的墩(台)上搭设条石或钢筋混凝土预制板，即洞顶为盖板的涵洞。其过水能力一般比圆管涵大，建筑高度较低，适用于矮路堤。

(3)箱涵

洞身为矩形断面的钢筋混凝土涵洞，实用于较弱的土基，工程造价较高。另外箱涵可用于顶推施工的地道主体结构，即事先预制的钢筋混凝土箱形框架，由顶推设备顶入路基。箱涵在纵向可分为整体式和分段式两类。

(4)拱涵

它是跨径要求较大时或就地利用石料，所采用的洞顶呈拱形的一种桥跨形式。拱涵可以少用或不用钢筋，其超载潜力较大，拱圈受力可按无铰拱计算，矢跨比不宜小于 1/4。但拱涵对地基承载力要求较高，其结构调整高度大，一般实用高填土、地质条件较好的路基。

(5)倒虹吸涵

渠道与路基平交时，为连接渠道的水流而修建的虹吸管压力式涵洞(图 1-31)。一般情况下倒虹吸涵管节采用钢筋混凝土管，特殊情况再外加混凝土套箱。

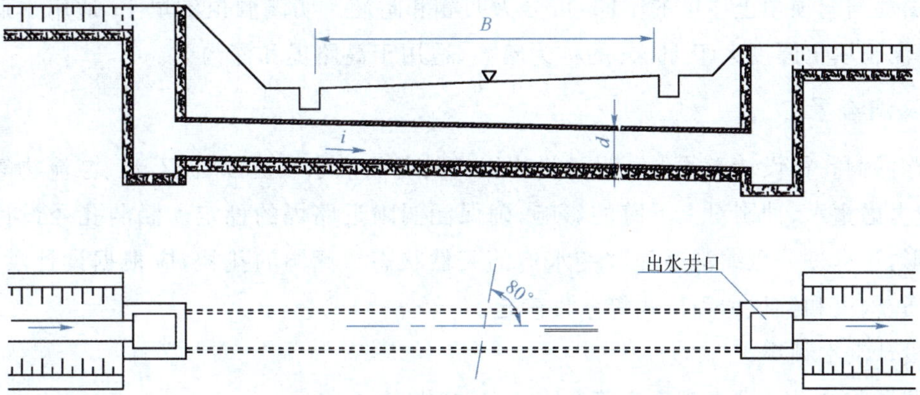

图 1-31　倒虹吸涵

(6)通道

为满足公路两侧居民的过往交通需求，当公路两侧地势较低时采用的一种专为过人及人力型车辆而修建的类似于过水涵洞的建筑物(图 1-32)。其中箱形通道及盖板形通道使用较多。

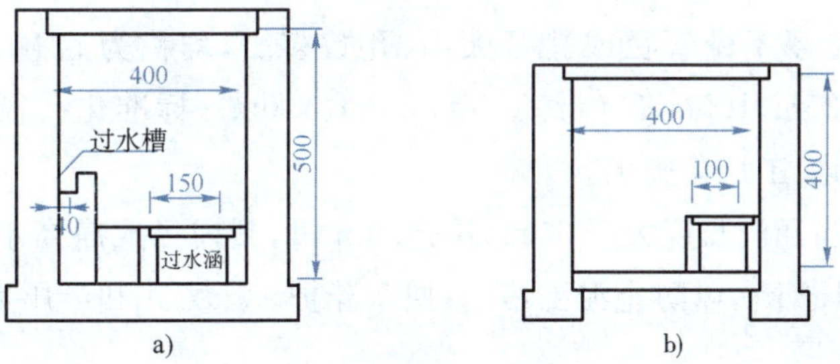

图 1-32　盖板涵通道

a)整体式基础；b)分离式基础

(7)多孔涵洞

公路建设中在一个路线中桩位置上设置的过水涵孔数，可以是单孔、双孔和三孔，工程图如 1-33 所示。

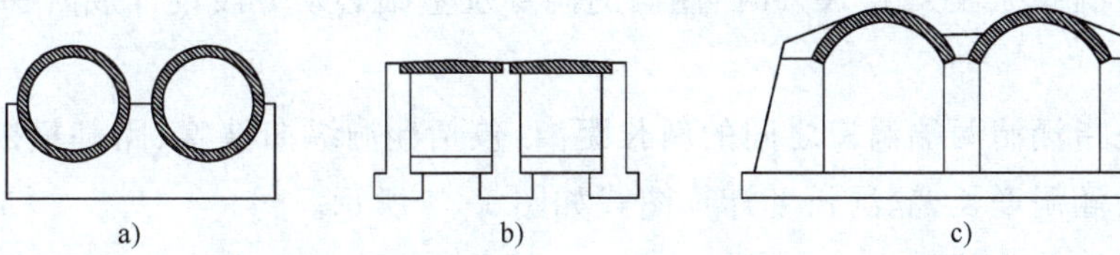

图 1-33　双孔洞断面

a)圆管涵；b)箱涵；c)石拱涵

3)按建筑材料分类

主要有钢筋混凝土圆管涵,钢波纹管涵,钢筋混凝土倒虹吸涵;钢筋混凝土拱涵,砌石拱涵,钢筋混凝土拱形通道,砌石拱形通道;钢筋混凝土箱涵,钢筋混凝土箱形通道;钢筋混凝土盖板涵,条石盖板涵,钢筋混凝土盖板通道。

4)按填土厚度分类

根据涵洞洞顶填土厚度的不同,可分为明涵和暗涵。明涵洞顶不填土,适用于低路堤或浅沟渠;洞顶填土厚度大于 50cm 的称为暗涵,适用于高路堤和深沟渠。

2. 涵洞布置

公路涵洞孔径设计必须保证设计洪水以内的各级洪水及流冰、泥石流、漂流物等安全通过,并应考虑壅水、冲刷对上下游的影响,确保涵洞附近路堤的稳定。涵洞孔径设计应注意沟渠地形,不宜过分压缩沟渠和改变水流的天然状态。涵洞的孔径,应根据设计洪水流量、沟渠地质、沟渠和锥坡加固形式等条件确定。

1)设计洪水频率

公路涵洞的设计洪水频率应符合表 1-13 的规定。

涵洞设计洪水频率　　表 1-13

公路等级	高速公路、一级公路	二级公路	三级公路	四级公路
涵洞及小型排水构造物	1/100	1/50	1/25	不作规定

2)标准孔径

孔径是指圆管涵、倒虹吸涵内壁管径,其他涵是指墩台(或箱)壁之间距。涵洞的单孔孔径 $L_k<5m$,管涵及箱涵不论管径或孔径大小、孔数多少,均称为涵洞。涵洞标准孔径有:$L=0.75m$、1.0m、1.25m、1.5m、2.0m、2.5m、3.0m、4.0m。标准化孔径的涵洞适用于装配式结构,适用于机械化、工厂化施工。

根据规范要求,当涵洞长度大于 15m 小于 30m 时,其内径或净高不宜小于 1m;长度大于 30m 时不宜小于 1.25m,以防止泥土堵塞,便于养护。压力式和半压力式涵洞必须设置基础,接缝要求紧密。

3)涵底纵坡

涵底纵坡最好选用临界坡度,此时涵洞的排洪能力最大。但设计时,涵洞的纵坡是根据实际沟坡确定。涵底最小纵坡不宜小于 0.4%,以防止淤积,也不宜大于 5.0%,以免遭受急流冲刷。当洞底纵坡大于 5.0%时,其基础底部宜每隔 3~5m 设置防滑横隔墙或将基础砌筑成阶梯形。当洞底纵坡大于 10%时,涵洞的洞身及基础必须分段设计成阶梯形。

4)涵洞长度

涵洞长度是指涵洞两端洞口之间的斜长距离,包括涵洞纵向坡度、路基横断面与涵洞纵身交角所产生的涵洞增长,涵洞长度计算图式如图 1-34 所示。

涵洞长度计算公式如下:

$$L_{上}=\frac{B_{上}+(h_2-h_1)\times m}{\cos(\tan^{-1}i)}\qquad L_{下}=\frac{B_{下}+(h_4-h_3)\times m}{\cos(\tan^{-1}i)}\qquad L=\frac{L_{上}+L_{下}}{\cos(90^\circ-\theta)}$$

式中：L——涵洞全长(m)；

B——路基宽度(m)；

$B_上$、$B_下$——上、下游路基宽度(m)；

$L_上$、$L_下$——涵洞上、下游长度(m)；

h_1、h_3——上、下游涵洞高度加洞顶结构厚度(m)；

h_2、h_4——上、下游路基边缘至上、下游洞口低缘垂直高度(m)；

m——路堤边坡坡度(°)；

i——涵洞设计纵坡坡度(%)；

θ——涵洞中线与路基中线的交角(度)。

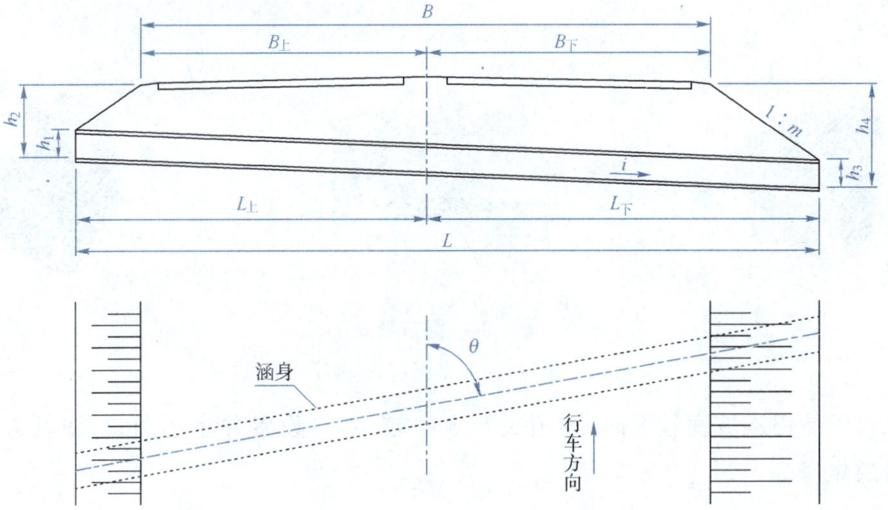

图 1-34 涵洞长度计算

5)设计涵洞位置

在公路跨越农田或灌溉沟，或与一条明显的河沟相交时，应设置能满足灌溉和引排水要求的涵洞。公路路界范围内排水设施需要排水时，应设置涵洞。

3. 涵洞结构

涵洞结构由洞口、洞身及附属工程组成，如图 1-35 所示。当地基承载力符合设计要求时，即为岩石地基，涵洞可不设基础，管身直接搁置在天然地基上。

根据涵洞中线与路基中线的关系，可分为正交涵洞和斜交涵洞。正交涵洞中线与路基中线垂直成 90°，斜交涵洞中线与路基中线成小于 90°的交角。

1)洞口

洞口建筑设置在涵洞的两端，包括进水口和出水口，分别有八字、一字及井字等结构形式，如图 1-36 所示。

(1)进水口

涵洞的进水口起束水导流作用，使水流顺畅地进入涵孔。根据涵洞所在河沟及洞口附近的地形、地质情况、水流性质可采用不同形式的进水口，如八字墙、一字墙、井字形等。当

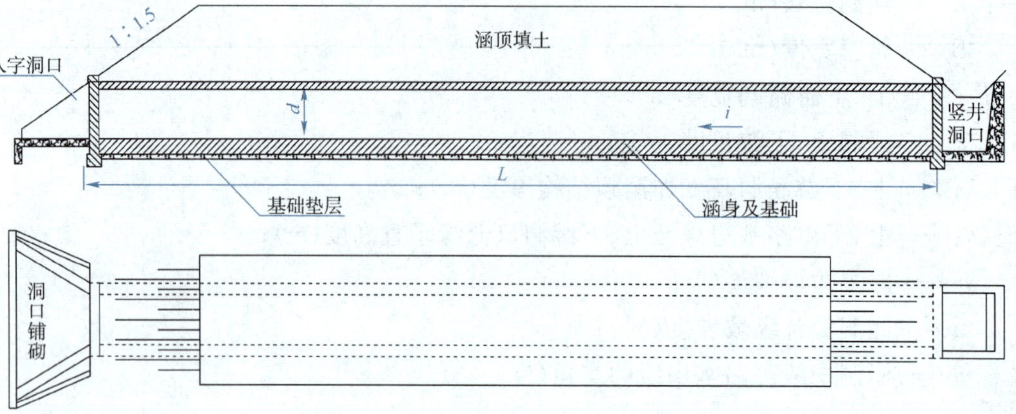

图 1-35 涵洞一般构造

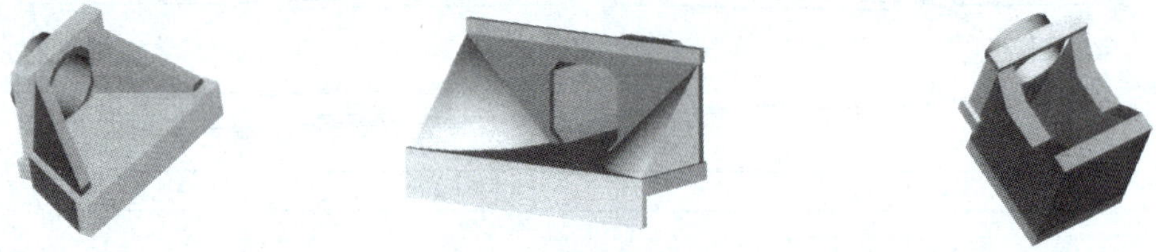

a) b) c)

图 1-36 洞口形式

a)八字洞口;b)一字洞口;c)井字洞口

涵洞进水口天然河沟坡度较大时,水流夹带泥沙较多,可设置井字形洞口,使其起到消能和沉淀泥沙的作用。

(2)出水口

涵洞的出水口起扩散水流作用,使水流无冲刷的自由堰流离涵孔,其构造类似于涵洞进水口。根据涵洞所在河沟及洞口附近的地形、地质情况、水流性质可采用不同形式的出水口,如八字墙、一字墙、急流槽及跌水等。

(3)洞口结构

进出水洞口主要构造是由不同形式的挡土墙(翼墙、端墙)及其基础、洞口铺砌等部分组成,箱涵洞口结构形式如图 1-37 所示。

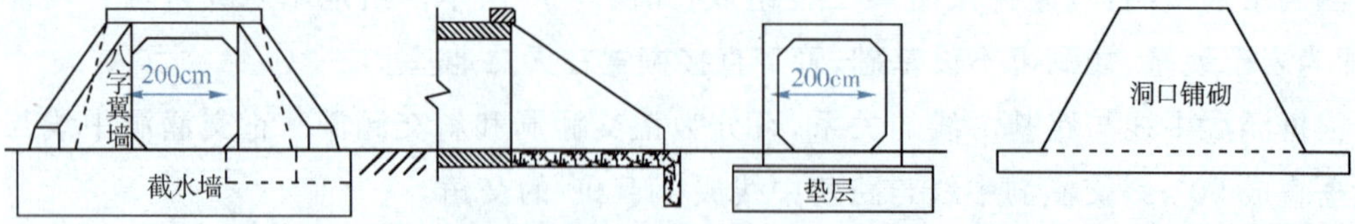

a) b) c) d)

图 1-37 箱涵

a)八字洞口;b)洞口翼墙;c)洞身断面;d)洞口铺砌平面

2)洞身

洞身是涵洞过水的主体,为涵洞的主体工程。洞身工程内容包括洞身、基础、垫层、支撑梁。选择洞身结构和各部位尺寸,主要是根据设计荷载确定。

（1）圆管涵

圆管涵为刚性结构，其过水量一般按无压力式涵洞设计，少数按半压力式，倒虹吸涵按压力式设计。圆管涵的孔数、孔径的标注格式，如 1-Φ1.25 则表示单孔、直径 1.25m 的圆管涵。

圆管涵管节分标准管节和调整长度用的辅助管节。标准管节 1m，辅助管节 0.5m。管节间缝隙不大于 2cm，拼接方式为：一种采用沥青浸泡过的麻絮填塞，外圈包裹两道 10cm 宽满涂热沥青的油毛毡；另一种采用一圈八层防水布组成，经热沥青胶合，再用纸板绑带包扎。

圆管涵基础一般采用混凝土、片块石结构。混凝土基础分两次浇筑，先浇筑管底以下部分，待安放管节后，再浇筑管底以上混凝土。圆管涵涵身、基础形式如图 1-38 所示。

图 1-38　圆管涵

a）涵身；b）矩形基础；c）梯形基础

涵洞基底在修整好以后及基础砌（浇）筑前，一般需要铺设砂垫层，厚度不小于设计量，并用平板振动器进行振实、找平。

（2）盖板涵

盖板涵的盖板为简支板结构，涵台为四框架结构。盖板涵（拱涵）设置涵（墩）台，其高度是指涵洞（墩）台墙高度。盖板涵的孔数、孔径、台墙高度的标注格式，如 2-2.0×2.2 则表示两孔、孔径 2.0m、墩台墙高 2.2m 的盖板涵。

盖板涵的盖板一般采用钢筋结构，墩台墙及基础采用砌石或钢筋混凝土结构。

一般根据盖板涵洞孔径确定板厚，如图 1-39 所示。为了提高盖板强度，一般在盖板跨中加厚。预制盖板宽度为 99cm，在盖板底层设受力主钢筋，顶层设架立钢筋，各种钢筋沿板长和板宽方向均匀布置。当盖板涵为斜交时，涵身中间部位的盖板正交预制安装，两端洞口部位以梯形现浇钢筋混凝土施工。

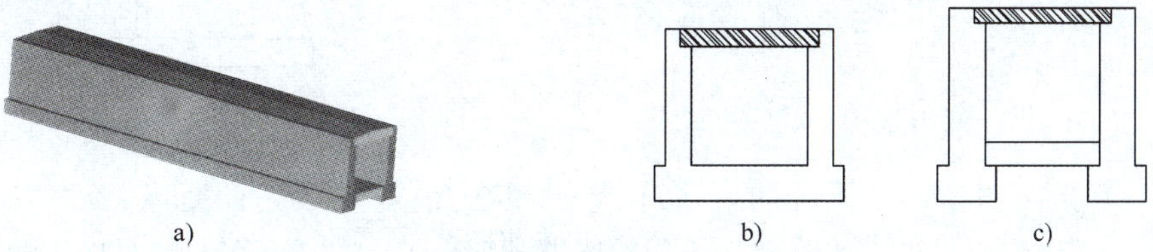

图 1-39　盖板涵涵身

a）立体；b）整体式基础；c）分离式基础

盖板涵的特点是孔径越大，实心板越厚。板厚还与混凝土强度等级（石料强度等级）、配筋的数量有较大关系。根据涵下净高要求，相适应的设置墩台高度和厚度。

盖板涵（拱涵）台身基础可分为整体式和分离式，分离式一般在两台身基础之间设置支撑梁。涵洞整体式基础一般为矩形基础，其尺寸通常按台身大小而定，而不受地基承载力的控制。分离式基础是单独修建在各涵台下相互独立的基础，在跨径较大及地基强度较高时采用。对于基础采用分离式结构时，当涵洞孔径 $L<2m$，其基础支撑梁可采用块片石砌；$L\geqslant 2m$ 必须采用钢筋混凝土结构。

盖板涵基础一般采用浅埋式混凝土、片块石结构，特殊情况采用深埋式桩基础。

(3)箱涵

箱涵为刚性结构，其过水量一般按无压力式涵洞设计。箱涵的孔数、孔径的标注格式，如 1-2.0×2.0 则表示单孔、孔径 2m、涵高 2m 的箱涵。箱涵涵身形式如图 1-40 所示。

其截面为整体式的箱形，故称为箱涵。是一种钢架结构，采用钢筋混凝土建筑材料做成的，有现浇和预制两种。

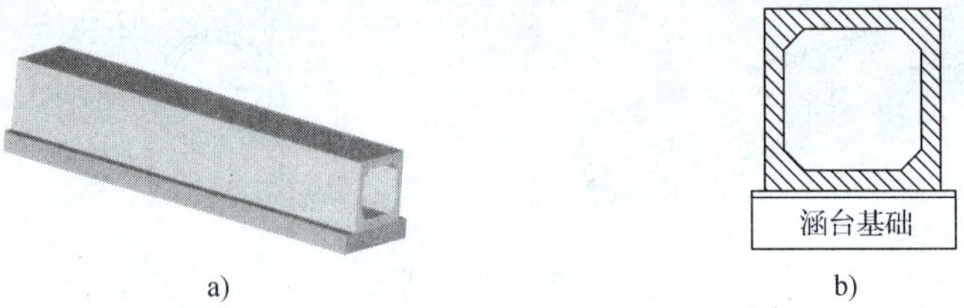

图 1-40 箱涵涵身

a)立体；b)断面形式

几何尺寸表示如下：如 1-2.0×2.0 则表示一孔、孔径 2.0m、涵高 2.0m 的箱涵；如 2-3.0×2.6 则表示两孔、孔径 3.0m、墩(台)墙高 2.6m 的拱涵。

(4)拱涵

拱涵的拱圈为无铰拱结构，涵台为重力式结构，拱矢度一般不小于 1/3。半圆拱石拱涵，在结构组成、施工工艺要求与拱式桥基本一致，对地基的承载力要求高，不能产生不均匀的沉降，以免造成拱圈开裂。拱涵的孔数、孔径的标注格式，如 2-3.0×3.5 则表示两孔、孔径 3m、涵墩(台)高 3.5m 的拱涵，拱涵涵身形式如图 1-41 所示。

图 1-41 拱涵涵身

a)立体；b)断面形式

3)沉降缝

沉降缝是为了适应地基压缩性(沉降)差异等因素而设置的垂直缝，一道涵洞沉降缝是从涵洞的顶部到基底断开的通缝。为防止洞身结构不均匀沉降，应在涵身长度方向每隔 4～6m 设沉降缝一道，具体设置应视地基情况及路堤填土高度而定。沉降缝应采用具有弹性和不透水性填缝料，并应填塞紧密，缝宽一般为 20～30mm。

圆管涵全长范围一般设置 3 道沉降缝，其位置放在路基中部和两路肩下的管节接缝处。

4)防水层

防水层有外贴防水和内填止水两种方法。涵洞防水层一般采用外贴防水方法,即采用柔性防水层和刚性防水层,见表1-14所列。防水层的材料可用沥青、油毛毡、防水布、水泥砂浆与三合土等,应按设计要求和现场具体情况选用。

防水层类型 表1-14

防水层	柔性防水层		刚性防水层		
	涂热沥青两层	三油两毡	防水砂浆	防水混凝土	钢筋网混凝土
厚度	1～1.5mm×2	5mm	2cm	4～6cm	5cm

防水砂浆、混凝土中一般掺入适量的微膨胀剂、减水剂与防水剂,以提高其抗裂、抗渗能力;钢筋网混凝土防水层是在涵顶表面铺设5cm厚细石混凝土,配置ϕ4@200双向钢筋网片,其坚硬性、整体性较好。

对工期要求紧迫、防水要求比较高的涵洞结构物,也可采用材质较好的柔性防水卷材进行防水处理,加快施工进度,但不适合用于明涵顶面防水。

管涵管节处防水是在浇捣完成的混凝土基础上,安装关键管节,按步骤做好管节间2cm缝隙的沥青麻絮填塞,外包裹4层10cm宽的沥青浸制麻布,再用4道粗铁丝绑扎,然后在管节内接头处用1∶3砂浆抹带。

预制管涵一般采用10t汽车吊,进行机械安装。

5)基坑开挖

涵洞基础一般为浅埋基础。其基坑开挖是在保证坑壁(边坡)稳定的情况下进行,开挖断面可采用垂直基坑、斜坡和阶梯形基坑、变坡度基坑。涵洞基坑宽度一般超出基础结构尺寸0.5m,开挖基坑采用机械施工,开挖至设计高程以上20～30cm时,应改用人工清理至设计高程。

涵洞位置在软基处理预压路段时,必须待路基预压期结束才能开挖。当圆管涵位置在非软基处理路段时,需待路基填筑至涵顶高程时才能开挖基坑。由此可以确保圆管涵在施工过程中、施工结束后沉降量最小。

在进行公路路基设计时,将涵洞部位的土石方包含在土石方数量表中,通常不扣减涵洞体积所占的土石方数量。对此涵背回填土石方数量不再次计价。

在冰冻地区,洞口两端2m范围内的基底应置于冰冻线以下。

6)回填

涵洞处路堤缺口填土应从涵洞洞身两侧不小于2倍跨径范围内,同时按水平分层、对称地按照设计要求的压实度填筑、夯(压)实。回填及压实是在涵洞砌体砂浆或混凝土强度达到设计强度的75%以上进行,填料宜采用透水性材料。透水性材料不足时,可采用石灰土或水泥稳定土回填,其分层填土厚度宜为0.1～0.2m。高速公路、一级公路涵身背后和涵洞顶部填土压实度标准,从填方基底或涵洞顶部至路床顶面均为95%,其他等级公路为93%。圆管涵回填的涵顶以上及涵身两侧在不小于2倍孔径范围内分层对称夯实,管中心线以下填土,压实度达到93%以上。施工过程中,当洞顶填土厚度不足0.5m时,严禁任何重型机械和车辆通过。

用机械填土时，除应按照上述规定办理外，涵洞顶上填土厚度必须大于0.5～1m时，才允许机械通过。

4.其他附属工程

过水涵洞的附属工程有洞外铺砌、人工水道等。通道涵附属工程有接线路基土石方、路面工程等。

1)洞外铺砌

一般地形进出水口均已进行洞口铺砌，但应在洞口以外长度3～5m范围做洞外铺砌，压力式涵洞出水口铺砌长度要大于5m。倒虹吸涵进出水口须设置竖井，包括防淤沉淀井等设施。

2)人工水道

当涵前天然沟槽纵坡10%～40%时，可采取修整沟槽，铺砌加固方式处理。涵前的天然沟槽纵坡为40%～70%时，水流速度很大，应设置急流槽；当天然沟槽纵坡不小于70%时应设置跌水，以减缓流速，削弱水能。

1.5 防护工程

修建公路将受到沿线地形、地质条件对路基填筑的不同程度影响，路基开挖和填筑后将不断经受各种错综复杂的自然因素的作用，路堑形成后将改变地层结构的受力状态。岩性差的岩体，在水温变化条件下，加剧风化；边坡受到水的渗透后湿度增大，岩土的强度降低；边坡表面在温差作用下形成干湿循环，导致强度衰减；地表水流冲刷，地下水源浸入，使岩层表面失稳，易造成和加剧路基的水毁病害；沿河路堤在水流对路堑和路堤的冲击、淘刷和侵蚀下，易遭破坏；湿软的路基体承载力下降，易导致路基沉陷。因此，只有灵活选用防护类型，与排水设施进行综合设计，才能够充分稳固公路路基，确保道路安全，减少公路灾害，促进公路与自然环境保持协调发展。

1.5.1 防护类型

防护工程是在稳定的路基体上修筑的人工构造物，用以保护公路路基。防护工程必须根据当地条件，因地制宜地采用经济合理的防护加固措施，目的是保护公路路基的稳定，美化路容，提高公路使用质量。

1.按防护作用分类

根据公路路界范围、沿线地形及地质条件，路基防护工程主体有坡面防护、加固防护、冲刷防护和支挡防护。

1)坡面防护

坡面防护，它不承受外力作用，主要是保护路基边坡表面免受雨水冲刷，减缓温差及温度变化的影响，防止和延缓岩土表面的风化、破碎和剥蚀，从而保护路基边坡的整体稳定性，同时还兼顾改善环境景观、保护生态环境。

2)加固防护

加固防护是处于坡面防护和支挡防护之间的一种防护措施,用于防止和延缓较风化、破碎的岩土表面碎落及小范围坍塌,进而确保边坡体整体稳定、安全。

3)冲刷防护

冲刷防护主要是指沿河滩路堤、水泽区路堤、滨海路堤、桥头堤岸等常年或季节性浸水,受流水冲刷、拍击和淘洗,造成路基浸湿、坡脚淘空,或水位骤降时堤岸内细粒填料的流失,致使堤岸失稳、崩坍,此时应考虑修筑防冲刷人工构造物。

4)支挡防护

支挡防护(如重力式挡土墙)主要是指承受土体侧压力的墙式构造物。主要用来支撑天然边坡或人工填土边坡,以保持土体稳定;同时还起到压缩路基横断面的作用,减少公路用地。

2. 按防护位置分类

按防护位置可分为路堑坡面防护和路堤坡面防护,也可称为路基上边坡防护、下边坡防护。对于支挡防护的形式而言,按防护位置可分为路堑挡土墙、路堤挡土墙(即路堤墙、路肩墙)以及矮墙。

3. 按防护结构分类

按防护结构可分为护坡、护面墙和挡土墙三种形式。

①护坡是在设计的坡面上进行加固,主要防止水流冲刷。

②护面墙倾斜在坡面上,覆盖各种软质岩层和较破碎岩石的挖方边坡的剥落,有压盖和保护坡面的作用。

③挡土墙是为防止路基填土或山坡土体坍塌而修筑的承受土体侧压力的墙式构造物。

在坡面防护中可分网格骨架和封面,则护坡的基本形式有封面、护坡、护面墙。

在冲刷防护中的结构形式有抛石防护、导治构造物等。导治构造物一般又可采用顺坝、丁坝、石笼护坡等结构形式。

在支挡防护中的结构形式有重力式挡土墙、衡重式挡土墙、锚杆挡土墙等。

4. 按工程材料分类

按工程材料可分为植物防护和工程防护。植物防护有植(播)草、植树、铺草皮。工程防护有砌石防护、混凝土防护。

骨架护坡是在坡面上首先采用工程防护做成骨架,然后在骨架内完成植物防护。

5. 按施工方法分类

按施工方法可分为人工砌筑片块石、浇筑混凝土、预制块护坡,以及人工抹面、捶面、机械喷射混凝土、喷播植草等。

防护工程内容架构如图 1-42 所示。

- 防护工程
  - 坡面防护
    - 植物防护
      - 植草
        - 播种草
        - 铺草皮
        - 三维植被网
        - 喷播植草
      - 植树
    - 骨架护坡
      - 人字形
      - 方格形
      - 拱形
    - 圬工护坡
      - 干砌片石
      - 浆砌片石
      - 浆砌混凝土预制块
    - 封面
      - 捶面
      - 抹面
      - 喷护
        - 喷射砂浆
        - 喷射混凝土
        - 锚杆挂网喷混
  - 边坡加固
    - 护面墙
      - 实体式
      - 窗孔式
    - 系统锚杆混凝土框架
    - 预应力混凝土锚杆护坡
      - 框架梁锚杆护坡
      - 地梁锚杆护坡
      - 单锚墩锚杆护坡
  - 冲刷防护
    - 直接防护
      - 植物防护
      - 抛石混凝土
      - 抛石
      - 石笼
    - 间接防护
      - 丁坝
      - 顺坝
      - 改河
  - 支挡防护
    - 护脚墙(矮墙)
    - 挡土墙
      - 重力式
      - 半重力式
      - 悬臂式
      - 扶壁式
      - 锚杆
      - 锚定板
      - 加筋土
      - 桩板式

图 1-42　防护工程内容架构

1.5.2 坡面防护

边坡崩塌一般分为落石、滑坡、泥石流三类。在严重的公路灾害中有时边坡崩塌将会有三种情形同时出现。排水设施和防护工程，其主要是避免边坡在自然环境的作用下出现崩塌。

1. 植物护坡

采用植物防护就是利用植被对边坡的覆盖作用、植物根系对边坡的加固作用，保护路基边坡免受大气降水与地表径流的冲刷。采用植物防护，加大植被面积，减少地表径流，可以减少路基的水土流失，维系自然生态。

1)植草

植草包括种草和铺草皮，适用于不浸水或短期浸水但地面径流速度不超过 0.6m/s 的边坡，一般要求坡高在 6.0m 以内。

(1)播种草

种草是一种施工简单、经济实用有效的坡面防护方法，适用于草类生长的土质边坡上。草种选用由气候、土质、施工季节等确定，宜采用易成活、生长快、根系发达、叶茎矮或有匍匐茎的多年生草种。对于不利于草类生长的土质，应在坡面上先铺一层不小于 10cm 的种植土再栽植或播种。

人工播种草籽是将草籽加土拌和，均匀播种在表土翻松的坡面上。机械喷播草籽分湿法喷播和客土喷播。除此之外还有三维植被网种草。暴雨强度较大的地区，可在坡面上铺设植生袋，将草籽、肥料和土均匀拌和并裹于土工织物内。

(2)铺草皮

铺草皮适用于需要快速绿化，且坡率缓于 1∶1 的土质边坡和严重风化的软质岩石边坡。草皮通常按需要切制成 20～30cm 的矩形块，边缘一般切成斜边，以便于压缝搭接。铺草皮主要有平(满)铺草皮、铺方格网草皮、方格网植草等形式。如图 1-43 所示。

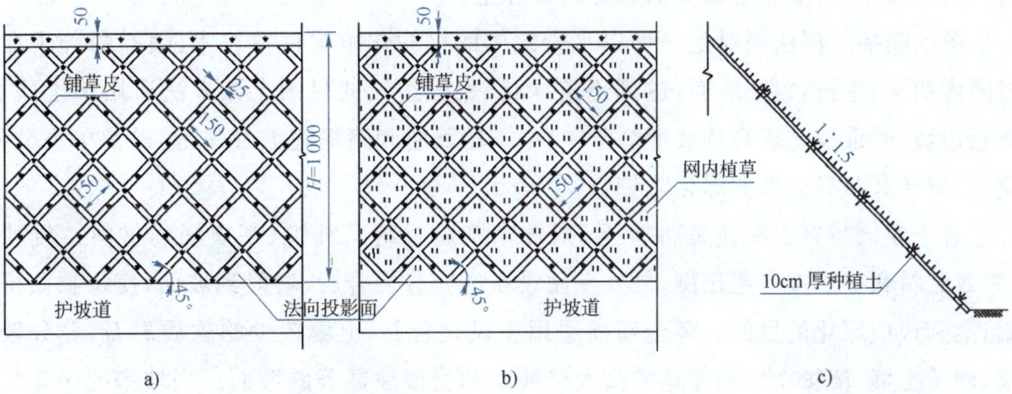

图 1-43 植草

a)铺方格网；b)方格网植草；c)侧面

①满铺草皮　在整个坡面底边自下而上平铺草皮，根据边坡坡率大小，每块草皮钉1～2个竹钉固定，竹钉长度一般为20～30cm。

②铺方格网草皮　在坡面底边间隔距离1.0～1.5m左右，铺设与底边夹角为45°的草皮带，形成1.0m×1.0m或1.5m×1.5m的草皮方格网，草皮带宽度约为50cm左右。

③方格网植草　在草皮带做成的方格网内种草。

(3)三维植被网

三维植被网护坡(图1-44)以热塑料树脂为原料制成，网中回填土采用客土或本土、肥料及含腐殖质土的混合料。其适用于砂性土、土夹石及风化岩石，且坡率缓于1∶0.75的边坡防护。

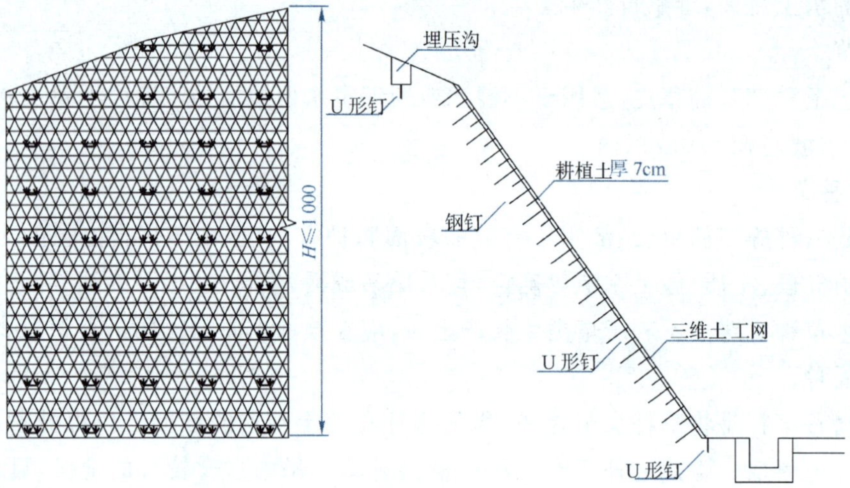

图1-44　三维植被网护坡

(4)喷播植草

喷播植草分湿法喷播和客土喷播。喷播前，需先整理坡面，清除坡面的浮根、浮石，根据坡面情况的需要设置坡顶排水沟。喷播采用专门的喷播机施工，要求各种材料混合均匀、喷播材料用量适中，喷播后要及时铺盖无纺布养生。

①湿法喷播　湿法喷播是一种以水为载体的机械化植被种植技术，喷播的种子在较短的时间内萌芽、生长，覆盖坡面，达到迅速绿化、稳固边坡的目的。该方法适用于土质边坡、土夹石边坡、严重风化岩石且坡率缓于1∶0.5的路堑和路堤边坡及平地，以及中央分隔带、立交区、服务区及弃土堆的绿化防护。

②客土喷播　客土喷播是将客土(指外来基质材料)、纤维(基质辅助材料)、侵蚀防止剂、缓效肥料和种子按一定比例，加入专用设备中充分混合后，喷射到坡面，使植物获得生长基础，达到快速绿化的目的。客土喷播适用于风化岩石、土壤较少的软质岩石、养分较少的土壤、硬质土壤、植物立地条件差的高大陡坡面和受侵蚀显著的坡面。当坡率陡于1∶1时，宜设置挂网或混凝土框架。挂网喷混植草护坡(图1-45)适用于砂性土、土夹石及风化岩石，且坡率缓于1∶0.75的边坡防护。

2)植树

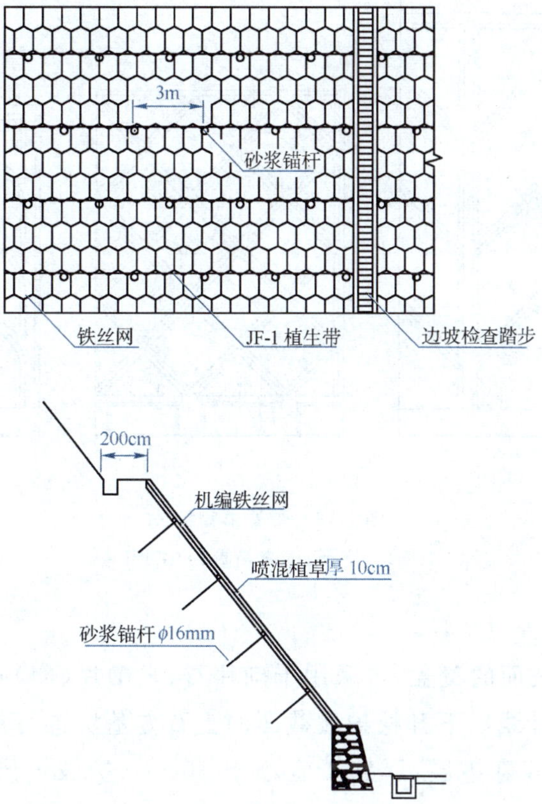

图 1-45 挂网喷混植草护坡

植物覆盖对于地表径流和水土冲刷有极大的减缓作用，枝叶繁茂的树冠能够截留一部分降水量，庞大的根系能直接吸收和含蓄一部分水分，可以稳定地表土层。植树适用于坡率缓于 1∶1.5 的边坡，或在边坡以外的河岸及漫滩外。树种应选用能迅速生长且根深枝密的树种。

2. 骨架护坡

采用骨架防护与种草防护结合起来的方法，图 1-46 中各骨架防护设计均兼有截水沟功能，一般冲刷仅限于框格内小范围，提高了防护效果，同时又美化了环境。骨架护坡有人字形、方格形、拱形等多种形式，骨架嵌入深度一般为 30～50cm。采用的材料有砌片石、现浇混凝土、混凝土预制块等。其设计应与周围景观相协调，土质和全风化岩石边坡坡率选取缓于 1∶0.75，坡面受雨水冲刷严重或潮湿时，坡率应缓于 1∶1。

①人字形骨架间距 4～8m，采用槽形断面，宽度 50～100cm，沟宽 20～50cm，沟深 10～20cm，当采用截水沟式骨架时，人字形骨架宜为 L 形断面，拦水带应高出坡面 5～10cm。

②方格形(菱形)骨架间距 1～4m，骨架宽度 30～50cm，与边坡水平线成 45°角。当采用截水沟式骨架时，骨架宜为 L 形断面，拦水带应高出坡面 5～10cm。

③拱形骨架间距 2～6m，骨架宽度为 30～50cm，圆拱半径 1～3m。当采用截水沟式骨架时，主骨架宜采用槽形断面，宽度 30～80cm，沟宽 20～50cm，沟深 5～10cm。拱圈用水泥混凝土预制块镶边成 L 形，镶边部分应高出坡面 5～10cm。

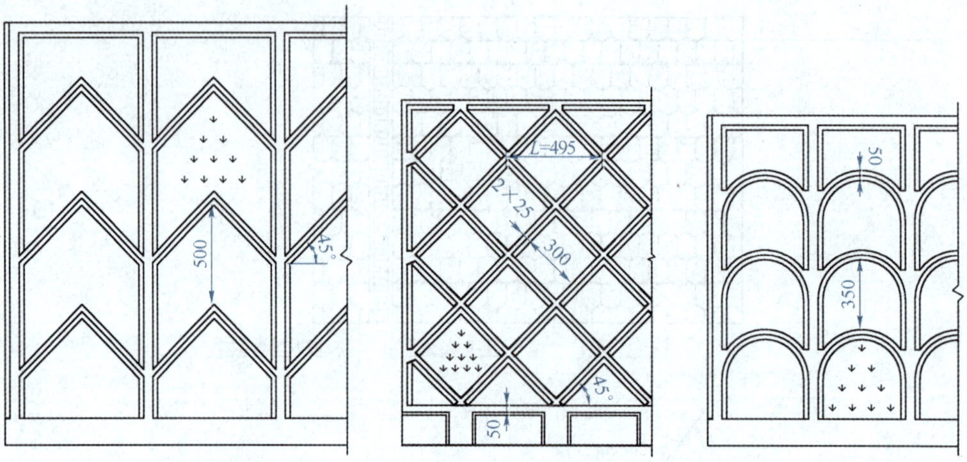

图 1-46　骨架植物护坡

a)人字形；b)方格形；c)拱形

3. 圬工护坡

圬工护坡是指对坡面的覆盖，可采用干砌片石、浆砌片(卵)石或混凝土预制块。护坡是在路基横断面设计线以下开挖护坡截面的土石方基坑进行的坡面上加固。护坡铺砌层下应设置碎石或砂砾垫层，厚度不宜小于 10cm。护坡坡脚应修筑墁石铺砌式基础，埋置深度一般为 1.5 倍护坡厚度，或者至边沟铺砌的底面。在基础较深时，可设计为干砌石垛基础。沿河线受水冲刷的基础，应埋置在冲刷线以下 0.5～1m 处，或采用石砌基础。

1)干砌片石护坡

干砌片石护坡适用于坡率缓于 1∶1.25 的土(石)质路堑边坡，厚度不宜小于 25cm，有单层铺砌、双层铺砌两种形式。双层铺砌的上层为 0.25～0.35m，下层为 0.15～0.25m。

2)浆砌片(卵)石护坡

浆砌片(卵)石护坡适用于坡率缓于 1∶1 的易风化岩石和土质路堑边坡，厚度不宜小于 25cm，砌筑砂浆强度不应低于 M5。护坡应每隔 10～15m 设置 2cm 宽伸缩缝，缝内填塞沥青麻筋等填缝料，在基底土质变化处，还应设置沉降缝，可考虑将伸缩缝与沉降缝合并设置。护坡的中、下部交错布置直径为 10cm 的圆形泄水孔，其间距为 2～3m，以排泄护坡背面的积水及减少渗透压力。砌石护坡如图 1-47 所示。

3)混凝土预制块护坡

水泥混凝土预制块护坡适用于石料缺乏地区的路基边坡防护。预制块的混凝土强度不应低于 C15，在严寒地区不应低于 C20，厚度不应小于 6cm，板块边长宜采用 0.2～0.6m，当边长大于 0.6m 时，应配置构造钢筋。预制块之间砌缝宽宜为 1～2cm，缝内用沥青麻筋或聚合物合成材料填塞。六边形水泥混凝土空心块内可填充种植土，喷播植草，如图 1-48 所示。

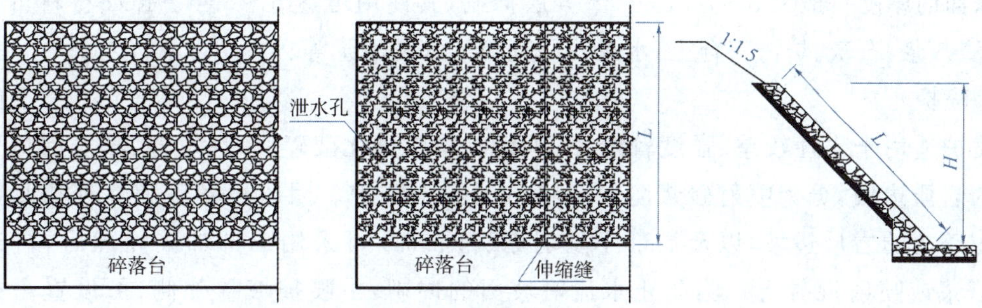

a) b) c)

图 1-47 砌石护坡

a)干砌;b)浆砌;c)侧面

混凝土预制块护坡适用于坡率缓于 1∶0.75 的土质边坡和全风化、强风化的岩石路堑边坡,并视需要砌筑片石或混凝土边框。

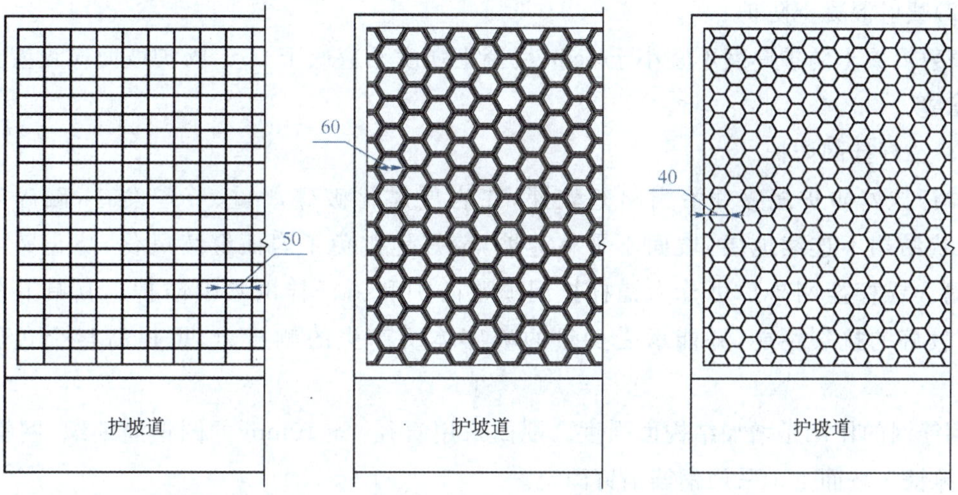

a) b) c)

图 1-48 预制块护坡

a) 矩形;b)六边空心;c)六边实心

4.封面护坡

为防止易风化(如泥质砂岩、泥质板、页岩、泥灰、千枚岩等)的路堑岩质坡面继续风化,一般是在边坡上加铺一层耐风化表层,以隔离大气的影响,称之为封面。封面方法适用于各种易风化、无地下水的岩质边坡,但又要求其本身必须是稳定的,坡面是未经严重风化的,并处于干燥状态。封面厚度不宜小于 3cm,其形式包括捶面、抹面、喷射等。

1)捶面防护

捶面的强度较高,可抵抗较强的雨水冲刷,使用期约 8 ～10 年;大面积捶面时,每隔 5～10m 应设伸缩缝。捶面厚度不宜小于 10cm,较抹面厚度大,一般采用等厚截面。为便于捶打成形,常用的除石灰、水泥、土三种混合外,还有石灰、炉渣、黏土拌和的三合土,以及再加上适量砂粒的四合土。

2)抹面防护

抹面的厚度一般为3～7cm，分2～3层抹刷，其使用可达6～8年。抹面材料可采用石灰、炉渣灰浆，石灰、炉渣三合土，水泥、石灰砂浆、水泥砂浆等。

3)喷护

喷护适用于岩性较差、强度较低、易风化或岩层风化破碎、节理发育、其表层风化剥落严重的岩质边坡，分为喷射砂浆防护和喷射混凝土防护。因风化剥落和节理切割而导致大面积碎落的岩质边坡，以及局部小型坍塌、落石时，可采用局部加固处理后，再进行大面积喷浆或喷射混凝土。为防止水流对坡面的冲刷，沿喷护坡顶外侧，可设置一条小型截水沟。

(1)喷射砂浆防护

在边坡率缓于1∶0.5、易风化但未经严重风化的岩石边坡上，可采用喷射砂浆防护方法，其厚度不宜小于5cm，砂浆强度不应低于M10，喷护坡面应设置泄水孔和伸缩缝。

(2)喷射混凝土防护

喷射混凝土防护厚度不宜小于8cm，混凝土强度不应低于C15，喷护坡面应设置泄水孔和伸缩缝。

(3)锚杆挂网防护

锚杆挂网防护能够处治当路堑较深，在岩层风化破碎严重、节理发育，破碎岩层较厚、层状结构不连续地层、坡面不平整边坡，较好地避免了岩面继续风化，防止坠石或小型崩塌。锚杆挂网防护可分为锚杆挂网喷浆防护和锚杆挂网喷混防护。其具有较高的强度，较好的抗裂性能，并能承受少量的破碎体所产生的侧压力，可提高整个边坡的稳定性。

钢筋网的作用是增加结构面强度。网面采用直径4～10mm的圆钢筋编织，网格10cm左右，摊铺于坡面上。采用钢筋锚钉固定。

①锚杆挂网喷浆防护　锚杆应嵌入稳固基岩内，锚固深度是根据岩体性质确定。砂浆强度不应低于M10，厚度宜5～7cm。

②锚杆挂网喷混防护　喷射水泥混凝土的强度不应低于C15，厚度宜10～15cm；在喷射过程中应添加速凝剂以促使尽快凝固。

1.5.3 加固防护

边坡加固设计是根据边坡(可能下滑)稳定性分析资料，鉴别边坡的破坏模式，确定边坡不稳定及范围，对加固方案的合理性、安全性进行技术经济论证，然后确定边坡加固形式。边坡加固常用护面墙、预应力锚杆两种形式，其实际为浅层加固和深层加固。

1. 护面墙

护面墙倾斜于坡面上，覆盖在云母片岩、绿泥片岩、泥质灰岩、千枚岩及其风化严重的软质岩层和较破碎岩石的边坡上，以防止继续风化，有效地防止边坡冲刷，防止滑动型、流动型及落石型的边坡崩坍，是挖方边坡最常见的一种防护形式。护面墙有实体、窗孔等形式，有单级、双级坡面护面墙。为保证护面墙稳定性，墙体较高时应分级修建，一般单级高度为6～10m，坡率一般不宜陡于1∶0.5。

在修筑护面墙前，应清除风化岩至新鲜岩面，凹陷处应局部用石砌圬工填塞镶砌。对于风化迅速的云母岩、绿泥片岩等边坡，清挖出新鲜岩面后，应立即修筑护面墙。要求墙面紧贴坡面，表面砌平。护面墙一般采用浆砌片、块石铺砌，在缺乏石料的地区，也可以采用现浇混凝土或预制混凝土结构。护面墙厚度参考值见表1-15所列。

护面墙厚度参考　　表1-15

护面墙高度 H(m)	路堑边坡	护面墙厚度(m)	
		顶宽 b	底宽 d
≤2	1∶0.5	0.4	0.4
≤6	>1∶0.5	0.4	$0.4+H/10$
$6<H\leqslant 10$	1∶0.5～1∶0.75	0.4	$0.4+H/20$
$10<H\leqslant 15$	1∶0.75～1∶1	0.6	$0.6+H/20$

护面墙基础应设置在稳定的地基上，埋置深度应根据地质条件确定。冰冻地区应埋置在冰冻深度以下不小于0.25m。护面墙前趾应低于边沟铺砌的底面，其基础修筑在不同岩层时，应在其相邻处设置2cm沉降缝一道，用沥青麻絮填缝。

1)实体式护面墙

在两级护面墙之间要设置不小于1m宽的平台；每级墙背隔4～6m高度设置一个耳墙，耳墙宽0.5～1.0m。护面墙纵向每隔10～15m设置2cm宽伸缩缝，用沥青麻絮填塞，深度10～20cm。墙体坡面上每隔2～3m交错设置泄水孔，孔径为0.1m；在墙体背面泄水孔位置，采用碎石和砂砾做成反滤层。如图1-49所示。

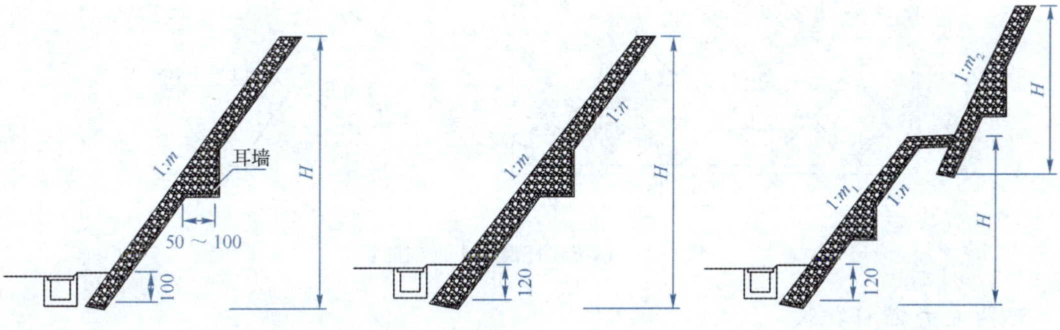

a)　b)　c)

图1-49　实体式护面墙

a)等厚；b)不等厚；c)两级

2)窗孔式护面墙

窗孔式护面墙防护的边坡不应陡于1∶0.75。墙孔通常高度为2.5～3.5m，宽度

2～3m。墙孔内可采用植物、圬工或捶面防护，其他要求同实体式护面墙。如图 1-50 所示。

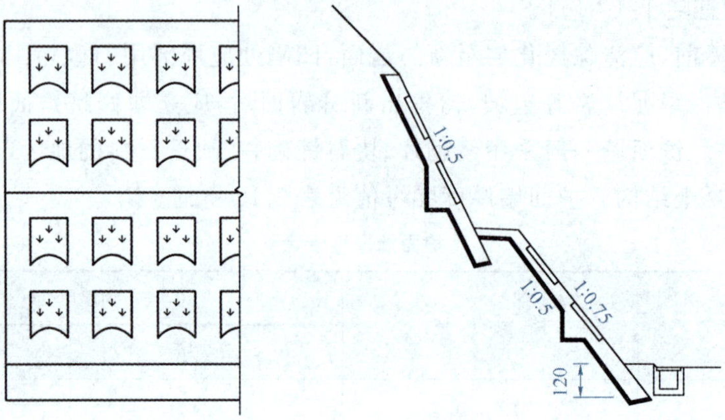

图 1-50　窗孔式护面墙

2. 系统锚杆混凝土框架护坡

边坡高度较大，坡体中无不良结构面、风化破碎的岩石路堑边坡，宜采用非预应力的系统锚杆。系统锚杆宜为全黏结型锚杆，锚杆长度为 4～10m，间距为 1.5～4m。锚杆宜采用螺纹钢筋，直径 14～32mm，设计抗拔力不低于 75kN，锚杆钢筋保护层厚度不应小于 2cm。

注浆材料宜选用 M20 水泥浆或水泥砂浆，注浆压力不低于 0.2MPa。框架采用钢筋混凝土，其强度不低于 C25，宽度为 40～60cm，厚度为 40～60cm。框架内可为喷播植草等形式。如图 1-51 所示。

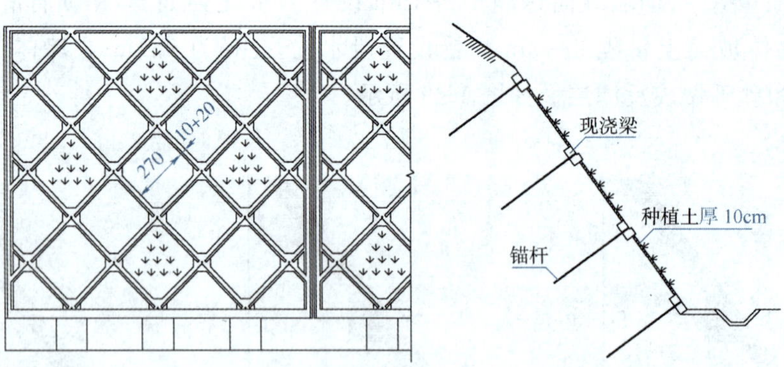

图 1-51　系统锚杆混凝土框架防护

3. 预应力锚杆护坡

对于边坡中存在不良结构面、具有潜在破坏面或滑动面的土质边坡和岩石路堑边坡，宜采用预应力锚杆。预应力锚杆护坡是近几年发展起来的一种新型加固措施，主要结构形式可分为锚杆和锚梁两部分，无锚梁的预应力锚杆护坡称为单锚墩。预应力锚杆护坡是将破碎松散岩层组合连接成整体，从而达到加固边坡的目的。其最大特点是可保持既有坡面状态下深入坡体内部，进行大范围加固；通过预应力锚杆预先主动对边坡松散岩层施加正压力，起到挤密锁固作用；同时，对锚杆孔高压注浆，浆液填充裂隙和孔隙，又可提高破碎岩体的强度和整体性；结构简单、工期短，相对于滑坡后处理其造价低廉。

预应力锚杆护坡是一种补强加固方式，适用于裂隙和断层发育、防护边坡工程巨大的高陡边坡。

1)预应力锚杆

预应力锚杆构造由锚固段、自由段和锚头构成，锚头由垫墩、钢垫板和锚具组成(图1-52)。锚固段的预应力筋应每隔 1.5～2.0m 设置隔离架。锚杆材料可根据锚固工程性质、

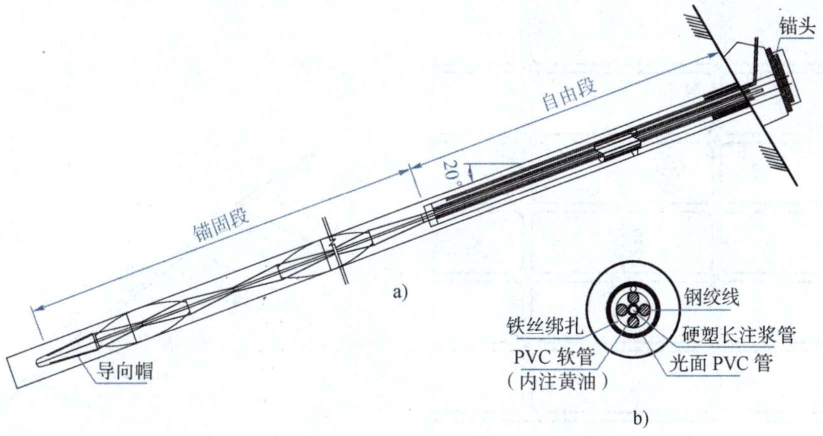

图 1-52 预应力锚杆

a)结构；b)自由段断面

锚固部位、工程规模选择高强度低松弛的钢绞线、精轧螺纹钢筋(直径宜为 16～32mm)或普通预应力钢筋。有条件时，宜优先采用无黏结钢绞线。预应力筋的保护层厚度不应小于2cm。硬质岩锚固宜采用拉力型锚杆，土质及软质岩锚固宜采用分散型锚杆。锚杆总长度由锚固段长度、自由段长度及外露段长度组成。预应力锚杆间距一般为 3～6m，锚固体上覆土层厚度不应小于 4m，锚固段长度为 4～10m，锚杆自由段长度不宜小于 5m，并应超过破裂面1～2m。钻孔直径 100～150mm。

注浆材料宜选用水泥浆或水泥砂浆，其设计强度不低于 30MPa，压力分散型锚杆锚固段注浆体抗压强度不宜低于 40MPa。

2)锚梁

预应力锚杆的锚固形式是根据边坡岩土类型、工程特征、锚承载力大小、锚材料和长度、施工工艺等条件确定，其常用结构形式及适用条件见表 1-16 所列。

坡面结构常用类型及适用条件　表 1-16

结构形式	适用条件	备注
格子(框架)梁护坡	风化较严重、地下水丰富、软质岩、土质边坡	多雨地区，梁宜做成截流沟式
地梁护坡	软硬岩体相间、土质边坡	地质较差地段
单锚墩护坡	硬质岩、块状或整体性好的岩体	

预应力锚杆护坡可用于土质、岩质的边坡加固，其锚固段应置于滑面以下稳定地层中。其承压结构应根据滑坡体岩土性质和承载力确定，宜采用钢筋混凝土框架或地梁，其坡面应采取防止表土被雨水冲刷、局部溜塌的措施。

(1)锚杆框架(格子)梁护坡

框架梁锚固截面一般采用矩形或T形，梁体宽度不小于0.30m，单元尺寸不宜小于3m×3m。梁内主筋应分单元配置通长配筋。梁体嵌入坡面岩体内深度不宜小于0.20m；水泥混凝土强度等级不宜低于C20，框架内可分喷播植草。锚杆格子梁如图1-53所示。

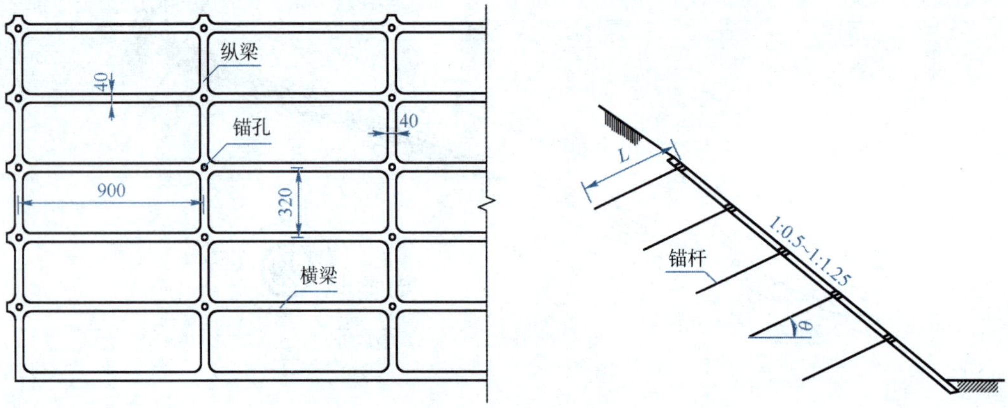

图1-53　锚杆格子梁

(2)地梁锚杆护坡

对于那些浅层稳定性好，不必用框架稳固浅层。但深层易失稳的高陡岩土边坡，可以采用锚杆地梁，去掉框架的横梁，从而节省工程材料，如图1-54所示。预应力锚杆的作用是锚固坡体，地梁的作用是墩头和将锚杆群连成一个整体。地梁之间可采用喷播草防护；如果坡体浅层稳定性较差，也可在地梁之间采用浆砌片石盖面。

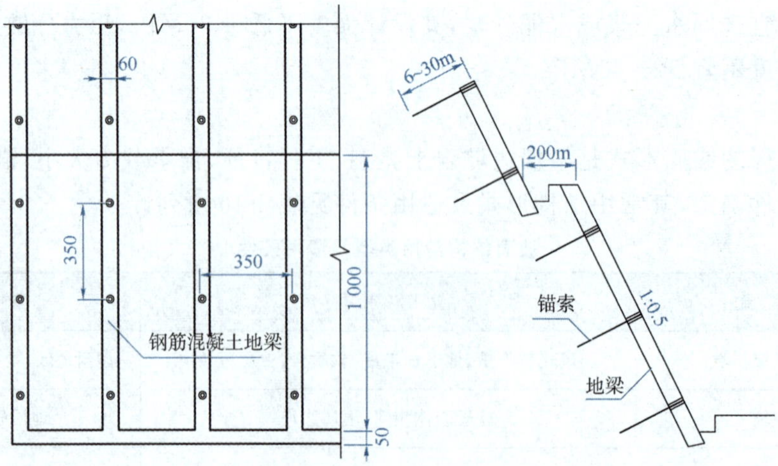

图1-54　锚索地梁

地梁的施工顺序为：按设计要求开挖并平整坡面→在坡面上定出地梁位置并铺设模板，留出预应力锚索孔的位置→浇筑地梁混凝土→待地梁强度达到要求后钻锚索孔→孔下锚索并给锚孔注浆→待压浆体强度达到设计要求后按一根地梁上的锚索数量和设计的张拉工序张拉锚索到设计吨位→视情况在地梁之间采用浆砌片石等方法盖面→采用液压喷播或厚层基材喷播植草→对坡面植被进行养护直到长出茂盛的植被。锚索地梁如图1-54所示。

(3)单锚墩锚杆护坡

对于浅层稳定性，但深层易失稳的高陡岩土边坡，采用单锚墩锚杆护坡较为经济。单锚墩设计应根据锚力大小，满足岩体承载要求，并配置适量的构造钢筋。锚头的水泥混凝土强度等级不得低于C20。如图1-55所示。

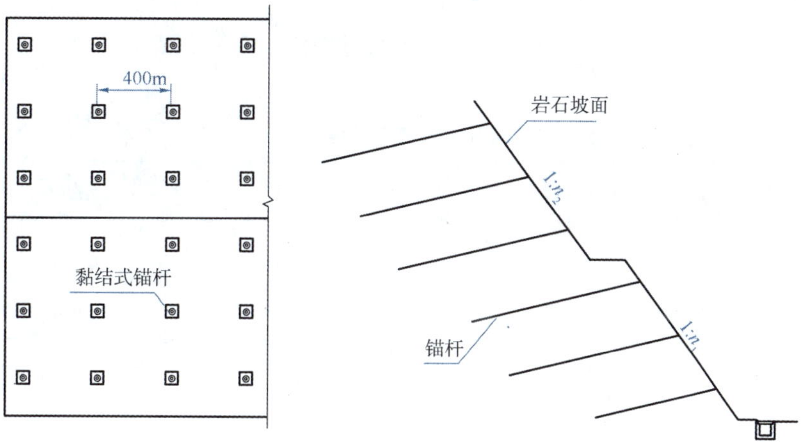

图1-55　单锚墩

1.5.4 冲刷防护

冲刷防护主要是针对沿河滩路堤、水泽区路堤、滨海路堤、桥头堤岸等常年或季节性浸水，受流水冲刷、拍击和淘洗，造成路基浸湿、坡脚淘空，或水位骤降时堤岸内细粒填料流失，致使堤岸失稳、崩坍，而应考虑修筑的防冲刷人工构造物。冲刷防护按其作用可分为直接防护和间接防护两大类。

1. 直接防护

直接防护是指在坡面或坡脚处加铺护面墙、混凝土板或采用砌石护坡以及土工织物护面等，针对较强冲刷的直接防护措施有抛石、石笼和(浸水)挡土墙等，以此减轻或避免水流的直接冲刷。

1)植物防护

路堤边坡若不是经常浸水或长期浸水，可采用种草或铺草皮防护。已扎根边坡的种草防护可容许缓慢水流(0.4～0.6m/s)的短时冲刷，铺草皮防护可容许1.2～1.8m/s流速的季节性水流冲刷。在沿河路基外的河滩上可植种喜水性树种的防水林带，其平面布置以多行带状或梅花式为宜。

2)砌石及混凝土护坡

砌石及混凝土护坡适用于允许流速2～8m/s的路堤。浆砌片石的厚度，应按流速及波浪的大小等因素确定，并不小于0.35m，并应设0.1～0.15m厚的碎石和砂砾垫层。水泥混凝土预制块防护的预制块尺寸，应根据计算确定。用于冲刷防护的砌石及混凝土护坡的基础应埋置在冲刷线以下0.5～1m，否则应采取其他防冲刷措施。

3)抛石护坡

抛石不宜单独使用，通常仅作为一种辅助措施。其适用于经常浸水且水深较大的路基边坡或坡脚，尤其适用于浸水挡土墙、护坡基础的防护，在抢修工程中用处较多。

抛石护坡坡率和选用石料粒径是根据水深、流速和波浪情况确定，石料粒径应大于30cm，坡率不应陡于所抛石料浸水后的天然休止角(参考值见表1-17)，厚度不应小于所用最小石料粒径的3～4倍。在洪水消退后，使路基迅速干燥，减少路基土被冲带走，应在抛石背后设置反滤层。

抛石边坡坡率参考值　　表1-17

水文条件	采用边坡
水浅，流速较小	1∶0.25～1∶2
水深2～6m，流速较大，波浪汹涌	1∶2～1∶3
水深大于6m，在急流中施工	缓于1∶3

4)石笼防护

石笼防护不能作为常规的防护措施。在沿河路堤坡脚或河岸受水流冲刷和风浪侵袭时，或沿河挡土墙、护坡基础局部冲刷深度过大时，可采用石笼防护，其容许流速4～5m/s的水流冲刷。

石笼采用细钢筋作骨架，由直径3～4mm粗铁丝或镀锌铁丝编织石笼。一般普通粗铁丝石笼可使用3～5年，镀锌铁丝石笼可使用8～12年。石笼一般制成直径约50cm、高1.5～2m圆柱形，以便于滚动就位。石笼也可做成长2～3m、宽1～2m、高0.5～1m箱形的长方体，以便于多层堆码。相邻铁丝笼应用铁丝连成整体。石笼内所填石料，应选用容量大、浸水不崩解、坚硬且未风化石块，块径应大于石笼的网孔。在盛产竹料的地区，可用竹石笼代替铁丝石笼。

石笼编织材料应尽可能采用镀锌铁丝或高强度聚合物土工格栅。石笼护坡应设置厚度为0.2～0.4m的砂砾垫层，或铺设一层土工布。

2. 间接防护

间接防护是指沿河路堤修筑调治构造物、改移河道、疏浚河道和种植防水林带等，将危害路基的较大水流引向指定位置，以减少水流对路基的直接冲刷。

修筑丁坝、顺坝、护岸在路基工程中属于调治构造物。设置丁坝和顺坝应合理规划导流线和选择导流水位。导流线应适用河道演变的发展规律，使水流顺畅。

1)丁坝

丁坝是指坝根与河岸(或河滩路堤)相连、坝身倾向于水流的堤坝。丁坝适用于宽浅变迁性河段,用以排流或减低流速。丁坝长度是根据防护长度、丁坝与水流方向的交角、河段地形、水文条件及河床地质情况等确定。其横断面形式和尺寸应根据材料种类、河流的水文特性等确定,坝顶宽度根据稳定计算确定。如图1-56所示。

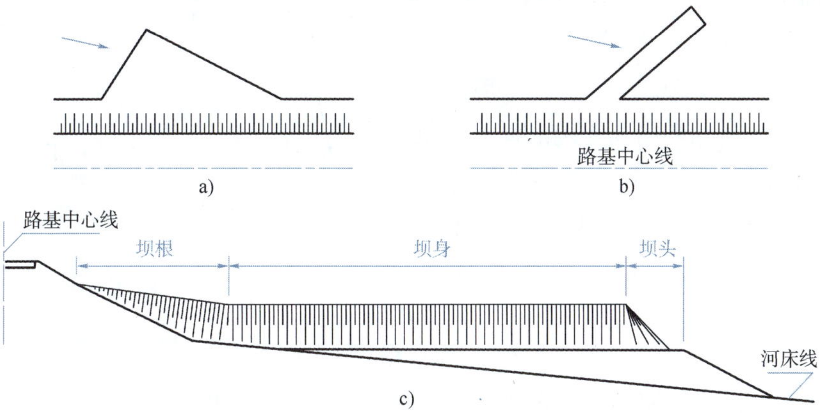

图1-56　丁坝

a)矶头式;b)导流式;c)横断面

用于路基防护的丁坝宜采用漫水坝或潜坝,丁坝与水流方向的交角应小于或等于90°为宜。当设置群坝时,坝间距离不应大于前坝长度。

2)顺坝

顺坝是指坝根与河岸相连,坝身留有缺口,坝身与水流大致平行(坝头又可能与河岸连接)的堤坝。其用于调整流水曲度和改善流态。顺坝的布置必须确定一个合理的导治线,坝根位置宜设在主流转向点的上方。坝顶宽度应根据稳定性计算确定,坝根应嵌入稳定河岸内不小于3m。漫溢式顺坝应在坝后设置格坝。如图1-57所示。

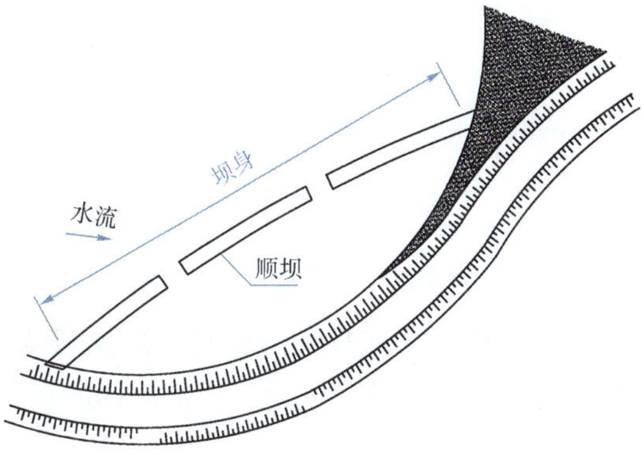

图1-57　顺坝平面

3)改河

改河工程一般限于局部段落,如裁弯取直、挖滩改道、清除孤石等。新河道断面可参照原河床状态,河面宽度与原河道的稳定河宽应大致相等。

1.5.5　支挡防护

根据路基滑坡性质,可采用挡土墙、抗滑桩、高压旋喷桩等支挡工程,以抵抗整个滑体的滑动。在特定的填方路堤或挖方路堑路段,路基工程中又需要设置比挡土墙矮小的护脚墙。

1. 护脚墙

填方路堤路段坡脚设置护脚墙可以减少占用水田和避免坡脚浸水；在山坡上的挖方路基坡脚有沿斜坡下滑的趋势，也可设置护脚墙。如图 1-58 所示。护脚墙一般采用浆砌或干砌片石，断面为梯形。软土地区或冰冻严重地段不宜设置护脚墙。

护脚墙一般顶宽 0.5～1.0m，墙内坡直立，墙外坡为 5∶1～3∶1；路堤墙高度为一般公路不宜超过 2.0m，高速公路和一级公路不超过 2.5m；路堑墙高度不超过 3.0m。

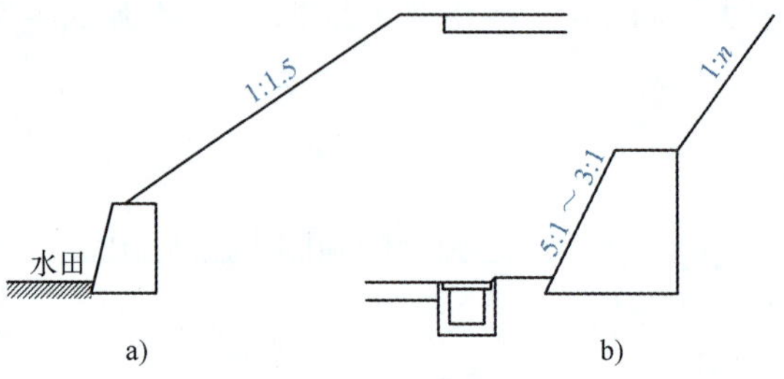

图 1-58　护脚矮墙

a)路堤；b)路堑

2. 挡土墙

挡土墙是利用空间、缩小填挖断面、整治路基坍塌的有效措施之一。公路通过沿河或悬崖峭壁时，若全部开挖路基，不仅大面积破坏山体，影响生态平衡，而且土石方工程量巨大。若挖方数量大，废方不易处理；若填方数量大，则坡脚伸出过远，可能会挤占河道，使水流流速增大，故而采用挡土墙以减少路基横断面的挖、填数量，并保护路基得以稳定。

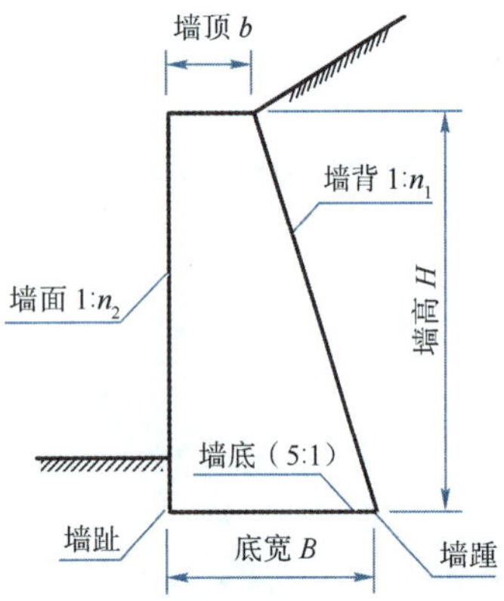

图 1-59　挡土墙一般构造

根据挡土墙设置的位置不同分为：路堑挡土墙，可减少山坡开挖，降低边坡高度；路肩挡土墙和路堤挡土墙，可收缩坡脚，减少占地；浸水挡土墙，可避免水流冲刷。挡土墙一般构造为：墙身靠填土（或山体）一侧称为墙背，大部分外露的一侧称为墙面，墙的底面部分称为墙底，墙背与墙底的交角称为墙踵，墙面与墙底的交角称为墙趾。墙踵到墙顶的垂直距离称为墙高 H。挡土墙一般构造如图 1-59 所示，挡土墙纵向结构如图 1-60 所示。

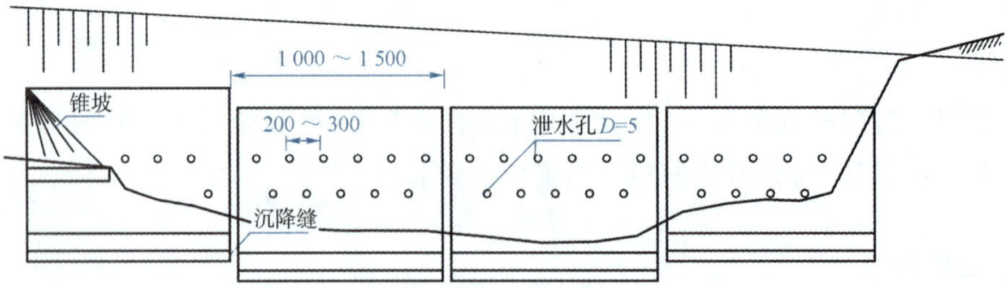

图 1-60　挡土墙纵向结构

按挡土墙结构特点，可分为重力式、半重力式、钢筋混凝土悬臂式和扶壁式、锚杆式、锚定板式、加筋土式、桩柱式等类型，如图 1-61 所示。拟定墙身断面尺寸是根据挡土墙的用途、墙高和墙趾的荷载大小和方向、基础埋置的深度、地质和水文等条件、可能的地震作用，在满足稳定性和强度要求的前提下，按结构合理、断面经济和施工方便的原则比较确定。

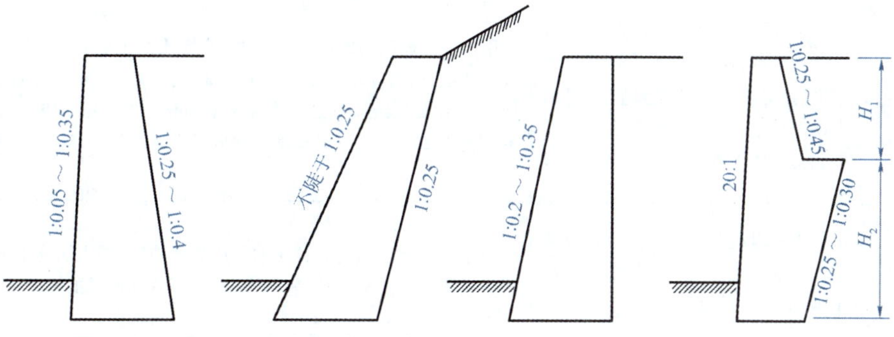

图 1-61　重力式挡土墙

a)俯斜式；b)仰斜式；c)垂直式；d)衡重式

挡土墙设计应根据墙背渗水量，合理布置排水构造物；具有整体式墙面的挡土墙应设置伸缩缝、沉降缝；墙背填料宜采用渗水性强的砂性土、砂砾、碎(砾)石、粉煤灰等材料，严禁采用淤泥、腐殖土、膨胀土，不宜采用黏土作为填料；在季节性冻土地区，不应采用冻胀性材料作填料。

各类挡土墙结构形式及适用条件见表 1-18 所列。

各类挡土墙结构形式及适用条件　　表 1-18

挡土墙类型	结构形式	适用条件
重力式挡土墙	采用块石、片石、混凝土预制块砌筑，也可采用片石混凝土、混凝土进行整体浇筑	适用于一般地区、浸水地区和地震地区的路肩、路堤和路堑等支挡工程。干砌墙高度不宜超过 6m，浆砌墙高度不宜超过 12m。高速公路、一级公路不应采用干砌挡土墙
半重力式挡土墙	采用混凝土或少筋混凝土浇筑	不宜采用重力式挡土墙的地下水位较高或较软弱的地基上，墙高不宜超过 8m，则宜采用钢筋混凝土半重力式挡土墙
悬臂式挡土墙	采用钢筋混凝土浇筑	宜在石料缺乏、地基承载力较低的填方路段采用，墙高不宜超过 5m
扶壁式挡土墙	采用整体钢筋混凝土浇筑	宜在石料缺乏、地基承载力较低的填方路段采用，墙高不宜超过 15m
锚杆挡土墙	采用钢筋混凝土柱、板与锚杆组合结构。挡土墙可采用单级或多级墙体	宜用于墙高较大的岩质路堑地段，可用作抗滑挡土墙，可采用肋柱式或板壁式单级墙或多级墙，每级墙高不宜大于 8m，多级墙的上、下级墙体之间应设置宽度不小于 2m 的平台
锚定板挡土墙	采用钢筋混凝土柱、板与钢拉杆与填料组合结构。挡土墙可采用单级或多级墙体	宜使用在缺少石料地区的路肩墙或路堤式挡土墙，但不应建筑于滑坡、坍塌、软土及膨胀土地区。可采用肋柱式或板壁式，墙高不宜超过 10m。肋柱式锚定板挡土墙可采用单级墙或双级墙，每级墙高不宜大于 6m，上、下级墙体之间应设置宽度不小于 2m 的平台，上下两级墙的肋柱宜交错布置

续上表

挡土墙类型	结构形式	适用条件
加筋土挡土墙	为加筋体结构，面板采用钢筋混凝土板；面板形状可采用十字形、矩形等。拉筋材料宜采用钢筋混凝土板条、钢带、复合土工带或土工格栅等	用于一般地区的路肩式挡土墙、路堤式挡土墙，但不应修建在滑坡、水流冲刷、崩塌等不良地质地段。高速公路、一级公路墙高不宜大于12m，二级及二级以下公路不宜大于20m。当采用多级墙时，每级墙高不宜大于10m，上、下级墙体之间应设置宽度不小于2m的平台
桩板式挡土墙	由嵌岩桩和桩间挡土板组成的钢筋混凝土结构，需要时可在桩顶0.3h处设置锚杆	用于表土及强风化层较薄的均质岩石地基，挡土墙高度可较大，也可用于地震区的路堑或路堤支挡或滑坡等特殊地段的治理

1)重力式挡土墙

重力式挡土墙依靠重力抵抗土压力，其形式是根据墙背的倾斜角度分类，可分为俯斜式、仰斜式、垂直式、衡重式，其墙背和墙面的坡率变化范围如图1-61所示，路肩挡土墙和桥梁组合形式如图1-62所示。

现浇混凝土墙身，墙顶宽度不应小于0.4m；砌石圬工墙身，墙顶宽度不应小于0.5m。挡土墙墙后应尽量采用渗水材料填筑及在墙体预埋泄水管(在常水位0.3m以上)，以利于迅速排出积水。挡土墙应分段砌筑，每隔10～15m设置伸缩缝，在地形、地质及高度变化较大处应设置沉降缝。

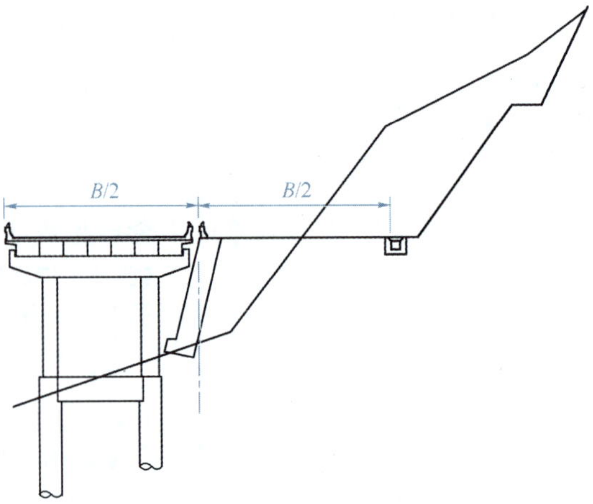

图1-62　路肩重力式挡土墙和桥梁组合

2)半重力式挡土墙

半重力式挡土墙类似于重力式挡土墙，一般采用素混凝土结构，或在墙背、墙趾处设置少量钢筋，以减薄墙身，节省圬工数量。板底的前趾扩展长度不宜大于1.5m。如图1-63所示。

3)悬臂式挡土墙

悬臂式挡土墙的墙身由立墙、墙踵前趾板三部分组成。顶部立墙最小厚度应为0.15～0.25m。立墙坡率一般采用50∶1～20∶1；墙踵前趾板厚度不宜小于0.3m，底面一般做成水平的，具体尺寸应通过计算确定。当墙高超过6m时，宜采用扶壁式挡土墙。如图1-64所示。

4)扶壁式挡土墙

扶壁式挡土墙由挡土板、扶肋、墙踵前趾板三部分组成，其混凝土强度等级不应低于C20；主筋配置直径不宜小于12mm。扶壁式挡土墙分段长度不宜超过20m。每一分段宜设3个或3个以上的扶肋，间距通常在墙高的1/3～1/2范围，扶肋的厚度约为扶肋净距的1/8～1/6，但不小于30cm。如图1-65所示。

5)锚杆挡土墙

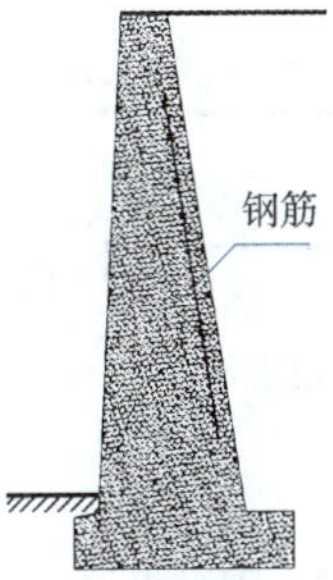

图 1-63 半重力式挡土墙

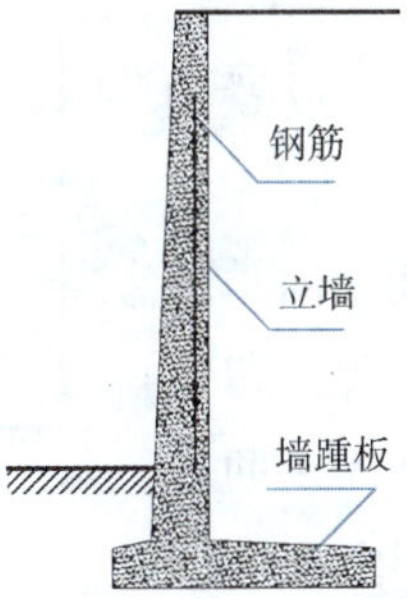

图 1-64 悬臂式挡土墙

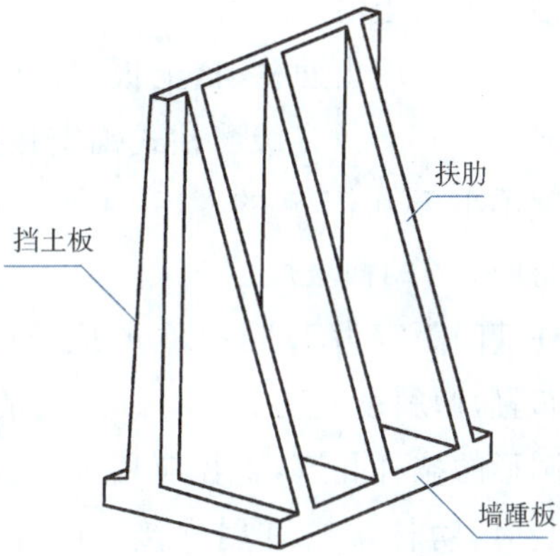

图 1-65 扶壁式挡土墙

锚杆挡土墙是应用锚杆施工工艺的一种轻型支挡结构，由肋柱、挡土板、锚杆组成，在路基不稳定陡坡上应用越来越广泛。锚杆的一端与肋柱、挡土板连接，另一端锚固在稳定的地层中，依靠锚杆与地层之间的锚固力(即抗拔力)承受土压力，维持挡土墙的平衡。

肋柱宜垂直布置或向填土一侧仰斜，但仰斜度不应大于 20∶1，肋柱间距宜为 2.0～3.0m。挡土板宜采用等厚度板，板厚不得小于 0.3m，预制板应预留锚杆的孔道。肋柱和挡土板采用的混凝土强度等级不应低于 C20，肋柱受力方向的前后侧面内应配置通长受力钢筋，直径不应小于 12mm。

每级肋柱上的锚杆层数，可设计为双层或多层。锚杆可按弯矩相等或支点反力相等的原则布置，并向下倾斜，与水平面的夹角控制在 15°～20°之间，锚杆层间距不小于 2.0m。多级肋柱式锚杆挡土墙的平台，宜用厚度不小于 0.15m 的 C15 混凝土封闭，并设置向墙外倾斜 2%的横坡率。锚杆挡土墙(预制挡土板)如图 1-66 所示，锚杆挡土墙(现浇挡土板)如图 1-67 所示。

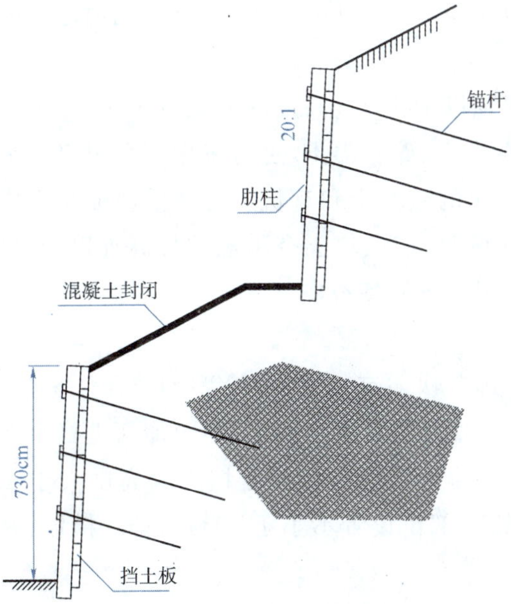

图 1-66 锚杆挡土墙(预制挡土板)

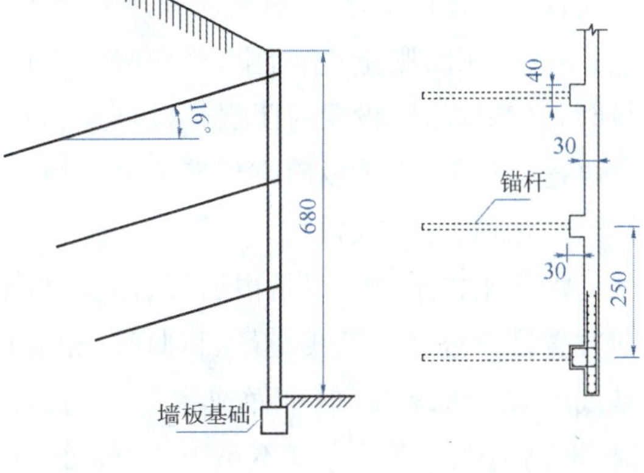

图 1-67 锚杆挡土墙(现浇挡土板)

6)锚定板挡土墙

锚定板挡土墙由肋柱、挡土板、拉杆、锚定板及墙背填料组成(图 1-68)。多级肋柱式锚定板挡土墙的平台,宜用厚度不小于 0.15m 的 C15 混凝土封闭,并设置向墙外倾斜的 2%的横坡度。

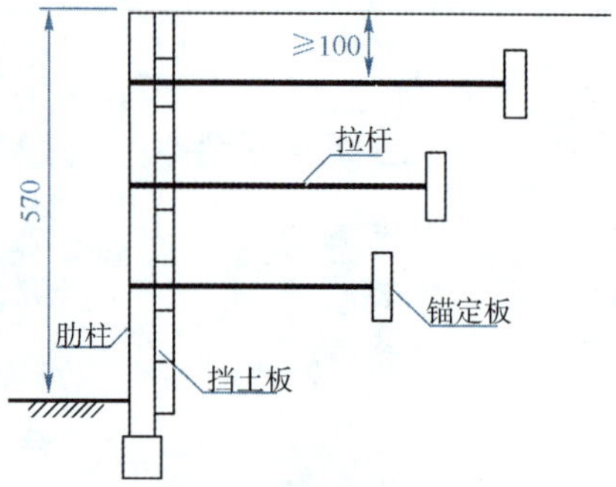

图 1-68　锚定板挡土墙

肋柱其间距宜为 1.5～2.5m,应采用垂直或向填土侧后仰布置,仰斜度宜为 20∶1。预制的肋柱须预留圆形或椭圆形的拉杆孔道,直径应稍大于拉杆直径。肋柱分段拼装时,肋柱接头宜用榫接。肋柱可采用矩形、T 形或工字形断面,顺墙方向的肋柱宽度不应小于 0.35m,肋柱厚度不宜小于 0.3m。每级立柱高度一般采用 3～5m。立柱受力方向的前后侧面内应配置通长受力钢筋。

钢筋直径不应小于 12mm。肋柱条形基础的混凝土强度等级不应低于 C15,挡土墙帽石混凝土强度等级不应低于 C20。

每根拉杆可采用单根或双根,并宜采用螺纹钢筋,直径宜为 22～32mm。拉杆的前端用螺母、钢垫板与肋柱连接;拉杆的后端用螺母、钢垫板与锚定板连接,拉杆、拉杆与肋柱及拉杆与锚定板接触处,必须做好防锈处理,并用沥青砂浆充填,并用沥青麻絮塞缝。当填料下沉稳定后,应将孔道空隙及外露钢构件用水泥砂浆填塞或包裹。最上一排拉杆至填料顶面的距离不得小于 1m。当锚定板埋置深度不足时,可采用向下倾斜的拉杆,其水平倾角 β 一般为 10°～15°。拉杆长度应满足挡土墙整体滑动稳定性的要求,且最下一层拉杆在主动土压力计算破裂面之后的长度,不得小于锚定板高度的 3.5 倍;最上一层拉杆长度不应小于 5m。

锚定板可采用钢筋混凝土板,立柱式锚定板面积不应小于 $0.5m^2$,无立柱式锚定板面积不应小于 $0.2m^2$,锚定板需双向配筋。

填料夯实度除符合路基压实度的规定外,墙顶以下 1.2m 高度内的填料压实度,不应小于最佳密实度的 95%。填料应采用砂类土、砾石类土、碎石类土,也可采用符合规定的细粒土;不应采用膨胀土,盐渍土,严禁采用有腐蚀作用的酸性土和有机质土。采用细粒土作填料时,路基顶面宜设置封闭层。拉杆及锚定板埋设时,应在填土夯填至拉杆高程以上 20cm 后再挖槽就位,锚定板前方超挖部分应用混凝土或灰土回填夯实。

7)加筋土挡土墙

加筋土挡土墙主要是由筋带、面板、填土构成,其次还有基础、帽石等结构(图 1-69)。平面布置通常可采用直线、折线和曲线,相邻墙面间的内夹角不宜小于 70°。加筋土挡土墙的基底不宜设置纵坡,但可做成水平且与地形结合的台阶形。加筋土挡土墙高度大于 12m 时,墙高的中部宜设宽度不小于 1.0m 的错台,错台部位设置不小于 20%的排水横坡,并采用混凝土板防护。

筋带是与填料之间产生摩擦力,承受垂直荷载和水平拉力。筋带目前应用的有钢带、钢筋混凝土板带、钢—塑复合土工带(CAT 带)和玻璃纤维复合土工带、土工格栅和土工网格及复合土工带等。筋带应有抗拉性能强，不易脆断，蠕变量小，与填料之间的摩擦系数大并具有良好的柔性、耐久等性能。国内一般采用钢筋混凝土带和聚丙烯土工带。钢筋混凝土筋带设计的每节长度不宜大于 3.0m，应满足强度要求和摩擦稳定的要求，混凝土强度等级不应低于 C25 号，钢筋直径不小于 8mm，并要求除锈、防锈。非镀锌钢带采用油漆防护时，喷涂油漆应不小于 2 遍。钢筋混凝土筋带的拉筋与墙面板连接部位，应以浸透沥青的玻璃丝布绕裹两层或采用三油二布进行防护。墙高大于 3.0m 时，筋带最小长度宜大于 0.8 倍墙高，但不小于 5m。当采用不等长的筋带时，同等长度筋带的墙段高度，应大于 3.0m。同一段挡土墙的筋带长度不宜多于 3 种，相邻不等长筋带长度差不宜小于 1.0m；底部筋带长度不应小于 3m，同时不小于加筋体高度的 0.4 倍。

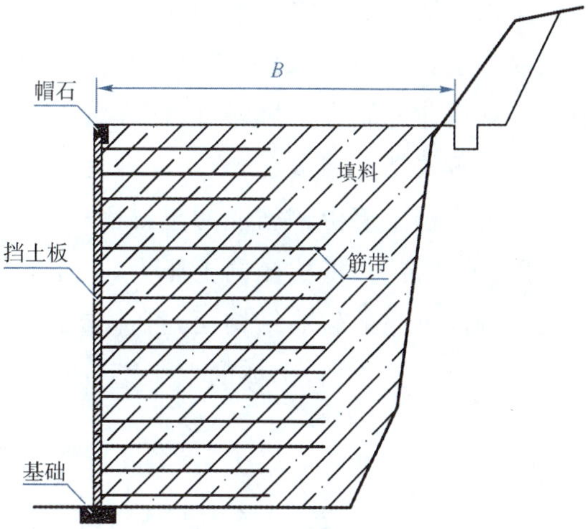

图 1-69　加筋土挡土墙

面板为简支板结构，作用是装饰墙体、抵挡墙后填料、通过结点将墙体土压力传递给筋带。面板应根据地质与地形条件，冻结和冲刷深度设置一定的埋置深度，各种形式的面板应满足稳固、美观以及运输与安装的方便。面板常采用混凝土或钢筋混凝土预制件，截面常采用槽形、L 形以及矩形等，混凝土强度等级不宜低于 C20，厚度不小于 8cm。与筋带连接必须牢固可靠，应有相应的防腐蚀处理，应作强度验算。钢筋混凝土筋带可采用焊接、扣环、螺栓等方式与面板连接；钢筋混凝土带、聚丙烯土工带可采用拉环与面板的连接，及直接穿过面板预留孔的连接方式；土工格栅可与面板上的预埋连接栓（或梢）相连接。加筋挡土墙的顶端面板上应根据线路纵坡，用现浇混凝土、浆砌混凝土预制块、浆砌条石做压顶帽石。

填料是加筋土挡土墙的主体材料，要求选择易压实、与加筋材料有足够的摩擦力，除了应该符合土工标准外还应该符合化学标准。筋带顶面填土时，严禁沿拉筋方向推土和施工车辆直接碾压筋带。碾压前筋带顶面的填土厚度不应小于 0.2m。

基础分为面板下的条形基础和加筋体基础，条形基础的作用主要是便于安砌墙面板，起支撑和定位作用。加筋体下部如没有石砌圬工、混凝土、或地基为基岩时，应设宽不小于 0.40m、厚不小于 0.20m 的混凝土基础。基础埋置深度不应小于 0.60m；斜坡上的加筋体应设宽度不小于 1m 的护脚，加筋体面板基础埋置深度从护脚顶面算起。条形基础及加筋体基础都应满足地基承载力的要求。如加筋体地基较差，可采取换填、土质改良以及土的补强等措施。当加筋土挡土墙采用分级错台及加筋体采用细粒填料时，上级墙的条形基础下应设置宽不小于 1.0m、厚度不小于 0.50m 的砂砾或灰土垫层。

当地基容易产生不均匀沉降时，为使墙面不产生过大变形，通常加筋土挡土墙要设计沉降缝。在加筋土挡土墙设计中，必须做好其附近的排水设计。由于加筋体内的填料被水饱和时，筋带所受的拉力将增加，筋带与填料之间的摩擦系数将降低，将对其造成很大的破坏。

因此应采取适当的排水、防水和放冻措施。如采用良好渗水性填料，设计水位以下宜做成石砌或混凝土实体墙；墙面板预留泄水孔，内侧设置反滤层或铺设透水土工织物；季节性冰冻地区宜采用非冻胀性土填料，内侧设置不小于0.5m厚的砂砾防冻层。

8)桩板式挡土墙

桩板式挡土墙由钢筋混凝土锚固桩和挡土板组成(图1-70)。主要利用深埋锚固段的锚固作用、被动抗力，抵抗侧向土压力，从而维护挡土墙的稳定。主要适用于岩体破碎、山体陡峻或有倾向公路的软弱结构面，可能造成坍塌的路堑地段。桩板式挡土墙的两端均设置一定长度的圬工挡土墙，山体的上半部分采用其他防护措施。

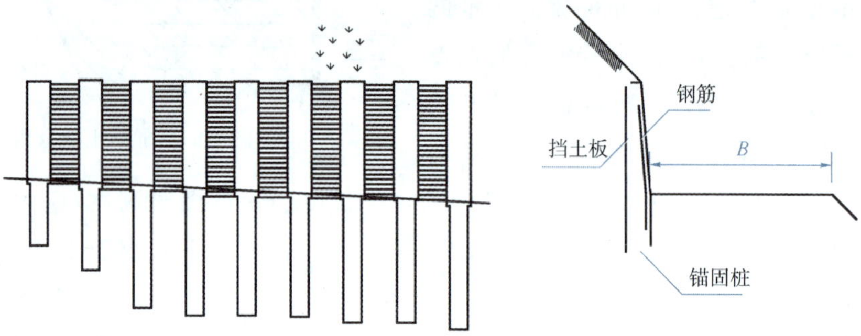

图1-70　桩板式挡土墙

锚固桩必须锚固在稳定的地基中，桩的悬臂长度不宜大于15m，锚固桩和挡土板的混凝土强度等级不应低于C20。桩的受力钢筋应沿桩长方向通长布置，直径不应小于12mm。桩的钢筋保护层净距不小于50mm。加锚杆的锚固桩应保证桩与锚杆的变形协调。

挡土板与桩搭接，搭接长度每端不得小于1倍板厚。若为圆形桩，则应在桩后设置搭接用的凸形平台，平台宽度应比搭接长度宽20～30mm。挡土板外侧面的钢筋保护层厚度应大于3.5cm，内侧板面保护层厚度应大于5cm；当采用拱形挡土板时，不宜用纯混凝土灌注，而应沿径向和环向配置一定数量的构造钢筋，钢筋直径不宜小于100mm。挡土墙的背面回填压实，随挡土板逐块安装循环进行，填料及填筑方法均需满足路基。

1.6　特殊路基处理

公路遇不良地形、不良地质条件、恶劣环境的路基，与一般路基相比则有明显的特殊性，必须进行专门的技术设计，采取防治和处治措施。

1.6.1　特殊路基处理类型

公路沿线或多或少存在不良因素的特殊性地基，采取对其防治和处治措施的过程称为特殊路基处理。特殊性地段的情形十分复杂，其类型及处治措施见表1-19所列。

特殊地段类型及处理措施 表 1-19

序号	特殊地基	处理措施
1	滑坡地段	排水、减载与反压措施、抗滑支挡工程
2	崩塌地段	坡面清除或放缓边坡、工程防护，设置拦石墙、落石槽，采取明洞、棚洞等遮挡构造物
3	岩堆地段	清除堆积物或放缓边坡、工程防护，设置拦石墙、落石槽、抗滑桩，采取明洞、棚洞等遮挡构造物
4	泥石流地区	桥梁跨越，设置排导沟、渡槽、导流坝、拦挡坝、格栅坝
5	岩溶地区	排水沟、片石填塞，混凝土支挡、盖板，桥梁跨越
6	软土地区	铺设垫层，轻质、加筋材料填筑，反压护道，排水固结，粒料桩、加固土桩
7	红黏土地区	放缓边坡，防护加固，路堑超挖换填，路堤基底设垫层、反滤层；压缩系数大于 0.5MPa^{-1} 的红黏土不得用于填筑路堤
8	高液限土地区	放缓边坡，防护加固，路堑超挖换填、路堤基底设垫层、反滤层；高液限土不得直接用于填筑路堤
9	膨胀土地区	放缓边坡，防护加固，基底换填或掺灰处理；膨胀土不得用于填筑路堤
10	黄土地区	放缓边坡，防护加固，路堑边坡小平台 2～2.5m、大平台 2～2.5m
11	盐渍土地区	设隔断层，基底换填，加设护坡道
12	多年冻土地区	基底换填，放缓边坡，采用土工合成材料加筋结构
13	风沙地区	低路堤，边坡坡率宜缓于 1∶3，路侧防沙工程
14	雪害地段	水平台阶、稳雪栅栏、防雪林、土丘及楔、导雪堤、防雪走廊、防雪栅、导风板、防雪堤
15	涎流冰地段	提高路堤，桥涵跨越，设聚冰沟、挡冰堤
16	采空区	开挖回填，充填，跨越，注浆
17	滨海地段	横断面宜采用斜坡式，坡面防护
18	水库地区	横断面宜采用台阶式，坡面防护

对于各种不良因素的特殊地段处治方法各不相同，对于相同的特殊地段又有不同的处治方法。经过多年的工程实践，特殊路基处理已形成三大类型。

1. 不适用土地基

对于软土、红黏土、高液限土、膨胀土等地区不良地质现象的特殊地段，总结出了预压法、换土法、排水法及复合地基处理等。软土地基处理按深度划分有浅层和深层处理。

2. 特殊环境地基

对于岩溶、黄土、盐渍土、盐渍、多年冻土、风沙、雪害和涎流冰地区等不良地理环境的特殊地段，总结出了填塞法、换土法、隔离法及跨越结构等。

3. 高边坡加固

对于滑坡和崩塌、岩堆、泥石流等不良地形地质条件的特殊地段，总结出了抗滑桩、锚杆地梁、锚杆挂网喷混防护等。

特殊地段的路基通常又存在多种因素的综合作用，公路路基受特殊自然环境、地质条件的各种影响时，主要将防治考虑在前，处治在后。因此，特殊路基处理在总体工程规模中占有一定的比重，但与地质灾害的处治相比仍然较少。相对的防治技术措施重要是改良土质、防护和支挡、跨越和绕避。如图 1-71 所示。

- 特殊路基处理
  - 不适用(软)土地基处理
    - 换填法
      - 挖淤泥换填砂砾
      - 抛石挤淤
      - 充砂垫层
      - 砂砾垫层
        - 排水型垫层
        - 固结型垫层
    - 加筋法
    - 排水固结法
      - 砂沟预压法
      - 真空预压法
    - 复合地基法
      - 砂桩
      - 石灰桩
      - 碎石桩
      - 水泥粉煤灰碎石桩
      - 高压旋喷桩
      - 深层搅拌桩
      - 粉喷搅拌桩
  - 特殊环境地基处理
    - 填塞法
    - 隔离法
    - 跨越结构
  - 高边坡加固处理
    - 高路堤边坡处理
    - 高路堑边坡处理
      - 支挡加固
      - 抗滑桩

图 1-71　特殊路基处治措施

1.6.2 地基不适用土处理

不适用土包括软土、红黏土、高液限土、膨胀土等。软土主要是由天然含水率大、压缩性高、承载能力低的淤泥沉积物及少量腐殖质所组成的土。软土又可进一步分为泥炭、腐殖土、有机质土、黏性土、粉性土 5 种类型。红黏土土体黏粒含量高，塑性强，呈棱块或大块状结构。高液限土液限超过 50%的细粒土。膨胀土具有较大的吸水后显著膨胀、失水后显著收缩特性的高液限黏土的地区路基，称为膨胀土地区路基。

1. 换填法

换填处理又称换土垫层法，是指将挖方路床顶面以下、填方地基的不适用土全部或部分挖除，分层置换为强度较高的砂砾、碎石、卵石、片石等渗水性材料或黏性土，并压实到要求的密实度的处理方法。如果是适用土，为了隔水、排水、防冻改善地基条件，一般情况在路基下设置垫层。垫层的作用是提高地基承载力、减少沉降量、加速软弱土层的排水固结、调整不均匀地基刚度、防止冻胀。垫层按选用的材料划分，有素土垫层、砂垫层、砂砾垫层、碎石垫层、抛石垫层、灰土垫层、矿渣垫层。垫层碾压的方法有重锤夯实法、振动压实法、载重碾压法。通过沉降观测发现，不同材料的垫层的性能基本相似，即各类垫层的主要作用与砂砾垫层相同，各类垫层及换填厚度见表 1-20 所列。

各类地基垫层及换填厚度 表 1-20

地基类型	填方		挖方	备注
	垫层	挖除换填		
软土	0.5m	—	—	
红黏土	0.3～0.5m	—	0.8m	
高液限土	0.3～0.5m	—	0.8m	
膨胀土	—	0.3～0.6m	0.8m	对强膨胀土换填 1～1.5m
盐渍土	—	—	—	加高路基、换填、隔断层
多年冻土	—	—	—	加高路基

1)挖淤泥换填砂砾

对于路基需要经过的水库或水塘，如淤泥层较厚，无明显下卧硬层，难以确定清淤深度，机械无法在塘底操作的条件下，宜采用挖淤泥换填。为保证挤淤后路基稳定，可在坡脚线外填筑土体围堰兼做反压护道及填料的包边土。

挖淤泥换填的施工方法是在路堤两侧坡脚线位置围堰，然后排水，再从中线向两旁开挖3～5m宽的清淤槽。在清淤槽内填砂砾并高出槽深 0.3m，用轻型压路机稳压为度，再将围堰与填砂之间的的淤泥及时清出，碾压基底，换填体中填砂砾。换填体两侧设置干砌片石及土工布反滤层，并在砂砾层面以上铺设土工布或土工格栅后填土。挖淤换填砂砾处理软基如图 1-72 所示。

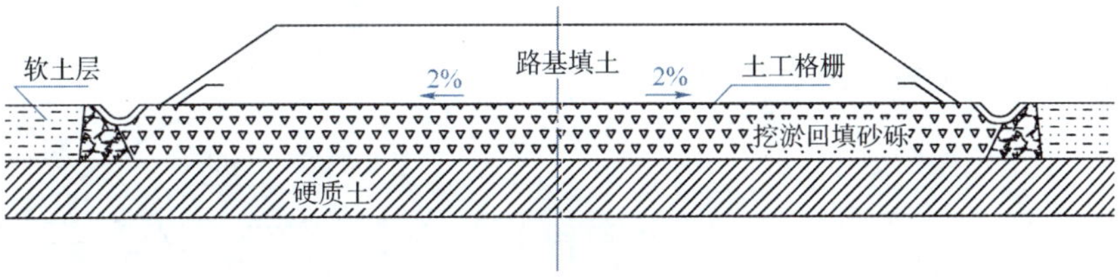

图 1-72 挖淤换填砂砾处理软基

2)抛石挤淤

抛石挤淤是借助填筑材料的自重或利用其他外力，采用合适(端进抛石)的方法，使软弱层被强制挤出而进行的换填处理(图 1-73)。换填的宽度、深度可根据计算确定。但换填深度除考虑沉降和滑移稳定以外，还应考虑到置换能够使地基承载力大于换填体荷载所需的深度，即要求到较好的持力层。根据工程实践，挤淤适用于置换处的地下水位高、水库的水不易抽干、表面无硬壳、软土液性指数大、厚度薄的大面积塑状淤泥地基。

抛石挤淤除了换填体本身要求压实以外，从抛石挤淤的效果及质量标准要求方面，其施工工艺有压载挤淤法、振动挤淤法、强夯挤淤法、爆破挤淤法与卸载挤淤法等。

抛石挤淤施工方法是从一端开始，由中间向两旁展开，使淤泥向两边挤出，当抛填片石

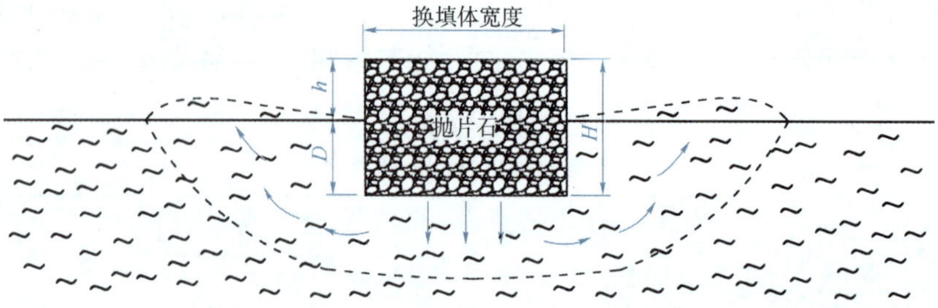

图 1-73　抛石挤淤

高出水位 50cm 后，采用重型压实机械碾压夯压，沉降后再抛填片石碾压，反复此工序直至夯压达到标准要求。抛填石料应采用较大直径的片石，一般不宜小于 30cm。

3)充砂垫层

在护岸工程中使用的充砂垫层(即土工布袋内充砂)处理软基，效果显著。经处理后的护岸，由于充砂垫层形成的整体性好，使其总沉降量、不均匀沉降都较小。

4)砂砾垫层

在地基上铺设一层特殊材料，再在其上填筑路堤或路面结构，称为垫层法。填入的垫层材料为透水性材料，可称为排水型垫层；填入的垫层材料为不透水性材料，可称为加固型垫层。

(1)排水型垫层

排水型垫层直接铺设在地基表面上，使其与路堤填土之间增设了一道排水层，从而使地基在填土荷载作用下，加速了地基的排水固结，提高了地基强度。红黏土地区(高)填方路堤如图 1-74 所示。

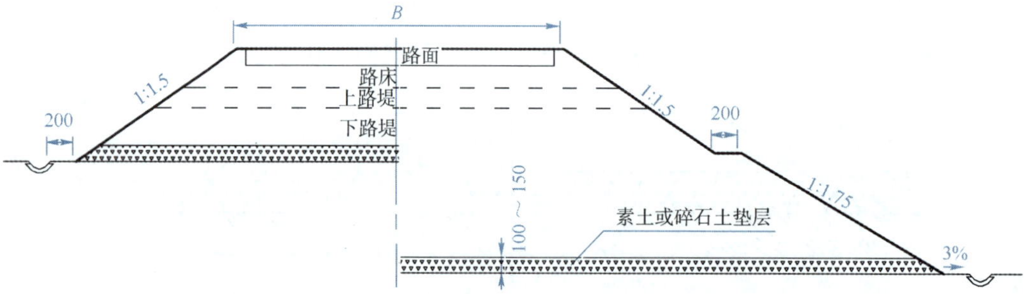

图 1-74　红黏土地区(高)填方路堤

(2)固结型垫层

固结型垫层利用垫层的强度和刚度，使上部(如路面)荷载的传递得到有效调整，减少路床应力并使其分布均匀。其硬化材料有石灰土、水泥土或二灰土等。挖方路基不适用土挖除回填如图 1-75 所示。

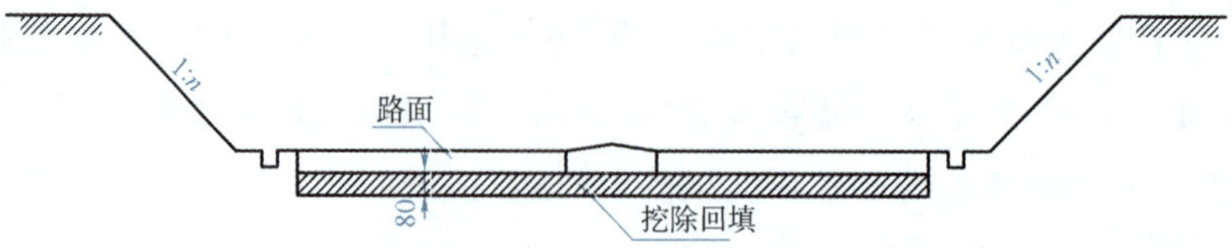

图 1-75　挖方路基不适用土挖除回填

2. 加筋法

加筋法是一种利用土工合成材料的力学特性，与填土构成各种复合土工结构的方法。土工合成材料是以合成纤维、塑料、合成橡胶等高分子聚合物为原料制成的应用于岩土工程中的一种新型土工材料，其重量轻，整体连续性好，耐腐蚀性好，抗拉强度高，施工方便。用于公路地基垫层中的加筋材料，主要有土工格栅、土工布、土工带等。

加筋法通常与砂砾垫层同时使用，它是将土工合成材料铺设在需要位置，利用其加筋、补强、应力扩散及排水等综合作用，以提高地基承载力。通过实践测定土工织物垫层的拉力分布，发现该种垫层可提高地基强度、稳定性和减少不均匀沉降。

土工合成材料的应用并不局限于作为地基垫层，在路堤和护岸填筑中也可用作加筋补强。根据不同的工程需要，可做成透水型和保水型，因此其应用前景非常广阔。

3. 排水固结法

排水固结法是软基处理的基本方法之一。它是利用荷载预压的作用，对饱和的软黏土进行排水、预压、卸载等处理，是一种基本维持密度不变的物理加固方法。预压地基(Preloading Foundation)是利用路堤荷载对软土地基(原状土)施加应力，经过一定时间的预压，利用土层固有或人工排水通道，使孔隙水排出，以实现土的预先固结，减少公路地基后期沉降和提高地基承载力。预压地基的方法又称预固结法，包括堆载预压法和真空预压法。

如果进行预压的路堤荷载超过设计的路基荷载(包括路堤与路面结构)时称为超载预压，预压荷载等于路基荷载称为等载预压，预压荷载小于路基荷载称为欠载预压。为了达到理想的效果，一般采用超载预压法或等载预压法。堆载预压如图 1-76 所示。

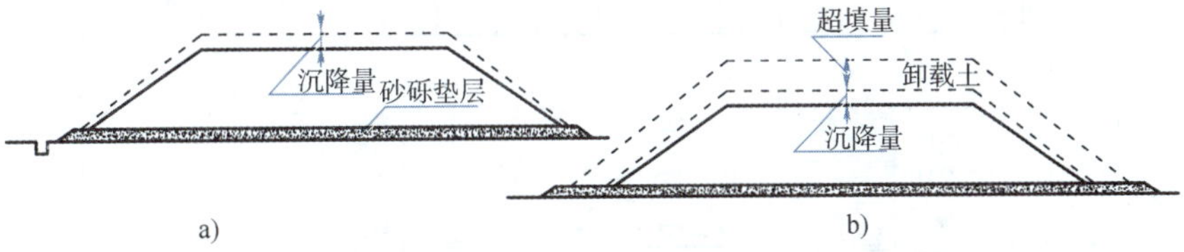

图 1-76 堆载预压

a)等载预压；b)超载预压

1)砂沟预压法

砂沟预压法适用于淤泥、淤泥质土和冲填土等饱和黏性土地基。预压高度是根据软土性质、路基设计高度、填料情况及施工工期等确定，堆载预压期不宜小于 6 个月，如图 1-77 所示。

2)真空预压法

真空预压施工方法应满足加载和排水通道两个基本要素，即真空体、堆载、吸水固结(图 1-78)。由于软土的渗透性很小，土中水排出速率很慢，为了加速土的固结，缩短预压时间，通常采用复合处理方式。如在软土地基中打入袋装砂井及塑料排水板，作为土中水从土中排出的通道，使土中排水的路径大大缩短，然后进行堆载预压，使软土中空隙水得以较快地消散，最终实现软土固结。真空预压法具体做法是首先在需加固的软土地基表面铺设一层透水砂垫层或砂砾层，再在其上覆盖一层不透气的塑料薄膜或橡胶布，四周密封好与大气隔绝，在砂垫层内

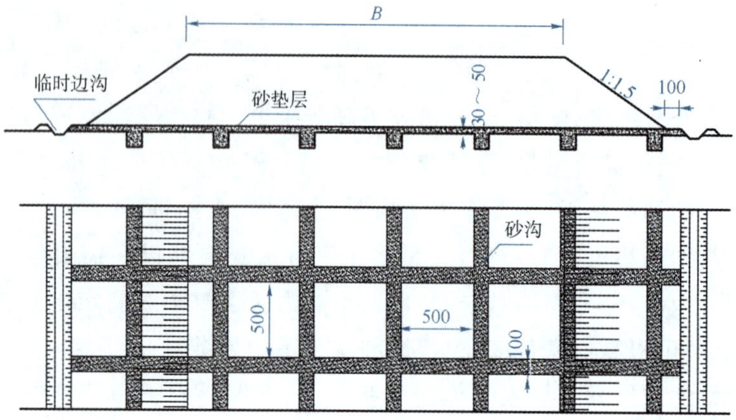

图 1-77　砂沟预压处理

埋设渗水管道，然后与真空泵连通进行抽气，使透水材料保持较高真空度，在土的孔隙水中产生负的孔隙水压力，将土中孔隙水和空气逐渐吸出，从而使土体固结。真空预压法不能降低地下水位，只适用于一般软土地基，当有大量地下水或地质条件比较复杂的情况，不宜采用。

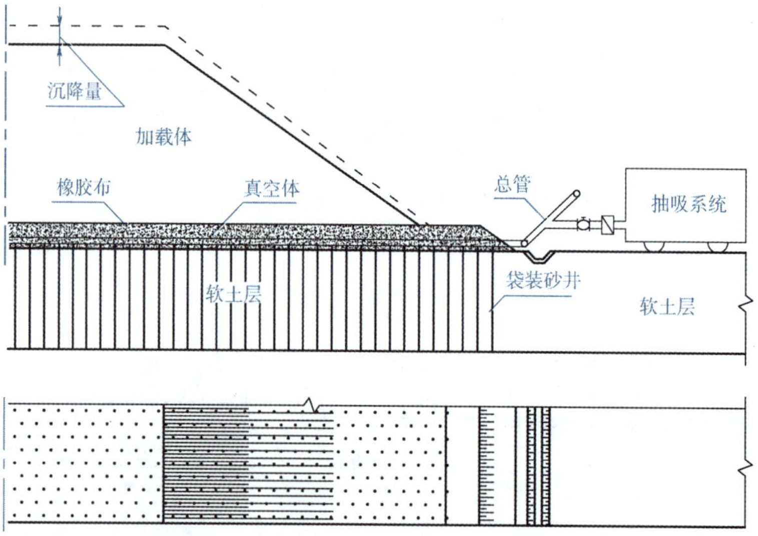

图 1-78　真空预压法

4.复合地基法

复合地基是指采用钻孔填充挤压或搅拌，加密固结、桩土共同作用的软弱地基处理方法。

1)砂桩

砂桩又可称为挤实砂桩法。是采用振动或冲击荷载，在软弱地基中成孔后，再将砂挤压入土中，形成大直径的密实柱体。砂桩用在松散砂土、粉土地基中可以提高地基的强度，用在软弱黏土中有置换作用和排水作用。石灰桩桩径 30～50cm，深度 5～8m，呈正三角形或正方形布置。

2)石灰桩

石灰桩是在打桩机成孔的过程中，沉管有对土体的挤密作用。桩孔中放入柱体生石灰后，使桩身周围的土脱水。由此产生一系列的物理—化学反应，桩身与土的硬壳层组成变形模量较大的桩体，部分软土被挤密和置换形成复合地基，从而提高了地基的承载力，减少沉降量。石灰桩桩径 15～30cm，桩距一般为 3 倍桩径，呈正三角形或正方形布置。

这种方法除了单独用生石灰外，也可采用拌砂及其他材料并用的混合桩。

3)碎石桩

碎石桩是指用振动、冲击等方法在软弱地基中成孔后，再将碎石挤入土中形成大直径的由碎石所构成的密实桩体。桩径 40～100cm，桩距 150～250cm，呈矩形、正方形、正三角形布置(图 1-79)。

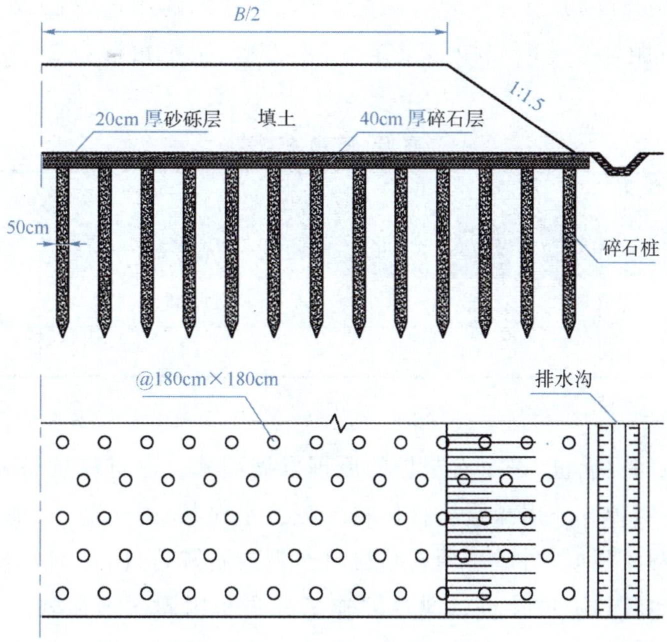

图 1-79 碎石桩

在复合地基的各类桩体中，碎石桩与砂桩同属散体材料桩，加固机理相似。

4)水泥粉煤灰碎石桩

水泥粉煤灰碎石桩(Cement Flyash Gravel Pile)是一种新型桩体，简称 CFG 桩。桩身的材料是在素混凝土桩的基础上发展而来，主要由碎石、石屑、粉煤灰掺适量水泥和水拌和而成，具有良好的和易性。碎石是该桩体的粗集料，石屑是填充碎石孔隙，改善集料级配的次骨架材料。粉煤灰具有细集料，可以和低强度水泥共同作用。CFG 桩是在碎石桩的基础上发展起来的，属于复合地基刚性桩。桩径一般为 30～40cm，桩距一般为 3～6 倍桩径。

5)高压旋喷桩

高压旋喷注浆方法是通过在软弱土层中形成水泥固结体与桩间土一起形成复合地基，从而提高地基的承载力，减少地基的沉降变形，达到地基加固的目的。高压旋喷施工一般采用工程钻机钻至预定深度后，再用高压泥浆泵，通过安装在钻杆机端的特殊喷嘴，在钻杆缓慢上升的同时向桩孔周围土体喷射注浆，在高压喷射流的冲击力、离心力等作用下破坏了桩孔附近的土体结构，强制土与水泥浆(或化学浆液)搅拌混合，在地基中固结成圆柱桩。高压旋喷注浆主要用于加固地基，也可以组成闭合的帷幕，用于截阻地下水流或治理流砂。

高压旋喷固结体的形态与喷射流的方向有关，一般可分为旋转喷射(简称旋喷)和定向喷射(简称定喷)两种注浆形式。高压旋喷法注浆形式基本种类有单管法、二重管法、三重管法和多重管法4种。从施工过程中看，单管法施工时，是以水泥浆高速喷射冲击破坏土体，其排出的废液以水泥浆为主；二重管法、三重管法和多重管法施工时，是以水泥浆、水或空气等两种或三种介质高速喷射冲击破坏土体，其排出的废液以水和水泥浆为主。由于软弱土层含水量较大，再加上施工过程中排水量较大时，对软弱土层的物理力学性质起到不良的软化或泥化作用。因此，单管法施工较为理想。

水灰比一般采用1∶1～1.5∶1，就能基本保证浆液的喷射效果。为了克服纯水泥初凝及终凝时间长、早期强度低、抗冻性差等缺陷，掺入外加剂的用量为：工业盐4%～5%，三乙醇胺2%～4%。桩距为2～3倍桩径，呈矩形、正方形、正三角形布置，旋喷固结体直径（桩径）见表1-21所列。

高压旋喷桩径　　表1-21

类　型	桩径(cm)	复喷一次	
		增加桩径(%)	桩径(cm)
黏性土	60	35	80
砂性土	50	50	75

6）搅拌桩

搅拌桩又称为加固土桩，是由石灰桩的原理发展而来。由材料状态和施工机具的不同，可分为湿法和干法两种。采用深层搅拌机将水泥或水泥浆（固化剂）与地基土在原位拌和的方法称为湿法，也称深层搅拌桩；采用粉喷机将水泥或石灰粉（固化剂）与地基土在原位拌和的方法称为干法，也称粉喷搅拌桩。搅拌桩施工方法利用固化剂和软土之间所产生的一系列物理—化学反应，使软土固结成整体性、水稳性好，增强了桩间土的强度。该方法具有施工期短、无噪声、不排污、不影响相邻建筑物等优点。桩径50cm，桩距100～150cm，呈正方形、正三角形布置。

（1）深层搅拌桩（湿法）

深层搅拌桩是采用水泥或水泥浆作为固结剂，通过特制深层搅拌机械、中心管输浆方法，在地基中将软土与固结剂强制拌和，制成能够满足要求的固结体。该方法搅拌均匀，易于复拌，但加固体硬化时间长；缺点是当原地基天然含水量过高时，桩间多余的孔隙水需较长时间才能排除。水泥或水泥浆中可添加少量的减水剂（木质素）与速凝剂等。

（2）粉喷搅拌桩（干法）

粉喷搅拌桩是采用水泥、石灰粉等材料作为固化剂，通过粉喷机，将固化剂与地基土在原位拌和，制成能够满足要求的固结体。该方法搅拌均匀性欠佳，难于全程复拌，但水泥硬化时间短，且在一定程度上降低了桩间土的含水量。粉喷桩最适用于淤泥、淤泥质土、粉土和含水量较高的黏性土。由于粉喷桩是将干的固化剂拌入地基的，所以当软基中的含水量低于30%时，为了保证粉体的充分固化，必须在搅拌过程中加入适当水分。

粉喷搅拌桩的固化剂掺入量通常为被搅拌土体重量的7%～15%，如图1-80所示。软基地质断面如图1-81所示。

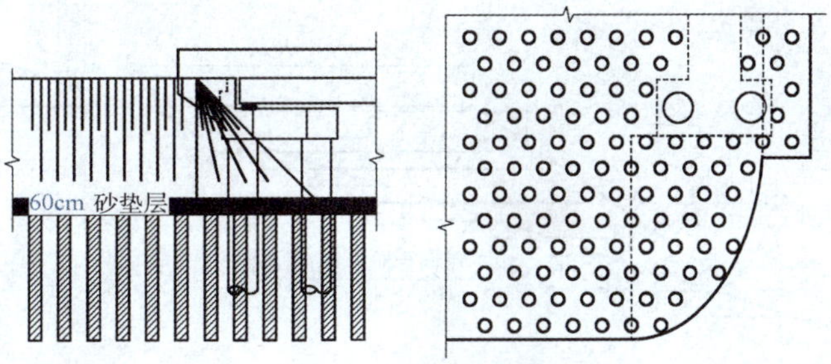

图 1-80 粉喷搅拌桩

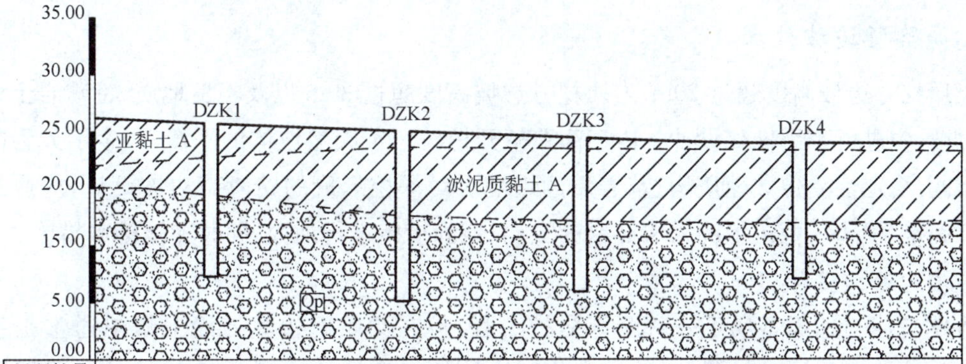

里程桩号			
处理措施	不处理	路基（粉喷桩）	桥头（粉喷桩）
地质概况	地层为冲积成因的第四系全新统亚黏土、淤泥质亚黏土、及第四系中更新统细砂、卵石		

图 1-81 软基地质断面

1.6.3 高边坡加固

一般路基设计和施工仅考虑基本的开挖、填筑、压实三个技术措施，若要考虑加强路基稳定则必须采取一定的加固防护和排水。在特殊地形、地质条件下，人工填筑的高路堤、开挖的高路堑，由于各种自然因素或人为因素的影响，在重力作用下，有可能沿着某个面发生向下的整体滑动，形成滑移破坏。

1. 高路堤边坡处理

高边坡路堤超过 20m 或地面斜坡率陡于 1∶2.5 的路堤，以及不良地质、特殊地段的路堤，应进行个别勘察设计。由于其填筑高度大、填料不均匀，易产生工后沉降而引起路面的开裂破坏，因此沉降稳定是高填方路基设计和施工质量控制的另一特殊性。高填方路基加固如图 1-82 所示，陡坡路堤如图 1-83 所示。

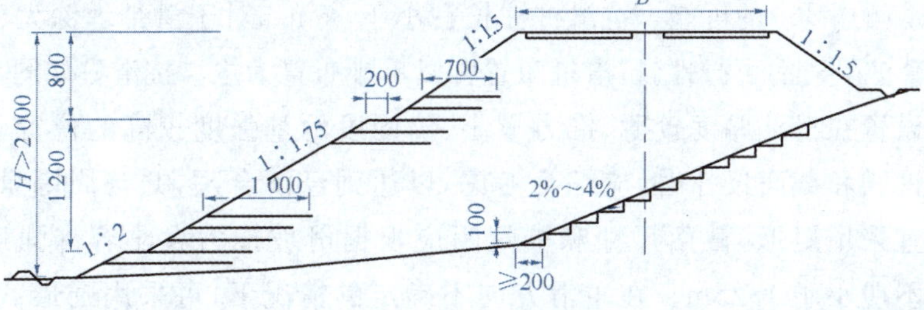

图 1-82 高填方路基加固

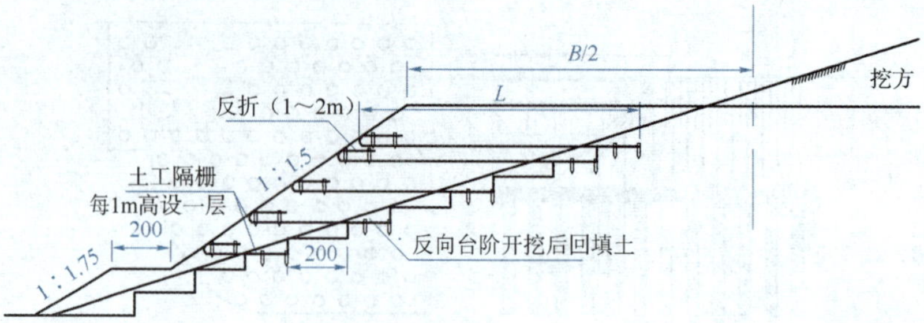

图 1-83　陡坡路堤

2. 高路堑边坡处理

土质挖方边坡高度超过 20m、岩质挖方边坡高度超过 30m 以及不良地质、特殊岩土地段的挖方边坡，应进行个别勘察设计。由于高路堑开挖破坏了天然坡体的平衡，产生了人为的边坡稳定问题，稳定性受边坡地质构造、岩质的影响。对深挖形成的路堑高边坡设计，应通过稳定性验算确定，视边坡稳定情况采取必要的支挡、锚固措施进行加固，同时加强排水措施。

1)高边坡支挡与加固

边坡支挡与加固本属于一般路基防护工程，但在高路堑边坡处治工程中通常是各种加固防护与支挡工程同时采用，以达到高路堑边坡处理的目的。图 1-84 边坡处治采用了桩板挡土墙和锚杆低梁两种措施。

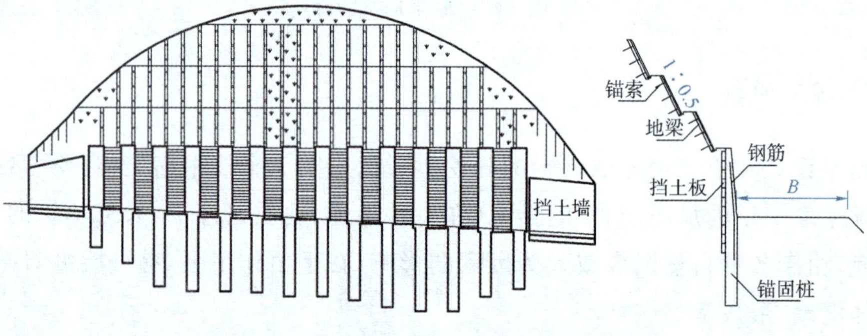

图 1-84　桩板挡墙及锚杆地梁高边坡处理

2)抗滑桩

当斜坡岩体的岩层破碎情况严重，在重力的作用下和受人为因素的影响，此种情况的岩体将会沿着岩层破碎带整体向下滑动，形成路基斜坡土石大量下滑，即称为路基滑坡，其属于山地灾害的一种类型。抗滑桩是稳定滑坡的有效措施，特别是山区公路，各种桩间挡土结构与桩组成复合支挡，效果比较明显。但抗滑桩的设计应是防止滑体从桩顶滑出，或者是从桩底产生新的深层滑动(新的滑坡)的可能。抗滑桩桩长宜小于 35m。对于滑带埋深大于 25m 的滑坡，应充分论证抗滑桩阻滑的可行性，抗滑桩布置宜以单排布置为主。抗滑桩如图 1-85 所示。

抗滑桩宜设置在滑坡厚度较薄、推力较小、锚固段地基强度较高的位置，确定桩的平面布置、桩间距、桩长和截面尺寸时，应综合考虑，以达到经济合理，并与周围景观相协调。抗滑桩截面形状宜采用矩形，截面尺寸和桩间距应根据滑坡推力大小容许强度等因素确定。桩最小边宽度不应小于 1.25m。在主滑方向不确定的情况下，可采用圆形截面。桩身混凝土的强度等级不应低于 C20。当地下水有侵蚀性时，水泥应按有关规定选用。

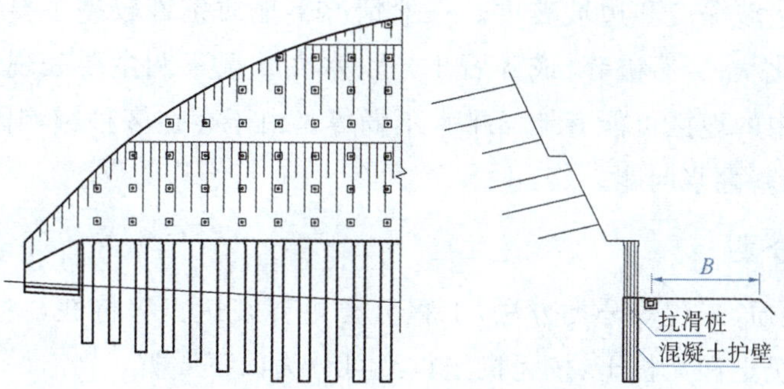

图 1-85 抗滑桩

抗滑桩井口应设置锁口，桩井位于土和风化破碎的岩层时宜设置护壁，锁口和护壁混凝土强度等级不应低于 C15。

抗滑桩纵向受力钢筋直径不应小于 16mm。净距不宜小于 12cm，困难情况下可适当减少，但不得小于 8cm。当用束筋时，每束不宜多于 3 根。当配置单排钢筋有困难时，可设置 2 排或 3 排。受力钢筋混凝土保护层厚度不应小于 6cm。箍筋宜采用封闭式，直径不宜小于 14mm，间距不应大于 50cm。

抗滑桩的两侧和受压边，应适当配置纵向构造钢筋，其间距宜为 40～50cm，直径不宜小于 12mm。桩的受压边两侧，应配置架立钢筋，其直径不宜小于 16mm。当桩身较长时，纵向构造钢筋和架立筋的直径应加粗。

钢筋混凝土抗滑桩桩径应根据滑坡推力和桩间距确定，圆形桩从 ϕ60～ϕ200cm，最大可达 ϕ450cm。矩形断面可充分发挥其抗弯刚度大的优点，适用于滑坡推力较大，需要较大刚度的地方；一般为人工成孔抗滑桩，断面尺寸一般为 1 000mm×1 500mm、1 200mm×1 800mm、1 500mm×2 000mm、2 000mm×3 000mm 等。

抗滑桩按成桩方法分类有打入桩、静压桩与就地灌注桩。就地灌注桩可分为沉管灌注桩和钻孔灌注桩两类。在常用的钻孔灌注桩中又可分机械钻孔和人工钻孔。抗滑桩按结构型式分类有单桩、排桩、群桩和有锚桩。

1.7 路基施工方法

路基工程包括路堑开挖土石方和路堤填筑土石方、借运和弃置土方，修建水道、排水设施和边坡防护工程、停车场和引道，清除不稳定土和滑坡等所有必要工程，确保路基的稳定与耐久性。

1.7.1 挖方路基施工

挖方路基施工主要是土石方开挖，工程内容包括路堑、边沟、截水沟形体，设计土石方为该形体内的工程数量。由于路堑开挖后破坏了地层的平衡状态，其稳定性主要取决于地质与水文条件，以及边坡深度和边坡坡度。一般情况下地质条件较差主要表现为层岩倾向边坡、岩层软弱和风化状、岩石破碎（成碎石土）状；水文状况不利主要表现为地层中含有地下水或渗水，暴雨集中的地区可能有地面排水不畅等。由于存在多种影响因素，挖方施工必须解决边坡稳定和路基翻浆问题。

1. 挖方土石分类

土的分类有地质、工程等分类方法，工程分类主要表达工程特性，突出土的密实性和水稳性，土可分为有机土和无机土，按无机土粒组可分为以下 4 类：

①巨粒土　包括漂石、块石、卵石、碎石、卵石夹土；

②砾石土　包括级配良好与级配不良的、含细粒土、粉土、黏土的砾石土；

③砂类土　包括级配良好与级配不良的砂土，含细粒土质砂、粉土质砂、黏土质砂；

④细粒土　包括高、低液限粉土和高、低液限黏土。

工程分类另按开挖土石方的难易程度分六级具有实用意义，与十六级土石分类对照见表 1-22 所列。

土石分级对照　　表 1-22

六级分类	松　土	普　土	硬　土	软　石	次坚石	坚　石
十六级分类	I～II	III	IV	V～VI	VII～IX	X～XVI

2. 土质路堑施工

路堑的开挖方式应根据路堑的深度和纵向长度，及地形、地质、土方调配情况和开挖机械设备的因素确定。土方开挖有从一端或两端全断面逐渐向前开挖的横挖法，纵向全宽分层向前开挖的纵挖法，沿路堑纵向挖掘一条通道再向两侧开挖至全断面的通道掘进法等（图 1-86）。

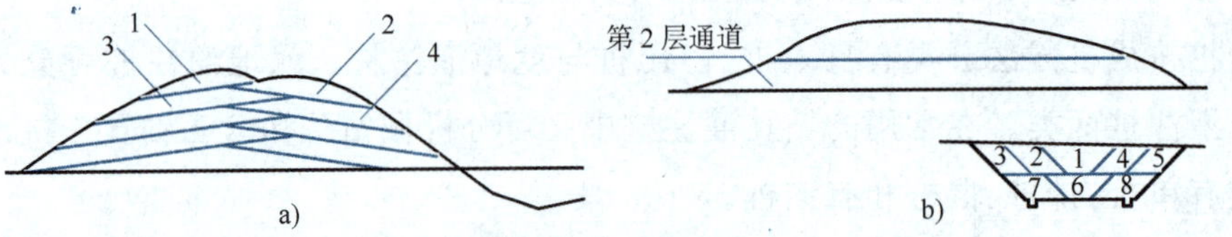

图 1-86　挖掘路基
a)纵向层挖；b)通道层挖

土方作业机械主要有：

①推土机有切土、运土、卸土、折反、空回等过程，作业方式有下坡推土、拉槽推土、接力推土等。

②铲运机有铲装土、运输、铺填、整平、预压等过程，作业方式有下坡铲土、推土机顶推助铲等。

③挖掘机有挖装、行进、卸土等过程，作业方式有侧向开挖、正向开挖等，同时挖掘机有整修边坡的功效。

④装载机兼有推土机和挖掘机的功能，作业方式有铲掘、推运、整平、装载、牵引等。

⑤平地机有运土、铲土卸土等过程，是一种用刮刀刮土的连续作业的施工机械。

3. 石质路堑施工

判别石挖方的方法是用不小于 112.5kW（150 马力）推土机单齿松土器无法松动，须用爆破或用钢楔大锤或用气钻方法开挖的，或体积大于或等于 $1m^3$ 的孤石为石方。山区公路路基石方工程数量大，而且集中，据统计一般约占土石总量的45%～75%左右。

1)石方爆破

爆破是石方路堑施工最有效的方法，既可爆松岩体开辟路基，又可就地开采石料。爆破材料主要为炸药、雷管、导火索、钢钎。爆破方法常采用钢钎炮、葫芦(药壶)炮、猫洞炮等。药壶爆破布置如图1-87所示。

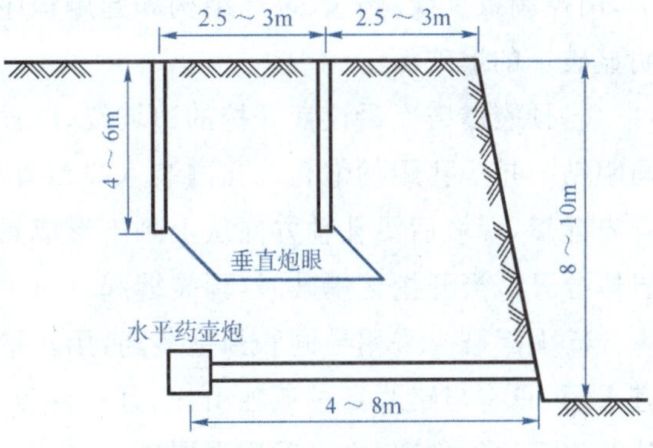

图 1-87　药壶炮爆破布置

为发挥各种爆破方法特点，一般是充分利用地形和地质条件，组织炮群，有计划有步骤拟定爆破方案。石方开挖应重视挖方边坡的稳定，一般宜采用中小型爆破方案；对于风化严重，节理发育或岩层产状对边坡不利的石方开炸，又宜用小排炮、毫秒爆破。爆破方案选择见表1-23所列。

爆破方案选择　　表 1-23

编　号	中心挖深(m)	爆破地段长(m)	自然坡度(°)	断面石方量(m^3)	爆破类型	备　注
1	3～5	100	30～50	3 000	小炮群	软石
2	6～9	200	50～70	7 000	抛坍爆破炮群	坚石
3	12	40	10	4 000	多面临空地形	次坚石节理不发达

路堑石方开炸后清渣非常重要，一般情况采用推土机配合清理道路和作业面，可配挖掘机辅助施工，装载机装车，自卸汽车外运。由此组织的施工机械，生产效率高，适用于深路堑施工。

2)爆破方法

常用的爆破方法主要有：

①钢钎炮　通常是指孔径在25～75mm，孔深在5.0m以下，炮眼中炸药装成长条形，并用泥土堵塞的一种爆破方法。

②葫芦炮　是将炮眼底部扩大成葫芦形，将炸药基本集中于炮眼底部的扩大部分，它是一种提高爆破效果的施工方法。

③猫洞炮　采用潜孔钻机在岩体底部开凿一直径为0.2～0.5m，深度在0.5m左右的洞穴，将药包直接放在洞穴内进行爆破的方法。猫洞炮主要用于坚硬土松动或在坚石、次坚石爆破中配合钢钎炮、药壶炮爆破。

根据以上基本爆破原理和采用的爆破施工组织，实践中又总结了毫秒爆破、深孔松动爆破、光面爆破、预裂爆破、大爆破等方法。

①毫秒爆破　又称微差爆破，是将相邻药包或药包群的爆破时间以毫秒间隔，按一定顺序起爆的一种方法；延时间隔可为几毫秒到几十毫秒，由于前后相邻段药包爆炸时间间隔很短，可使各药包爆炸造成的能量相互发生影响，而产生一系列良好的爆破效果。

②深孔松动爆破　其布孔有垂直、倾斜、水平三种方式，孔径在100～150mm左右，深度

在5.0m以上，是一种机械化程度程较高的爆破方法。钻孔采用凿岩机或穿孔机，爆破方式多采用深孔多排微差爆破方法，一次松动爆破可达1万m^3的效果。

③光面爆破　在开挖限界的周边，适当排列一定间距的炮孔，在有侧向临空间的情况下，用控制抵抗线、药量、装药结构和起爆程序等方法进行爆破，使之形成一个平整而不遭到明显破坏的爆破面。

④预裂爆破　沿设计开挖的边坡线，在没有侧向临空面和最小抵抗线的情况下，按一定间距钻一排小孔距的炮孔。孔内装入少量炸药。在开挖区主爆破炮孔起爆前，将这些炮位首先起爆，爆坡后沿孔轴方向从上到下形成具有一定宽度的贯穿裂缝，把开挖区与保留区的岩体分开。当开挖区爆破时，预裂缝起着保护边坡或减少破坏的作用。

⑤大爆破　采用导洞和药室装药，用药量在1000kg以上的爆破。公路石方开挖一般不宜采用，只有当路线穿过孤独山丘，开挖深度不大于6.0m，且根据岩石产状和风化程度，确认开炸后边坡稳定，方可采用大爆破方案。

1.7.2 填方路基施工

为建造公路路堤，一般情况填土高度均在3m以上，所需土石方量较大。其施工的关键是解决好路堤沉降和稳定问题，因此必须把握基底处理、填料选用和压实度标准的控制。

1. 地面横坡

为确保质量和进度，施工从基底处理，填料开挖与运送，到摊铺和压实多为一系列机械作业。当填筑路堤两侧边缘线以下形成填方边坡时，则要求填筑面的横坡度不小于4%，且不大于10%。如原地面有一定横坡，填筑面在山坡上侧边缘线以下未形成填方边坡，则填筑面以单向坡面为宜，填筑面横坡倾向山坡下方，要求横坡也不应小于4%，且不大于10%。

2. 路堤填料

路堤填料有土、石、砂、矿渣与粉煤灰等，对细粒土料的要求是液限≤50%、塑指≤26，在最佳含水量情况下，压实土的水稳定性最好。路基填料最小强度见表1-24所列。

路基填料最小强度(CBR)　　表1-24

项目(路面底面以下深度)		填料最小强度(CBR)(%)		
		高速、一级公路	二级公路	三、四级公路
填方路基	上路床 0～30cm	8	6	5
	下路床 30～80cm	5	4	3
	上路堤 80～150cm	4	3	3
	下路堤 150cm以下	3	2	2
零填及挖方路基	0～30cm	8	6	5
	30～80cm	5	4	3

注：当路基填料的CBR值达不到表列要求时，可掺石灰或其他稳定材料处理。

淤泥、冻土、有机土、含草皮土、生活垃圾、树根和具有腐朽特征的土不得使用。

3.土方路堤施工

土方路堤根据路段、地段不同,可分别采用水平分层填筑方法和纵向分层填筑方法。水平分层填筑即按设计断面水平分层,逐层向上填筑。每填一层,需经压实符合要求后,再往上填一层。当原地面纵坡大于12%的路段,采用纵向分层填筑,即沿纵坡分层,逐层填压密实。采用机械碾压时,分层最大松铺厚度不超过30cm。

路堤填筑机械化施工操作程序为:挖掘机取土→大型自卸车装土→推土机推土→平地机整平→压路机压实。

机械作业时,应根据地形、路基横断面形状和土方调配图等,合理确定机械运行路线。土方集中的工点应根据详细的机械运行作业图施工。取土运距在1 000m范围内,可用铲运机运送,辅以推土机开道、翻送硬土、平整取土段、清除障碍和助推。超过1 000m时,可用松土机械翻松,用挖掘机或装载机配合自卸车运输。用平地机平整填土,配洒水车和压路机碾压。汽车配备数量应根据运距远近及车型确定。当卸装范围内有一定高度,汽车等运输方式受到地形和其他条件限制时,可采用卷扬机牵引、空中索道运输。路堤填筑机械化施工主要机械配备见表1-25所列。

路堤施工主要机械配备　　表1-25

机械种类	数量	说明	机械种类	数量	说明
挖掘机(1.5m^3)	2台		平地机(16G)	2台	
自卸车(15~20t)	10辆	运距在5km以内	羊角碾、振动压路机(16t)	1台	
推土机(GH-140)	2台		振动压路机	2台	

4.填石路堤施工

修筑山区公路,土源缺乏,开挖山体后有大量石方。在石方比例较大的情况下,利用开挖石方填筑路堤,可以降低工程造价,节约用地,保护生态环境。施工工序为:施工准备→运料→推料→摊铺→超粒破碎→补充细料人工找平→碾压→质量检查→对不合格路段返工处理→下一层施工。

1)边坡码砌

在倾填石料前,需进行边坡码砌。宜选择粒径大于30cm石块,码砌石块间承力接触面应稍微向内倾斜,石块尽量紧贴、密实、无明显空洞和松动现象。

2)运料与摊铺

应选择均匀、未风化、无裂纹的硬质石料,强度不小于15MPa。运料采用挖掘机配合自卸汽车运输,装料时,尽量使填料混合均匀,避免大粒径石料过于集中。并按水平分层,先低后高,先两侧后中间卸料。填石路堤的堆料和摊铺同时进行,直接堆放在摊铺粗平的表面上,由大功率推土机向前摊铺,松铺厚度控制在60cm以内。在推土机摊铺初步完成后,对超粒径的石块进行人工破碎,使之满足规范要求。

对于大料径的石块,需进行人工摆平,大面朝下,在同一位置大粒径石块不能重叠,石块间保持一定空隙。对细料明显偏少的段落，应在摊铺初平的石料表面，铺洒一层碎石或石屑，有利于碾压成形，用量约占大粒料的15%～20%。

3)碾压

填石路堤粒料之间没有黏结力，主要是靠大吨位振动压路机碾压，使其填料之间相互嵌锁、紧密咬合，从而达到足够大的摩阻力以抵抗路基变形。施工中一般采用15t振动压路机进行碾压，速度为2.0～4.0kg/h，先静压一遍，然后振压6～8遍，最后再静压一遍。碾压顺序由两则开始向中间碾压，然后再由中间向两侧碾压，且每次要求错轮1/3轮宽。对于有明显空洞、孔隙的地方应补充细料，再行碾压，如仍有松动石块，可用合适粒径的小石块嵌填，并用手锤敲紧。

5.土石混合填筑路堤施工

土石路堤不得采用直接倾填方法，均应采取分层填筑、分层压实方法。每层松铺厚度，应视压实机械类型规格，通过试验路段确定，一般不宜超过40cm。压实后渗水性差异较大的土石混合料应分层或分段填筑；纵向一般宜整幅填筑，不宜分幅填筑。当土石混合料的岩性或土石混合料比例相差过大时，也应分层或分段填筑，否则应将含硬质石块的混合料铺于填筑层的下面，且石块不得过分集中或重叠，其上铺含软质混合料后，再进行整理碾压。

天然土混合料所含石料强度大于20MPa时，石块最大粒径不得超过压实层厚度的2/3。当所含石料为软质岩时，石料最大粒径不得超过压实层厚度。当土石混合料中，石料含量超过70%时，应先铺填大块石料，大面向下，放置平稳，再铺小块石料、石渣或石屑嵌缝找平，然后碾压整形。当石料含量小于70%时，土石可混合铺填。

1.7.3 桥涵台背路基施工

构造物台背回填质量直接影响路面质量，填筑压实达不到要求将会出现沉降差，发生跳车现象，影响行车速度、舒适与安全，甚至会影响构造物的稳定。解决这一难题的关键是选择适当的填料及满足压实度要求。

填筑方法分开挖回填法和预留回填法(图1-88)。开挖回填法是当地基为软土时，路基路段、台背段应同时采用填土超载预压，预压后台背段再进行开挖并回填的方法；预留回填法是当原地基地质情况良好时，路基填筑预留台背填筑段、分别填筑的方法。为确保达到规定的密实度，台背回填通常采用渗水性较好、易碾压、易成形的回填材料，如砂砾、碎石等；台背回填应

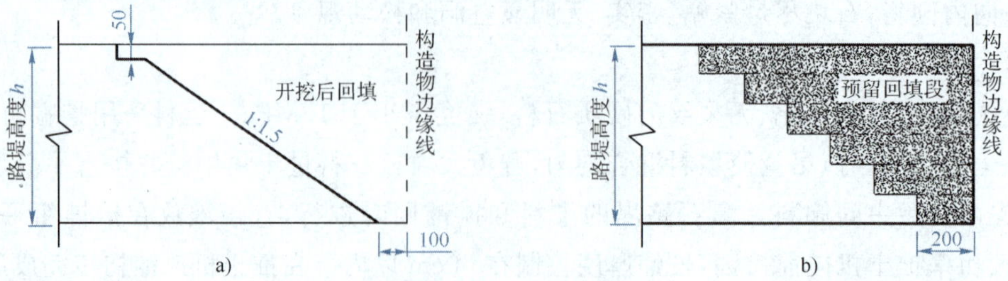

图1-88 台后回填

a)开挖回填法；b)预留回填法

分层填筑，一般压实机具应采用小型压路机或打夯机。在构筑物混凝土强度达到至少70%后方可进行台背回填，填料时应从台背两侧均衡填筑，避免对构筑物形成楔形压力。

桥梁台背回填底面长度不小于桥台高度加4m，涵洞台背回填底面长度不小于孔径的2倍，挡土墙内侧回填底面长度不小于50～80cm宽。

1.7.4 特殊路基施工

地基处理可分为常规处理和特殊路基处理。常规处理包括伐树挖根、刨除表土、填前挖松、填前夯实、挖方路段压实、挖除不适用土（包括淤泥等）及流沙、挖土质台阶及冻土、挖除旧路面、拆除旧构造物等。

改良土是指路堑开挖后或路堤填前地基土过湿或其他状况，经改良方案验证通过，而可采取掺灰改良利用的方法，此方法可分为路拌法和闷料法。路拌法工程内容为：用拖拉机铧犁就地翻挖、晾晒，当实测含水量还高于最佳含水量15%时掺灰（洒匀），用旋犁机拌和晾晒反复几次至颜色一致，整平碾压及养护。闷料法工程内容为：用推土机将路基土按一定间距集中堆放，边推土边用装载机掺灰，闷料5～6h后，开始用挖掘机翻拌三遍（要求拌匀、拌透），推土机配合挖掘机摊铺，松铺厚度均匀（30cm），再用铧犁、旋犁机交错作业翻拌、晾晒反复几次至颜色一致，整平碾压及养护。

换填土（或称换土垫层）是指路堑开挖后或路堤填前地基呈软土或泥灰类土状态不能利用，应采取先挖除，再外借强度较高的黏性土或砂砾、卵石、碎石等渗水性材料直接回填的方法。其工程内容是挖除、外运不适用土、回填材料、压实及养护。

抛石挤淤、砂桩、石灰桩、水泥粉煤灰碎石桩等特殊路基处理方法与施工，在本章1.6节中已作介绍。

1.7.5 砌体工程

砌块分类主要有砌石、砌砖、砌混凝土预制块、砌大卵石等。砌石工程按石料加工精度可分为浆砌片石、砌块石、砌料石三类；按砌筑方法分类有干砌和浆砌。为节约资源及降低工程造价，一般均就地取材充分利用（捡清）路堑开山石料。

1. 砌筑材料

水泥是一种胶凝材料，呈粉末状，与水混合后经过物理化学过程由可塑性浆体变成坚硬的石状体，即能够将散粒砂或块状石料等胶结成一个整体的材料。水泥不仅能在空气中硬化，还能更好地在水中硬化，都能保持强度，可以用于地上、地下、水中工程。水泥品种较多，工程中常用硅酸盐水泥，《硅酸盐水泥、普通硅酸盐水泥》（GB 175—1999）实行以MPa表示的强度等级，与老水泥标准（GB 175—92）对照见表1-26所列。标有R符号为早强型水泥。

新老水泥等级对照　　表1-26

强度等级（MPa）	32.5	42.5	52.5	62.5	备　注
相当原老标号	425	525	625	725	

砂是水泥砂浆中集料，工程中常用砂(0.25～0.35mm)、中粗砂(0.35～0.5mm)两种规格。砂的来源有海沙、河沙和山沙。海沙虽洁净，但盐分高，山沙表面粗糙，水泥附着效果好，但山沙成分复杂，多含泥土和其他有机杂质，所以工程中一般采用河砂。在山区缺乏河砂时，可选择可用石料加工成机制砂。

砌石工程应选用石质均匀、不易风化、无裂纹的石料。工程中选用的石料应检测其抗压强度，试样每组6块，多取几组。试样一般为$10cm^3$大小；当抗压强度在50MPa以上时，试样宜采用$7.07cm^3$；抗压强度在100MPa以上时，试样宜为$5cm^3$。试样必须方正、平滑，必要时表面须用砂轮磨光。优质石料性质见表1-27所列。

优质石料性质　　表1-27

岩石种类	单位体积质量(t/m^3)	抗压强度(MPa)	备　注
花岗岩	2.5～2.7	110～180	石料选用不低于25MPa，可用“25号”表示
石灰岩	2.0～2.4	22～140	
砂岩	2.2～2.5	47～140	
大理石	2.6～2.7	70～110	

片石厚度不小于15cm，卵形和薄片形不能使用。用作镶面的片石，应选择表面较平整、并应稍作修整。

块石应形状大致方正，上下面大致平整，厚度20～30cm，宽度约为厚度的1.0～1.5倍，长度约为厚度的1.5～3.0倍。如有锋棱锐角，应予敲除。用作镶面的块石，除外露面的四周向内稍加修凿，后面可不修凿。

粗料石是经岩层或大块石料开劈、粗略修凿而成，外形方正、成六面体、厚度20～30cm，宽度为厚度的1～1.5倍，长度为厚度的2.5～4倍，表面凹陷深度不大于2cm。加工为镶面粗料石时，丁石长度应比相邻顺石宽度至少大15cm，修凿面每10cm长须有錾路约4～5条，侧面修凿面应与外露垂直(修凿进深不小于10cm)，正面凹陷深度不应超过1.5cm的加工精度。作镶面粗料石的外露面如带细凿边缘时，边缘细凿宽度应为3～5cm。料石开采可采用机械450mm以内型材切割机辅助施工。

卵石石质及规格应符合片石的规格要求，在缺乏开采加工片石的情况下替代片石。

拌制用水应采用洁净水，不得采用影响水泥正常凝结与硬化的油类、糖类等含有杂质的水，也不得用海水。为保证水的质量，除洁净的天然水和饮用水可不经试验即可使用外，对其他不洁净的水，应检验其酸碱度及硫酸盐等杂质含量。

2. 砂浆

砌筑砂浆分为水泥砂浆、石灰砂浆和混合砂浆等。水泥砂浆易于拌制、强度高和较为经济，因此使用普遍，其采用水泥胶凝料、中粗砂细集料、水按一定配合比拌制而成。砂浆主要起承受和传递应力的作用，砂浆强度等级是由7.07cm×7.07cm×7.07cm试件在标准条件下养护28d达到的抗压强度，单位为MPa。砂浆配合比见表1-28所列。

水泥(混合)砂浆配合比

表 1-28

序号	项目	单位	水泥砂浆														水泥白石子浆		水泥浆	混合砂浆				
			强度等级										1∶1	1∶3	1∶2.5	1∶3				水泥石灰砂浆				
			M5	M7.5	M10	M12.5	M15	M20	M25	M30	M35	M40					1∶1.5	1∶2		M5	M7.5	M10	0.5∶1∶3	1∶0.5∶4
			水泥强度等级 32.5																					
			1	2	3	4	5	6	7	8	9	10	11	12	13	14	15	16	17	18	19	20	21	22
1	水泥	kg	218	271	322	363	414	469	539	620	693	760	780	553	472	403	945	709	1 498	210	253	290	185	306
2	生石灰	kg	—	—	—	—	—	—	—	—	—	—	—	—	—	—	—	—	—	94	61	29	195	82
3	中(粗)砂	m^3	1.12	1.09	1.07	1.05	1.04	1.03	1.01	0.99	0.98	0.95	0.67	0.95	1.01	1.04	—	—	—	1.04	1.04	1.04	1.11	1.22
4	白石子	m^3	—	—	—	—	—	—	—	—	—	—	—	—	—	—	0.79	0.92	—	—	—	—	—	—

序号	项目	单位	纸筋石灰浆	石灰砂浆	石灰麻刀砂浆	石灰草筋砂浆	三合土	
							石灰砂砾石	石灰黏土砾石
				1∶03			1∶3∶6	1∶2∶4
			23	24	25	26	27	28
1	生石灰	kg	636	227	214	221	103	247
2	中(粗)砂	m^3	—	1.22	1.22	1.04	0.52	0.83
3	黏土	m^3	—	—	—	—	—	0.23
4	砾石(1cm)	m^3	—	—	—	—	1.03	—
5	纸筋	kg	48.6	—	—	—	—	—
6	稻草	kg	—	—	—	18	—	—
7	麻刀	kg	—	—	16.6	—	—	—

序号	项目	单位	水泥环氧砂浆			水泥环氧胶泥	环氧基液	冷底子油 1kg
			1∶0.7∶3.7	1∶1.4∶2	1∶0.5∶1.4			
			水泥强度等级					30∶70
			32.5			42.5		
			29	30	31	32	33	34
1	水泥	kg	271	445	229	980	—	—
2	石油沥青	kg	—	—	—	—	—	0.32
3	汽油	kg	—	—	—	—	—	0.77
4	中(粗)砂	m^3	0.991	0.417	0.449	—	—	—
5	环氧树脂	kg	398	311	478	392.1	932.6	—
6	乙二胺	kg	—	—	—	31.5	74.9	—
7	丙酮	kg	—	—	—	—	46.8	—
8	二丁脂	kg	—	—	—	46.9	111.5	—

注:材料用量均已包括场内运输及操作损耗。

砂浆、灰浆施工机械主要有200L、400L灰浆搅拌机，$3m^3/h$、$4m^3/h$、$5m^3/h$以内灰浆输送泵，$4m^3/h$以内灰气联合泵，0.5～$0.8m^3/h$水泥喷枪，风动、电动灌浆机，1t机动翻斗车、自卸汽车、装载机等。

3. 砌筑

砌筑时应利用石料挤压砂浆(水泥浆稍有挤出)，其余部分应填满砌块间的缝隙，养护后使砂浆与砌块有黏结力，能起到挡土、渗漏等作用。水泥砂浆主要是将各砌块胶结在一起形成一个砌体，增强其稳定性，提高砌体强度。当砌筑的砌缝较宽时，为节省材料和提高砌体强度，可采用小石子混凝土作砌体胶结材料，其常用强度等级有M5、M10、M15、M20等。

砌石圬工表面应勾缝，以防止渗漏且起到美观作用。勾缝砂浆的标号不应低于砌体砂浆标号。勾缝类别区分有平缝、凹缝及凸缝，其形状有方形、圆形、三角形三种。

抹面按所用材料不同可分为一般抹面和装饰抹面。路基排水防护工程中的砌石圬工表面抹面，是根据需要抹面的部位进行，如砌石挡土墙、护坡、边沟顶面均需要一般抹面，便于过水通畅和美观；公路隧道衬砌墙部需要涂料装饰抹面，起到防火、保结、美观等作用。

1.7.6 水泥混凝土工程

水泥混凝土又可称为水泥混凝土混合料，是由水泥、集料和水按一定比例拌和而成的混合料。水泥混凝土工程分预制和现浇施工两种方法，其内容一般包括拱架、支架、脚手架，模板制作、安装、拆除，钢筋制作、安装(预应力钢筋省略)，混凝土拌和、浇筑、捣固、养生。

1. 集料及备料

集料包括粗集料和细集料。粗集料可为碎石或者砾石，细集料为中粗砂或机制砂。公路工程采用的碎石、砾石粒径及量方见表1-29所列。

碎石、砾石粒径及量方　　表1-29

项目		粒径规格	备注
构造物用	砾石	2cm、4cm、6cm、8cm	最大粒径、堆方量测
	碎石	2cm、4cm、6cm、8cm	为筛分碎石、统料堆方量测
路面用碎石		1.5cm、2.5cm、3.5cm、5cm、6cm、7cm、8cm	最大粒径、堆方量测

备料包括事先修建堆料场、蓄水池、安装散装水泥罐及管道，准备粗集料和细集料、水、水泥，并组织施工机械和材料货源。

配送料是指在混凝土搅拌站(机)后台进行的装料、运送、配合比(过磅)、卸料至搅拌设备内等一系列工序。

2. 拱架支架脚手架

拱架、支架是用作支撑混凝土拱圈或混凝土梁体(或砌砖、砌石圬工体)结构浇筑混凝土模板的临时结构。脚手架、脚手板则是提供运送材料、机具的通道和混凝土浇筑的操作面。拱架、支架按其子目计算工程量，脚手架、脚手板在相关定额中按其他材料费计价。

3. 模板制作安装

模板制作可分固定模和活动模两种。固定模按材料又可分木模、混凝土模、钢模、地模、翻转模等。浇筑混凝土结构的各类型模板见表1-30所列。翻转模适用于预制小型混凝土构件，如缘石、砌块、栏杆、人行道板、涵洞盖板等。它的模板安装在翻转架上，预制小构件采用干硬性混凝土浇筑，经过振捣立即翻转，将其平放在地坪上。

浇筑混凝土结构的各类型模板　表1-30

项　目		模板类型	备　注
固定模	木模	木模板、竹模板	
	混凝土模	钢丝网混凝土模板、钢筋混凝土护筒	
	钢模	钢模板、组合钢模板、钢(钢筋混凝土)护筒、钢套箱	T梁钢模板、箱梁钢模板
	地模	土、砖、混凝土外胎模、内胎模、地坪底模(底座)	
活动模		滑移钢模、提升模架	

模板中有承重(受力)模板和非承重模板之分。对于承重模板应予加厚和加固。模板安装内容包括修理、就位拼装、涂脱模剂。混凝土达到强度后，可拆除模板，其内容包括拆卸、堆放，先拆除非承重模板后拆除承重模板，再拆除拱架或支架、脚手架。

4. 钢筋制作安装

钢筋是置于水泥混凝土中用以加强构件的抗拉、抗弯及抗压能力的建筑钢材，公路工程中通常采用普通(光圆、带肋)钢筋混凝土结构。大跨径桥梁需采用预应力混凝土结构，即通过张拉预应力钢材(预应力粗钢筋、高强钢丝、钢绞线)对混凝土预加应力，使其具有抗裂性高、耐久性好、自重轻的优点。混凝土从使用性能和力学性能角度总体划分为素混凝土、普通钢筋混凝土、预应力混凝土三种。素混凝土中不配钢筋，普通钢筋混凝土中配光圆、带肋钢筋，预应力混凝土中既配普通钢筋又配预应力钢筋。

钢筋按直径大小可分为钢丝(直径3～5mm)、细钢筋(直径6～10mm)、中粗钢筋(直径12～20mm)、粗钢筋(直径大于20mm)。按力学性能和化学成分的要求分为甲类钢或称为A类钢，为机械性能符合国家指标的钢；乙类钢或称为B类钢，为化学成分符合国家指标的钢；特类钢或称为C类钢，为机械性能和化学性能都符合国家指标的钢。公路工程中所用的钢筋，一般都属甲类钢，通常不要求做化学分析。

钢筋制作包括调直、切断、除锈、绑扎、焊接(扎)、骨架吊装入模，检查钢筋保护层厚度。钢筋工程量为图纸设计数量，其中应包括钢筋弯起长度、接长的搭接长度，所需的工作长度。

5. 混凝土拌和浇筑捣固养生

混凝土拌和可分为机械分散拌和、集中拌和，均为称重配料、投料拌和等工序。混凝土配合比见表1-31所列。

水泥混凝土配合比

表 1-31

序号	项目	单位	普通混凝土																						
			碎(砾)石最大粒径(mm)																						
			10	20																	40				
			混凝土强度等级																						
			C20	C10	C15	C20	C25	C30		C35		C40			C45		C50		C55	C60	C10	C15	C20	C25	C30
			水泥强度等级																						
			32.5						42.5	32.5	42.5	32.5	42.5	52.5	42.5	52.5	42.5	52.5			32.5				
			1	2	3	4	5	6	7	8	9	10	11	12	13	14	15	16	17	18	19	20	21	22	23
1	水泥	kg	365	238	286	315	368	406	388	450	405	488	443	399	482	439	524	479	516	528	225	267	298	335	337
2	中(粗)砂	m^3	0.54	0.51	0.51	0.49	0.48	0.46	0.48	0.45	0.45	0.43	0.45	0.47	0.45	0.45	0.44	0.42	0.4	0.4	0.51	0.5	0.49	0.48	0.46
3	碎(砾)石	m^3	0.78	0.85	0.82	0.82	0.8	0.79	0.79	0.78	0.78	0.78	0.79	0.79	0.77	0.79	0.75	0.79	0.79	0.78	0.87	0.85	0.84	0.83	0.83

序号	项目	单位	普通混凝土									片石混凝土	水下混凝土		防水混凝土								环氧树脂：水泥：砂：碎石	环氧树脂：砂：碎石
			碎(砾)石最大粒径(mm)										碎(砾)石最大粒径(mm)											
			40										80			40								
			混凝土强度等级													混凝土强度等级								
			C35		C40			C45		C50		C55	C10	C15	C20	C15	C20	C25	C25	C30	C35	C40	1：1.2：0.8：4.4	1：5.5
			水泥强度等级																					
			32.5	42.5	32.5	42.5	52.5	42.5	52.5	42.5	52.5		32.5			32.5					42.5		32.5	
			24	25	26	27	28	29	30	31	32	33	34	35	36	37	38	39	40	41	42	43	44	45
1	水泥	kg	418	372	461	415	359	440	399	487	430	451	212	253	282	215	360	420	368	398	385	434	0.33	—
2	中(粗)砂	m^3	0.45	0.46	0.43	0.44	0.46	0.44	0.44	0.43	0.41	0.41	0.58	0.55	0.54	0.47	0.53	0.5	0.49	0.46	0.47	0.46	0.138	0.712
3	碎(砾)石	m^3	0.82	0.82	0.81	0.83	0.84	0.81	0.84	0.79	0.83	0.83	0.83	0.83	0.82	0.71	0.78	0.74	0.85	0.84	0.83	0.81	—	—
4	片石	m^3	—	—	—	—	—	—	—	—	—	—	—	—	—	0.21	—	—	—	—	—	—	—	—
5	碎石(2cm)	m^3	—	—	—	—	—	—	—	—	—	—	—	—	—	—	—	—	—	—	—	—	0.787	0.985
6	环氧树脂	kg	—	—	—	—	—	—	—	—	—	—	—	—	—	—	—	—	—	—	—	—	269	269

混凝土运送分水平和垂直运送，混凝土输送泵、混凝土输送泵车可以起到水平垂直、连续输送混凝土的作用。

混凝土浇筑层厚为插入式振捣器作用长度的 1.25 倍，表面振动器为 20cm；轻集料混凝土浇筑层厚为插入式振捣 30cm，表面振动器 20cm。连续浇筑混凝土的间歇时间应尽量短，并应在前一层混凝土凝结之前，将次层混凝土浇筑完毕，间歇时间允许值见表 1-32 所列。混凝土浇筑应注意防止离析、变形和移位、裂缝等。

间歇时间允许值　　表 1-32

混凝土强度等级	≤25℃	＞25℃	备　注
＞C30	180min	150min	
≤C30	210min	180min	

混凝土捣固通常采用振捣器进行，振捣器类别有插入式振捣器、平板式振捣器、附着式振捣器和振捣台等。

混凝土浇筑成形后水泥硬化时，需要在 28d 时间内用一定数量的水分进行养生。养生的方法有人工浇水养生与蒸气养生。

混凝土施工机械有 150L、250L、400L、750L 以内滚筒式电动机动混凝土搅拌机，150L、250L、350L、500L、650L、1 000L 以内强制式电动凝土搅拌机，4～6 m^3/h 水泥喷射机，5t、8t、10t、15t 以内散装水泥运输车，$3m^3$、$4m^3$、$5m^3$、$6m^3$ 以内混凝土搅拌运输车，$60m^3/h$、$75m^3/h$、$90m^3/h$ 混凝土输送泵车，$10m^3/h$、$20m^3/h$、$30m^3/h$、$45m^3/h$、$60m^3/h$ 以内混凝土输送泵，1m×2m、1.5m×6m、2.4m×6.2m 振动台，$15m^3/h$、$25m^3/h$、$40m^3/h$、$50m^3/h$、$60m^3/h$ 混凝土搅拌站(楼)，混凝土振捣器，1t 机动翻斗车、自卸汽车、装载机。

1.8　路基工程实例

公路等级以及所处的地形不同，主要区分在采用的设计标准不同，工程内容和工程量的大小不同。以下列举高速公路、一般公路建设项目中的路基土石方、排水、防护、特殊路基处理等工程实例，综合分析其主要实物量和工程量指标。

1.8.1 路基工程实例

1. 高速公路

某高速公路 K29＋505～K32＋650 段，路线长度 3.145km，设计速度 100km/h，整体式路基宽度 26m，中央分隔带 2m，行车道 4×3.75m，左侧路缘带 0.75m，右侧硬路肩 3m，土路肩 0.75m。

路基挖土方 266 296m^3、开炸石方 118 465m^3，土石方成分 69∶31；排水防护工程混凝土圬工 4 366.1m³、砌石圬工 5 174.8m³，混凝土圬工与砌石圬工比 46∶54。全线路基主要工程数量见表 1-33 所列。主要工程量指标见表 1-34 所列。

全线路基主要工程数量　　表 1-33

项　　目	计价土石方	服务区土石方	排水设施	防护工程	特殊路基	备　注
路线长 3.145km	410 801m³	364 983m³	2 054.7m³	7 486.2m³	精加工石灰土，清淤	其中桥梁长 932m
工程量指标	18.56 万 m³/km	—	4 311m³/km	—		

主要工程量指标　　表 1-34

项　　目	占用土地	平均土石方填挖高	桥梁长与路线比	涵　洞	备　注
工程量指标	134.1 亩/km	5.34m	29.6%	5.2 道/km	

1)路线平纵横设计

路线长度 3.145km 范围内，根据沿线地形平面设 2 处平曲线，纵面设 3 个竖向变坡点，设计以安全环保为原则，避免深切高填。路线平、纵面设计如图 1-89 所示，设计标准横断面如图 1-90 所示。

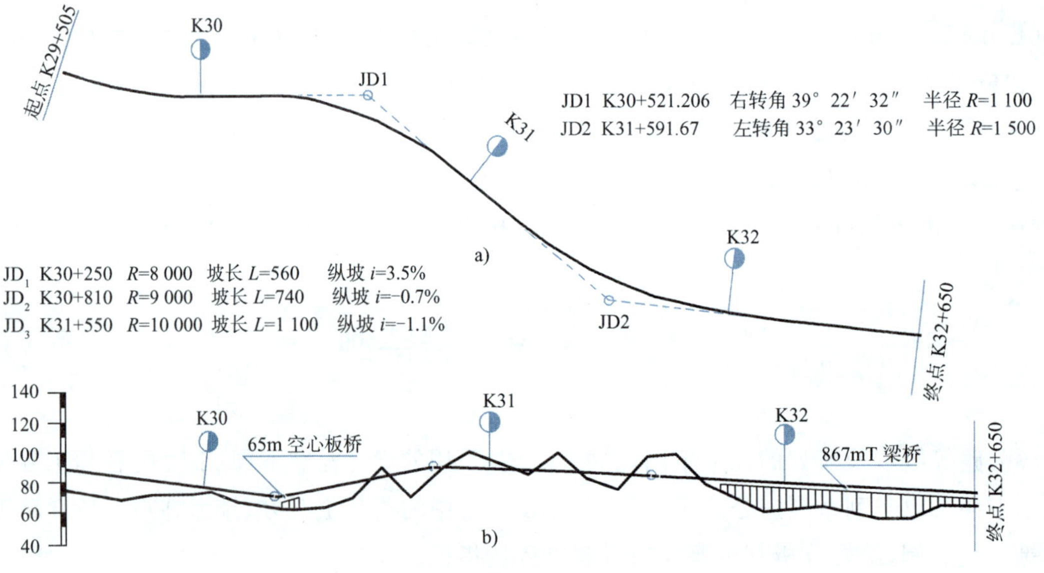

图 1-89　公路路线

a)平面；b)纵面

2)路基土石方

计价方等于挖方与借方的和，该路段计价土石方总量为 776 419m³，其中路基土石方 410 801m³，线外工程土石方 365 618m³。路基每公路土石方数量见表 1-35 所列，土石方运量统计见表 1-36 所示。土石方计价应在填挖平衡、挖运平衡的情况下进行。

填挖平衡：填方(压实方)＝利用方＋借方(各项数据应分别除以压实系数)

挖运平衡：人工施工方＋推土机施工方＋挖掘机施工方＝挖方＋借方(一般情况)

路基每公里土石方工程量

表 1-16

序号	起讫桩号	长度(m)	挖方(m³) 土 松土	挖方(m³) 土 普土	挖方(m³) 土 硬土	挖方(m³) 石 软石	挖方(m³) 石 次坚石	挖方(m³) 石 坚石	填方(压实方)(m³) 特殊填土	填方(压实方)(m³) 一般填土	填方(压实方)(m³) 填石	利用方 本桩(m³) 土	利用方 本桩(m³) 石	利用方 远运(m³) 土	利用方 远运(m³) 石	借硬土(m³)	弃方(m³)	备注
1	K29+505～K30+000	495.00	71		357	286			11 000	171 356	67 355	428	286	179 261	61 681	20 943		
2	K30+000～K31+000	935.12	8 243	10 398	136 658	9 553			12 430	187 557	10 384	2 863	59	216 689	9 494			扣中桥 64.88m
3	K31+000～K31+767	767.00	10 959		99 595	231	4	108 390	6 644	38 242	37 554	2 665	748	46 730	33 802			
4	涞水桥	867.00																
5	K32+634～K32+650	16.00	1		14			1		4 690	1	15	1		0	5 097		
6	清淤清表回填									9 861	13 472	0	0	10 872	12 394			
7	杨林服务区		18 249		303 051			43 683		18 975	11 570	20 890	10 644		0			线外工程
8	涞水桥头接线	345.63	33	67				535		6 642	582	100	535	7 427	0			线外工程
9	合计	路线长 3 145m	37 556	10 465	539 675	10 070	4	152 609	30 074	437 323	140 918	26 961	12 273	460 979	117 371	26 040	0	路线调入服务区
			计价方									换算后压实方					土	石
			613 736(挖方+借方)			162 683			467 397		140 918	24 393	13 340	419 114	127 577	23 889.9		99 756　33 039

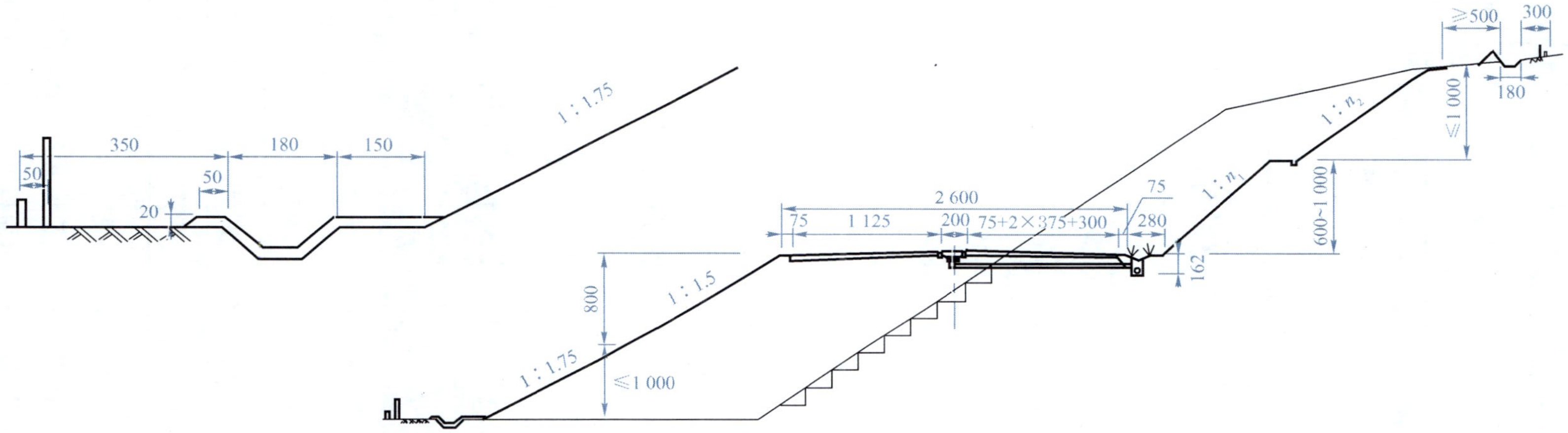

土石方运量统计　　表 1-36

人工施工							
土(m^3)			增运量(m^3.km)	石(m^3)			增运量(m^3.km)
松土	普土	硬土		软石	次坚石	坚石	
2 878	750	23 333	539	352	4	11 917	246
推土机施工							
土(m^3)			增运量(m^3.km)	石(m^3)		增运量(m^3.km)	
松土	普土	硬土		软石	次坚石	软石	坚石
894	0	9 356	704.2	224	8 075	13.4	547.3
推土机、装载机配自卸汽车施工							
土(m^3)			增运量(m^3.km)	石(m^3)			增运量(m^3.km)
松土	普土	硬土		软石	次坚石	坚石	
14 902	9 715	218 032	80 589	9 494	0	99 578	98 719.0
挖掘机配自卸汽车施工				外运量		合计	
土(m^3)			增运量(m^3.km)	土	石	土	石
松土	普土	硬土		98 857	33 039	613 737	162 683
15 469	0	219 551	235 020	注：土石方合计作挖填与挖运平衡对照用			

3)排水设施

该项目排水设施长度 5 651m，混凝土圬工体积 1 246.0m^3，砌石圬工体积 808.7m^3。路基排水设施工程量见表 1-37 所列。

排水设施主要工程量　　表 1-37

项目	单位	暗埋式边沟	预制块边沟	60×60截水沟	60×60排水沟	平台排水沟	路堑急流槽	山坡急流槽	路堤急流槽	合计
	m/个	1 520/48	2 906	321	164	305	105/7	118/7	212/15	5 651
预制混凝土	m^3	159.4	566.7	—	—	27.5	—	0.2	0.6	754.4
现浇混凝土	m^3	411	72.7	—	—	—	7.9	—	—	491.6
钢筋	kg	1 824	—	—	—	—	55	—	—	1 879
砌体	m^3	78.7	—	272.9	139.4	—	—	185	133.1	808.7

4)防护工程

该项目圬工防护长度 3 831m，混凝土圬工体积 3 120.1m^3，砌石圬工体积 4 366.1m^3；植草防护长度 500m，面积 13 717m^2；防护工程长度为路线长度的 98%，圬工防护长度与植草防护长度比 88∶12。防护工程主要工程量见表 1-38 所列。

防护工程主要工程量　　表 1-38

项目	单位	矮墙	路堤挡土墙	护坡	路堤方格骨架护坡	路堑拱形护坡	挂网植被护坡	合计
长度/高度	m/m	120/3	58/6	74/2.5	2 819/5	760/7	(500×17.3)	3 831
现浇混凝土	m^3	—	—	—	3 120.1	—	—	3 120.1
钢筋	kg	—	—	—	—	—	62 304	62 304
砌体	m^3	423.6	607.8	161.7	958.5	1 904.5	310.0	4 366.1

5)特殊路基处理

K31+340～K31+400 路段为浅层软土，长度 60m，采用清除回填处治方案；回填土厚 1m，回填砂砾厚 0.8m，则回填土方＝压实方×硬土系数＝5 400×1.09＝5 886m^3。路线 K29+505～K31+764 范围挖方岩土不能满足规范要求，全路段采用掺石灰 5%改善填挖土(精加工上路床厚 0.3m)性质。特殊路基工程量见表 1-39 所列。

特殊路基工程量　　表 1-39

项　目	描述	处治措施	长度/宽度	软土厚度	清除软土	硬土回填	砂砾回填	石灰土
			m		m^3			
K29+505～K31+764	—	掺灰改性	—	—	—	—	—	18 976
K31+310～K31+400	软土	清除回填	90/60	1.8	9 720	5 886	4 320	—

6)公路用地

建设项目征用基本农田 110.88 亩，占总数量 421.77 亩的 26.3%。每公路公里用地 134.1 亩，用地宽度 89.4m，主线用地宽度 318.35×666.7/3 145＝67.5m。公路用地数量见表 1-40 所列。

公路用地数量(亩)　　表 1-40

项目	水田	鱼塘	旱地	经济林	灌木林	荒地	水利设施	屋基	道路	河流	合计
主线	92.915	1.099 5	7.573 5	163.03	18.603	8.64	1.090 5	8.4	2.290 5	14.705	318.35
接线		0	6.378	5.745	0	7.272	0	0	4.242	0	23.637
服务区	2.916	0		66.267	9.762	0	0	0.075	0.762	0	79.782
合计	95.831	1.099 5	13.952	235.04	28.365	15.912	1.090 5	8.475	7.294 5	14.705	421.77

2.二级公路

某二级公路 K44+400～K49+800 段，路线长度 5.4km，设计速度 60km/h，路基宽度 12m(城市郊区)，行车道 2×3.75m，硬路肩 2×1.5m，土路肩 2×0.75m。

路基挖土方 29 833m^3、开炸石方 54 069m^3，土石方成分 62∶38；排水防护工程混凝土圬工 1 959.9m^3、砌石圬工 10 967.5m^3，混凝土圬工与砌石圬工比 15∶85。全线路基主要工程量见表 1-41 所列。

1)路线平纵横设计

全线路基主要工程数量　　表 1-41

项　目	计价土石方	排水设施	防护工程	特殊路基	备　注
路线长 5.4km	183 902m³	8 158.1m³	4 769.3m³	精加工石灰土，清淤	其中桥梁长 298m、3 座
工程量指标	34 000m³/km	2 534m³/km		—	

路线长度 5.4km 范围内，根据沿线地形平面设 11 处平曲线，纵面设 16 个竖向变坡点。平面线形采用基本形、S 形、卵形，考虑工程量和生态环境保护，因地制宜布线，尽可能避开不良地质地段。路线平、纵面设计如图 1-91 所示，设计标准横断面如图 1-92 所示。

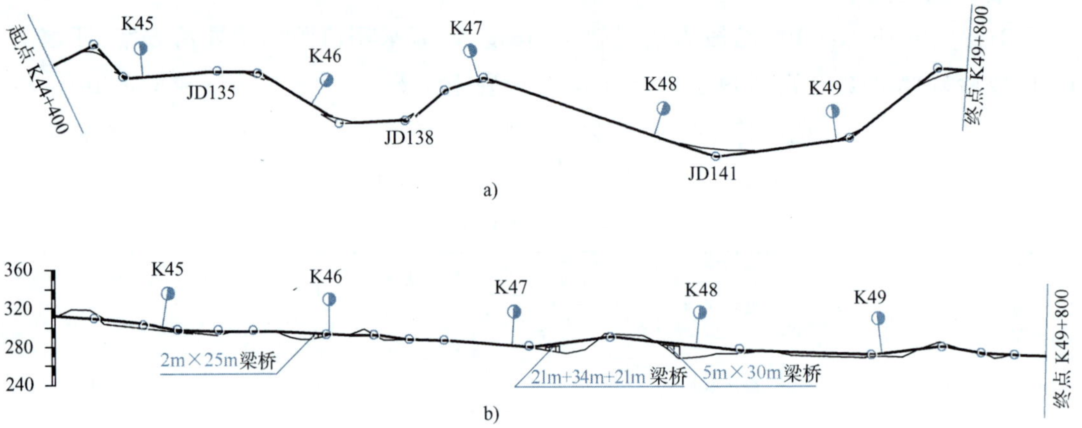

图 1-91　公路路线

a)平面；b)纵面

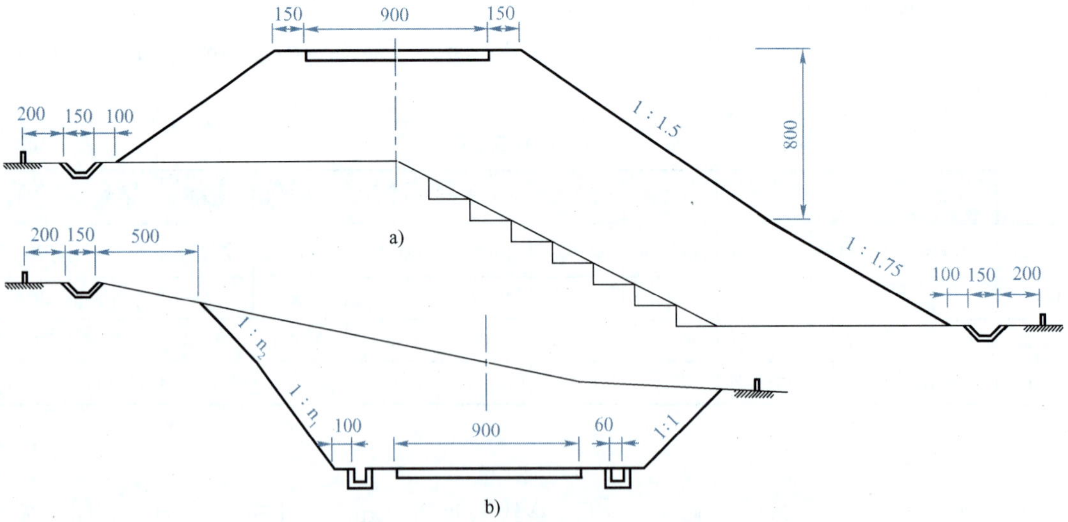

图 1-92　路基标准横断面

a)路堤；b)路堑

2)路基土石方

路线设计无弃方，填方中少 38 573m³，故借(硬)土 42 045m³，路基每公里土石方数量见表 1-42 所列，土石方运量统计见表 1-43 所列。

路基每公里土石方工程量

表 1-42

序号	起讫里程	长度(m)	挖方						填方		本桩利用			远运利用			借方		废方		备注
			土方			石方			土方	石方	土方		石方	土方		石方	硬土	石方	硬土	石方	
			松土	普通土	硬土	软石	次坚石	坚石			普通土	硬土		普通土	硬土						
1	K44+400～K45+000	600		30 192		10 705			3 705		2 459			1 839							
2	K45+000～K46+000	1 000		3 738		46			27 922	15 884	3 294		46	29 096		14 568					
3	K46+000～K47+000	1 000		10 165		14 684			6 385	13 504	3 101		300	4 306		12 124				783	
4	K47+000～K48+000	1 000		321	12 272	28 634			21 519	27 803	321	263	224		11 896	25 354	10 995		112	670	
5	K48+000～K49+000	1 000		1 217					44 970		1 217			17 904			31 050				
6	K49+000～K49+800	800		29 883					10 327		1 936			10 043							
7	合计	5 400	0	75 516	12 272	54 069	0	0	114 828	57 191	12 328	263	570	63 188	11 896	52 046	42 045	0	112	1 453	
			计价方								压实方换算										
			129 833(挖方+借方)			54 069			114 828	57 191	10 627.6	241.3	619.6	54 472.4	10 914	56 572	38 573				

路基土石方运量统计

表 1-43

起讫里程	推土机施工						铲运机施工			挖掘机配自卸汽车施工			推土机、装载机配自卸汽车施工			备注
	土		增运量($m^3\cdot 10m$)	石		增运量($m^3\cdot 10m$)	土		增运量($m^3\cdot 50m$)	土		增运量($m^3\cdot 0.5km$)	石		增运量($m^3\cdot 0.5km$)	
	普通土	硬土		软石	次坚石		普通土	硬土		普通土	硬土		软石	次坚石		
K44+400～K45+000	3 057		1 635				1 241		2 481							
K45+000～K46+000	5 277		9 293	1 213		5 839	1 666		3 333	25 447		11 193	13 400		8 931	
K46+000～K47+000	7 407		27 694	1 083									9 738			
K47+000～K48+000	321	263		957				5 148	4 986		17 856		27 677			
K48+000～K49+000	1 217						22 468		67 404		31 050					
K49+000～K49+800	2 299		363				5 116		5 116							
合计	19 578	263	38 985	3 253		5 839	30 491	5 148	83 320	25 447	48 906	11 193	50 815		8 931	

3)排水设施

该项目排水设施长度 11 871m,混凝土圬工体积 87.1m^3,砌石圬工体积 8 071.0m^3。路基横断面设计(戴帽子)时,已计算纵向水沟形体的土石方工程数量,故水沟的挖基坑只计砌体所占的土石方工程数量。排水设施主要工程量见表 1-44 所列。

排水设施主要工程量　　表 1-44

项　目	单位	60×60 路堑边沟	50×50 路堤边沟	50×50 截水沟	60×95 渗沟	山坡急流槽	合计
长度	m/个	3 005	6 586	840	1 238	202/12	11 871
预制混凝土	m^3	—	—	—	—	0.4	0.4
现浇混凝土	m^3	—	—	—	86.7	—	86.7
砌体	m^3	2 163.6	4 873.6	621.6	—	412.2	8 071.0

4)防护工程

该项目圬工防护工程长度 2 540m。混凝土圬工体积 1 872.8m^3,砌石圬工体积 2 896.5m^3;植草防护长度 6 630m,面积 36 244m^2;防护工程长度为路线长度的 90%,圬工防护长度与植草防护长度比 28∶72。防护工程主要工程量见表 1-45 所列。

防护工程主要工程量　　表 1-45

项　目	单位	矮墙	路肩挡土墙	护坡	路堤方格骨架护坡	路堑拱形护坡	挂网植被护坡	合计
	m/m	240/2	90/4	120/2.5	1 060/7	530/8.5	(210×11)	2 540
现浇混凝土	m^3	—	—	—	1 872.8	—	—	1 872.8
钢筋	kg	—	—	—	—	—	5 467	5 467
砌片石	m	360	428.4	262.2	360.4	1 485.5	—	2 896.5

5)特殊路基处理

K45+476～49+130 路段采用换填土处理方案,长度 54m,换填土 2 333m^3。特殊路基工程量见表 1-46 所列。

特殊路基工程量　　表 1-46

项　目	描述	处治措施	长度/宽度	软土厚度	清除软土	砂砾回填	备　注
			m		m^3		
K45+476～49+130	软土	清除回填	54/27	1.6	2 333	2 333	

6)公路用地

建设项目征用基本农田 114.48 亩,占总量 250.8 亩 45.7%。每公里用地 46.4 亩,老路利用率 12.5%,用地宽度 31.0m。公路用地数量(亩)见表 1-47 所列。

公路用地数量(亩)　　表 1-47

起 讫 桩 号	水田	旱地	鱼塘	果园	河道	林地	宅基地	荒地	老路	合计
K44+000～K47+850	63.69	47.505		0.345	0.18		18.585		31.335	161.64
K47+850～K49+200	42.93	15.21		3.78			0.705			62.625
K49+200～K49+800	7.86	12.51			0.09		4.545	1.515		26.52
合计	114.48	75.225		4.125	0.27		23.835	1.515	31.335	250.785

3. 三级公路

某三级公路 K0＋000～K3＋925 段，为老路改建项目，路线长度 3.925km，设计速度 30km/h，路基宽度 7.5m，行车道 2×3.25m，土路肩 2×0.5m。

路基挖土方 16 410m^3、开炸石方 27 942m^3，土石方成分 37∶63；排水防护工程基本为砌片石圬工。全线路基主要工程数量见表 1-48 所列。

全线路基主要工程数量　　表 1-48

项　　目	计 价 土 方	排 水 设 施	防 护 工 程	备　　注
路线长 3.925km	44 353m^3	1 836.9m^3	2 973.9	
工程量指标	11 300m^3/km	1 226m^3/km		

1)路线平纵横设计

路线长度 3.925km 范围内，根据沿线地形平面设 19 处平曲线(表 1-49)，纵面设 17 个竖向变坡点，路线平纵设计如图 1-93 所示，设计标准横断面如图 1-94 所示，横断面 K0＋951.057、K2＋026.029 设计如图 1-95 所示。

平 曲 线 设 计　　表 1-49

JD	交 点 桩 号	转 角 值	半 径 R	JD	交 点 桩 号	转 角 值	半 径 R
1	K0+213.273	左 9°21′35.3″	360	11	K2+072.123	右 28°59′18.3″	120
2	K0+441.269	左 7°20′9″	360	12	K2+362.137	右 16°43′23.5″	115.869
3	K0+609.172	左 24°12′43.2″	260	13	K2+421.346	左 35°20′41.9″	54.353
4	K0+947.709	左 30°12′59.9″	71.742	14	K2+489.306	左 78°54′1.9″	31.922
5	K1+028.534	右 76°58′45.8″	40	15	K2+555.632	右 62°22′13.3″	35
6	K1+215.757	左 92°31′48.8″	42	16	K2+617.604	左 17°15′0.6″	102.612
7	K1+373.972	右 38°15′5.6″	100	17	K2+751.047	左 19°20′04.3″	120
8	K1+477.481	左 14°27′1.6″	288.06	18	K3+45.242	左 17°3′57.4″	360
9	K1+584.627	右 7°10′58.8″	494.43	19	K3+333.686	左 29°18′54.2″	260
10	K1+876.558	左 11°2′26.7″	360	20	K3+531.220	左 8°41′27.4″	360

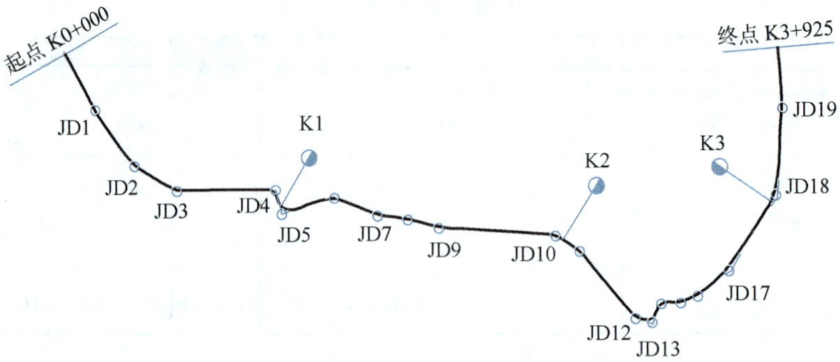

图 1-93 公路路线平面、纵面(省略)设计

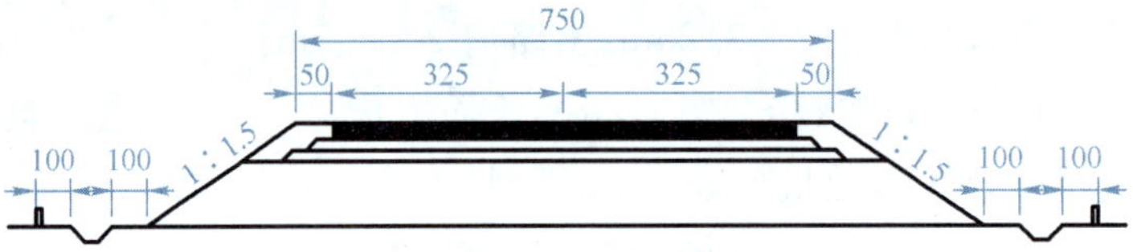

图 1-94 路基设计标准横断面

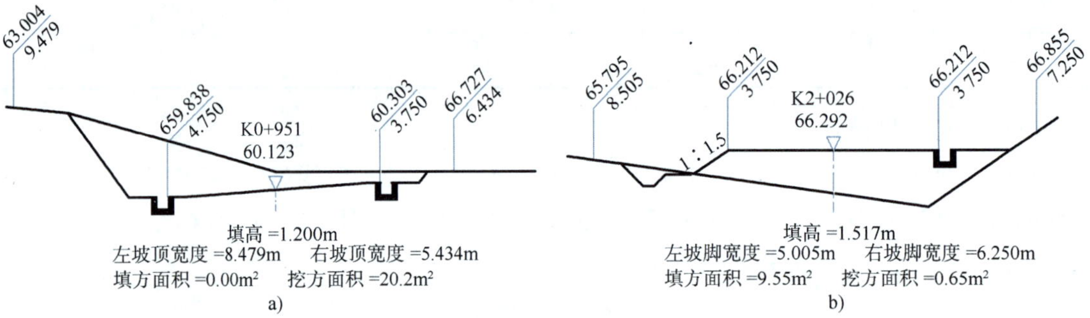

图 1-95 横断面设计

a)挖方;b)填方

2)路基土石方

路线设计无借方,弃方数量 17 480 m^3,计价土方总量为 44 353m^3,路基每公路土石方数量表、土石方运量统计表(省略)。

3)排水设施

该项目排水设施长度 4 625m,混凝土圬工体积 25.8m^3,砌石圬工体积 1 811.1m^3。排水设施主要工程量见表 1-50 所列。

排水设施主要工程量　　表 1-50

项目	单位	40×40 路堑边沟	40×40 路堤边沟	60×60 土质截水沟	60×95 渗沟	合计	备注
	m	3 477	632	148	368	4 625	
混凝土	m^3	—	—	—	25.8	25.8	PVC 管 368m
砌体	m^3	1 495.1	316	—	—	1 811.1	

4)防护工程

该项目防护工程长度 922m,砌石圬工体积 2 973.9m^3。植草防护长度 1 609m,面积 14 484m^2;防护工程长度为路线长度的 32%,圬工防护长度与植草防护长度比 36∶64。防护工程主要工程量见表 1-51 所列。

防护工程主要工程量　　表 1-51

项　目	单　位	矮　墙	护　坡	护肩挡土墙	路堤挡土墙	合　计	备　注
	m/m	357/1.5	80/3	301/4	184/4	922	
砌体	m^3	367.7	200.0	1 432.8	973.4	2 973.9	

5)公路用地

建设项目征用基本农田 36.2 亩,占总公路用地量 147.19 亩的 24.6%,平均公路用地宽度 25m、每公路用地 37.5 亩。其中老路利用率 62%,新征用地每公里 14.3 亩。公路用地数量见表 1-52 所列。

公路用地数量(亩)　　表 1-52

项　目	水　田	鱼　塘	旱　地	经济林	荒　地	宅　地	老　路	合　计
数量	36.20	—	16.60	—	—	3.26	91.13	147.19

1.8.2 排水设施实例

1. 砌石矩形沟(图 1-96)

矩形沟主要适用于路堑边沟排水。40cm×40cm 水沟适用于低等级公路,60cm×60cm 水沟适用于高等级公路,60cm×80cm 水沟适用于高等级公路汇水面积大的地段。砌石矩形沟工程量指标见表 1-53 所列。

砌石矩形沟工程量指标　　表 1-53

断面尺寸	厚　度	砌片石	抹　面	挖基坑
	cm	m^3/m	m^2/m	m^3/m
40cm×40cm	25	0.43	0.9	0.43
60cm×60cm	30	0.72	1.20	0.72
60cm×80cm	35	1.02	1.4	1.2

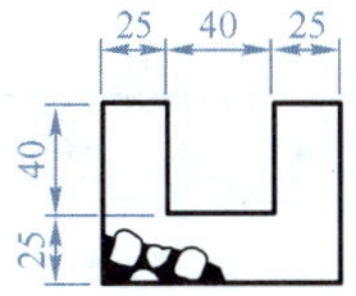

图 1-96　砌石矩形沟

2. 矩形盖板沟(图 1-97)

矩形盖板水沟主要适用于路堑边沟排水。在工程实际中可做成现浇 C20 混凝土和砌石水沟两种结构形式,一般宽度为 60cm,深度多为 80cm、100cm、110cm、120 两种。矩形盖板沟工程量指标见表 1-54 所列。

矩形盖板沟工程量指标　　表 1-54

沟深 H	现浇混凝土边沟		砌片石边沟			备　注
	混凝土	伸缩缝	砌石	混凝土	伸缩缝	
m	m^3/m	m^2/道	m^3/m		m^2/道	
80	0.50	0.50	1.10	0.03	1.10	每 1 延米盖板预制混凝土 $0.1m^3$，钢筋 13.1kg
100	0.58	0.58	1.26	0.03	1.26	
110			1.34	0.03	1.34	
120			1.42	0.03	1.42	

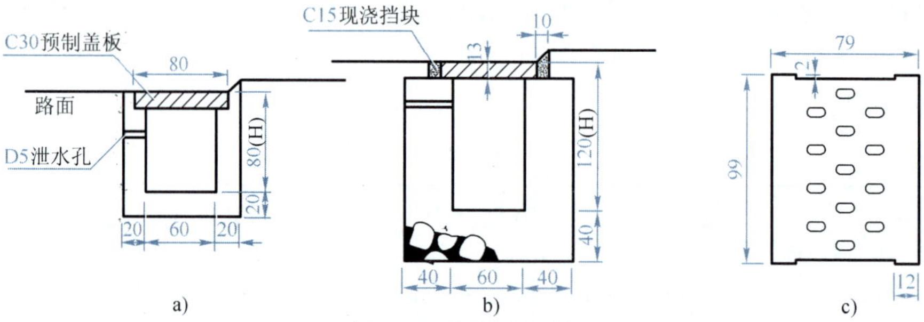

a)　b)　c)

图 1-97　矩形盖板沟

a)现浇；b)砌石；c)预制盖板

3. 砌石梯形沟(图 1-98)

梯形沟适用于路堤边沟、路堑截水沟和连接自然河沟的排水沟，适用于对接急流槽与路堤边沟的连接。梯形沟厚度一般分 25cm、30cm 两种，过水断面多为 40cm×40cm、50cm×50cm、60cm×60cm 三种形式。砌石梯形的工程量指标见表 1-55 所列。

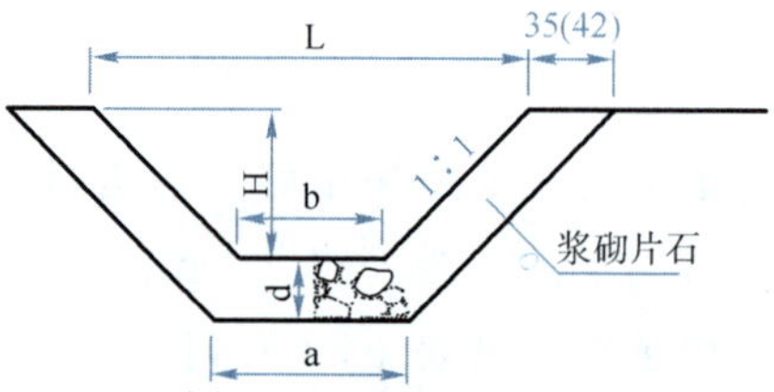

图 1-98　砌石梯形沟

砌石梯形沟工程量指标　　表 1-55

d	*H*	*b*	*L*	*a*	砌　石	抹　面	挖基坑	备　注
cm					m^3/m	m^2/m	m^3/m	
25	40	40	120	61	0.5	2.23	0.82	土质排水沟工程量 $=H\times(L+b)/2$
	50	50	150	71	0.59	2.62	1.09	
30	50	50	150	71	0.74	2.76	1.24	
	60	60	180	81	0.85	3.14	1.57	

4. 预制块梯形沟(图 1-99)

混凝土预制块中一般加入 5%化学纤维玻璃丝，安装时适当距离设置伸缩缝，缝宽 2cm，采用沥青麻絮填塞。50cm×50cm、60cm×60cm梯形沟混凝土预制六边形块边长分别为20.4cm、24.5cm。预制块梯形沟工程量指标见表1-56所列。

预制块梯形沟工程量指标　　表1-56

断面尺寸	C20预制块	砂砾垫层	现浇C15	备注
	m^3/m			
50cm×50cm预制块	0.165	0.24	0.025	
60cm×60cm预制块	0.195	0.28	0.025	

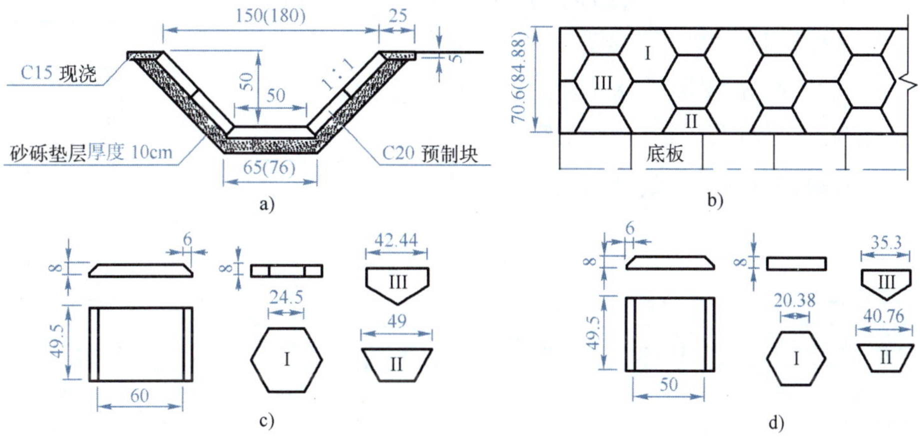

图1-99　预制块梯形沟

a)正面；b)沟坡面；c)60×60预制块；d)50×50水沟预制块

5.预制块平台沟(图1-100)

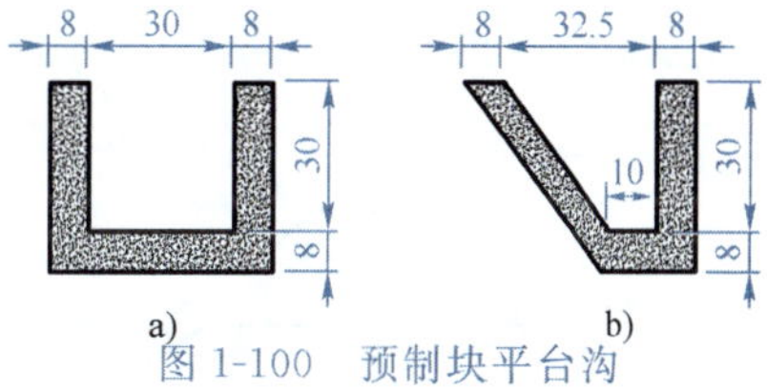

图1-100　预制块平台沟

a)矩形；b)斜口

平台沟所截流的水由路堑急流槽(管)或连接山坡急流槽引排，其每间隔15m设置一道伸缩缝，工程图如图1-19所示，平台沟工程量指标见表1-57所列。

平台沟工程量指标　　表1-57

断面形式	C20预制	挖基坑	备注
	m^3/m	m^3/m	
矩形	0.09	0.18	
斜口	0.07	0.16	

6.山坡砌石急流槽

砌片石急流槽斜长6～8m设置一道伸缩缝，防滑平台间距3m。如急流槽纵坡1∶n，落水高差Hm，急流槽身长$\sqrt{(1+n^2)}\times H$，工程图如图1-22所示，山坡砌片石急流槽工程量指标见表1-58所列。

山坡砌片石急流槽工程量指标　　表 1-58

坡率 1∶n	基本尺寸	进出口段			槽身段		伸缩缝
		砌体	抹面	消力槛	砌体	抹面	
		m^3/道	m^2/道	m^3/道	m^3/m	m^2/m	m^2/道
1∶1.25	$L=335$、$a=200$、$C=90$	11.2	20.8	0.032	0.9	1.4	0.63
1∶1.5	$L=305$、$a=200$、$C=90$	10.7	19.9	0.032	0.8	1.4	0.63

7. 路堤预制块急流槽

路堤预制块急流槽一般接路肩沟，由于其过水断面小，故腰身部位不能接路面横向排水管(中沟排水、中央分隔带排水)的汇水，工程图如图 1-24 所示，预制块急流槽如图 1-101 所示。路堤预制块急流槽工程量指标见表 1-59 所列。

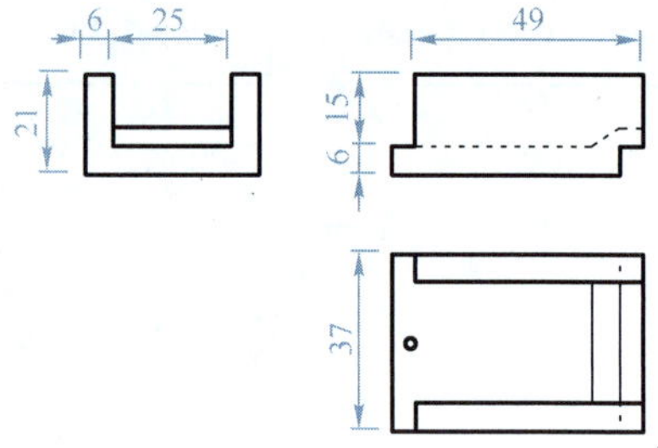

图 1-101　急流槽身

路堤预制块急流槽工程量指标　　表 1-59

槽身段			进出水段		
预制块	钢筋	挖基坑	进出水口现浇混凝土	消力槛	挖基坑
m^3/100m	kg/100m	m^3/100m	m^3/100 个	m^3/100 处	
4.08	53.3	9	18.6	0.38	30

8. 路堤砌石急流槽(图 1-102)

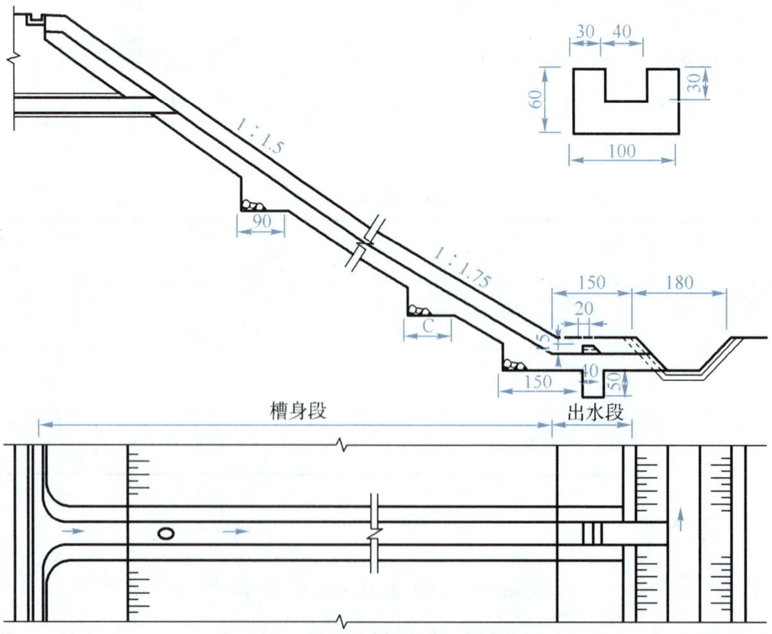

图 1-102　路堤砌石急流槽

路堤急流槽一般接路肩沟，其腰身部位可以再接横向排水管（中沟排水、中央分隔带排水管）的汇水。路堤砌片石急流槽工程量指标见表 1-60 所列。

路堤砌片石急流槽工程量指标　　表 1-60

槽身段			出水段				伸缩缝
砌体	抹面	挖基坑	消力槛	砌体	抹面	挖基坑	
m^3/m	m^2/m	m^3/m	m^3/道	m^3/道	m^2/道	m^2/道	m^2/道
0.55	1.6	0.7	0.038	1.1	2.7	1.1	0.48

9. 路堑急流槽

高速公路路堑急流槽一般采用 PVC 管作为槽身，每间隔 30m 设一处，汇水接入路堑边沟的集水井。急流槽从进口到出口的累计长度为 $L+2.5$，工程图如图 1-25 所示，路堑急流槽（管）工程量指标见表 1-61 所列。

路堑急流槽（管）工程量指标　　表 1-61

ϕ315mmPVC 管	C20 现浇	II 级钢筋	挖基坑	备注
m/m	m^3/m	kg/m	m^3/m	进出口长度 2.5m/道
1	0.075	0.52	0.15	

10. 暗埋式水沟

设置暗埋式水沟时，每间隔 30m 设一个集水井，工程图如图 1-103、图 1-104 所示。暗埋式水沟使用在路堑边坡高度 3m 或路堤边坡高度 2m 以内的路段上，由上部土质碟形沟、中部碎石渗沟、下部钢筋混凝土管（壁厚 5cm）三层结构组成。混凝土预制管长 2m，上半圆弧纵向间隔 1m 布设泄水孔，孔口直径 3cm，环向设 2 个。当暗埋式边沟长度小于 40m 时不设置下层的钢筋混凝土管。暗沟工程量指标见表 1-62 所列。

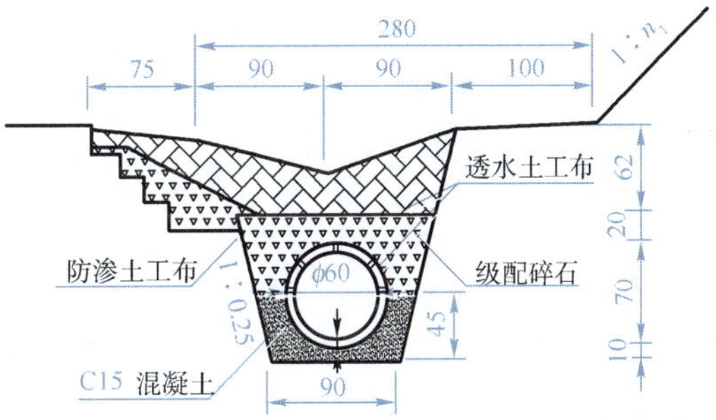

图 1-103　暗埋式水沟

暗沟工程量指标　　表 1-62

项目	水泥砂浆	C15 现浇	C30 现浇	C30 预制	预制混凝土管	级配碎石	钢丝网	透水土工布	防渗土工布	砖砌体	挖基坑
	m^3				m	m^3	kg	m^2		m^3	
1m 暗埋式水沟	—	0.26	—	—	1	0.5	1.2	2.5	1.6	—	2.1
1 个集水井	0.11	0.22	0.11	0.09	—	—	—	—	—	1.64	4.4

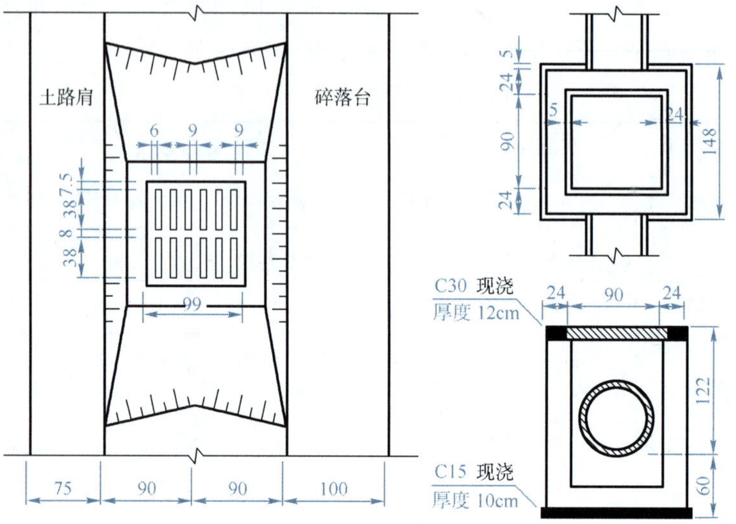

图 1-104 路堑暗埋式水沟集水井构造

11. 渗沟

一般情况下渗沟长度大于或等于 150m 时，采用管径 20cm 的渗漏水 PVC 管；小于 150m 时，采用管径 16cm 的渗漏水 PVC 管，渗漏水孔呈梅花形布置。渗沟出口处用浆砌片石砌筑，防止冲刷，工程图如图 1-28、图 1-29 所示。渗沟工程量指标见表 1-63 所列。

渗沟工程量指标 表 1-63

数　量	挖基坑	现浇混凝土	碎石	φ16cm 管	φ20cm 管	透水土工布	夯填土
	m^3/m	m^3/m	m^3/m	m/m		m^2/m	m^3/m
60cm×95cm	0.57	0.07	0.39	1.0	—	1.7	0.12
80cm×160cm	1.28	0.09	0.80	—	1.0	2.6	0.40

1.8.3 防护工程实例

1. 方格带铺草皮格内播种草

路堤植草适宜草皮生长的边坡坡率不陡于 1∶1。其边坡高度小于 2m 时，坡面植草；边坡高度大于 2m、小于 5m 时，坡面做成 1.5m×1.5m 方格，格内植草，格带铺草皮。草皮用 2～3cm 厚度，20～30cm 长的竹(木)钉入坡面。路堤草皮护坡如图 1-105 所示，$100m^2$ 工程量指标见表 1-64 所列。

路堤草皮护坡 $100m^2$ 工程量指标 表 1-64

铺　草　皮	植　　草	种　植　土	竹(木)钉	备　　注
m^2		m^3	个	
37.1	62.9	10	50	

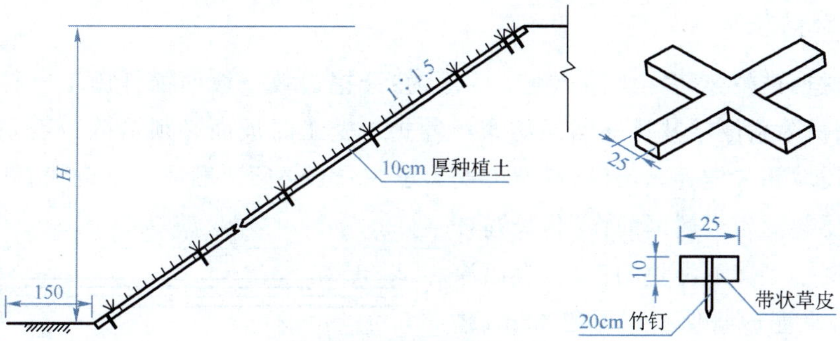

图 1-105　路堤草皮护坡

2. 三维植被网

挂网植被护坡可适用于需要绿化的路堑石质边坡上，采用长短锚杆，注入水泥砂浆的灰砂比为 1∶1，含草种的绿化基材混合料铺设厚度分别为：软石夹土 8cm，软石 10cm，次坚石及坚石 12cm。路堑挂网植被护坡如图 1-106 所示，三维植被网工程量指标见表 1-65 所列。

三维植被网工程量指标　　表 1-65

绿化基材厚度(cm)					砌石基础(m^3/m)			备　注
次坚石、坚石	软石	软石夹土			坡脚		平台	
12	10	8			0.35		0.27	挖基坑＝基础圬工体积量
$1m^2$ 坡面锚杆								
项目	单位	ϕ22 长锚杆			ϕ18 短锚杆			
长度	m	0.6	1.5	3	0.4	1	2	
钢筋	kg	0.38	0.95	1.9	0.57	1.41	2.83	

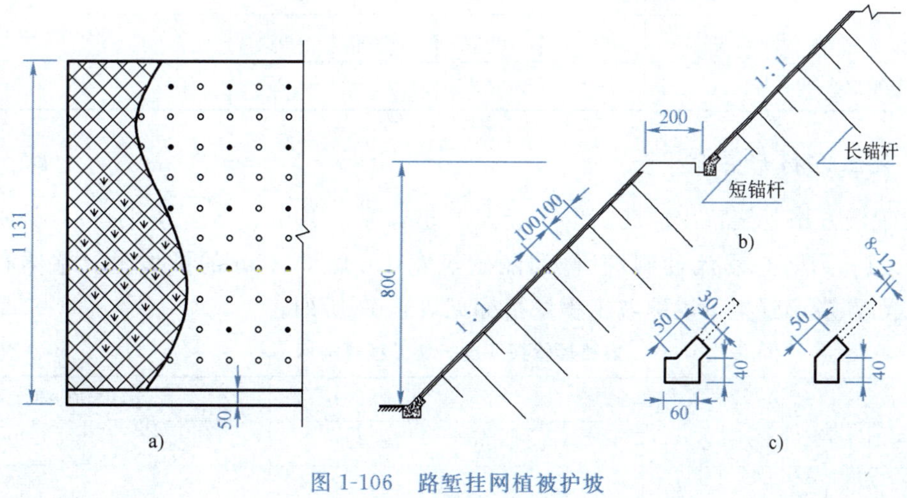

图 1-106　路堑挂网植被护坡

a)法向投影面；b)侧面；c)基础大样

3. 挂网喷播植草

厚层基材植被护坡(客土喷播)施工顺序为:开挖边坡→坡面锚杆施工→挂金属网→安装垫板、螺帽→喷射厚层基材→铺无纺布→养护。施工时坡面必须清除危石,整理平顺,严禁有死角及反坡超欠挖处,若有反坡超欠挖大于30cm,必须凿顺或用浆砌片石回填。

锚杆主要起固定金属网的作用,长锚杆可起固定表层小型契形滑块的作用,表面涂沥青防腐层,水泥砂浆保护层厚度2cm,锚头用铁丝与铁丝网固定,也可根据具体情况采用焊接方式固定,如图1-107所示。挂金属网时应拉紧网,网间用铁丝连接,并采用不同厚度的混凝土垫块来调节,使金属网与坡面的距离保持在4~5cm,绿化基材喷射是正对坡面进行,凹凸部及死角要补喷,确保厚层基材无空洞并与坡面结合密实,并注意控制好用水量。喷射厚层基材后,金属网之上的基材应保证2~3cm。稳定性良好的岩质边坡,据岩石具体情况,采用I型或II型;坡面整体稳定性尚好,但边坡局部岩石块体存在契形滑动危险的路段,采用III型(即60cm和400cm锚杆配合使用)。挂网喷播植草锚杆工程量指标工程量见表1-66所列。

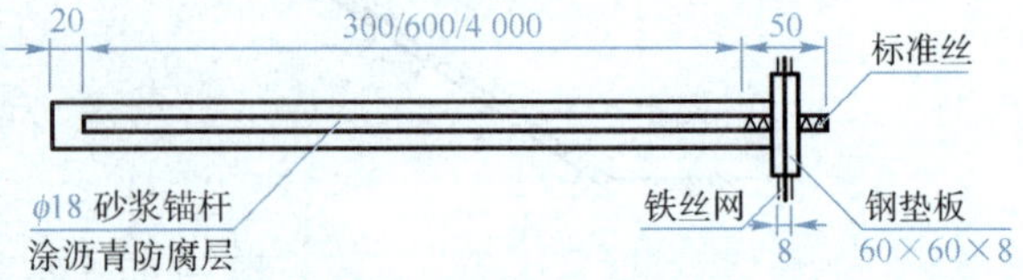

图1-107 锚杆安装

挂网喷播植草锚杆工程量指标　　表1-66

项目		锚杆直径	锚杆长度		100 m²		备注
型式	适用情况		短锚杆	长锚杆	锚杆	垫板	
		mm	cm		kg		
I	岩面稳定性好	12	30	—	26.6	45.2	短锚杆间距100×100,长锚杆间距500×500
II	岩面稳定性好	12	60	—	53.3		
III	契形滑动坡面	12/18	60	400	120.5		
100m² 喷播植草							
类型		绿化基材	铁丝网	无纺布	锚钉	挖基坑	
		m²	m²	m²	kg	m³	
I、II、III型护坡		100	116	110	12	8	

4. 混凝土方格形骨架

路堤现浇方格骨架草皮护坡高度一般大于5m,等于10m设置一道平台;骨架护坡坡率不陡于1∶1。为防止水流冲刷坡脚,间隔砌筑宽1m厚0.25m的护坡道。整体布置如图1-108所示,方格形骨架草皮护坡工程量指标见表1-67所列。

方格形骨架草皮护坡工程量指标　　表1-67

1m² 骨架坡面				1延米护坡道	
现浇C15肋	网格植草	种植土	挖基坑	砌石	挖基坑
m³	m²	m³			
0.14	0.67	0.07	0.13	0.34	0.33

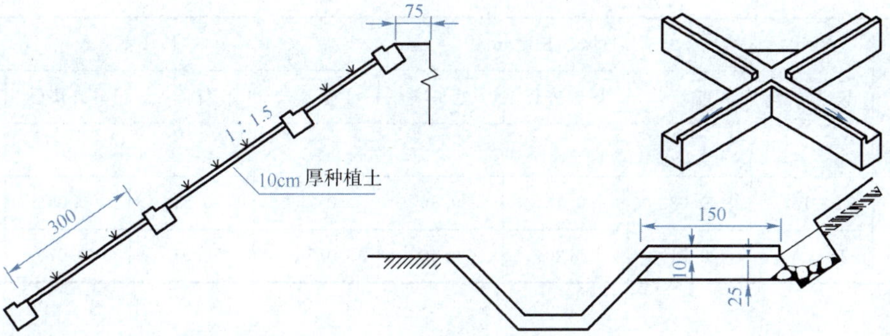

图 1-108　骨架护坡结构

5.砌石拱形骨架

当路堑砌石拱形护坡坡比为 1∶n，护坡平均高度 H，其坡面斜长＝sqrt(1＋n^2)×H。砌石拱形骨架护坡截面如图 1-109 所示，拱形骨架草皮护坡工程量指标见表 1-68 所列。

拱形骨架草皮护坡工程量指标　　表 1-68

1m² 骨架坡面				1 延米护坡道	
砌片石肋	窗内植草	种植土	挖基坑	砌石	挖基坑
m³	m²	m³		m³/m	
0.14	0.66	0.07	0.13	1.12	1.12

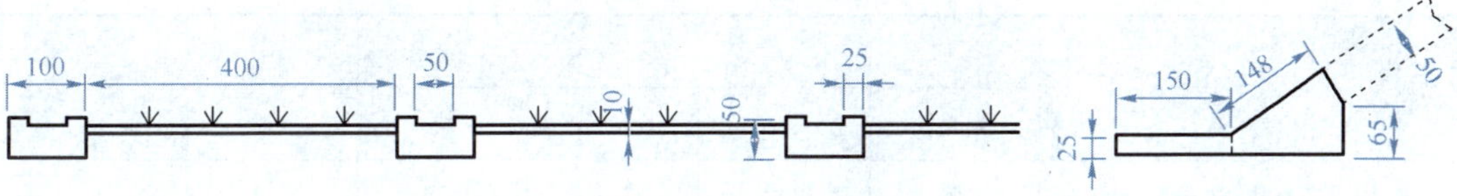

图 1-109　砌石拱形骨架护坡截面

6.浆砌圬工护坡

浆砌依石料规格及其修凿程度而异，一般分为浆砌片石、浆砌块石、浆砌料石、浆砌河卵石等类别。泄水管设置在正常水位以上 0.3m，护坡分段砌筑，每隔 10～15m 设置伸缩缝。A 型护坡一般用于水塘；B 型护坡用于水塘沿河冲刷较严重地段，基础埋置在冲刷线 1m 以下。砌片石护坡如图 1-110 所示，浆砌护坡工程量指标见表 1-69 所列。

浆砌护坡工程量指标　　表 1-69

类　型	坡　率	高度 m×长度 m			长　度　m			
		护坡	砂砾垫层	挖基坑	基础	抹面	砂砾垫层	挖基坑
		m³				m²		m³
A 型	1∶1.5	0.63	0.18	0.36	0.61	0.81	—	0.69
	1∶1.75	0.71	0.20	0.40	0.64	0.91	—	0.73

续上表

类型	坡率	高度 m×长度 m			长度 m			
		护坡	砂砾垫层	挖基坑	基础	抹面	砂砾垫层	挖基坑
		m^3				m^2		m^3
B 型	1∶1.5	0.63	0.18	0.36	0.75	0.81	0.06	0.81
	1∶1.75	0.71	0.20	0.40	0.76	0.91	0.07	0.83

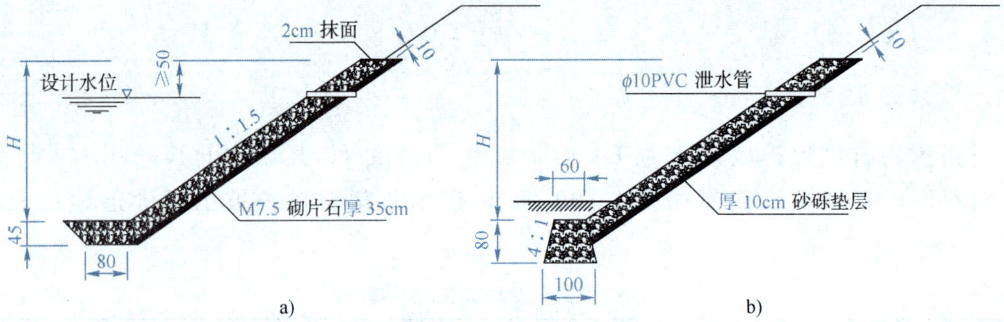

图 1-110　砌片石护坡

a) A 型；b) B 型

7. 预制块圬工护坡

混凝土预制块护坡可做成 50cm×30cm 矩形、边长 30cm 空心六边形和边长 20cm 实心六边形等类型。六边形预制块护坡如图 1-111 所示，其护坡工程量指标见表 1-70 所列。

六边形空心预制块护坡工程量指标　　表 1-70

项目		每块	每 $100m^2$			挖基坑	备注
		m^3	片数	m^3	块	m^3	
六边形	实心块(边长 20cm)	0.008	962	7.7	125	7.7	
	空心块(边长 30cm)	0.007	427	3.0	143	10.0	
矩形(边长 50cm×30cm)		0.012	667	8	84	8.0	

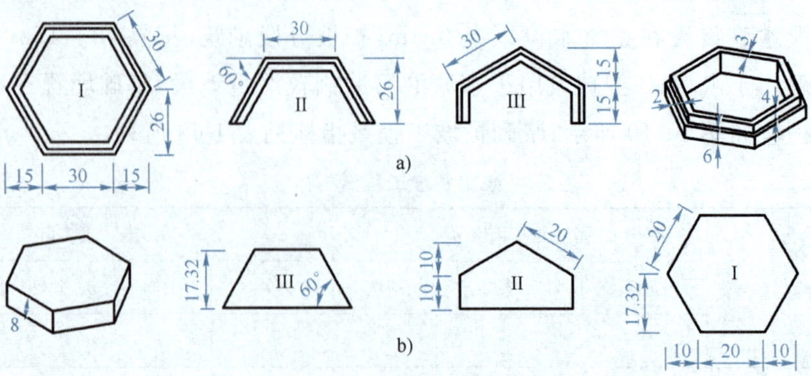

图 1-111　六边形预制块护坡

a) 空心；b) 实心

8. 矮墙

矮墙墙面坡率4∶1，墙背坡率0∶1。表1-71中未计列沉浆缝（沥青麻絮）工程量。矮墙如图1-112所示。

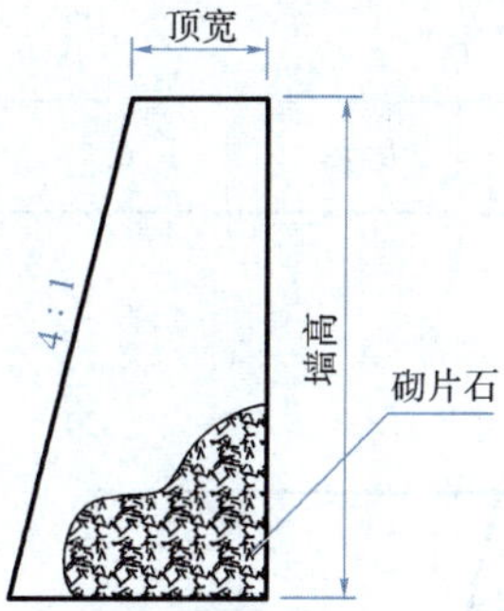

图1-112　矮墙

矮墙工程量指标　　表1-71

坡率	墙高	顶宽	砌体	抹面	备注
	m	cm	m^3/m	m^2/m	
4∶1	3	100	4.13	1.0	
	3	80	3.53	0.8	
	2.5	70	2.53	0.7	
	2.5	60	2.28	0.6	
	2	60	1.70	0.6	
	2	50	1.50	0.5	
	1.5	50	1.03	0.5	

9. 路肩重力式挡土墙

路肩重力式挡土墙外露部分用M10勾缝，墙顶用M10抹面（厚度为2cm），石料强度不低于30MPa。挡土墙分段砌筑，每隔10～15m设置伸缩缝，在地形地质变化较大处增置沉浆缝；沉浆伸缩缝是在挡土墙的顶、背、墙面三部位，嵌入深15cm沥青麻絮。挡土墙嵌入地层深度：土质不小于1.5m，风化软质岩层不小于1m，微风化岩层不小于0.5m。挡土墙用锥坡与路堤连接，墙端伸入路堤内不小于0.75m。挡土墙构造如图1-113所示，路肩重力式挡土墙工程量指标见表1-72所列。

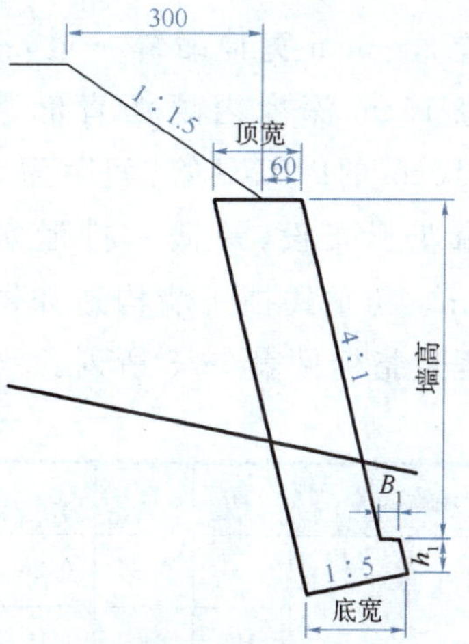

图1-113　挡土墙构造

路肩重力式挡土墙工程量指标　　表1-72

坡率	墙高	顶宽	底宽	h_1	b_1	砌体
	m					m^3/m
4∶1	3	0.9	1.14	0.5	0.3	3.44
	3.5	1.1	1.33	0.5	0.3	4.74
	4	1.1	1.33	0.5	0.3	5.29
	5	1.35	1.57	0.5	0.3	7.83
	6	1.5	1.81	0.6	0.4	10.48
	7	1.55	1.9	0.7	0.45	12.59

续上表

坡　率		墙高	顶宽	底宽	h_1	b_1	砌　体
		m					m^3/m
挡土墙					锥坡		
抹面	砂砾垫层	黏土防水层	伸缩缝	挖基坑	坡身	基础	填土
m^2/m	m^3/m		m^2/m	m^3/m			
1.3	0.84	0.24	0.14	8	0.59	0.18	0.78

10. 衡重式挡土墙

衡重式挡土墙采用 M7.5 砂浆砌筑，M10 砂浆勾缝，石料强度不低于 30MPa，片石厚度不小于 15cm。墙后填料在浆砌片石强度达到 70%以上时，分层填筑夯实。地基承载力 500kPa，施工时可根据地基实际情况调整基础埋置深度，但不得小于 1m。墙体每隔 10～15m 设置 2～3cm 宽伸缩缝一道，沿侧向内、外、顶边缘 15cm 深度内填沥青麻絮。泄水孔采用 ϕ=10cm 的PVC 硬管，间距为 200cm×200cm，呈梅花形布设，最低一排泄水孔应高出地面 30cm。衡重式挡土墙构造如图 1-114 所示，其工程量指标见表 1-73 所列。

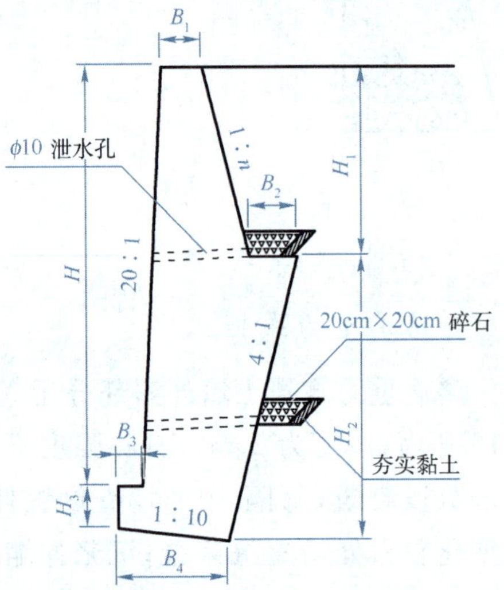

图 1-114　衡重式挡土墙构造

衡重式挡土墙工程量指标　　表 1-73

墙高(m)	H	4	5	6	7	8	9	10	11	12	13	14	15
断面尺寸(cm)	n	0.25	0.25	0.25	0.25	0.25	0.27	0.30	0.32	0.33	0.34	0.35	0.36
	H_1	185	225	270	315	360	406	451	497	543	593	648	708
	H_2	277	339	406	473	541	609	676	745	814	881	942	1 000
	H_3	50	50	60	70	80	90	100	110	120	130	140	150
	B_1	50	50	50	50	50	50	50	50	60	70	80	90
	B_2	38	58	79	94	120	153	154	182	214	254	289	330
	B_3	30	30	30	35	40	45	50	55	60	65	70	75
	B_4	115	135	155	175	205	250	270	315	370	435	50	575
砌体(m^3/m)		4.76	6.82	9.42	12.3	16.1	21.4	25.9	32.7	41.6	52.2	63.8	77.5

1.8.4 引排水(涵洞)工程实例

盖板涵、拱涵作通道使用时,其工程内容除包括通道工程内容外,还应包括通道内、外(适当长度接线的路基)的土石方、路面工程内容。通道兼有过水功能时,应另计过水盖板涵工程数量。

1. 圆管涵

圆管涵构造中包括涵身、管基、垫层、管接头、沉降缝、帽石等工程内容,涵身安装在混凝土矩形或梯形基础上,涵身及洞口挖基坑土石方按设计数量计列。圆管涵基础如图1-115所示,圆管涵工程量指标见表1-74所列。

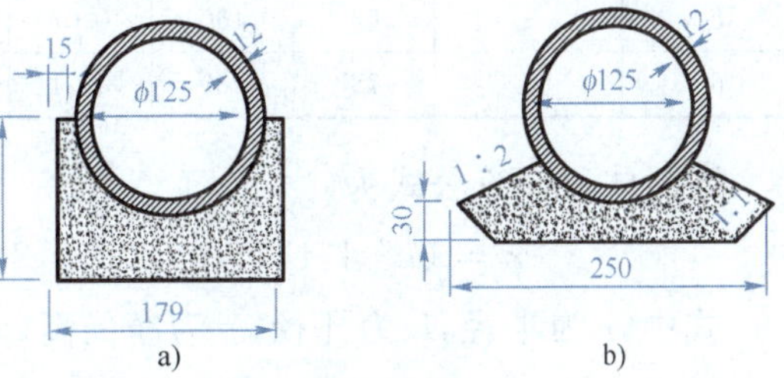

图1-115 圆管涵基础

a)矩形;b)梯形

圆管涵工程量指标 表1-74

管径 D	壁厚 d	涵身	管接头		基础混凝土型式	
			沥青麻絮	沥青油毡	矩形	梯形
m	cm	m^3	m^2/处		m^3/m	
0.75	8	0.21	0.1	0.21	0.83	0.47
1	10	0.35	0.17	0.28	1.08	0.71
1.25	12	0.52	0.26	0.35	1.36	0.98
1.5	14	0.72	0.36	0.42	1.65	1.27
2	16	1.09	0.54	0.55	2.24	1.94

2. 拱涵

一般情况拱涵径矢高为1/2,4m以上跨径的涵台高度一般不大于4m,以降低涵洞高度。拱涵构造中有拱圈、护拱、防水层、涵台、基础、垫层、沉降缝、进出口、帽石、洞口以外必要的砌石水沟等工程内容。在山区修建公路,可充分利用当地优质石料建筑拱涵。当缺乏石料或结构设计的要求,可采用钢筋混凝土、混凝土建造拱涵。其主要区分在拱圈内是否配置结构钢筋。拱涵如图1-116所示,混凝土拱涵工程量指标见表1-75所列。

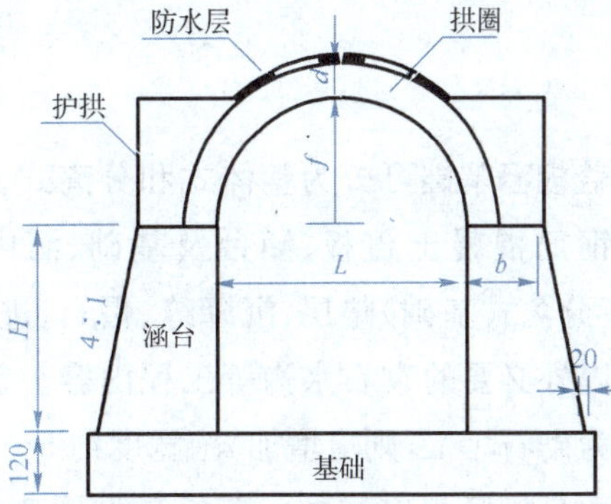

图1-116 拱涵

混凝土拱涵工程量指标

表 1-75

跨径 L×高度 h_1		几何尺寸(厚度)		每米工程量						备　注
		拱圈 d	涵台 b	拱圈	护拱	台身	基础		防水层	
							混凝土	钢筋		
m		cm		m^3	m^3				m^2	
4	4	54	140	3.85	4.62	14.4	10.56	236	3.37	
5	4	68	160	6.07	6.44	16	12.24	274	4.24	
6	4	78	180	8.31	8.8	18.4	14.4	322	4.94	

拱圈体积计算公式为：

$$r=(L^2+4f^2)/8f \quad \alpha=2\arcsin(L/2r)\times\pi/180 \quad l=r\alpha$$

式中，r 为半径，L 为孔径，f 为净矢高，α 为起拱法线圆心角，l 为拱圈弧长。

3. 箱涵

箱涵构造中包括钢筋混凝土涵身及基础(约 10cm 厚素混凝土)、垫层、沉降缝、帽石、进出口、洞口以外必要的砌石水沟等工程内容。箱涵如图 1-117 所示，其工程指标见表 1-76 所列。

箱涵工程量指标

表 1-76

跨径 L×高度 h_1		几何尺寸(厚度)		每米工程量		备　注
		顶底板 d	侧墙 b_1	涵身	钢筋	
m		cm		m^3	kg	
2	2	28	28	2.57	356	
	2.5	28	28	2.85	386	
3	3	30	30	3.98	605	
	3.5	30	30	4.28	697	

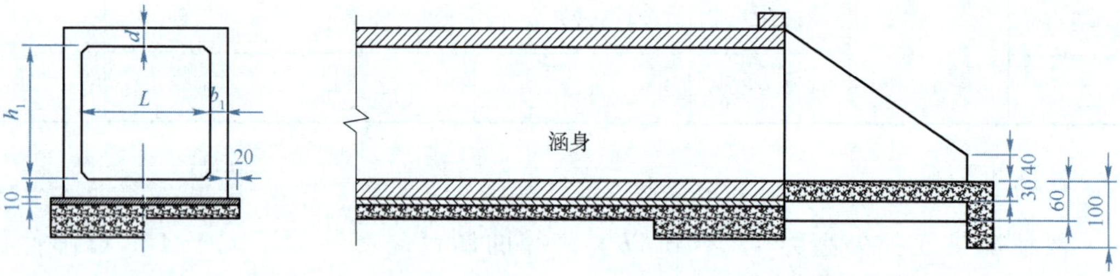

图 1-117　箱涵

4. 盖板涵

盖板涵基础可分为整体式和分离式。其中包括钢筋混凝土盖板、涵台及基础、洞内铺砌(仅指分离式基础)垫层、沉降缝、帽石、进出口、洞口以外必要的砌石水沟等工程内容。盖板涵台如为砌石圬工，则应增加 d_1 宽度约 5～10cm，工程数量指标相应增加。盖板涵如图 1-118 所示，其工程量指标见表 1-77、表 1-78 所列。

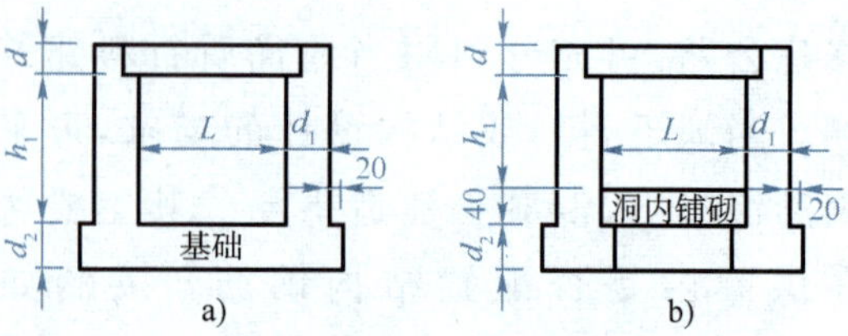

图 1-118　盖板涵

a)整体式基础；b)分离式基础

盖板涵工程量指标(整体式基础) 表 1-77

跨径 L×高度 h_1		几何尺寸(厚度)			每米工程量				
		盖板 d	涵台 d_1	基础 d_2	盖板		涵台	基础	
					混凝土	钢筋		混凝土	钢筋
m		cm			m^3/m	kg/m	m^3/m	m^3/m	kg/m
1.5	1.5	30	40	50	0.57	32	1.32	1.35	31
2	2	30	45	60	0.72	53	1.95	1.98	38
	2.5	30	60	60			3.24	2.16	41
2.5	2.5	40	60	60	1.16	71	3.32	2.58	71
3	3	40	70	75	1.36	102	4.6	3.6	82
4	4	50	90	75	2.25	156	7.72	4.65	151
4	5	50	110	75			11.85	4.95	200
5	5	60	120	100	3.36	289	13.08	7.8	281
6	5	70	130	120	4.62	414	17.0	9.6	349

盖板涵工程量指标(分离式基础) 表 1-78

跨径 L×高度 h_1		几何尺寸(厚度)			每延米工程量				
		盖板 d	涵台 d_1	基础 d_2	盖板	钢筋	混凝土涵台	基础	洞内铺砌
m	m	cm			m^3/m	kg/m	m^3/m	m^3/m	m^3/m
1.5	1.5	20	55	60	0.38	39	2.23	1.02	0.6
2	2	25	65	60	0.60	67	3.35	1.38	0.8
	2.5	25	75	60			4.63	1.50	
2.5	2.5	30	75	60	0.87	86	4.68	1.62	1.0
3	3	30	85	60	1.02	129	6.17	1.98	1.2
4	4	40	100	60	1.8	145	6.88	1.44	1.6
4	5	40	130	60			14.88	2.76	
5	5	40	140	70	2.24	274	16.0	3.36	2.0
6	5	45	150	80	2.97	373	17.28	4.16	2.4

5. 洞口

八字洞口构造包括翼墙及基础、洞口铺砌、截水墙、端墙(仅指圆管涵)、帽石等工程内容如图 1-119 所示。一字洞口构造包括端墙及基础、锥坡及基础、洞口铺砌、截水墙、帽石等工程内容如图 1-120 所示,工程量指标分别见表 1-79、表 1-80 所列。

正交八字洞口工程工程量指标(m^3)　　表 1-79

项目		八字翼墙高度 H(m)/一个洞口																	备注
		0.83	1.1	1.37	1.64	2.05	2.3	2.5	2.8	3	3.4	4	4.5	5	5.5	6	7	8	加 1 个结构厚度
端墙	墙身	1.0	1.3	2.2	2.7	—	—	—	—	—	—	—	—	—	—	—	—	—	含帽石工程量
	基础	0.35	0.4	0.5	0.6	—	—	—	—	—	—	—	—	—	—	—	—	—	基础深度 0.4m
翼墙	墙身	0.44	0.96	1.7	2.6	3.5	4.6	5.7	7.5	8.9	12	18	25	33	42	52	78	111	
	基础	0.74	1.2	1.8	2.4	3.3	3.9	4.4	5.2	5.7	6.9	8.7	10	12	14	16	20	25	基础深度 0.6m
洞口铺砌		0.29	0.67	1.2	1.9	3.2	4.2	5.1	6.6	7.7	10	14	19	23	29	—	—	—	厚度 0.4m
截水墙		1.2	1.5	1.8	2.1	2.5	2.7	3.0	3.3	3.5	3.9	4.5	5.1	5.6	6.2	—	—	—	高度 1m
合计		4.02	6.03	9.20	12.3	12.5	15.4	18.2	22.6	25.8	32.8	45.2	59.1	73.6	91.2	68	98	136	

正交一字洞口工程工程量指标(m^3)　　表 1-80

孔径(m)	端墙高度 H(m)	一个洞口工程量					合计		孔径(m)	端墙高度 H(m)	一个洞口工程量					合计		备注
		端墙		洞口铺砌	截水墙	锥坡	圬工	锥坡填土			端墙		洞口铺砌	截水墙	锥坡	圬工	锥坡填土	
		墙身	基础								墙身	基础						
0.75	0.83	2.9	0.98	1.1	2.0	1.4	8.38	0.25	2	2.3	11.3	2.2	9.5	3.6	6.9	33.5	7.8	墙身已含帽石工程量
1	1.1	3.7	1.1	2.0	2.3	2.2	11.3	0.67	3	3.4	19.3	3.0	21.4	4.9	13.0	61.6	27.0	
1.25	1.37	6.1	1.6	3.2	2.6	3.0	16.5	1.4	4	3.5	26.1	3.8	27.3	5.4	13.7	76.3	29.5	
1.5	1.7	7.8	1.8	5.0	3.0	4.3	21.9	2.9	4	4.5	36.6	4.3	38.3	6.2	21.0	106	64.7	
1.8	2.05	9.8	2.0	7.5	3.4	5.7	28.4	5.4	5	5.5	49.9	5.2	58.6	7.4	30.0	151	120	

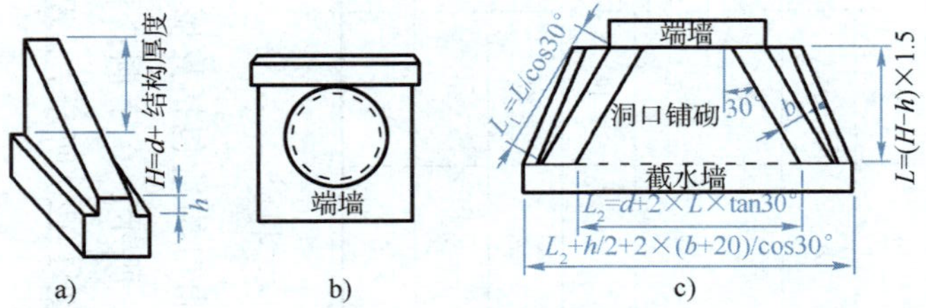

图 1-119　涵洞八字洞口

a)翼墙；b)端墙；c)整体平面

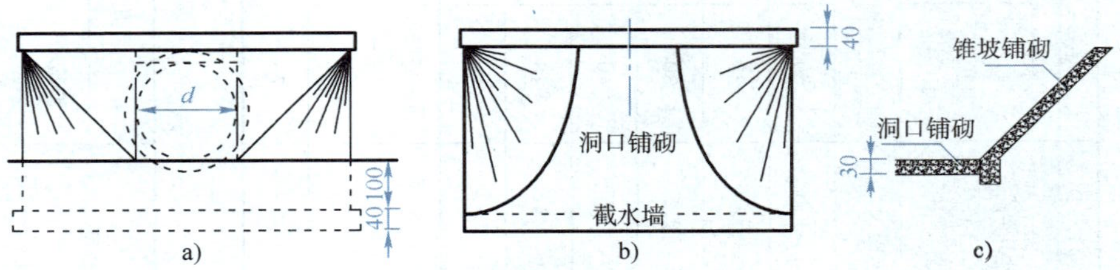

图 1-120　涵洞一字洞口

6.倒虹吸涵

高速公路倒虹吸涵一般在其外围套建一个盖板涵，并设置检查通道便于维修，修建适当长度的水渠。表1-81中未列进出口、井口盖板、检查通道等工程数量，外套盖板涵的盖板及涵台、倒虹吸涵的涵身及管节头等工程数量参考相关数量指标计算。倒虹吸涵如图1-121、图1-122所示。

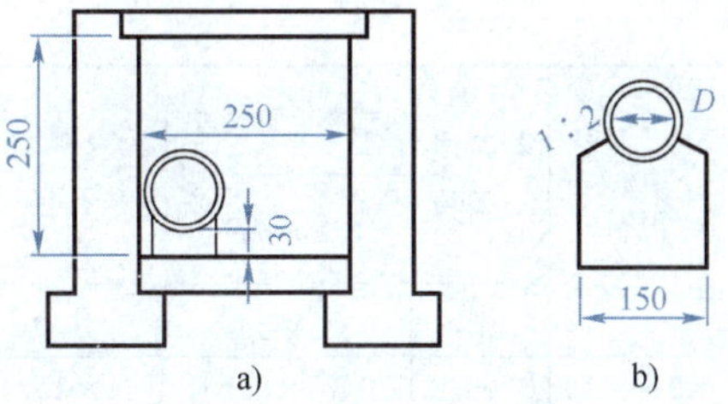

图1-121 倒虹吸涵断面

a)整体；b)坡面

倒虹吸涵主要工程数量 表1-81

中心桩号	孔数—孔径		外套盖板涵				倒虹吸涵			
	外套盖板涵	倒虹吸涵	盖板/钢筋	涵台	基础	洞内铺砌	涵身/钢筋	管基	沥青麻絮填缝	油毛毡
	m×m—长(m)	孔径—长(m)	m^3/kg	m^3			m^3/kg	m^3	m^3	m^2
K94+976	2.5×2.5—30.8	0.75—38.31	26.8/2 649	144.1	49.9	30.8	8.0/493	25.8	3.83	8.1

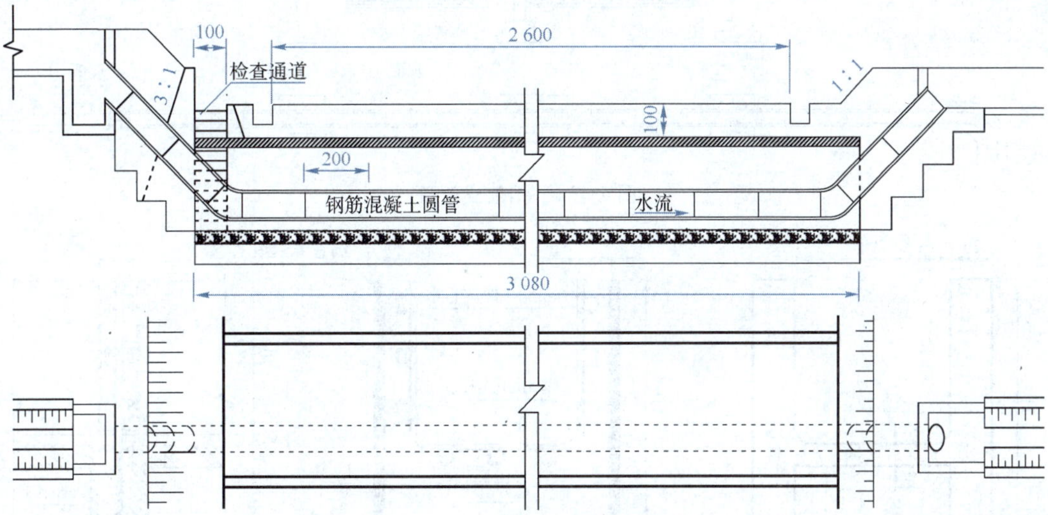

图1-122 倒虹吸涵

7.排架式渡槽

高架过水渡槽常采用钢筋混凝土简支梁结构形式，跨径一般有10m、15m，上部构造槽身断面75cm×75cm，下部构造多为柱式墩，重力式台，配扩大基础。渡槽墩台如图1-123所示，排架式渡槽主要工程量见表1-82所列。排架式渡槽如图1-124、图1-125所示。

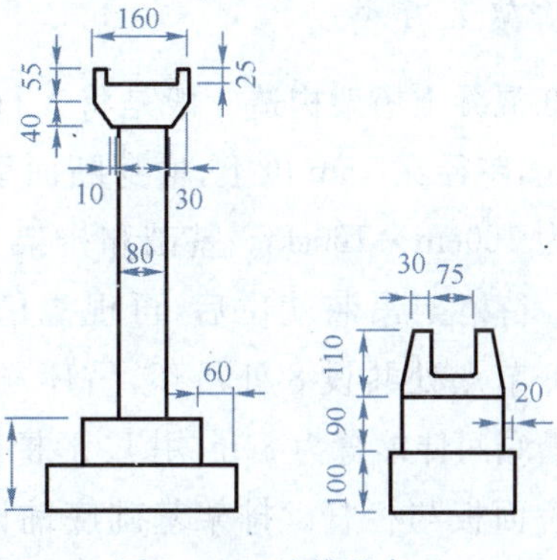

图1-123 渡槽墩台

排架式渡槽主要工程量　表 1-82

中心桩号	与路线右夹角	内净断面尺寸	孔数与孔径	渡槽	槽身/钢筋	下部构造			
		宽×高				槽身墩帽/钢筋	槽墩墩柱/钢筋	槽台	
								台帽	台身
	度	m	孔-m	m	m^3/kg	m^3/kg	m^3/kg	m^3	m^3
K36+140	90	0.75×0.75	4×15.4	65.8	32.8/5847	3.3/354	10.6/1263	15	12.9

渡槽 10m 接缝工程量指标

6mm 橡皮止水	Φ10mmU 形螺栓	钢板	5cm 宽沥青麻絮	沥青砂胶
m^2	kg	kg	m^2	m^3
2.00	13.2	33	0.31	0.14

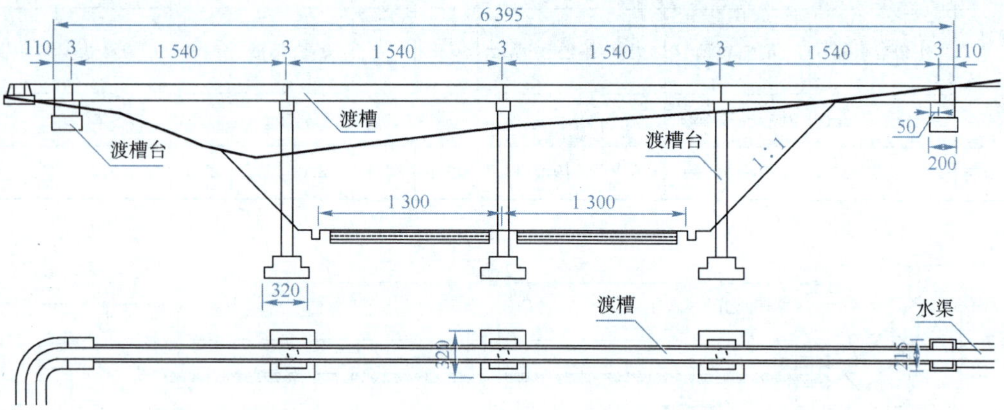

图 1-124　排架式渡槽

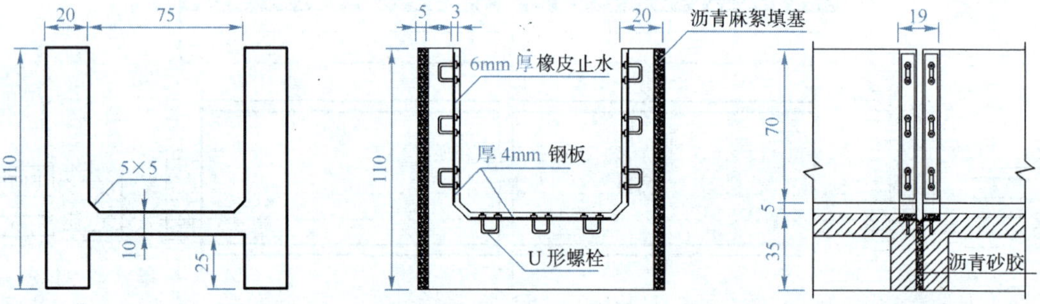

图 1-125　排架式渡槽断面及接头

8. 桁架式渡槽

钢筋混凝土桁架构造一般是将人行桥与过水渡槽合建，跨径在 15m 以上，槽身断面呈 U 形，几何尺寸为 160cm×160cm。基础和排架为现浇，预制桁架。待桁架吊装就位后，再现浇槽身。桁架在上弦杆节点处共设 8 处吊环，吊环与桁架主筋焊接。槽端间伸缩缝为 3cm，用 U 形橡皮止水，最后安装桥面板与栏杆。排架基础底铺设 10cm 厚 C20 混凝土垫层。桁架式渡槽如图 1-126～图 1-129 所示，其主要工程量见表 1-83 所列。

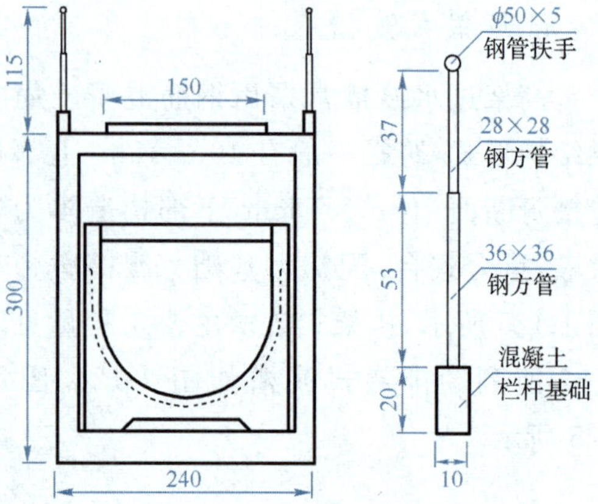

图 1-126　桁架式渡槽断面

桁架式渡槽主要工程量　　　　表 1-83

桁架混凝土/钢筋	桥台混凝土	桥墩混凝土/钢筋	桥面混凝土	栏杆混凝土/钢管/喷涂金属	槽身混凝土/钢筋	橡皮止水	基础片石
m^3/kg	m^3	m^3/kg	m^3	m^3/kg/m^2	m^3/kg	m^2	m^3
26.9/2 696	43.5	85.2/5 916	10	2.64/5 643/1 584	34.5	2.25	29.3

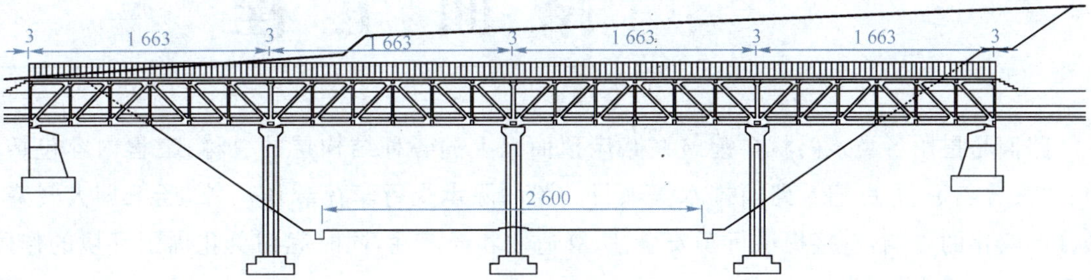

图 1-127　桁架式渡槽

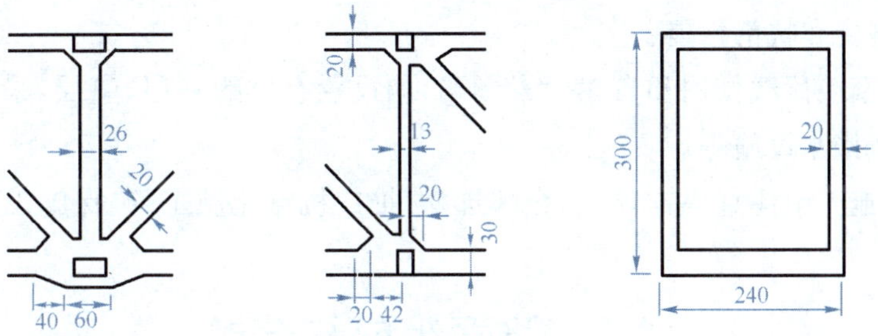

图 1-128　桁架结构

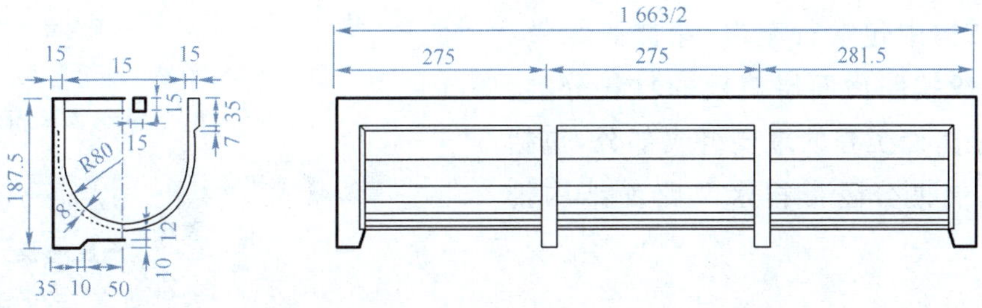

图 1-129　渡槽槽身

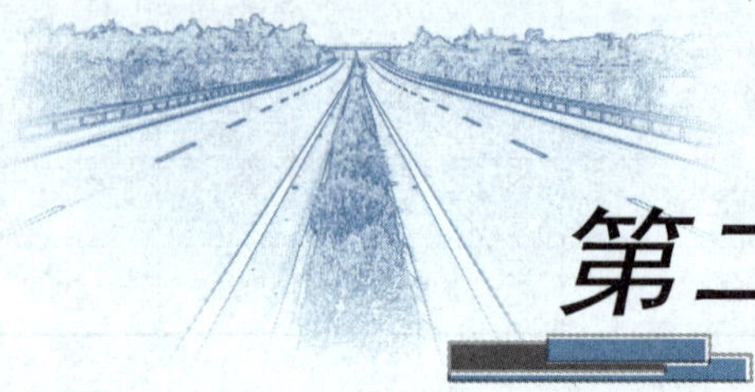

第二章 路面工程

路面是指用各类筑路材料铺筑在路床顶面以上的各种结构层的总称，工程内容包括路面、中央分隔带、土路肩及路面排水等项目。路面除承受行车荷载作用外，还抵御大气降水和气温变化的影响，直接提供行车安全性、舒适性和经济性，同时起到美化周围环境的作用。路面的基本要求如下：

(1)选择经济、技术合理、利于养护、安全可靠的设计方案，确保路面有足够的强度、稳定性、耐久性、平整度和抗滑性能。

(2)路面受直接荷载作用和自然因素影响，应设置有效的基层、垫层，采用合适的结构层处治措施和路面排水设施等。

(3)设计与施工中注意保护环境，合理选材，推广机械化施工，确保施工质量。

2.1 路面组成与分类

路面结构中包括行车道、左侧路缘带、硬路肩，一般按路面面层使用的材料分类。路面排水是路面工程的重要组成部分，包括路表排水、中央分隔带排水及路面结构排水。

2.1.1 路面组成

行车荷载和自然因素对路面的作用和影响，一般是随路面深度而逐渐减弱。在路面多层结构中，一般将品质好的材料铺设在应力大的面层，品质较差的材料铺设在应力较小的底层。路面组成层次结构如图 2-1 所示。

- 路面工程
  - 路面结构
    - 面层
      - 水泥混凝土路面
      - 沥青混凝土路面
        - 上面层
        - 中面层
        - 下面层
    - 基层
      - 上基层
      - 下(底)基层
    - 垫层
  - 结构层处治措施
    - 封层
    - 透层
    - 黏层
  - 中央分隔带
  - 路面排水
    - 路面排水
    - 中央分隔带排水
    - 路面结构排水
  - 土路肩

图 2-1 路面组成层次结构

1.路面结构

路面结构的基本形式是由面层和底层组成，底层是路面的基础，又可分为基层和垫层。路面组成如图 2-2 所示。

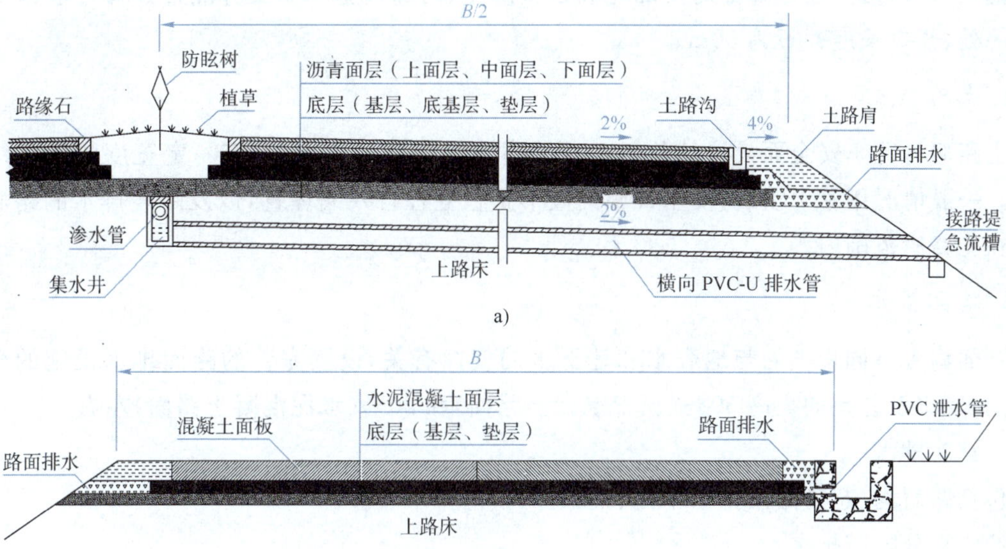

图 2-2　路面组成

a)高速、一级公路；b)二级及以下公路

1)面层

面层是铺面和直接反映使用性能的结构层次，在与其下方的结构层次相比，面层应具有较高的结构强度、刚度和稳定性，并且耐磨、不透水，其表面还应具有良好的抗滑性和平整度。因此面层必须是采用各种坚硬材料铺筑的单层或多层结构，其主要由沥青混合料、水泥混凝土及砂石等材料铺筑路面。

路缘石是路面面层边缘与其他构造物分界处的标石。其可分为路面缘石和路肩缘石，一般用石块或混凝土块砌筑。

2)基层

基层是面层的基础，起承重作用，应具有足够的强度和水稳定性。基层主要有无机结合料稳定基层(半刚性基层)和碎、砾石基层两大类，厚度较大时一般又分设两层，即基层和底基层。

3)垫层

垫层介于基层与土基之间，实际中并非所有的路面结构中都需要设置垫层。在路基土质较差、水稳状况不良的路段，或路面结构厚度小于最小防冻厚度要求时，应在基层之下设置垫层，起到扩散应力、排水、防冻胀等作用。一般采用砂砾、碎石或水泥、石灰煤渣等稳定土材料铺筑垫层。

2.封层、透层与黏层

为能够使路面各结构层之间黏结紧密和满足施工需要，提高路面结构的整体性，在各结构层之间采取了透层、封层、黏层等处治措施。

3. 中央分隔带

为保障高速、一级公路高速行车安全，在双向车道中间设置中央分隔带，其宽度根据设计速度确定，设计速度为 120km/h 时宽度为 3m，其余为 2m。中央分隔带下部需要设置排水设施及通讯管道，外露部分需要绿化和设置防眩、防撞设施。中央分隔带开口一般以 2km 设置一处，开口长度一般为 50m。

4. 土路肩

土路肩为行车安全而设置的位于在硬路肩边缘至路肩边缘，具有一定宽度的带状结构部分。一般情况用黏土填筑，安全设施的波形护栏立柱打入或埋置，以及路表排水的路肩沟设置在土路肩范围内。

5. 路面排水

路面病害不同程度的与地表水和地下水的侵蚀有关，设置完善的路面排水设施的全寿命周期，要比设置差的提高 30%（沥青混凝土路面）和 50%（水泥混凝土路面）左右。

1）路表排水

包括路肩沟、超高路段排水中沟、集水井、横向排水管等。

2）中央分隔带排水

包括渗沟、渗水管、集水井、横向排水管等。

3）路面结构排水

包括排水性基层、排水性土工织物中间层、开级配透水性沥青混凝土表层、路肩边缘排水等。

路面从总体结构上可划分为沥青混凝土路面和水泥混凝土路面，面层和底层与各结构层之间的处治措施关系如图 2-3 所示。

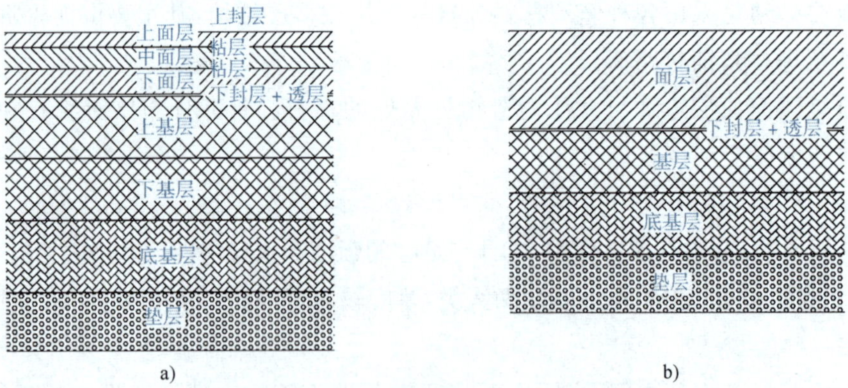

图 2-3　路面结构

a）沥青混凝土路面；b）水泥混凝土路面

2.1.2 路面分类

路面分类一般是依据面层特性进行力学特性、路面材料及面层结构分类。一般将沥青路面和水泥混凝土路面称为有铺装路面，砂石路面称为未铺装路面。

1. 按力学特性分类

路面类型可以从不同角度来划分，从路面结构的力学特性和设计方法的相似性出发，可将路面划分为柔性路面、刚性路面两类。

1)柔性路面

柔性路面主要是指各类沥青路面，俗称黑色路面。由于其刚度较小，在荷载作用下弯沉变形较大，对基层整体强度要求较高。此类路面有弹性，柔性较好，路面无接缝，有较好的行车舒适性能。

2)刚性路面

刚性路面主要是指用水泥混凝土作面层或基层的路面结构。水泥混凝土的强度高，与其他筑路材料比较，它的抗弯强度高，并且有较高的弹性模量，故呈现出较大的刚性，在车辆荷载作用下，水泥混凝土结构层处于板体工作状态，竖向弯沉较小，路面结构主要靠水泥混凝土板的抗弯强度承受车辆荷载。通过板体的扩散分布作用，传递给基础上的单位压力较柔性路面小得多。

2. 按路面材料分类

面层所使用的材料有沥青、水泥、砂石等，基层、垫层所使用的材料有水泥、石灰、粉煤灰、沥青、砂石、土工合成材料等。

3. 按面层结构分类

面层结构主要是针对路面面层使用材料分类。

1)沥青路面

如沥青混凝土路面、沥青碎石路面、沥青贯入式路面、沥青表面处治路面等。

2)水泥混凝土路面

如普通混凝土路面、钢筋混凝土路面、连续配筋混凝土路面、预应力混凝土路面、钢纤维混凝土路面和碾压混凝土路面等。

3)砂石路面

如泥结碎石路面、级配碎石路面、级配砾石路面及天然砂砾路面等。

2.2 路面技术指标

《公路工程技术标准》(JTG B01—2003)规定路面设计标准轴载为双轮组单轴 100kN。不再提及路面等级，选用的路面面层类型应符合表 2-1 的规定。

路面面层类型及适用范围　　表 2-1

面层类型		适用范围	使用年限
水泥混凝土		高速公路、一级公路、二级公路、三级公路、四级公路	20～30
沥青	混凝土	高速公路、一级公路、二级公路、三级公路、四级公路	12～15
	贯入、碎石、表面处治	三级公路、四级公路	8～10
砂石路面		四级公路	5

2.2.1 一般规定

路面结构方案应根据公路使用任务、性质和要求，结合当地气候、水文、土质、材料、施工技术、实践经验以及环境保护要求等内容，通过技术经济分析确定。

路面结构层所选的材料应满足强度、稳定性和耐久性的要求。同时路面垫层材料宜采用水稳性好的粗粒或各种稳定类粒料。

路面排水应与路基排水综合规划、合理布局。根据公路等级，结合气象、地形、地质、水文等自然条件，设置必要的地表排水、路面结构排水，并与沿线排水系统相配合，形成完整的排水体系。

2.2.2 水泥混凝土路面

普通混凝土、钢筋混凝土、碾压混凝土和钢纤维混凝土面层板一般采用矩形。其纵向和横向接缝应垂直相交，纵缝两侧的横缝不得相互错位，纵横接缝间距见表 2-2 所列。传力杆尺寸和间距见表 2-3 所列，拉杆尺寸和间距见表 2-4 所列。

纵 横 接 缝 间 距　　表 2-2

类　型		间　距	备　注
纵向接缝		按路面宽度在 3.0～4.5m 范围	碾压混凝土、钢纤维混凝土面层在全幅摊铺时，可不设纵向缩缝
横向接缝	普通混凝土	4～6m	平积不宜大于 $25m^2$
	钢筋混凝土	6～15m	
	碾压混凝土或钢纤维混凝土	6～10m	

传力杆尺寸和间距　　表 2-3

面层厚度(cm)	传力杆直径(mm)	传力杆最小长度(cm)	传力杆最大间距(cm)
22	28	40	30
24	30	40	30
26	32	45	30
28	35	45	30
30	38	50	30

拉杆尺寸和间距(mm)　　表 2-4

面层厚度(cm)	到自由边或未设拉杆纵缝的距离(m)					
	3.00	3.50	3.75	4.50	6.00	7.50
20～25	14×700×900	14×700×800	14×700×700	14×700×600	14×700×500	14×700×400
26～30	16×800×900	16×800×800	16×800×700	16×800×600	16×800×500	16×800×400

注：表中数字为直径×长度×间距。

2.2.3 沥青路面

公路沥青路面按结构设计有三层、两层、单层三种结构类型。沥青路面面层厚度见表2-5所列。

沥青路面面层厚度 表2-5

结构类型	沥青路面面层			代表性路面
	承重层	联结层	磨耗层	
三层	6～10	4～6	3～5	沥青混凝土路面
两层	5～8	—	3～4	沥青碎石路面
单层	—	—	3	沥青表面处治路面

2.2.4 路面基层

基层、底基层类型应根据表2-6选用。

适宜各交通等级的基层类型 表2-6

交通等级	基层类型
特重交通	贫混凝土、碾压混凝土或沥青混凝土基层
重交通	水泥稳定粒料或沥青稳定碎石基层
中等或轻交通	水泥稳定粒料、石灰粉煤灰稳定粒料或级配粒料基层

2.3 路面基层

基层按其材料及级配铺筑主要有稳定土、级配粒料、嵌锁粒料，以及贫混凝土、碾压混凝土基层。基层分上基层和下基层，应具有足够的抗冲能力和一定的刚度。垫层按其所起的作用可分为排水垫层、隔离垫层、防冻胀垫层、承托垫层等。最常用的无机结合料有石灰、水泥、粉煤灰、矿粉等，有机结合料多使用石油沥青。在路面基层中常用的集料有砂砾土、碎石土、砂砾、碎石、级配碎石等，与掺料组成混合料路面基层。

2.3.1 基层分类

稳定土基层是由无机结合料或有机结合料与集料，经拌和、摊铺、压实而成的路面基层的总称。

1.按材料分类

路面基层按材料分类如图 2-4 所示。

- 基层
  - 水泥稳定土
    - 水泥稳定粗粒料
      - 水泥稳定碎石(用水泥稳定粗粒碎石和细粒碎石得到的混合料)
      - 水泥稳定砾石(用水泥稳定粗粒砾石和细粒砾石得到的混合料)
    - 水泥稳定细粒土
      - 水泥稳定土(用水泥稳定细粒土得到的混合料)
      - 水泥稳定砂(用水泥稳定砂得到的混合料)
  - 石灰稳定土
    - 石灰稳定粗粒料
      - 石灰稳定碎石(用石灰稳定粗粒碎石和细粒碎石得到的混合料)
      - 石灰稳定砾石(用石灰稳定粗粒砾石和细粒砾石得到的混合料)
    - 石灰稳定土(用石灰稳定细粒土得到的混合料,细粒土含量不少于 90%)
  - 石灰及粉煤灰稳定土
    - 石灰及粉煤灰稳定碎石(用石灰粗、细碎石得到的混合料)
    - 石灰及粉煤灰稳定砾石(用石灰粗、细砾石得到的混合料)
  - 级配粒料(无结合料)
    - 级配碎石(用粗、细碎石集料和石屑各占一定比例组合密实)
    - 级配砾石(用粗、细砾石集料和砂各占一定比例组合密实)
  - 嵌锁粒料
    - 填隙碎石(用粗碎石作主骨料,用石屑填满碎石间的空隙,压实嵌锁)
    - 沥青稳定碎石(用粗碎石作主骨料,用少量的沥青于碎石层中,压实成形)

图 2-4　路面基层分类

稳定土基层类还有石灰或水泥稳定砂砾土、碎石土等,工业废渣也可作为基层材料。

路面基层按力学特性分类有刚性基层、半刚性基层、柔性基层。如需要排除路面渗水,工程实践中又有多孔隙水泥稳定碎石、沥青稳定碎石基层。

2.按力学特性分类

1)半刚性基层

石灰稳定土基层目前使用较多,其在混合料中有水化、水解和结晶作用,可产生强度和板体性;在完工初期,具有柔性材料的工作特性;随着时间的推移,其强度逐渐提高,板体性增加,刚度继续增大。由于此类稳定土基层的最终强度、弹性模量比柔性基层要大几倍,比水泥混凝土要小得多,故被称为半刚性基层。

2)柔性基层

柔性基层包括沥青稳定碎石和各种无结合料的粒料基层等。由于组成材料是以粒料为主,具有较大的空隙率,因此它最主要的优点是不会因温度、湿度的变化产生收缩裂缝。相邻层次产生的裂缝也不会通过柔性基层反射到面层,具有良好的抗裂、防裂和阻止反射裂缝扩展的能力。同时由于其空隙率大,能及时、迅速地排除进入路面结构的雨水,减轻沥青面层的水害影响。柔性基层的刚度不如刚性基层与半刚性基层,一般沥青稳定碎石的回弹模量约为 1 000MPa 左右,级配碎石基层回弹模量约为 400MPa 左右。

3)刚性基层

刚性基层是用低标号水泥混凝土铺筑的路面基层。水泥混凝土的强度高,与其他基层材料比较,它的抗弯拉强度高,并且有较高的弹性模量,故呈现出较大的刚性,在车辆荷载作用下的弯沉变形极小,与水泥混凝土面层同处于板体工作状态,传递给下基层的单位压力较半刚性基层小得多。

2.3.2 基层结构

高速公路通过湿润和多雨等恶劣环境地区，应在路面面层以下设置底基层、垫层。各类基层适宜厚度及适用范围见表 2-7 所列。

各类基层适宜厚度及适用范围　　表 2-7

<table>
<tr><th colspan="2">基层类型</th><th>适宜厚度(cm)</th><th colspan="2">适用范围</th></tr>
<tr><td rowspan="6">半刚性基层</td><td>水泥稳定碎石</td><td rowspan="2">15～25</td><td colspan="2" rowspan="2">适用于各公路等级的水泥混凝土及沥青路面基层</td></tr>
<tr><td>水泥稳定砾石</td></tr>
<tr><td>石灰稳定碎石</td><td rowspan="2">15～25</td><td colspan="2" rowspan="2">适用于二级和二级以下路面基层，潮湿地段不适用</td></tr>
<tr><td>石灰稳定砾石</td></tr>
<tr><td>石灰及粉煤灰稳定碎石</td><td rowspan="2">15～25</td><td colspan="2" rowspan="2">适用于二级和二级以下路面基层，潮湿地段不适用</td></tr>
<tr><td>石灰及粉煤灰稳定砾石</td></tr>
<tr><td rowspan="5">柔性基层</td><td>级配碎石</td><td rowspan="2">15～20</td><td colspan="2" rowspan="2">适用于二级和二级以下路面基层，级配碎石基层的碎石最大粒径应控制在 4cm 以内</td></tr>
<tr><td>级配砾石</td></tr>
<tr><td rowspan="2">沥青稳定碎石</td><td>8～10</td><td>水泥路面</td><td rowspan="2">适用于高速公路基层，特别适用于原结构上作整平层</td></tr>
<tr><td>8～15</td><td>沥青路面</td></tr>
<tr><td>沥青混凝土</td><td>5～10</td><td colspan="2">适用于高速公路基层，特别适用于原结构上作整平层</td></tr>
<tr><td rowspan="2">刚性基层</td><td>贫混凝土</td><td rowspan="2">12～20</td><td colspan="2">适用于高速、一级、二级公路</td></tr>
<tr><td>碾压混凝土</td><td colspan="2">适用于高速、一级、二级公路</td></tr>
</table>

1. 基层宽度

基层的宽度应比面层每侧至少宽出 30cm。水泥混凝土路面轨模式摊铺机施工为 50cm，滑模式摊铺机施工 65cm。硬路肩基层一般与面层的基层结构相同。

2. 基层厚度

上基层下未设垫层，上路床为细粒土、黏土质砂或级配不良砂(承受特重或重交通时)，或者为细粒土(承受中等交通时)，应在上基层下设置底基层。上基层和底基层可采用级配粒料、水泥稳定粒料或石灰粉煤灰稳定粒料结构，厚度一般为 20cm 左右。

湿润和多雨地区，路基为低透水性细粒土的高速公路和一级公路或者承受特重或重交通的二级公路，宜采用排水基层。排水基层可选用多孔隙的开级配水泥稳定碎石、沥青稳定碎石，其孔隙率约为 20%。排水基层下应设置由水泥稳定粒料或密级配粒料组成的不透水底基层，厚度一般为 20cm，底基层顶面宜铺设沥青封层或防水土工织物。

碾压混凝土基层应设置与混凝土面层相对应的接缝。贫混凝土基层在其弯拉强度超过 1.8MPa 时，应设置与混凝土面层相对应的横向缩缝；一次摊铺宽度大于 7.5m 时，应设置纵向缩缝。

2.4 路面垫层

在土基处于不良状态，如潮湿地带、湿软土基、北方地区的冻胀土基等，应设置垫层，以排除路面、路基中滞留的自由水，确保路面结构处于干燥或中湿状态。

2.4.1 垫层分类

垫层主要起排水、隔水、防冻、防污等作用。按结构可分为松散颗粒型垫层和密实型垫层两种类型。

1. 松散颗粒型垫层

可选用粗砂、砂砾、碎石、煤渣、矿渣等材料铺筑。若采用粗砂或砂砾料时，通过0.074mm筛孔的颗粒含量应不大于5%。

2. 密实型垫层

可采用水泥、石灰稳定土等类型。

2.4.2 垫层结构

垫层结构形式有排水垫层、隔离垫层、防冻胀垫层、承托垫层等。垫层最小厚度为15cm，如路基可能产生不均匀沉降或不均匀变形时，可铺设半刚性垫层。

1. 排水垫层

一般采用砂砾、碎石等松散颗粒材料。当水文地质条件不良的土质路堑或路床土湿度较大时，设置排水垫层排除渗入基层和垫层中的水分，防止路基过湿而影响路面的整体强度。

2. 隔离垫层

由于地下水对路基的影响，一般采用粗粒料或土工合成材料作隔离垫层，减少负温度下的水分向路面结构层内渗透。

3. 防冻胀垫层

在季节性冰冻地区路面总厚度小于最小防冻厚度要求时，应选用隔温性能良好的粉煤灰、炉渣及矿渣等材料，作防冻胀垫层。

4. 承托垫层

是用轻型材料铺筑在路基上，承托上部结构的自重和车辆荷载，以减轻路面的总重量。例如，在软基上铺筑泡沫塑料板，然后再修筑路面结构层，以减轻对软基的压力，减少固结沉降。

2.5　封层、透层与黏层

封层是为封闭表面空隙、防止水分渗入，而在沥青面层或基层上铺设有一定厚度的沥青混合料薄层；透层是为使封层与基层有良好的结合，而喷洒透层油；黏层是为使沥青层之间有良好的结合，而喷洒黏层油。

2.5.1　封层

铺筑在沥青表面的称为上封层，铺筑在基层表面的称为下封层。

1.上封层

上封层类型有乳化沥青稀浆封层、微表处、改性沥青集料封层、薄层磨耗层等。对路面破损的处治措施分别有：

①裂缝较细、较密的可采用(涂洒类)密封剂、软化再生剂等涂刷罩面。

②对二级及二级以下公路的旧沥青路面可采用普通的乳化沥青稀浆封层，也可在喷洒道路石油沥青后撒布石屑(砂)后碾压作封层。

③对高速公路、一级公路有轻微损坏的宜铺筑微表处。

④对需要改善抗滑性能的上封层可采用稀浆封层、微表处或改性沥青集料封层。

微表处是用适当级配的石屑或砂、填料(水泥、石灰、粉煤灰、石粉等)与聚合物改性乳化沥青、外掺剂和水，按一定比例拌和而成的流动状态的沥青混合料，均匀地摊铺在路面上形成的沥青封层。

稀浆封层是用适当级配的石屑或砂、填料(水泥、石灰、粉煤灰、石粉等)与乳化沥青、外掺剂和水，按一定比例拌和而成的流动状态的沥青混合料，均匀地摊铺在路面上形成的沥青封层。微表处稀浆封层适宜厚度见表 2-8 所列。

微表处稀浆封层适宜厚度　　表 2-8

类　型	微　表　处		稀　浆　封　层		
	MS-2 型	MS-3 型	ES-1 型	ES-2 型	ES-3 型
一层厚度(cm)	0.4～0.7	0.8～1	0.25～0.3	0.4～0.7	0.8～1

2.下封层

下封层的厚度不宜小于 0.6cm，并做到完全密水，则宜采用层铺法表面处治或稀浆封层法。层铺法表面处治通常采用单层式，集料用量宜为 5～8m^3/1000m^2，沥青用量可采用要求范围的中高限。稀浆封层材料，可选用乳化沥青或改性沥青作结合料。

多雨潮湿地区的高速公路、一级公路的沥青面层孔隙率较大。有严重渗水时，或铺筑基层不能及时铺筑沥青面层而需通行车辆时，宜在喷洒透层油后再铺筑下封层。

2.5.2 透层

喷洒透层油宜采用液体沥青、乳化沥青、煤沥青等，喷洒后渗透入基层的深度不宜小于0.5(无机结合料稳定集料基层)～1cm(无结合料基层)，透层油材料适宜用量见表2-9所列。

透层油材料适宜用量(L/m^2)　　表2-9

用途	液体沥青		乳化沥青		煤沥青	
	规格	用量	规格	用量	规格	用量
无结合料基层	AL(M)-1、2或3 AL(S)-1或2	1.0～2.3	PC-2 PA-2	1.0～2.0	T-1 T-2	1.0～1.5
半刚性基层	AL(M)-1或2 AL(S)-1或2	0.6～1.5	PC-2 PA-2	0.7～1.5	T-1 T-2	0.7～1.0

注：表中用量是指包括稀释剂和水分等在内液体、乳化沥青的总量。乳化沥青中的残留物含量以50%为基准。

2.5.3 黏层

在沥青层喷洒的黏层油宜采用快裂或中裂乳化沥青、改性乳化沥青，也可采用快、中凝液体石油沥青。其规格和质量应符合规范要求，所使用的基质沥青标号宜与主层沥青混合料相同。当有下列情形时宜喷洒黏层油：

①双层式或三层式热拌热铺沥青混合料路面的沥青层之间。

②水泥混凝土路面、沥青稳定碎石基层或旧沥青路面层上加铺沥青层。

③路缘石、雨水口、检查井等构造物与新铺沥青混合料接触的侧面。

黏层油品种和用量，应根据下卧层的类型试洒确定，并符合表2-10的要求。当黏层油上铺筑薄层大空隙排水路面时，黏层油的用量宜增加到0.6～1.0L/m^2。在沥青层之间兼作封层而喷洒的黏层油宜采用改性沥青或改性乳化沥青，其用量宜不少于1.0L/m^2。

黏层材料适宜用量(L/m^2)　　表2-10

下卧层类型	液体沥青		乳化沥青	
	规格	用量	规格	用量
新建沥青层或旧沥青路面	AL(R)-3～AL(R)-6 AL(M)-3～AL(M)-6	0.3～0.5	PC-3 PA-3	0.3～0.6
水泥混凝土	AL(M)-3～AL(M)-6 AL(S)-3～AL(S)-6	0.2～0.4	PC-3 PA-3	0.3～0.5

注：表中用量是指包括稀释剂和水分等在内液体、乳化沥青的总量。乳化沥青中的残留物含量以50%为基准。

2.6 水泥混凝土路面

水泥混凝土路面(Cement Concrete Pavement，简称CCP)是指以水泥混凝土板作为面层的路面。由于路面板刚度较大、抗拉强度较高，故被称之为刚性路面。水泥混凝土路面稳定性好，使用寿命长，适用于各等级公路路面。

2.6.1 面层类型

水泥混凝土路面结构是由面层、基层与垫层组成。常用水泥混凝土面层种类、特性描述和适用范围见表 2-11 所列。

混凝土面层类型及特性　　表 2-11

面层类型	特性描述	适用范围
普通混凝土路面	在接缝区和局部范围配置钢筋，亦称素混凝土路面	
钢筋混凝土路面	配置纵、横向钢筋或钢筋网	
连续配筋混凝土路面	配置纵向连续钢筋和横向钢筋，横向不设缩缝	高速公路
钢纤维混凝土路面	在混凝土面层中掺入钢纤维的水泥混凝土路面	标高受限制路段、收费站、混凝土加铺层
碾压混凝土	采用振动碾压成形的水泥混凝土	二级及以下公路、服务区
水泥混凝土预制块路面	面层由水泥混凝土预制块铺砌成的路面	服务区、二级及以下公路、桥头引道沉降未稳定
贫混凝土	水泥用量较低的水泥混凝土	
复合式路面	沥青上面层与连续配筋混凝土下面层组合	特重交通的高速公路
	沥青上面层与横缝设传力杆的普通混凝土下面层组合	

2.6.2 纵横接缝

由于水泥混凝土是随温度、湿度的变化，会发生混凝土收缩、膨胀或翘曲变形。实践中是将水泥混凝土面层沿纵横向划分成一定尺寸的矩形板块(除连续配筋混凝土路面外)，即需要设置混凝土面层纵横接缝。如果水泥混凝土板的尺寸过大，这些变形会受到约束，使板内产生较大的应力，而出现开裂、拱胀甚至断裂；但接缝又增加了施工的复杂性，并且影响行车的舒适性；接缝还构成薄弱点，缝间容易出现唧泥、错台等危害。水泥混凝土路面接缝在不同情况、不同位置需要设置缩缝、胀缝、纵缝和施工缝。传力杆是沿混凝土板的胀缝，每隔一定距离在板厚中间布置的圆钢筋，其一端固定在一侧板内，而另一端可在邻侧板内滑动，作用是在两块路面板之间传递行车荷载和防止错台。拉杆是沿混凝土板的纵缝，每隔一定距离在板厚中间布置带肋钢筋，作用是防止路面板错动和纵缝间隙扩大。

1. 缩缝

横向缩缝可等间距或变间距布置(图 2-5)。特重和重交通公路、收费广场以及邻近胀缝或自由端部的三条缩缝，应采用设传力杆假缝形式，其他情况可采用不设传力杆假缝形式。

横向缩缝采用平缝形式，上部应锯切槽口，深度为面层厚度的 1/5～1/4，宽度为 0.3～0.8cm，槽内填塞填缝料。高速公路的横向缩缝槽口宜增设深 2cm、宽 0.6～1cm 的浅槽口。传力杆钢筋间距 30cm。

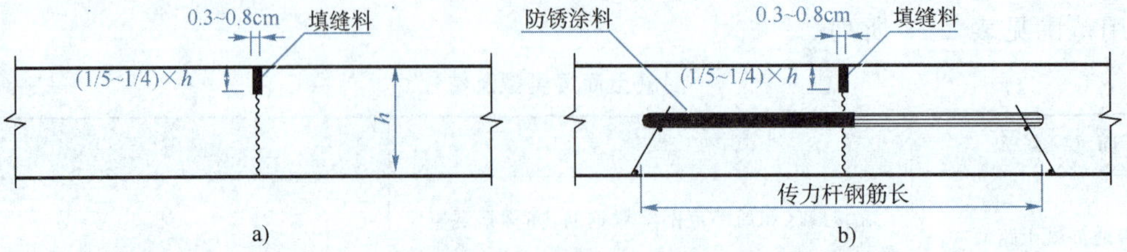

图 2-5 横向缩缝

a)不设传力杆；b)设传力杆

纵向接缝的布设是视路面宽度和施工铺筑宽度而定，一次铺筑宽度小于路面宽度时，应设置纵向施工缝(图 2-6)。一次铺筑宽度大于 1.5m 时，应设置纵向缩缝。

纵向施工缝采用平缝形式，上部应锯切槽口。其深度为：采用粒料基层时，槽口深度应为板厚的 1/3；采用半刚性基层时，槽口深度应为板厚的 2/5。宽度为 0.3～0.8cm，槽内灌塞填缝料。

连续配筋混凝土路面的纵缝可由板内横向钢筋延伸穿过接缝代替传力杆。

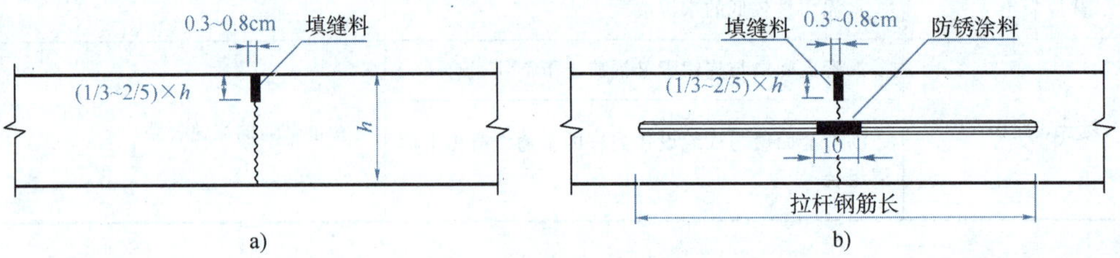

图 2-6 纵向缩缝

a)不设拉杆；b)设拉杆

2. 胀缝

在邻近桥梁或其他固定构造物处或与其他道路相交处应设置横向胀缝(图 2-7)，条数视膨胀量大小而定(图 2-8)。低温浇筑混凝土面层或选用膨胀性高的集料时，宜酌情确定是否设置胀缝。胀缝宽 2cm，缝内设置填缝板和可滑动的传力杆。传力杆应采用光面钢筋，最外侧传力杆距纵向接缝或自由边的距离为 15～25cm。

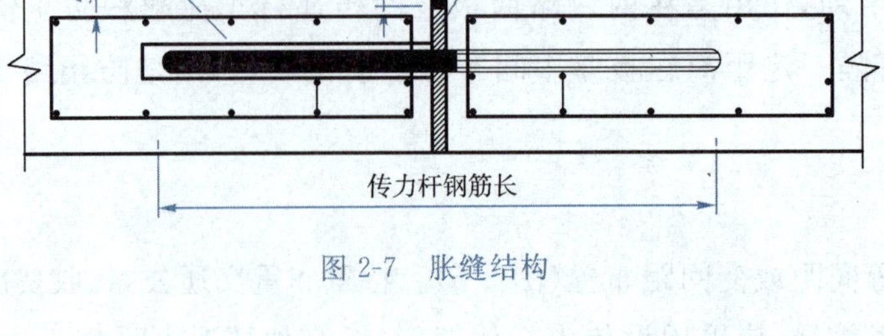

图 2-7 胀缝结构

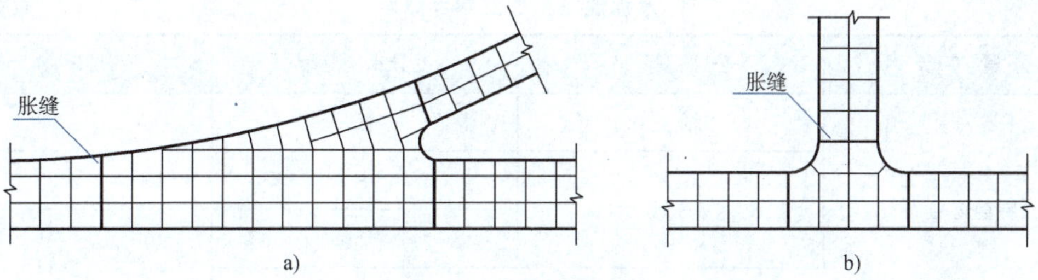

图 2-8 胀缝布置

a)变速车道;b)交叉口

3. 施工缝

当日施工结束或因其他原因中断施工时,必须设置横向施工缝(图 2-9)。其位置应尽可能选在缩缝或胀缝处。设在缩缝处的施工缝,应采用加传力杆的平缝形式,设在胀缝处的施工缝,其构造与胀缝相同。遇有困难需设在缩缝之间时,施工缝采用设拉杆的企口缝形式。纵向施工缝如图 2-10 所示。

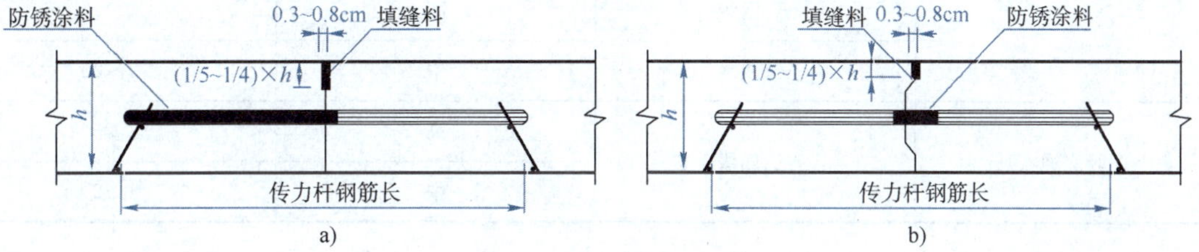

图 2-9 横向施工缝

a)平缝型;a)企口型

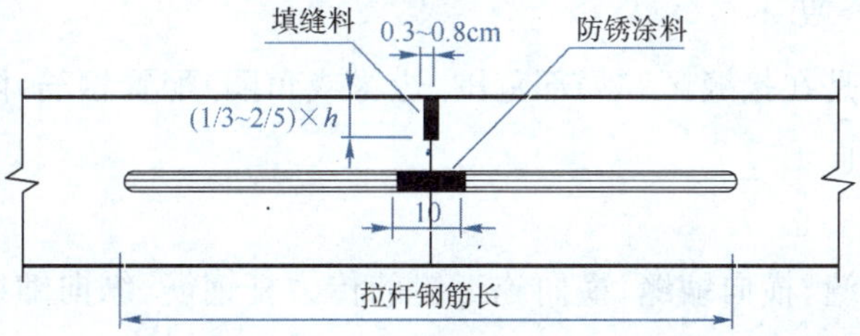

图 2-10 纵向施工缝

2.6.3 路面结构

面层一般采用设接缝的普通混凝土。面层板的平面尺寸较大或形状不规则,路面结构下埋有地下设施,高填方、软土地基、填挖交界段的路基等有可能产生不均匀沉降时,应采用设置接缝的钢筋混凝土面层。其他面层类型可根据适用条件见表 2-12 所列。路面表面构造采用刻槽、压槽、拉槽或拉毛等方法制作。一般高速、一级公路构造深度 0.7～1.1mm,二级及以下公路 0.5～0.9mm。

普通混凝土、钢筋混凝土、连续配筋混凝土、碾压混凝土等面层的厚度,均与交通等级和公路等级相关联,其参考厚度见表 2-12 所列。

水泥混凝土面层参考厚度　　表 2-12

<table>
<tr><th>交 通 等 级</th><th>公 路 等 级</th><th>变异水平等级</th><th>面层厚度(cm)</th></tr>
<tr><td rowspan="4">特重交通</td><td>高速</td><td>低</td><td>≥26</td></tr>
<tr><td rowspan="2">一级</td><td>中</td><td>≥25</td></tr>
<tr><td>低</td><td rowspan="2">≥24</td></tr>
<tr><td>二级</td><td>中</td></tr>
<tr><td rowspan="4">重交通</td><td>高速</td><td>低</td><td>27～24</td></tr>
<tr><td rowspan="2">一级</td><td>中</td><td>26～23</td></tr>
<tr><td>低</td><td rowspan="2">25～22</td></tr>
<tr><td>二级</td><td>中</td></tr>
<tr><td rowspan="4">中等交通</td><td rowspan="2">二级</td><td>高</td><td>24～21</td></tr>
<tr><td>中</td><td rowspan="2">23～20</td></tr>
<tr><td>三、四级</td><td>高</td></tr>
<tr><td>三、四级</td><td>中</td><td>22～20</td></tr>
<tr><td rowspan="2">轻交通</td><td rowspan="2">三、四级</td><td>高</td><td>≤23</td></tr>
<tr><td>中</td><td>≤22</td></tr>
</table>

采用钢纤维混凝土面层：特重或重交通时，其最小厚度为 16cm；中等或轻交通时，其最小厚度为 14cm。复合式路面沥青上面层的厚度一般为 2.5～8cm。

1. 普通混凝土路面

普通混凝土路面是在接缝区和局部范围(边缘或角隅)配置钢筋，除此以外不配置钢筋，也可称为素混凝土路面。

1)接缝钢筋

接缝钢筋包括胀缝、横向缩缝、横向施工缝的传力杆钢筋，纵向缩缝、纵向施工缝的拉杆钢筋。接缝钢筋布置如图 2-11 所示。

2)补强钢筋

混凝土路面板边、板角是薄弱部位，如果混凝土板纵横向边缘基础出现较大的塑性变形，在车辆反复作用下将有严重损坏。因此，应对其进行补强。

(1)板边补强

板边补强钢筋通常选用 2 根直径为 $\phi12$～$\phi16$ 的带肋钢筋，布置在板的下部距板底约 1/4 板厚处，距边缘 10cm，钢筋保护层的最小厚度不小于 5cm。为加强锚固能力，钢筋在两端向上弯起。纵向边缘钢筋一般只做在一块板内，这样受力明确，利于收缩，施工也方便；但有时亦将其穿过缩缝，但不得穿过胀缝。板边补强钢筋如图 2-12 所示。

(2)板角补强

直角补强如图 2-13a)所示，采用 2 根直径为 $\phi12$～$\phi16$ 的螺纹钢筋制作成发针形，布置在

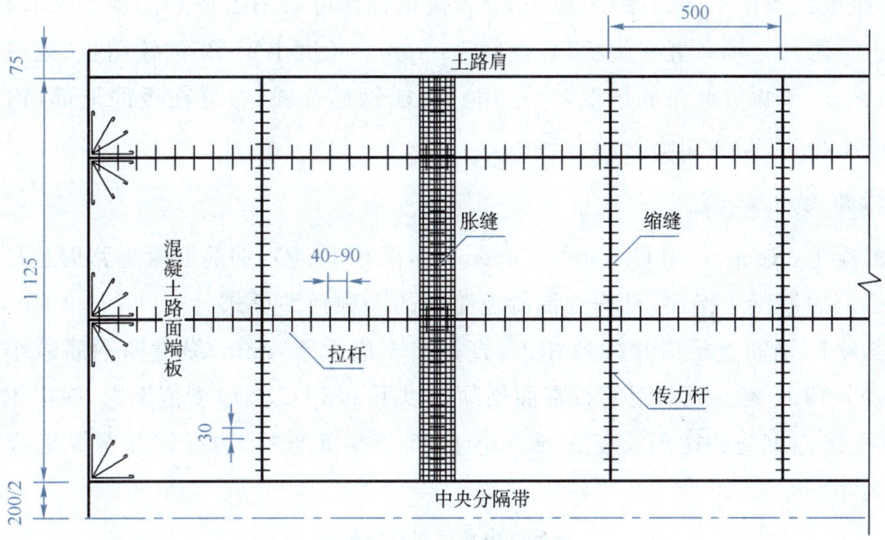

图 2-11　接缝布置

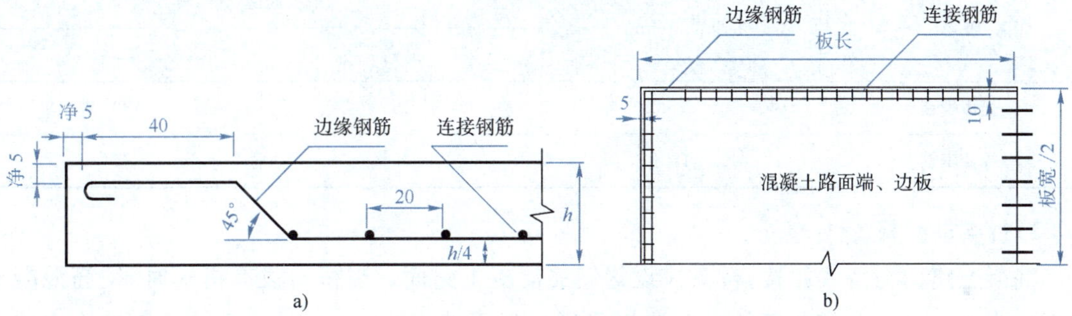

图 2-12　板边补强钢筋

a)构造断面；b)钢筋平面布置

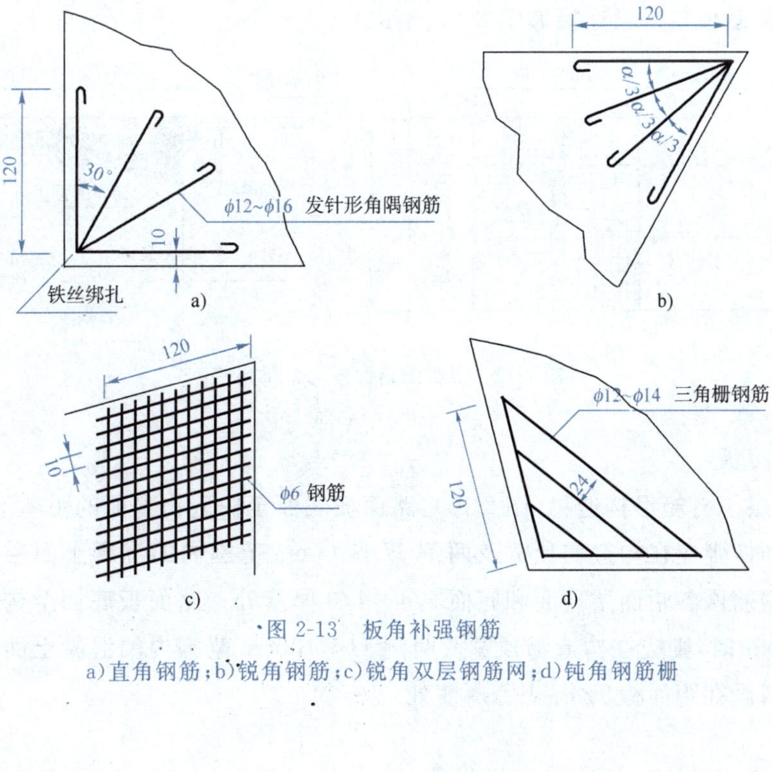

图 2-13　板角补强钢筋

a)直角钢筋；b)锐角钢筋；c)锐角双层钢筋网；d)钝角钢筋栅

板的上部，距板顶不小于 5cm，距板边 10cm。锐角补强可采用图 2-13b)或图 2-13c)，锐角双层钢筋网上下两片分别布置在距板顶、板底 5～7cm。角度小于 50°的锐角板，则应按钢筋混凝土板设计。对于板成钝角的情况，应采用三角栅钢筋补强，布置在板的下部，钢筋保护层的最小厚度不小于 5cm，如图 2-13d)所示。

2. 钢筋混凝土路面

钢筋混凝土(Reinforced Concrete Pavement，简称 RCP)，钢筋混凝土路面是指板内配置有纵横向钢筋的混凝土路面，是普通混凝土路面的一种辅助形式。

纵向与横向钢筋直径应相同或相近，直径差不应大于 4mm，纵横向钢筋最小直径和最大间距见表 2-13 所列。纵向钢筋设在面层顶面以下 1/3～1/2 厚度范围内，横向钢筋位于纵向钢筋之下；纵向钢筋的搭接长度一般不小于 35 倍钢筋直径，边缘钢筋至纵缝或自由边的距离一般为 10～15cm。

钢筋最小直径和最大间距　　表 2-13

钢 筋 类 型	最小直径(mm)	最大间距(cm)	
		纵向	横向
光面钢筋	8	15	30
螺纹钢筋	12	35	75

1)桥梁过渡板

混凝土路面与桥梁相接，桥头应设置钢筋混凝土路面。当桥头设有搭板时，钢筋混凝土过渡板为 6～10m；与搭板间的横缝连接采用拉杆平缝形式，与混凝土面层间的横缝连接采用胀缝形式(膨胀量大时，应连续设置 2～3 道胀缝)。未设搭板时，钢筋混凝土过渡板 10～15m。混凝土路面板与桥梁连接如图 2-14 所示。

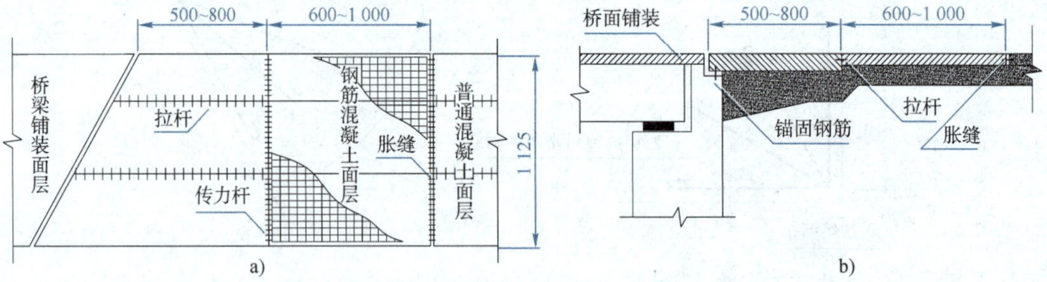

图 2-14　混凝土路面板与桥梁连接

a)平面；b)立面

2)涵洞过渡板

混凝土面层下有箱形构造物(图 2-15)，路面板底面至构造物顶面的距离不足 40cm 或已嵌入路面基层时，则应在构造物顶宽及两侧 H+100cm 范围内的混凝土面层中布设双层钢筋网，上下层钢筋网各距面层顶面和底面 1/4～1/3 厚度处。路面板底面至构造物顶面的距离在 40～120cm 时，则应在构造物顶宽及两侧 H+100cm 范围内的混凝土面层中布设单层钢筋网，钢筋网设在距面板 1/4～1/3 厚度处。

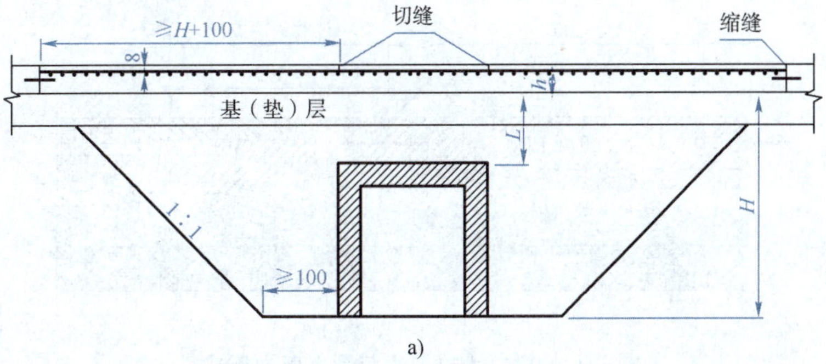

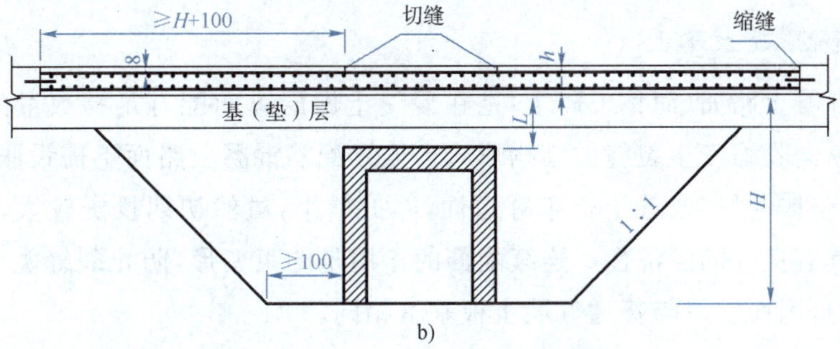

图 2-15 混凝土路面跨箱形构造物

a）0.4m＜L≤1.2m；b）L≤0.4m

混凝土面层下有圆形管状构造物（图 2-16），路面板底面至构造物顶面的距离小于 120cm 时，则应在构造物顶宽及两侧 H＋100cm 范围内的混凝土面层中布设双层钢筋网，钢筋网设在距面板 1/4～1/3 厚度处。

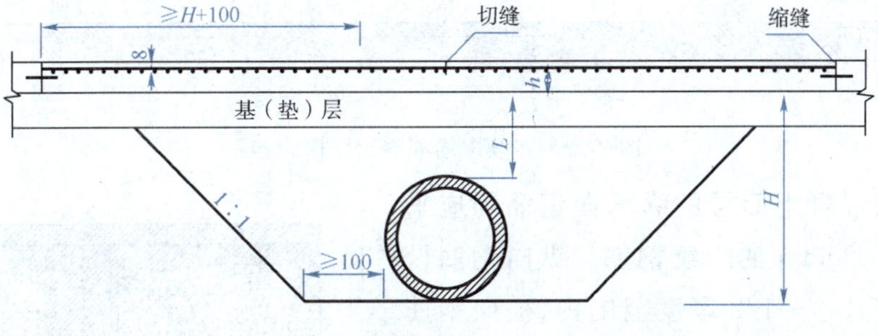

图 2-16 混凝土路面跨圆形构造物（L＜1.2m）

钢筋直径 12mm，纵向钢筋间距 10cm，横向钢筋间距 20cm。配筋混凝土面层与相邻混凝土面层之间设置传力杆缩缝。钢筋混凝土过渡板与混凝土面板相接处，设有传力杆缩缝；对应箱形构造物顶宽位置设两处无传力杆缩缝，对应圆形构造物顶中位置设一处无传力杆缩缝。

两种形状的构造物，在路面板底面至构造物顶面的距离超过 120cm 时，其上方的路面为普通混凝土类型。

3）路面接头过渡板

混凝土路面与沥青路面相接时，其间应设置至少 3m 长的过渡段（图 2-17）。

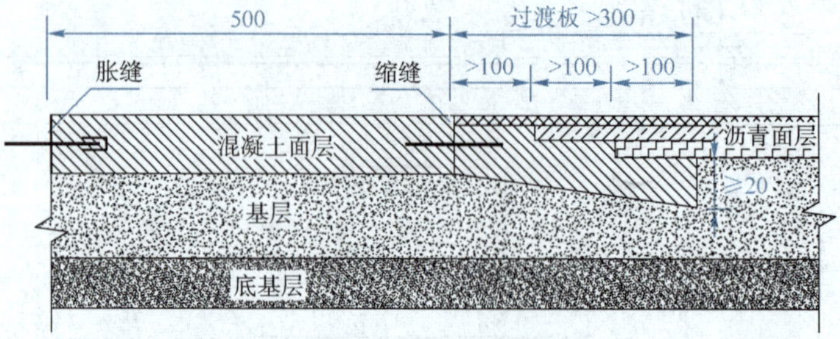

图 2-17　混凝土路面板与沥青路面连接

3. 连续配筋混凝土路面

连续配筋混凝土路面(简称 CRCP)是在混凝土面层纵向配有足够数量的钢筋,以控制混凝土路面板纵向收缩产生裂缝的结构形式。连续配筋混凝土路面不需设胀、缩缝(施工缝除外),耐久性、整体性好,改善了行车舒适性,养护量小,虽然初期投资较大,但在其整个使用寿命周期内具有良好的经济性。连续配筋的作用是约束变形,防止裂缝宽度增大,并非承担截面弯拉应力,因而板厚与普通混凝土板基本相同。

连续配筋混凝土路面与其他路面或桥梁、涵洞等构筑物连接处,应设置锚固结构进行端部处理,设置端部锚固结构是为了约束连续配筋混凝土面层的膨胀位移,结构形式如图 2-18、图2-19 所示。

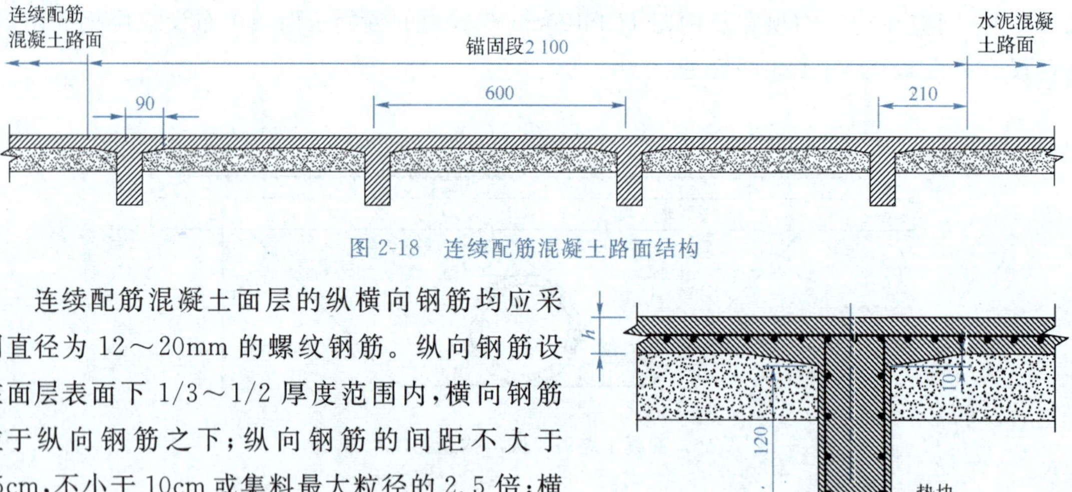

图 2-18　连续配筋混凝土路面结构

连续配筋混凝土面层的纵横向钢筋均应采用直径为 12～20mm 的螺纹钢筋。纵向钢筋设在面层表面下 1/3～1/2 厚度范围内,横向钢筋位于纵向钢筋之下;纵向钢筋的间距不大于 25cm,不小于 10cm 或集料最大粒径的 2.5 倍;横向钢筋的间距不大于 80cm。纵向钢筋焊接长度一般不小于 10 倍(单面焊)或 5 倍(双面焊)钢筋直径,边缘钢筋与纵缝或自由边的距离为 10～15cm。

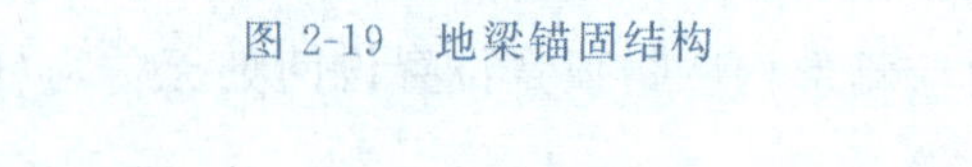

图 2-19　地梁锚固结构

4. 钢纤维混凝土路面

钢纤维混凝土路面是在普通混凝土中掺入高性能的短钢纤维,该形式能用以制作无接缝连续路面。在受力过程中,钢纤维发挥抗拉强度作用,而混凝土发挥抗压强度作用,从而提高了各项技术性能,具有优良的抗拉、抗弯、抗疲劳以及韧性好等特点,缩短施工周期,减薄路面厚度节约材料。

钢纤维混凝土路面可直接铺筑在基层之上的单层钢纤维混凝土以及在素混凝土路面之上(或之下)铺筑钢纤维混凝土薄层，形成双层式混凝土路面。前者一般用作新建路面，特别适合某些高程受限制的工程；后者可为旧路加铺层。

钢纤维混凝土面层的厚度按钢纤维掺量确定，钢纤维体积率为0.6%～1.0%时，其厚度为普通混凝土面层厚度的0.65～0.75倍。特重或重交通时，其最小厚度为16cm；中等或轻交通时，其最小厚度为14cm。一般情况下，钢纤维混凝土面层厚度为14～20cm。施工方法多采用摊铺机施工。

5. 碾压混凝土路面

碾压混凝土路面(Roller Compacted Concrete Pavement，简称RCCP)采用坍落度为零的超干硬性水泥混凝土，采用摊铺机摊铺，振动压路机压实成形的路面。是水泥混凝土路面施工的一种新技术，具有施工机械通用性好、施工速度快、早期强度高、节约水泥、接缝少等一系列优点。根据其材料和工艺特点，碾压混凝土路面施工的技术难点是如何实现压实度与平整度的协调统一。

碾压混凝土用于修筑路面主要有两种型式，即直接铺筑在基层之上的全厚式碾压混凝土面层，或底面层采用碾压混凝土，表面层采用沥青混凝土或普通混凝土的复合式路面。前者只适用于二级及以下公路的路面或服务区停车场，后者适用于改善和提高路面表面性能(如平整度、耐磨性等)，可应用到高等级公路。

6. 混凝土预制块路面

它是指混凝土预制块设计为异形或矩形(联锁型)，采用工厂化预制的高强水泥混凝土预制块，紧密排列的路面面层。混凝土预制块路面适用于服务区停车场、二级及以下公路的桥头引道沉降未稳定段。

预制块的长度为20～25cm，宽度为10～12cm，长宽比通常为2∶1。预制块厚度为10～12cm。预制块下稳平层厚度为3～5cm。

7. 预应力混凝土路面

预应力混凝土路面(Pretressed Concrete Pavement，简称PCP)(图2-20)可分为单独板型和连续板型两类。单独板是指配置一定数量的预应力钢筋，由间隔较长的膨胀缝相隔离的路面板组成。连续板是指无缝路面，因无膨胀缝而得名，这类路面可以做得很长，按照施加预应力的方法又可分为千斤顶加力和自加应力两种施工方法。

- 预应力混凝土路面
  - 单独型
    - 先张法
    - 后张法
  - 连续型
    - 千斤顶加力
    - 自加应力

图2-20　预应力混凝土路面分类

由于连续板较长不能自由膨胀，应力在外界温度、湿度变化大的情况下，很难对所需的预应力进行估计，因此单独板路面优于连续板路面。

预应力混凝土路面提供了很高的承载力和较高的抗变形能力，由于板面较长，接缝数量可大大减少，改善了行车平稳性。其路面板厚度可为传统混凝土路面板厚的40%～60%，钢筋含量约为2.71kg/m^2，少于连续配筋路面，养护需求较少，整个使用寿命周期内较经济。

其缺点是随长度增加，对路基约束所引起的张拉应力也随之增大，板的位移量也会增大，对横向接缝的设计要求严格；施工工艺较复杂，难以实现机械化施工，初期投入较大。

2.7 沥青路面

沥青路面(Bituminous Concrete Pavement，简称 BCP)是在柔性基层、半刚性基层上，铺筑一定厚度的沥青混合料作面层的路面结构。与水泥混凝土路面相比，沥青路面表面平整无接缝，行车振动小，噪声低，养护简便，适宜于路面分期修建，是我国公路路面的一种重要结构形式。

2.7.1 面层分类

沥青路面结构是由面层、基层、垫层组成。沥青混合料由矿料与沥青组成，沥青面层是由多层沥青混合料组成。

1. 按级配原理分类

沥青混合料中的矿料可以采用单粒径集料，如 1.5cm 厚沥青表面处治路面采用单粒径集料；也可以采用多粒径级配混合料，如 7cm 厚粗粒式沥青混凝土路面分别采用 2.5、1.5、0.5cm 碎石级配的混合料。

级配就是多种粒径集料按一定的重量比例的组合。连续级配就是各种颗粒粒径的集料由大到小逐级按一定重量比例的组合，也称为连续级配的矿质混合料或称为级配混合料。间断级配是在矿质混合料中剔除一种或几种分级，形成一种不连续的矿质混合料。

按矿料级配组成及空隙率大小，可将矿料分为密级配、半开级配、开级配混合料。按级配混合料与沥青结合料拌和而成的沥青混合料可分为密级配沥青混合料、半开级配沥青混合料、开级配沥青混合料。总之，沥青混合料是各种级配混合料与沥青结合料拌和而成的总称，矿料、沥青混合料分类如图 2-21 所示。

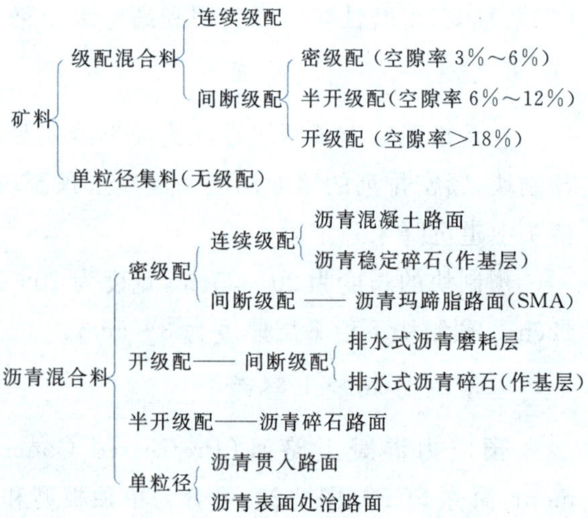

图 2-21 矿料与沥青混合料分类

2. 按技术品质分类

按技术品质可分为热拌沥青混合料、冷拌沥青混合料、沥青贯入式、沥青表面处治 4 种类型。

1）热拌沥青混合料路面

热拌沥青混合料(用 HMA 表示)路面是指将一定配比的矿料与沥青结合料分别加热至规定温度，然后拌和，在高温状态下进行摊铺，经压实后的沥青混合料面层。热拌沥青混合料宜采用(道路)石油沥青、改性沥青与单粒径、级配混合料拌制，适用于各公路等级的沥青路面。

热拌沥青混合料必须在沥青拌和厂(场、站)采用拌和机械拌制，用摊铺机摊铺。

2)冷拌沥青混合料路面

冷拌沥青混合料(用CMA表示)路面是指将一定配比的矿料与液体沥青结合料在常温下进行拌和、摊铺，经压实后的沥青混合料面层。冷拌沥青混合料宜采用乳化沥青、液体沥青或改性乳化沥青与密级配混合矿料拌制；适用于新建三级及以下公路路面、二级公路路面的罩面，及各等级公路沥青路面的基层、联结层和整平层，也可用于沥青路面坑槽的冷补。

冷拌沥青混合料宜采用拌和厂机械拌和、摊铺机摊铺方式，缺乏拌和条件时也可采用现场拌和、人工摊铺方式。

3)沥青贯入式路面

沥青贯入式路面是先铺撒碎石集料层，待基本压实后灌注沥青结合料，再撒嵌缝集料碾压而成的面层。

4)沥青表面处治路面

用单粒径集料和沥青结合料按层铺法或拌和法铺筑而成的厚度不超过3cm的沥青混合料面层。

3. 按矿料粒径分类

按矿料颗粒粒径分类的沥青混合料面层有粗粒式层、中粒式层、细粒式层、砂粒式层，其作用分别为承重层、联结层、磨耗层。按矿料粒径分类的面层和矿料公称最大粒径见表2-14所列。

矿料公称最大粒径　　表2-14

沥青混合料	特粗式层	粗粒式层		中粒式层		细粒式层		砂粒式层
公称最大粒径(mm)	3.75	3.15	2.65	1.90	1.60	1.32	0.95	0.475

2.7.2 路面结构

沥青路面三层结构型路面主要是指采用承重层、联结层、磨耗层三层结构，即采用下面层、中面层、上面层三层的沥青混合料结构。三层结构型有沥青混凝土路面、沥青玛蹄脂路面等类型，从技术经济指标方法考虑适用于高速、一级公路。两层结构型路面主要是指采用承重层、磨耗层两层结构，即采用下面层、上面层两层的沥青混合料结构；两层结构型有沥青碎石路面、沥青混凝土路面等类型，从技术经济指标方法考虑适用于二级、三级公路、高速公路的匝道。单层结构型路面主要是指采用磨耗层单层结构，即采用一层沥青混合料的结构；单层结构型有沥青表面处治路面、沥青贯入式路面，从技术经济指标方法考虑适用于三级、四级公路。

1. 沥青混凝土路面

沥青混凝土用AC(Asphalt Concrete)表示，是采用密级配(又可分粗密级配和细密级配，分别用C和F表示）及连续级配矿料，经与沥青、矿粉结合料拌制成粗粒、中粒、细粒和砂粒4种类型的沥青混凝土混合料，孔隙率为3%～5%，可组合成三层、两层路面面层结构，各种类型见表2-15所列。沥青混凝土的特点是按嵌挤密实原则构成，采用优质沥青，对沥青稠度要求高，另外采用相当数量的矿粉；有较高的黏结力，水稳性好，耐久性高，有较高的强度和抵抗自然因素的能力，可以承受比较繁重的车辆交通，使用年限达15～20年以上。沥青混凝土路面的缺点是（指半刚性基层的沥青路面）易产生规则横向裂缝，因而要求坚实的基层，对高温稳定性与低温稳定性均有要求。

沥青混凝土路面类型　　表2-15

沥青混凝土类型	粗粒式	中粒式		细粒式		砂粒式
型号	AC-25	AC-20	AC-16	AC-13	AC-10	AC-5
	AC-25C	AC-20C	AC-16C	AC-13C	AC-10C	—
	AC-25F	AC-20F	AC-16F	AC-13F	AC-10F	—

注："AC-25"表示粗粒式沥青混凝土，矿料级配的最大粒径为2.5cm。

与水泥混凝土路面及过去的沥青混凝土路面相比，现代的沥青混凝土路面开始采用较厚的面层结构组合和强度较高的材料，加强了路面基层，组合成为70～80cm厚的路面结构，从而大大提高了沥青混凝土路面的整体强度，使用寿命大为延长，充分发挥了优于水泥混凝土路面的功能作用。

2. 沥青碎石路面

沥青碎石用AM(Asphalt Macadam)表示，是采用级配型矿料，经与沥青结合料拌制成特粗粒、粗粒、中粒和细粒4种类型的沥青碎石混合料，由其可组合成两层结构，可作为面层或基层，各种类型和作用见表2-16所示。沥青碎石的特点是，粗料用量多，细料用量很少，故其承重强度高，热稳定性好。

沥青碎石类型　　表2-16

沥青碎石类型	型号	矿料	作用
中粒式层	AM-20	半开级配，孔隙率6%～12%	沥青碎石面层
	AM-16		
细粒式层	AM-13		
	AM-10		
特粗粒式层	ATB-40	密级配及连续级配，孔隙率3%～6%	沥青稳定碎石基层
	ATB-30		
粗粒式层	ATB-25		
特粗粒式层	ATPB-40	开级配及间断级配，孔隙率>18%	排水式沥青碎石基层
	ATPB-30		
粗粒式层	ATPB-25		

热拌沥青碎石路面坚实、平整，高温稳定性好，路面不易产生波浪，冬季不易产生冻缩裂缝，行车荷载作用下裂缝少，路面较易保持粗糙，有利于高速行车；对石料级配和沥青规格要求较宽，沥青用量少，不用矿粉或矿粉用量较少，技术经济指标适中。但热拌沥青碎石只适宜用于一般公路；可用作高速、一级公路沥青混凝土面层的下层、联结层或整平层。

冷拌沥青碎石路面宜采用密级配矿料，在其上应铺筑上封层。

3.沥青玛蹄脂碎石路面(SMA)

沥青玛蹄脂碎石用SMA(Stone Matrix Asphalt)表示，是由沥青结合料与少量的纤维稳定剂、细集料以及较多量的矿粉组成的沥青玛蹄脂，填充于间断级配的粗集料骨架的间隙中，组成一体的沥青玛蹄脂碎石混合料，其分别为中粒式、细粒式，可用作路面的磨耗层。沥青玛蹄脂碎石路面类型见表2-17所列。

沥青玛蹄脂碎石路面类型　　表2-17

沥青碎石类型	型　号	矿　料	作　用
中粒式层	SMA-20	连续级配及间断级配，孔隙率3%～4%	沥青玛蹄脂碎石表面层
	SMA-16		
细粒式层	SMA-13		
	SMA-10		

SMA构成特性，俗称“三多一少”。三多为沥青用量多达6%左右，矿粉用量多达8%～12%，4.75mm以上粗集料用量高达70%～80%；一少则是4.75mm以下细集料用量少。在矿料合成级配中，4.75mm筛孔尺寸通过率仅占矿料总用量20%～30%，并包含有矿粉用量8%～12%，实际上细集料用量约为12%～20%；同时还掺加纤维，其用量为沥青碎石混合料重量的0.3%～0.5%。SMA结构主要是粗集料在沥青玛蹄脂碎石混合料中的嵌挤骨架作用和沥青玛蹄脂胶结料的黏结裹覆作用，构成SMA的两大条件。SMA与传统的沥青混合料相比，具有更好的耐久性、抗高温稳定性、抗低温开裂性，以及增加表面层的粗糙度，提高沥青路面的抗滑性能，又具有较好的表面层排水作用，可延长沥青路面的使用寿命。

用于SMA的沥青之所以具有较高的高温稳定性，完全靠含量较多的粗集料相互靠拢嵌挤作用。粗集料嵌挤作用的好与坏，取决于粗集料的石质。因此宜使用坚韧、粗糙、有棱角、高压碎值和洛杉矶磨耗值比较小的碎石，如玄武岩做成的粗集料。

4.沥青贯入式路面

沥青贯入式路面的强度与稳定性主要由石料相互嵌挤作用构成。贯入式路面需要2～3周的成形期，在行车碾压与重力作用下，沥青逐渐下渗包裹石料，填充空隙，形成整体的稳定结构层，温度稳定性好，夏天不宜出现推移、拥包，冬天不宜出现低温裂缝，沥青贯入式路面的最上层应撒布封层料或加铺拌和层。沥青贯入式适用于三级、四级公路，也可作为沥青混凝土面层的联结层或基层。

沥青贯入式路面使用的矿料颗粒较大，强度和热稳定性较好。但其空隙率为8%～12%较大，容易透水，因此需要在表面撒布封层料或加铺拌和层，拌和层可为细粒沥青混凝土或砂粒沥青混凝土等。沥青贯入式路面的厚度宜为4～8cm，乳化沥青贯入式路面的厚度不宜超过5cm，上铺沥青混合料拌和层的厚度不应小于1.5cm。当沥青贯入层作为联结层使用时，可不做表面封层。

沥青灌入深度为4cm时称为浅层贯入，灌入深度6～8cm时称为深层贯入。沥青贯入式路面材料用量见表2-18所列，沥青上拌下贯路面材料用量见表2-19所列。

沥青贯入式路面材料用量　表2-18

沥青结合料	石油沥青					乳化沥青	
厚度(cm)	4	5	6	7	8	4	5
集料($m^3/1\,000m^2$)	70.4～81.8	84.4～96	101.8～118.4	119.7～136.3	138～149.2	74～85.8	92.7～107.7
石油沥青(kg/m^2)	4.4～5.1	5.2～5.8	5.8～6.4	6.7～7.3	7.6～8.2	6.0～6.8	7.4～8.5

沥青上拌下贯路面材料用量　表2-19

沥青结合料	石油沥青				乳化沥青	
厚度(cm)	4	5	6	7	5	6
集料($m^3/1\,000m^2$)	65.4～73.9	82.2～91.6	93.8～108.2	112.5～126.1	83.7～94.3	100.6～116.4
石油沥青(kg/m^2)	3.4～3.9	4.2～4.6	4.8～5.2	5.7～6.1	5.9～6.2	6.7～7.2

5. 沥青表面处治路面

沥青表面处治的特点是厚度不超过3cm，一般用于三级、四级公路磨耗层，能有效防止地表水下渗，提高路面平整度，改善行车条件。根据其特点还可用作各种封层，也可用作水泥混凝土路面上应力缓冲层、各种防水层和密水层、预防性养护罩面层，设计时不计入强度。

沥青表面处治的沥青结合料可采用道路石油沥青、乳化沥青、煤沥青，集料最大粒径应与处治层的厚度相等。沥青表处治材料用量见表2-20所示。

沥青表处治材料用量　表2-20

沥青类型	类型	型号	厚度(mm)	材料用量	
				集料	沥青结合料
石油沥青	单层	S12	1.0	7～9	1.0～1.2
	双层	S10、S12	1.5	19～22	2.4～2.8
	三层	S8、S12、S12	2.5	37～42	3.8～4.4
乳化沥青	单层	S14	0.5	7～9	0.9～1.0
	双层	S12、S14	1.0	13～17	2.8～3.2
	三层	S6、S10、S12	3.0	33～39	4.8～5.4

注：①煤沥青表面处治的沥青用量可比石油沥青用量增加15%～20%；
②在高寒地区及干旱风沙大的地区，可超出高限5%～10%。

在清扫干净的碎(砾)石路面上铺筑沥青表面处治时,应喷洒透层油。在旧沥青路面、水泥混凝土路面、块石路面上铺筑沥青表面处治路面时,可在第一层沥青用量中增加10%~20%,但不再另洒透层油或粘层油。

2.8 路面排水

水是危害路面的主要因素。水分有可能不同程度的侵入到沥青混凝土、水泥混凝土(与路面基层)的界面中,如果程度过大,又在车辆荷载作用下,由水的动力作用逐步造成水损害;对于沥青路面的沥青混合料将丧失黏结力,而发生结构龟裂、松散、坑洞;对于水泥混凝土路面板将发生错台、开裂、断板;下卧层出现唧泥等路面破坏等情况。因而,路面排水工程对保证公路的使用性能和使用寿命具有非常重要的作用。路面排水设施根据作用划分,主要有路表排水、中央分隔带排水和路面结构排水。

2.8.1 路表排水

路面和路肩上的表面水,应迅速排除,以减少水渗透到路面内。

1. 横坡排水

行车道(包括硬路肩、路缘带)路面应设置双向(路拱)或单向横坡,坡度1%~2%;路肩坡面的横向坡度值,宜比行车道路面的横坡值大1%~2%;路面横坡、路肩横坡自然漫流排除路面水。

2. 路肩沟排水

在路基填方路段,由于高速、一级公路路面汇水面积大,为防止路面雨水冲刷边坡通常采用路肩沟或拦水带排水。路肩排水由路肩沟和路堤急流槽两部分组成,每隔30~50m设置一处路堤急流槽,排出路表水至路堤以外。预制块路肩沟如图2-22所示。

路基填方路段的路肩排水的另一种形式是路肩拦水带。其一般高度为12cm,宽度20~23cm,分别有预制混凝土块拦水带和沥青混凝土拦水带两种结构,如图2-23所示。预制混凝土块拦水带埋入路肩深度12cm。

3. 超高路段排水

在超高路段上,无论分隔带表面是否铺面封闭,均须在(上侧路幅)分隔带边缘设置汇集和排泄上侧路幅的表面水的超高排水设施,其中包括中沟、集水井、横向排水管,出口与路堤急流槽或路堑(边沟上的)跌水井相接,如图2-24所示。

超高路段中沟分别有缝隙式中沟、水槽式加盖板中沟两种形式,路堤超高路段排水如图2-25所示,路堑超高路段排水如图2-26所示。

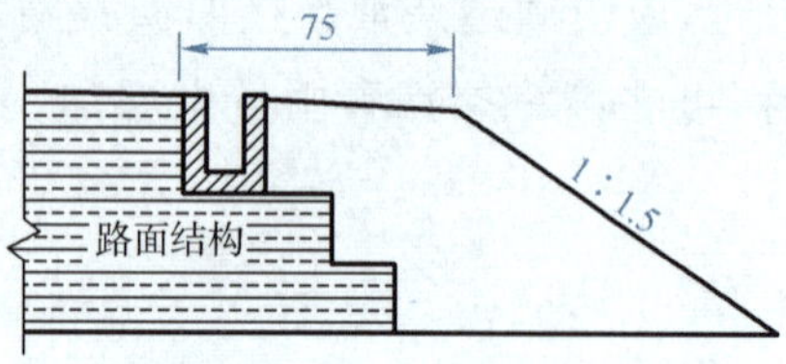

图 2-22　预制块路肩沟

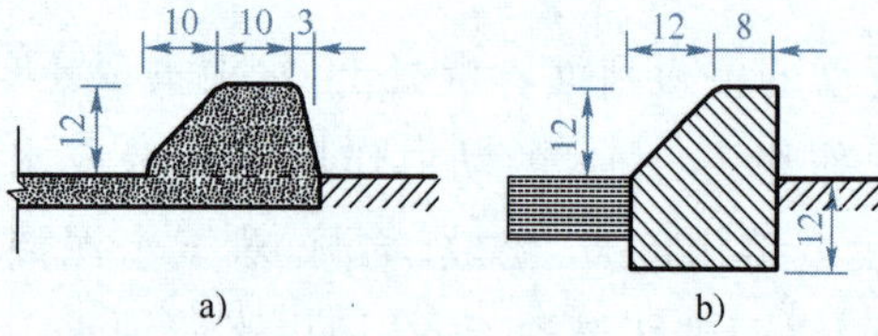

图 2-23　拦水带

a)沥青混凝土;b)水泥混凝土

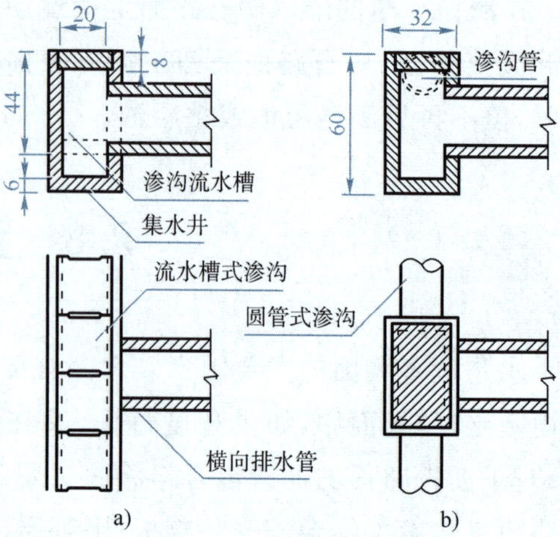

图 2-24　横向排水管与渗沟连接

a)流水槽式;b)圆管式

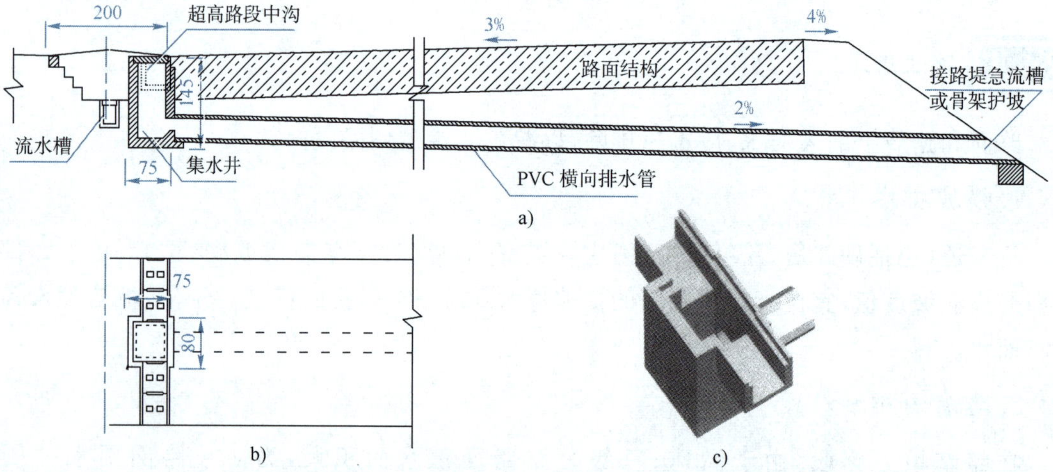

图 2-25　路堤超高路段排水

a)整体布置;b)平面;c)中沟立体示意

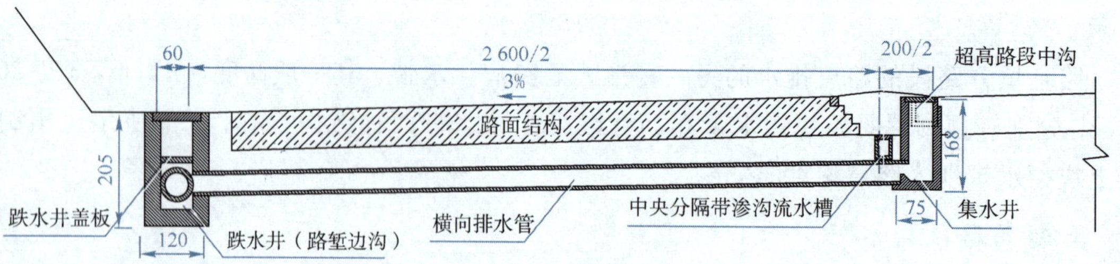

图 2-26　路堑超高路段排水

2.8.2　中央分隔带排水

中央分隔带排水是高速公路、一级公路路面排水的重要部分。一般是根据分隔带宽度、绿化和交通安全设施的形式,选择不同的排水方式。

1. 铺面封闭的分隔带排水

不在超高路段范围，中央分隔带宽度范围内是利用路拱横坡排水方式排水。而在超高路段范围，不允许上侧路幅的表面水流向中央分隔带漫流过下侧路面，因此须在（上侧路幅）分隔带边缘设置汇集和排泄这部分表面水的超高排水设施。

2. 中央分隔带排水

中央分隔带未采用铺面封闭时，降落在分隔带上的表面水会渗入分隔带土体内，将产生集水并渗入到路面和路基中，为排除渗水需要设置中央纵向排水渗沟设施（图 2-27）。中央分隔带应设置成中央低凹的形式，中央低凹位置安放直径为 70～150mm 的纵向 PVC 管（带孔）（或混凝土流水槽），安装的坡度应大于 0.3%，通过横向 PVC 排水管（或混凝土管），将纵向 PVC 管的渗水排引至路堤急流槽内（或路堑跌水井）。中央分隔带内两侧界面应采取防渗措施（但超高路段外侧不需防渗），在界面上可敷设防水砂浆或满洒一层沥青防渗层（用量为 1.3kg/m²）或防渗土工布。中央分隔带内可回填碎石或砂砾作为反滤层，厚度不小于 20cm；在反滤层上铺设透水土工布，再回填种植黏土，土面宜整形成不小于 10% 的双向横坡，尽可能使雨水从表面排流。

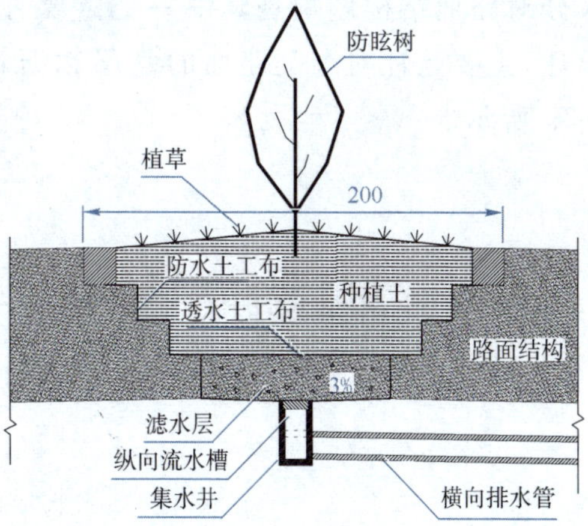

图 2-27　中央分隔带渗沟

圆形 PVC 渗水管周围应包裹反滤织物（土工布），以免渗入水携带的细粒土将渗沟堵塞，其过水断面可以采用不同的横断面形状和尺寸，如圆形、预制混凝土槽形。在超高路段，中央分隔带渗沟管，可同时汇集上侧路幅的表面水，因而需加大过水断面的尺寸。

中央分隔带横向排水每隔 50～80m 设置一处，排水管可采用 ϕ200～ϕ315mmPVC 管或 ϕ50cm 钢筋混凝土管，埋设的坡度 2%，出口与路堤急流槽、路堑（边沟下方的碎石）渗沟相接。中央分隔带横向排水布置如图 2-28 所示。

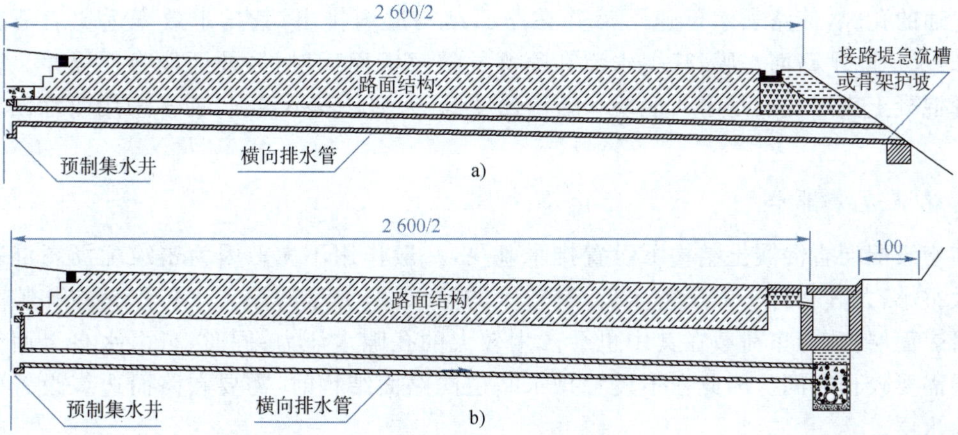

图 2-28　中央分隔带横向排水布置

a）路堤；b）路堑

2.8.3 路面结构排水

由于行车速度的提高和交通量的增大，一方面要求路面具有足够的强度和粗糙度；另一方面要求其稳定耐久。满足后者要求必须找到降低路面强度和损坏路面的原因，水分对路面结构影响是其中一个重要方面。近年来，出现了较多形式的路面结构排水设计，主要是针对各类路面的基层和沥青路面面层结构内的排水。中沟断面形式如图2-29所示。

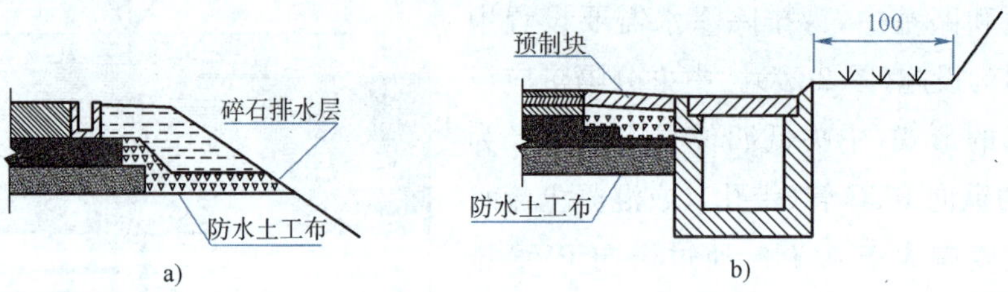

图 2-29　路面结构排水

a)路堤；b)路堑

1.排水性基层

对于沥青材料而言，裂隙是不可避免的。如果路表水渗入路面结构中，而密级配的沥青混凝土又不能使渗入路面结构内的自由水迅速排除，就会逐渐地产生结构层损害。在低渗透性的面层下铺设高渗透性、足够强度的(开级配)排水式沥青碎石上基层，能够迅速将渗入水排除出路面结构外，则称为排水性基层。

排水式沥青碎石基层厚度一般为10～15cm，可以改善路面的使用性能，使面层结构内自由水减少，降低了高速行车所引起的孔隙水压力，减少了路面产生水损害的可能性。碎石基层、多孔隙开级配沥青混凝土也可作排水基层。

2.透水性沥青混凝土表层

透水性沥青混凝土表层，又称开级配排水式磨耗层，一般厚度为3～5cm。它是利用其相互连通的孔隙，使路表水迅速下渗并在路面结构层内排出，其排水效率远比表面径流的高；同时又消除了路面水膜，减少水漂和喷雾并缓解镜面反射，另外还能降低噪声。普通石油沥青混凝土表层缺点是耐久性差和结构强度低，为弥补其不足，目前多采用改性沥青作黏结料。

3.路肩边缘排水

在密级配沥青混凝土结构下设置排水基层，一般作用不大。因为密级配沥青混凝土渗透系数很小，尤其在行车碾压密实后，有较大的阻水性，大量的渗入水将积聚在孔隙率较大的抗滑表面层内，行车荷载在其中也会产生较大的孔隙水压力；同时，自由水自上而下渗入到基层需要较长时间。因此在不设置排水基层的路面结构时，需要在路面边缘设置碎石或砂砾渗水层。

2.9 路面施工

路面施工包括面层、基层、垫层、结构层间处治及排水设施等项工程内容。

2.9.1 水泥混凝土路面施工

水泥混凝土路面具有承载力大、使用时间长、容易做到因地制宜就地取材和日常养护费用少等优点，全寿命周期的经济效果突出。

1. 水泥混合料拌和

材料准备→上料和配料（水泥、砂、碎石、水、外加剂）→拌和（抽样检验）→运送水泥混合料。上料机具专用拌和站自带上料斗、皮带运输机、双轮小推车，拌和机具专用拌和楼、移动式拌和站、强制式拌和机等，混合料运输机具专用自卸汽车、搅拌运输车、1t 翻斗车等。

2. 水泥混合料摊铺

水泥混凝土摊铺工艺：基层验收→路面测量放样→安装模板→洒水湿润→混合料摊铺（抽样试验并养护 28d）→振捣→做面→压槽→养生→拆除模板→切缝→填缝→技术指标校验→开放交通。混合料摊铺机具专用滑模摊铺机、轨模摊铺机、平地机、振动梁、振捣器、平板压槽器、切缝机等，养生机具专用空气压缩机、灌缝机、溶灌喷枪、洒水车、草袋或麻片。

水泥混凝土路面的平整度、抗滑功能、耐磨功能的好坏关键在于做面，工序包括提浆刮平和抹面。振动梁振实水泥混合料后，立即采用提浆辊拖压滚揉，起到进一步揉压、二次匀浆作用，一般沿纵向 3～4 次。遇到有个别露出石子处，是进行反复滚动数次解决石子露头问题。经过滚压揉匀的表面有一层厚度 3～4mm 的滋润砂浆层，提浆辊一般采用直径 15cm 钢管制作。

3. 钢筋施工

摊铺有传力杆或布设钢筋的混凝土时，按所配传力杆、角隅钢筋、钢筋网的安放位置进行，即先摊铺钢筋下半部混合料，待钢筋安装就位后再摊铺上半部混合料。

4. 施工缝

施工缝是在一天施工结束后，或在施工过程中发生意外停工而设置的横缝，一般应设在胀缝处或缩缝处。多车道水泥混凝土路面施工时，施工缝应避免设在同一横断面上。施工缝设在缩缝处，板中设置传力杆钢筋。

5. 填缝

填缝料分加热施工填缝料和常温式填缝料。加热式填缝料如聚氯乙烯胶泥、橡胶沥青类等，要求采用双层加热锅均匀加热，双层锅中间用石腊或耐高温机油作介质；聚氯乙烯胶泥的灌入温度为136℃～140℃，橡胶沥青为100℃～170℃。常温式填缝料主要有聚氨酯焦油类、聚氨酯类和聚氨酯沥青等；其填缝可使用填缝机或填缝枪，填缝深度一般为25～30mm，切割过深的接缝可用背衬料泡沫塑料或油麻绳铺垫缝底。

2.9.2 沥青表面处治路面施工

沥青表面处治一般铺筑厚度不大于3cm，可用作三级和四级公路的沥青面层、各种封层罩面、养护罩面层等。其施工方法分拌和法与层铺法两种，常用层铺方法。沥青表面处治层铺法施工按施工工序的不同，可分为先油后料法和先料后油法两种方法，一般多用先油后料法。

1. 三层沥青表处施工

三层沥青表处路面厚度为2.5cm或3.0cm，沥青或乳液用量分别为3.8～4.4kg/m^2 和4.0～4.6kg/m^2。施工工艺为：清扫底层→透层＋封层施工→洒第一层沥青→撒第一层集料→碾压→洒第二层沥青→撒第二层集料→碾压→洒第三层沥青→撒第三层集料→碾压→初期养护成形。碾压结束后即可开放交通，并进行初期养护。即指挥交通或设置路标控制行车路线与速度(一般为20～30km/h)，尽量使路面全宽范围得以均匀碾压2～3周。

三层沥青表处路面施工机具专用洒油车、碎石撒布车、6～8t压路机(第一、二、三层)碾压、16t轮胎压路机和12t三轮压路机(第三层)碾压。

2. 透层施工

半刚性基层的乳化沥青透层用油量一般为0.7～1.1L/m^2。喷洒施工是根据洒喷油量、汽车洒布机喷洒(安装好的喷油管长度约为喷洒宽度)。洒布24h后才能摊铺上一层，但应尽早进行上上一层。

3. 封层施工

下封层一般比路面宽50cm，厚度0.5cm，沥青用量为0.9～1.0kg/m^2。为确保面层与基层牢固结合，油渗透得更深些，同时为了使下封层有良好的隔水性，一般透层油与封层沥青分别使用不同稠度指标，分两次洒布，即先洒透层油，后洒封层沥青，随后撒布石屑。封层施工必须是在基层做好后，间隔一定时间，尽量让基层干燥后再做封层，成形后再做面层。如行车少，封层不易成形，则选择中午高温时用载重汽车或轮胎压路机碾压，促使其成形。

2.9.3 沥青贯入式路面施工

沥青贯入式路面是用不同粒径的碎石或砾石分层铺筑，粒径尺寸自下而上逐层减小，并分层贯入沥青，经碾压密实而构成的沥青碎石(砾石)路面。其厚度宜为4～8cm，但使用乳化沥青贯入时，厚度不宜超过5cm。但贯入层上部加铺热拌沥青混合料(亦称上拌下贯式路面)时，总厚度宜为6～10cm，其中拌和层厚度宜为2～4cm。沥青贯入式路面的主层料可以采用碎石摊铺、人工摊铺或平地机摊铺。嵌缝料宜采用集料撒布机撒布。

1. 贯入式路面施工

贯入施工分浅贯入和深贯入两种，其施工方法基本相同。施工工艺为：清扫基层→洒透层油（或粘层油）→摊铺主层集料→碾压（如需洒水时应先洒水）→洒第一遍沥青→撒第一遍嵌缝料→碾压→洒第二遍沥青→撒第二遍嵌缝料→碾压→洒第三遍沥青→撒第三遍嵌缝料→撒封层料→碾压→初期养护。施工机具沥青洒布车、压路机同沥青表面处治，主层碎石摊铺采用平地机和运料翻斗车以保证主层料的运输与摊铺；嵌缝料撒布可采用撒布机，也可采用手推车双轮车或 1t 翻斗车及方锹、竹扫帚等机具。

2. 下贯上拌式沥青路面

当表面为加铺热拌沥青层时，在撒完第二次嵌缝料碾压完成后就可加铺热拌沥青混合料层成为下贯上拌式沥青路面，热拌混合料方法同热拌沥青混凝土施工方法。施工机具与贯入式路面施工机具基本相同。

3. 粘层施工

沥青结构层间使用粘层沥青后，实际证明使层间结合牢固，另外粘层油上形成一层薄膜后，能够起到防水作用。在以下几种情况应喷洒粘层油，即双层或三层热拌沥青混凝土路面在铺筑上层前、旧路面上加铺上层沥青混合料前、水泥混凝土路面上和桥面铺装等。粘层沥青施工工艺为：清扫干净→凉干→沥青洒布车洒油，应保证洒油量准确、均匀。

2.9.4 沥青混凝土路面施工

目前一般均采用热拌沥青混凝土路面施工，集料加热温度控制在 140℃～160℃、沥青加热温度控制在 130℃～160℃之间，摊铺时气温应高于 5℃。

1. 混合料拌和

材料及设备准备→沥青脱水熬制→上料和配料（砂、碎石、矿粉等）→拌和（抽样检验）→运送沥青混合料。拌和及运输机具有专用 160t/h（或 200t/h）拌和站、30～50t 储油罐、2t 锅炉（导热油）、3～5t 沥青加热锅、25t 沥青油罐车、8～15t 矿粉罐车、30～50t 地中衡、2～3m^3 装载机、135kW 推土机、10～15t 自卸汽车等。

2. 混合料摊铺

沥青混凝土摊铺工艺为：基层验收→路面测量放样→安装路缘石→喷洒透层（或粘层）油→沥青混合料摊铺→碾压→质量检测→开放交通。第二层、第三层沥青混凝土摊铺又从喷洒透层（或粘层）油开始往后，直至各层摊铺结束。混合料摊铺机具有专用摊铺机、3～5t 沥青洒布机、压路机、切割机、洒水车、空气压缩机等。沥青混合料的松铺厚度必须从实际施工中测得，是因摊铺机械不同和混合料不同，引起松铺厚度不同。

3. 混合料压实

已摊铺的混合料应在合适的温度下尽快碾压，掌握初压、复压、终压温度，路面冷却后即可开放交通。碾压原则是均匀慢速，机具有专用 6～8t 双轮钢筒式压路机（初压）、20～25t

轮胎式压路机或 6～14t 振动式压路机(复压)、6～14t 振动式压路机或 6～8t 双轮钢筒式压路机(终压)、1～2t 手扶振动式压路机(用于狭窄处)。

2.9.5 沥青玛蹄脂路面施工

沥青玛蹄脂混合料(SMA)以优良的抗车辙性能和抗滑性能而闻名。与普通沥青混合料相比,混合料拌和与压实工艺有所不同,其他施工工艺都与普通沥青混凝土施工大体相同。

1. SMA 混合料拌和

SMA 混合料中矿粉和稳定剂是要求不加热的冷料,因此加入拌和后会降低混合料的温度。为保证出料温度满足 SMA 混合料摊铺要求,所以拌和温度要比普通沥青混合料高。SMA 是间断级配的沥青混合料。其特点是粗集料多、矿粉多、沥青多、细集料少,由于这三多一少,使拌和难度增大。

1)集料及填料添加

SMA 混合料的粗集料含量在 70%以上,矿粉含量在 10%以上,细集料、石屑、砂的总含量在 15%左右。SMA 混合料的矿料用量大,为普通沥青混合料的 2 倍。

2)添加稳定剂

稳定剂的添加要求准量、准时加入,是将预先称好的木质素纤维与粗集料同时投入拌缸,纤维在干燥粗集料干拌的冲击下打散并均匀的分布在干混合料中,再加入沥青湿拌。

3)拌和时间

SMA 混合料的拌和时间是以混合料拌和均匀、纤维分布均匀、所有矿料均裹沥青结合料为准。

2. 摊铺和碾压

只要拌制的 SMA 混合料合格,摊铺、碾压等工序就比较容易控制。由于 SMA 混合料的粗集料嵌挤良好,压实余量很小,松铺系数约为 1.05,可以使用重型压路机在高温下碾压。碾压工艺可采用“钢碾、高频、低幅、紧跟、慢压”的原则。

3. 施工缝处理

SMA 混合料一般用于表面层,所以采用全断面摊铺。由于 SMA 混合料拌和生产率较低,混合料拌和跟不上摊铺速度,停机待料现象难以避免。遇到这种情况,要迅速抬起摊铺机熨平板,用切割机垂直切齐,并冲洗接缝处,涂刷粘层油,即做成工作缝。切忌停机等料,待 SMA 混合料冷却结硬后将很难处理。

2.9.6 水泥稳定类基层施工

水泥稳定类基层、底基层为无机结合料稳定类,又称半刚性型或整体型。其特点除整体性好、承载力大、刚度大、水稳性好以外,还有因地制宜用材的经济效果,国内外都广泛运用。水泥稳定类分水泥稳定碎石、水泥稳定砾石等,拌和施工分路拌法和厂拌法两种方法。

1. 路拌施工

施工工艺为：下承层准备→测量放样→集料运输（按每车摊铺面积卸放）→推开平整（轻压）→摊铺水泥→拌和（拌二遍后洒水）→整平→碾压成形→接头处理→养生。在保养7d中使水泥稳定土处于潮湿状态。机具有专用自卸汽车、推土机、平地机、光轮压路机、振动压路机、稳定土拌和机与洒水车等。

2. 厂拌施工

施工工艺为：下承层和拌和设备准备→测量放样→材料试验→配合比调试→拌和（水、碎石、石屑、水泥）→混合料运输→摊铺→碾压成形（检测压实度）→养生。机具有专用稳定土拌和站、自卸汽车、装载机、推土机、平地机、摊铺机、光轮压路机、振动压路机与洒水车等。

3. 水泥稳定类松铺系数

使用不同的摊铺机，不同混合料及不同压重振动频率，则产生不同松铺系数，是在铺筑试验路时实测计算确定。一般常用的ABG拂格勒摊铺机，松铺系数在1.15～1.35之间。

2.10 路面工程实例

各等级公路路面工程均可采用沥青路面或水泥混凝土路面方案，路面包含面层、基层、垫层、结构层处治措施等工程内容。以下仅列举沥青混凝土、水泥混凝土路面工程实例，着重分析路面实物量及工程量指标。

2.10.1 路面工程实例

某高速公路K29＋505～K32＋650，路线长度3.145km，设计速度100km/h，整体式路基宽度26m，中央分隔带2m，行车道4×3.75，左侧路缘带0.75m，右侧硬路肩3m，土路肩0.75m。路面宽度22.5m，采用沥青混凝土路面结构（图2-30、图2-31），扣除桥梁长度的路面铺筑长度为2 213m。接服务区单向单车道匝道长246m，路基宽度8.5m，路面宽度7.0m，采用水泥混凝土路面结构，土路肩宽度2×0.75m。

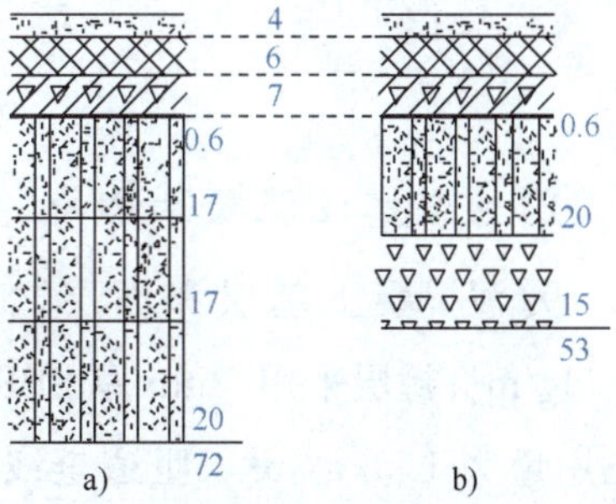

图2-30 沥青混凝土路面

a）一般路段；b）石质路段

1. 主线沥青混凝土路面

沥青混凝土方案面层和面层之间设置沥青粘层，用油量为0.5L/m²。基层和面层之间设置沥青透层和封层，透层油用量为1.0L/m²；封层采用0.6cm改性沥青，用量为1.2kg/m²。沥青混凝土上面层采用改性沥青混凝土4cm，中面层采用密级中粒式沥青混凝土6cm，下面层采用密级配粗粒式沥青混凝土7cm；除纵坡大于3％的路段，中面层采用改性沥青外，其余路段中面层和下面层均采用A级道路石油沥青。全线路面工程数量见表2-21所列。

全线路面工程数量　表2-21

项　目	沥青混凝土面层			改性沥青封层＋透层	水泥稳定碎石基层				级配碎石垫层
	细粒式	中粒式	粗粒式		5%			4%	
	4cm	6cm	7cm	6mm	20cm	17cm	17cm	20cm	15cm
一般路段 1 453m	32 693	32 693	32 693	33 419	—	33 855	33 855	34 291	—
石质路段 760m	17 100	17 100	17 100	17 480	17 632	—	—	—	17 784

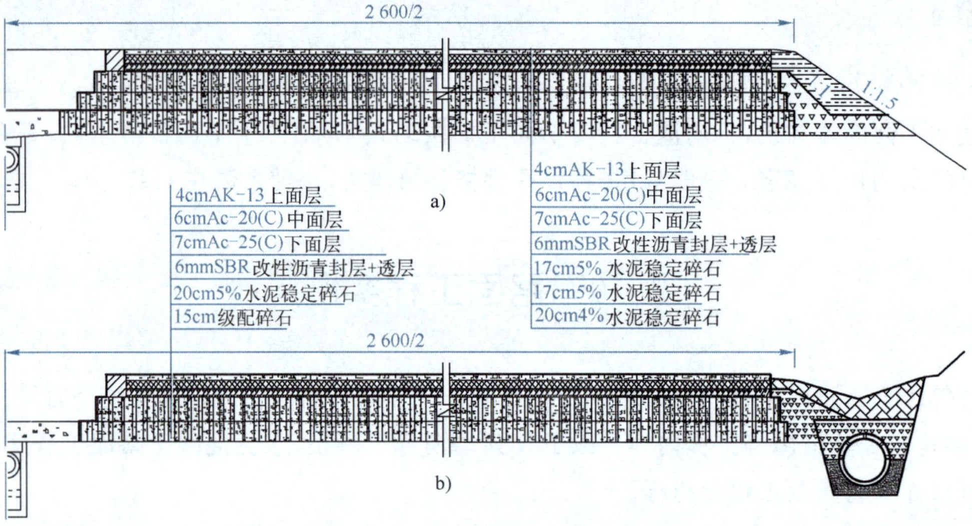

图2-31　沥青混凝土路面结构
a)一般路段；b)路堑石质路段

2.匝道水泥混凝土路面

水泥混凝土基层和面层之间设置透层和封层，透层油采用煤油稀释沥青，用量为1.0L/m²；封层采用6mm厚SBR改性沥青，用量为1.2kg/m²。上、下基层之间洒水泥浆，水泥用量为1.5kg/m²。匝道全线路面工程数量见表2-22所列，匝道水泥混凝土路面结构如图2-32所示。

全线路面工程数量(m³)　表2-22

项　目	水泥混凝土面层	封层＋透层	水泥稳定碎石基层		备　注
			5%	4%	
	27cm	6mm	17cm	17cm	
一般路段 246m	1 722	2 214	1 870		2 478

1)水泥混凝土路面板宽板长划分

《公路工程技术标准》对于路基宽度一般值要求下的路面宽度、水泥混凝土路面板宽板长划分见表 2-23 所列。

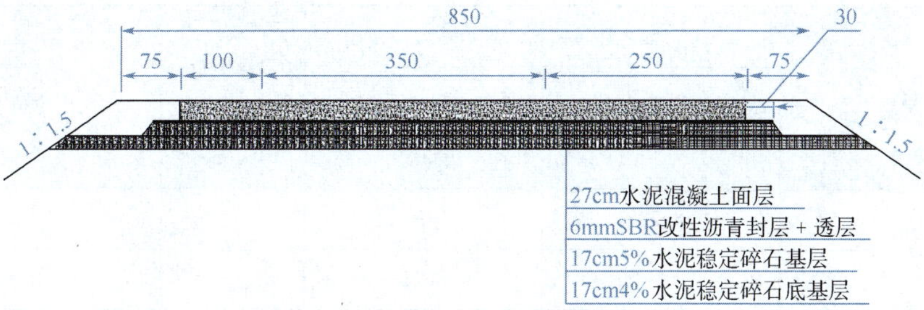

图 2-32 匝道水泥混凝土路面结构

水泥混凝土路面板宽板长划分(m) 表 2-23

路基宽度	34.5	26	24.5	15	12	10	8.5	7.5
车道数	6	4	4	2	2	2	2	2
路面宽度	30	22.5	21	14	10.5	8.5	7	6.5
板宽划分	(4.5+3.75×2+3)×2	(4.5+3.75+3)×2	(4.25+3.75+2.5)×2	3.5×4	5.25×2	4.25×2	3.5×2	3.25×2
板长	5.0	5.0	5.0	5.0			5.0	

2)传力杆及拉杆钢筋(表 2-24、表 2-25)

传力杆(横缝)钢筋工程量指标 表 2-24

路面厚度(cm)	直径 φ	长度	传力杆	支架	最大间距
	根	cm	kg/根		cm
22	28	50	2.42	7.56	30
24	30	50	2.77		30
26	32	55	3.47		30
28	35	55	4.15		30
30	38	60	5.34		30

拉杆(纵缝)钢筋工程量指标 表 2-25

路面厚度(cm)	φ14×700	φ16×800	备注
	kg/根	kg/根	
20～25	0.85	—	
26～30	—	1.26	

3)胀缝钢筋(表 2-26)

拉杆(纵缝)钢筋工程量指标 表 2-26

项目		φ30 长度 50cm	支架	备注
		kg/根		
混凝土板厚	24	2.77	7.83	最大间距 30cm
	27		7.98	

4)板角及边缘补强钢筋(表 2-27)

板角及边缘补强钢筋工程量指标　　表 2-27

项　目		ϕ14 角偶钢筋长度(cm)		边缘钢筋	备　注
		260×2	280×2		
		kg/个		kg/m	
混凝土板厚(cm)	24	6.29	—	2.62	
	27	—	6.78		

5)过渡板钢筋(表 2-28)

过渡板钢筋工程量指标(kg/m²)　　表 2-28

单层			双层		备　注
ϕ10@10×25	ϕ12@10×20	ϕ12@15×25	ϕ12@10×20	ϕ12@25×30	
8.64	13.32	9.47	27.11	19.69	

2.10.2 路面排水实例

1.预制块路肩沟

路肩排水沟连接路堤急流槽(间隔 30～50m),排除路面水至路堤以外。路肩排水沟为预制块结构,有深沟型和浅沟型两种。预制混凝土路肩沟如图 2-33 所示,其工程量指标见表 2-29 所列。

预制块路肩沟工程量指标　　表 2-29

项　目	深沟形 10×20cm	浅沟形 20×9cm	备　注
	m³/m	m³/m	
预制混凝土	0.037	0.03	

2.预制块中沟

路堤、路堑超高路段排水整体布置如图 2-24、图 2-25、图 2-26 所示。超高路段排水工程内容有中沟、中沟集水井、横向排水管等。中沟为预制块混凝土结构,有缝隙和槽式两种,每隔 10m 设伸缩缝一道,沥青麻絮 0.1m²/处。中沟如图 2-34 所示,其工程量指标见表 2-30 所列。

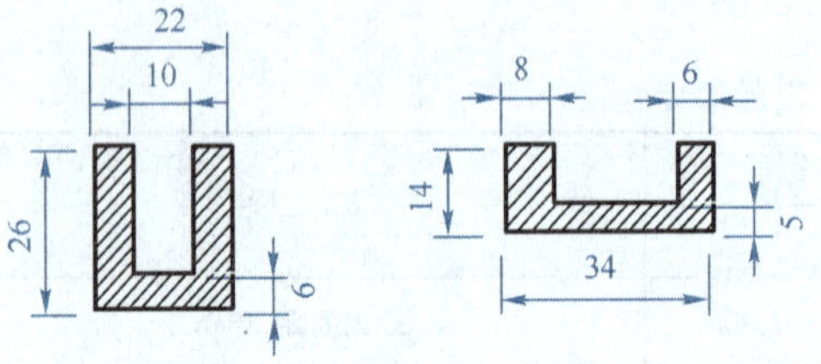

图 2-33　预制混凝土路肩沟

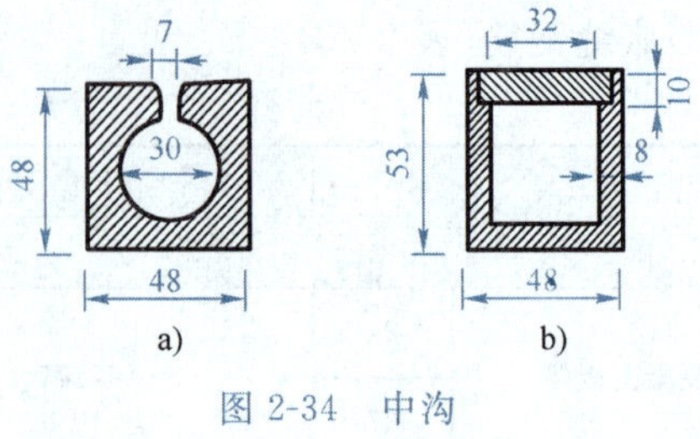

图 2-34　中沟
a)缝隙式;b)槽式

预制块中沟工程量指标 表 2-30

项目	中沟					集水井 80×75×145cm		
	缝隙式 φ30cm		槽式 32×35cm			井身	盖板	盖板钢筋
	沟身	钢筋	槽身	盖板	钢筋			
	m^3/m	kg/m	m^3/m		kg/m	m^3/个		kg/个
预制混凝土	0.155	5.1	0.106	0.018	3.9+3.9	0.415	0.034	4.0

3. 中央分隔带渗沟

由于路堤、路堑路面厚度不同，中央分隔带渗沟工程量略有不同。其工程内容均包括渗沟（流水槽或碎石盲沟）、集水井、砾石层、防水和透水土工布、回填种植土等。横向排水在集水井上连接横向排水管（分别见整体布置图 2-27、图 2-28），排除中央分隔带内水至路基以外。中央分隔带渗沟如图 2-35、图 2-36 所示，其工程量指标见表 2-31 所列。

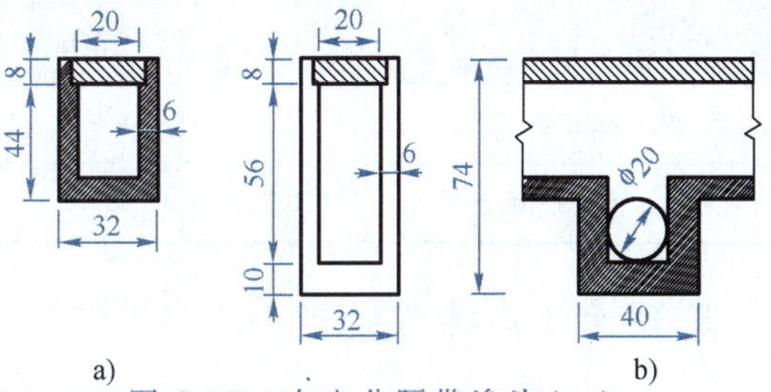

图 2-35 中央分隔带渗沟（一）

a)流水槽；b)集水井

中央分隔带渗沟工程量指标 表 2-31

项目	渗沟		集水井	碎石层	土工布		挖基	填种植土	备注
	预制	现浇			防水	透水			
	m^3/m		m^3/个	m^3/m	m^2/m		m^3/m		
流水槽式	0.081	—	0.045	0.185	2.8	1.1	0.185	0.806	
碎石盲沟式	—	0.082	—	0.106	2.4	1.0	0.188	1.17	

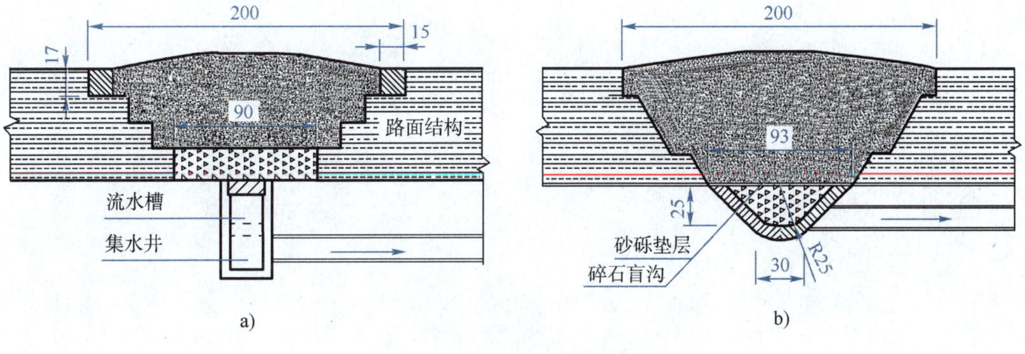

图 2-36 中央分隔带渗水沟（二）

a)流水槽式；b)碎石盲沟式

4. 横向排水管

横向排水管主要有管身、基层、垫层工程内容，其作用是连接中央分隔带渗沟或超高路段中沟汇流水，横向排水管有PVC管和水泥混凝土管两种类型。PVC管常用直径 φ100mm、φ200mm。水泥混凝土管常用直径 φ30cm、φ50cm。横向排水管如图2-37所示，其工程量指标见表2-32所列。

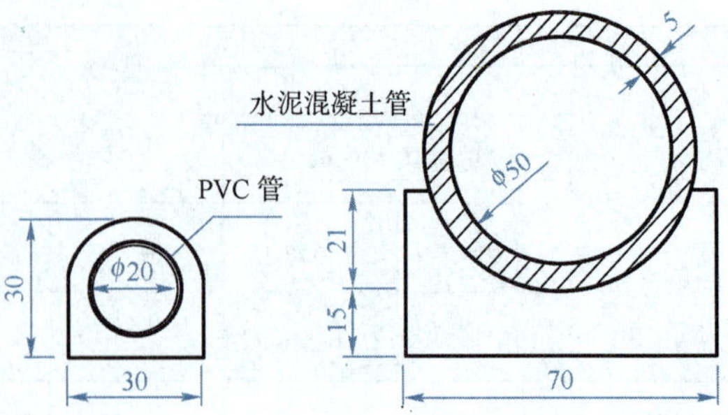

图 2-37 横向排水管

横向排水管工程量指标

表 2-32

项目	水管	钢筋	混凝土包裹/基础	碎(砾)石垫层	挖基坑	备注
	每 m	kg/m	m^3/m			
φ200mmPVC管	1m	—	0.049	0.03	0.2	
φ50cm 水泥混凝土管	$0.086m^3$	3.73	0.164	0.07	1.0	管壁厚 5cm

5. 路面结构排水

对于路肩宽度 75cm 的路面结构(路肩边缘)排水工程量指标见表2-33所列，其中分为路堤和路堑两种形式，工程图如图2-29所示。

路面结构排水工程量指标

表 2-33

项目	防水土工布	碎石	预制快	培路肩土	备注
	m^2/m	m^3/m			
路堤	2.7	0.193	—	0.273	
路堑	0.9	0.101	0.055	—	路堑沟壁厚 20cm

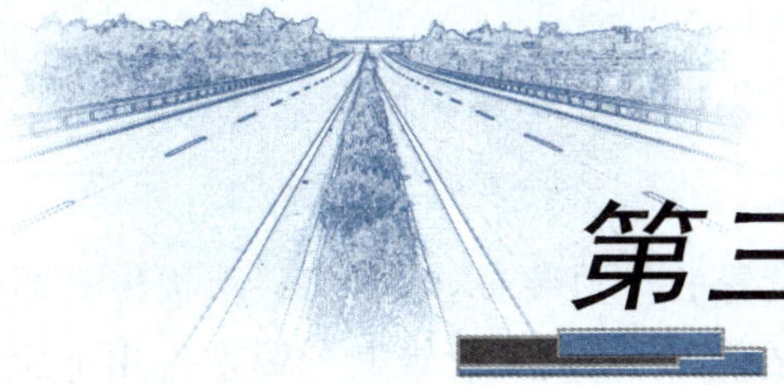

第三章 桥 梁 工 程

桥梁是公路、城市道路、铁路、渠道、管线等用以跨越水面、山谷或彼此间互相跨越的工程构筑物，是交通运输中的重要组成部分。桥梁构造物除了在交通运输功能方面的作用外，在塑造现代公路的风格中也起着重要的作用，对于公路所经地区的环境、景观及文化产生深远的影响，构成城市和乡村标志性建筑。桥梁工程学是研究桥梁勘测、设计、施工、养护和检测等工作过程以及这一过程的科学和技术，它是土木工程学的一个分支。桥梁工程始终在交通发展与各类科学技术进步的综合影响下，遵循安全、适用、经济与美观的原则，不断向前发展。其基本要求如下：

(1)遵循安全可靠、适用、经济、美观和有利于环保，根据公路功能、等级、通行能力及抗洪防灾要求，结合水文、地质、通航、环境等条件进行综合设计，确保桥梁有足够的强度、刚度、稳定和耐久等性能。

(2)桥梁受各种荷载作用及影响大，上部、下部结构、桥面系应便于建造和养护，所用材料必须符合现行标准和规范要求，设置必要的桥梁变形缝(或伸缩缝)，以及必要的附属设施。

(3)设计与施工中注意保护水源和周边环境，推广新技术、新设备、新材料、新工艺(“四新”在桥梁建造上应用最早、最多)，保证施工质量。

3.1 桥梁组成与分类

桥梁由各部位组成，通常将其划分为上部结构、支座、下部结构及附属设施 4 大部分。桥梁分类与桥梁结构体系有关。

3.1.1 桥梁组成

1. 上部结构

上部结构(即桥跨结构)是路线中断时，跨越障碍物的主要承载构造物，包括桥面板、桥面梁以及支承它们的结构构件。如梁(板)、拱、悬(拉、吊)索等，其作用是承受桥面上各种车辆、人群等荷载；除承受车辆和人群荷载及恒载(即自重)外，还要安全地承受各种外来荷载的作用(如风、地震等)。上部结构是桥梁结构的主要承重结构,当跨度较大时,不仅其结构比较复杂,施工也相当困难。

上部结构具体是指梁(板)桥墩台帽或盖梁顶面以上、拱桥拱座顶面以上的部分。

2. 支座

支座是在桥跨结构与桥墩或桥台的支承处所设置的传力装置,承受上部结构传来的荷载并将其传递给桥梁墩台,同时还应满足上部结构在荷载、温度变化或其他因素作用下所产生的位移的要求。

3. 下部结构

下部结构(即桥墩、桥台)及基础,是支承上部结构的承重构件。桥台设在桥身两端,其作用除支承桥跨结构外还要与路堤衔接并防止路堤滑塌。桥墩设在两桥台之间,其作用是支承桥跨结构。基础是桥墩、桥台埋入土中的延续部分,其作用是使桥上全部荷载传至地基。墩台基础在整个桥梁施工中是比较困难的部分,经常需要进行水上作业。

下部结构包括桥梁墩、台及基础。桥墩及桥台具体指承台顶面至墩帽顶面或梁(板)底面的部分,斜拉桥、悬索桥梁的桥塔部分;桥梁墩台基础具体指承台、钻孔灌注桩或扩大基础顶面以下部分。

4. 附属设施

附属设施是直接与桥梁服务功能有关的部件,包括:桥面铺装,防水及排水设施,桥面伸缩装置,人行道与安全带,护栏与隔离设施,桥梁照明设施,桥梁结构与路堤的衔接,桥梁防撞保护设施,桥梁防震抗震设施,桥梁标志、标线、视线导引与防眩设施,桥梁防噪与防雪走廊,桥头引道与调治构筑物,桥头建筑和周边景观设计等。

1)桥面铺装

其作用是为防止车辆轮胎或履带直接磨耗行车道板,保护主梁免受雨水侵蚀,并对车辆轮重的集中荷载起分布作用,一般采用水泥混凝土、沥青混凝土、沥青表面处治和泥结碎石等各种类型材料。防水层设置在行车道铺装层下边,透过铺装层渗下的雨水汇集到排水设备排出。排水系统是为了迅速排除桥面积水,防止雨水积滞于桥面和渗入梁体而设置的一定数量的泄水管以及桥面上的纵横坡。

2)桥梁伸缩装置

桥梁伸缩装置简称为伸缩缝,主要由传力支承体系和位移控制体系组成,以适应桥梁纵、横位移的变化和梁端翘曲发生的转角变化。伸缩缝包括对接式伸缩缝、钢制支承式伸缩缝、橡胶组合剪切式伸缩缝、模数支承式伸缩缝和无缝式伸缩缝等。

3)人行道

它是专供(城镇)人群行走的桥面(边缘)部分。人行道由人行道板、梁及缘石组成。高速公路桥梁中一般不设人行道,而采用宽度不少于 0.25m 的护轮安全带以保障行车安全;一般公路视具体情况设置。

4)桥梁栏杆及护栏

桥梁栏杆主要用于设人行道的桥梁上,栏杆应具有足够的高度,防止行人跌落桥下;

而桥梁护栏主要用在无人行道的封闭式桥梁上，由于桥上行车速度较快，它具有吸收碰撞能量，迫使失控车辆改变方向并有恢复到原有行驶方向的趋势，防止其越出护栏而跌落桥下。

5)桥头引道

它是桥梁两端与道路连接的路段，桥头引道的线形宜与桥的线形相适应。

6)桥梁照明设施

要求限制眩光，一是避免给正在桥头引道上或与桥位相邻近道路上的行车者造成眩光；二是当桥下有船只通航时避免给船上领航员造成眩光。一般在其灯具上安装专门的挡光板或格栅。其布置方式有灯杆分散照明、高杆集中照明、栏杆照明三种。

7)桥梁标志

它是用图案、符号或文字、数字对交通进行指示、导向、警告、控制和限定的一种交通管理措施。它有主标志和辅助标志之分。

8)桥梁防振抗振设施

它是桥梁为减少地震及其他因素带来的振动对自身造成损坏的保护设施。

5.桥梁结构的有关名词解释

1)净跨径

对于梁式桥是设计洪水位线以上相邻两个桥台(或桥墩)之间的水平距离；对于拱式桥是拱跨两个拱脚截面最低点之间的水平距离。总跨径是指多孔桥梁中各孔净跨径之和，它反映了桥下排泄洪水的能力。

2)计算跨径

对于具有支座的桥梁，是指桥跨结构相邻两个支座中心之间的距离；对于拱式桥，是相邻拱脚截面形心之间的水平距离。桥梁结构的分析计算以计算跨径为准。

3)建筑高度

它是桥上行车路面至桥跨结构最下缘之间的距离，与桥梁结构和跨径大小有关，也与桥面布置高度有关。

4)净矢高

它是指拱桥拱顶截面下缘至相邻两拱脚截面下缘最低点之连线的垂直距离，通常以 f_0 表示。

5)计算矢高

它是指拱顶截面形心至相邻两拱脚截面形心之连线的垂直距离，以 f 表示；矢跨比是拱桥主拱圈(或拱肋)中计算矢高 f 与其计算跨径 l 之比，以 f/l 表示。

3.1.2 桥梁分类

公路桥梁建设总体要求是安全可靠、适用耐久。其设计原则是根据不同公路等级及功能作用、性质和将来发展需要，按照经济美观和有利于环境的原则进行因地制宜、就地取材、技术先进、经济合理、便于施工和养护等方面的研究。公路桥梁有各种不同分类方式，每一种分类方式均能够反映不同结构、不同跨度的桥梁在功能、经济等方面的特征。

1. 按工程规模分类

按工程规模(即跨径)可分为特大桥、大桥、中桥与小桥。

2. 按桥梁受力分类

桥梁以基本构件组成，在力学上可归类为拱式桥、梁式桥、悬吊式桥和它们之间的各种组合体系桥梁4大类。

3. 按承重结构的材料分类

1)石拱桥

用石料建造的拱桥，外形美观，养护简便，并可就地取材，以降低造价。缺点是自重大，跨越能力有限。石料的开采、加工及砌筑均需要较多人工，且工期长。一般用于小跨径桥梁。

2)混凝土桥

用水泥混凝土建造的桥梁，包括钢筋混凝土和预应力混凝土两类。其优点是跨度大，可建造成拱式桥或梁式桥梁。

3)钢桥

上部结构用钢材建造。其优点是跨越能力大，且自重轻；缺点是结构复杂，对地基承载要求高，造价高，维护费用大，一般适用于大跨度桥梁。

4. 按用途分类

按用途可分为公路桥、公路铁路两用桥、农村道路桥、人行桥、管线桥和渡槽桥等。

5. 按跨越障碍性质分类

按跨越障碍性质可分为跨河桥、跨线桥(立体交叉)、高架桥和栈桥。

6. 按上部结构行车道位置分类(特指拱桥)

1)上承式

桥面布置在主要承重结构之上的称为上承式拱桥，如图3-1a)所示。

2)下承式

桥面布置在承重结构之下的称为下承式拱桥，如图3-1b)所示。

3)中承式

桥面布置在桥跨结构高度之间的称为中承式拱桥，如图3-1c)所示。

7. 按桥面布置分类

1)双向车道布置

双向车道布置是指行车道的上下行交通布置在同一桥面上，上下行交通由划线分隔，没有明显的界限。车辆在桥梁上行驶的速度只能是中速或低速，对交通量较大的道路，桥梁往往会形成交通滞流状态。

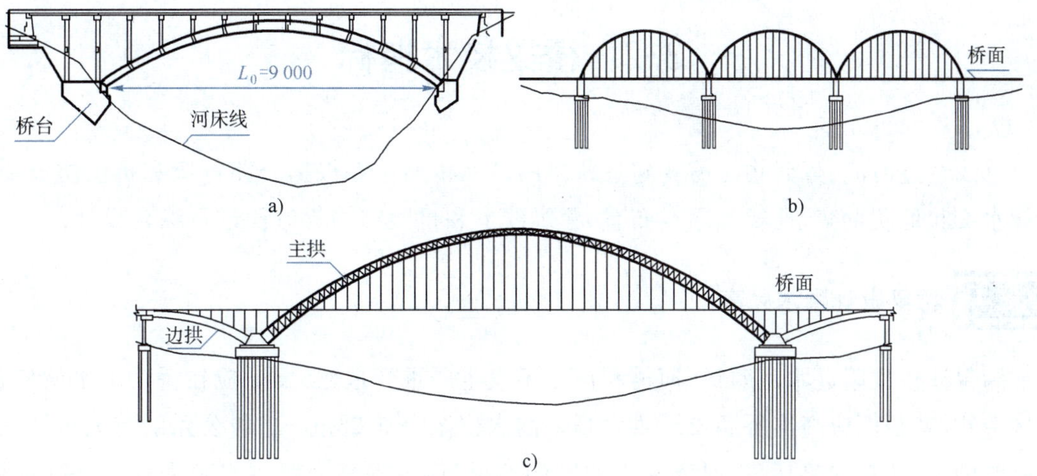

图 3-1 拱桥

a)上承式(无铰);b)下承式;c)中承式

2)分车道布置

在桥面上设置分隔带,用以分隔上下行车辆,因而上下行交通互不干扰,可提高行车速度,便于交通管理。在城市道路和高等级公路中常采用。

3)双层桥面布置

双层桥面的布置是桥梁结构在空间上可以提供两个不在同一平面上的桥面构造。可以使不同的交通严格分道行驶,提高了车辆和行人的通行能力,并便于交通管理。同时,可以充分利用桥梁净空,在满足同样交通要求之下,减小桥梁宽度,缩短引桥长度,达到较好的经济效益。公路铁路两用桥梁中也常常采用将公路、铁路线路分别在两个平面中布置。典型的有南京长江大桥、青马大桥等。

桥梁分类层次如图 3-2 所示。

- 上部构造
  - 拱桥
    - 板拱桥
    - 肋拱桥
    - 双曲拱桥
    - 箱形拱桥
    - 组合式拱桥
  - 梁桥
    - 矩形板梁桥
    - 空心板梁桥
    - T 梁桥
    - 箱形梁桥
    - 箱形梁
  - 悬吊式桥
    - 中承拱桥
    - 下承拱桥
    - 斜拉桥
    - 悬索桥
- 下部构造
  - 基础
    - 扩大基础
    - 桩基础
    - 承台
  - 桥台
    - U 形桥台
    - 肋式桥台
    - 桩柱式桥台
    - 框架式桥台
    - 薄壁桥台
  - 桥墩
    - 柱式桥墩
    - 空心桥墩
    - 薄壁式桥墩
    - 重力式桥墩
    - 索塔

图 3-2 桥梁分类层次

3.2 桥梁技术指标

路线经过河流、障碍物时需要建造桥梁跨越。桥梁主要根据公路等级和抗洪防灾要求，进行水文和地质勘察、孔径和净空布置、平纵线形和桥梁结构等方面进行综合设计。

3.2.1 桥梁设计洪水频率

为保证桥位附近水流顺畅，河槽和河岸不发生严重变形，必要时应在桥梁上下游修建调治构造物，其顶面应高出桥涵设计洪水频率的水位至少0.25m。二级公路的特大桥及三、四级公路的大桥，在水势猛急、河床易于冲刷的情况下，可提高一级洪水频率验算基础冲刷深度。三、四级公路可中断(有限度)交通时，可修建漫水桥和过水路面。漫水桥和过水路面的设计洪水频率，应根据容许阻断交通的时间长短和对上下游农田、城镇、村庄的影响以及泥砂淤塞桥孔、上游河床的淤高等因素确定。桥涵设计洪水频率见表3-1所列。

桥涵设计洪水频率　　表3-1

公路等级	设计洪水频率				
	特大桥	大桥	中桥	小桥	涵洞及小型排水构造物
高速公路	1/300	1/100	1/100	1/100	1/100
一级公路	1/300	1/100	1/100	1/100	1/100
二级公路	1/100	1/100	1/100	1/50	1/50
三级公路	1/100	1/50	1/50	1/25	1/25
四级公路	1/100	1/501/50	1/50	1/25	不作规定

3.2.2 桥梁孔径

桥梁孔径的设计应注意河床地形，不宜过分压缩河道、改变水流的天然状态，考虑壅水冲刷对上下游的影响，确保桥涵附近路堤的稳定。桥梁全长规定为有桥台的桥梁为两岸桥台侧墙或八字墙尾端间的距离；无桥台的桥梁为桥面系长度。当标准设计或新建桥梁跨径在50m及以下时，宜采用标准化跨径。桥涵标准化跨径规定如下：0.75m、1.0m、1.25m、1.5m、2.0m、2.5m、3.0m、4.0m、5.0m、6.0m、8.0m、10m、13m、16m、20m、25m、30m、35m、40m、45m、50m。桥梁跨径分类见表3-2所列。

桥梁跨径分类　　表3-2

桥涵分类	多孔跨径总长 L(m)	单孔跨径 L_k(m)
特大桥	$L>1\,000$	$L_k>150$
大桥	$100\leqslant L\leqslant 1\,000$	$40\leqslant L_k\leqslant 150$
中桥	$30<L<100$	$20\leqslant L_k<40$

续上表

桥 涵 分 类	多孔跨径总长 L(m)	单孔跨径 L_k(m)
小桥	$8 \leqslant L \leqslant 30$	$5 \leqslant L_k < 20$
涵洞	—	$L_k < 5$

3.2.3 桥上建筑限界

公路桥梁横断面，主要取决于桥面的宽度和不同桥跨结构横截面的形式。为保证桥梁的服务水平，建筑限界是与所在路线的路基宽度保持一致。

高速公路上桥梁宜设为上、下行两座分离的独立桥梁，间距一般为0.5m，并应设置检修道和护栏，不宜设人行道。一级至四级公路上桥梁人行道和栏杆，或检修道和护栏的设置，是根据需要而定，并应与前后路基横断面布置协调。桥梁人行道的宽度宜为0.75m或1.0m；大于1.0时，按0.5m的级差增加；当设路缘石时，路缘石高度取用0.25～0.35m。

3.2.4 桥下净空

桥下净空是根据计算水位或最高流冰水位加安全高度确定。在不通航或无流放木筏河流上及通航河流的不通航桥孔内，桥下净空不应小于表3-3的规定。

不通航桥孔下最小净空 表3-3

桥 梁 部 位		高出计算水位(m)	高出最高流冰面(m)
梁底	洪水期无大漂流物	0.50	0.75
	洪水期有大漂流物	1.50	—
	有泥石流	1.00	—
支承垫石顶面		0.25	0.50
拱脚		0.25	0.25

立体交叉跨线桥桥下净空不应小于表3-4的规定。规范规定严禁天然气输送管道、输油管道利用公路桥梁跨越河流。

立体交叉跨线桥桥下净空(m) 表3-4

项 目		通 道				天 桥		小桥	大中桥
		人行	拖拉机	农用汽车	汽车	人行	车行和农机		
桥下	净高	2.2	2.7	3.5	4.0	—	—	—	—
	净宽	4	4	4	6	—	—	—	—
桥面净宽		—	—	—	—	3	4.5或7.0	—	—
管道离桥梁安全距离		—	—	—	—	—	—	50	100

3.2.5 桥梁构造

桥梁结构在制造、运输、安装和使用过程中，应具有规定的强度、刚度、稳定性和耐久性；结构形式和构造应便于制造、施工和养护，结构物所用材料的品质及其技术性能必须符合相关现行标准的规定。桥梁上、下部构造应视需要设置变形缝或伸缩缝，以减小温度变化、混凝土收缩和徐变、地基不均匀沉降以及其他外力所产生的影响。高速公路、一级公路上的多孔梁（板）桥宜采用连续桥面简支结构，或采用整体连续结构。需设置栏杆的桥梁，其栏杆设计除应满足受力要求外，尚应注意美观，栏杆高度不应小于 1.1m。

高速公路和一级公路上特大桥、大桥的桥面铺装宜采用沥青混凝土桥面铺装，厚度不宜小于 70mm；二级及二级以下公路桥梁的沥青混凝土桥面铺装层厚度不宜小于 50mm。水泥混凝土桥面铺装面层（不含整平层和垫层）的厚度不宜小于 80mm，混凝土强度等级不应低于 C40；水泥混凝土桥面铺装层内应配置钢筋网，钢筋直径不应小于 8mm，间距不宜大于 100mm。跨越公路、铁路、通航河流的桥梁，桥面排水宜通过设在桥梁墩台处的竖向排水管排入地面排水设施中。桥面铺装应设防水层，圬工桥台背面及拱桥拱圈与填料间应设置防水层，并设盲沟排水。

桥面伸缩装置应保证能自由伸缩，并使车辆平稳通过。伸缩装置应具有良好的密水性和排水性，并应便于检查和清除沟槽的污物。特大桥和大桥宜使用模数式伸缩装置，其钢梁高度应按计算确定，但不应小于 70mm，并应具有强力的锚固系统。

3.3 下部结构

桥梁下部结构通常由墩台、基础两个部分组成。桥墩与桥台一般用砖、石砌筑或混凝土浇筑而成，在陆地上也可采用钢做成。

3.3.1 基础

桥梁基础分为浅埋基础和深埋基础（图 3-3）。浅基础只能靠基础底部面积传递压力；深基础则除了依靠沉井或桩底部面积将压力传递给地基以外，还依靠井壁和桩壁与土层间的摩阻力，将一部分荷载提前传至地基，所以深基础的承载能力要比浅基础大。

1. 扩大基础

承受墩台底部压力的土壤或岩石称为地基。如果地基具有设计需要的足够的承载力，那么就可将墩台身的底面根据地基承载力的大小和墩台稳定的需要适当扩大，直接支承在距地面深度不大的地基上。这个扩大了的部分可以称为扩大基础、明挖基础或称为浅基础。

1）无支护加固坑壁的明挖基础

无支护加固坑壁的明挖基础的几种形式如图 3-4 所示。垂直坑壁的基坑深度一般容许在 2m 范围内。

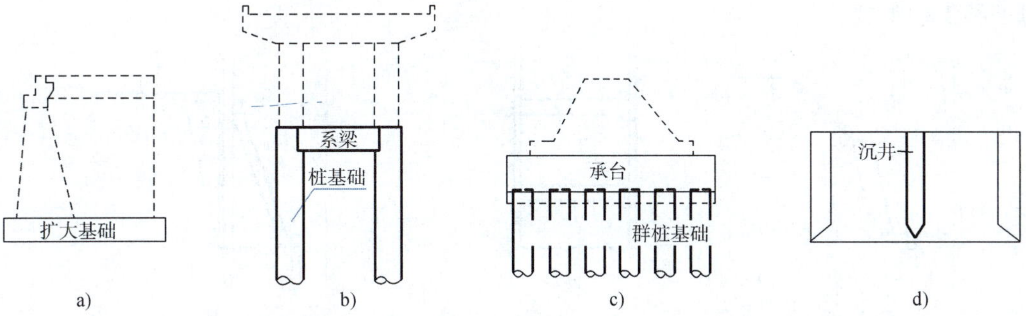

图 3-3 基础

a)桥台扩大基础;b)桥墩桩基础;c)承台及群桩基础;d)沉井基础

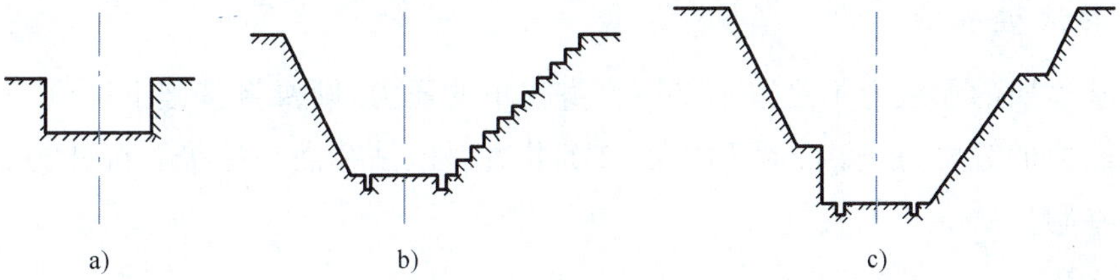

图 3-4 明挖基坑

a)垂直坑壁;b)斜坡和阶梯形;c)变坡度基坑

斜坡基坑深度在 5m 以内,且土的湿度正常、土层结构均匀,其坑壁坡度见表 3-5 所列。阶梯形坑壁的梯高一般为 0.5～1m。

基坑坑壁坡度 表 3-5

土质类别	坑壁坡度(高∶宽)	
	基坑顶缘无荷载	基坑顶缘有荷载
砂类土	1∶1	1∶1.5
砾类土	1∶0.75	1∶1.25
黏质土	1∶0.33	1∶0.75
极软岩	1∶0.25	1∶0.67
软质岩	1∶0	1∶0.25

2)有支护加固坑壁的明挖基础

有支护加固坑壁的明挖基础形式较多,主要有临时挡土墙支护基坑、有横撑挡板支护基坑、水平挡板斜柱支护基坑等,如图 3-5 所示。

3)喷射混凝土加固坑壁

喷射混凝土加固坑壁是近年来发展推广应用较广泛的喷射混凝土加固坑壁方法,是用喷射机将混凝土喷向坑壁表面,先期喷射集料嵌入坑壁形成嵌固层,后继喷射集料所充填包裹形成喷层,嵌固层与喷层同时具有加固和保护坑壁的作用,使坑壁避免风化、雨水冲刷、支护土体免于浅层坍塌剥落。对于喷射混凝土不易与坑壁充分黏结的基坑,应以锚喷混凝土加固支护为宜,其为喷射混凝土、各类锚杆(包括锚索、锚管、锚栓)和钢筋网联合支护加固坑壁的一种支护形式。

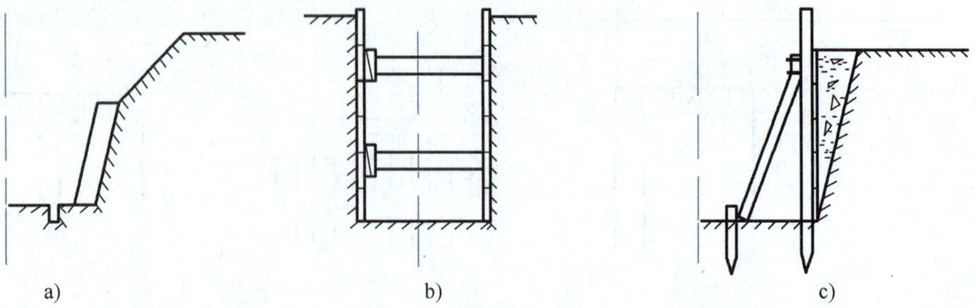

图 3-5　支护加固坑壁

a)临时挡土墙支护；b)有横撑挡板支护；c)水平挡板斜柱支护

2. 钻孔灌注桩基础

如果地基浅层的承载力不足以承受墩台身传下的压力，则要将基础下降到一定的深度，直到满足承载力的需要为止。下降的方法有沉井、沉桩、钻孔灌注桩等。沉井与钻孔灌注桩等统称为深基础。

1)钻孔方法

目前钻孔灌注桩已占据桥梁基础重要地位，其优点是可以采用不同的钻孔方法，在地层中按要求形成一个圆形的井孔。其直径一般在 3.5m 以内，桩长 100.0m 以内。在钻孔达到设计标高后，将钢筋骨架吊入井孔，再灌注(水下)混凝土。根据井孔取渣的方式不同，钻孔的方法主要有：

①螺旋钻孔　属于干性作业法，无需任何护壁措施。螺旋钻机的钻杆，在钻头和(一定长度内)钻杆上都带有螺旋叶片，钻孔时在桩位处就地切削土层，钻渣随钻头旋转，被送到出土器，自动排出孔外，其成孔工艺具有良好的连续性。

②正循环回转钻孔　其井孔壁靠水头和泥浆保护，采用高压将泥浆通过钻机的空心钻杆底部射出，钻头在回转时将土层搅松成为钻渣，被泥浆浮悬，随着泥浆上升而溢出流到井外的泥浆溜槽，经过沉淀池净化，泥浆再循环使用。采用此方法钻渣必须由泥浆浮悬才能上升携带排出孔外，故对泥浆的质量要求较高。

③反循环回转钻孔　与正循环相反，泥浆在钻杆外注入井孔，采用真空泵或其他方法(如空气吸泥机等)将钻渣从钻杆中吸出。由于钻杆随钻头进尺，从井孔底部将钻渣吸入钻杆内，其真空吸力大，则排渣速度比正循环快得多。此方法的泥浆只起护壁作用，其质量要求较低。但是如果钻孔较深或遇到易坍土层，则仍需要高质量泥浆护壁。

④潜水钻机钻孔　主要特点是钻机的动力装置与钻头连成一个整体，钻机工作时，这种带有动力钻头的钻机潜入井孔水(泥浆)中，将泥浆由泥浆泵通过胶管、空心钻杆射入孔底，然后由钻头转动搅松钻渣使其浮悬在泥浆中，随泥浆上升溢出井口，流入到泥浆沉淀池中滞留下残渣并分离出泥浆，此种方法是正循环式潜水钻机的生产流程。若改用真空泵或空气吸泥机等机具将钻渣从钻杆(或胶管)中吸出，则成为反循环式潜水钻机的生产流程。

⑤冲抓钻孔　是将冲抓锥抓瓣张开冲入土石中，然后收紧抓瓣，抓瓣便将土石抓入锥中，提升冲抓锥出井孔，松开抓瓣卸渣。井孔护壁与回旋钻孔法相同。

⑥冲击钻孔 是用卷扬机提升冲击装置，上下反复冲击，将土石劈碎，部分土石被挤开，有一部分由泥浆悬浮钻渣出孔，但冲击到一定时间后，放入掏渣筒掏渣，提出孔外。

⑦人工挖孔 在土层范围内无地下水或少量地下水时，可以采用人工挖孔。井壁一般采用预制块混凝土支撑。

钻孔灌注桩基础施工的辅助工作有钢护筒制作安装、工作平台搭设、预埋检侧管等。

2)辅助工作

①钢护筒 在普通作业场合及中小孔径条件下，一般钢板厚采用4～6mm，两端部焊接法兰盘，对接逐节接长护筒。水中埋设的钢护筒一般不予拆除，干处埋设的钢护筒需要拆卸护筒周转利用。单节钢护筒长度不大于6m，钢护筒直径一般为钻孔灌注桩直径外加扩孔部分。正反循环回转钻钢护筒内径比桩径宜大20～30cm；潜水钻、冲抓、冲击锥钻钢护筒内径比桩径宜大30～40cm；深水及大直径桩钢护筒的度宜采用12～14mm左右钢板厚度，内径至少应比桩径大40cm。护筒干处埋置深度一般为1.0～1.5倍；水中埋置深度为水深加沉入砂卵石层以下0.5～1.0m；有冲刷影响的河床，应埋入冲刷线以下不小于1.0～1.5m的深度。

②支架工作平台 是在水中墩位处，用锤击或振动方法沉入若干根露出水面的支架钢管桩，作为平台支撑桩。各桩用纵横型钢连接并棉面上铺设钢板来。支架钢管桩桩顶高度设置，应在施工最高水位以上0.5m。工作平台布置如图3-6所示。

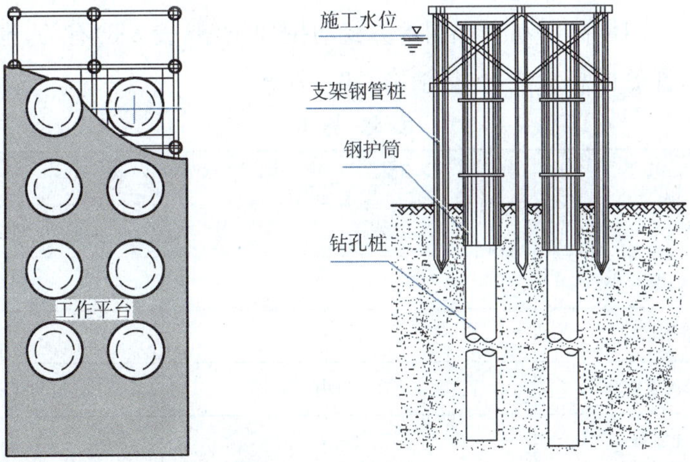

图3-6 工作平台布置

③浮船工作平台 是由两只钢驳船拼成，常在流速不大、风浪较小的河中使用。船只大小根据水流情况、工作平台尺寸和需要的载重量决定。钢驳船需要在前后左右4个方向抛锚定位，锚碇可用铁丝笼装片石或直接利用铁锚。浮船工作平台如图3-7所示。

3. 承台及系梁

1)承台

承台属于下部基础工程。承台底面埋设在有足够承载力的土层上，且能够排干水时，可采用明挖基础的施工方法。承台底面埋设在软弱的土层上，且能够排干水时，可采用夯填10～30cm厚砂砾或碎石垫层后，立刻浇筑承台混凝土。在浅水区建筑承台时，可采用围堰排水方法施工。承台底面埋设置在河床面以上的水中时，可采用钢套箱等方法建筑承台。

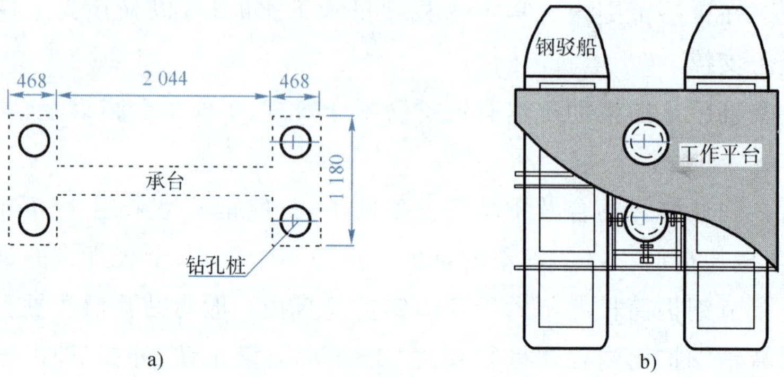

a)　　b)

图 3-7　浮船工作平台

a)桥墩桩基础平面；b)平台示意

2)系梁

钢筋混凝土钻孔灌注桩，单排桩两根或三根桩之间的桩顶位置一般设置系梁。系梁一般在陆上施工，其钢筋埋入钻孔灌注桩混凝土中。

4. 围堰工程

围堰工程一般密切结合主体工程所在位置、现场实际情况、满足规范要求的前提下，作出合理的施工布置。围堰高度和选择围水方式与围堰类型(表 3-6)有关，围堰高度一般为高出施工期间可能出现的最高水位(包括浪高)50～70cm。

围堰类型　　表 3-6

围堰类别		适用条件	
		水深(m)	流速(m/s)
土石围堰	土围堰	≤1.5	≤0.5
	土袋围堰	≤3.0	≤1.5
	竹笼、铅丝笼围堰	4m 以内	较大
	竹篱土围堰	1.5～7	≤2.0
板桩围堰	钢板桩围堰	用作深水或深基坑围堰，其防水性好、整体刚度大	
	钢筋混凝土板桩围堰	用作深水或深基坑围堰，其桩身可作为基础结构的一部分，亦可二次周转使用，节约材料	
钢套箱围堰		一般用作河流中流速较大的深水桩基承台	
双壁(钢)围堰(沉井)		用作河流中覆盖层较浅或平坦岩石河床的深水基础	

1)土袋围堰

可用草袋、麻袋或编织袋装以松散的黏质土，袋口用麻袋线或细铁丝缝合。堆码时，土袋上下左右相互错位，尽可能堆码整齐，图 3-8a)所示单墙围堰适用于水塘砌筑挡土墙，图 3-8b)所示双墙填心围堰适用于河中筑岛。除土袋围堰外，还有竹笼围堰、铁笼围堰等。

2)板桩围堰

板桩围堰有钢板桩、钢筋混凝土板桩等多种形式。钢筋混凝土板桩的断面形式一般为矩形断面,宽 50～60cm,厚 10～30cm,一侧为凹形榫口,另一侧为凸形榫口。桩尖刃脚处加焊钢板和增设加强钢筋。钢筋混凝土板桩如图 3-9 所示。

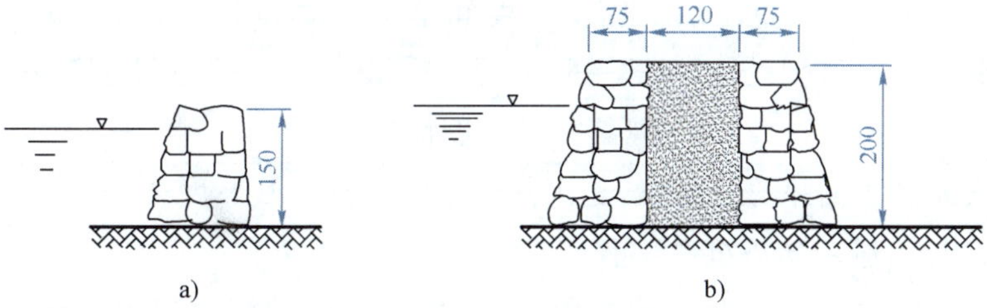

图 3-8 土袋围堰

a)单墙;b)双墙

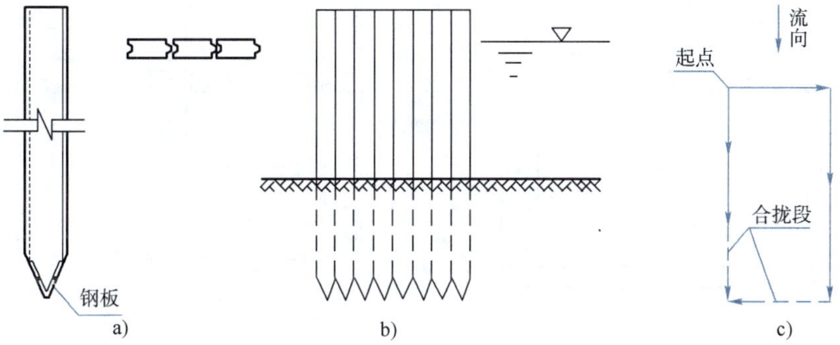

图 3-9 钢筋混凝土板桩

a)结构;b)双墙;c)插打顺序

3)钢套箱围堰

钢套箱围堰是在钻孔灌注桩完成后,潜水工可先在桩上搭好一个面积尺寸比承台稍大的钢结构平台,其高度恰位于承台底面处。然后将在岸上制作好的与承台外围相同的混凝土套箱模板,用形如龙门架(在两只驳船上)式的起重设备,吊运到桩位并沉放在钢结构平台上,再浇筑承台混凝土等工序。钢套箱构造如图 3-10 所示。

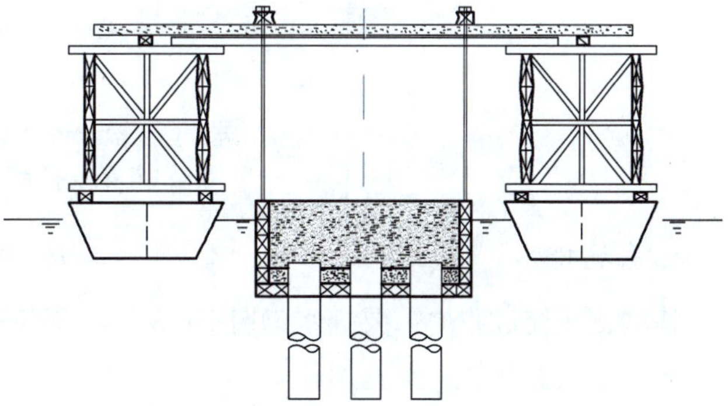

图 3-10 钢套箱构造

4)沉井

沉井是作为基础的一部分,它具有设计需要的壁厚和垂直隔墙,为上下开口的筒形结构物。通常用混凝土或钢筋混凝土制成,双壁钢围堰也可称之为沉井。其构造一般有(双)井壁、刃脚、隔墙、预埋冲刷管、顶盖板与凹槽。沉井布置如图 3-11 所示,沉井预制安装如图 3-12 所示。

为减少混凝土沉井下沉时的摩阻力，沉井壁外侧也可做成1%～2%向内斜坡。为方便沉井接高，多数沉井都做成阶梯形，台阶设在每节沉井的接缝处，错台的宽度约为5～20cm，井壁厚度多为0.7～1.5m。河中深水双壁钢围堰需要进行制作、浮运、落床等工序，一般不做成阶梯形。

沉井壁刃脚是根据所穿过土层的密实程度和单位长度上土作用反力的大小，以切入土中而不受损坏来设计。刃脚踏面宽度一般采用10～20cm，刃脚的斜坡度 α 应大于或等于45°，刃脚的高度一般为0.7～2.0m，视其井壁厚度而定。

沉井隔墙系大尺寸沉井的分隔墙，是沉井外壁的支撑。其厚度多为0.8～1.2m，底面要高出刃脚50cm以上，避免妨碍沉井下程。

顶盖板是传递沉井襟边以上荷载的构件，不填芯沉井的沉井盖厚度约为1.5～2.0m。其钢筋布设应按力学计算要求的条件进行。

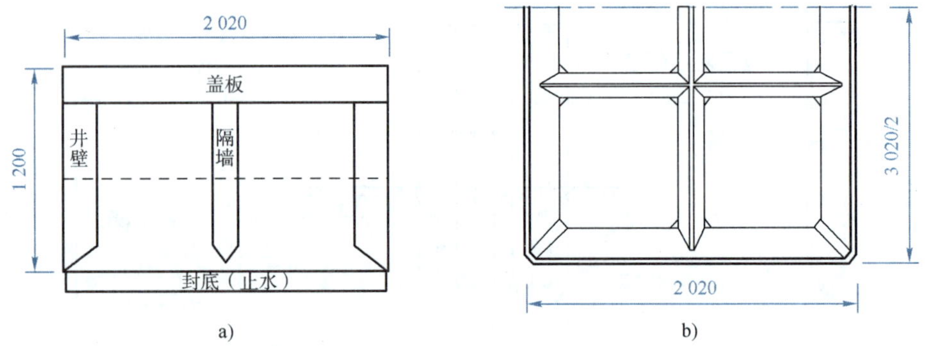

图3-11 沉井布置

a)正面；b)1/2底平面

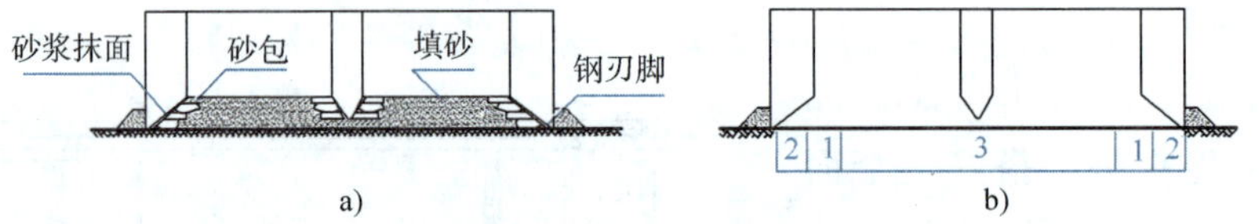

图3-12 沉井预制安装

a)预制；b)开挖下沉顺序

5. 基坑排水

基坑在开挖过程中需要排水，开挖完成后在浇筑基础混凝土的过程中仍然需要排水，其排水方法是根据具体情况选用。

1)集水坑排水

开挖基坑如有渗水时，可沿坑底四周边缘开挖水沟和集水坑，使坑壁渗水沿四周水沟汇合于集水坑，然后用水泵排出坑外。由此反复加深集水沟和集水坑，经常保持坑底和水沟底有一定高差，达到排水通畅，以提高开挖基坑效率。集水坑排水适用较广，除有严重流砂外，一般情况均能适用。集水沟、集水坑的设置，改移河沟挖排水沟：处在宽坦浅滩，流量不大的基坑开挖时，应先在上游利用地形筑坝拦水，改移河沟开挖大型排水沟排除地表水，使基坑处在干滩上开挖。坑内明沟排水如图3-13所示。

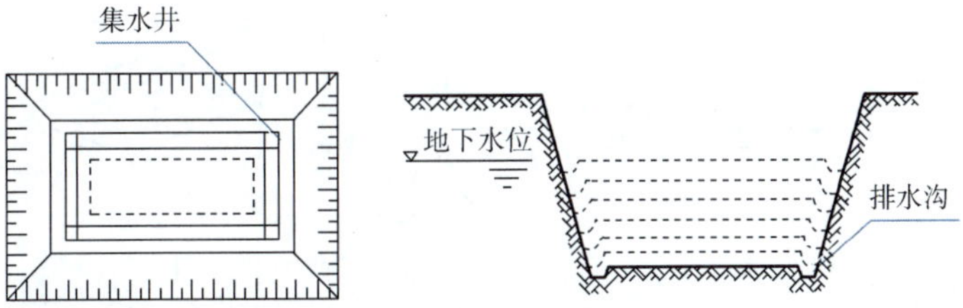

图 3-13 坑内明沟排水

2)井点排水

井点排水可分轻型井点、喷射井点、电渗井点和深井泵井点 4 种方法。真空泵轻型井点法排水原理是由抽吸设备(图 3-14),将地下水经滤管、井管、总管进入过滤箱到集水箱,在集水箱内将吸上来的水与空气分离,空气进入真空泵被吸出,水则进入离心泵后被排出。

井点排水适用于地下水位较高、基坑土质不好的情况,尤其是在(用集水坑排水)有流砂涌泥现象时,应采用井点排水的方法,以降低地下水位。该方法可根据土的渗透系数、要求降低水位的深度及工程特点选用。

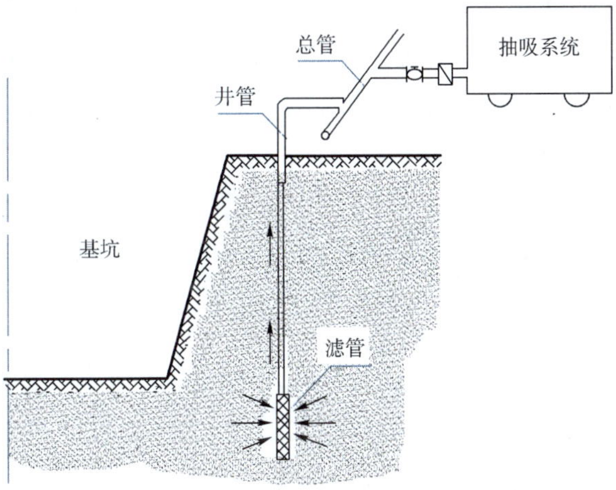

图 3-14 真空泵轻型井点抽吸系统

3)帷幕法止水

一般情况基坑中均有渗水,较大基础工程的排水也可采用帷幕止水法。即将基坑周围的土,用冻结、硅化、灌浆(水泥或沥青)等处理方法,封闭成不透水的帷幕。

3.3.2 桥台

桥台一般由台身、台帽组成。其类型主要有重力式桥台和轻型桥台两种。重力式桥台主要优点是靠自身重力来平衡外力而保持其稳定,缺点是圬工体积较大。轻型桥台体积轻巧、自重较小,一般由钢筋混凝土材料建造,借助结构物的整体刚度和材料强度承受外力,从而可节省材料,降低对地基强度的要求和扩大应用范围,也为在软土地基上修建桥台开辟了经济可行的途径。常用的轻型桥台有埋置式桥台、钢筋混凝土薄壁桥台、有支撑梁的轻型桥台、加筋土桥台等几种类型。

1. 重力式桥台

通常采用 U 形桥台(图 3-15),台后的土压力主要靠自重来平衡,故台身多数由石砌、片石混凝土或混凝土等圬工材料建造。U 形桥台,因其台身是由前墙和两个侧墙构成的 U 字形结构而得名。

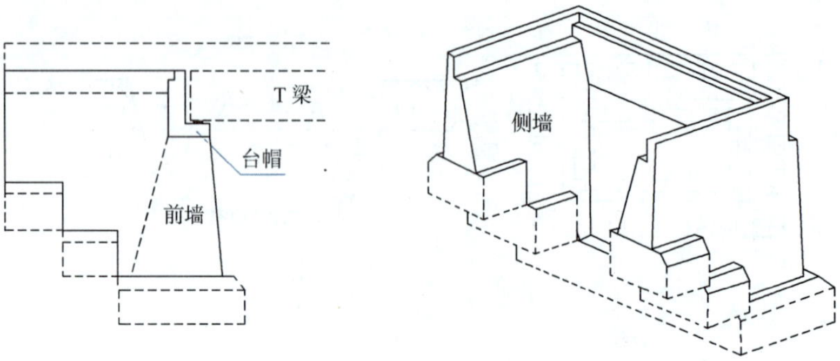

图 3-15　U形桥台

2.埋置式桥台

埋置式桥台是将台身埋在锥形护坡中(图 3-16),只露出台帽在外即安置支座及上部构造。这样,桥台所受的土压力大为减小,桥台的体积也就相应地减小。埋置式桥台的缺点是护坡伸入桥孔,压缩了河道;为了不压缩河道,由此需要适当增加桥长。埋置式桥台按台身的结构形式不同,可以分为后倾式、肋形埋置式、双柱式和框架式等。

1)后倾埋置式桥台

后倾埋置式桥台(图 3-16)属于一种实体重力式桥台,它的工作原理是靠台身后倾,使重心落在基底截面的形心之后,以平衡台后填土的倾覆力矩。

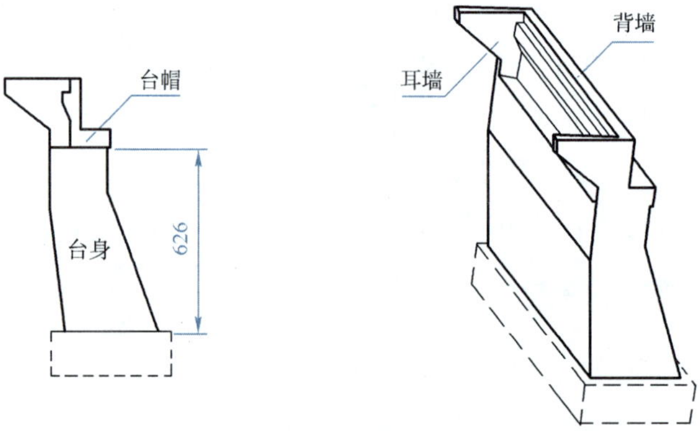

图 3-16　后倾埋置式桥台

2)肋墙埋置式桥台

肋墙埋置式桥台(图 3-17)台身是由两片后倾式肋墙与顶面台帽(盖梁)连接而成,一般情况肋墙设置在桩基承台上。

3)桩柱埋置式桥台

桩柱埋置式桥台对于各种土壤地基都适宜(图 3-18)。根据桥宽和地基承载能力采用三柱或多柱形式。柱与钻孔桩相连的称桩柱式;柱子嵌固在普通扩大基础之上的称为立柱式;完全由一排钢筋混凝土桩和桩顶盖(或帽)梁连接而成的称为柔性柱台。

4)框架埋置式桥台

框架埋置式桥台既比桩柱式桥台有更好的刚度,又比肋形埋置式桥台挖空率更高,更节约圬工体积。框架埋量式桥台(图 3-19)结构本身存在着斜杆,能够产生水平分力

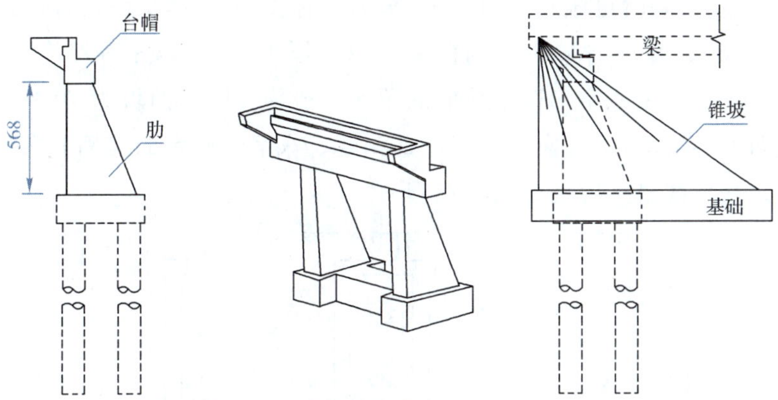

图 3-17 肋墙埋置式桥台

以平衡土压力，加之基底较宽，又通过系梁连成一个框架体，所以稳定性较好，可用于填土高度在 5m 以下的桥台，并与跨径为 16m 和 20m 的梁式上部结构配合应用。其不足之处是必须用双排桩基，钢筋、水泥用量均较桩柱式的要多。当填土高度大于 5m 时，可采用肋墙式桥台。

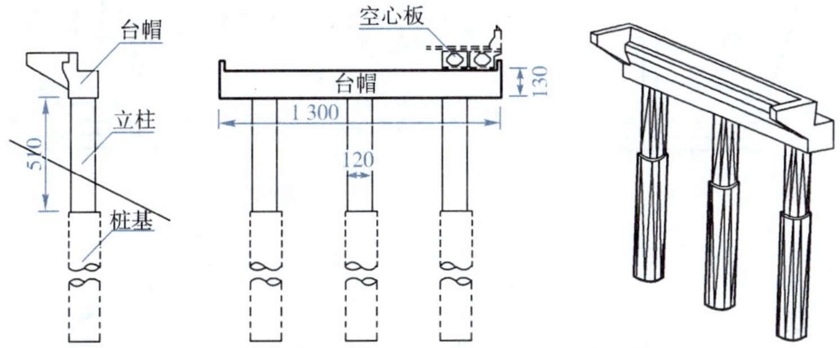

图 3-18 桩柱埋置式桥台

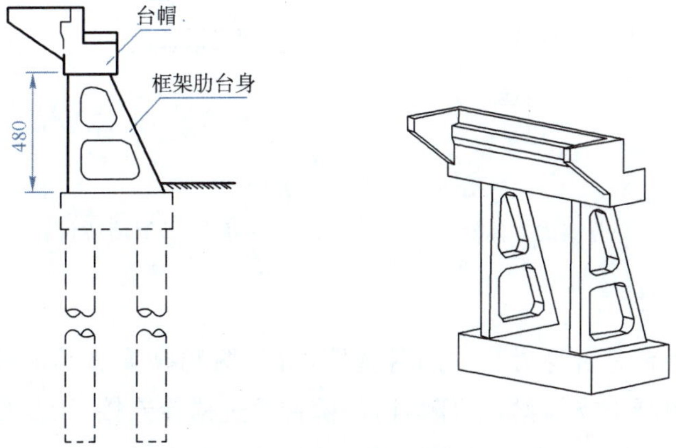

图 3-19 框架埋置式桥台

3. 钢筋混凝土薄壁桥台

钢筋混凝土薄壁桥台是由扶壁墙和两侧的薄壁侧墙构成，常用的形式有扶壁式、箱式、悬臂式、撑墙式等。台顶由竖直小墙和支于扶壁上的水平板构成，用以支承桥跨结构。两侧薄壁可以与前墙垂直，有时也做成与前墙斜交，前者称U字形薄壁桥台，后者称八字形薄壁翼墙桥台，如图3-20所示。薄壁桥台的前墙可以等厚度，也可以不等厚度。变厚度台身的背坡一般为2∶1～4∶1；八字形薄壁翼墙的顶宽一般为40cm，前坡为10∶1，后坡为5∶1。为了防止基底向河心滑动，基础应有一定埋置深度。八字形桥台的前墙和翼墙之间，通常预留沉降缝分砌。扶壁式薄壁桥台如图3-21所示。

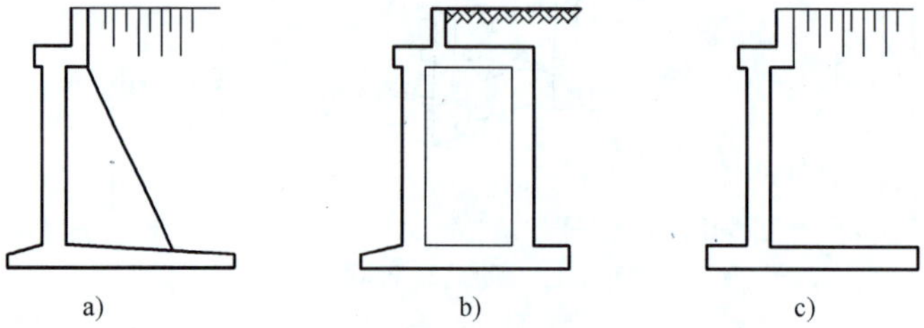

图3-20　薄壁桥台形式

a)扶壁式；b)箱式；c)悬臂式

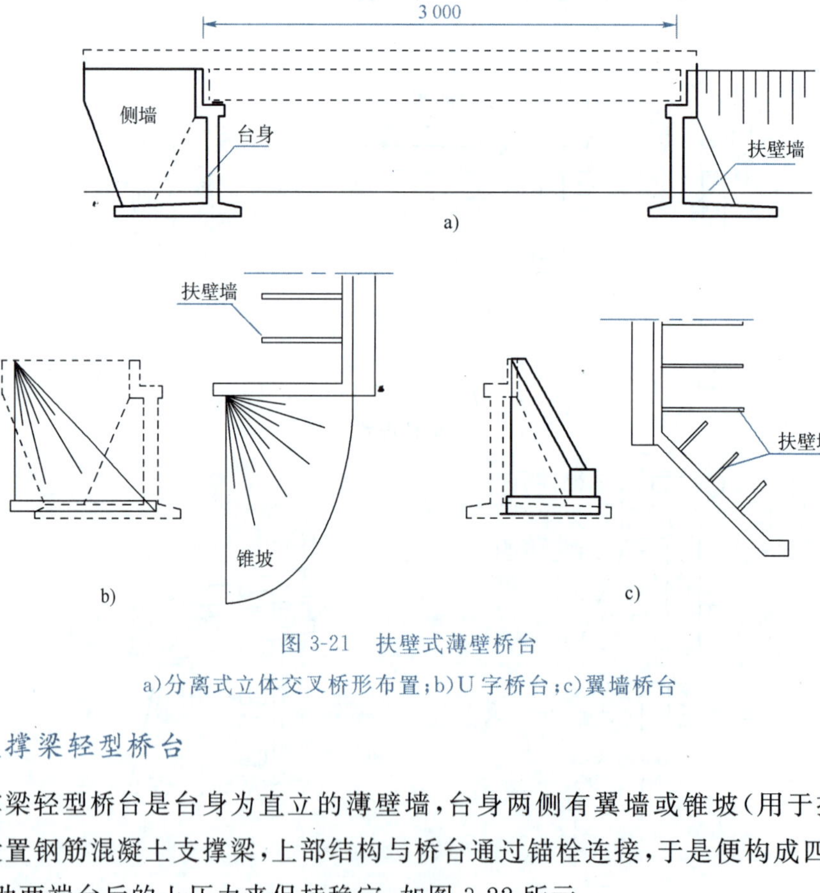

图3-21　扶壁式薄壁桥台

a)分离式立体交叉桥形布置；b)U字桥台；c)翼墙桥台

4. 有支撑梁轻型桥台

有支撑梁轻型桥台是台身为直立的薄壁墙，台身两侧有翼墙或锥坡（用于挡土）。在两桥台下部设置钢筋混凝土支撑梁，上部结构与桥台通过锚栓连接，于是便构成四铰框架结构系统，并借助两端台后的土压力来保持稳定，如图3-22所示。

5. 拱桥桥台

拱桥桥台既要承受来自拱圈的推力、竖向力及弯矩，又要承受台后土的侧压力，从结构尺寸上看，拱式桥台一般较梁式桥台要大，如图3-23所示。

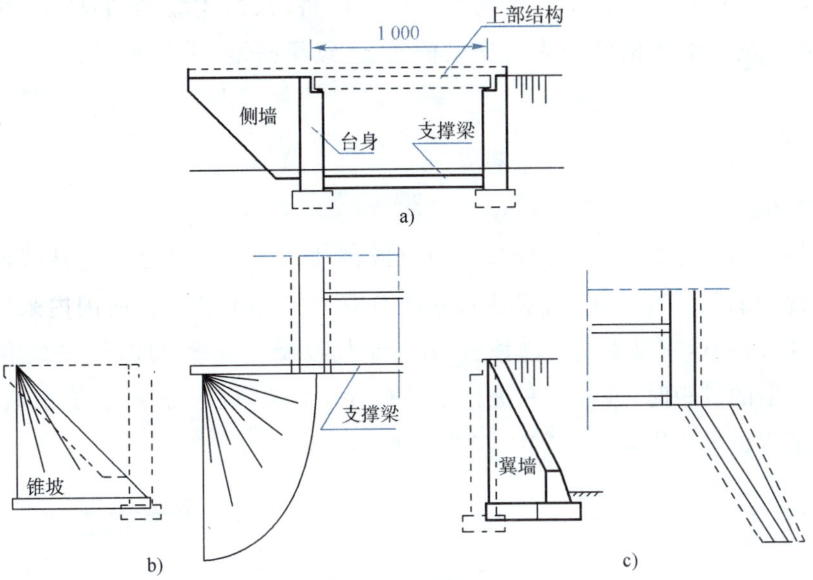

图 3-22 有支撑梁轻型桥台

a)桥型布置;b)锥坡布置;c)翼墙布置

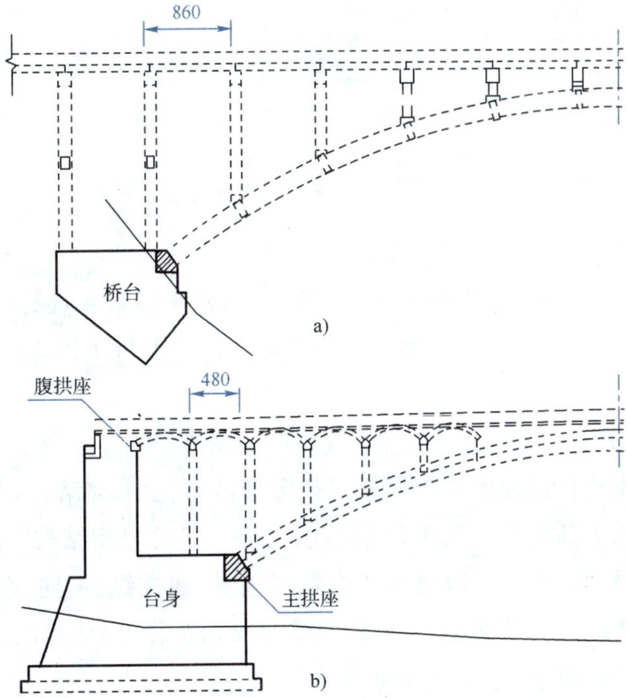

图 3-23 拱桥桥台

a)背斜式嵌岩基础;b)重力式 U 形桥台

3.3.3 桥墩

桥墩是指多跨(两跨以上)桥梁中间支承结构物,它除承受上部结构荷载外,还承受流水压力、风力以及可能出现的冰荷载、船只、排筏或漂流物的撞击力。按墩身截面形状可分为矩形、圆形、空心墩等；按桥墩结构可分为实体桥墩、柱式墩、空心桥墩、柔性排架墩和框架墩等类型；按上部结构可分为简支梁桥墩、连续梁桥墩、拱桥桥墩、斜拉桥和悬索桥索塔等。

1. 简支梁桥墩

1)柱式桥墩

其结构特点是由分离的两根或多根立柱(或桩柱)，即由基础之上的柱式墩身和盖梁组成。双车道常用的形式有单柱式、双柱式和混合双柱式等类型。目前国内采用较多的是钻孔灌注桩双柱式桥墩，它是由钻孔灌注桩、柱与钢筋混凝土盖梁组成，柱桩直接相连；当墩身高度大于1.5倍的桩距时，通常需在桩柱之间布置横系梁，以增加墩身的侧向刚度。浅埋基础桥墩深埋基础桥墩分别如图3-24a)、3-24b)所示。

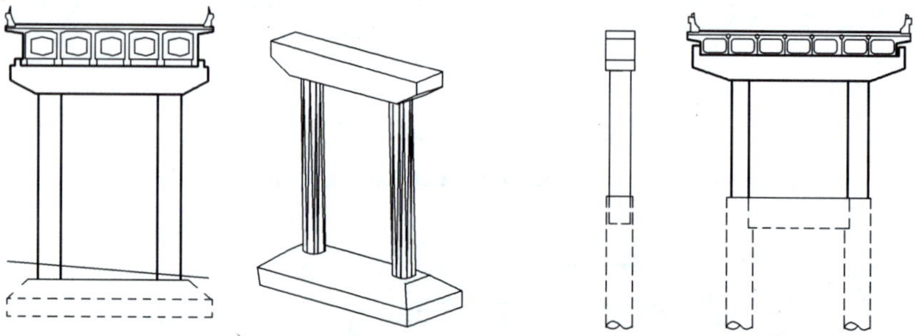

图3-24　柱式桥墩

a)浅埋基础桥墩；b)深埋基础桥墩

2)空心桥墩

在一些高大的桥墩中，为减少圬工体积，节约材料，减轻自重，减少软弱地基的负荷，也可将墩身内部做成空腔体，即空心桥墩。这种桥墩在外形上与实体式桥墩并无大的差别，只是自重较实体式桥墩轻。

3)框架墩

框架墩是采用由构件组成的平面框架代替墩身，以支承上部结构，必要时可做成双面层或更多层的框架支承上部结构。这类较空心墩更进一步的轻型结构，是以钢筋混凝土和预应力混凝土建成的受力体系。该墩可以适应建筑艺术，建成纵、横向V形、Y形、X形、倒梯形等形状。在同样跨越能力情况下，框架墩可缩短梁的跨径、降低梁高、使结构轻巧美观，但其缺点是结构构造比较复杂，施工比较麻烦。

2. 连续梁桥墩

1)实体薄壁式桥墩

实体薄壁或桥墩是由一个实体结构(图3-25)，由墩帽、墩身和基础构成。墩帽是桥墩顶端的传力部分，它通过支座承托着上部结构，并将相邻两孔桥上的恒载和活载传到墩身上。因此，墩帽的强度要求较高，常用C20以上的混凝土砌筑。

2)柔性排架墩

柔性排架墩是由单排或双排钢筋混凝土桩、承台、薄壁柔性墩与钢筋混凝土盖梁连接而成(图3-26)。其主要特点是,可以通过一些构造措施,将上部结构传来的水平力(如制动力、温度影响力等)传递到全桥的各个柔性墩上,以减少单个柔性墩所受到的水平力,从而达到减小桩、墩截面的目的。

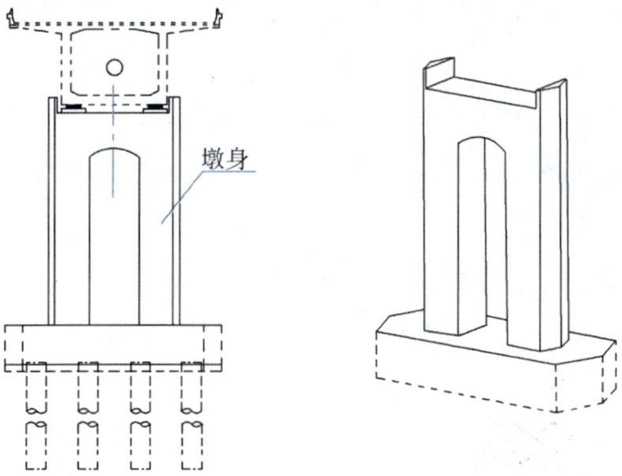

图 3-25　实体薄壁式桥墩

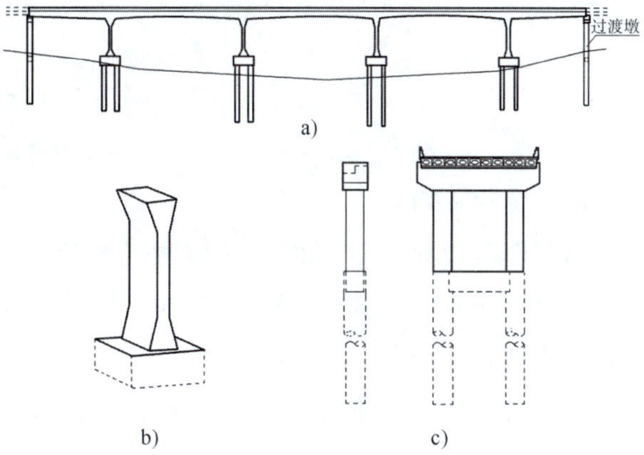

图 3-26　柔性排架墩

a)桥形布置;b)主桥柔性墩立体;c)桩柱式过渡墩

3. 拱桥桥墩

从抵御恒载水平力的能力来看,拱桥桥墩又可以分为普通墩和单向推力墩两种,如图 3-27 所示。普通墩除了承受相邻两跨结构传来的垂直反力外,一般不承受恒载水平推力,或者只承受当相邻孔不相同时经过相互抵消后尚余的不平衡推力。单向推力墩又称制动墩。它的主要作用是在其一侧的桥孔因施工分段要求或某种原因遭到毁坏时,能承受单侧拱的恒载水平推力。按截面尺寸和桥墩重力的不同可将其分为实体重力式桥墩和实体薄壁式桥墩(墙式桥墩)。中承式拱桥墩如图 3-28 所示。

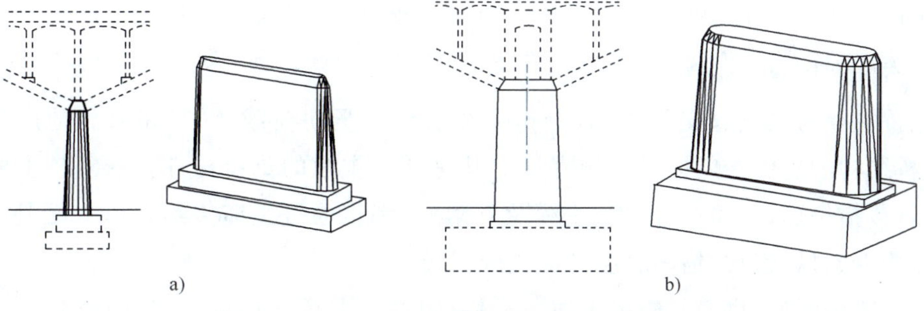

图 3-27　实体重力式拱桥墩

a)普通墩;b)制动墩

4. 索塔

索塔是斜拉桥、悬索桥的重要组成部分之一,也是尽现这两种桥型个性和视觉效果的主要结构物。索塔必须适合拉索的布置,在恒载作用下,索塔应尽可能处于轴心受压状态。索塔主要由塔、支撑着塔的桥墩、锚固着主缆的锚碇组成。

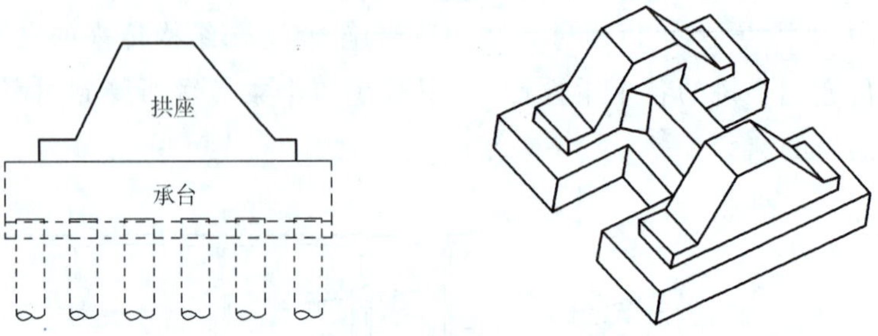

图 3-28　中承式拱桥墩

1)斜拉桥索塔

单索面斜拉桥和双索面斜拉桥索塔塔架分为纵、横向布置形式(图 3-29、图 3-30),沿桥纵向布置形式有单柱式、A 字形、倒 Y 形等几种,单柱式主塔构造简单;A 字形和倒 Y 形在桥纵向刚度大,有利于承受索塔两侧斜拉索的不平衡拉力;A 字形还可减小主梁在索塔处的负弯矩。沿桥横向布置形式有斜腿式、H 形、A 形、宝石形等。

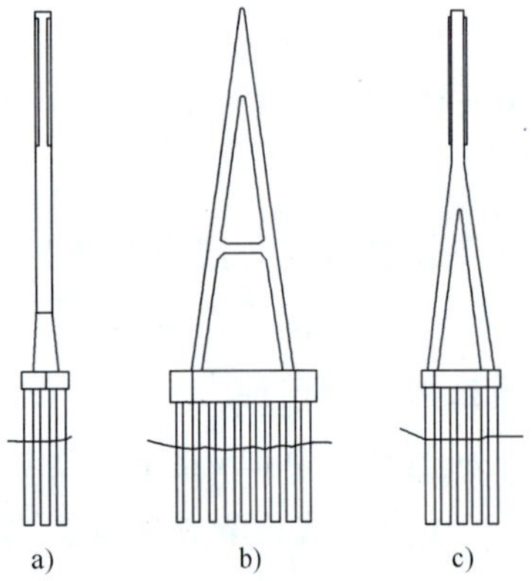

图 3-29　纵向布置

a)单柱式;b)A 字形;c)倒 Y 形

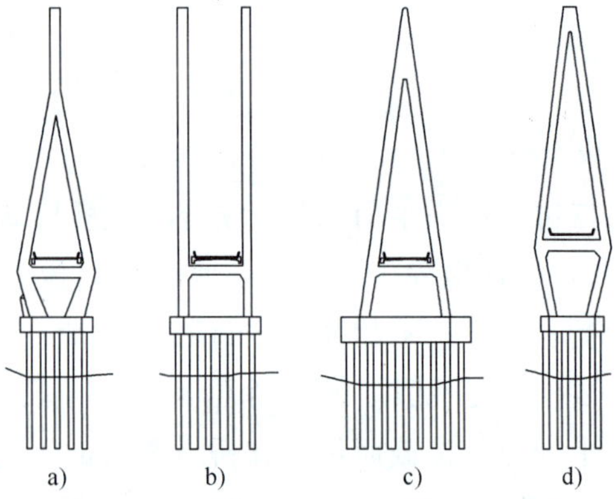

图 3-30　横向布置

a)斜腿式;b)H 形;c)A 形;d)宝石形

2)悬索桥索塔

悬索桥主要对主缆起支承作用,分担主缆所受的竖向荷载,同时在风和地震荷载作用下,对全桥结构的总体稳定提供安全保证。其是支撑主缆的重要构件。悬索桥上的车辆活载和恒载(包括桥面、加劲梁、吊索、主缆及其附件)都将通过主缆传给索塔直至基础。悬索桥索塔结构由索塔、索鞍、锚固着主缆的锚碇组成。

索塔一般由塔座、塔身及横梁组成。主塔结构,在顺桥方向,塔身按力学性质可分刚性塔、摇柱塔、柔性塔三种结构形式。

①刚性塔　多出现在早期较小跨度的悬索桥和现代多跨悬索桥中,为提高结构刚度时采用。

②摇柱塔　也只是用于跨度较小的悬索桥,下端为铰接式单柱结构。

③柔性塔　是大跨度现代悬索桥最常用的结构,为下端固结的单柱形式。

在横桥方向,通常采用刚构式、桁架式或两者混合的结构形式,用以抵抗横桥向的风力或地震作用。混凝土主塔对大跨度悬索桥具有适用性，如图 3-31 所示。

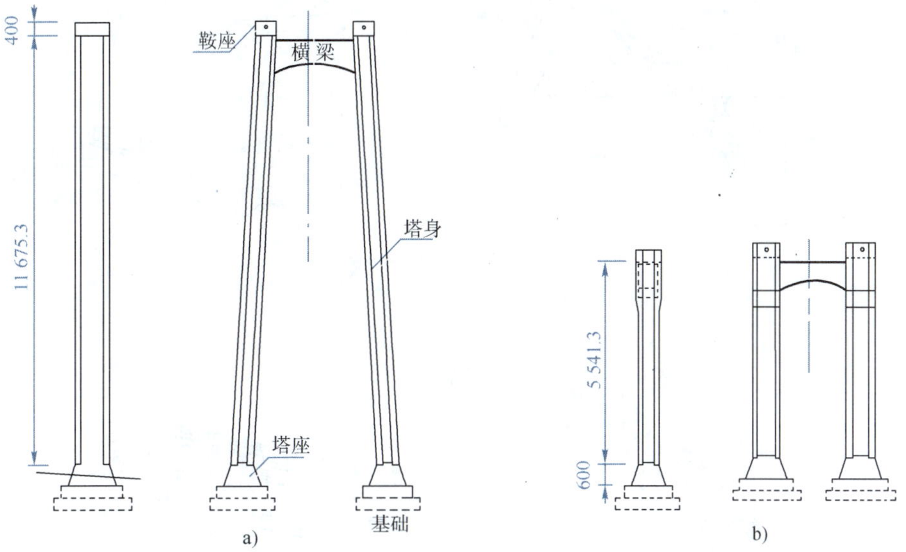

图 3-31　悬索桥索塔

a)高塔；b)矮塔

索鞍鞍座又可以分为设置在桥塔顶部的塔顶鞍座和设置在锚碇支架处的锚固鞍座。

①塔顶索鞍　它是支撑主缆的重要构件，通过它可以使主缆中的拉力传到锚碇。置于塔顶用以支承主缆，并将主缆所受竖向力传向主塔。塔顶鞍座的结构主要由鞍槽、座体和底板三大部分组成。

②散索鞍　它是置于锚碇前，起转向及分散束股便于主缆锚固的作用。与塔顶鞍座不同的是，散索鞍在主缆受力或温度变化时要随主缆同步移动，因而其结构形式又有摇柱式和滑移式两种基本类型。也可分全铸和铸焊组合两种制造方式。散索箍常用于主缆直径较小又不需转向支承时代替散索鞍分束锚固用，整体为喇叭形，为两半拼合的铸钢结构。

锚碇则用以锚固主缆，平衡主缆所受的拉力，将其传达至地基。锚碇可分为重力式和隧道式两种结构形式。

①重力式锚碇　锚固系统一般是与锚体构成整体，依靠锚体庞大的混凝土结构的重力作用来平衡主缆的拉力，故称之为重力式锚碇(图 3-32)。

②隧道式锚碇　它是借助两岸天然坚固的岩体开凿隧洞，安装锚固系统后，再浇筑混凝土。该方法是依靠岩洞中的混凝土锚体与岩洞壁的嵌固作用来平衡主缆的拉力，故称之为隧道式锚碇(图 3-33)。隧道式锚碇混凝土用量较重力式锚碇节省，经济性更为明显。

锚固结构是主缆束股向混凝土锚体传力的连接及过渡部分。其包括置于混凝土锚体内的锚固系统和与主缆束股相连的联结系统。锚固系统有钢构架和预应力钢绞线两

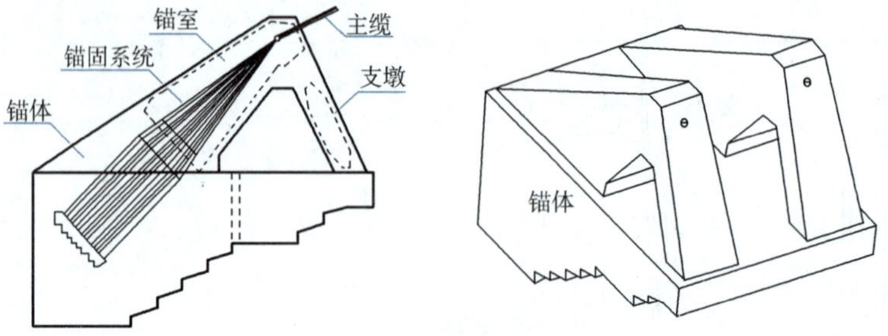

图 3-32　重力式锚碇

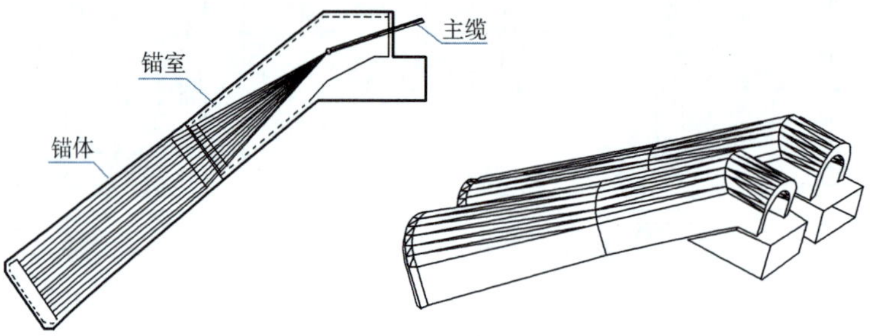

图 3-33　隧道式锚碇

种基本形式,钢绞线锚固系统是由索股锚固连接器和预应力钢束锚固系统构造组成(图 3-34)。

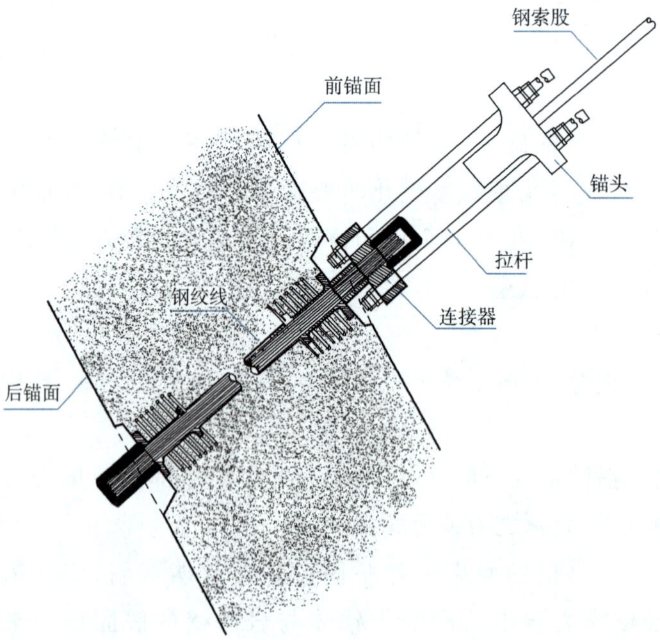

图 3-34　钢绞线锚固结构

①联结系统　索股锚固连接器构造由拉杆及其连接器组成,拉杆上端与索股锚头相连接,另一端与前锚面的连接器相连接。索股锚固连接器的构造有单索股锚固和双索锚固两

种类型。单索锚固单元由2根拉杆和单索股锚固连接器构成，双索股锚固由4根拉杆和双索股锚固连接器构成。

②锚固系统　它是由预应力钢束将主缆束股拉力传至混凝土锚体，即由预应力钢绞线及锚具、防腐油脂、锚头防护帽等组成。单索股锚固单元采用15～17规格预应力钢束，双索股锚固单元采用15～32预应力钢束。预应力钢束锚固分别采用特制的15～17和15～32型锚具，其关键是应满足设计所需的锚下应力不超过C30混凝土的受力要求。钢绞线采用热镀锌及预应力管道内灌注防腐油脂的双重体系，在前锚面设置有油脂面观测管，桥梁运营期间根据油面观测结果实施补充灌注，锚头张拉端不封锚并留有换束所需工作长度。在特征位置锚固连接部分设置压力传感器，施工及运营期间可随时监测索股受力情况。

③定位支架　需要根据施工要求设计锚固系统定位支架。

3.4 桥梁支座

荷载是通过上部结构的承重结构传递至下部结构的墩台顶面。为了使上部结构与下部结构的受力明确(在支点处力的作用位置明确)、连接可靠，必须在上、下部结构之间有一个保证力的作用位置明确并且连接牢固的支点构造，即称为桥梁支座。对于梁式桥来说，由于荷载和温度的作用，梁都会发生变形。这种变形在支座处有两种：一是梁弯曲时的转动变形；二是梁伸缩时的移动变形。既允许梁作伸缩变形又允许梁作转动变形的支座称为活动支座。对于拱桥来说，为将桥跨结构的荷载传至墩台及地基，在主拱圈与墩(台)帽间可设置既能传递荷载又允许结构变形的拱铰；在地基承载能力大的情况下，也可不设置拱铰。支座的类形很多，可根据桥梁跨径、支点反力和对支座建筑高度的要求等选用。

3.4.1 垫层支座

由油毡、石棉泥或水泥砂浆垫层做成的简单的支座，10m以下的跨径简支板、梁桥，可不设专门的支座，而将板或梁直接放在上述垫层上。变形性能较差，固定支座除了设垫层外，还应用锚栓将上下部结构相连。

3.4.2 铸钢支座

1. 弧形钢板支座

它又称为切线式支座或线支座。上支座为平板，下支座为弧形钢板，二者彼此相切而成线接触的支座。钢板采用约40～50mm的铸钢板或热扎钢板，缺点是移动时要克服较大的摩阻力，用钢量大，加工麻烦，一般用于中小桥梁中。

2. 铸钢支座

采用碳素钢或优质钢，经过制模、翻砂、铸造、机械加工和热处理等工艺制成的支座。有尺寸大、耗钢量大、容易锈蚀和养护费用高等缺点。

3.4.3 新型钢支座

新型钢支座有不锈钢支座、合金钢支座、滑板钢支座、球面支座(又称点支座,为适应桥梁多方面转动的要求,将支座上、下两部分的接触面分别做成曲率半径相同的凸、凹的球面支座)。

3.4.4 钢筋混凝土支座

1. 摆柱式支座

活动部分由钢筋混凝土摆柱构成的活动支座。外形和活动机理与割边的单辊轴钢支座相同,但在构造上则用矩形截面的钢筋混凝土短柱来代替辊轴的中间部分,辊轴的顶部和底部为弧形钢板,常用于跨径大于20m的钢筋混凝土或预应力混凝土梁桥。

2. 混凝土铰

通过缩小混凝土截面来降低截面刚度,因此能产生少量转动而能承受足够的轴力的一种简化支座。

3.4.5 板式橡胶支座

由几层橡胶片和嵌在其间的各类加劲物构成或仅由一块橡胶板构成的支座。外形有长方形、梯形、圆形等。

3.4.6 盆式支座

盆式支座有可称为盆式橡胶支座,是橡胶块紧密地放置在钢盆里的大吨位橡胶支座。由于橡胶块受到三向压力作用,因此使支座的极限承载能力有所加强。

3.4.7 拉力支座

拉力支座又称负反力支座,可以同时承受正负反力的支座。分为拉力铰支座和拉力连杆支座两类,前者又分为固定式和活动式。固定式铰支的上摇座锚于梁端,下摇座锚于墩顶或桥台,之间用钢销连接而成;活动式的下摇座锚于墩顶或台顶的防拔块间,并在座下加辊轴,使其既能受拉,又能沿纵向移动。

3.4.8 减振支座

减振支座附设有减振器而具有减振和抗振功能的支座。减振器分为油压减振器和橡胶减振器,减振器的机理主要是利用液体介质的黏滞性或橡胶的弹性所产生的阻尼力来减小地震力的影响。

3.5 上部结构

桥梁上部结构体系分为拱式桥、梁式桥(含简支梁、连续梁、悬臂梁)、刚架桥、斜拉桥、悬索桥和组合体系等。

3.5.1 拱式桥

拱式桥的主要承重结构是拱圈或拱肋,通常称拱圈的上曲面为拱背,下曲面为拱腹。拱圈在竖向荷载作用下,桥墩或桥台将承受水平推力时,这种水平推力将显著抵消荷载所引起在拱圈(或拱肋)内的弯矩作用。因此,与同跨径的梁式桥相比,拱的弯矩和变形要小得多。由于拱是主要承受压力的结构,因而可以充分利用抗拉性能差而抗压性能较好的圬工材料(石料、混凝土、砖等)来建造拱桥,这种由圬工材料建造的拱桥,也称为圬工拱桥。这种拱桥具有就地取材、节省钢材和水泥、构造简单、有利于普及、承载潜力大、养护费用少等优点,因此在我国修建得比较多。拱式桥的形式多种多样,构造各有差异。

1. 拱上建筑形式

拱桥拱圈为曲线形结构,因此在桥面系与拱圈之间需要有传力构件或填充物,称为拱上建筑。拱上建筑有实腹式、空腹式和组合体系式三种形式。

1)实腹式拱桥

它是指拱上建筑做成实体结构(图 3-35),由侧墙、拱腹填料、护拱、变形缝、防水层、泄水管和桥面系等几部分组成。优点是刚度比较大,构造简单,施工方便;缺点是随着桥梁跨径的增大,拱桥的自重迅速加大,无法做成较大跨径的拱桥,其常用跨径为 5～20m。

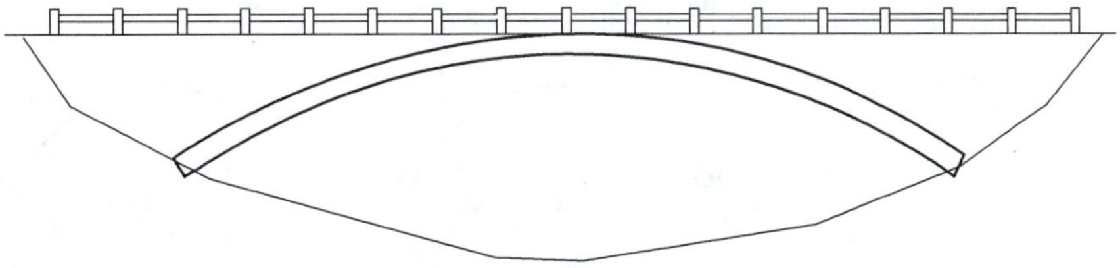

图 3-35 实腹式拱桥

2)空腹式拱桥

除了与实腹式拱上建筑有相同的构造外,还具有腹孔和腹孔墩;其中腹孔又可做成拱式腹孔和梁式腹孔,腹孔墩又可做成横墙式和立柱式;拱式拱上建筑一般为圬工结构,而梁式拱上建筑一般为钢筋混凝土结构。当空腹式拱上建筑采用梁式腹孔时,其桥道梁体可以做成简支的、连续的或连续刚架等形式;桥道梁的截面可以做成箱形、T形、空心板或微弯板等形式。其优点是较实腹式拱桥轻巧,节省材料,外形美观,还有助于泄洪;但缺点是施工比较麻烦,受力较复杂,因此一般用在大跨径的桥梁中。空腹式拱桥如图 3-36 所示。

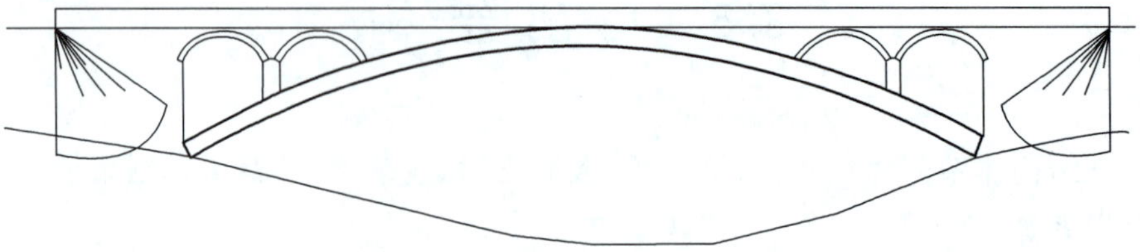

图 3-36 空腹式拱桥

2. 拱轴线形

1)圆弧拱桥

拱圈轴线是按圆弧线设置。优点是构造简单,石料规格较少,备料、放样、施工都很简便;缺点是受荷时拱内压力线偏离拱轴线较大,受力不均匀。一般适用于跨度小于 20m 的石拱桥。

2)抛物线拱桥

拱圈轴线是按抛物线设置的拱桥,也是悬链线拱桥的一种特例。优点是弯矩小,材料省,跨越能力大;缺点是构造复杂,如果是采用料石则规格较多,施工不方便。

3)悬链线拱桥

拱圈轴线是按悬链线设置。优点是受力均匀,弯矩不大,节省材料。多适用于实腹拱桥,大跨度的空腹拱桥中也常常采用这种拱轴线形布置。

3. 主拱静力图式

按主拱圈与行车系结构之间相互作用的性质和影响程度,拱桥结构体系可分为简单体系拱桥、组合体系拱桥。

简单体系拱桥的行车道不参与主拱一起受力,以裸拱形式作为主要承重结构。其主拱圈又可做成三铰拱、两铰拱、无铰拱(图 3-37)。

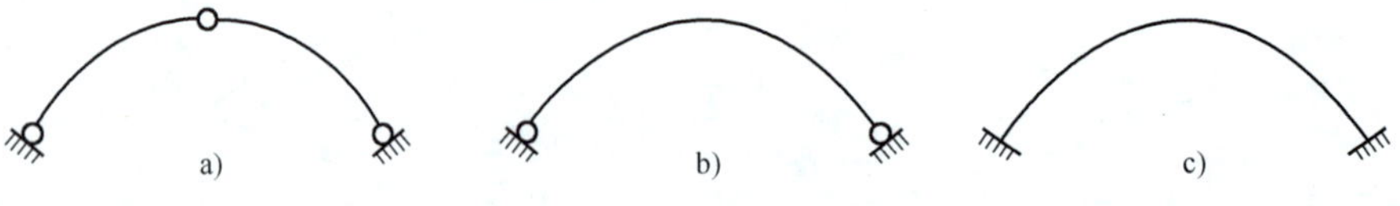

图 3-37 简单体系拱桥

a)三铰拱;b)两铰拱;c)无铰拱

①三铰拱　在拱冠与拱端处均设铰的拱桥,属于静定结构。优点是对混凝土收缩、徐变、温度变化,以及墩台位移不受影响,适用于地质条件差而要求修建大跨度桥的场合。缺点是结构复杂,施工麻烦,维护费用高,整体刚度差,由因三处设置铰,故对应的桥面处亦需设置构造缝;拱圈挠曲在铰处急剧变化,因而对行车不利。所以,我国仅在一些较小跨径的桥上采用。目前世界最大跨径的三铰拱是德国的莫塞尔桥,跨径为 107m。

②两铰拱　拱圈中间无铰而两端设铰与墩台铰接的拱桥,属于外部一次超静定结构。

其优点是，拱脚处不承受弯矩，较无铰拱桥可减小混凝土收缩、徐变、温度变化以及墩台位移的影响。缺点是构造较复杂，对应的桥面处应设置构造缝，施工亦较麻烦，对地基要求比较高，但较无铰拱对地基要求略低。目前世界最大跨径的两铰拱桥是日本的外津桥，跨径为170m。

③无铰拱　又称固端拱桥。拱圈两端嵌固在桥墩上而中间无铰的拱桥，属于外部三次超静定结构。优点是较有铰拱桥的弯矩分布合理，材料用量较省，结构刚度大，结构简单，施工方便，维护费用少，还可以将拱脚设计在洪水位以下，有利于降低桥面的设计标高，具有较好的经济和使用效果。缺点是对混凝土收缩、徐变、温度变化以及墩台位移最敏感，会产生附加应力，一般是建筑在可靠的地基上。目前无铰拱是国内外拱桥建筑最多的一种构造形式，世界最大跨径已达420m。

单铰拱在理论上是可行的，但实际建造很少。法国的l'artub桥是采用的单铰拱桥，其跨径达110m。

4. 拱桥截面形式

拱桥的主拱圈如图3-38所示拱圈截面。拱桥沿拱轴线可以做成等截面或变截面的形式，等截面在桥跨方向横断面尺寸相同，变截面在桥跨方向横断面尺寸不相同。

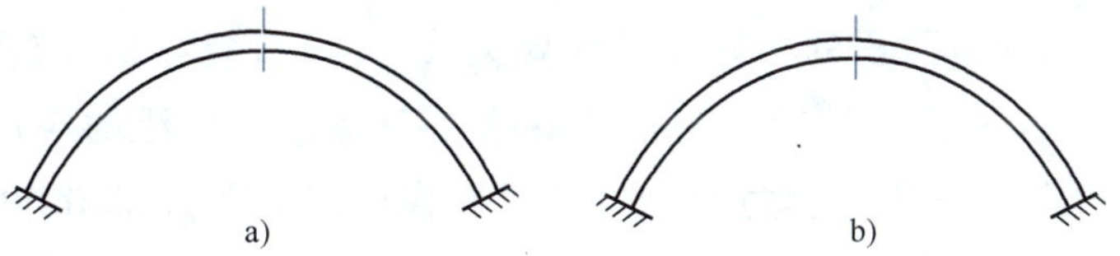

图3-38　拱圈截面

a)等截面；b)变截面

主拱圈的横断面形式通常有板拱桥、肋拱桥、双曲拱桥、箱形拱桥等，图3-39拱圈横断面是目前采用较为普遍的形式。

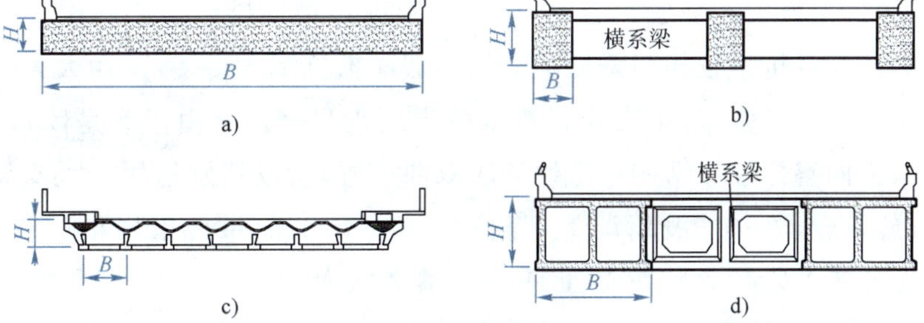

图3-39　拱圈横断面

a)板拱桥；b)肋拱桥；c)双曲拱桥；d)箱形拱桥

1)板拱桥

拱的横截面为整块实体矩形截面，称为板拱桥。板拱桥是最古老的拱桥形式，由于它构造简单，施工方便，至今仍被采用。主拱圈采用矩形实体截面是圬工拱桥的基本形式。但由于在相同截面积的条件下，实体矩形截面比其他形式截面的截面抵抗矩小。如果为了获得较大的截面抵抗矩，必须增大截面尺寸，这就相应地增加了材料用量和结构自重，从而更进一步地加重了下部结构负担，这又是不经济的。所以通常只在地基条件较好的中、小跨径圬工拱桥中采用板拱形式。目前国外在跨径100m以下的混凝土拱桥，常采用板拱截面形式。由此可减小拱圈截面高度，使桥梁显得轻巧美观，施工简单。

2)肋拱桥

为了节省材料，减轻结构自重，以及充分利用材料的强度，用较小的截面积获得较大的截面抵抗矩，将整块的矩形实体截面划分成两条(或多条)分离式的肋，以加大拱的高度，由此形成了由几条肋(肋与肋间由横系梁相连)组成的拱桥，称为肋拱桥。肋拱桥的拱肋可以是实体截面、箱形截面或桁架截面。肋拱桥材料用量一般比板拱桥经济，但构造比板拱桥复杂。但由于采用了较小的截面面积，将获得较大的截面抵抗矩，以节省较多的材料，从而大大地减轻拱桥的自重，因此加大了拱桥的跨越能力。拱肋可以采用混凝土、钢筋混凝土或钢材等建造，在盛产石材地区，也可以用石料修建拱肋。

3)双曲拱桥

主拱圈的横截面是由数个横向小拱(波)组成，其主拱圈在纵向及横向均呈曲线形，故称为双曲拱桥。其主要特点是将主拱圈以“化整为零”的方式按先后顺序进行施工，再以“集零为整”的方法组合成承重的整体结构，与板拱、肋拱相比较有其独自的特点。但双曲拱桥因主拱圈分期形成，呈现组合结构的受力特征，整体性较弱，在地震荷载作用下容易损坏。双曲拱截面的抵抗矩比相同截面积的实体板拱圈要大，因此可节省材料，结构自重力小，特别是它的预制部件分得细，吊装质量轻。在公路桥梁上获得过较广泛的应用，最大跨径可达150m。双曲拱桥主拱圈通常是由拱肋、拱波、拱板和横向联系等几部分组成。公路双曲拱桥采用最多的是多肋多波的截面形式，一般情况下肋与肋的间距不宜过小，以免限制了拱波的矢高，减小了拱圈的截面刚度。但采用无支架施工时，拱肋间距又不宜过大，以免拱肋数量少而过分加大拱肋截面尺寸，增加吊装重量，给施工带来困难。在跨径和载重量较小的单车道桥梁中，也可以采用单波的形式。

4)箱形拱桥

它是将实体板拱截面挖空成空心箱形截面，则称为箱形拱或空心板拱。由于其截面挖空，使箱形拱的截面抵抗矩较相同截面积板拱的截面抵抗矩大得多，从而大大减小弯矩引起的应力，节省建筑材料较多，对于大跨径桥则效果更为显著。又由于它是闭口箱形截面，截面抗扭刚度大，横向整体性和结构稳定性均较双曲拱好，所以特别适用于无支架施工。但箱形截面制作和施工较复杂，一般情况下，跨径在50m以上的拱桥采用箱形截面才合适，目前它已成为国内外大跨径钢筋混凝土拱桥主拱圈截面的基本形式。根据已建成的箱形拱桥资料，箱形截面挖空率可达全截面的50%～70%。因此，与板拱相比，能够大量减少圬工体积，减轻自重，更多的节省上、下部结构造价。箱形拱的拱圈可以由一个闭合箱(单室箱)或由几个闭合箱(多室箱)组成，每一个闭合箱又由箱壁(侧板)、顶板(盖板)、底板及横隔板组成。在简单体系的拱桥中，上承式拱桥的拱上建筑或中、下承式拱桥的拱下悬吊结构(统称为行车道系结构)，不与主拱一起承受荷载。桥上的全部荷载由主拱单独承受，它们是桥跨结构的主要承重构件。拱的水平推力直接由墩台或基础承受。

5)组合式拱桥

在拱式桥跨结构中,行车系的行车道结构与主拱组合,共同受力,称为组合体系的拱桥。由拱和梁、拱和拱组成主要承重结构的上承式拱桥,通常是用钢筋混凝土或钢结构建造,兼有实腹式拱桥和空腹式拱桥的优点,跨越能力较大,一般用在大、中跨度的桥梁中,如图 3-40 所示。

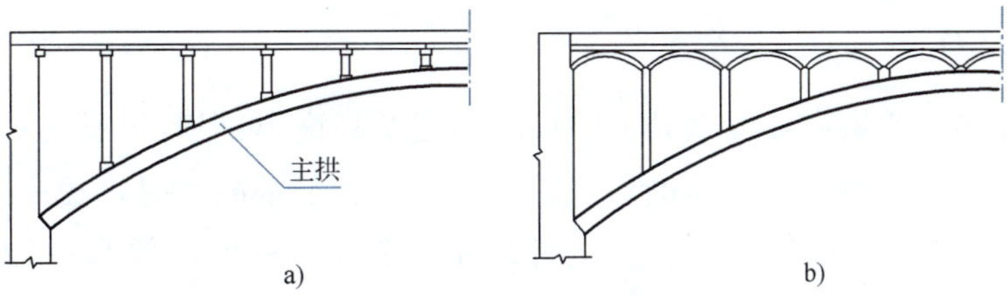

图 3-40　组合式拱桥

a)梁式拱上建筑;b)拱式拱上建筑

组合体系桥的种类很多,但究其实质不外乎利用梁、拱、吊三者不同组合,上吊下撑以形成新的结构。组合体系拱桥可以做成中承式的或下承式的两种桥型。组合体系还可分成无推力的和有推力的两类拱桥,如图 3-41 所示。如系杆拱无推力,桁架拱有推力。

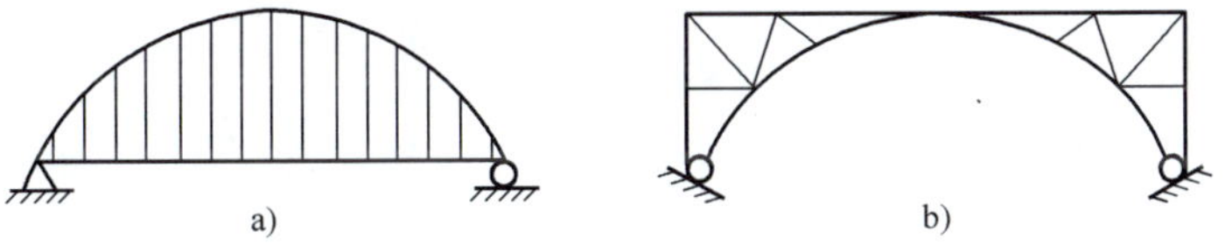

图 3-41　组合体系拱桥

a)下承式系杆拱;b)桁架拱

3.5.2 梁式桥

梁式桥在桥墩和桥台处均无水平推力。梁式桥有简支梁桥、连续梁桥、悬臂梁桥、T 形钢构桥及连续钢构桥梁。梁式桥结构简单,跨越能力有限。目前应用最广的钢筋混凝土简支梁跨度为 8～20m,预应力混凝土简支梁跨度为 20～50m。梁式桥型布置如图 3-42 所示。

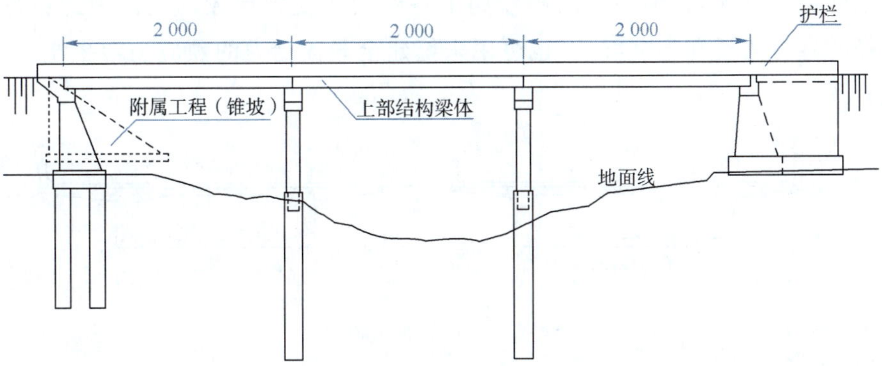

图 3-42　梁式桥型布置

梁式桥按承重结构的截面划分为板式截面梁桥、肋形截面梁桥、箱形截面梁桥。按平面布置梁式桥又分直梁桥、弯梁桥、斜梁桥。

1. 实心板梁桥

实心板截面形状简单、施工方便、建筑高度小、结构整体刚度大，是小跨径梁桥普遍采用的形式。一般采用钢筋混凝土，跨径小于8m，梁高一般为0.16～0.36m左右。

2. 空心板梁桥

空心板截面形状较实心板复杂，整体刚度大，建筑高度小，但是顶板内需要配制钢筋，同实心板一样是小跨径梁桥普遍采用的形式(图3-43)。钢筋混凝土时跨径一般在6～13m，梁高一般在0.4～0.8m左右；预应力混凝土时跨径一般在8～20m，梁高一般在0.4～0.85m左右。

3. T形梁桥

T形梁桥是我国目前建造最多的截面形式，其受力明确，制造简单，肋内配筋可以做成刚劲的钢筋骨架，间距4～6m的横隔梁使得整体性很好，接头也方便，但截面形状不稳定，运输安装较为复杂；构件正好在桥面板的跨中接头，对板的受力不利。钢筋混凝土T梁常用跨径10～20m，预应力混凝土则为20～50m。T梁截面如图3-44所示。

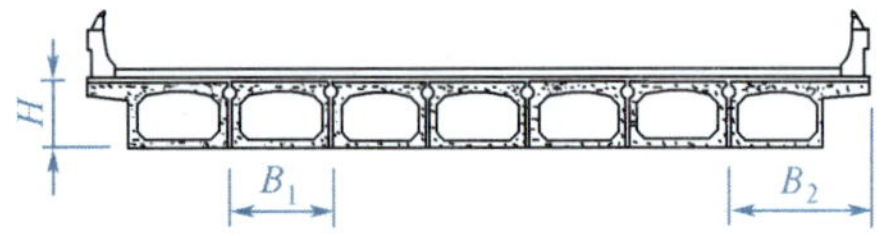

图3-43　空心板截面

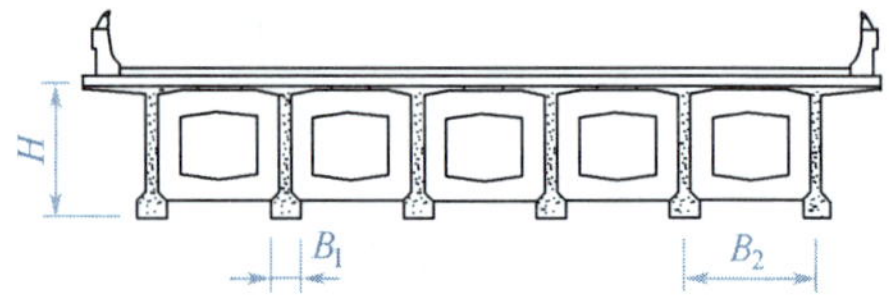

图3-44　T梁截面

4. 箱形梁桥

箱形梁桥横截面呈一个或几个封闭箱形的梁桥简称为箱形梁桥(图3-45)。这种结构除了梁肋和上部翼缘板外，在底部尚有扩展的底板，因此它提供了能承受正、负弯矩的足够的混凝土受压区。箱形梁桥的另一重要特点，是在一定的截面面积下能获得较大的抗弯惯矩，而且抗扭刚度也特别大，在偏心的活载作用下各梁肋的受力比较均匀。因此箱形截面能适用较大跨径的悬臂梁桥和连续梁桥，也可用来修建全截面受力的预应力混凝土简支梁桥(装配式箱梁)。

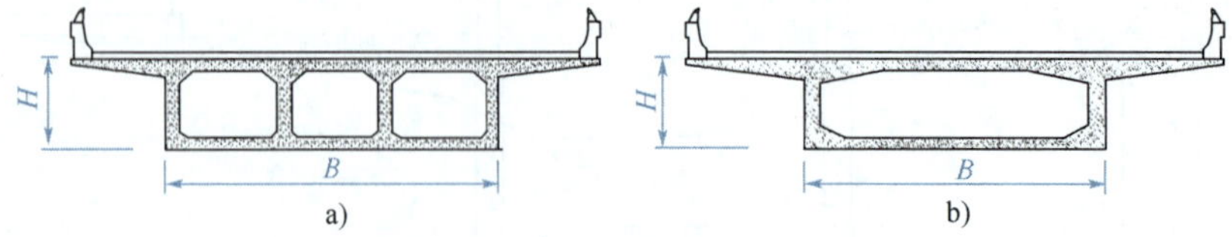

图3-45　箱形截面

a)单箱三室；b)单箱单室

3.5.3 刚构桥

刚构桥是梁和柱(或竖墙)整体结合的桥梁结构,一般情况下其跨中建筑高度可以做得很小。在竖向移动荷载作用下,梁部主要受弯,柱脚处有水平推力,受力状态介于梁式桥和拱桥之间。刚构桥可以是单跨结构,也可以是多跨结构。刚构桥(图 3-46)一般常见的有 T 形刚构桥、连续刚构桥、斜腿刚构桥三种类型。

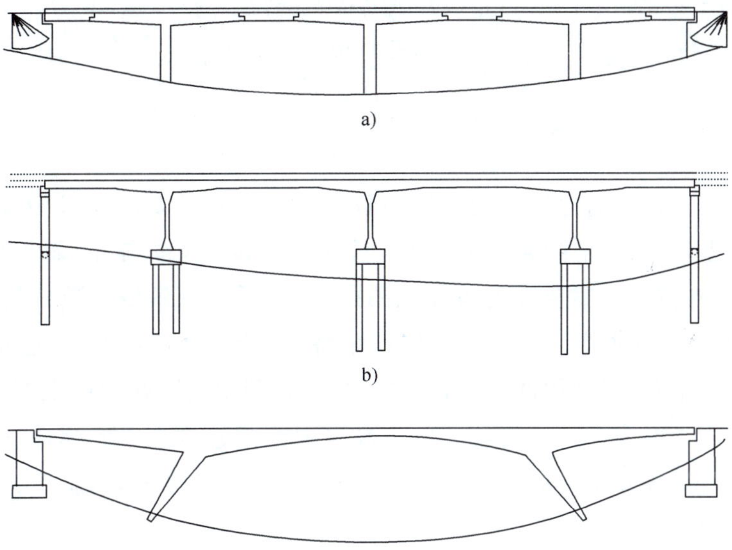

a)

b)

c)

图 3-46 刚构桥

a)T 形刚构桥;b)连续刚构桥;c)斜腿刚构桥

1. T 形刚构

便于施加预应力,在两个伸臂端上挂梁后可做成很大跨度的刚构架,如需跨越深水、深谷、大河急流的大跨桥梁中常被应用。

2. 连续刚构桥

有较好的抗振性能,斜腿刚构造型轻巧美观,当建造跨越陡峭河岸和深邃峡谷的桥梁时,采用这类刚构桥形式往往既经济又合理。

3. 斜腿和门式刚构

桥墩支腿做成斜柱式则称之为斜腿刚构,做成直柱式称之为门式刚构桥。

刚构桥主梁截面形状与梁式桥基本相同,可以做成板式、肋形、箱形等各种形式。主梁在纵桥方向可做成等截面、等高变截面、变高度截面三种形式。刚架桥的桥墩可做成薄壁式和立柱式。刚构桥主梁截面如图 3-47 所示。

刚构桥采用悬臂施工方法,施工机具简便,施工进度较快。因结构在悬臂施工时受力状态与营运状态的受力状态基本一致,所以省时、省工、省料,应用范围非常广泛。

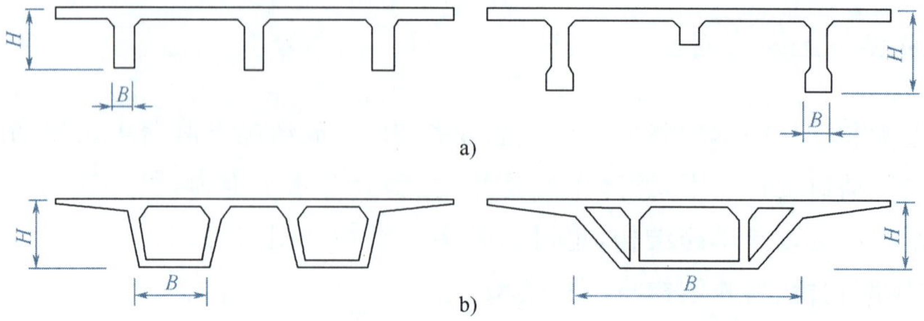

图 3-47　刚构桥主梁截面

a)肋板式；b)箱形

3.5.4 斜拉桥

由于斜拉桥具有良好的力学性能、建造相对经济、造型优美，已成为大跨径桥梁建设中最有竞争力的桥型，与悬索桥同属悬吊体系。作为一种拉索支撑体系，斜拉桥比梁式桥有更大的跨越能力，而在技术方案合理的跨径范围内，斜拉桥比悬索桥有更好的经济性，更兼线条纤秀、构造简洁、桥型独特。斜拉桥又称斜张桥，属于组合体系桥梁，它的上部结构由主梁、拉索和索塔（及基础）三种构件组成，其主要特点是利用锚固在桥塔上的多根斜缆索作为梁跨的弹性中间支承的缆索构成桥梁。由于高强度缆索起着主梁的弹性支撑作用，使主梁像多孔小跨弹性支承连续梁一样，故其内力小，建筑高度低，自重轻，施工方便，并能显示出斜拉桥更大的跨越能力。

1. 孔跨布置

斜拉桥孔跨布置有独塔双跨式、双塔三跨式、三塔四跨式、多塔多跨串联式、矮塔式等多种形式。如图 3-48～图 3-50 所示。

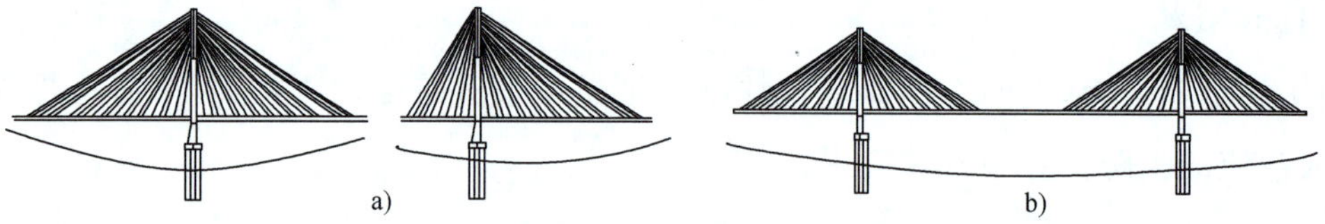

图 3-48　斜拉桥（一）

a)独塔双跨式；b)双塔三跨式

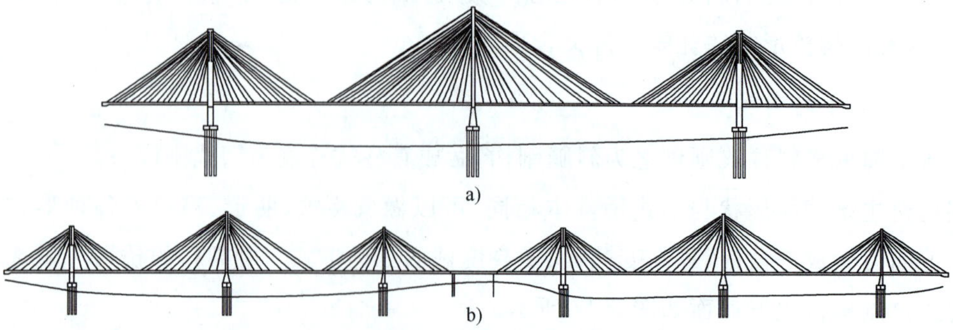

图 3-49　斜拉桥（二）

a)三塔四跨式；b)多塔多跨串联式

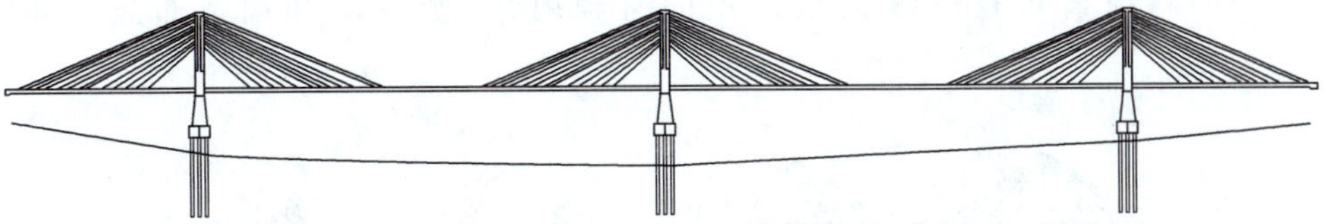

图 3-50　矮塔(部分)式斜拉桥

2. 结构体系

斜拉桥的结构体系(图 3-51),按塔、梁、墩相互结合方式可划分为漂浮体系、半漂浮体系、塔梁固结体系和刚构体系。

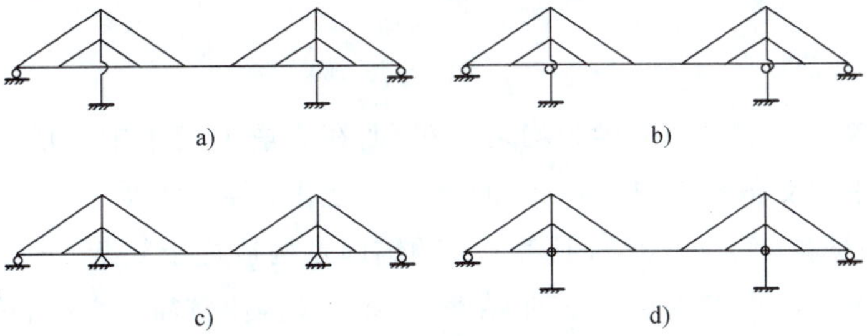

图 3-51　结构体系

a)漂浮体系;b)半漂浮体系;c)塔梁固节体系;d)刚构体系

按主梁的连续方式可划分为连续体系和 T 构体系等;按斜拉索的锚固方式可划分为自锚体系、部分地锚体系和地锚体系;按塔的高度不同可划分为常规斜拉桥和矮塔(拉索只部分刚度)斜拉桥体系。

3. 索塔布置

索塔设计位置应适合于拉索布置,传力简单明确,在恒载作用下,索塔应尽可能处于轴心受压状态。拉索布置是斜拉桥的主要承重构件之一,是斜拉桥体系中最敏感的部件,可分为单索面、竖向双索面、斜向双索面。如图 3-52 所示。

①单索面　斜拉索对主梁抗扭基本上不起作用,因此单索面的主梁应采用抗扭刚度较大的截面,例如箱形截面。

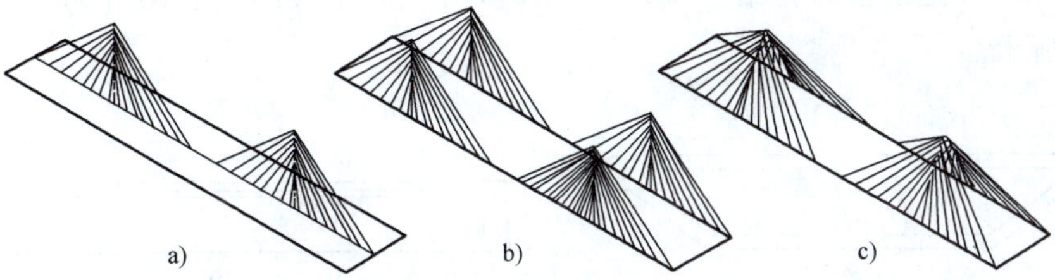

图 3-52　索面布置形式

a)单索面;b)竖向双索面;c)斜向双索面

②竖向双索面　最大优点是作用于桥梁上的扭矩有相当大一部分将由拉索承担,而主梁本身只承担其中小部分,因此它是工程上应用较多的一种形式。

③斜向双索面　对桥面体抵抗风力扭振特别有利,一般用在对风振较敏感,且跨径较大和塔柱较高的斜拉桥上。

斜拉桥的斜缆索布置沿纵向最常用的有辐射形、竖琴形和扇形布置。如图 3-53 所示。

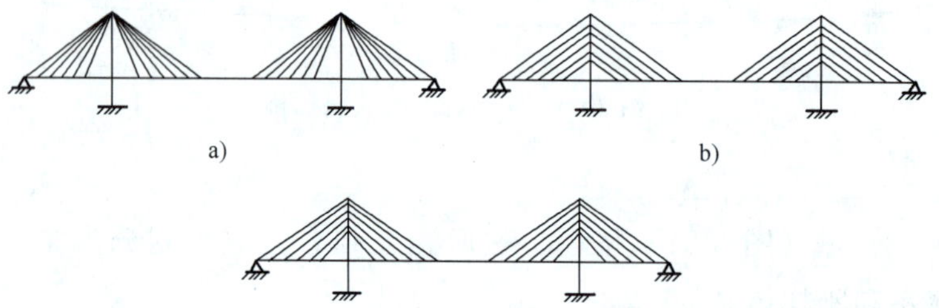

图 3-53 索面形式

a)辐射形;b)竖琴形;c)扇形

①辐射形布置 斜拉索沿主梁为均匀分布,而在索塔上则集中于塔顶一点。由于其斜拉索与水平面的平均交角较大,故斜拉索的垂直分力对主梁的支承效果也大,与竖琴形布置相比,可节省拉索材料 15%～20%,但塔顶上的锚固点构造过于复杂。

②竖琴形布置 斜拉索成平行排列,在索数少时显得比较简洁,并可简化斜拉索与索塔的连接构造,塔上锚固点分散,对索塔的受力有利。缺点是斜拉索的倾角较小,索的总拉力大,故钢索用量较多。

③扇形布置 斜拉索是不相互平行的,它兼有上面两种布置方式的优点,故在设计中获得广泛应用。

索距布置可分为"稀索"与"密索"。在早期的斜拉桥中都为"稀索"(超静定次数少),现代斜拉桥则多为"密索"(须利用计算机计算)。

4. 主梁形式

就斜拉桥结构体系和支承方式而言,混凝土主梁一般有两种布置形式,即主梁为连续体系和非连续体系两种。主梁的主要作用有三个方面:一是将恒载、活载分散传给拉索,梁的刚度越小,则承担的弯矩越小;二是与拉索及索塔一起成为整个桥梁的一部分,主梁承受的力主要是拉索的水平分力所形成的轴压力,因而需有足够的刚度防止压屈;三是抵抗横向风载和地震荷载,并把这些力传给下部结构。预应力混凝土梁断面如图 3-54 所示,钢梁断面如图 3-55 所示。

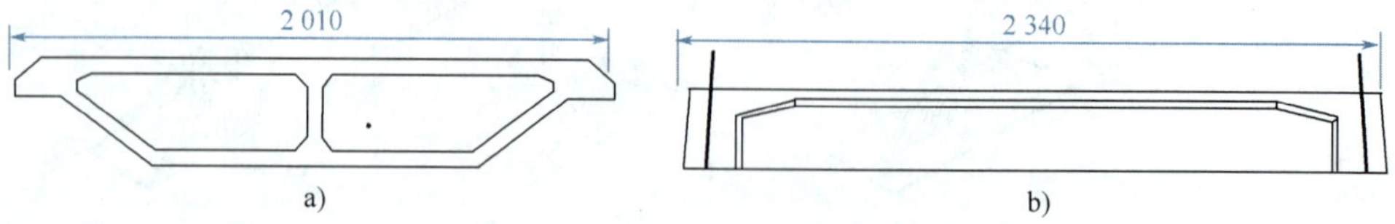

图 3-54 预应力混凝土梁断面

a)钢箱梁;b)双主梁

5. 塔梁连接方式

斜拉桥梁、塔、墩的联结形式有三种:全固结、塔墩固结、梁塔固结。全固结为桥塔、主

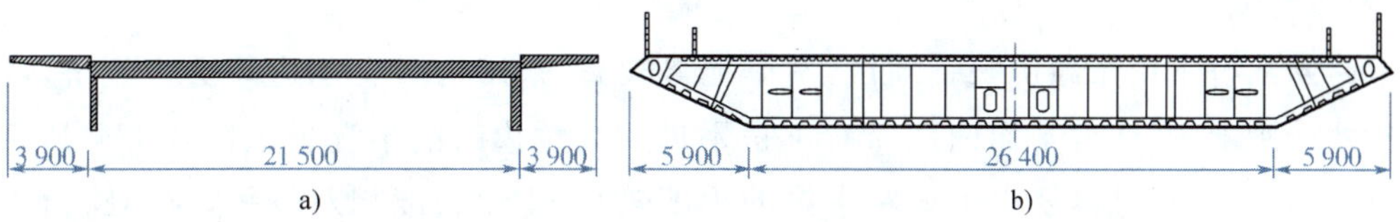

图 3-55 钢梁断面

a)加劲肋;b)钢箱梁

梁、桥墩三者固结而成,优点是不需设置支座,缺点是固结点附近的主梁应力大、梁体较高。塔墩固结为桥塔和桥墩固结,而主梁悬浮,即不与桥墩和桥塔联结或铰接。优点是主梁可采用较小的支座,普遍不设固定支承;缺点是在梁的抗风性能和横向刚度有所降低。梁塔固结是指主梁和桥塔固结,而与桥墩之间为铰接或滑动支座连接。

6. 斜拉桥总体布置

斜拉桥是一种墩塔高、主梁跨度大的高次超静定结构体系。斜拉桥是由受压的塔、受拉的索和承弯的梁体组合起来的一种承重结构体系。从建筑材料上划分有钢斜拉桥、预应力混凝土斜拉桥、结合梁及混合梁斜拉桥。斜拉桥的总体布置方案应与周围环境相协调,并综合考虑经济与安全、设计与施工、材料与施工机具、运营与管理及桥位处的地形、地质、水文、气象、地震等因素确定,宜进行多方案比较,以寻求经济合理的最优方案。

3.5.5 悬索桥

悬索桥与其他大跨度桥梁相比,具有明显的跨越优势和极高的观赏价值。悬索桥由于跨越能力大,足以使材料强度得到充分利用,而且凭借柔性的主缆使桥具有刚性,是悬索桥的主要特点。悬索桥又称吊桥,由索塔、鞍座、锚碇、主缆、吊索(杆)、加劲梁等组成。其上部结构主要包括主缆(包括索夹)、吊杆、加劲梁。悬索桥布置如图 3-56 所示。

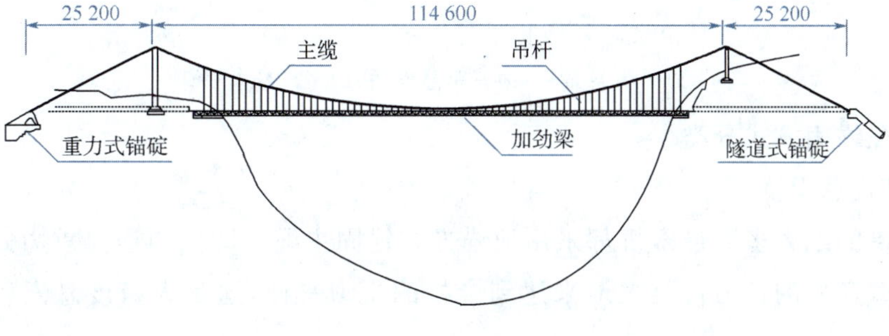

图 3-56 悬索桥布置

1. 悬吊方式

悬索桥的类型可从悬吊跨数、主缆锚固方式以及悬吊方式等方面予以分类。

1)按悬吊跨数分类

(1)单跨悬索桥

单跨悬索桥常用于高山峡谷地区,两岸地势较高,采用桥墩支承边跨更为经济,或者道路的接线受到限制,使得平面曲线布置不得不进入大桥边跨的情况。如图 3-57a)所示。就结构特性而言,单跨悬索桥由于边跨主缆的垂度较小,主缆长度相对较短,对中跨荷载变形控制更为有利。

(2)三跨悬索桥

三跨悬索桥是目前国际工程实例中应用最多的桥型,世界上大跨度悬索桥几乎全采用这种形式,这不仅是因其结构受力特性较为合理,同时其流畅对称的建筑造型也更能迎合人们的审美观点。如图 3-57b)所示。

(3)多跨悬索桥

这种桥型由于结构柔性大、固有振动频率较低,难以满足特大跨度悬索桥的受力及刚度需要,因而也就不具备实用优势。但在需要采用连续大跨布置时,则是采用两个三跨悬索桥联袂布置,如图 3-57c)所示。美国旧金山—奥克兰海湾为建桥实例。

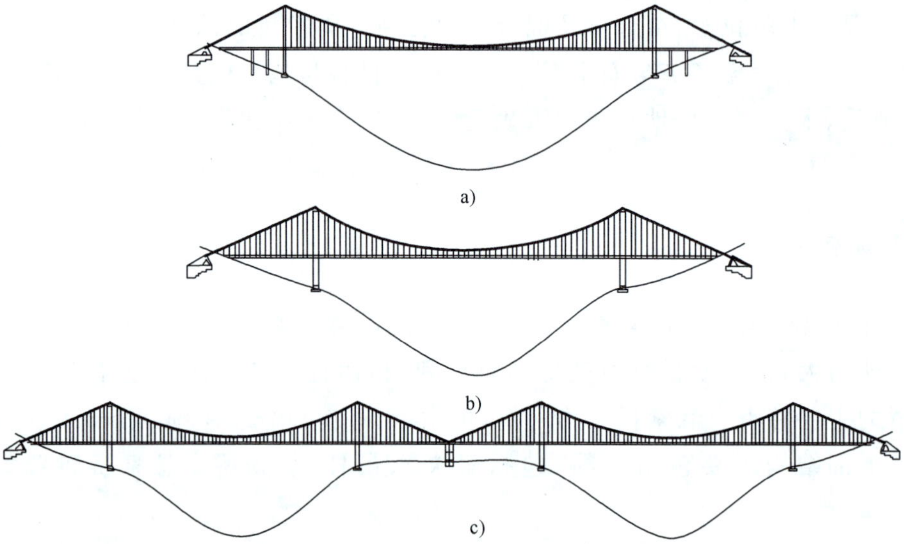

图 3-57 悬索桥

a)单跨悬索桥;b)三跨悬索桥;c)多跨悬索桥

2)按主缆锚固方式分类

(1)地锚式悬索桥

通常所讲的绝大多数悬索桥都采用地锚方式锚固主缆。即主缆通过重力式锚碇或隧道式锚碇将荷载产生的拉力传至大地来达到全桥的受力平衡,这是大跨度悬索桥最佳的受力模式。

(2)自锚式悬索桥

在较小跨度的悬索桥中,自锚式悬索桥的主缆在边跨两端将主缆直接锚固于加劲梁上,主缆的水平拉力由加劲梁提供轴压力自相平衡,不需另外设置锚碇。这种桥式的加劲梁要求先于主缆安装施工,实践中因施工困难、经济性差等原因极少采用。

如图 3-58 所示。

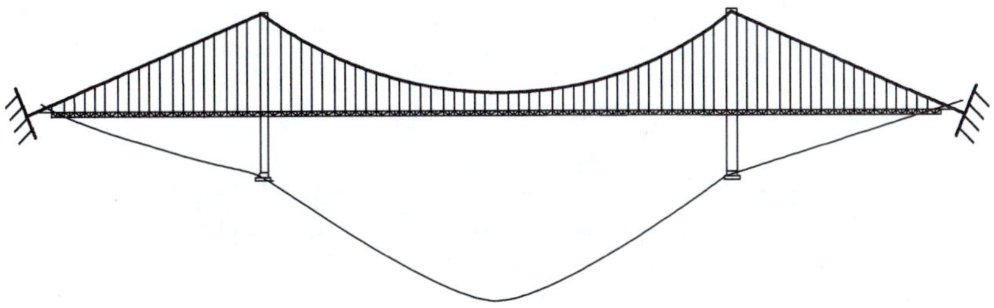

图 3-58 自锚式悬索桥

3)按吊杆方式分类

(1)竖直吊杆

采用竖直吊杆并以钢桁架作加劲梁,如图 3-59a)所示。

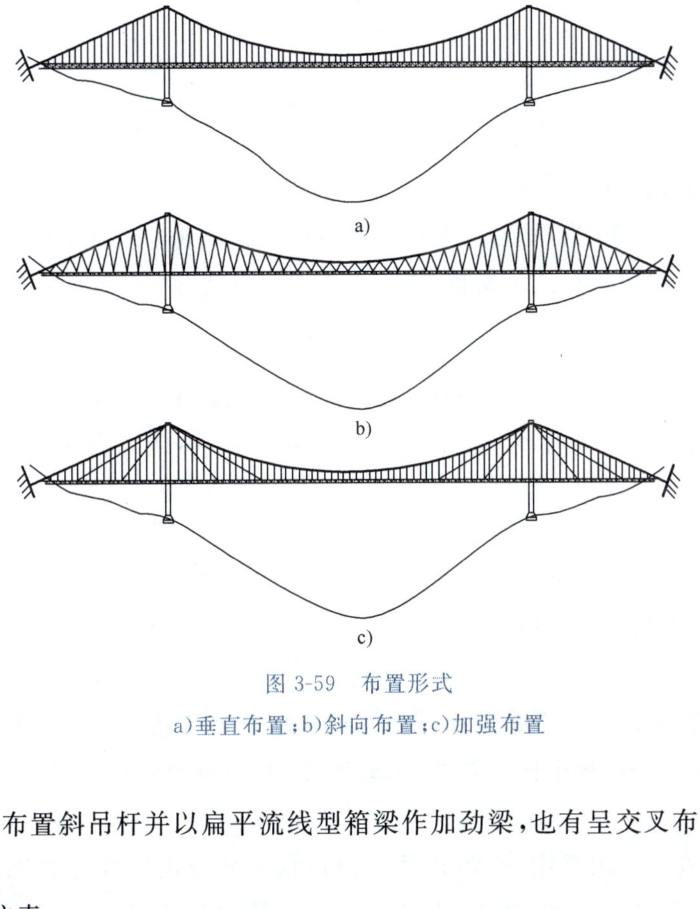

图 3-59 布置形式

a)垂直布置;b)斜向布置;c)加强布置

(2)斜吊杆

采用三角形布置斜吊杆并以扁平流线型箱梁作加劲梁,也有呈交叉布置的斜拉桥,如图 3-59b)所示。

(3)加强斜拉索

直吊杆和斜吊杆,流线型钢箱梁作加劲梁,如图 3-59c)所示。

4)按支承结构分类

如果按加劲梁的支承结构来分类,又可分为单跨两铰加劲梁悬索桥、三跨两铰加劲梁悬索桥及三跨连续加劲梁悬索桥等,如图 3-60 所示。

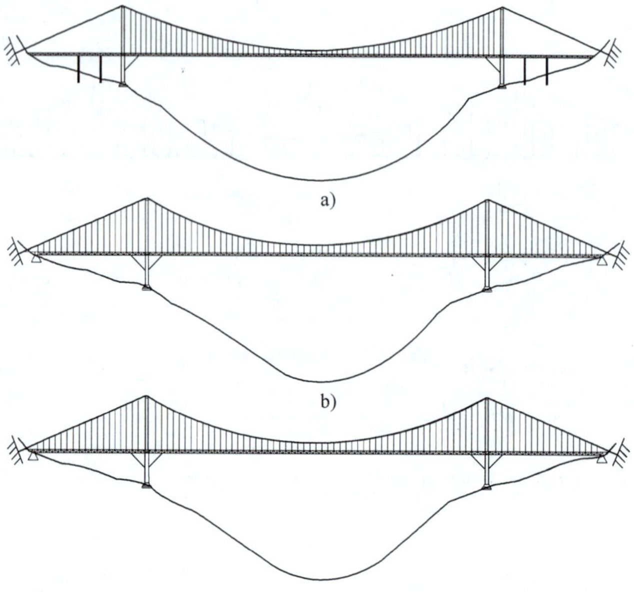

图 3-60 支承结构划分

a)单跨两铰加劲梁;b)三跨两铰加劲梁;c)三跨连续加劲梁

5)按缆索悬吊方式分类

按缆索悬吊方式分类,有单链式、双链式和斜拉—悬吊混合式悬索桥。前面两种已经得到广泛应用;斜拉—悬吊混合式悬索桥,学术界正作为发展特大跨度悬索桥进行理论探讨。

2. 主缆

主缆以桥塔及支墩为支承,两端锚固在锚碇上,并通过吊杆悬挂加劲梁,是悬索桥的主要承重构件。主缆除承受自重、索夹、吊杆、加劲梁等恒载外,还承受加劲梁上所承受的荷载通过悬吊系传递给主缆。

1)主缆材料

悬索桥的主缆材料必须具有强度高、弹性模量大、耐腐蚀等性能,故现代长大悬索桥都选用高强镀锌钢丝几镀锌钢丝绳。

2)主缆类型

在悬索桥主缆的设计中,多是根据设计对材料的要求和悬索桥跨径大小而选择主缆类型。主缆先后经历了钢结构眼杆式缆链、钢丝绳缆、封闭钢铰索缆,最终发展为现在的平行钢丝主缆。

①钢丝绳主缆　多用于中、小跨径悬索桥。它又分为钢铰线绳和螺旋钢丝绳(Spiral rope,简称 SPR)、封闭式钢铰线索(Locked coil rope,简称 LCR)。

②平行丝股主缆　主要用于大跨悬索桥,其制作方法分为空中纺线法和预制丝股法。

空中纺线法(Airspinning method,简称 AS)是利用牵引机械往复拖拉钢丝,是一种在现场制作平行钢丝索股的施工方法。即将制索股的工作放到了以猫道为工作平台的空中完成,在制索股的同时完成了架设。相对工厂预制,空中纺线法每股丝数量大,因而索股数量少,锚靴数亦少,锚室内的锚固面积少,但该法的编缆设备一次性投入高。

预制索股法(Shop-fabricated parallel wire strand method,简称 PPWS 或 PS)是一种将在工厂预制的平行高强钢丝索股运到工地安装的方法。该制作方法可节省架设时间、提高索股质量,所以目前国内修建的悬索桥均被采用。

主缆的制作方法是根据设备、工艺情况、成缆质量、防护要求及经济性等因素选择。主缆先由 ϕ5mm 镀锌高强钢丝组成钢丝束股,然后再由 n 个钢丝索股组成一根圆形截面主缆,如图 3-61 所示。

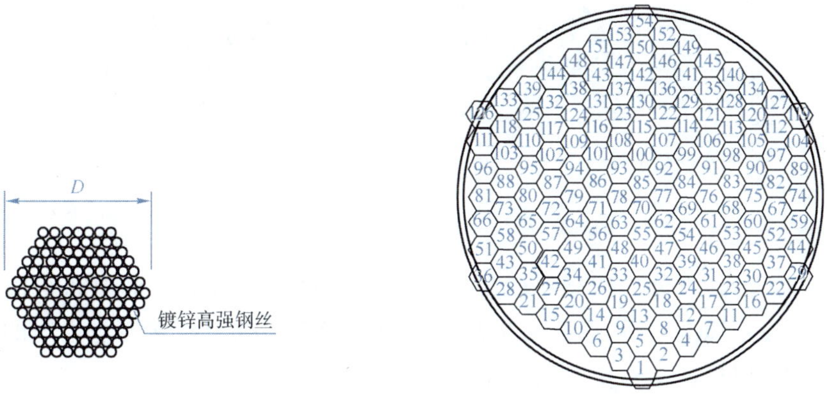

图 3-61　钢丝索股($n_2=127$)、主缆截面($n_1=154$)

采用预制丝股法的索股通常按正六边形平行排列定型,考虑桥跨及其施工条件,每股丝数 n_2 通常取值 61、91、127、169,组成形状稳定的正六边形。每缆总股数 n_1 多达 100～300 束,锚固空间相对较大。因其采用工厂预制,故现场架索施工时间相对缩短,气候因素影响小,成缆工效提高。索股常用截面见表 3-7 所列。

索股常用截面　　表 3-7

每股丝数 n_2	61	91	127	169
索股宽度 D(mm)	45	55	65	75

3. 索夹

主缆和吊索的连接一般采用刚性索夹把主缆箍紧,使主缆在受拉时,产生收缩变形时不致滑动。索夹主要作用是紧箍主缆索股,在设置有吊杆的位置索夹又是连接主缆与吊杆的构件。

1)索夹形式

索夹是根据主缆丝索排列形式分为六边形和圆形索夹(图 3-62)。对于中、小跨径悬索桥,由于钢丝数较少,常排成六边形截面。对于大跨径悬索桥,主缆常采用圆形截面。索夹在不同的位置有不同的长度和数量不等的对接紧固螺栓。索夹的内表面加工成与主缆最终的外表面相同的直径但不磨光。

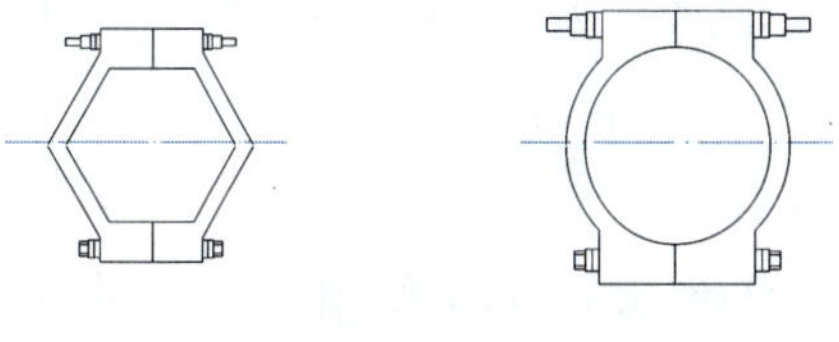

图 3-62　六边形与圆形索夹

2)索夹分类

索夹有以下几种分类方法:

①按索夹位置,可分为有吊杆索夹(图 3-63)和无吊杆索夹两种,如单跨斜拉桥的边跨即

为无吊杆索夹。起联结作用的有吊杆索夹与吊杆位置相对应，在有吊杆索夹的下端伸出吊耳，通过销栓把吊杆与吊耳相连，将吊杆安装在主缆上，既对主缆和吊索之间起联结作用，又对主缆起到紧固定型作用。

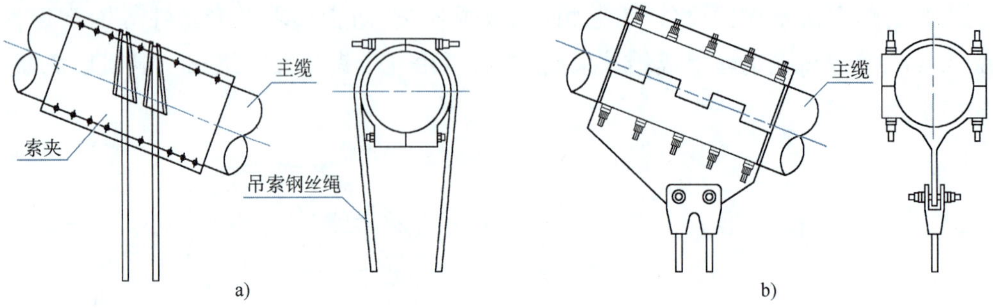

图 3-63　吊索索夹

a)骑跨式、左右对合型；b)销接式、上下对合型

②按夹索的方向，可分为左右对合型和及上下对合型。两个半索夹之间留有一定的空隙，当索夹套装在主缆上之后，依靠对接高强螺栓拧紧后的拉力使索夹与主缆的接触面产生一定的摩擦阻力，以保证索夹位置的固定。

③按连接吊杆方式(在有吊杆索夹中)，可分为骑跨式吊索索夹和销接式吊索索夹。骑跨式吊索索夹往往采用左右对合的两半块。

④在无吊索索夹中，按其功能可将其分为锥形封闭索夹和普通封闭索夹。由于主缆在进出塔顶主缆鞍时直径有较大的变化，锥形封闭索夹能适应这种变化，把主缆夹紧，也能为进入鞍罩的主缆套提供支撑位置，将主缆封闭起来。普通封闭索夹仅仅用于夹持主缆。

⑤为提高结构的抗风稳定性，减少吊索弯折疲劳及梁端纵向位移，跨中也有采用中央扣构造。地震烈度高时，可采用在地震作用下能解除中央扣约束的中央扣构造。

4. 吊杆

吊杆将加劲梁竖向力传递给主缆。吊杆其下端通过锚头与梁体两侧的吊杆点联结，上端通过索夹与主缆联结，如图 3-64 所示。

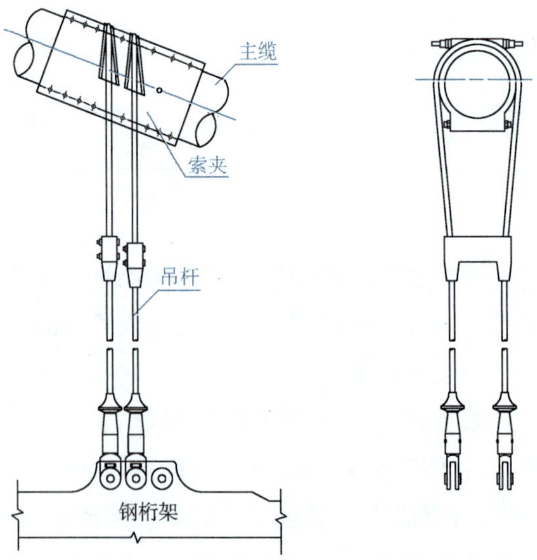

图 3-64　吊杆布置

悬索桥吊杆设置可根据加劲梁的形式予以选择。

①采用竖直吊索，并以钢桁架作加劲梁。

②采用三角形布置的斜吊杆，以扁平流线型钢箱梁作加劲梁。

③前两者的混合式，即采用竖直吊索和斜吊索，流线型钢箱梁作加劲梁。

④除有一般悬索桥的缆索的缆索体系外，还设有若干加强用的斜拉索。

⑤吊索的立面的布置一般有垂直布置和斜向布置两种形式。

传统的美国式悬索桥的吊杆是垂直的，而欧洲的一些悬索桥，如亨伯尔桥、塞文桥、博斯普鲁斯桥等则采用斜吊杆。

5. 索鞍

索鞍是为主缆提供支承并使主缆平顺地改变方向的重要构件之一，如图 3-65 所示。

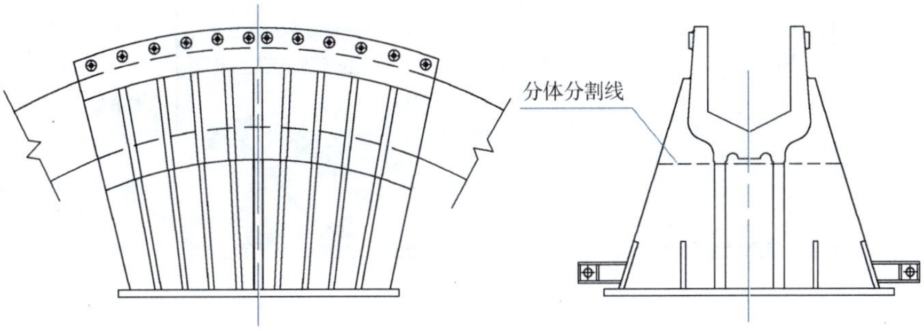

图 3-65 主索鞍布置

①按所处的位置，鞍座可分为主索鞍、散索鞍、副索鞍。

②按材料及成型方法，可分为全铸式、铸焊组合式、全焊式。

③按传力结构形式，可分为肋传力结构、外壳传力结构。

④按运输和吊装需要，主索鞍可设计为整体式、分体式两种。

⑤按索鞍不同的摩擦方式，分为滑动式、滚动式。

⑥按索鞍不同的移动幅度，分为摆轴式、滚动式及滑动式。

6. 加劲梁

加劲梁是直接承受和传递车辆、风、温度和地震荷载的梁体结构，从某种意义上说，加劲梁又控制着荷载的分布和大小，对保证悬索桥稳定有着很重要的作用。

1)钢筋混凝土箱梁

混凝土加劲梁的断面有两个方面结构特点：一是截面具有可塑性，对于设计而言有充分发挥创作的塑造空间；二是梁体刚度大、风稳性能好、节省钢材、工程费用低，但由于梁体自重大，也使其悬吊系统为此增加了更多的钢材用量，同时还使施工制造、运输及起吊安装等工作增加了一定的难度。钢筋混凝土箱梁截面如图 3-66 所示。

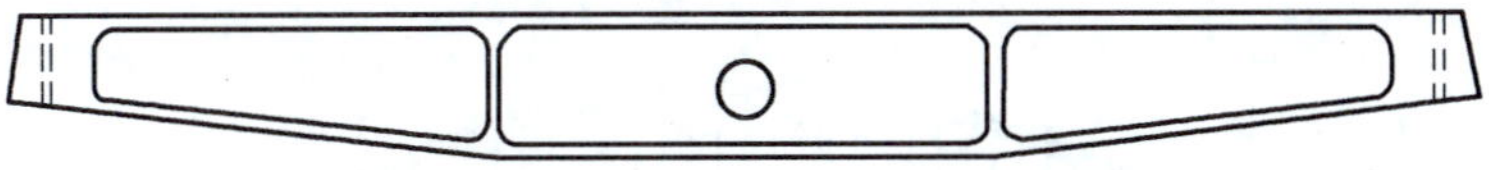

图 3-66 钢筋混凝土箱梁截面

2)钢桁架

钢桁架加劲梁在沿桥跨方向一般采用等高截面，为使钢桁架形成空间稳定的加劲梁，多设置上下弦杆，竖、斜腹杆（横截面、桥跨两向的），平联杆，风稳定杆等，如图 3-67 所示。对于上下弦杆件多为钢板材料的箱形截面；腹杆设承简单三角形，多采用角钢或钢板材料为 H 形截面。对于桥面系，须设置钢纵梁、桥面板等构件。

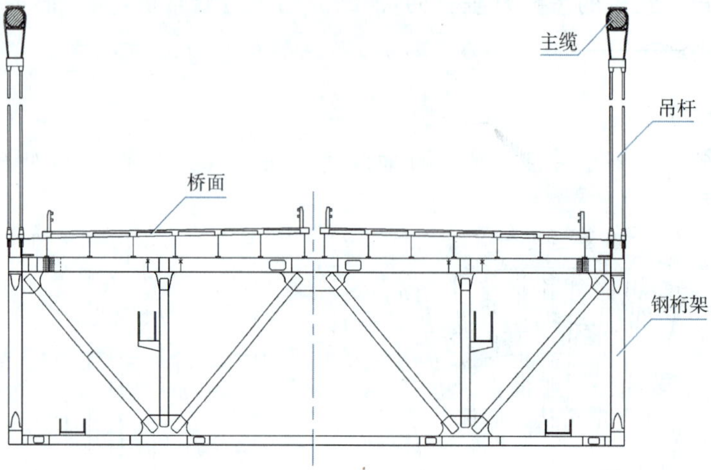

图 3-67　钢桁梁

3)钢箱梁

钢箱梁抗扭刚度大,比钢桁架加劲梁结构简单,易于制造,尤其比桁架稍省钢料,便于养护(图 3-68)。悬索桥加劲梁从传统形式的钢桁架改革为抗风性能较好的流线型扁平钢箱梁是一重大进步。首先,钢箱梁截面长细的外形使其具有良好的空气导流特性,而且钢箱梁桥面既是箱梁的组成部分,又是行车道板,与桁架加劲梁相比可减少钢纵梁、桥面板等构件。

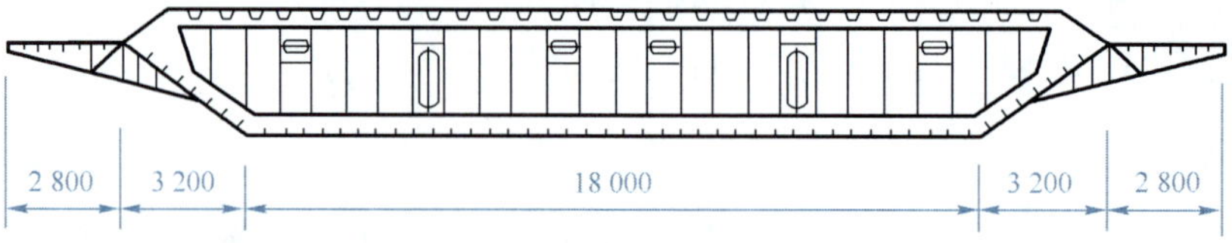

图 3-68　钢箱梁

3.5.6 组合体系

除以上几种桥梁结构形式外,还有一些其承重结构系由两种结构形式组合而成桥梁,称为组合体系桥梁。其组合形式,如梁与拱的组合,以洞庭湖茅草街中承式钢管混凝土拱桥(图 3-69)为例;如梁与斜拉索的组合,以芜湖长江大桥(图 3-70)为例等。

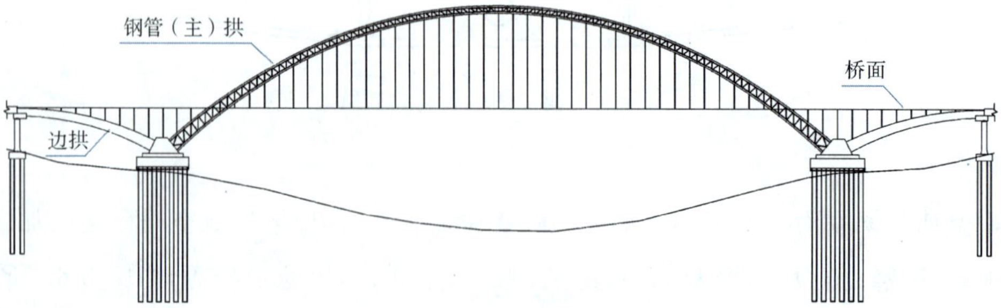

图 3-69　洞庭湖茅草街中承式钢管混凝土拱桥

图 3-70 芜湖长江梁与斜拉索组合大桥

中承式钢管混凝土拱桥由钢管混凝土拱肋、钢横撑、吊杆、桥面系等结构组成。洞庭湖茅草街中承式钢管混凝土拱桥地处湖区，为克服拱的推力，在该桥两个拱座之间（沿桥面两侧边缘水平）增设了系杆。

1. 钢管混凝土拱肋

钢管混凝土拱肋横截面形式，按钢管的根数及布置方式，通常分为单肋形、双肢哑铃形、四肢格构形、三角形格构形和集束形。钢管混凝土是在薄壁圆形钢管内填充混凝土而形成的一种复合材料拱肋，它一方面借助内填混凝土增强钢管壁的稳定性，同时又利用钢管对核心混凝土的套箍作用，使核心混凝土处于三向受压状态，从而使其具有更高的抗压强度和抗变形能力。钢管混凝土本质上属于套箍混凝土，因此，除具有一般套箍混凝土的强度高、塑性好、质量轻、耐疲劳、耐冲击外，尚具有以下几个方面的独特优点：

①钢管本身就是耐侧压的模板，因而浇注混凝土时，可省去支模、拆模等工序，并可适应先进的泵送混凝土工艺。

②钢管本身就是钢筋，它兼有纵向钢筋和横向箍筋的作用，既能受压，又能受拉。

③钢管本身又是劲性承重骨架，在施工阶段可起劲性钢骨架的作用，在使用阶段又是主要的承重结构，因此可以节省脚手架，缩短工期，减少施工用地，降低工程造价。

④在受压构件中采用钢管混凝土，可大幅度节省材料。理论分析和工程实践都表明，钢管混凝土与钢结构相比，在保持结构自重力相近和承载能力相同的条件下，可节省钢材约50％，焊接工作量显著减少；与普通钢筋混凝土相比，在保持钢材用量相当和承载能力相同的条件下，可减少构件横截面积约 50％，混凝土和水泥用量以及构件自重也相应减少一半。

钢管混凝土拱桥可以做成上承式、中承式和下承式三种类型，但无论哪一种类型，都是做成肋拱形式。钢管混凝土拱桥结构轻盈，恒载集度比较均衡，也就具备了较大跨越能力的优势，目前在建的广东丫髻沙大桥，净跨达 344m。钢管混凝土拱有两种形式：一是直接用作主拱结构，即钢管混凝土拱桥，二是利用钢管混凝土作为劲性骨架。劲性骨架是伴随着大跨度拱桥修建而出现的，即先用无支架方法架设拱形劲性骨架，然后围绕骨架浇注混凝土，把骨架作为混凝土的钢筋骨架，不再拆卸收回，因此又称移入式钢拱架。主拱肋结构如图 3-71

所示。

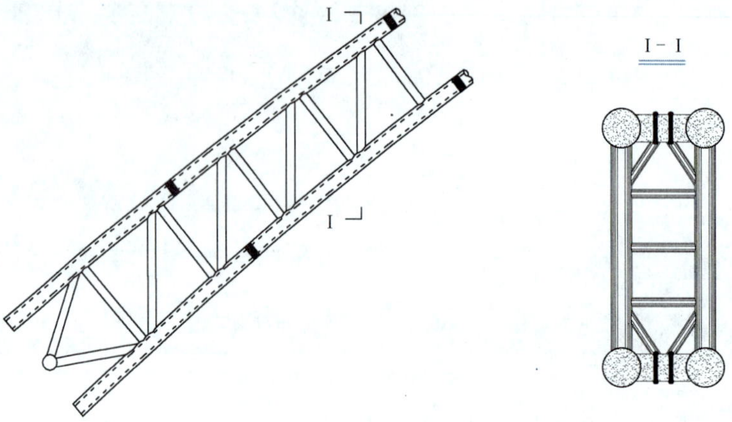

图 3-71　主拱肋构造

2. 钢横撑

钢横撑布置对结构整体的影响要大于其拱肋自身刚度。横撑的主要作用是将(两根)钢管混凝土拱肋连接成整体,确保结构稳定。钢管混凝土拱肋的横撑多采用钢管桁架,其钢管可以是空心的,也可以内填混凝土。横撑在拱脚段多做成桁式 K 撑或 X 撑,以获得更好的稳定性,在拱肋接近桥面段以上则多采用 H 形撑直撑。研究表明,横撑一般在拱顶附近布置成与拱轴线正交的 H 形直撑,在其他位置布置成竖直与拱轴线相交的 K 或 X 形斜撑,能够提高结构稳定效果。直横撑、斜横撑构造如图 3-72 所示。

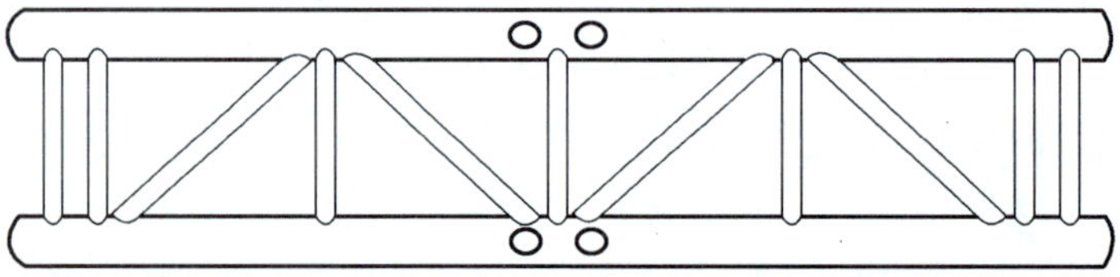

图 3-72　直横撑、斜横撑构造

3. 吊杆

中、下承式钢管混凝土拱桥需设置吊杆。吊杆一般是长细构件,设计时通常将其作为轴向受力构件考虑,故顺桥向尺寸一般设计得较小,使之具有柔性而不承受弯矩,只承受拉力,横桥向设计尺寸设计得较大,以增强拱肋的稳定性。吊杆以前多采用钢筋混凝土和预应力混凝土构件,由于钢筋混凝土吊杆易产生裂缝,预应力混凝土吊杆施工麻烦,现在吊杆的发展趋势是采用高强钢丝束或粗钢筋。锚固在拱肋上的吊杆锚具,为避免直接暴露在大气中,常设置在拱肋弦杆内或缀板处。吊杆可采用平行钢绞线或平行钢丝束,外套无缝钢管或热挤聚乙烯层防护。上下锚头可采用 OVM 锚、冷铸墩头锚等,然后用高标号混凝土封锚。吊杆结构如图 3-73 所示,吊杆截面如图 3-74 所示。

4. 桥面系

荷载经桥面系通过钢横梁传给吊杆,吊杆再将荷载传给拱肋,这种桥面系不参与总体受力，属于局部受力传力结构，其单位自重不是随着桥梁跨径的增加而显著增加，这也是此类拱桥跨径较大的原因之一。以图 3-75 为例，吊杆垂吊钢横梁，钢纵梁焊接钢横梁上，然后纵向架设桥面预制板，浇筑湿接缝。

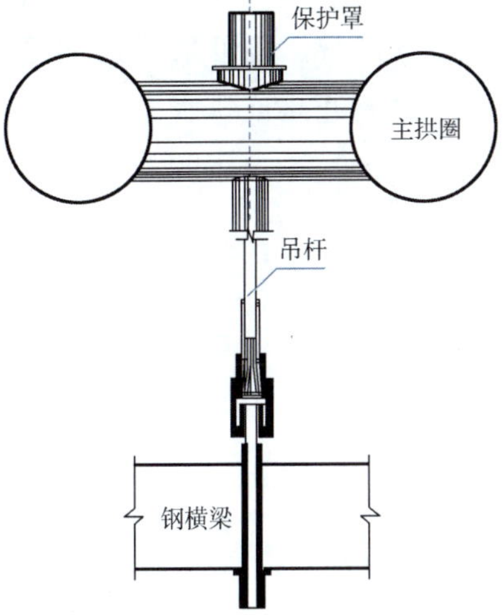

图 3-73　吊杆结构

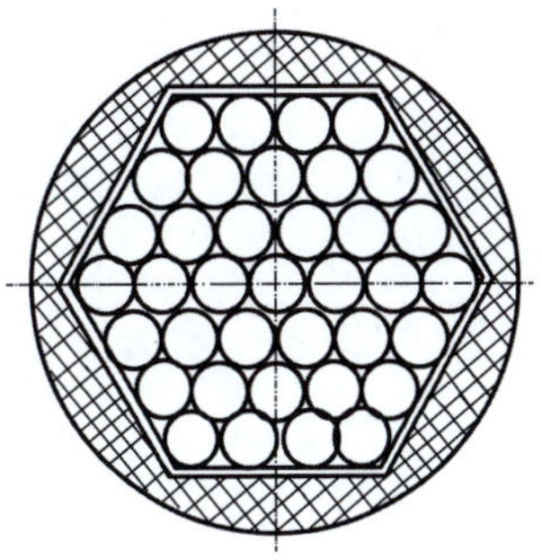

图 3-74　吊杆截面

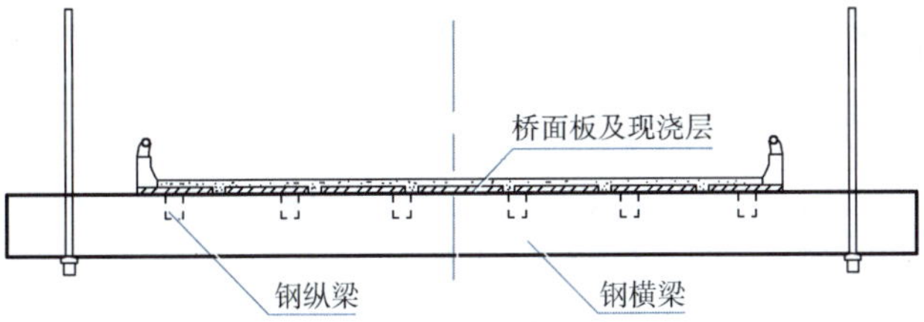

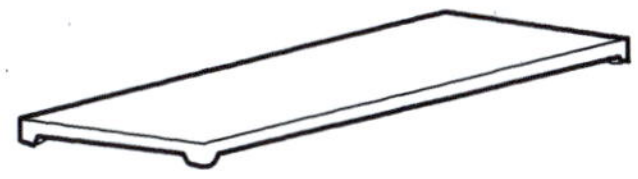

图 3-75　桥面系结构

3.6　桥梁施工

桥梁建设的最大特点是一般情况下需点和面、水中与干处同时施工。近年来，随着高速公路进入山区及湖区，出现了长线桥梁（如特长高架桥）的施工。

3.6.1　基础工程

在桥梁工程中，其基础分类及施工方法如图 3-76 所示。

其中，最常见的基础施工有明挖扩大基础（或称浅埋基础）、钻孔灌注桩基础、沉井基础等。

1. 扩大基础施工

扩大基础是将墩（台）及上部结构传来的荷载由其直接传递至浅埋的支承地基的一种基础形式，一般采用明挖基坑的方法进行施工。特点是施工质量可靠、施工振动和公害小、造价省工期短等。当明挖基坑土质坚硬时，对基坑的坑壁可不进行支护，仅按一定坡度要求进行开挖。在采用土、石围堰或土质疏松的情况下，一般应对开挖后的基坑坑壁进行支护加固，以防止坑壁坍塌。支护的方法有挡板支护加固、混凝土及喷射混凝土加固等。扩大基础施工的难易程度与地下水处理的难易有关。当地下水位高于基础的设计底面标高时，施工时则须采取止水措施，如打钢板桩或考虑采用集水坑用水泵排水、深井排水及井点法等使地下水位降低至开挖面以下，以使开挖工作能在干燥的状态下进行。还可采用化学灌浆法及围幕法（包括冻结法、硅化法、水泥灌浆法和沥青灌浆法等）进行止水或排水。

- 基础
  - 扩大基础
    - 机械开挖基坑浇筑法
    - 人工开挖基坑浇筑法
    - 土、石围堰开挖基坑浇筑法
    - 板柱围堰开挖基坑浇筑法
  - 桩基础
    - 沉入桩
      - 锤击法
      - 振动法
      - 静力压桩法
      - 辅助沉桩法
        - 射水辅助沉桩
        - 预钻孔辅助沉桩
      - 沉管灌注法
    - 灌注桩
      - 人工挖孔
      - 机械成孔
        - 回旋钻机成孔法
        - 潜水钻机成孔法
        - 冲击钻机成孔法
        - 正循环回转法
        - 反循环回转法
        - 冲抓钻机成孔法
        - 旋转锤钻孔法
    - 大直径钻孔埋置空心桩
  - 沉井基础
    - 排水开挖下沉法
    - 不排水开挖下沉法
    - 空气幕下沉法
    - 泥浆润滑套下沉法
  - 管柱基础
  - 地下连续墙

图 3-76 桥梁基础分类及施工方法

2. 钻孔灌注桩基础施工

钻孔灌注桩是伸入土层的柱形构件中的一种形式，其作用是将作用于桩顶以上的荷载传递到土体中的较深处。是在桩位处采用钻孔机械（或人工）将地层钻挖成预定孔径和深度的孔后，将预制成一定形状的钢筋龙骨架放入孔内，然后在孔内灌入流动的（水下）混凝土而形成桩基。特点是大、小直径皆宜，适用于水中和干处及各类地层，采用群桩形式承载力大；缺点是水下混凝土质量较难控制、孔壁坍塌及孔底沉淀难以处理等。

3. 沉井基础施工

沉井是一种断面刚度比钻孔灌注桩大得多的筒状结构，施工时在现场重复交替进行构筑逐渐使沉井加深，使之沉落到预定支承的地基上。沉井主要是通过从井孔内挖除土石，消除刃面阻力及沉井内壁摩阻力后，依靠其自重下沉。在岸滩或浅水中建造沉井基础时，可采用“筑岛法”施工。在深水中建造沉井基础时，则可采用浮式沉井，先将其浮运至预定位置，再进行下沉施工。特点是抗水平力作用能力大、竖直支承力大、刚度大和变位较小，可适宜下沉深度为10～40m。沉井下沉的方法可分为排水开挖下沉和不排水开挖下沉，但其基本施工方法应为不排水开挖下沉，只有在稳定在土层中，而且渗水量不大时，才采用排水开挖法下沉。另外还有压重、高压射水、炮震（必要时）、降低井内水位减少浮力以增加沉井自重、采用泥浆润滑套或空气幕等一些沉井下沉的辅助施工方法。

4. 承台施工

位于旱地、浅水河中的承台施工方法与扩大基础施工方法基本类似，可采取明挖基坑、简易板桩围堰后开挖基坑等方法进行施工。在深水中的承台，可供选择的施工方法通常有钢板桩围堰、钢筋混凝土桩围堰、双壁钢围堰及套箱围堰等。不论何种围堰，其目的都是为了止水，以实现承台的干处施工。双壁钢围堰通常是将桩基和承台的施工一并考虑，即先在堰顶设钻孔平台，桩基础施工结束后拆除平台，在堰内进行承台施工。套箱多采用钢材制作，分为有底和无底施工两种方式，根据实地情况确定。

3.6.2 墩（台）身

墩（台）身的施工方法根据其结构形式的不同而各异。对结构形式较简单、高度不大的中、小桥墩（台）身，通常采取传统的方法，立模（一次或几次）现浇施工。但对高墩及斜拉桥、悬索桥的索塔，则有较多的可供选择的方法，其施工的多样化主要反映在模板结构形式的不同。近年来，滑升模块、爬升模板和翻升模块等在高墩及索塔上应用较多，其共同的特点是将墩身分成若干节段，从下至上逐段进行施工。

1. 墩身滑模施工

采用滑升模板（简称滑模）施工，对结构物外形尺寸的控制较准确，施工进度平稳、安全，机械化程度较高，但因多采用液压装置实现滑升，故成本较高，所需的机具设备亦较多。

2. 墩身爬模施工

爬升模板（简称爬模）一般要在模块外侧设置爬架，因此这种模板相对而言需耗用较多的材料，体积亦较庞大，但不需设另外的提升设备。

3. 墩身翻模施工

翻升模块（简称翻模）结构较简单，施工亦较方便，但需设专门用于提升的起吊设备。

对于高墩施工应根据现场实际情况，进行综合比较后来选择适宜的施工方案。

4. 盖梁施工

盖梁施工的模板支撑方法分为落地支架和（利用墩柱架设）斜撑支架两种。落地支架常采用定型产品，如轻型门式钢管支架、重型六四军用梁、贝雷架和万能杆件组拼的各种形式的支架，组装方便成本较低。斜撑支架的做法是在墩柱的适当位置架设支撑（牛腿），承受盖梁施工的所有荷载，其优点是省支架和工期短，特别是高墩盖梁的施工，经济效果突出。

3.6.3 上部结构

桥梁上部结构形式多种多样，其施工方法的种类较多，但除一些比较特殊的施工方法以外，大致可分为预制安装和现浇两大类施工方法。桥梁上部结构施工方法如图 3-77 所示。

- 施工方法
  - 预制安装法
    - 自行式吊车吊装
    - 跨墩龙门安装
    - 架桥机安装
    - 扒杆吊装
    - 浮吊架设
    - 浮运整孔架设
    - 缆索吊装
    - 提升法
    - 逐段拼装
    - 悬臂拼装
  - 现浇法
    - 固定支架法
    - 逐段现浇
    - 悬臂浇筑法
    - 顶推法
  - 转体法
  - 劲性骨架法

图 3-77　桥梁上部结构施工方法

桥梁施工方法很多和要求较高，即使在同一种方法中也有不同的技术要求，所需的机具、施工步骤和施工期限也不一样。因此，在确定桥梁施工方法时应根据桥梁规模和结构设计要求，施工现场、环境、设备等因素综合分析，选择最佳的施工方法。

1. 预制安装施工方法

预制安装可分为预制梁安装和预制节段式块件拼装两种施工方法。前者主要指装配式的简支梁板，如空心板梁、T 形梁、小跨径箱梁等，然后进行横向联结或施工桥面板而使之成为整体；然者则将梁体（一般为箱梁）沿桥轴向分段预制成节段式块件，运至现场进行拼装，其拼装方法一般多采用悬臂法。连续梁、T 构、刚构和斜拉桥都采用这种方法施工。

1）自行式吊车吊装法

这种吊装法一般适用于跨径在 30m 以内的简支梁板安装作业，多采用汽车吊、履带吊和轮胎吊等机械。施工现场吊装孔跨内或引道上应有足够设置吊车的场地，同时应确保运梁道路的畅通，吊车位置选定应充分考虑梁体的重量和作业半径的要求。

2）跨墩龙门安装法

跨墩龙门安装法一般情况将梁的预制场地安排在桥头引道上，以缩短运梁距离和保证直线运梁，在墩台两侧顺桥向设置轨道，在其上安置跨墩龙门吊，将梁体在吊起状态下运至架设地点而安装在预定位置。其特点是施工作业简单、迅速，可快速架桥，易保证施工安全。缺点是架设桥梁的地形要求平坦且顺直，梁体能沿顺桥向搬运，桥墩不能太高；由于架桥设备费用较大，架设安装的桥梁孔数不能太少。

3)架桥机安装法

架桥机安装梁体是在孔跨内设置安装导梁，以此作为支承梁来架设梁体，这种作为支承梁的安装梁结构称为架桥机，是一种典型的架设方法。目前架桥机的种类甚多，有专用的架桥机设备，也采用常备构件(万能杆件和贝雷桁片等)自行拼装架桥机。按形式的不同，架桥机又可分为单导梁、双导梁、斜拉式和悬吊式等，悬臂拼装和逐跨拼装的节段式桥梁也经常采用专用的架桥机设备进行施工。架桥机的特点是不受架设孔跨的桥墩高度影响，亦不受梁下条件的影响；架设速度快，作业安全度高，对于跨数较多的长大桥梁更显优越性。

4)浮运整孔架设法

它是将梁体用趸船载运至架设地点后进行架设安装的方法，分为两种方式：第一种方式是用两套卷扬机(或液压千斤顶装置)组合提升吊装就位；第二种方式是利用趸船的吃水落差将整孔梁体安装就位。

5)缆索吊装法

当桥址为深谷、急流等桥下净空不便利施工时，在桥台上或桥台后方设立钢塔架，塔架上悬挂缆索，以此进行架设安装的施工方法。缆索吊装法较多地应用于拱桥的拼装施工，有直吊式和斜拉式之分。缆索吊装法比其他方法的架设机械庞大且工期长，采用前应对其作充分的经济性分析。

6)提升法

提升法有两种形式：一是采用卷扬机装置进行提升，适用于节段式悬臂拼装的桥梁；另一种是采用液压式千斤顶装置进行连续提升，适用于重型梁体的架设安装。

7)悬臂拼装法

悬臂拼装法现多用于变截面预应力混凝土箱梁体的施工，这是一种将梁体分节段预制，墩顶块件采用现浇，然后以桥墩为对称点，将预制块件沿桥跨方向对称起吊、安装就位，张拉预应力筋，使悬臂不断接长，直至合拢的施工方法。悬臂拼装法施工速度快，桥梁上、下部结构可平行作业，预制块件的施工质量易控制，但预制节段所需的场地较大，且拼装精度在大跨桥梁的施工中要求较高，因此在跨径100～200m左右的大型桥梁中选用。

2.现浇施工方法

现浇施工方法主要有支架现浇施工、悬臂浇筑施工及顶推施工。特点是现浇梁的整体性好，施工平稳、可靠，不需要大型起重设备，施工中无体系转换的问题。但存在施工跨径不能过大、不能上下部结构同时施工、影响工期等缺点。

1)固定支架法

这是在桥跨间设置支架、安装模板、绑扎钢筋、现场浇筑混凝土的施工方法，特别适用于旱地上的钢筋混凝土和预应力混凝土中小跨径连续梁桥的施工。支架按其构造的不同可分为满布式、柱式、梁式和梁柱式几种类型；按所用材料可分为门式支架、扣件式支架、碗扣式支架、贝雷桁片、万能杆件及各种型钢组合构件等。施工支架虽为临时结构，但施工过程需承受梁体的大部分恒重，因此支架必须有足够的强度和刚度；同时支架以下的地基要可靠，必要时需对地基进行加固处理。

2)逐孔现浇法

在支架上逐孔现浇施工是一种与前述的固定支架法相类似的施工方法，其区别在于逐孔现浇施工仅在梁的一孔(或二孔)间设置支架，完成后将支架整体转移到下一孔进行连续施工，因此这种方法只用一孔(或二孔)支架和模板周转使用，所需施工费用较少。支架可用落地式、梁式和落地移动式。落地式支架多用于旱地桥梁或桥墩较低的情况；梁式支架的承重梁则可支承在位于桥墩承台的立柱上或锚固于桥梁的横梁上；落地移动式支架可在地面设置轨道，支立在轨道上(或其他滑动、滚动装置上)进行转移。

移动模架逐孔现浇施工是使用不着地移动式的支架和装配式的模板进行连续逐孔现浇施工。近年应用广泛，特别对于多跨桥梁，如高架桥、海湾桥，使用十分方便，施工快速，安全可靠，机械化程度高，可减轻劳动强度，少占施工场地，不会受桥下各种条件的影响，能周期循环施工，同时也适用于弯、坡、斜桥。但因其模架设备的投资较大，拼装与拆除都较复杂，所以此法一般只适用于跨径20～50m的预应力混凝土连续梁桥施工，且桥长至少应在500m以上。

3)悬臂浇筑法

它是采用挂篮悬臂浇筑施工的最常用方法，宜在变截面梁中使用。该方法是在桥墩两侧对称逐段就地浇筑混凝土，待混凝土达到一定强度后张拉预应力筋，移动挂篮继续进行施工，使悬臂不断接长，直到合拢。挂篮悬臂浇筑施工是1959年首先由前联邦德国迪维达克公司创造和使用，故又称迪维达克施工法。挂篮的构造形式多样，通常由承重梁、悬吊模板、锚固装置、行走系统和工作平台等部分组成。挂篮的功能是支承梁段模板，调整位置，吊运材料机具，浇筑混凝土，拆模和在挂篮上进行预应力张拉工作。挂篮除强度应保证安全可靠外，还应要求造价省，节省材料，操作使用方便，变形小，稳定性好，装拆移动灵活和施工速度快等。

4)顶推法

顶推施工是在桥台的后方设置施工场地，分节段现浇梁体，并用纵向预应力筋将现浇节段与已完成的梁体连成整体，在梁体前端安装长度为顶推跨径0.7倍左右的钢导梁，然后通过水平千斤顶施力，将梁体向前方顶推出台坐，重复现浇节段与顶推等工序即可完成全部梁体的施工。依顶推施力的方法可分为单点顶推和多点顶推两种方法。顶推法最早是1959年在奥地利的阿格尔桥上使用的，其特点是：由于作业场所限定在一定范围内，可设置制作顶棚而使施工不受天气影响，全天候施工。连续梁的顶推跨径以30～50m左右最为经济有利，若跨径过大，则需要设置临时墩等辅助手段。顶推施工宜在等截面的预应力混凝土连续梁桥中使用，也可结合梁和斜拉桥的主梁上使用。采用顶推法施工，设备简单，施工平稳，噪声低，施工质量好，可在深谷和宽深河道上架桥。

3. 转体施工法

转体法多用于拱桥施工，亦可用于斜拉桥和刚构桥。这种施工法是岸边立支架（或利用地形）预制半跨桥梁的上部结构，然后借助上、下转轴偏心值产生的分力使两岸半跨桥梁上部结构向桥跨转动，用风缆控制其转速，最后就位合拢。该法最适用于峡谷、水深流急、通航河道和跨线桥等地形特殊的情况，具有工艺简单，操作安全，所需设备少，成本低，速度快等特点。

4. 劲性骨架法

以钢骨架作为拱圈的劲性拱架，即先架设拱架，然后再采用现浇混凝土包裹骨架，形成钢筋混凝土拱桥。这种埋入式拱架在法国有施工实例，国外称为“米兰拱”，骨架可采用型钢或钢管等材料制作。

3.7 桥梁工程实例

桥梁工程从结构形式上分类，主要有上部构造的梁、拱和拱上建筑等，桥梁支座，下部构造的墩、台及基础，附属工程的桥梁伸缩缝、桥面铺装、人行道与护栏、调治构造物与桥梁引道等。从桥梁类型上分类，主要有拱式桥、梁式桥、斜拉桥、悬索桥、组合式桥梁等。

3.7.1 拱桥实例

1. 石砌板拱桥

麻阳石拱桥主桥为4孔，桥梁跨径为64m的无铰石拱桥，全长294m，设计荷载技术标准为公路II（汽车—20，验算荷载：挂—100），设计洪水频率1/100，通航等级为IV航道。桥梁纵坡2.7%，桥面横坡1.5%；引桥部分分别为3×25m和6×25m的预应力混凝土空心板桥，两岸接线为平微二级公路技术标准，路基宽度15m，设计速度80km/h。全桥工程量见表3-8所列。

全桥工程量　　表3-8

项目	单位	上部构造			下部构造		备注
		主拱	腹拱	立柱	墩	台	
石料	m^3	6 685.6	1 942.2	—	—	—	
混凝土	m^3	—	—	1 419	2 657.7	6 969.2	
钢筋	kg	—	—	101 696	163 583	7 067	

1)桥型布置

该桥拱轴线采用悬链线设计，净矢高9.8m，拱轴系数$m=2.24$。桥梁宽度为净15m+2×0.5m（防撞栏杆）=16m，桥型结构如图3-78所示。

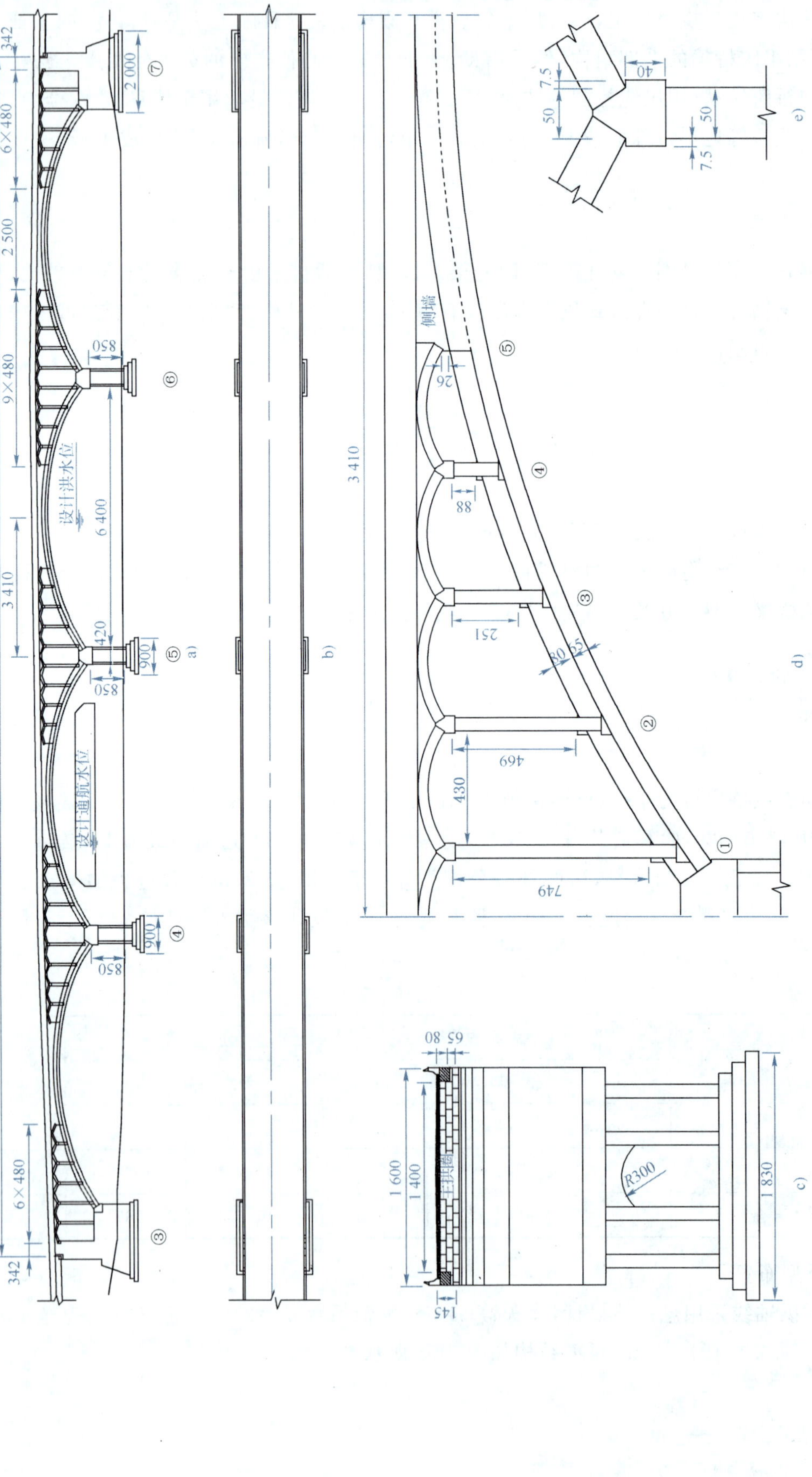

图 3-78　板拱桥

a) 正面；b) 平面；c) 侧面；d) 1/2 主拱构造；e) 拱上立柱

2)上部结构

主桥上部采用无铰石砌板拱,计入连拱效应。因主拱位于竖曲线上,采用正拱斜置的方法设计。主拱圈及腹拱圈在施工时必须使全桥同时均衡、对称、分环砌筑和卸架。对此拱盔支架则应按全桥数量计算,本项目内不考虑周转。主跨拱圈厚度 1.45m 变宽,其下板宽度 16m,拱板厚度 65cm;上板宽度 14m,拱板厚度 80cm。腹拱圈净跨径 4.30m,净矢高 65cm,板厚 40cm。1/2 跨内设 4 排钢筋混凝土立墙,立墙厚 50cm。

由于主拱圈变形及温度等影响,施工时需注意将主桥桥墩顶腹拱及主拱圈两端立墙与桥台立墙之间的腹拱做成三铰拱;同时,由于温度和活载的作用将使桥面开裂,腹拱圈顶部桥面混凝土必须进行切缝处理。

主拱圈、腹拱圈采用 C20 小石子混凝土砌块石。主拱上部立墙、墙帽、底座采用 C30 混凝土,拱上填料采用 M15 浆砌片石。上部构造工程量见表 3-9、表 3-10 所列。

拱圈工程量　　表 3-9

项目	单位	主拱圈			腹拱圈			备注
		块石拱圈	料石镶面	拱腔片石填料	块石拱圈	料石镶面	拱腔片石填料	
石料	m^3	1 461	48.2	162.2	30.9	48.2	16.5	

拱上立柱工程量　　表 3-10

项目	单位	立墙	立墙帽	立墙座	备注
混凝土	m^3	1 076.3	185.6	87.1	
钢筋	kg/m^3	70	142	—	

3)下部构造

主桥下部 3 号、7 号桥墩和 4 号～6 号桥墩均为扩大基础,座落于弱风化砂岩层,要求地基容许承载力大于 0.9MPa。

(1)3 号、7 号桥墩

3 号、7 号桥墩实际为拱桥桥台,采用重力式 U 形桥台,基础嵌入岩层深度不小于 1.0m。由于桥台尺寸大和受力的原因,设计要求墙背嵌入岩层部分必须与岩面紧密结合,不能有砂土隔层,要求在砌筑时清净岩面,并用水泥砂浆砌筑块石与岩面结为整体(未计块石工程数量)。

拱桥桥台工程图如图 3-79 所示,工程量见表 3-11 所列。桥台上立墙及腹拱圈工程量计入上部工程数量表中,表中未计算桥台上引桥防振挡块、支座垫石工程数量。

3 号、7 号桥台工程量　　表 3-11

项目	单位	基础	墩身	主拱座	台帽	腹拱座	备注
混凝土	m^3	1 426.4	5 372.6	119.4	38	12.8	
钢筋	kg/m^3	—	—	33	56	78	
挖基土/石方	m^3	576/8 452	—	—	—	—	

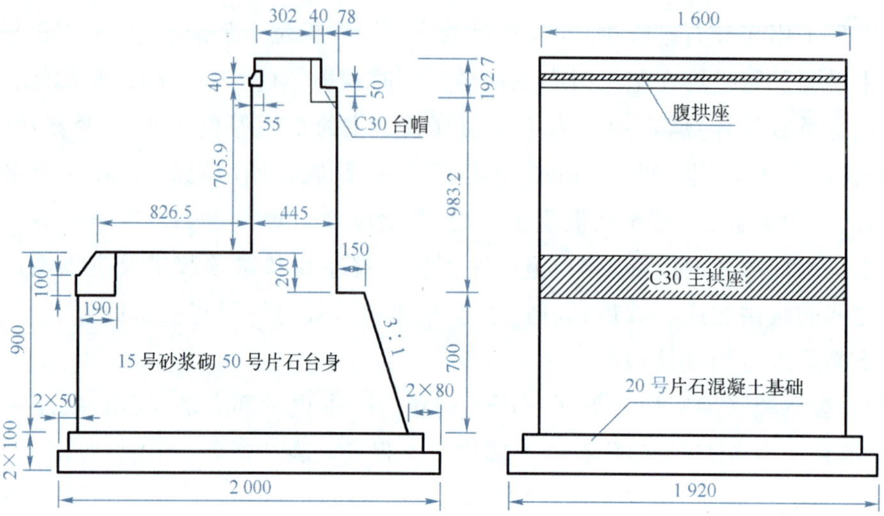

图 3-79　3 号、7 号桥台布置

(2)4 号～6 号桥墩

4 号～6 号桥墩(图 3-80)采用 2×420×450 八角形方柱实体式墩构造,工程量见表 3-12 所列,基础采用 C25 混凝土,墩柱、拱座采用 C30 混凝土。

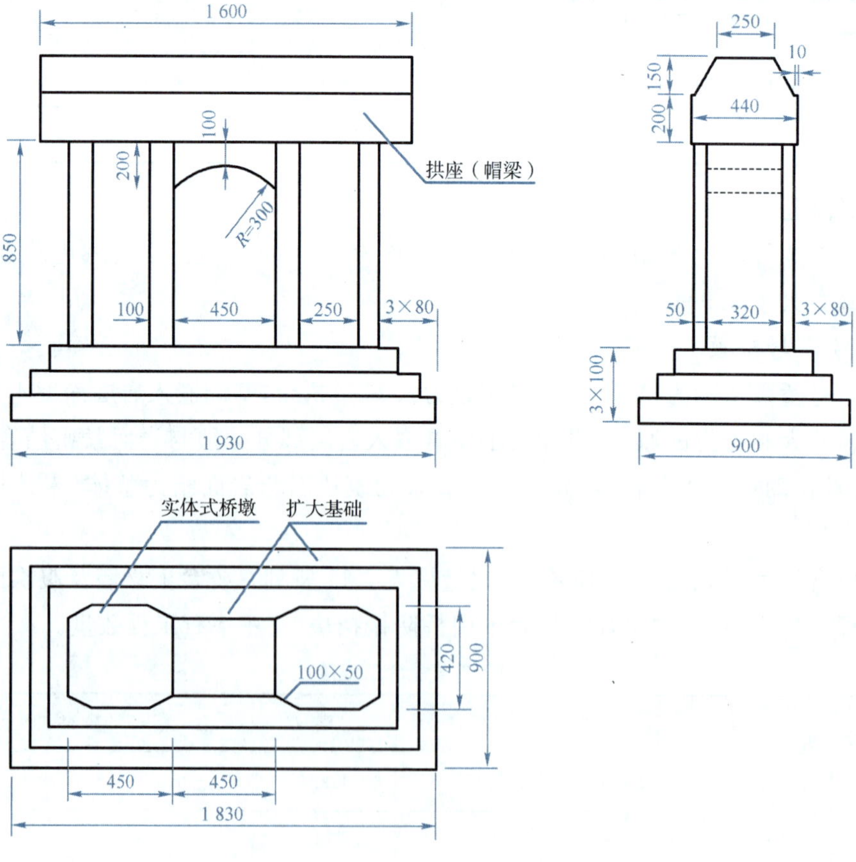

图 3-80　4 号～6 号墩

4号～6号桥墩工程量 表3-12

项 目	单 位	基 础	墩 身	主拱座	备 注
混凝土	m^3	1 127.6	969.4	560.7	
钢筋	kg/m^3	18	57	157	
挖基土方	m^3	2 470	—	—	

附属工程实物量在其他实例中分别描述。

2.钢筋混凝土两肋箱形无铰拱桥

该箱形拱桥长度138.9m，主拱为净跨90m的二肋式钢筋混凝土箱形无铰拱桥。采用设计荷载技术标准为公路I，设计洪水频率1/100，通航等级为IV航道，桥梁纵坡1.5%，桥面横坡1.5%。全桥工程量见表3-13所列。

全桥工程量 表3-13

项 目	单 位	上部构造		下部构造			
		主拱	行车道	主拱座	主拱台	引桥台	引桥台帽
混凝土	m^3	394.9	957	44.9	1 666.3	1 715.5	37.6
钢筋	kg/m^3	50 319	162 366	119	—	—	40

1)桥型布置

该主桥拱轴线采用等截面悬链线设计，净矢高15m，拱轴系数$m=1.756$。跨径组合为90m箱形拱主桥，东岸10+8.6m、西岸10m跨径的装配式钢筋混凝土空心板引桥，主桥拱座采用适合拱桥受力的背斜式嵌岩基础。主桥拱上构造为11孔8.6m跨径的装配式钢筋混凝土空心板，为先简支后桥面连续，一联长度为94.6m。东、西岸引桥台为重力式U形桥台，各设8m桥头搭板。无铰箱形拱桥横断面如图3-81所示，排架墩如图3-82所示，桥型布置如图3-83所示。

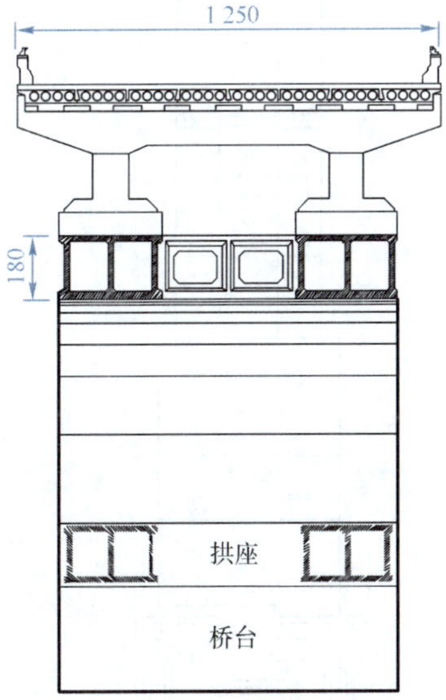

图3-81 无铰箱形拱桥横断面

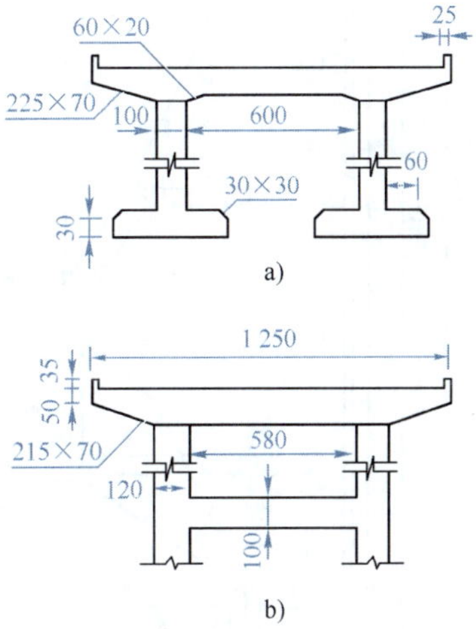

图3-82 排架墩
a)拱上；b)引桥

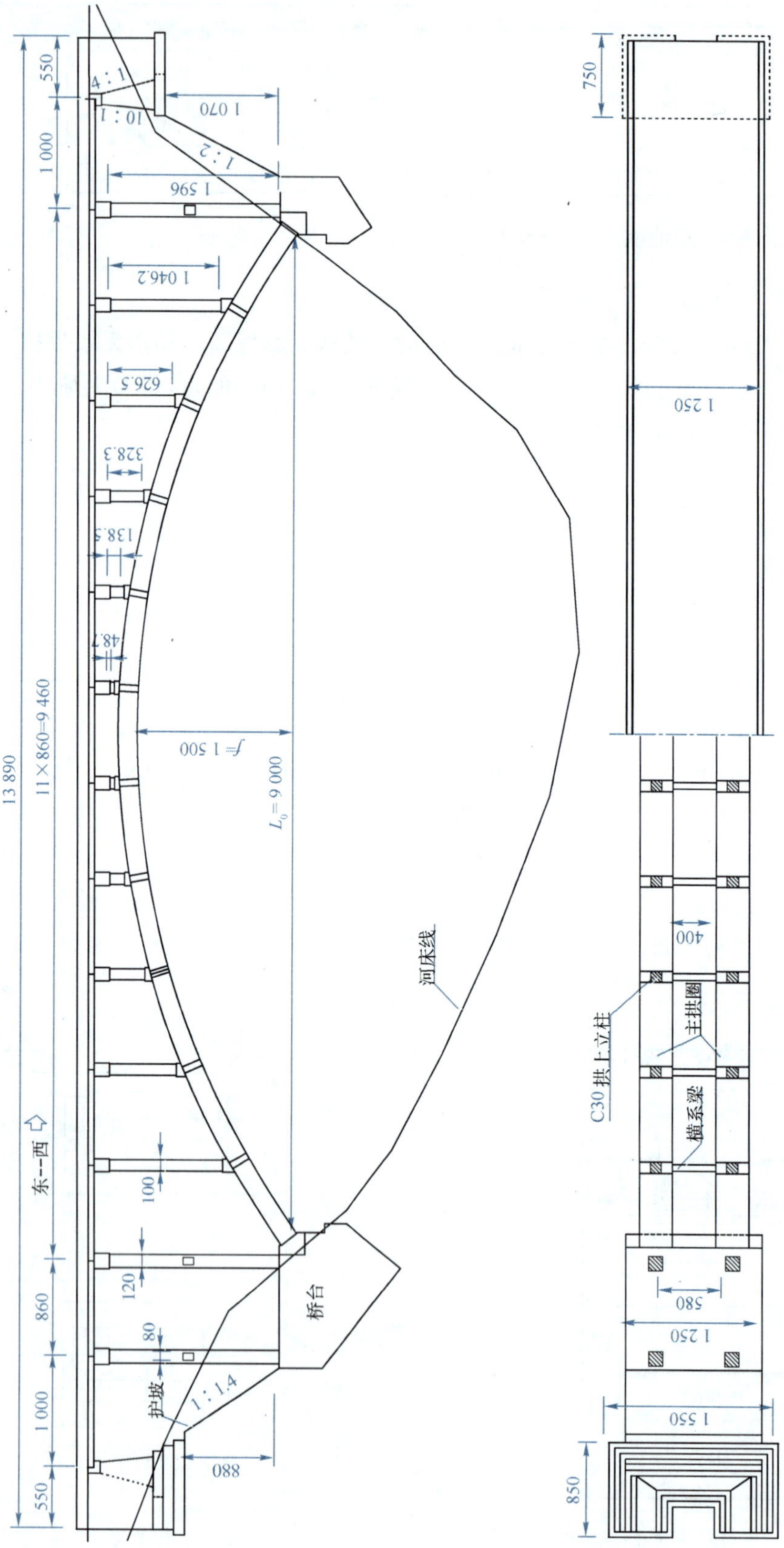

图3-83　二肋箱形无铰拱桥

2）主桥主拱构造

主拱圈由两箱拱肋组成，两片拱肋中距为7m，肋高1.8m，肋宽3m。肋间系梁为框架梁，全桥共设10道，与两拱肋连接后组成稳定的桁架体系。主拱工程数量见表3-14所列，主拱构造与主拱圈预制安装构件平面分别如图3-84、图3-85所示。

主拱工程数量　　表3-14

项　目	单　位	箱　梁			预制横系梁
		现浇	预制		
		顶、底板	腹板	隔板	
混凝土	m^3	229.6	139.5	5.7	20.1
钢筋	kg/m^3	153	86	137	120

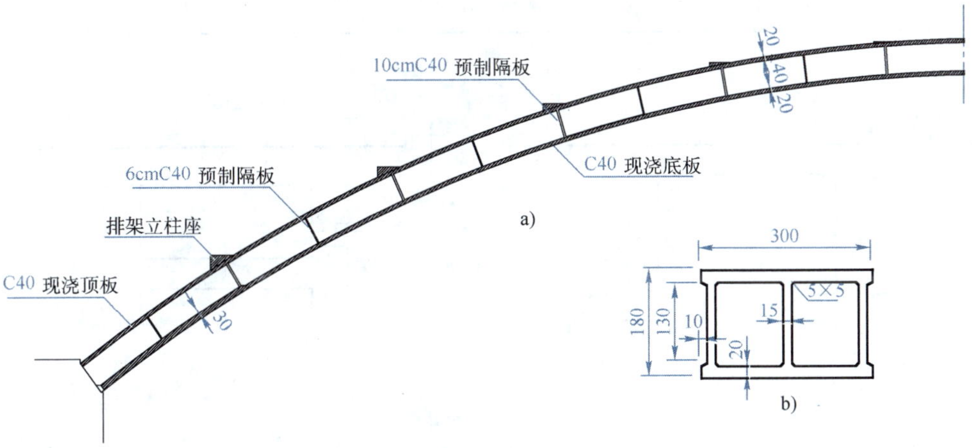

图3-84　主拱构造

a）1/2拱圈；b）双箱单肋断面

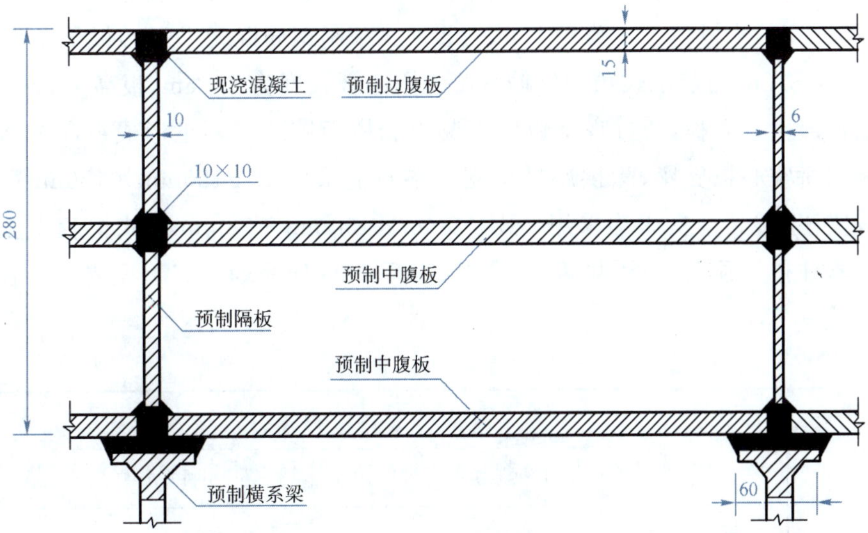

图3-85　主拱圈预制安装构件平面

悬链线坐标公式：$y=a/2\times(e^{x/a}+1/e^{x/a})$，悬链线曲线长公式：$y=a/2\times(e^{x/a}-1/e^{x/a})$。

3)排架立柱

拱上排架立柱为双柱式方形截面，边长为1.0m。柱底设置柱座，高0.4m，顺桥方向宽度1.0m，横桥向底宽2.8m。柱座下设置调平基座，平面尺寸1.2m×3.0m，用预埋钢筋与拱肋固结。引桥上排架立柱为双柱式方形截面，边长为1.2m。由于立柱较高，设高度1.0m横向系梁。如图3-86所示。排架墩工程数量见表3-15所列。

排架墩工程数量　　表3-15

项　目	单　位	主桥拱上排架		引　桥　墩		备　　注
		盖梁	立柱系梁	盖梁	墩柱系梁	
混凝土	m^3	150.7	167.5	57.3	150.9	
钢筋	kg/m^3	83	84	77	82	

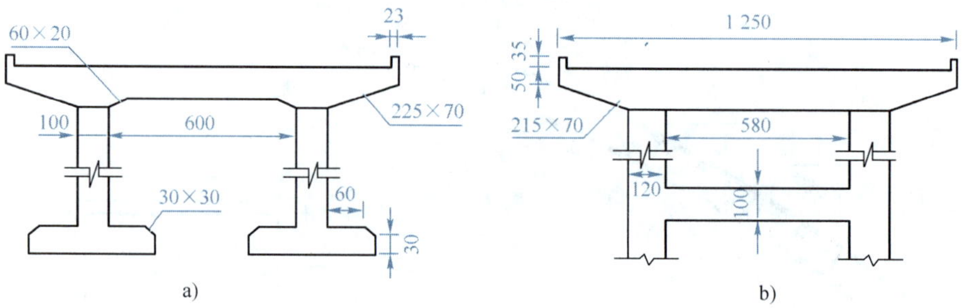

图3-86　排架立柱

a)拱上；b)引桥

4)行车道板

行车道板(图3-87)采用装配式预制钢筋混凝土空心板，由横桥方向6块1.5m宽的中板、2块1.75m宽的边板组成。跨径10m的装配式预制钢筋混凝土空心板长度为9.96m，板高48cm。跨径8.6m的装配式预制钢筋混凝土空心板长度为8.56m，板高42cm。各跨装配式预制钢筋混凝土空心板，通过现浇铰缝混凝土和桥面铺装混凝土形成纵向桥面连续。拱上空心板和引桥空心板支座，除拱座排架支承垫石上采用GJF150mm×150mm×30mm四氟滑板橡胶支座外，其余支座均采用GJZ150mm×150mm×28mm板式橡胶支座。伸缩缝设置在拱座立柱排架顶上，全桥共两道，采用XF2D60的伸缩缝。其工程数量见表3-16～表3-18所列。

行车道空心板工程数量　　表3-16

项　目	单　位	空　心　板		备　注
		主桥拱上建筑	引桥	
混凝土	m^3	329.7	100.9	
钢筋	kg/m^3	293	222	

一块 8.6m 空心板工程数量 表 3-17

项 目	单 位	中 板		边 板	
		预制	现浇(封头)	预制	现浇(封头)
混凝土	m^3	3.24	0.11	3.67	0.11
钢筋	kg/m^3	289	—	271	—
铰缝	m^3/道	0.33(钢筋 41kg)			

一块 10m 空心板工程数量 表 3-18

项 目	单 位	中 板		边 板	
		预制	现浇(封头)	预制	现浇(封头)
混凝土	m^3	3.81	0.11	4.29	0.11
钢筋	kg/m^3	341	—	304	—
铰缝	m^3/道	0.45(钢筋 51kg)			

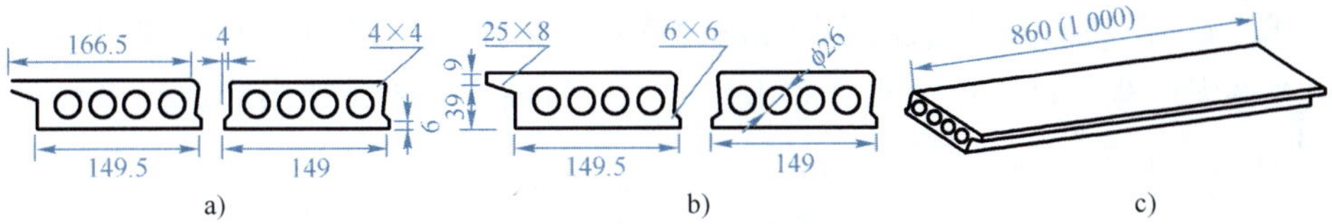

图 3-87 行车道板

a)8.6m 空心板；b)10m 空心板；c)立体

5)下部构造

主桥拱座及拱座基础均采用 C30 现浇混凝土，施工时预埋拱肋钢筋和锚筋，与拱肋形成固结。主桥拱座背斜式嵌岩基础设置于弱风化岩层上，岩层容许应力不小于 1MPa。引桥 U 形桥台前墙基础设置于弱风化岩层上，岩层容许应力不小于 0.8MPa；台后侧墙可置于强风化岩层上，岩层容许应力不小于 0.5MPa。开挖后地面线以上的桥台侧墙墙面上应适当布设泄水孔。台背排水构造及引桥桥台未示出，台后搭板长度 8m。工程图如图 3-88 所示，工程数量见表 3-19 所列。

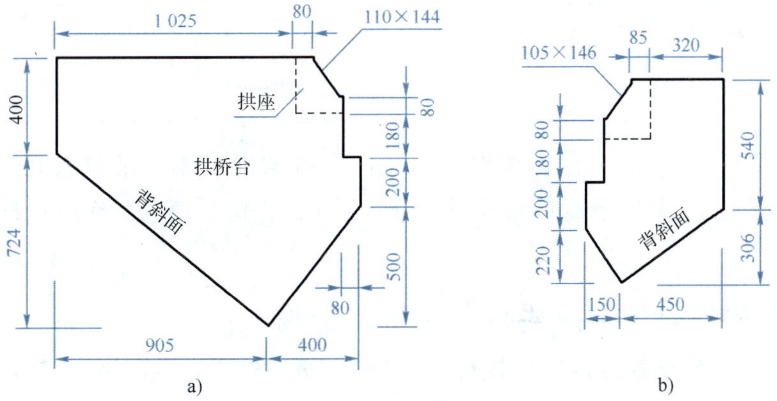

图 3-88 主拱台座

a)东岸；b)西岸

一块 10m 空心板工程数量　　表 3-19

项　目	东　岸		西　岸	
	桥台	拱座	桥台	拱座
混凝土	1 195.65	46.3	423.7	47.3

6)施工钢拱架(图 3-89)

①在桥轴线上设置轻型缆索吊机,利用陡峭的河谷地形,置地锚于岩体,不设塔架。两岸主索支点高程 410m,桥面高程约 390m。主索跨度约为 190m,吊机工作范围包缆西岸桥头预制场和全桥,主索设计载重 11t,用以吊运钢拱架部件。在横移索和斜拉索配合下,完成钢拱架拼装工作;吊运拱肋的预制腹板、隔板、肋间系梁;吊装主桥和引桥的预制空心板。

②预制场设置在西岸路基上,进行腹板、隔板、肋间系梁,空心板的预制。

③设置钢拱架,用木拱盔造成全宽度为 11m 的工作面,在其上完成腹板、隔板、肋间系梁的安装,现浇接头和拱肋的底、顶板,即完成拱圈全部工序。钢拱架由 8 片拱架加横向联系组成。为保证钢拱架稳定,采用八字横向缆风索;缆风索宜配置花篮螺栓等可调构件,以便调整索张力;在钢拱架上设木拱盔以便拱圈支模。采用可调式加强型双铰钢拱架构件进行拼装。拱座安装坐标已考虑预拱度和木拱盔的建筑高度。钢拱架拱肋内弧坐标见表 3-20 所列,表中未计木拱盔工程数量。

钢拱架拱肋内弧坐标　　表 3-20

截面号	X	Y	截面号	X	Y	截面号	X	Y
0	0	0	8	16	9.461 7	16	32	14.388 2
1	2	1.479 7	9	18	10.300 5	17	34	14.736 2
2	4	2.867 3	10	20	11.071 8	18	36	15.028 8
3	6	4.166 9	11	22	11.777 8	19	38	15.266 7
4	8	5.382 1	12	24	12.420 4	20	40	15.450 5
5	10	6.516	13	26	13.001 1	21	42	15.580 7
6	12	7.572	14	28	13.521 8	22	44	15.657 7
7	14	8.552 9	15	30	13.983 7	23	46	15.681 6

④卸落拱架后,在拱上对称均衡地现浇柱座和排架混凝土。吊装腹孔空心板,现浇桥面。卸落拱架是通过排放砂筒中的砂来实现的。要求均匀缓慢,做到对称、均衡地卸落拱架。

3.等截面悬链线钢筋混凝土双曲拱桥(图 3-90)

该案例为主拱净跨 76m 的双曲拱桥,东岸桥台至制动墩(全桥)长 323.78m。设计荷载为公路Ⅰ级,设计洪水频率 1/100,通航等级为Ⅴ航道,桥梁纵坡 2%,桥面横坡1.5%。拱上腹拱跨径 5.5m,拱圈厚度 0.2m,拱矢度 1/8。全桥工程数量见表 3-21 所列。

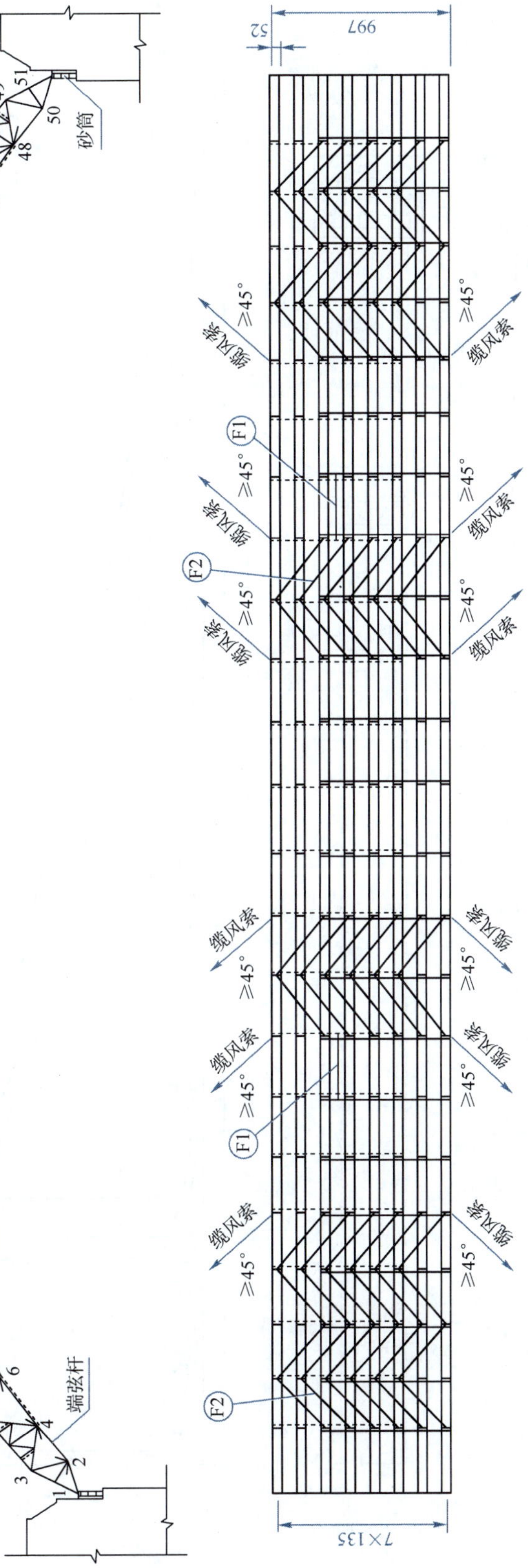

图3-89 施工钢拱架

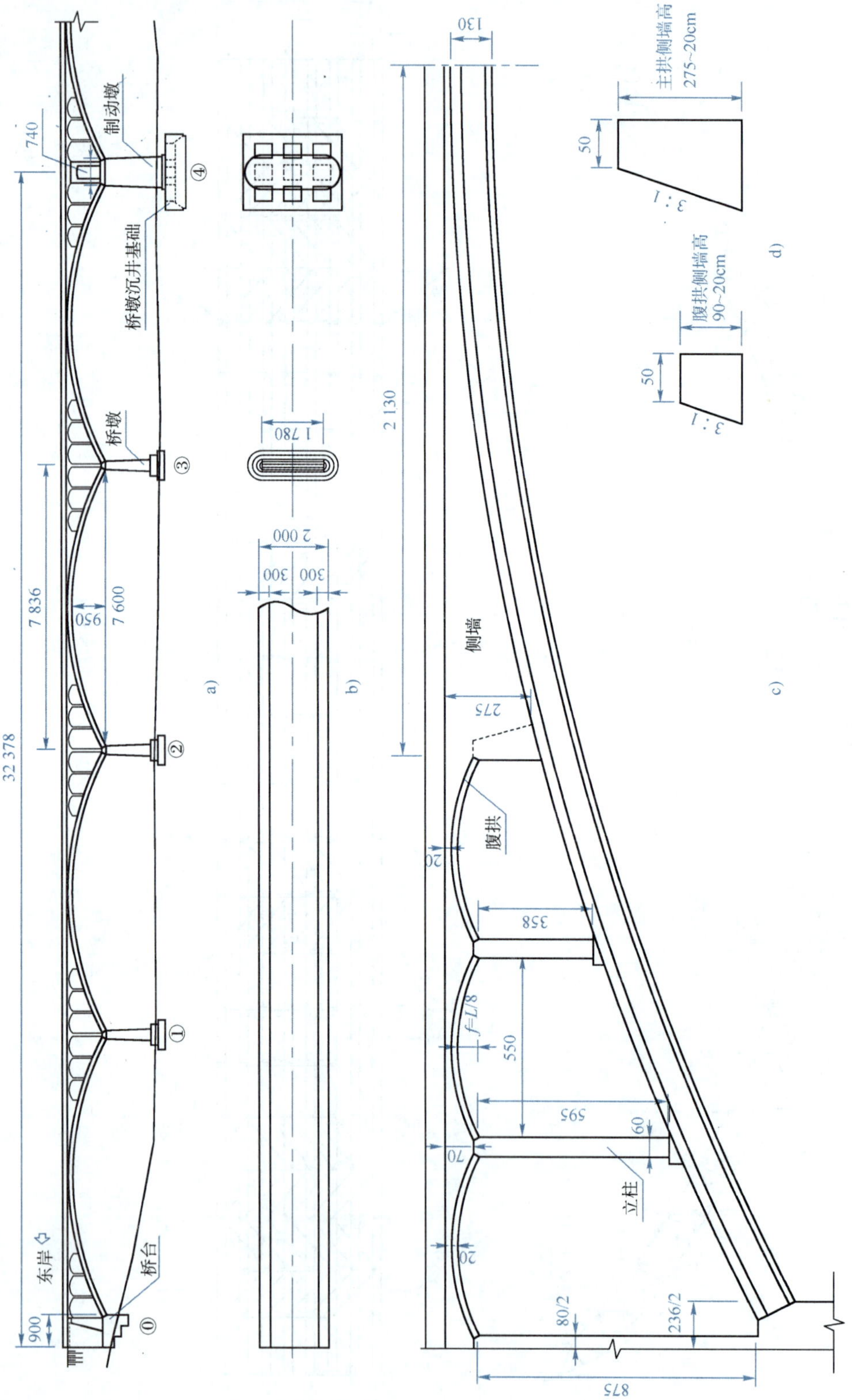

图3-90 双曲拱桥

a)正面；b)平面；c)1/2主拱圈；d)侧墙断面

全桥工程数量 表 3-21

项目	单位	上部构造		下部构造	
		主拱	拱上建筑	普通墩	制动墩
混凝土	m^3	6 101.6	3 143.6	4 288.8	6 294.8
钢筋	kg	133 794	221 444	11 837	174 979

1)桥型布置

该桥拱轴线采用悬链线设计，净矢高 9.5m，拱轴系数 $m=2.3$。桥梁宽度为净 14m+2×3.0m(人行道)=20m。

2)上部构造

主拱双曲拱圈的拱肋断面如图 3-91 所示，肋高度 70cm，肋宽度 55cm。肋间系梁宽度 30cm、高度 20cm。拱波半径 84.2cm，厚度 6cm。拱板厚度 28cm，铺筑宽度 17.8m。拱上填料的桥中心和人行道预制块边缘处高度分别为 26.5cm、16.0cm，铺筑宽度 14.3m。悬链线坐标及曲线长计算见表 3-22 所列，一孔主拱工程数量见表 3-23 所列，一孔主拱拱上建造工程数量见表 3-24 所列。

悬链线坐标及曲线长计算 表 3-22

计算公式	a	e	x	e^(x/a)	1/e^(x/a)	y 或 L
悬链线坐标	72.76	2.718	0	1	1	0
$y=a/2\times(e^{x/a}+1/e^{x/a})$	72.76	2.718	5	1.071 13	0.933 60	72.931 83
	72.76	2.718	10	1.147 31	0.871 60	73.448 13
	72.76	2.718	15	1.228 92	0.813 72	74.311 34
	72.76	2.718	20	1.316 33	0.759 69	75.525 54
	72.76	2.718	25	1.409 96	0.709 24	77.096 45
	72.76	2.718	30	1.510 24	0.662 14	79.031 51
	72.76	2.718	35	1.617 66	0.618 18	81.339 85
	72.76	2.718	38	1.685 75	0.593 21	82.908 49
悬链线曲线长						
$L=a/2\times(e^{x/a}-1/e^{x/a})$	72.76	2.718	38	1.685 75	0.593 21	39.746 71

一孔主拱工程数量 表 3-23

项目	单位	拱肋	横系梁	拱波	拱板	侧墙	拱上填料
混凝土	m^3	139.5	9.1	98.8	508.6	69.9	699.5
钢筋	kg/m^3	168	134	89	—	—	—

一孔主拱拱上建造工程数量 表 3-24

项 目	单 位	腹拱板	侧 墙	拱上填料	立 柱	柱 座
混凝土	m^3	139.5	18.9	249.1	360.8	17.6
钢筋	kg/m^3	169	—	—	84	

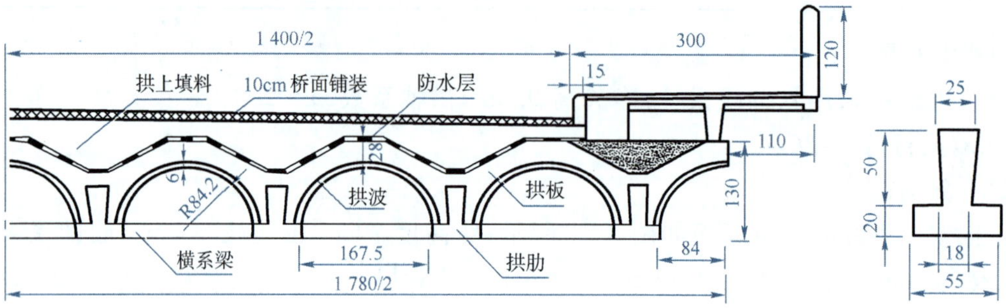

图 3-91 主拱双曲拱圈拱顶断面

腹拱圈体积计算：

$$2R = f + L^2/4/f$$

$$\alpha = 2 \times \sin^{-1}(L/2/R)$$

$$S(\text{弧长}) = (R + d/2) \times \alpha \times \pi/180^\circ$$

$$V = S \times d \times B$$

3)下部构造

1 号～3 号普通墩(图 3-92)墩身高度 13.1m，采用两梯级扩大基础，基底宽度 8.1m，长度 25.9m。墩身计算公式 V=圆锥体+梯形体=$(R^2+r^2+Rr)\times\pi\times h/3+(2R+2r)\times L\times h/2$。一个桥墩工程数量见表 3-25 所列，一个沉井基础工程数量见表 3-26 所列。

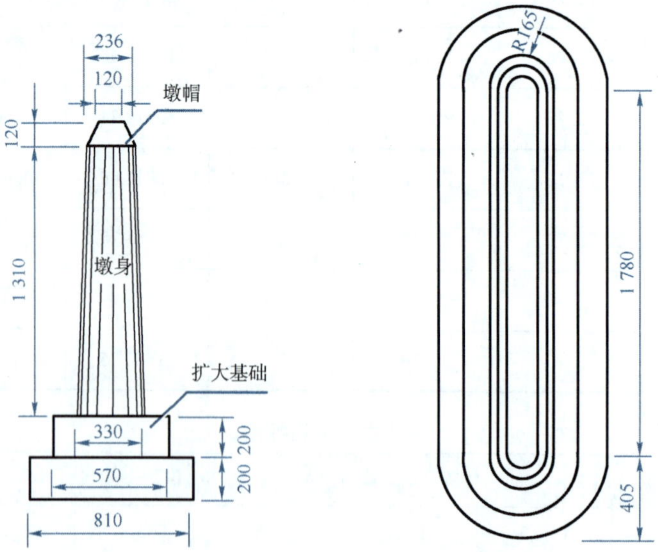

图 3-92 1# ～3# 墩

一个桥墩工程数量　　表 3-25

项目	单位	普通墩			制动墩		
		扩大基础	墩身	墩帽	沉井基础	墩身	墩帽
混凝土	m^2	645.4	743.1	41.1	3 019.2	3 088.3	187.3
钢筋	kg/m^3	—	—	96	52	—	96

一个沉井基础工程数量　　表 3-26

项目	单位	井壁	刃脚	中墙	封底	盖板
混凝土	m^2	457.6	443.2	445.4	1 433	240
钢筋	kg/m^3	74	144	74	—	110

4 号墩为制动墩高度 16.15m，采用沉井基础(图 3-93)，基底宽度 21.0m，长度 28.2m。4 号墩墩身如图 3-94 所示。

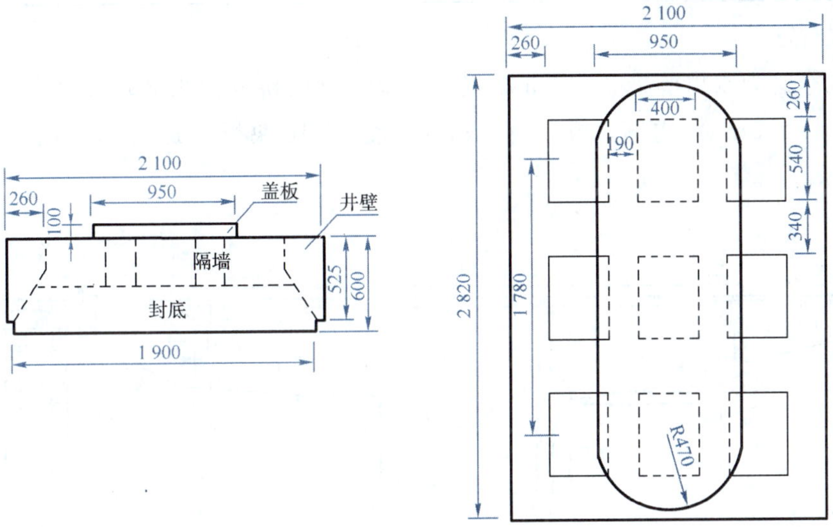

图 3-93　4# 墩沉井基础

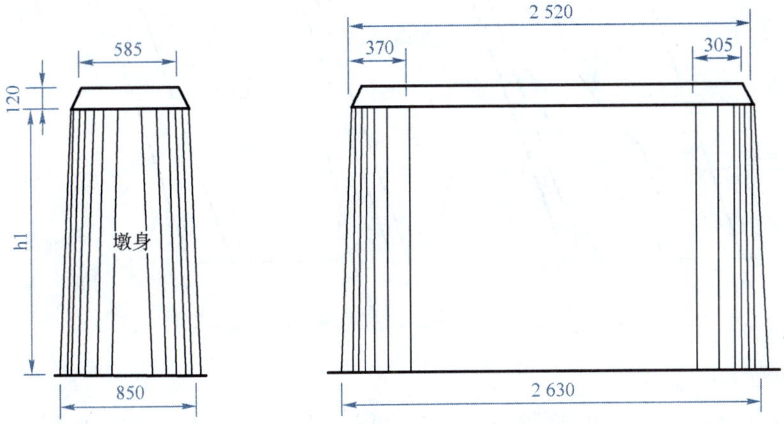

图 3-94　4# 墩墩身

3.7.2 梁桥实例

1.预应力简支窄幅空心板桥

该桥为高速公路双幅桥梁，荷载等级为公路Ⅰ级，为3×16m预应力简支窄幅空心板上部结构，下部构造为双柱墩、柱式台配桩基础，桥梁全长52.76m。全桥工程数量见表3-27所列。

全桥工程数量　　表3-27

项　目	单　位	上部构造		下部构造		备　注
		预制	现浇	墩	台	
混凝土	m^3	525.7	181.8	396.2	477.4	
钢筋	kg	72 088	28 011	37 125	40 830	
钢绞线	kg	22 079	—	—	—	

1)桥型布置

桥型按净跨为双幅桥梁3×20m布置。一幅桥梁横桥方向由8块1.24m宽度的中板，外侧边板1块1.5m宽，内侧边板1块1.24m宽度，共10块板组成，空心板高75cm。桥型如图3-95所示。

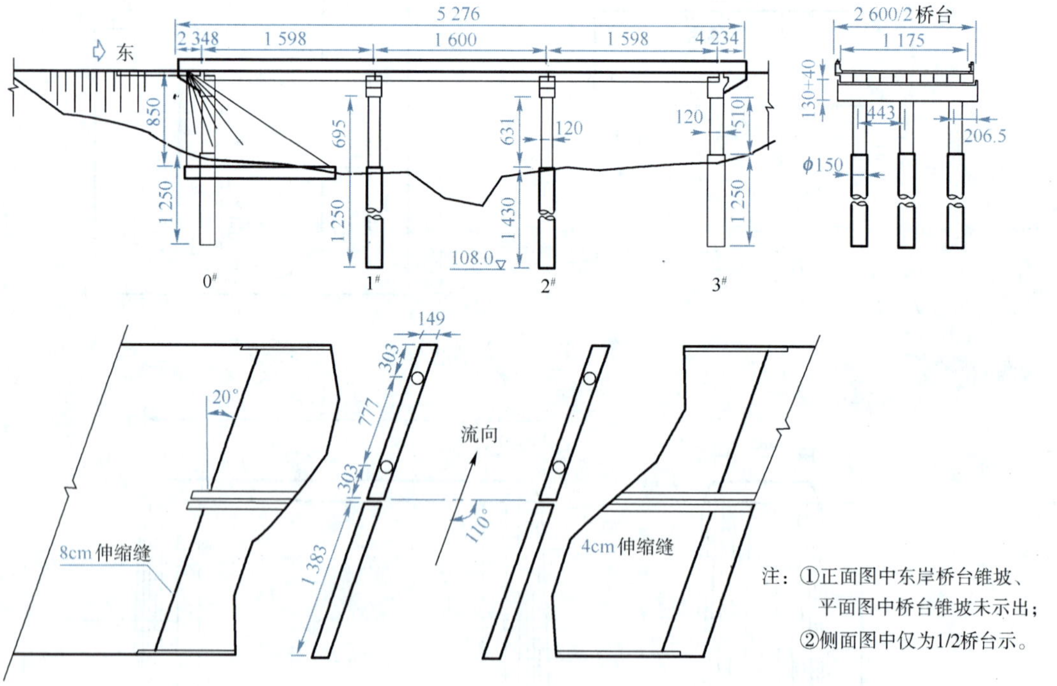

图3-95　跨径16m预应力窄幅空心板桥型

2)上部构造

全桥空心板中梁48片，外侧梁6片，内侧梁6片。行车板道、空心板工程量分别见表3-28、表3-29所列。工程图分别如图3-96、图3-97所示。空心板工程量计算如下：

外侧边梁 $V=(16-1.08\times2)\times0.609+0.58\times0.643\times2+0.5\times0.958=9.65m^3$

中梁 $V=(16-1.08\times2)\times0.538+0.58\times0.607\times2+0.5\times0.922=8.61m^3$

内侧边梁 $V=(16-1.08\times2)\times0.572+0.58\times0.607\times2+0.5\times0.922=9.08m^3$

绞缝 $V=(16-1.08\times2)\times0.077=1.07m^3$

行车道工程数量 表 3-28

项目	单位	梁	绞缝	桥面连续	桥面铺装	涂料防水层	备注
预制混凝土	m^3	525.7	—	—	—	—	
现浇混凝土	m^3	—	57.8	122.4	124.0	1 240.0	
钢筋	kg/m^3	137	53	781kg/道	176	—	

一片空心板工程数量 表 3-29

项目	单位	外侧边板	中板	内侧边板	备注
预制混凝土	m^3	9.65	8.61	9.08	一道绞缝现浇混凝土 $2.14m^3$
钢筋	kg/m^3	145	135	145	钢绞线为 $42kg/m^3$（预制混凝土）

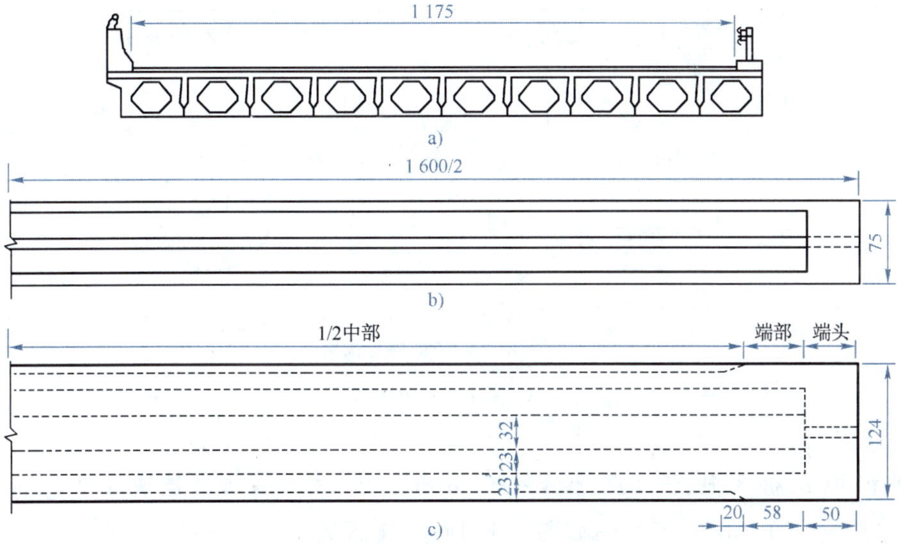

图 3-96 跨径 16m 预应力窄幅空心板

a）横断面；b）中板纵面；c）中板平面

3）桥梁支座

全桥 60 片空心板支座共 240 个，空心板底面对应支座的预埋钢板消耗量已在定额中考虑。安装空心板时聚四氟乙烯板表面涂硅脂 5201。桥梁支座工程图如图 3-98 所示。工程数量见表 3-30 所列。

桥梁支座工程数量 表 3-30

项目	规格	个数	每个支座体积(dm^3)	全桥数量	备注
板式橡胶支座（固定）	$\phi200\times42mm$	200	1.32	264.0	
滑板橡胶支座	$\phi200\times42mm$	40	1.32	52.8	贴 2mm 聚四氟乙烯板

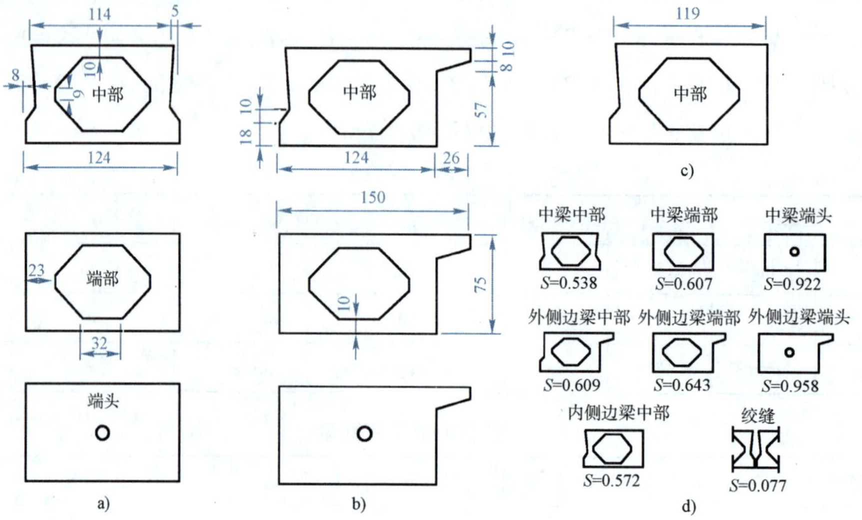

图 3-97　跨径 16m 窄幅空心板截面

a)中梁；b)外侧边梁；c)内侧边梁；d)细部面积(m²)

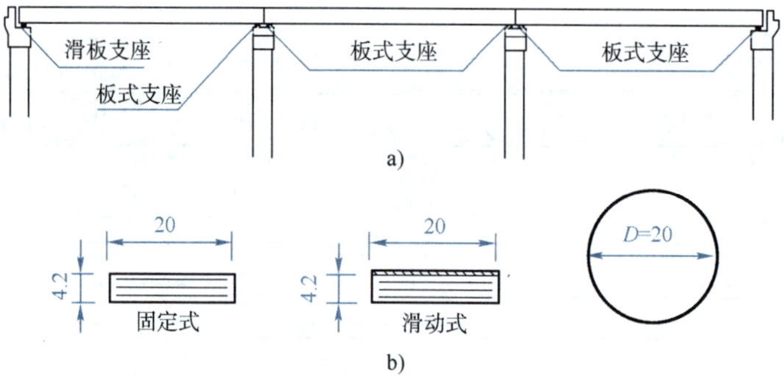

图 3-98　支座安装及构造

a)安装位置；b)构造

4)下部构造

桥墩 ϕ150cm 桩 8 根、长 107.2m，ϕ120cm 墩柱共 53.0m；抗震挡块 8 个，支座垫石 160 块；混凝土总量 396.2m³。工程图如图 3-99 所示，工程数量见表 3-31 所列。

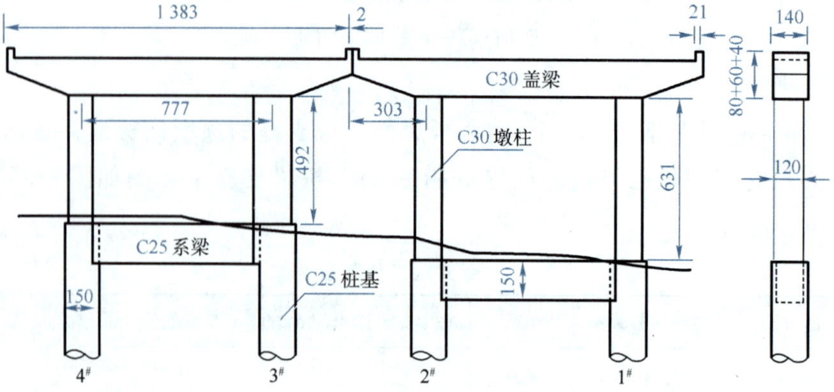

图 3-99　2 号墩下部构造

桥墩工程数量(全桥 4 个)　　表 3-31

项　目	单　位	桩　基	系　梁	墩　柱	盖　梁	挡　块	垫　块
混凝土	m^3	189.4	45.1	60.0	96.6	0.9	5.4
钢筋	kg/m^3	69	62	110	135	575	204

注:D50×2.5 钢管检测管 107.2×3×2.93=942kg。

桥台 ϕ150cm 桩 12 根、长 150m,ϕ120cm 台柱共 61.2m;抗震挡块 8 个,支座垫石 80 块,耳墙 4 个;混凝土总体积 477.4m^3。工程图如图 3-100 所示,工程数量见表 3-32 所列。

桥台工程数量(全桥 4 个)　　表 3-32

项　目	单　位	桩　基	台　柱	台　帽	耳　墙	背　墙	挡　块	垫　块
混凝土	m^3	265.1	69.2	100.6	4.4	34.7	0.7	2.7
钢筋	kg/m^3	69	110	97	82	117	280	204

注:D50×2.5 钢管检测管 150×3×2.93=1 318.5kg。

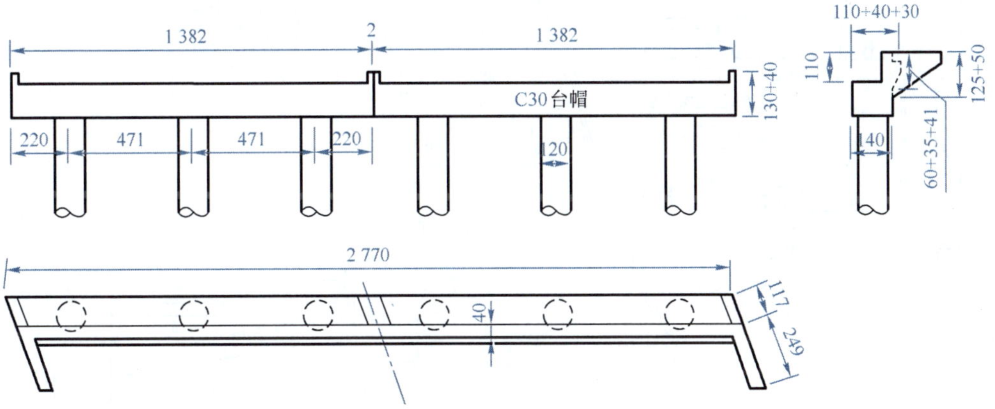

图 3-100　3# 墩下部构造

5)附属工程

该案例两岸锥坡高度均为 8.5m,桥头塔板长度 8m,斜交 20°。桥面铺装、桥头搭板等工程如图 3-101、图 3-102 所示,工程数量见表 3-33、表 3-34 所列。

附 属 工 程 数 量　　表 3-33

项　目	单　位	伸缩缝	桥面排水	桥面铺装	防撞护栏	波形护栏	桥头搭板	备　注
混凝土	m^3	—	—	124	25.8	15.8	196.2	
钢筋	kg/m^3	—	—	176	205	35	115	
铸铁管	kg	—	1 760	—	—	—	—	44 个
钢管	kg	—	—	—	791	475	—	
钢板	kg	—	—	—	591	1 583	—	
异型钢单缝	m	47	—	—	—	—	—	

锥 坡 工 程 数 量　　　表 3-34

项　目	单　位	锥　坡				挖　基　坑		备　注
		基础	坡面	垫层	填土	土方	石方	
砌片石	m^3	151.7	369.0	123.0	3 252	—	—	包括台前坡面
土石方	m^3	—	—	—	—	137.6	34.4	

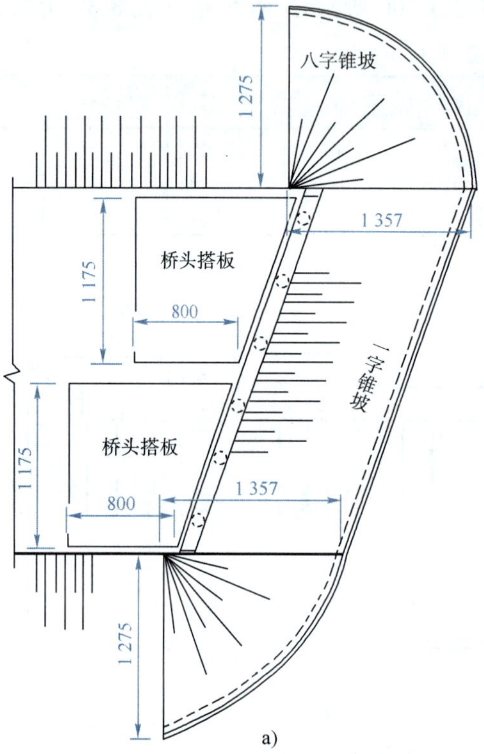

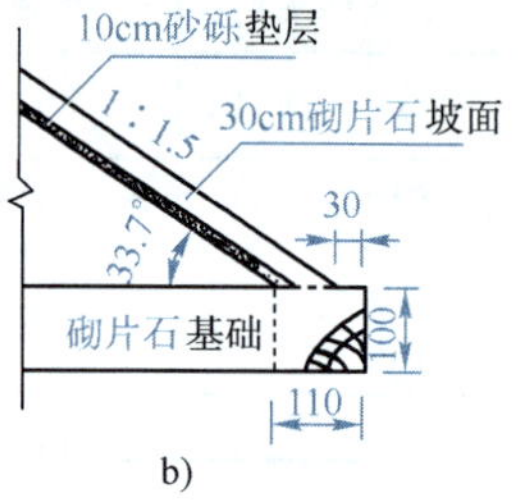

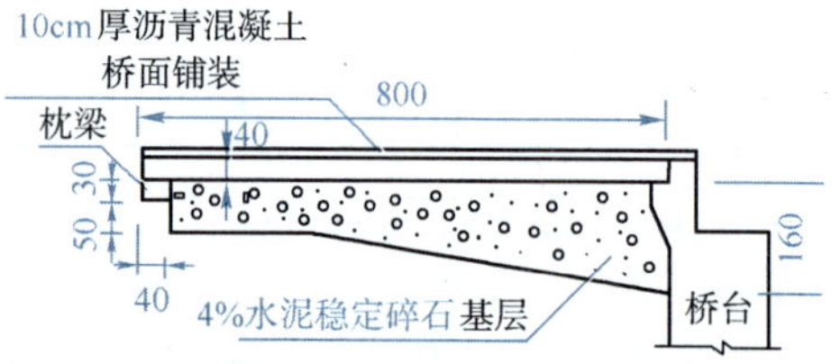

图 3-101　桥头构造

a)平面布置；b)锥坡脚

图 3-102　桥头搭板

锥坡基础工程量计算如下：

锥坡高度 $H=8.5\text{m}$；椭圆短半径 $b_1=H\times1.5=8.5\times1.5=12.75\text{m}$，长半径 $b_2=H\times1.5/\cos20^\circ=b_1/\cos20^\circ=13.57\text{m}$；$\lambda=(b_2-b_1)/(b_2+b_1)=0.03$；椭圆锥体弧长 $L=\pi(b_2+b_1)(64-3\lambda^4)/(64-16\lambda^2)/4=\pi\times(b_1+b_2)/4=20.67\text{m}$；一个锥坡基础工程量 $V=20.67\times1.1\times1.0=22.7\text{m}^3$。

锥坡填土工程量计算如下：

椭圆锥体 $V=\pi\times b_1\times b_2\times H/3$，桥梁锥坡体 $V_0=V/4$；$H=8.50-0.4/\cos33.7^\circ=8.02\text{m}$；$b_1=H\times1.5=12.03\text{m}$，$b_2=b_1/\cos20^\circ=12.8\text{m}$；$V=\pi\times b_1\times b_2\times H/3=1\,292.6\text{m}^3$，一个锥坡 $V_0=V/4=323.1\text{m}^3$。

锥坡(坡面)砌筑工程量计算如下：

扇形 $F=(b_1+b_2)\times L/4$，$F=(12.75+13.57)/4\times20.67=136.0\text{m}^2$；一个锥坡砌体 $V_1=F\times0.3=40.8\text{m}^3$；一个锥坡垫层 $V_2=F\times0.1=13.6\text{m}^3$。

2.预应力简支宽幅空心板桥

以蒋家寨中桥为例，该桥为高速公路双幅 20m 预应力混凝土宽幅空心板桥(图 3-103)，桥全长度 70.14m，设计荷载标准为公路 I 级。全桥工程数量见表 3-35 所列。桩长、墩高见表 3-36 所列。

全桥工程数量　　表 3-35

项　目	单　位	上 部 构 造		下 部 构 造			备　注
		预制	现浇	1#、2#墩	0#台	3#台	
混凝土	m^3	636.6	193.6	375.9	341.2	1 002.2	3#台帽 43.7m^3
钢筋	kg	72 190	22 674	34 585	28 165	2 446	
钢绞线	kg	26 737	—	—	—	—	

桩长、墩高　　表 3-36

墩　号	桩　号				墩　柱			
	(1)	(2)	(3)	(4)	(1)	(2)	(3)	(4)
1#	1 310	1 310	1 090	1 090	700	700	700	700
2#	1 430	1 430	1 180	1 180	700	700	700	700

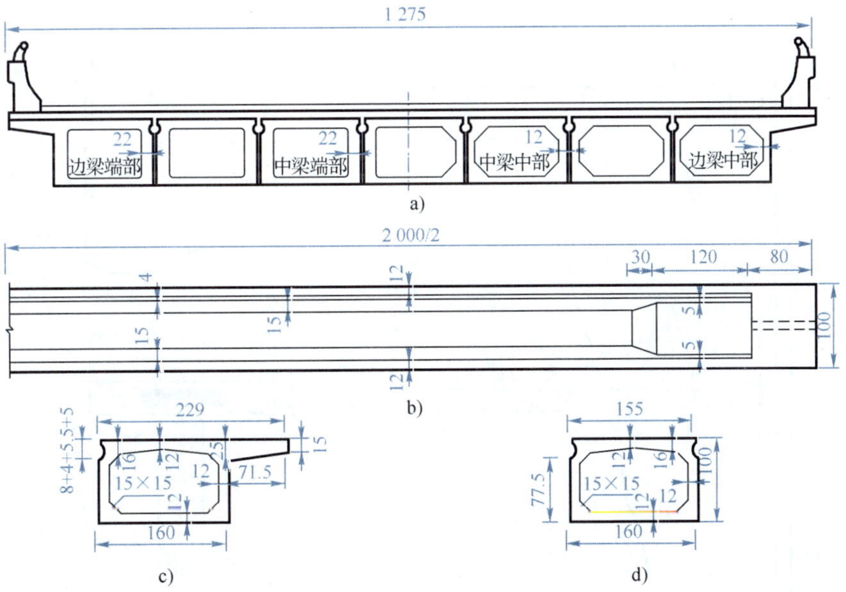

图 3-103　跨径 20m 预应力宽幅空心板

a)横断面；b)梁纵面；c)中梁中部截面；d)边梁中部截面

1)桥型布置

桥型按净跨 3×20m 布置，横桥方向由 7 块空心板组成，梁高度 1.0m，桥型图如图 3-104 所示。

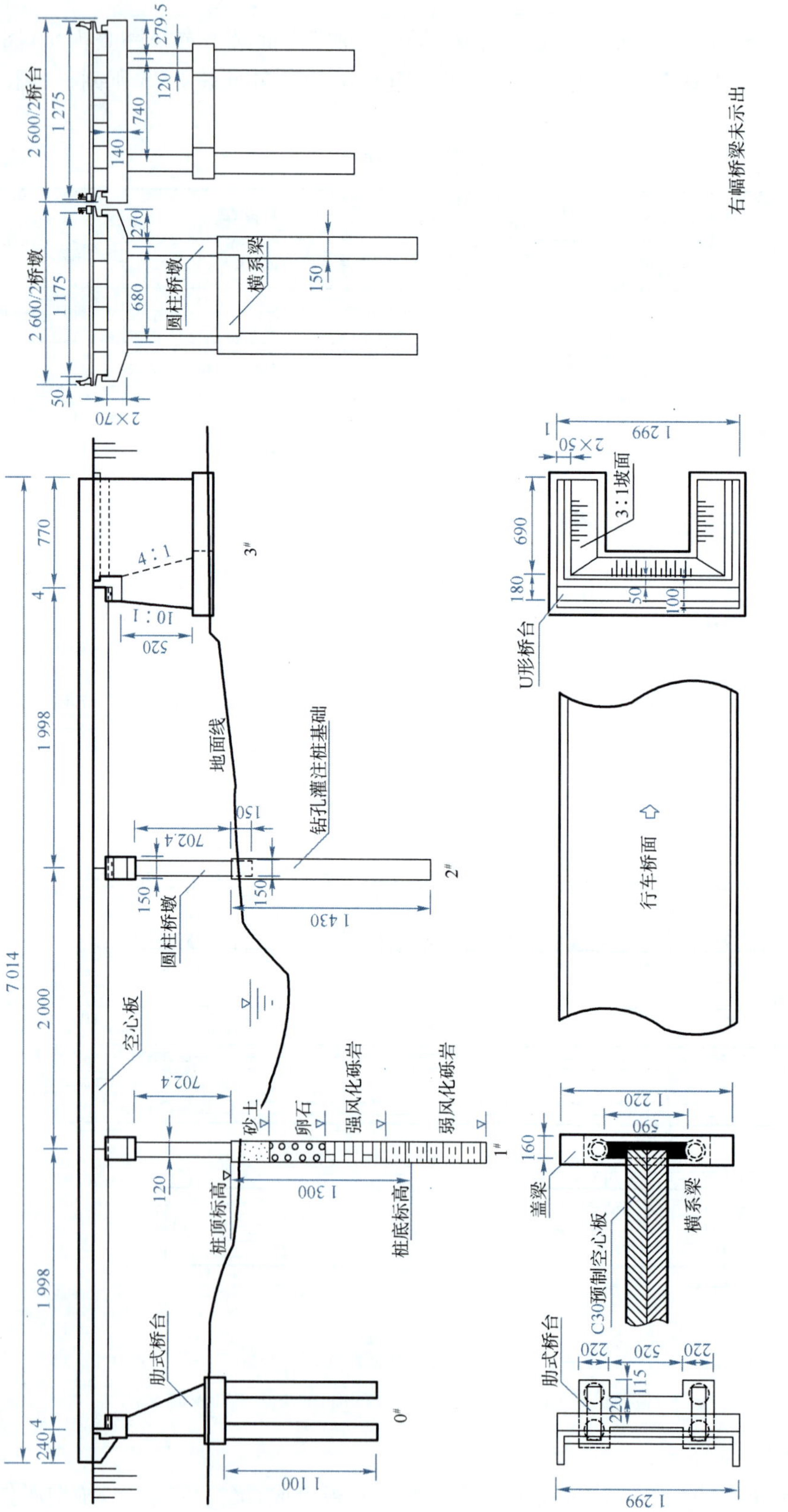
2 600/2桥台
2 600/2桥墩
圆柱桥墩
横系梁
右幅桥梁未示出
空心板
地面线
钻孔灌注桩基础
砂土
卵石
强风化砾岩
弱风化砾岩
桩顶标高
桩底标高
肋式桥台
U形桥台
3∶1坡面
行车桥面
盖梁
C30预制空心板
横系梁
肋式桥台

图3-104 桥型布置

2)上部构造

一幅桥梁横桥方向由 5 块中板宽度 1.6m,2 块边板宽度 2.315m,空心板高度 1.0m。

空心板截面积计算如下:

中梁:中部 $S=0.625m^2$,端部 $S=0.728m^2$,端头 $S=1.571m^2$

边梁:中部 $S=0.778m^2$,端部 $S=0.881m^2$,端头 $S=1.724m^2$

绞缝:$S=0.041m^2$。工程数量见表 3-37 所列。

一片梁工程数量 表 3-37

项 目	单 位	中 梁	边 梁	备 注
预制混凝土	m^3	14.3	17.3	一道绞缝现浇混凝土 0.82m^3
钢筋	kg/m^3	125	119	钢绞线为 43kg/m^3(预制混凝土)

3)下部构造

单幅桥工程数量见表 3-38 所列,桥台如图 3-105、图 3-106 所示。

单幅桥工程数量 表 3-38

项 目	单 位	一个肋台(0#)						一个墩(1#)				备 注
		台帽	耳墙	背墙	肋	承台	桩基	盖梁	墩柱	系梁	桩基	
混凝土	m^3	25.5	1.1	8.4	38.9	46.9	49.8	23.5	15.8	10.4	46.3	
钢筋	kg/m^3	143	125	162	63	47	86	144	75	77	74	

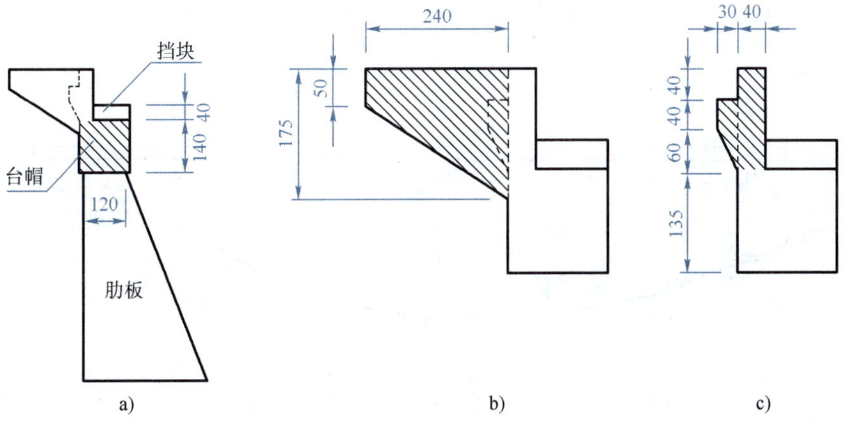

图 3-105 桥台(一)

a)台帽;b)耳墙;c)背墙

3. 预应力桥面连续 T 梁桥

以高速公路枫木中桥左幅桥梁为例,桥梁宽 12.0m,桥梁长度 76.08m。设计荷载为:汽车—超 20 级,挂车—120。桥面纵坡 1.5%,横坡 2%,全桥工程数量见表 3-39 所列。

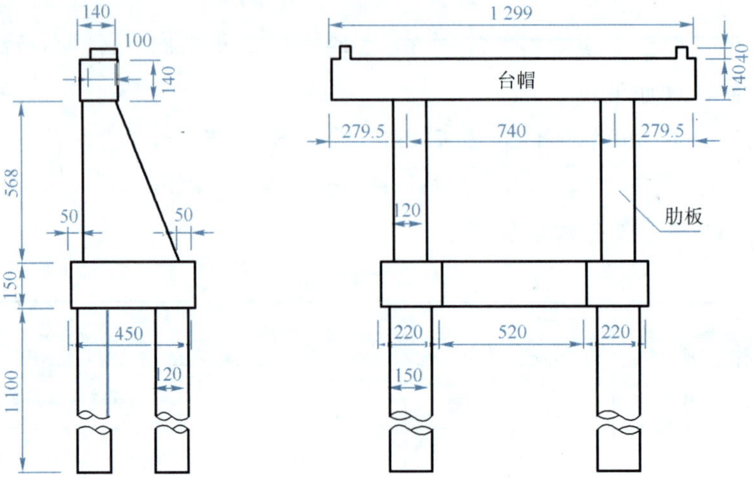

图 3-106　桥台(二)

全 桥 工 程 数 量　　表 3-39

项　目	单　位	上部构造		下部构造			备　注
		预制	现浇	1#墩	0#台	2#台	
混凝土	m^3	268.8	114.7	156.1	643.1	214.8	
钢筋	kg/m^3	45 691	23 274	11 901	3 126	3 126	台帽钢筋 95.3kg/m^3
钢绞线	kg	9 139	—	—	—	—	

1)桥型布置

本桥上部采用 2×30m 预应力混凝土预制 T 梁,桥面连续。下部构造为 U 形桥台、扩大基础;双柱墩,扩大基础;桥面铺装 10cm 混凝土,内、外侧采用墙式护栏。桥型布置如图3-107所示。

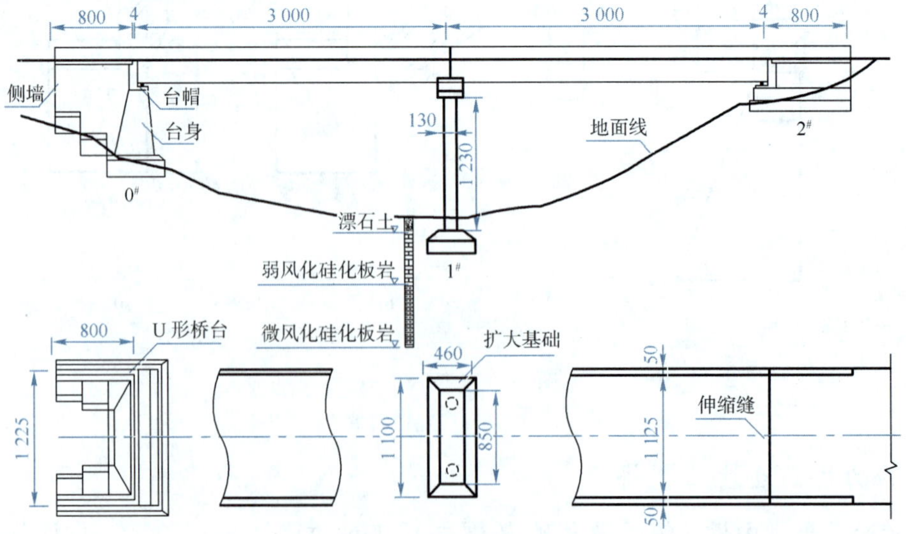

图 3-107　桥型布置

2)上部构造

30mT 梁马蹄宽 42cm,中梁顶宽 1.4m 共 8 片,边梁顶宽 1.7m 共 4 片,全桥 12 片梁,湿接缝宽度 60cm,封锚端 45cm。一片梁工程数量见表 3-40 所列。30mT 梁结构、截面、面积分别如图 3-108～图 3-110 所示。

一片梁工程数量　　表 3-40

项　目	单　位	一　片　梁		全　桥			备　注
		中梁	边梁	湿接缝	封锚端	桥面连续	
混凝土	m^3	22.6	22.0	17.46	10.8	86.4	
钢筋	kg/m^3	169	172	180	144	215	钢绞线为 $34kg/m^3$(预制混凝土)

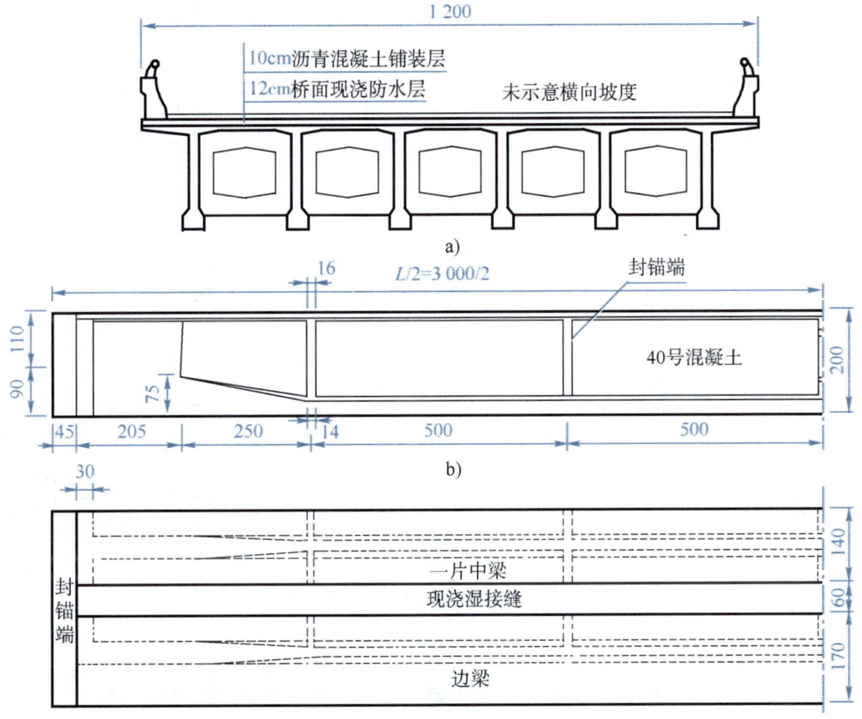

图 3-108　跨径 30mT 梁结构

a)横断面;b)梁立面;c)梁平面

预制 T 梁工程量计算如下:

一片中梁(中部)长度=30－(2.5＋2.05＋0.45)×2=20m;一片中梁(中部)横隔板 V=(0.16＋0.14)/2×1.74×5=1.31m^3;一片中梁(端部)横隔板 V=0.3×2.796×2=1.68m^3;端部马蹄渐变段 V=(0.315－0.226)/2×2.5×2=0.223m^3;一片中梁 V=20×0.618＋0.223＋2.5×2×0.618＋2.05×2×0.949＋1.31＋1.68=22.6m^3;一片边梁 V=20×0.652＋0.223＋2.5×2×0.652＋2.05×2×0.983＋1.31/2＋1.68/2=22.0m^3。

现浇混凝土计算如下:

全桥封锚端 V=(0.42×1.9＋2.0×0.1)×0.45×6×2×2=10.78m^3;全桥湿接缝及桥

面连续 $V=12\times60\times0.12+0.6\times0.1\times(30-0.45\times2)\times10=86.4+17.46=103.86m^3$。

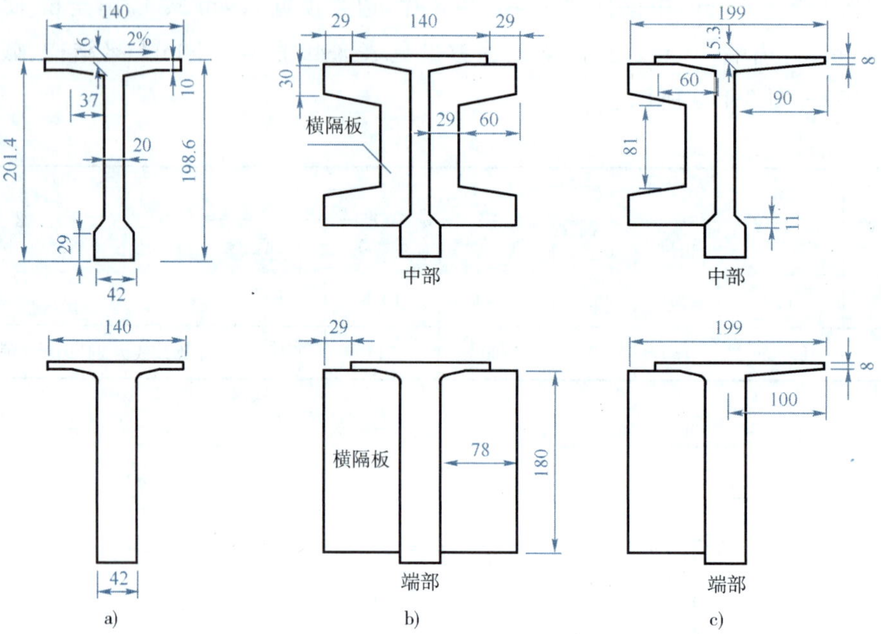

图 3-109 跨径 30mT 梁截面

a)标注；b)中梁；c)边梁

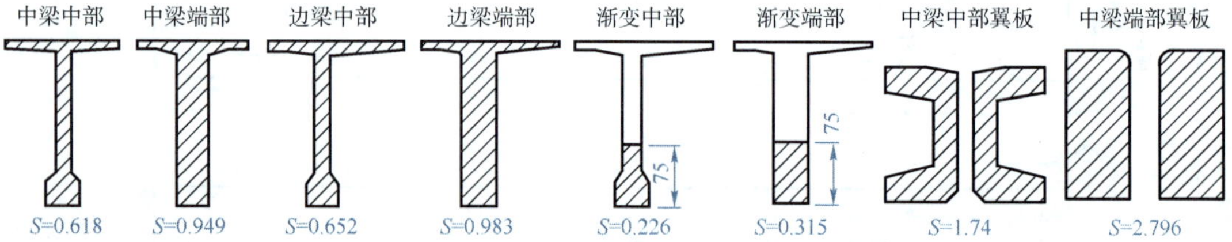

图 3-110 跨径 30mT 梁截面面积

3)下部构造

0 号台为重力式阶梯形 U 形桥台，扩大基础。1 号墩柱直径为 ϕ130cm，高度 1 230cm，扩大基础。2 号台工程图未示出。0 号台、1 号墩工程数量见表 3-41 所列，0 号桥台、1 号墩如图 3-111、图 3-112 所示。

0 号台、1 号墩工程数量 表 3-41

项 目	单 位	0 号 台				1 号 墩			备 注
		台帽	台墙	侧墙	扩大基础	盖梁	墩柱	扩大基础	
混凝土	m^3	32.8	216.8	153.5	240	38.1	32.7	85.3	
钢筋	kg/m^3	95	—	—	—	155	109	28.5	

0 号 U 形桥台工程量计算：

0 号台帽 $V=(1.9\times2.8-1.1\times2.3)\times12.25-0.3\times0.4\times11.25=32.8m^3$

0 号台墙 $V=[(0.6+1.5)\times6/2+6\times1.9]\times12.25=216.8m^3$

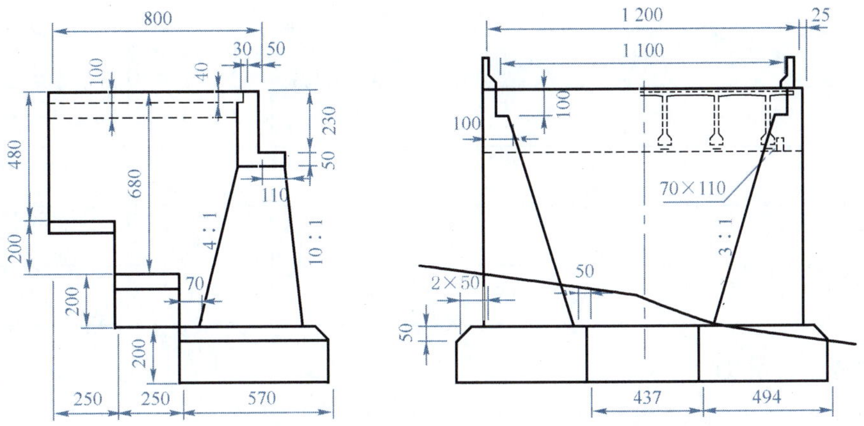

图 3-111　0# 桥台

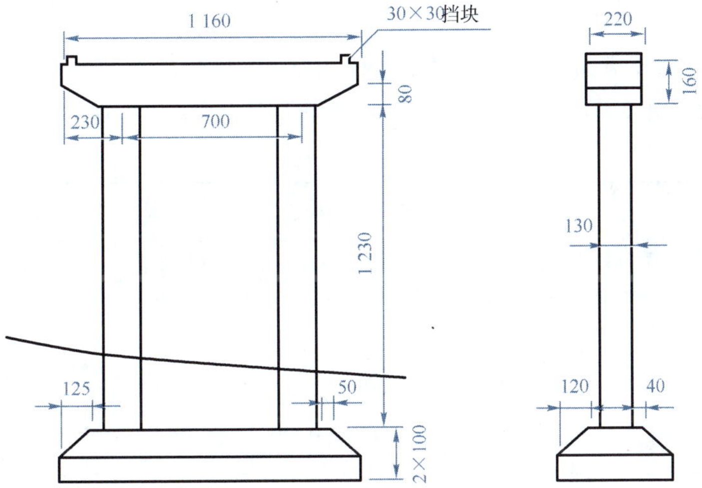

图 3-112　1# 桥墩

0 号台侧墙 $V_1=(7.8\times2.6/2+1\times7.8+1\times0.5)\times(0.7+1.5)\times2$

$-1.5\times6/2\times(1+2.6/2)\times2=60.44\text{m}^3$

0 号台侧墙 $V_2=5.8\times1.93/2+1\times5.8+1\times0.5)\times2.5\times2=59.49\text{m}^3$

0 号台侧墙 $V_3=(3.80\times1.27/2+1\times3.80+1\times0.5)\times2.5\times2=33.57\text{m}^3$

0 号台基础 $V_1=14.25\times5.7\times2-3.21=159.25\text{m}^3$

0 号台基础 $V_2=(4.43\times2.5\times2-0.31)\times2=43.68\text{m}^3$

0 号台基础 $V_3=(3.77\times2.5\times2-0.31)\times2=37.08\text{m}^3$

1 号桥墩工程量计算如下：

墩盖梁 $V=(11.6\times1.6-1.55\times0.8/2\times2)\times2.2=38.1\text{m}^3$

墩柱 $V=12.3\times2\times0.65^2\times\pi=32.65\text{m}^3$

墩扩大基础 $V=11\times4.6\times1+(11\times4.6+8.5\times2.2)/2\times1=85.25\text{m}^3$

4)附属工程

桥头搭板长度 7.5m，内、外侧为组合式护栏，桥面铺装厚度为 10cm 水泥混凝土。附属工程数量见表 3-42 所列。

附属工程数量　　表 3-42

项　目	单　位	桥头搭板	桥面铺装	护　栏	备　注
混凝土	m^3	70.2	83.7	32.7	护栏混凝土 0.22m^3/m
钢筋	kg/m^3	133	210	231	
钢管	kg/m^3	—	—	7.5	
钢板	kg/m^3	—	—	5.6	

桥面工程量计算如下：

桥面铺装 $V=11\times76\times0.1=83.6m^3$

桥头搭板 $V=(7.5\times0.4+0.4\times0.3)\times11.25\times2=70.2m^3$

4. 悬浇变截面连续箱梁桥

本案例主跨采用预应力混凝土变截面连续箱梁结构，全桥长 716m，边跨为 50m 预应力混凝土 T 梁（图未示出，未计工程量）。全桥工程数量见表 3-43 所列。

全桥工程数量　　表 3-43

项　目	单　位	上部构造		下部构造		备　注
		悬浇	现浇	主桥墩	过渡墩	
混凝土	m^3	9 619.8	351.8	10 342.5	1 169.6	
钢筋	kg	1 818 075	650 440	77 667		
钢绞线	kg	583 691	—	—		
预应力 ϕ32 粗钢筋	kg	146 220	—	—		

1）桥型布置

主跨布置为(58+6×100+58)m 预应力混凝土变截面连续箱梁，箱梁单“T”共分 15 段浇筑，另加合龙段，悬浇最大梁段重量 1 126kN。桥型布置如图 3-113 所示。

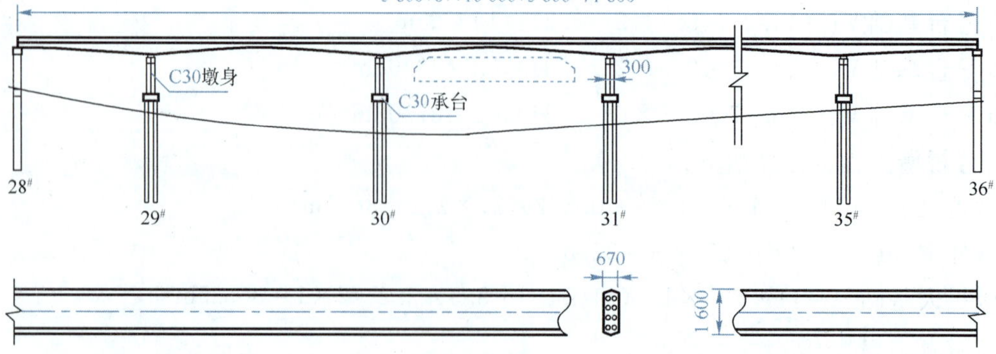

图 3-113　桥型布置

2)上部构造

箱梁底0号块为水平面,1号～15号块箱梁底按二次抛物线曲面变化。全桥共2个边跨,6个中跨,本图仅示出二分之一中跨结构。边跨合拢段2m,现浇段长度7m,现浇段支点附近腹板加厚至60cm。预应力体系:纵向采用9ϕs15.2mm钢绞线,顶板横向3ϕs15.2mm钢绞线,腹板竖向采用ϕ32mm精扎螺纹钢筋。

悬浇程序为:在各墩上安装支座及托架,浇筑墩梁临时固结及0号块混凝土;待强度达到80%以上,张拉三向预应力;在托架上立模浇筑1号块混凝土,待强、张拉预应力、灌浆;对称安装挂篮,浇筑(两个)2号块,待强、张拉预应力、灌浆;移动挂篮浇筑3号～15号块混凝土等工序;搭设支架浇筑边跨现浇段,待强后对边跨合龙段进行临时刚性连接、浇筑混凝土等;待强度达到80%以上,按先长束后短束顺序张拉后期预应力束;拆除边跨现浇段临时支架、模板、临时固结及施工挂篮。按先合拢边跨顺序,对称合拢中跨,直至全桥合拢。箱梁分块工程数量见表3-44所列,箱梁断面尺寸见表3-45所列,箱梁断面如图3-114所示。

箱梁分块工程数量 表3-44

项目	单位	0号/2	1号	2号	3号	4号	5号	6号	7号	8号
长度	m	2.5	2.5	2.5	2.5	2.5	2.5	2.5	3.5	3.5
面积	m^2	18.1	17.7	17.0	16.3	15.7	15.1	14.5	13.6	12.6
体积	m^3	68.5	44.4	42.6	40.8	39.2	37.7	36.3	50.3	47.1
项目	单位	9号	10号	11号	12号	13号	14号	15号	合龙段/2	边跨加长段
长度	m	3.5	3.5	3.5	3.5	3.5	3.5	3.5	1	8
面积	m^2	12.1	11.7	11.3	10.6	9.9	9.8	9.7	10.1	9.7
体积	m^3	45.3	46.7	45.4	39.9	34.7	34.2	34.0	14.0	77.8

箱 梁 断 面 尺 寸 表3-45

截面号	0-0′	1-1′	2-2′	3-3′	4-4′	5-5′	6-6′	7-7′	8-8′
梁高	600	600	567	535	505	477	451	427	396
底厚	70	70	66	62	58	55	51	48	44
腹板厚	70	70	70	70	70	70	70	70	60
截面号	9-9′	10-10′	11-11′	12-12′	13-13′	14-14′	15-15′	16-16′	合龙段
梁高	369	345	325	309	296	287	282	280	280
底厚	41	38	36	34	32	31	30	30	30
腹板厚	60	60	60	60	40	40	40	40	40/60

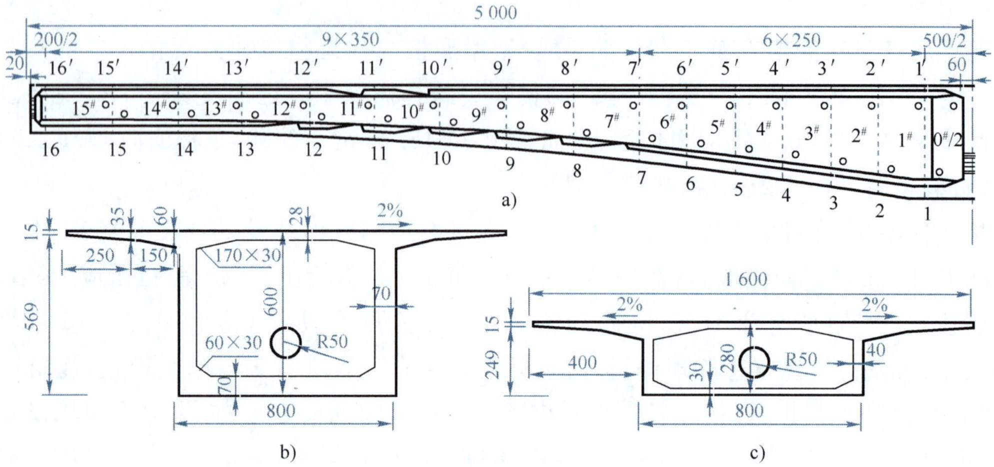

图 3-114　箱梁断面

a)正面；b)0-0′断面；c)合龙段

3)下部构造

主桥 29 号～35 号墩为门式轻型桥墩，顺桥向厚度 300cm，横桥向宽度 2×320cm。桩基为双排 4×ϕ150cm 钻孔灌注桩，每墩 8 根。桩基进入卵石层深度一般不小于 48m，该案例所处湖区覆盖层较厚，故平均桩长达 58m。过渡墩工程数量见表 3-46、表 3-47 所列，1 号～7 号墩如图 3-115 所示。

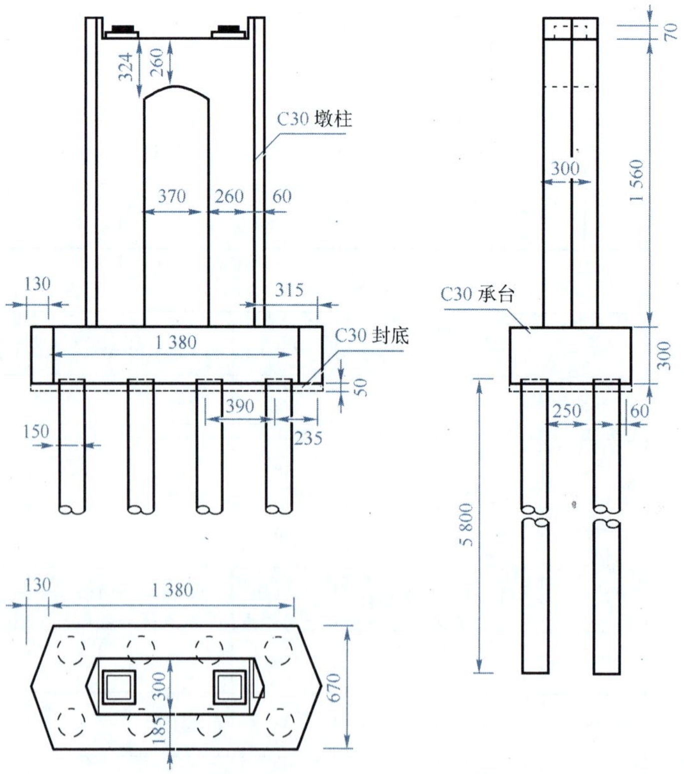

图 3-115　1[#]～7[#] 墩

过渡墩工程数量　　表 3-46

项　目	单　位	墩　身	承　台	桩　基	备　注
混凝土	m^3	303.4	354.1	820	
钢筋	kg/m^3	64	64	62	

过渡墩工程数量　　表 3-47

项　目	单　位	盖　梁	墩　柱	系　梁	桩　基	备　注
混凝土	m^3	95.8	98.6	25.5	364.9	
钢筋	kg/m^3	103	89	62	51	

过渡墩、主桥墩上支座垫石，分别按 40cm、37.5cm 计算。过渡墩挡块按截面 40cm×65cm 计算。图中未示出过渡墩及未计过渡墩支座工程数量。过渡墩如图 3-116 所示。

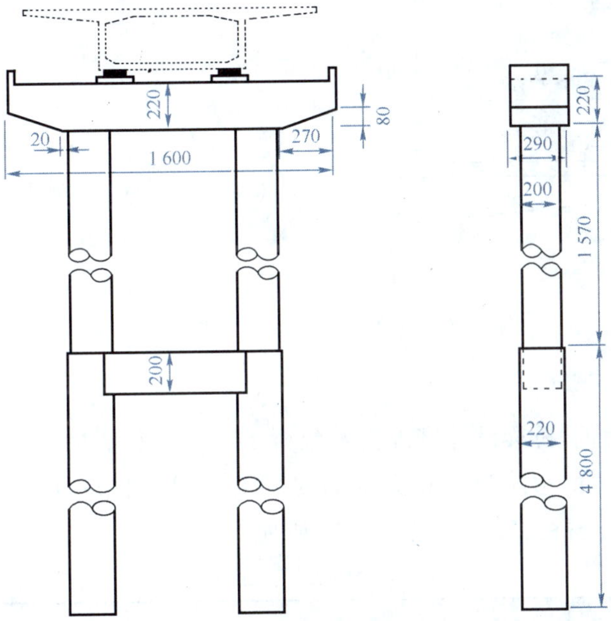

图 3-116　过渡墩

4)附属工程

桥面泄水孔布置为 5m 间距，其开孔补强钢筋已计列在箱梁工程数量表中；泄水管外接 PVC 管及锚固 PVC 管所用钢筋未计。每个灯柱钢管重量约 250kg，布设间距为 50m。灯柱工程费用采用每套成品价计算，工程数量表中仅计算安装用材料。灯桩及箱梁桥面直管排水如图 3-117 所示，附属工程数量见表 3-48 所列。

附属工程数量　　表 3-48

项　目	单　位	伸缩缝	泄水管	灯　柱	备　注
铸铁管	kg	—	4 776	501	泄水管 16.7kg/套
钢板	个	—	—	42	灯柱 28 个，泄水管 286 套
GQF-MZL48	m	30.8	—	—	

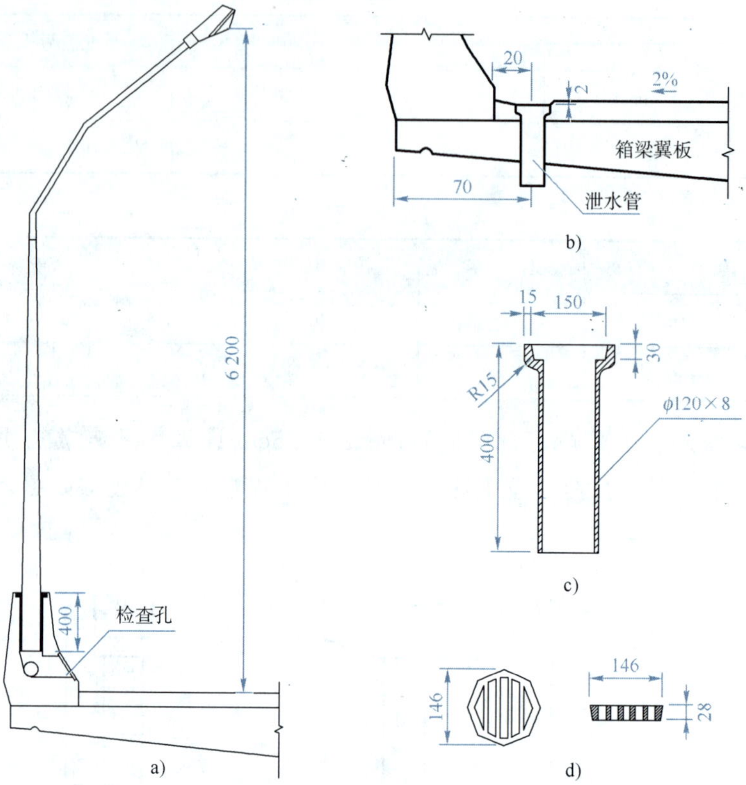

图 3-117 灯柱及箱梁桥面直管排水

a)灯柱正面;b)直管排水正面;c)铸铁管;d)铸铁盖板

5. 悬浇刚构箱梁桥

以大埠头主桥为例,桥梁设计宽度为左幅桥 12.75m,右幅桥 14.75m(外侧加宽非机动车道 2m),全桥长 210m,边跨为 30m 预应力混凝土 T 梁(图未示出并未计工程量),设计荷载标准为公路Ⅰ级。全桥工程数量见表 3-49 所列。

全 桥 工 程 数 量　　表 3-49

项　目	单　位	上部构造		下部构造		备　注
		悬浇	现浇	主桥墩	过渡墩	
混凝土	m^3	4 105.5	238.7	4 332.5	865.8	
钢筋	kg	793 245	264 004	56 237	—	
钢绞线	kg	212 108	—	—	—	
预应力 φ32 粗钢筋	kg	7 321	—	—	—	

1)桥型布置

该桥主跨为(30+3×50+30)m 悬浇预应力混凝土变截面刚构箱梁桥,箱形梁采用单箱单室断面,梁高按二次抛物线变化。箱梁在薄壁墩顶设置两个 1m 厚度横隔墙,在跨中合龙段设置 0.3m 横隔板,边跨(连接墩)墩顶设置 1.1m 横隔板。桥型布置如图 3-118 所示,主跨上部横断面如图 3-119 所示,箱梁断面如图 3-120 所示。

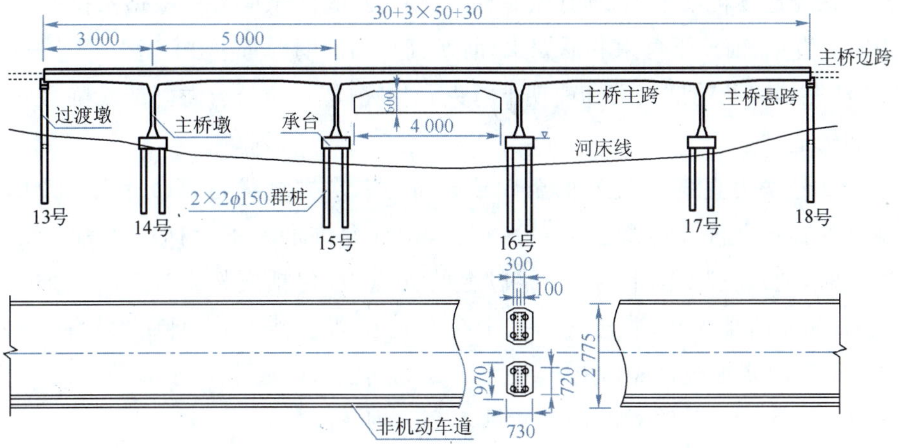

图 3-118 桥型布置

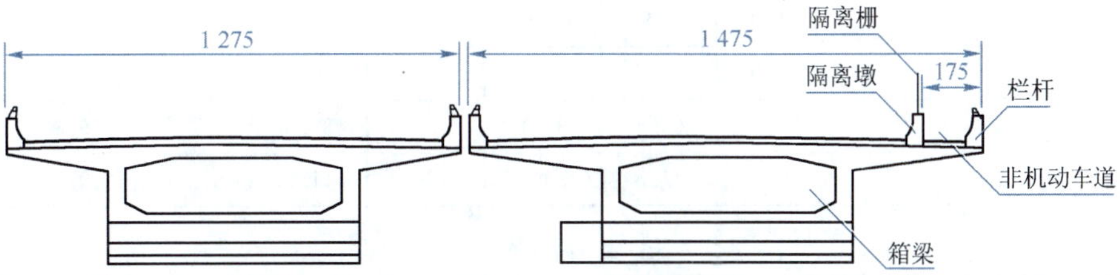

图 3-119 主跨上部横断面

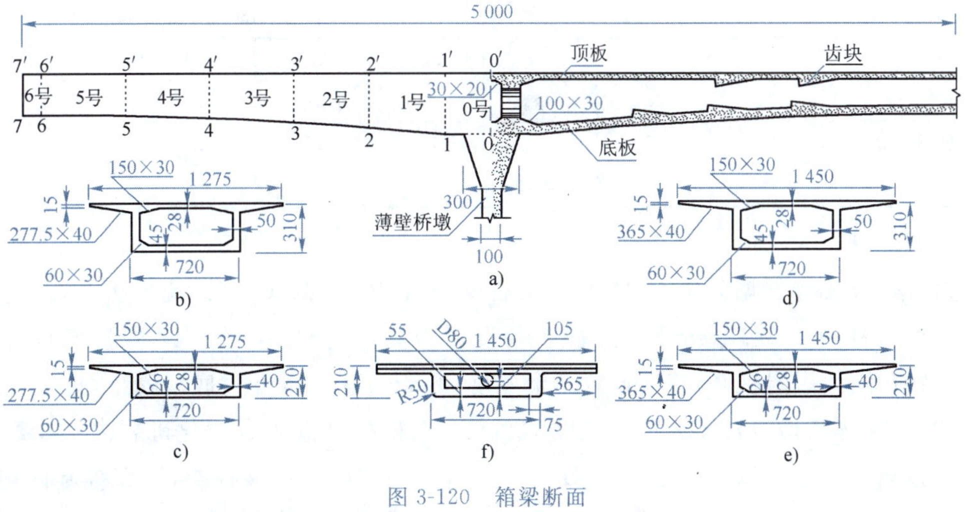

图 3-120 箱梁断面

a)正面；b)左幅桥 1-1′；c)左幅桥 6-6′；d)右幅桥 1-1′；e)右幅桥 6-6′；f)右幅桥跨中

箱梁单“T”共分 5 块悬臂浇筑，0 号块长 5m，其余 1 号～5 号块分别为 2×4m＋3×4.5m，中跨合龙段长 2m，边跨现浇段与合龙段合并，长 6m。主桥按照 14 号～17 号墩共 4 个“T”对称臂悬浇施工。除 0 号块采用塔设托架浇筑完成外，其余梁段均采用挂篮悬浇，悬浇最重梁段左半幅为 1 095kN，右半幅为 1 155kN。两边跨 6m 现浇段采用塔设吊架浇筑。全桥合龙顺序为：合龙 14 号～15 号、16 号～17 号墩之间两个中跨，再浇筑两个边跨现浇段，最后合龙 15 号～16 号墩之间的中跨。

变截面悬浇连续箱梁采用二向(纵、横向)预应力,纵向预应力束根据张拉的时间与形状不同可分为前期直束、前期下弯束和后期束,前期直束和前期下弯束在浇注“T”时进行张拉,后期束在“T”浇注完毕以及前期直束和前期下弯束张拉完成后,主桥合龙时或成桥后进行张拉。

2)上部构造

箱梁底 0 号块为直线,1 号截面至 6 号截面为二次抛物线曲线($Y=0.002\,163X^2$)变化。箱梁悬浇时的挂篮及浇注混凝土为对称施工,设计允许最大不对称荷载为 100kN。边跨段现浇混凝土时,通过支架作用在 5 号梁段上的支点力(包括支架重)按 1 000kN 设计。箱梁底部布置 D10cm 的排水孔(兼通气),排水孔布置在利于排水处,且距梁段间分界线不小于 20cm;通气孔在两侧腹板每隔 200cm 设置 D10cm 孔一个,距箱梁底面高 120cm。箱梁分块工程数量见表 3-50 所列,箱梁断面尺寸见表 3-51 所列。

箱梁分块工程数量 表 3-50

项目		单位	0 号	1 号	2 号	3 号	4 号	5 号	6 号	5m 加长段
截面积	左幅	m^2	11.3	9.9	9.1	8.4	7.9	7.8	7.7	7.7
	右幅		11.9	10.5	9.7	9.0	8.5	8.4	8.3	8.3
混凝土	左幅	m^3	38.9	39.4	37.1	40.7	38.9	35.0	19.3	38.6
	右幅		40.4	41.8	39.5	43.3	41.5	37.6	19.9	41.6

箱 梁 断 面 尺 寸 表 3-51

截面号	0-0′	1-1′	2-2′	3-3′	4-4′	5-5′	6-6′	7-7′
箱梁分块	0 号	1 号	2 号	3 号	4 号	5 号	6 号	
箱梁长(cm)	250	400	400	450	450	450	100	
梁高(cm)	310	310	276	228	228	214	210	210
顶板厚(cm)	35	28	28	28	28	28	28	28
底板厚(cm)	60	45	39	34	29	27	26	26
腹板厚(cm)	70	50	50	50	40	40	40	40

3)下部构造

过渡墩(又称连接墩)13 号、18 号桥墩桩基设计为 2×ϕ180cm 钻孔灌注嵌岩桩基,桩顶设计系梁,墩柱为 2×ϕ160cm 圆柱墩,墩顶设置盖梁。主桥 14 号~17 号桥墩设计为 4×ϕ150cm 钻孔灌注嵌岩桩基,其上设置承台厚度 300cm、厚 100cm 封底混凝土,桥墩设计为单肢薄壁矩形实体桥墩、肢厚 100cm、宽度 720cm。全桥桩基嵌入弱风化砾岩内不少于 300cm(天然湿度岩石单轴极限抗压强度 6MPa)。桩基均要求做超声波检查,所有桩基内均设置 3 根外径 ϕ50mm,壁厚 2.5mm 的检测钢管,管底用钢管封闭,在桩身断面层呈等边三角形布置。14 号、13 号桥墩工程数量分别见表 3-52、表 3-53 所列,14 号、13 号过渡墩分别如图 3-121、图3-122所示。

左幅 14 号桥墩工程数量 表 3-52

项目	单位	墩身	承台	桩基	备注
混凝土	m^3	138.2	283.2	60.1	
钢筋	kg/m^3	31	70	74	

13 号(过渡)墩工程数量　　表 3-53

项目		单位	盖梁	墩身	桩基	系梁	备注
左幅	混凝土	m^3	48.1	52.3	91.6	15.2	
	钢筋	kg/m^3	133	89	79	58	桩基检测钢管 4 043kg
右幅	混凝土	m^3	62.3	—	—	19.5	
	钢筋	kg/m^3	122	—	—	62	

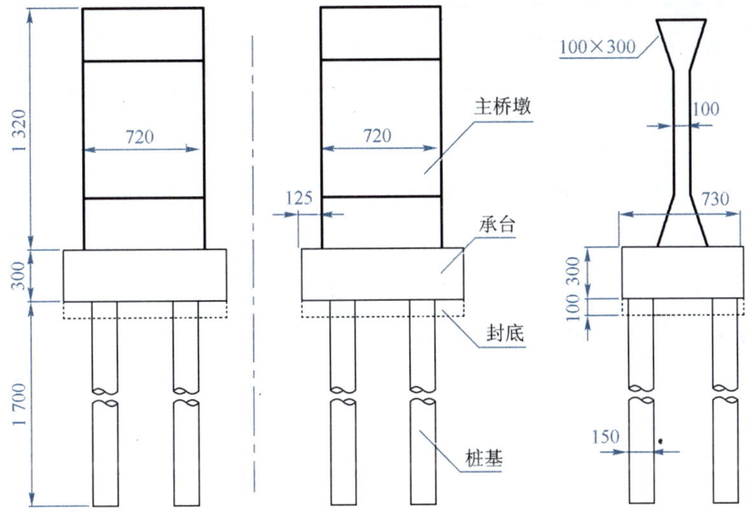

图 3-121　14 号桥墩

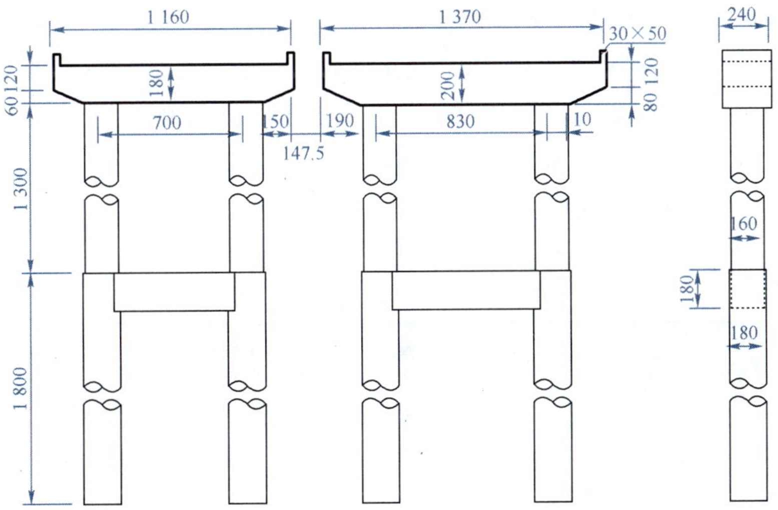

图 3-122　13 号过渡墩

3.7.3 三塔式斜拉桥

本案例为不等高三塔双斜面索预应力混凝土漂浮体系斜拉桥，全长 879.60m(不含引桥)，设计荷载标准采用：汽车—超 20 级、挂车—120、人群荷载 3.5kN/m^3，桥梁宽度 23m，其中 2×1.5m 为拉索锚固区。全桥主要工程数量见表 3-54 所列。

全桥主要工程数量　　表 3-54

项目	单位	上部构造			下部构造		备注
		悬浇	现浇	斜拉索	主桥墩	过渡墩	
混凝土	m^3	14 804.3	1 856.6	—	35 703.1	3 331.6	
钢筋	kg	1 974 272	247 592	24 658	3 865 589	478 046	
钢管及钢板	kg	—	—	175 526	24 849	7 314	
钢绞线	kg	236 928	29 713	—	104 886	—	
ϕ7 高强钢丝	kg	118 434	—	1 250 218	—	—	
ϕ32 精轧螺纹钢	kg	133 239	—	—	16 367	—	
ϕ5 碳素钢丝	kg	—	—	—	21 787	—	

1. 桥型布置

索塔包括两个边塔和一个中塔，分别编为 11 号、13 号墩和 12 号墩。12 号墩索塔高度 125.68m，斜拉索悬挂主梁单边跨度 179m，全跨 358m；11 号、13 号墩索塔高度 99.31m，斜拉索悬挂主梁全跨 129.8+131m=260.8m。主梁采用预应力混凝土肋板式连续梁，桥型布置如图 3-123 所示，主梁布置如图 3-124 所示。

主梁采用挂篮对称悬浇施工，设计重量包括模板及施工荷载 150t。合龙段与塔中采用支架现浇施工。主桥构造如图 3-124 所示。

2. 上部构造

主梁肋高度 $H=2.5$m，肋宽度 $B=1.7$m，梁顶宽度 23m，桥面板厚度 32cm。预应力布置分前期束和后期束，前期束布置在肋的上、下缘为 48ϕ_s7 高强钢丝、DM 锚固体系，桥面板内设 ϕ32 精轧螺纹钢、YGM 锚固体系；后期束布置在中跨跨中区域下缘和边跨梁端区域下缘，采用 19ϕ_j15.24 钢绞线、YM 锚固体系。为增加主梁横向刚度，在主梁节段上设置横梁（标准厚度 26cm、40cm、50cm 和东西岸端横梁），采用 ϕ_j15.24 钢绞线、YM 锚固体系。10 号、14 号连接墩上的斜拉桥支座采用拉压球形支座，设计竖向压力 3 000kN。上部构造工程数量见表 3-55 所列。

上部构造工程数量　　表 3-55

项目	单位	肋板	横梁	备注
混凝土	m^3	13 629.8	3 031.1	横梁中另含端横梁、观光台横梁混凝土 1 420m^3，齿板 265m^3
钢筋	kg/m^3	139	108	
钢绞线	kg/m^3	12	34	
ϕ7 高强钢丝	kg/m^3	8	—	
预应力 ϕ32 粗钢筋	kg/m^3	9	—	

斜拉索钢丝排列成缺角六边形，钢丝相互平行、顺直，同心绞合加工。为加强钢导管与混凝土的粘结，在加劲钢圈 80cm 范围内焊接长度 20cm、ϕ16 短工件全桥共 4.484t。斜拉索构造如图 3-125 所示。斜拉索长度及工程数量见表 3-56 所列。

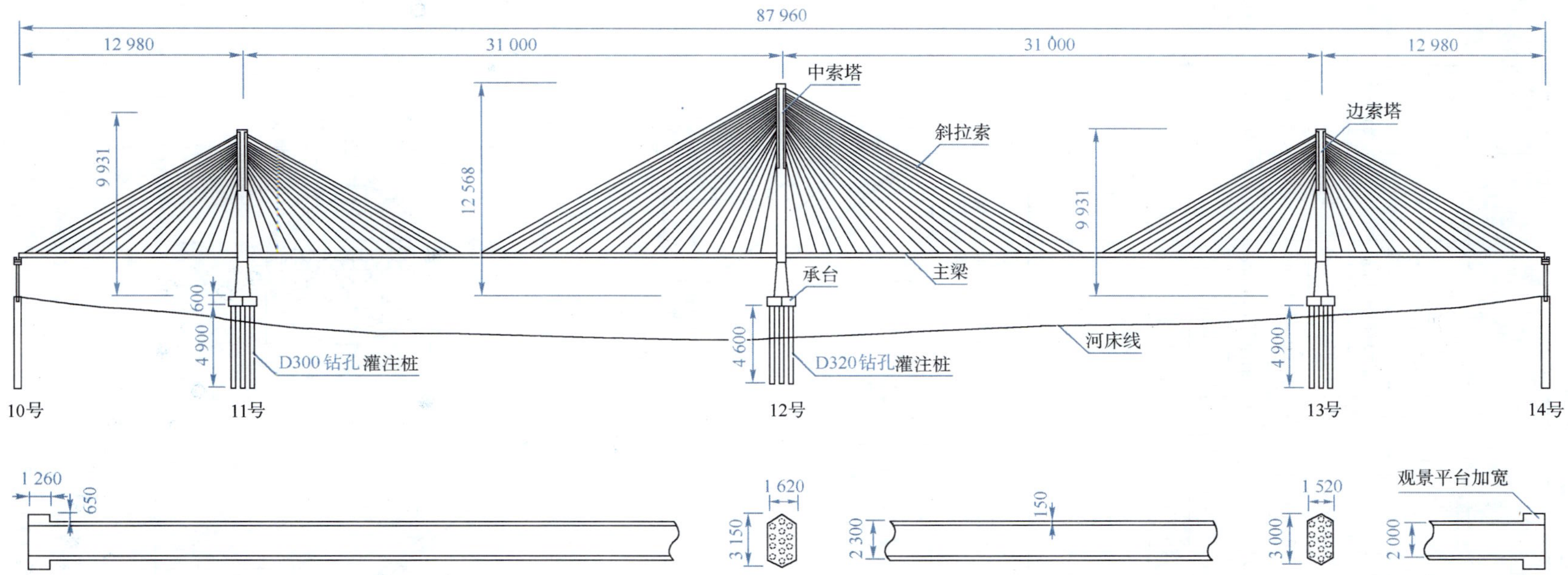

图3-123 桥型布置

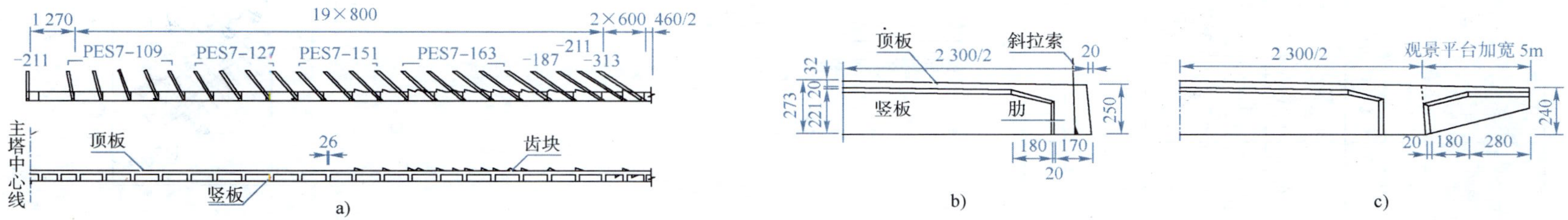

图3-124 主梁构造

a)12号墩右侧正面；b)一般横断面；c)加宽部横断面

斜拉索长度及工程数量　　　　表 3-56

拉索规格	钢丝束根数	钢丝根数	拉索单位重	拉索长度	拉索重量	项目			单位	12 号墩	11 号、13 号墩
			kg/m	m	kg	斜拉索		ϕ7 高强钢丝	kg	582 868	667 350
PES7-313	4	313	94.56	807.5	76 356	斜拉索		PE 护套	kg	29 273	32 745
PES7-211	6	211	63.74	848.8	54 103	拉索锚固	锚固系：444 个	锚垫板 δ42mm	kg	24 869	37 355
PES7-187	8	187	56.49	1 487.7	84 040	拉索锚固	锚固系：444 个	加劲钢板 δ10mm	kg	2 823	4 789
PES7-163	20	163	49.24	3 205.1	157 819	拉索锚固	锚固系：444 个	加劲钢圈 δ28mm	kg	1 759	3 385
PES7-151	16	151	45.62	2 060.9	94 018	拉索锚固	锚固系：444 个	钢导管 δ10mm	kg	40 918	59 628
PES7-127	16	127	38.37	1 658.5	63 637	拉索锚固	锚固系：444 个	ϕ20 螺旋钢筋	kg	9 928	14 730
PES7-109	20	109	32.93	1 606.3	52 895	拉索锚固		冷铸锚	套	180	264
合计	90	1261		11 674.8	582 868	拉索锚固		拉索减振器	套	180	264
						拉索锚固		拉索护罩	套	180	264
						拉索锚固		锚头防护罩	套	90	132

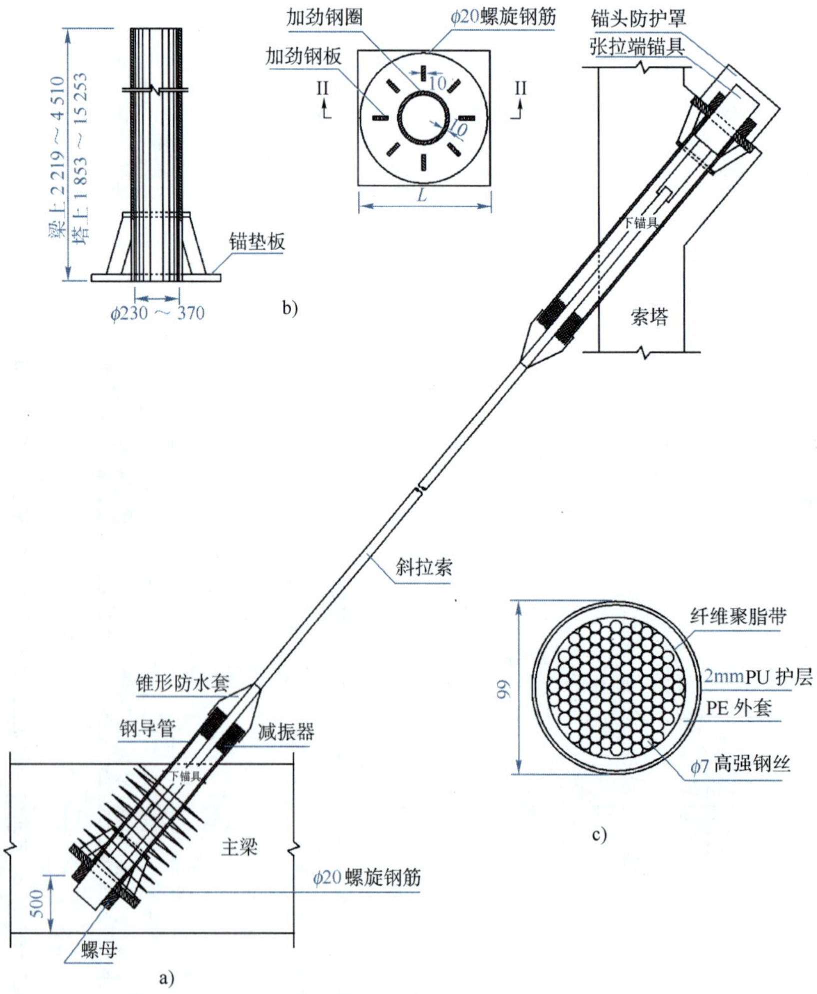

图 3-125　斜拉索构造

a)安装；b)钢导管；c)拉索截面

3. 下部构造

12 号墩采用 13 根 ϕ320cm 群桩基础，11 号、13 号墩采用 13 根 ϕ300cm 群桩基础。11 号、13 号墩和 12 号墩承台采用钢套箱施工。索塔的下塔腿为单箱单室截面，拉索锚固段为单箱双室截面。拉索锚固段配置纵向、横向预应力筋，锚墙上采用 ϕ_j15.24 钢绞线、YM 锚固体系，肋板上采用 ϕ32 精轧螺纹粗钢筋、YGM 锚固体系和 ϕ_s5 碳素钢丝、DM 锚固体系。索塔横梁配置 ϕ_j15.24 钢绞线、YM 锚固体系。

桩底嵌入微风化基岩深度不少于 8m。承台采用钢套箱围堰施工，套箱与桩基钢护筒焊接。承台与索塔根部接触面处治包括凿毛、洗净、凉干。

10 号、14 号墩分别为三塔斜拉桥与东岸（10×50m 顶推箱梁）、西岸（10×50m 现浇箱梁）引桥的连接墩（过渡墩），为单排三柱桥墩，盖梁 3.8m×2.5m，基础为 3 根 ϕ300cm 钻孔灌注桩、横系梁连接。中塔位置施工水深约 12m。

在索塔混凝土浇筑过程，需计算临时加固（如中塔腿横向联系、横梁的塔梁固结）钢筋，以及塔吊和施工电梯等设备费用。为增加索塔结构刚度，设计时一般计算劲性骨架钢材。索塔及主梁需预埋施工控制所用的检侧件。需计算索塔内检修爬梯、塔冠和避雷针。中塔构造、索塔及主梁体积计算、中塔劲性固架分别如图 3-126～图 3-128 所示，下部工程数量见表 3-57 所列。

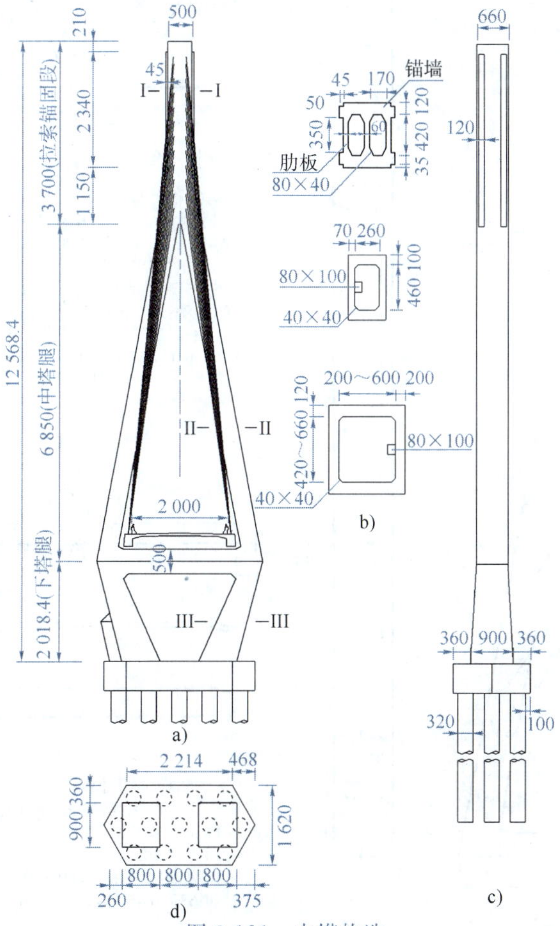

图 3-126　中塔构造

a）正面；b）剖面；c）侧面；d）平面

下 部 工 程 数 量

表 3-57

项　　目	单位	12 号中塔			11 号、13 号边塔			备　　注
		塔身	承台	桩基	塔身	承台	桩基	
混凝土	m^3	5 704.7	2 824.1	4 809.4	8 297	5 062.5	9 005.4	横梁、端横梁、齿板、观光台横梁混凝土 1 685m^3
钢筋	kg/m^3	151	66	85	153	65	90	
钢管	kg	—	1 065	7 039	—	1 752	14 993	
型钢	kg/m^3	20	—	—	21	—	—	
钢绞线	kg	39 484	—	—	65 402	—	—	
ϕ32 精扎螺纹钢	kg	7 000	—	—	9 367	—	—	
ϕ5 碳素钢丝	kg	9 244	—	—	12 540	—	—	

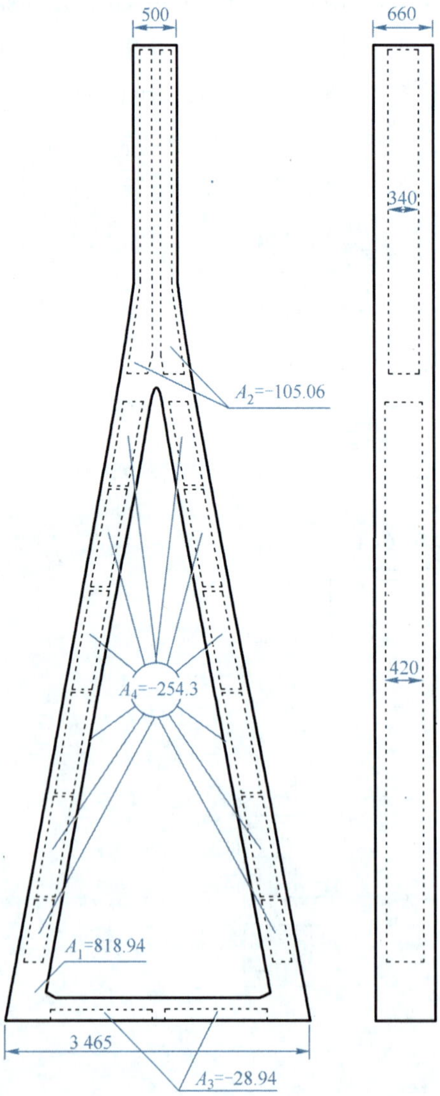

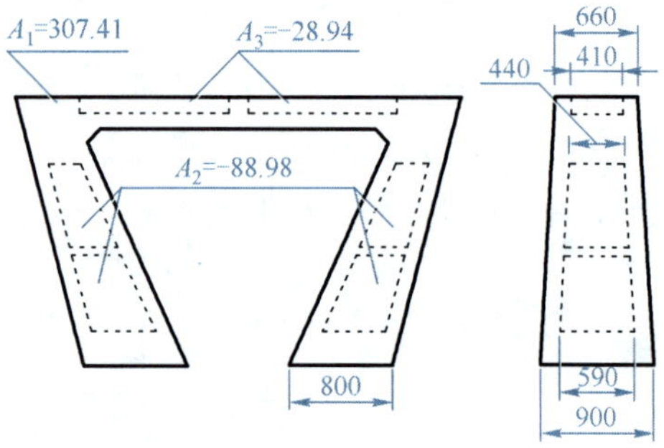

中索塔体积计算：

下塔腿 $V=A_1\times(6.6+9)/2+A_2\times(4.4+5.9)/2+A_3\times4.1$
$=307.41\times(6.6+9)/2-88.98\times(4.4+5.9)/2-28.94\times4.1$
=1 820.9m×4.1P=1 820.9m\S<1,100>3

中塔腿、锚固段 $V=A_1\times6.6+A_2\times3.4+A_3\times4.1+A_4\times4.2$
$=818.89\times6.6-105.06\times3.4-28.94\times4.1-254.3\times4.2$
=3 861.1m8.94×4.1-254.3×4.2P=3 861.1m\S<1,100>3

襟边 $V=0.45\times0.35\times4\times(23.4+11.5+1.1)=22.68$m
5×0.35×4×(23.4+11.5+1.1)=22.68m\S<1,70>3

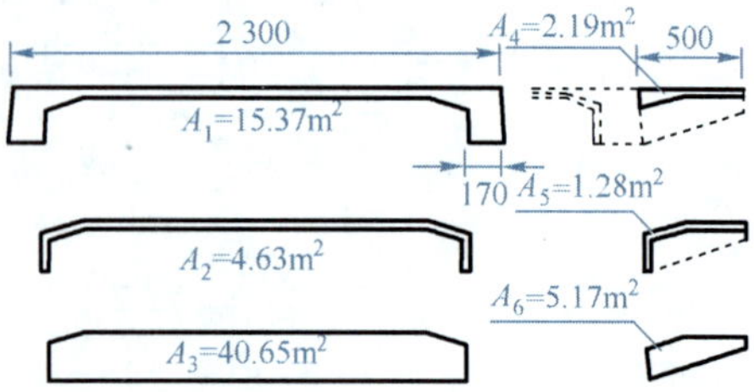

主梁肋板体积计算：

肋板 $V=A_1\times879.6+A_4\times12.6\times4$
$=15.37\times879.6+2.19\times50.4$
$=13\ 629.8m^3$

横梁 $V=(A_2\times(0.2+0.2+0.26+0.26)/2+A_3\times0.26$
$=(4.63\times0.46+40.65\times0.26)\times106=1\ 346.1m^3$

图 3-127　索塔及主梁体积计算

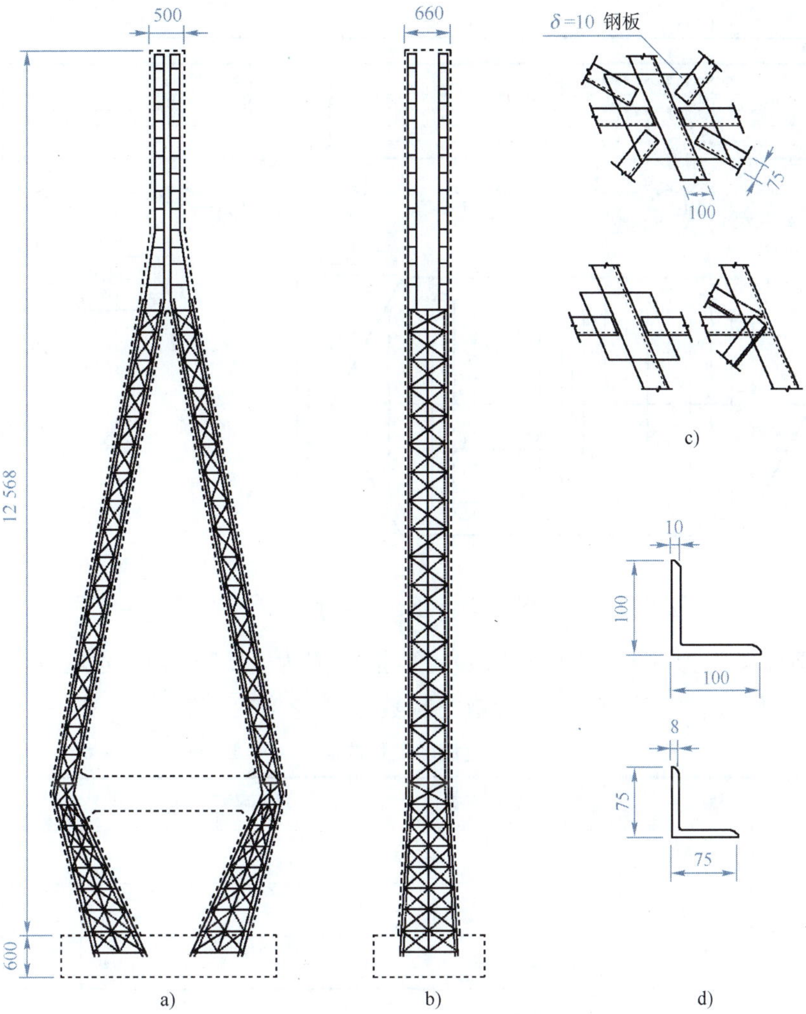

图 3-128 中塔劲性固架

a)正面;b)侧面);c)节点大样;d)角钢

中塔劲性骨架的节点未全部示意。各杆件重心线在节点处交于一点。劲性骨架与预应力管道和斜拉索位置发生冲突时,可适当移动劲性骨架位置。中塔劲性骨架数量为96 100kg。

冷却管布置侧面图中未示意测温孔。承台采用分层浇筑,每一浇筑层厚度为2.0m,每浇筑一层宜间歇7~12天,之后再浇筑第二层。冷却管采用$\phi30\times2$的钢管,每层冷却管长度256.6m,重量355kg,一个承台共1 065kg。设置冷却管的该层混凝土自浇筑时起,冷却管内须立即灌入水冷却,连续通水12天。每个出水口流量约为15升/分。为增加冷却效果,进水、出水流向每天更换两次,且在开始7天内,水冷却混凝土后的测量温度应控制在5℃~10℃内。三层混凝土,进水、出水口共9个。承台冷却管布置如图3-129所示。

过渡墩灌注桩基混凝土前应清孔,沉淀物厚度不超过5cm。每根桩内等距离安装4根$\phi50\times2.5$热扎无缝钢管(底部封口),用于超声波测声法检测混凝土质量。浇筑桩顶混凝土时,预埋墩柱及系梁钢筋。浇筑盖梁混凝土时,预埋支座垫石及纵横向限位块钢筋。支座及

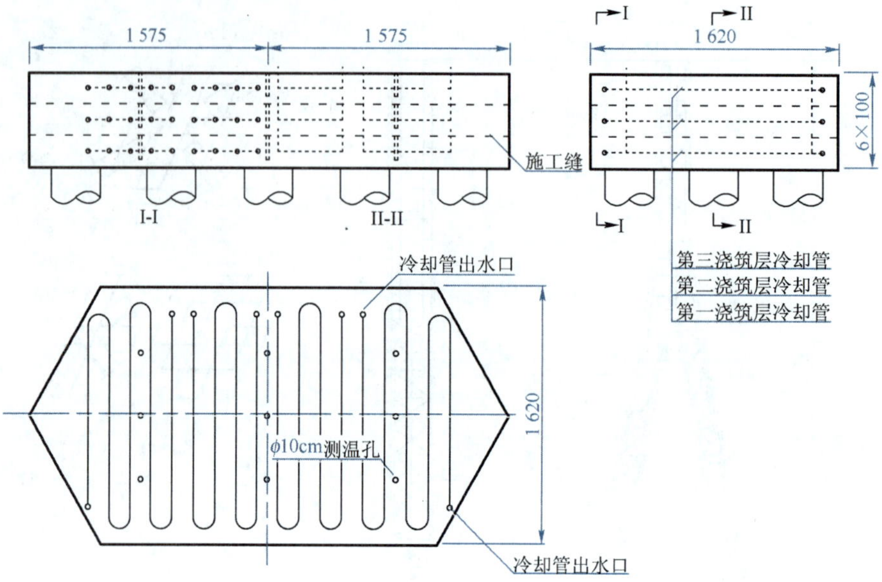

图 3-129　承台冷却管布置

垫石总高在顶推梁侧为 80cm；10 号墩 50m 顶推梁侧为 76.6cm，14 号墩 50m 现浇梁侧为 76.9cm。过渡墩如图 3-130 所示，过渡墩工程数量见表 3-58 所列。

过渡墩工程数量　　表 3-58

项　目	单　位	盖　梁	墩　身	系　梁	桩　基	备　注
混凝土	m^3	201.4	270.4	49.0	1 145	
钢筋	kg	239 023				
钢管	kg	3 657				

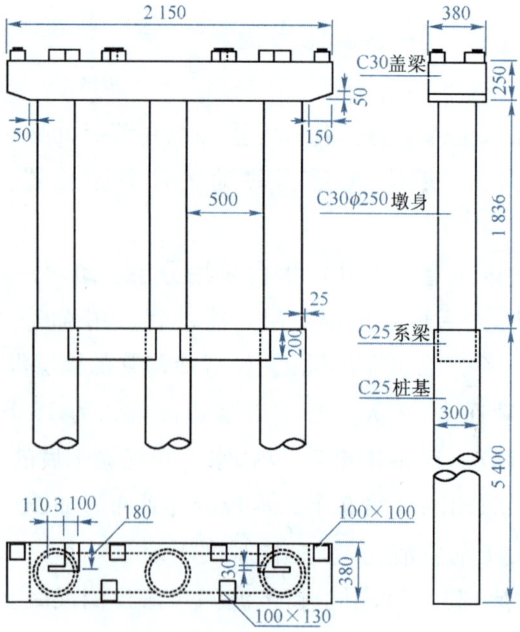

图 3-130　过渡墩

3.7.4 钢桁加劲梁悬索桥

矮寨双塔单跨(钢桁架加劲梁+混凝土桥面板)悬索桥,主桁跨径 986m。设计荷载为公路Ⅰ级,桥面系宽度 24.5m。全桥主要工程数量见表 3-59 所列。

全桥主要工程数量　　表 3-59

项　目	单位	上部构造						下部构造		备注
		钢桁架	锚固	主缆	索夹 吊索	索鞍	桥面系	索塔	锚碇	
混凝土	m^3	—	—	—	—	—	4 107	20 909	86 040.5	
钢筋	t	—	—	79.5	—	—	1 450.0	3 319.6	1 837.5	
钢绞线	t	—	343.2	5	—	—	—	18 800	—	
ϕ4 钢丝	t	—	—	198.3	—	—	—	18.8	435.8	
ϕ5.1 钢丝	t	—	—	10 371.9	—	—	—	—	—	
型钢(钢材)	t	8 187.3	—	113.4	551.9	888	2 241.1	313.7	73.5	
钢丝绳	t	—	—	195	413.7	132.5	—	—	—	
热铸锚	t	—	257.9	157	78.8	—	—	—	—	

1.桥型布置

两索塔中心距 1 146m,东岸边跨 252m 重力式锚碇,西岸边跨 126m 隧道式锚碇。主桥采用两根主缆,主缆垂跨比 $F/L=1/9.2$,中心距为 27m。桥型布置如图 3-131 所示。

2.上部构造

上部构造包括主缆索、吊索及索夹、锚固系、索鞍、钢桁架、行车道等。

1)主缆索

主缆索由 154 股×127 丝 ϕ5.1mm 镀锌高强钢丝组成,主缆索通长索股长度 1 642.5m,在架设时排列成近似正六边形,紧缆后主缆为圆形,直径约 800mm。主缆工程数量见表3-60所列。

主缆工程数量　　表 3-60

项　目	单丝直径	单股丝数	单股重	单缆股数	主缆长度	全桥钢丝重量	备　注
	mm	根	kg/m	股	m	t	
通长索	5.1	127	20.366	154	1 642.5	10 303.0	
背索	5.1	127	20.366	6	282.1	68.9	东岸

单缆索股用定型捆扎带绑扎,两端采用热铸锚头。在单索股截面(图 3-132)右上角设一根基准丝,此钢丝制作误差应根据制作工艺与精度要求确定。每根单索股在长度方向的捆扎带为交错设置,不影响主缆的空隙率。图 3-133 中,M1 表示东岸散索鞍起弯点,M7 表示西岸散索鞍起弯点,M_2 表示东岸边跨跨中,M6 表示西岸边跨跨中,M_3 表示东岸塔中心线,

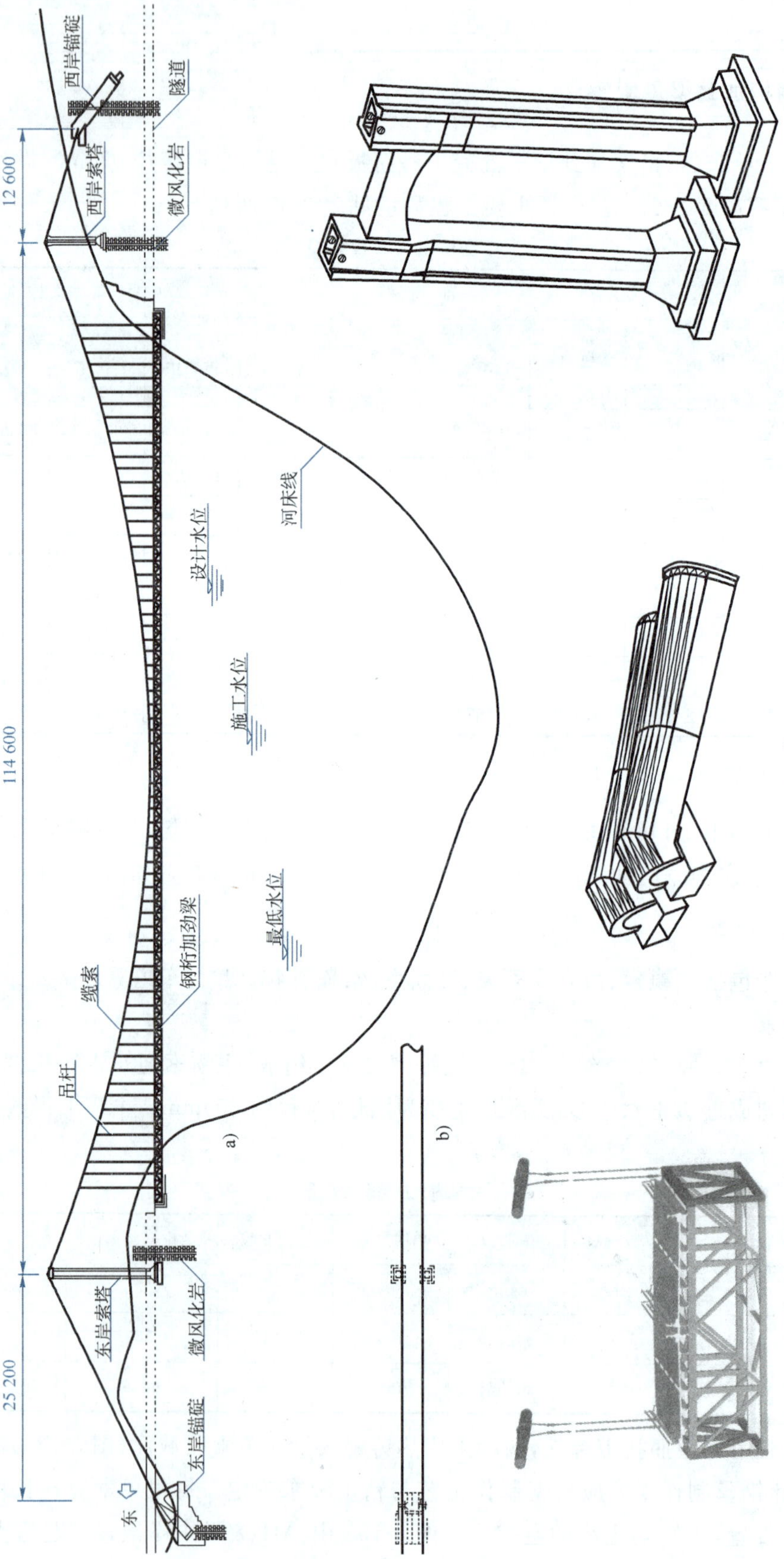

图 3-131 桥型布置

a) 正面；b) 平面；c) 钢桁加劲梁；d) 隧道式锚；e) 西岸索塔

M5 表示西岸塔中心线，M4 表示中跨跨中。

2)索夹及吊索(图 3-134)

左右侧主缆上每个吊点顺桥纵向设两根吊索，吊索长度超过 20m 的两根吊索之间设减振架。全桥吊索 67 对，顺桥纵向标准间距为 14.5m，分别采用直径 88mm、62mm、60mm 钢丝绳，其材料采用高强镀锌钢丝互捻而成。吊索两端采用叉形热铸锚，锚头由锚环和叉形耳板构成。

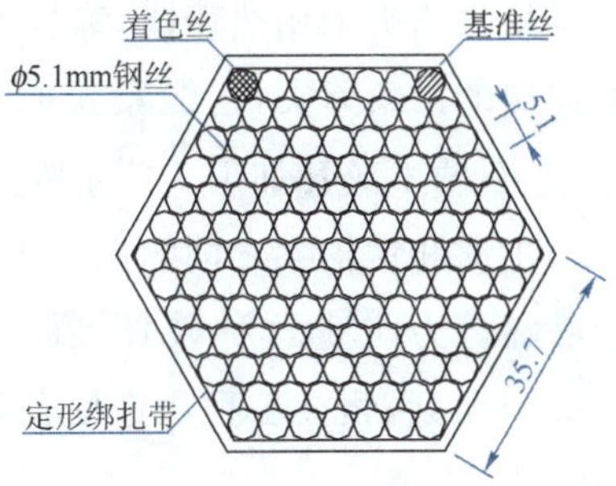

图 3-132 单索股截面

吊索采用骑跨式钢丝绳吊索，抗拉强度 1 870MPa。主梁吊索共 68 根，主梁两端 J01、C01 因拉力较大采用直径 80mm 吊索两根，J02～J07、C02～C07 采用直径 62mm 吊索 6 根，其余采用直径 60mm 吊索。

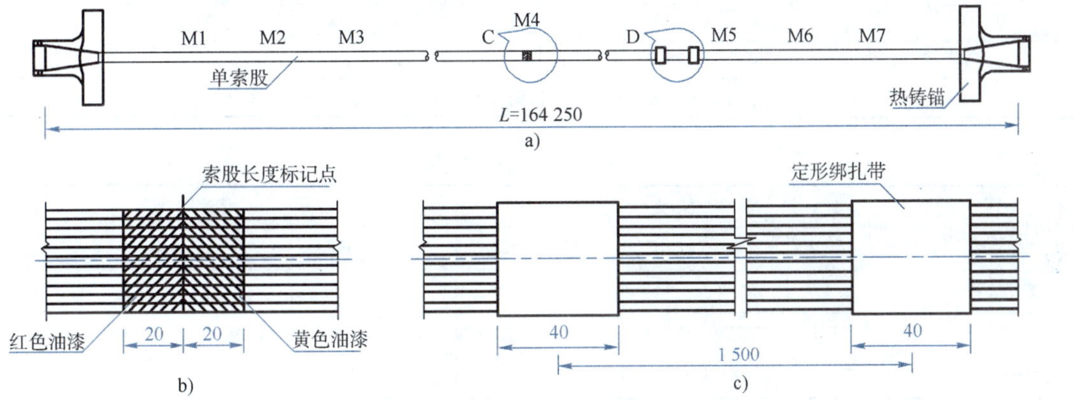

图 3-133 单索股构造

a)正面；b)C 大样；c)D 大样

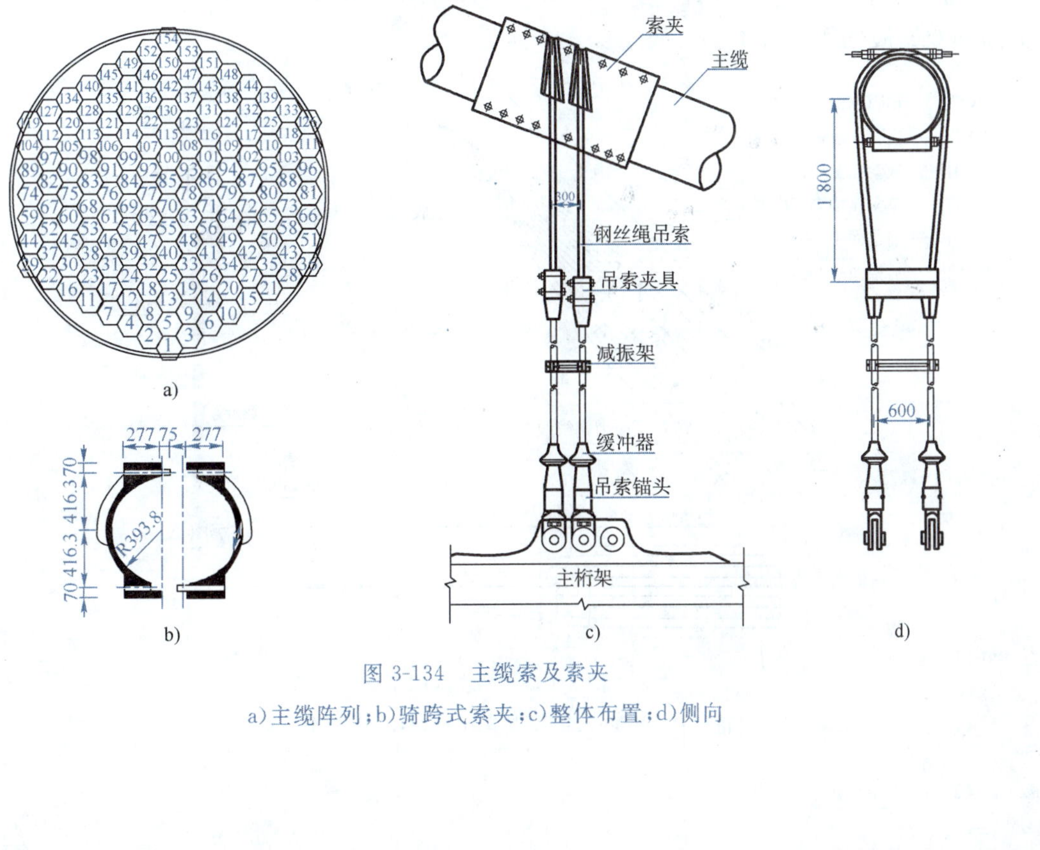

图 3-134 主缆索及索夹

a)主缆阵列；b)骑跨式索夹；c)整体布置；d)侧向

吊索锚头采用热铸锚，锚具经调质热处理，外表面镀锌。全桥索夹共分三类：主缆与吊索连接的吊索索夹，主缆紧箍的定型索夹，主索鞍及出口处的封闭索夹。索夹采用铸钢铸造，左右两半成套加工。两半索夹就位后用螺杆紧固，接缝处嵌填橡胶防水条防水。

主缆和钢桁架之间纵向有水平位移，使跨中短吊索锚头处产生正负应力交替，易造成疲劳破坏。为防止这种破坏，在主缆跨中设置三对柔性中央扣。吊索长度及重量数量见表 3-61所列，索夹工程数量见表 3-62 所列。

吊索长度(m)及重量数量　　表 3-61

吊点	J01	J02	J03	J04	J05	J06	J07	J08	J09	J10	J11	J12
长度	181.0	170.9	161.0	151.5	142.4	133.5	125.0	116.8	108.9	101.4	94.1	87.2
吊点	J13	J14	J15	J16	J17	J18	J19	J20	J21	J22	J23	J24
长度	80.5	74.2	68.2	62.5	57.1	52.1	47.3	42.8	38.7	34.9	31.3	28.1
吊点	J25	J26	J27	J28	J29	J30	J31	J32	J33	Z34		
长度	25.2	22.6	20.3	18.3	16.6	15.2	14.1	13.4	12.9	12.7		
C01～C33 吊点号长度未示出；吊索 67 对，钢丝绳 413.7t，热铸锚 78.8t，夹具等 138.2t												

索夹工程数量　　表 3-62

项目		单位	吊索索夹						定型索夹		定型索夹		中央扣	合计
			AT 型	A 型	B 型	C 型	D 型	E 型	A 型	B 型	A 型	B 型		
索夹	数量	个	4	4	30	34	34	26	22	26	8	4	6	198
索夹	重量	t	25.5	16.9	78.1	71.1	59.1	31.9	15	19.4	7.4	4.0	24.0	352.4
高强螺栓		t	1.974	1.518	5.834	4.959	3.306	1.264	2.334		0.583		1.604	23.376

3)主缆锚固系统

锚固系统(图 3-135)由索股锚固拉杆和预应力钢束锚固组成，索股锚固连接采用单索股锚固和双索股锚固两种类型。

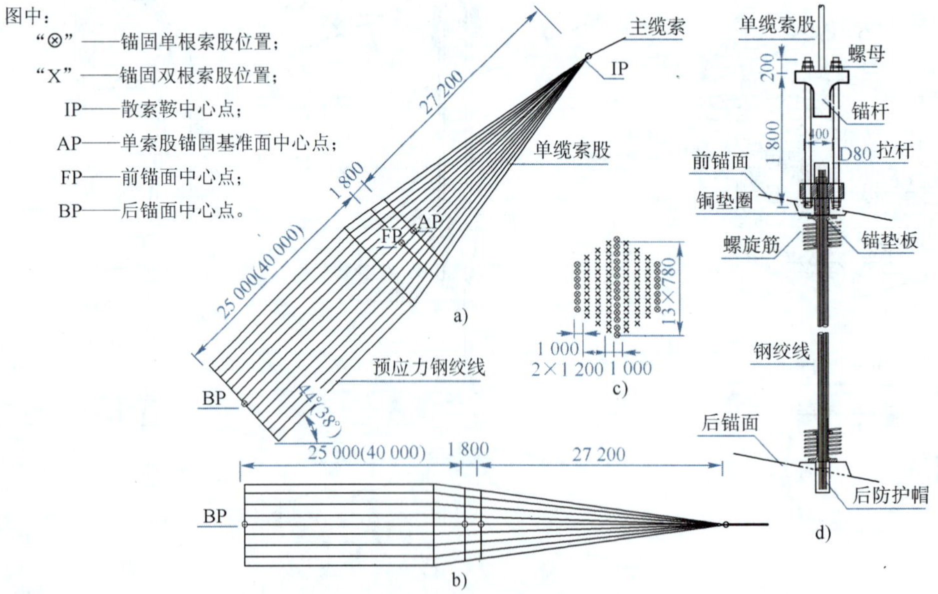

图 3-135　主缆锚固系统

a)正面；b)平面；c)锚固点阵；d)单索股锚固连接器构造

单索股锚固类型由2根拉杆和单索股锚固连接器组成，双索股锚固类型由4根拉杆和双索股锚固连接器组成。预应力锚固构造由预应力钢束和锚具组成，对应于单、双索锚固类型分别采用15-17和15-32预应力钢束和相应的锚具。钢束采用直径ϕ15.24mm的低松弛钢绞线，极限抗拉强度1 860MPa。

预应力钢束防腐采用环氧树脂钢绞线，管道压注水泥砂浆防腐，前锚面锚头采用压注环氧砂浆防腐。主缆锚固系工程数量见表3-63所列。

主缆锚固系工程数量　　表3-63

项目			单位	一根主缆	全桥	备注
钢绞线	15-17	束数	束	28(34)	124	
		总长	m	2 308	4 616	
		总重	t	46.3	92.6	
	15-32	束数	束	66(60)	252	
		总长	m	4 554	9 108	
		总重	t	171.6	343.2	
连接器	单根索股连接器(重量286kg/个)			124个	35.5t	
	双根索股连接器(重量489kg/个)			252个	123.2t	
	(拉杆)双束锚固连接器(重量79kg/个)			1 256个	99.2t	

4)索鞍

主索鞍(图3-136)采用铸焊结合，由鞍头、鞍身两部分组成，安装后组焊为一体；鞍体下设聚四氟乙烯板便于施工鞍座顶推，鞍槽内的隔板和索股全部就位、调股后，顶部用锌质填块填平，外用钢罩。散索鞍鞍头采用铸钢铸造，鞍身采用钢板焊接；索鞍钢底板埋深45mm，地脚螺栓埋深995mm，底板以上275mm，预先埋入地脚螺栓在散索鞍支墩的混凝土中。索鞍工程数量见表3-64所列。

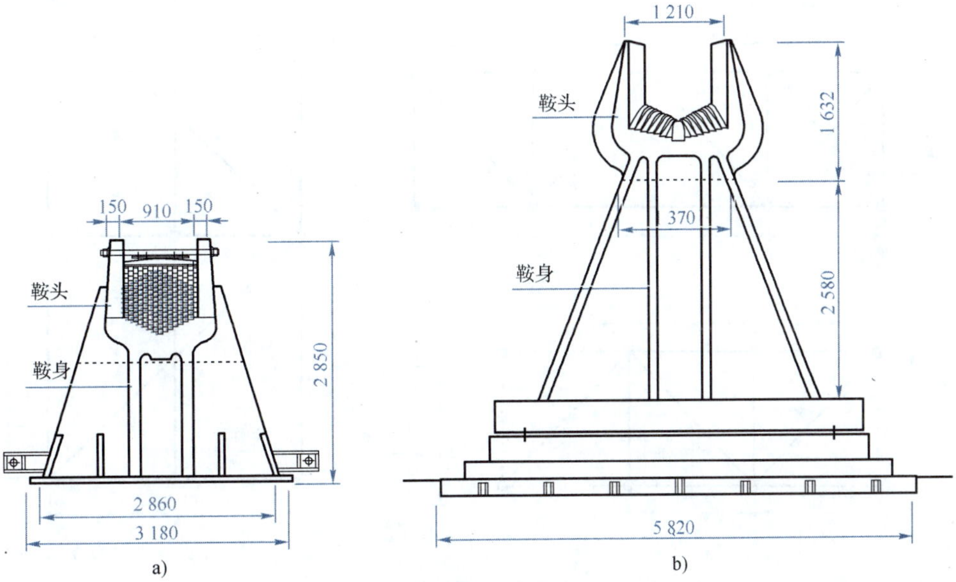

图3-136　索鞍

a)主索鞍；b)散索鞍

索鞍工程数量　　表 3-64

项目	单位	散索鞍		主索鞍		备注
		鞍头	鞍座	东岸	西岸	
钢材	t	310.000	148.532	234.597	194.862	
锌		—		9.340	9.340	
螺栓 M64×1 500/M40	个	56/0		0/24	0/24	
螺栓 M30×220/M24		96/0		196/192	196/192	

5）钢桁架

主跨为带直腹杆的滑轮式钢桁架结构，梁高（主桁中心线距离）7.5m，钢桁架加劲梁（图 3-137）全宽（直杆间中心距离）27m。钢桁架设置上下弦杆、直斜腹杆，横梁（图 3-138）设置上下弦杆、直斜腹杆，钢桁架上下层面设置平联杆及风稳定板。主桁架构造如图 3-139 所示，钢桁加劲梁工程数量见表 3-65 所列。

钢桁加劲梁工程数量　　表 3-65

项目		单位	主桁架	钢横梁	平联杆	风稳定板	备注
钢材		t	3 706.374	3 286.520	570.180	222.915	
高强螺栓			337.54	158.176	3.819	1.493	
防锈	内	m^2	19 501	10 698	—	—	
	外		30 607	54 743	10 735	4 733	

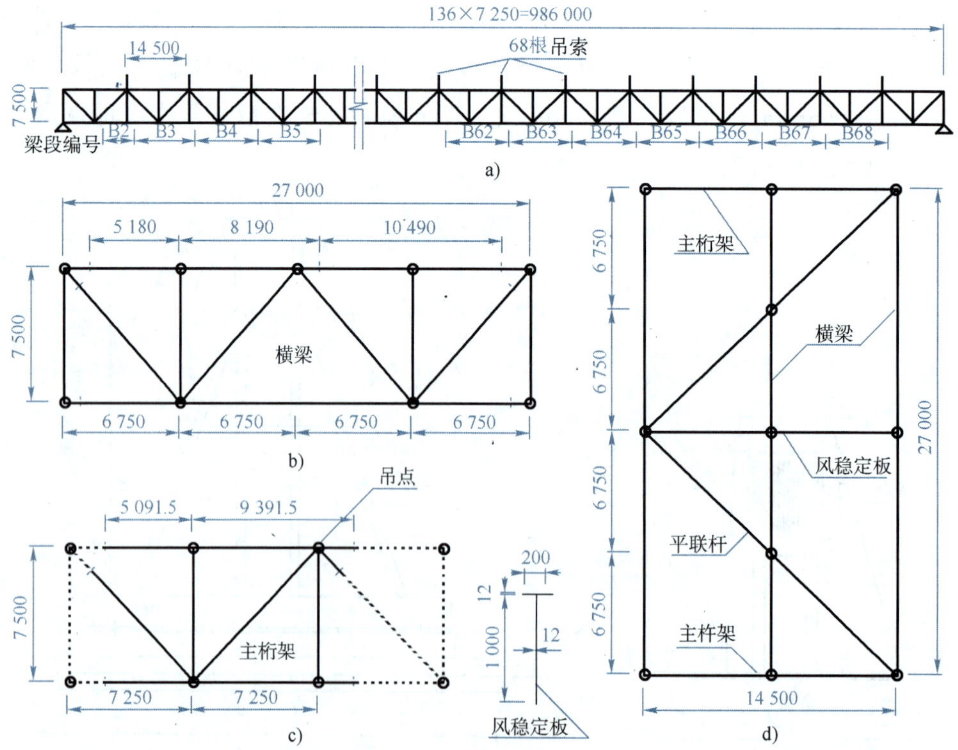

图 3-137　钢桁加劲梁

a）总体布置；b）横梁；c）主桁架；d）平面

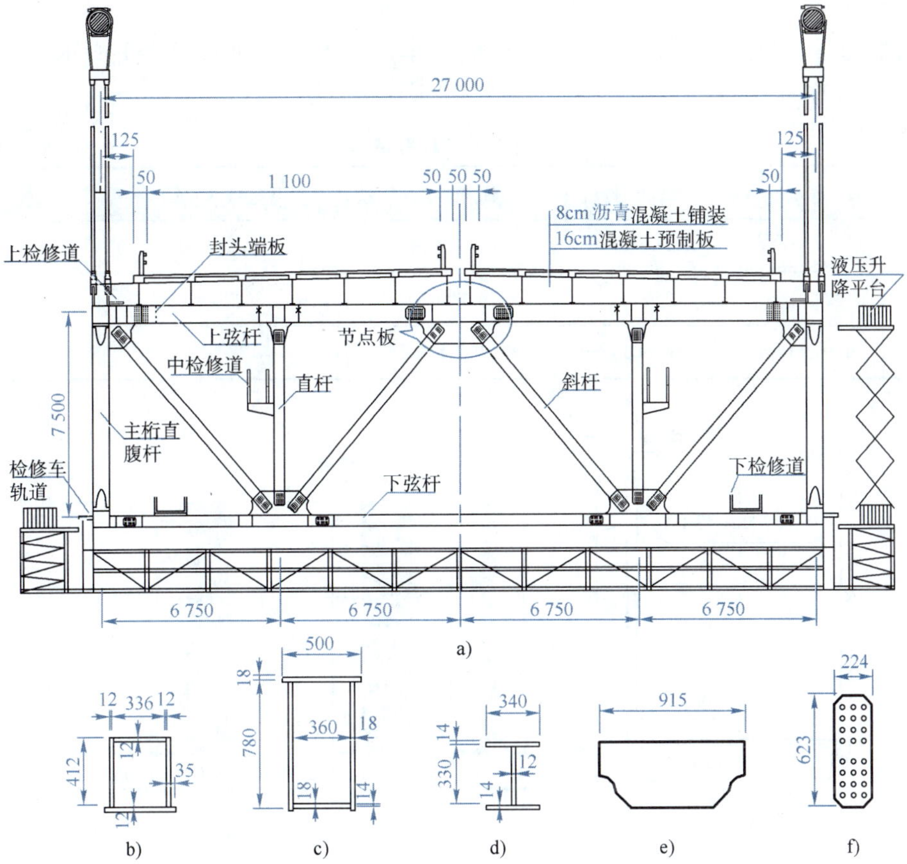

图 3-138 钢横梁构造

a)正面；b)下弦杆；c)上弦杆；d)直杆及斜杆；e)节点板；f)拼接板

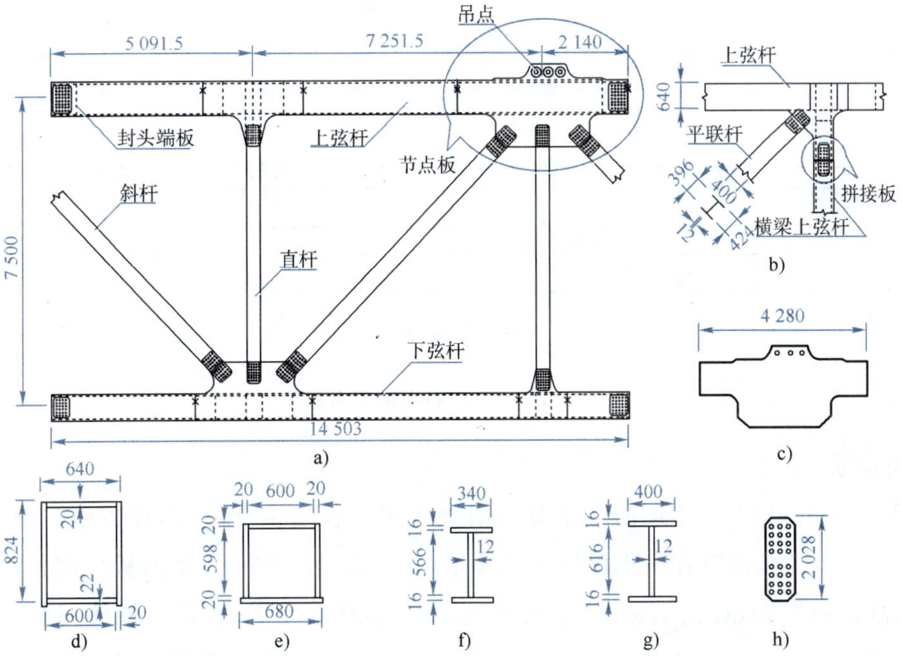

图 3-139 主桁架构造

a)正面；b)平面；c)节点板；d)上弦杆；e)下弦杆；f)直杆；g)斜杆；h)拼接板

6)检修道

钢桁加劲梁检修道如图 3-140 所示，桥面行车道缆索栏杆如图 3-141 所示，检修道工程数量见表 3-66 所列。

检修道工程数量　　表 3-66

项目		托架钢材	钢格板	栏杆柱及钢链	备注
单位重		27.8kg/m	25.1kg/m²	21.6kg/m	
全桥数量	数量	5 920m	4 335m²	5 920m	
	钢材(t)	164.583	108.809	127.872	

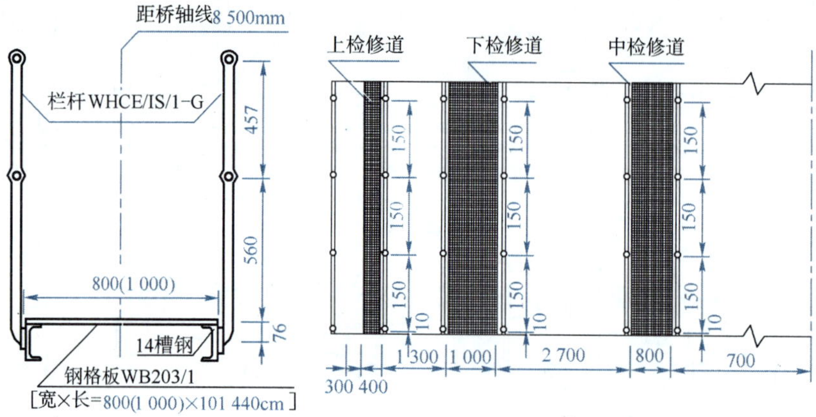

图 3-140　钢桁加劲梁检修道

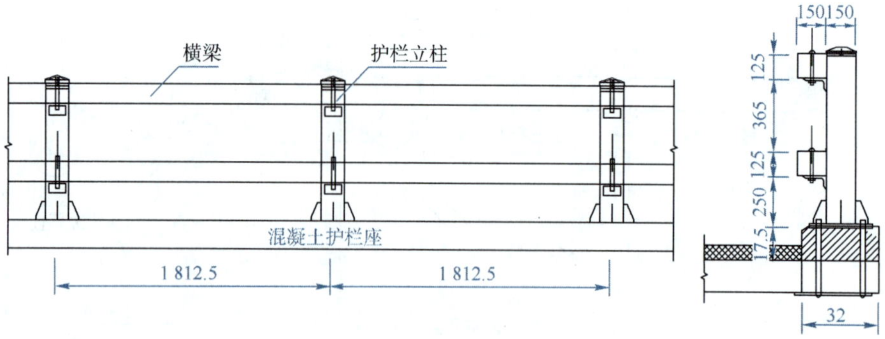

图 3-141　桥面行车道缆索栏杆

7)桥面系

桥面系(图 3-142)采用纵向工字梁与混凝土桥面板的结合形式，纵梁横向间距 1.92m，梁高 0.63～0.83m，简支在主桁横梁上弦杆上，理论跨径 7.25m。桥面板采用预制钢筋混凝土板，预制板长 7.21m、宽 1.62m、厚 0.16m，纵向接缝宽 0.3m。各跨桥面板间采用桥面连续结构(图 3-143)，每 16 节段(7.25m)桥面板设一道通缝断开，通缝为无缝式伸缩缝。行车道系工程数量见表 3-67 所列。

行车道系工程数量　　表 3-67

项　目	单　位	钢纵梁	预制板	湿接缝(纵向)	桥面连续(横向)	备　注
钢板	t	2 241.1	—	—	—	
高强螺栓		10.2	—	—	—	
支座		3 808	—	—	—	
混凝土	m^3	—	3 087	919.4	132.6	
钢筋	kg/m^3	—	431	391	1 123	

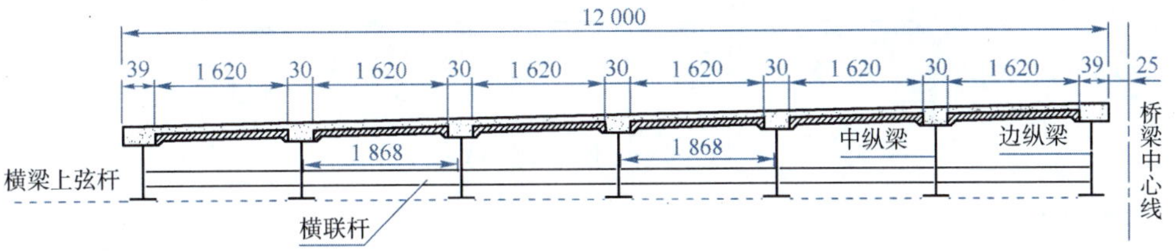

图 3-142　桥面系断面

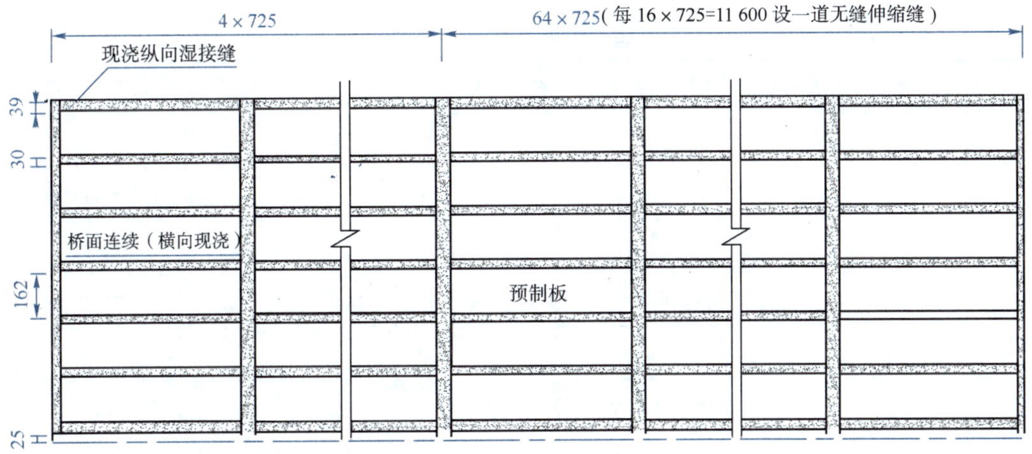

图 3-143　桥面连续

预制混凝土桥面板(图 3-144)每块吊重约 3t,预制应在 6 个月前完成。

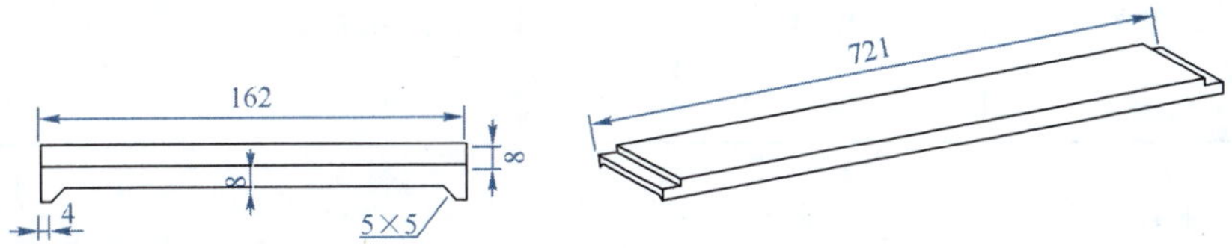

图 3-144　预制混凝土桥面板

桥面系钢纵梁布置如图 3-145 所示。钢纵梁支座调平钢板中心厚度 15mm,与钢横梁上弦翼缘板电焊连接;钢纵梁需在钢横梁上弦杆翼缘板上焊接限位钢板,分别为 120mm×10mm×440mm×2mm、120mm×10mm×320mm。

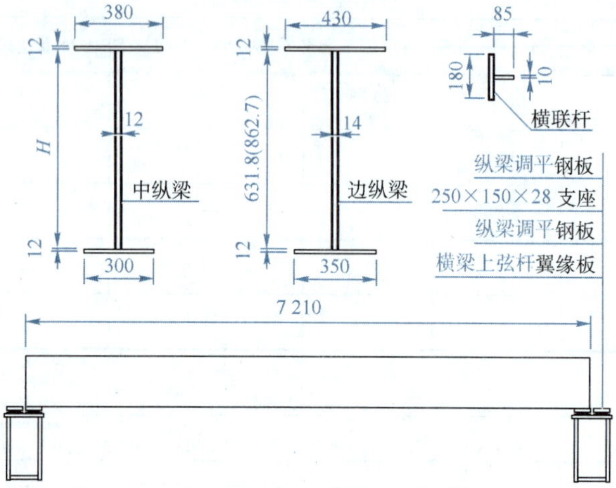

图 3-145　桥面系钢纵梁

8)结构防腐

该桥主缆、吊索、钢桁架等钢结构采用长效重防腐方案，锚碇预应力采用环氧树脂全喷涂钢绞线，主塔混凝土表面涂装。上部构造防腐油漆工程见表 3-68 所列。

上部构造防腐油漆工程　　表 3-68

序　号	项　目	工程内容	序　号	项　目		工程内容
1	主缆	磷化底漆	5	鞍座		顶口密封剂
		不干密封膏	6	钢桁加劲梁结构	外	表面喷砂处理
		底漆				底漆
		中间漆				中间漆
		面漆				面漆
2	索夹	环缝密封剂			内	表面喷砂处理
3	检查道	底漆				底漆
		面漆				面漆
4	吊索、索夹、索鞍	底漆	7	钢结构缝隙密封		表面处理剂
		中间漆				密封剂
		面漆				面漆

3. 下部构造

索塔采用门架式框架结构，塔柱为钢筋混凝土空心方墩，塔柱底部设置塔座，塔柱顶部设预应力混凝土空心横梁，塔基采用扩大基础，嵌入微风化岩持力层。锚碇系统东岸采用重力式锚，西岸采用隧道式锚。

1)索塔

东岸索塔(图 3-146)高度 119.95m，塔柱横桥向 6m，顺桥向 10m 渐变到顶宽 8m，下塔柱壁厚 1.2m，上塔柱壁厚 1.0m。东岸索塔工程数量见表 3-69 所列。

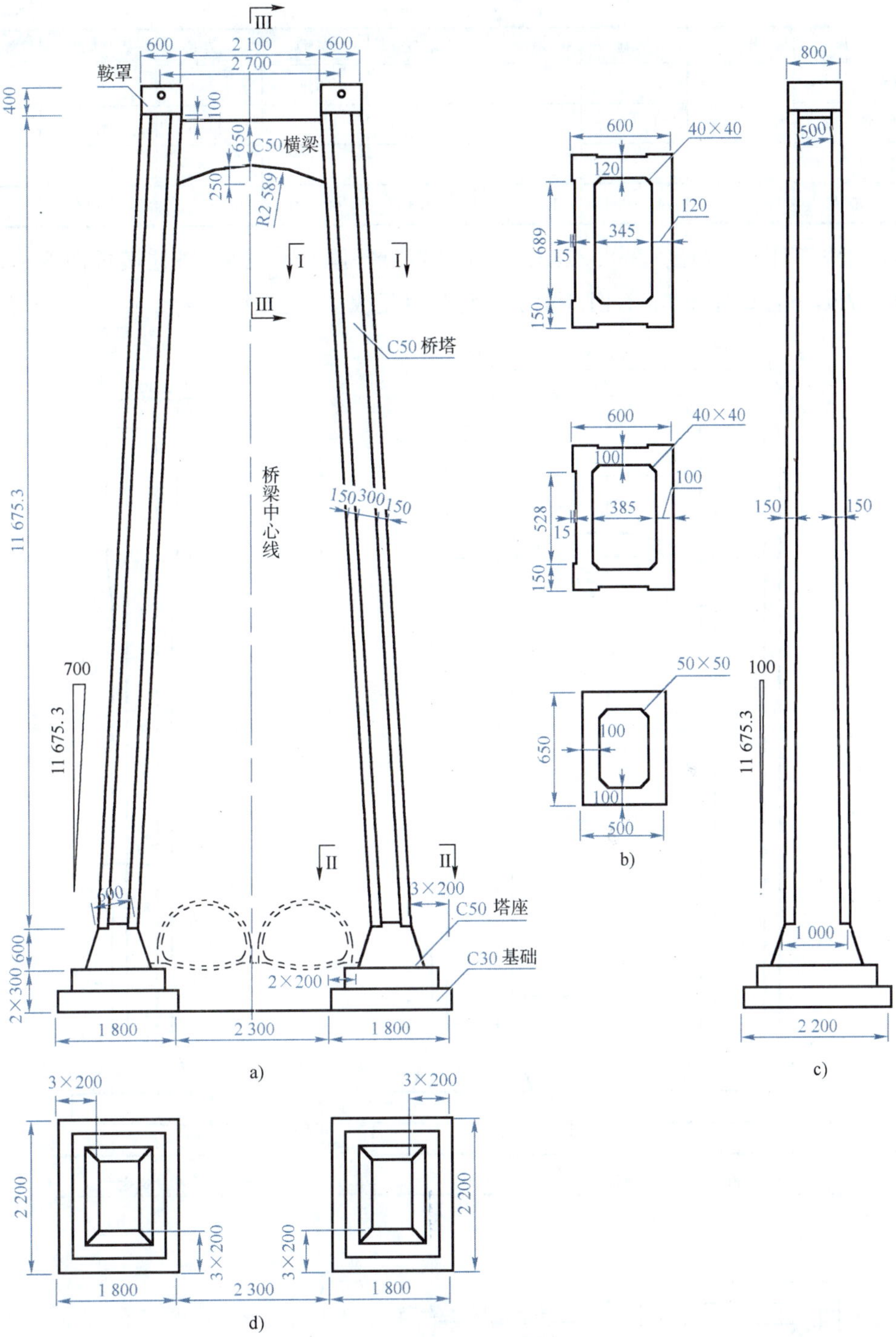

图 3-146 东岸索塔

a)正面；b)剖面；c)侧面；d)平面

东岸索塔工程数量 表 3-69

项 目	单位	基础	塔座	塔柱	横梁	检修道	基坑防护	备 注
混凝土	m^3	3 888	1 076	7 000	462	—	—	
钢筋	kg/m^3	108	120	201	130	6 100	—	
ϕ6 钢筋网	m^2	1 632	448	12 075	—	—	—	

续上表

项　目	单位	基础	塔座	塔柱	横梁	检修道	基坑防护	备　注
钢绞线	kg	—	—	—	9 200	—	—	
型钢		12 000	5 000	140 000	6 000	43 000	—	
挖土方	m^3	—	—	—	—	—	3 296	
挖石方		419 904	129 120	1 407 000	60 060	—	7 692	

西岸索塔(图 3-147)高度 58.213m,塔柱竖直为等厚空心结构,塔柱横桥向 8m,顺桥向 6m,顶宽 7m,塔柱壁厚 1.0m。西岸索塔工程数量见表 3-70 所列。

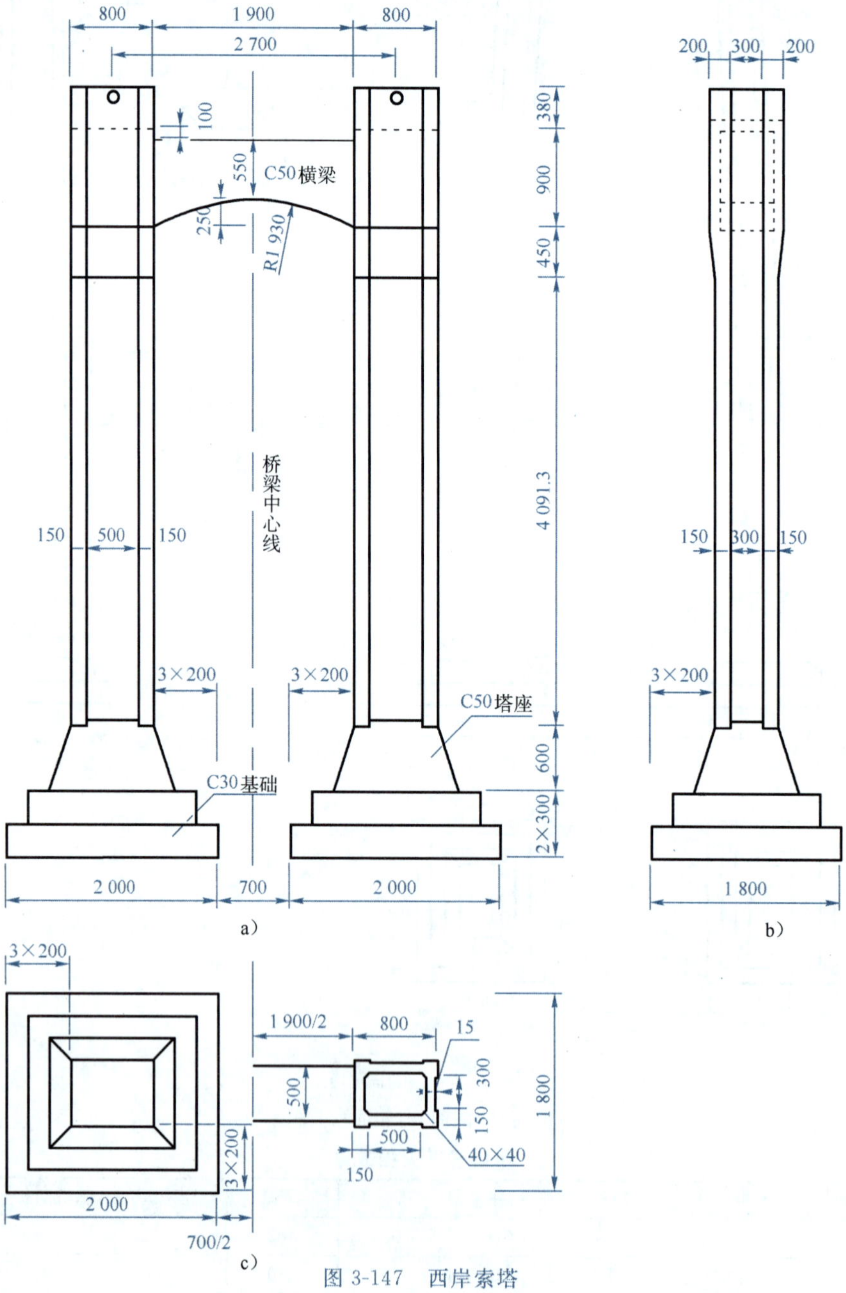

图 3-147　西岸索塔

a)正面;b)侧面;c)平面

西岸索塔工程数量 表 3-70

项目	单位	基础	塔座	塔柱	横梁	检修道	基坑防护	备注
混凝土	m^3	3 504	900	3 247	366	—	466	基坑防护中喷射混凝土 $395m^3$、小石子混凝土 $71m^3$
钢筋	kg/m^3	112	120	200	130	2 200	12 000	
ϕ6 钢筋网	m^2	1 632	400	5 640	—	—	3 289	
钢绞线	kg	—	—	—	9 600	—	—	
型钢		8 800	4 100	64 900	9 500	15 400	5 000	
挖土方	m^3	—	—	—	—	—	9 158	
挖石方		—	—	—	—	—	21 370	

2)锚碇

该桥采用预应力锚固系统，由索股锚固连接器和预应力钢束锚固构造而成。东岸重力式锚散索长度为 29m，锚固长度为 25m；西岸隧道式锚散索长度为 29m，锚固长度为 40m。锚碇开挖坡面防护工程数量见表 3-71 所列。

锚碇开挖坡面防护工程数量 表 3-71

项目	单位	重力式锚	隧道式锚	备注
总面积	m^2	5 382	1 660	
ϕ22 锚杆	kg	5 600	1 600	$L=3.0m$
ϕ100mmPVC 管	m	399	108	$L=1.5m$
ϕ6 钢筋网	kg	12.2	3.7	@20×20cm
C20 喷射混凝土	m^3	674	199	

东岸锚碇采用重力式锚碇(图 3-148)，锚体长度 21m，水平交角 44°。锚碇基坑开挖坡面采取挂网喷射混凝土防护，边坡顶砌筑挡墙，设置护栏、截水沟、集水井、排水沟等。施工工序为：基坑开挖浇筑混凝土垫层，锚体及前锚室(侧板)混凝土施工，浇筑后浇段混凝土，基坑回填，预应力及索股锚固件施工，安装散索鞍，架设主缆索股，前锚室顶板、前墙混凝土浇筑，附属工程施工。重力式锚碇工程数量见表 3-72 所列。

重力式锚碇工程数量 表 3-72

项目	单位	①	③	④	⑤	⑥	⑦	⑧	⑨	合计
C30 混凝土	m^3	46 006	1 180	794	504	80	2 424	11 111	—	62 099
C25 微膨混凝土	m^3	—	—	—	—	—	—	—	3 743	3 743
钢筋	t	644	83	56	76	4	194	111	75	1 243
基坑开挖土石方 79 016m^3，回填量 18 487m^3，基础垫层 978m^3										

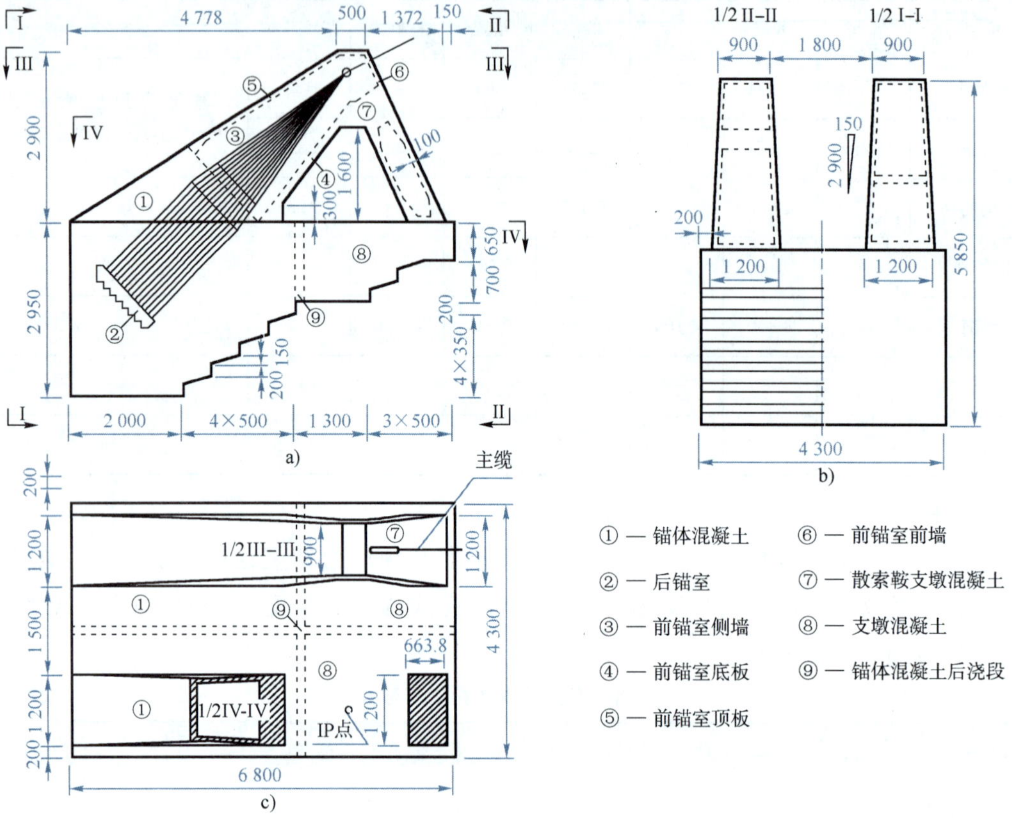

图 3-148　重力式锚碇

西岸锚碇采隧道式锚碇(图 3-149),水平交角 33°,锚体长度 40m。左右锚碇大缆中心线距桥轴线 13.5m,后锚室施工人洞总长 70m。施工工序为:洞口基坑开挖,隧道开挖及支护,定位支架、预应力管道、冷却管、灌浆管施工,分层浇筑锚塞体混凝土,散索鞍混凝土施工,部分基坑回填,预应力及索股锚固件施工,隧道壁周压浆,安装散索鞍,架设主缆索股,前锚室前墙混凝土浇筑,附属工程施工。隧道式锚碇工程数量见表 3-73 所列。

隧道式锚碇工程数量　　表 3-73

项　目	单　位	明　洞	前锚室	锚　体	后锚室	散索鞍支墩	备　注
混凝土	m^3	823.1	822.4	12 293	369.4	4 107.4	
钢筋	kg/m^3	67	155	16	154	28	
喷射混凝土	m^3	—	494	930.6	152.8	—	
型钢	kg	—	73 500	—	—	—	
ϕ25 中空锚杆	m	—		5 275		—	
ϕ22 砂浆锚杆	m	—		7 047		—	
隧道开挖	m^3	—		19 270		—	

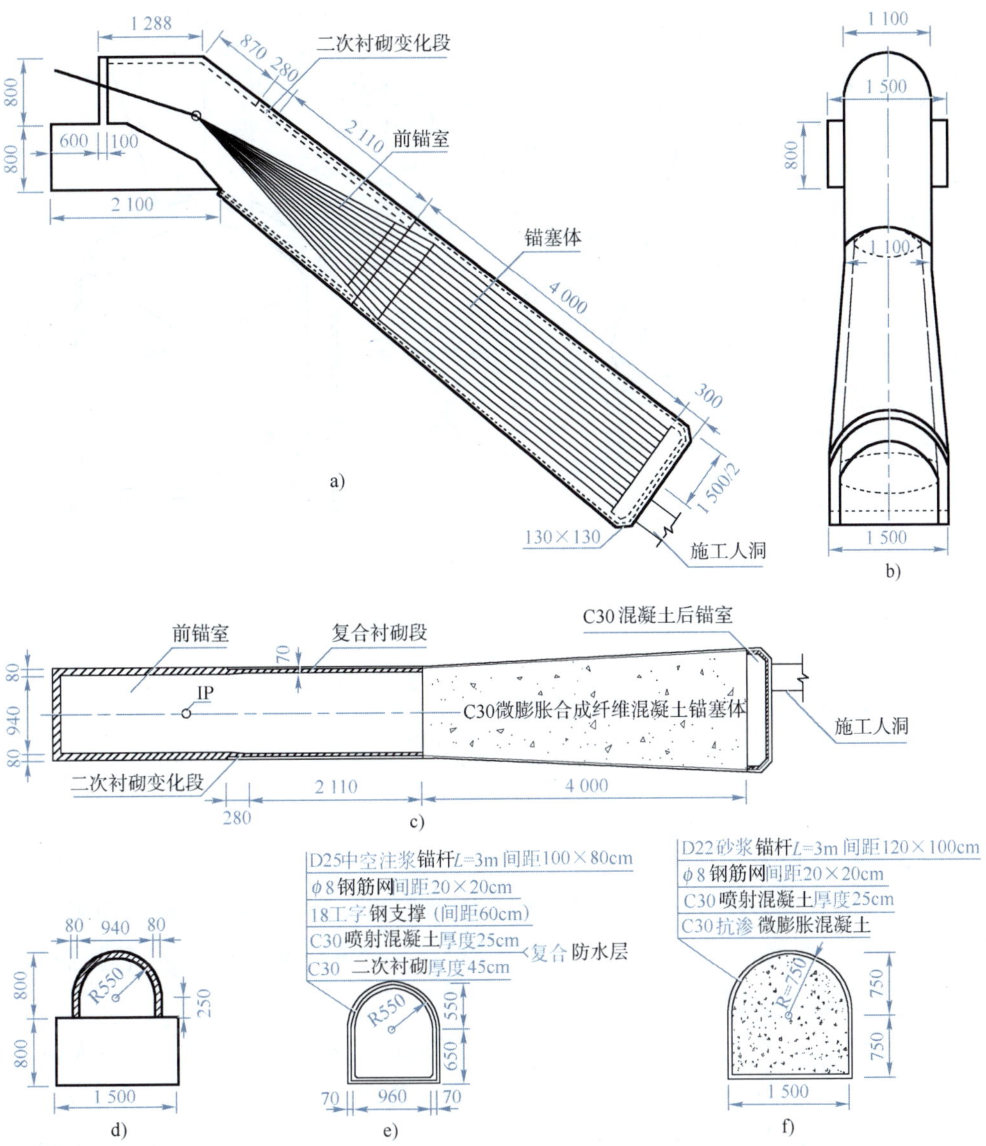

图 3-149　隧道式锚碇

a)正面；b)侧面；c)平面；d)前锚室 I；e)前锚室 II；f)锚塞体

3)后锚室施工人洞

隧道式锚碇前锚室、散索鞍支墩长度略有不同。后锚室隧道开挖为坚石。边墙及拱部添加复合防水剂是按水泥重量的 1.5%计算。施工人洞如图 3-150 所示，工程数量见表 3-74 所列。

施工人洞工程数量　　表 3-74

项目	单位	开挖	衬砌	路面	基层	喷混	钢筋网	锚杆	防水层	备注
混凝土	m^3/m	—	2.01	0.27	0.18	—	—	—	—	
喷射混凝土	m^3/m	—	—	—	—	0.48	—	—	—	
钢筋	kg/m	—	—	—	—	—	14.2	14.9	—	
防水材料	m^2/m	—	—	—	—	—	—	—	7.96	
坚石	m^3/m	7.83	—	—	—	—	—	—	—	

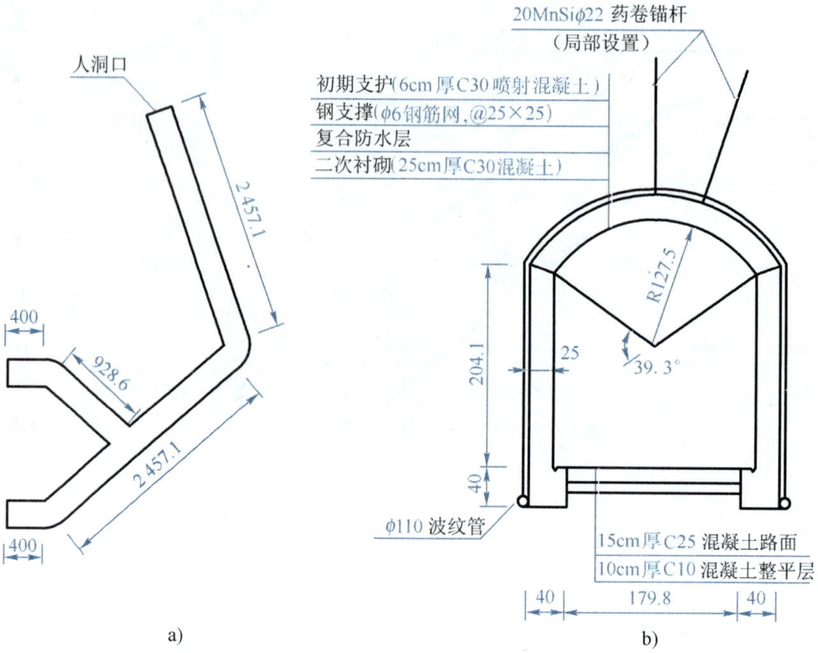

图 3-150　施工人洞

a)平面；b)断面

4. 桥面伸缩缝

1)模数式桥梁伸缩装置部位示意

模数式伸缩装置的特点是：伸缩装置的承重结构和位移控制系统分开，两者受力时互不干扰，由此确保了伸缩装置的受力安全，位移均匀；其支承横梁数量少，位移控制箱体积小，大位移伸缩装置尤为经济。

模数式伸缩装置的中梁间最大缝隙宽度以 80mm 为模数，则中梁间距最大值为中梁宽度＋80mm。支承横梁间距最大控制数为 1 800mm 范围以内。

图 3-151 中模数式伸缩缝中梁 22 根，伸缩缝宽度最小 1 980mm，最大 3 820mm，伸缩量 1 840mm。15％dC 安装间隙暂定为 2 900mm，最终值由生产厂家与设计协商确定。

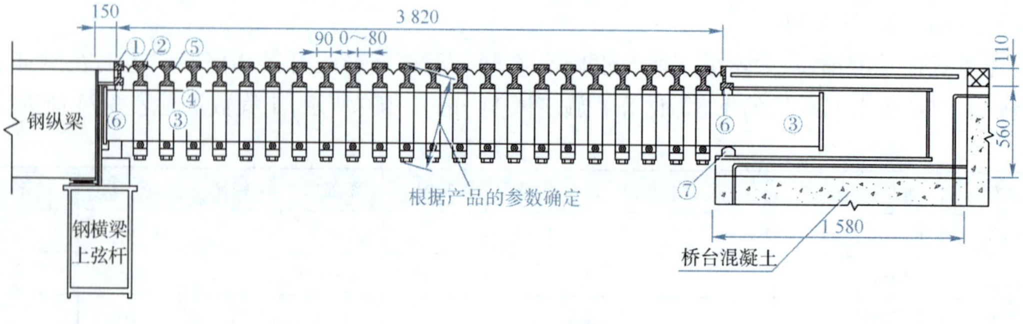

图 3-151　模数式伸缩缝

①-边梁；②-中梁；③-支承横梁；④-滑动承压支座；⑤-密封橡胶带；⑥-边梁垫块；⑦-位移支承轴

2)无缝式(暗缝型)桥梁伸缩装置部位示意

无缝式伸缩装置的主要特点是桥面铺装整体性,能适用于沥青混凝土、伸缩量小于5mm的桥梁。

本桥模数式伸缩缝每道12m,全桥设2道,共24m;无缝式伸缩缝(图3-152)每道长12m,全桥设18道,共216m。

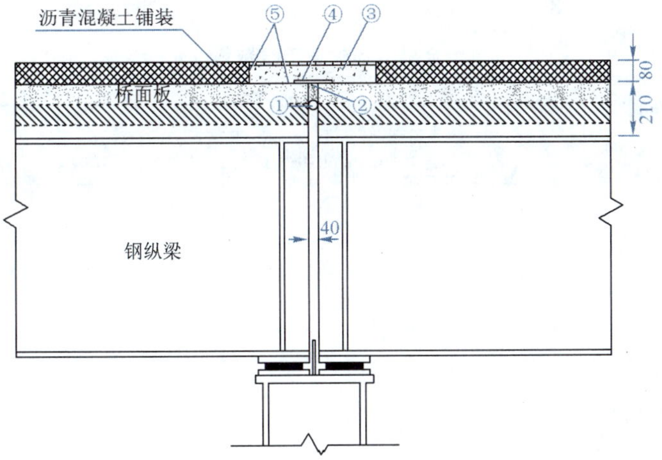

图3-152　无缝式伸缩缝

①-密封条;②-填充料;③-弹塑体铺装层;④-跨缝铝板(150×1mm);⑤-涂底胶(厚1～2mm)

主桥桥台处设竖向支座、水平弹性支座及横向抗风支座。

3)主桁架构造

钢板材料中要计算节点板、拼接板、封头隔板、填板等,如图中"节点板"、"拼接板"大样。图中设计的"节点板"板厚24mm,单块钢板材料重1 095kg;"拼接板"板厚12mm,单块钢板材料重20kg;封头隔板尺寸600×10×762mm,单块钢板材料重35.9kg。

线条上标记有"×",表示节点板边缘。

上下弦杆节点范围内翼缘板加厚,如图中上弦杆"节点板"处由20mm板厚加大到24mm。

风稳定板为T形截面,翼缘板200mm×12mm,腹板1 000mm×12mm。

上下弦杆中需另计焊缝重1.5%的钢板材料。

4)横梁一般构造

钢板材料中需要计算节点板、拼接板、封头隔板、填板等,如图中"节点板"、"拼接板"大样。图中设计的"节点板"板厚18mm,单块钢板材料重409kg;"拼接板"板厚12mm,单块钢板材料重20kg;封头隔板尺寸360×10×766mm,单块钢板材料重21.6kg。

线条上标记有"×",表示节点板边缘。

下弦杆节点范围内翼缘板加厚,如图中"节点板"处由12mm板厚加大到16mm。

风稳定板为T形截面,翼缘板200mm×12mm,腹板1 000mm×12mm。

上下弦杆中需另计焊缝重1.5%的钢板材料。

3.7.5 中承式钢管混凝土系杆拱桥

本桥荷载等级为公路II级，采用主跨 80+368+80m 三跨连续自锚中承式钢管混凝土系杆拱桥，桥面宽度 16m，全长 528m。边跨、主跨拱脚固结于拱座，在两边跨端部之间设置钢绞线系杆，修建成湖区大跨径较小水平推力的拱桥。全桥上部构造、行车道、下部结构工程数量分别见表 3-75～表 3-77 所列。

全桥上部构造工程数量　　表 3-75

项目	单位	主拱						边拱		
		拱肋	立柱	横撑	灌注混凝土	吊杆	系杆	拱肋	端横梁	立柱
钢管	t	1 908.3	94.6	363.0	—	5.5	15.3	—	—	13.4
钢板	t	255.2	37.7	—	—	—	30.0	13.0	—	—
钢筋	t	38.1	—	—	—	—	2.1	510.2	34.1	13.8
型钢	t	26.9	—	—	—	—	—	—	—	—
预应力钢材	t	—	—	—	—	62.3	394.3	—	14.6	—
混凝土	m^3	—	—	—	2 686	—	—	3 301	570	173

全桥行车道工程数量　　表 3-76

项　目	单　位	纵　梁	横　梁	轨　道　梁	预　制　板	现　浇　板
钢板	t	376.2	829.1	172.5	—	—
混凝土	m^3	—	—	—	908.3	940.5
钢筋	kg/m^3	—	—	—	339.7	381.8

全桥下部结构工程数量　　表 3-77

项　目	单　位	主拱墩			过渡墩		
		拱座	承台	桩基	墩身	承台	桩基
混凝土	m^3	4 244	9 046	17 868	1 194	678	1 749
钢筋	kg/m	45	58	55	94	75	58

1. 桥型布置

主跨为悬链线拱轴线，$m=1.543$，计算跨径 356m，计算矢高 $f=71.2$m。边跨为悬链线拱轴线，$m=1.543$，计算跨径 74m，计算矢高 $f=17.412$m。主拱拱顶截面高度 $D=4.000$m，拱脚处截面高度 $D=8.000$m，肋高变换系数 $n=0.2484$。H1～H3 表示横梁编号，L1～L11 表示拱上立柱编号，D1～D19 表示主拱吊杆编号，1 号～6 号表示主拱“米”字、“K”字横撑。桥型如图 3-153 所示，主桥横断面如图 3-154 所示。

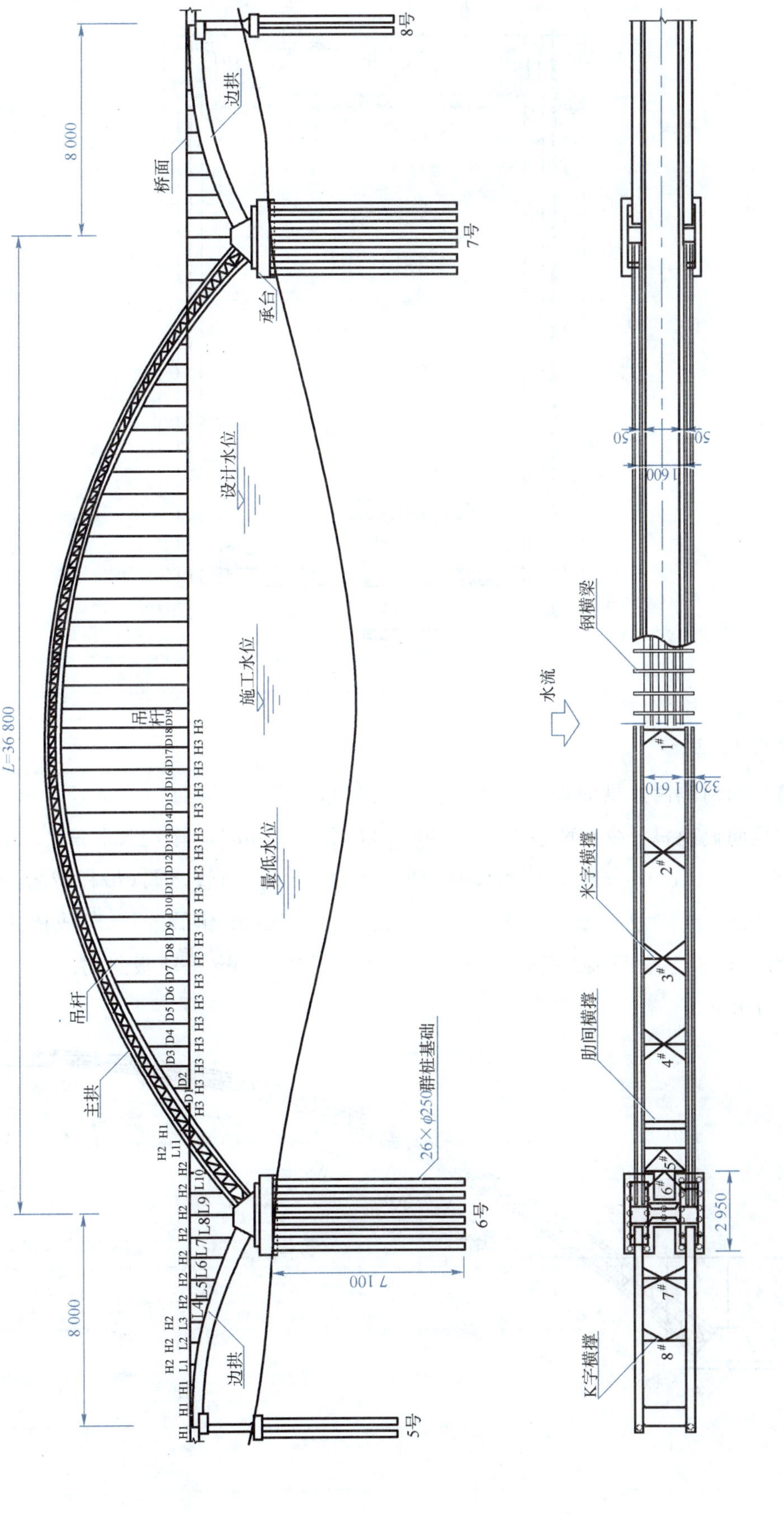
8号
边拱
桥面
8 000
7号
承台
L=36 800
设计水位
施工水位
最低水位
吊杆
主拱
26×φ250群桩基础
6号
7 100
8 000
边拱
5号
水流
钢横梁
米字横撑
肋间横撑
K字横撑
50
50
1 600
1 610
320
2 950
1#
2#
3#
4#
5#
6#
7#
8#

图3-153 钢管拱桥

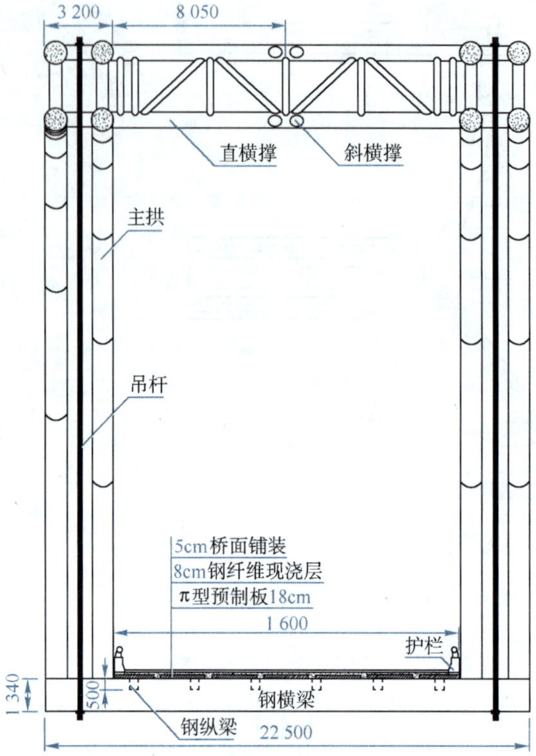

图 3-154　主桥上部横断面

2. 上部构造

主跨桥面两侧两片拱肋采用中承式双肋悬链线无铰拱，拱肋为等宽(3.2m)变截面结构。每片拱肋设两根上弦和两根下弦 ϕ1 000×28(20、22)mm 钢管，上、下弦之间径向、竖向均采用 ϕ550×12(10)mm 钢管作为腹杆，两根上弦(下弦)钢管之间(吊杆位置)设 ϕ650×16mm 平联管。腹杆之间、腹杆与平联管之间设 ϕ219×10mm 钢管连接，组成桁式拱肋。拱脚至桥面处，两根上弦(下弦)钢管之间，顶、底面采用厚 14mm 平联板封闭。主拱肋分段如图 3-155 所示。

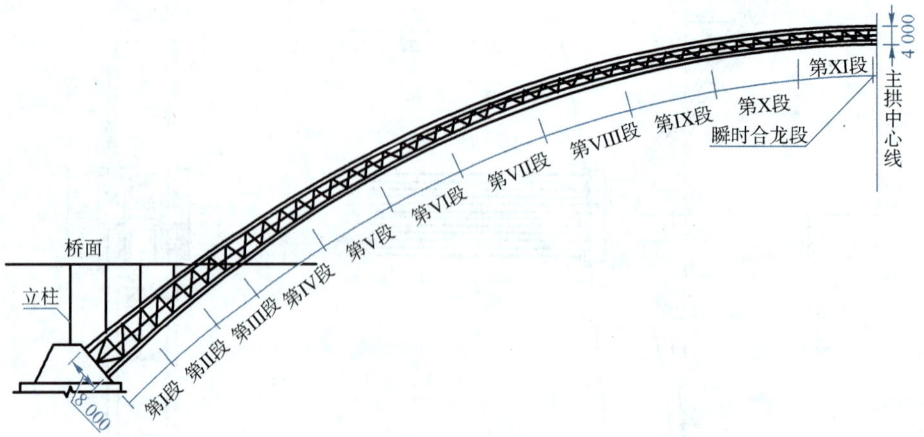

图 3-155　主拱肋分段

边拱肋结构采用上承式双肋悬链线半拱，计算跨径 74.00m，矢高 17.412m，拱轴系数 $m=1.543$。每片拱肋由等宽钢筋混凝土单箱单室箱形截面组成，肋宽 3.20m，拱脚径向肋高 6.00m，拱顶肋高 4.00m。两肋间设有一组"米"字横撑和一组"K"字横撑，边拱端部设固结预应力混凝土端横梁。拱上立柱为 $\phi800$ 的钢管混凝土构件，其中 6、7、8、9 号立柱之间设有钢横系梁。边拱肋坐标见表 3-78 所列，主拱肋工程数量见表 3-79 所列，主拱肋如图 3-157 所示。

拱上立柱（图 3-156）采用 $\phi800$mm 钢管混凝土构件，其中 6、7、8、9 号立柱上设横系梁。

边拱肋坐标　　表 3-78

截面号		1	2	3	4	5	6	7	8	9	10
水平 X(m)		0	2	6	10	14	18	22	26	30	34
Y(m)		0.000	1.000	2.896	4.655	6.283	7.785	9.165	10.427	11.575	12.613
上、下缘	Y_1(m)	3.314	4.230	5.970	7.600	9.111	10.509	11.796	12.975	14.049	15.019
	Y_2(m)	—	−2.327	−0.259	1.649	3.407	5.022	6.503	7.854	9.082	10.190
截面号		11	12	13	14	15	16	17	18	19	20
水平 X(m)		38	42	46	50	54	58	62	66	70	74
Y(m)		13.543	14.367	15.089	15.711	16.234	16.660	16.990	17.224	17.365	17.412
上、下缘	Y_1(m)	15.888	16.658	17.330	17.907	18.389	18.777	19.073	19.277	19.390	19.412
	Y_2(m)	11.184	12.066	12.840	13.509	14.074	14.539	14.904	15.170	15.339	15.412

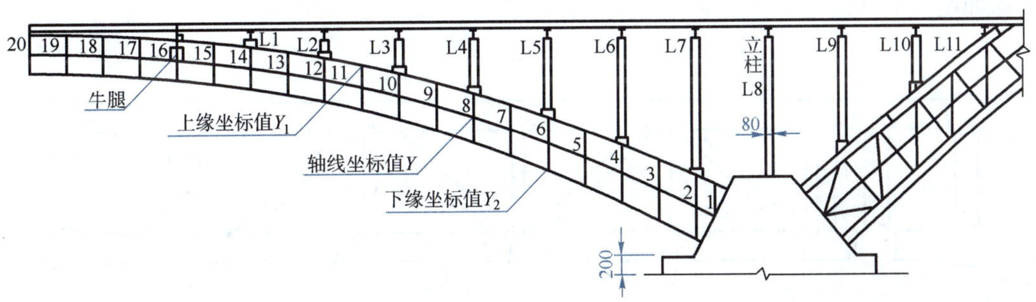

图 3-156　边拱肋、拱上立柱构造

主拱肋工程数量　　表 3-79

项目	单位	第 1 段	第 2 段	第 3 段	第 4 段	第 5 段	第 6 段	第 7 段	第 8 段	第 9 段	第 10 段	第 11 段	1/2 合龙段	半跨
中轴长	m	13.4	14.4	13.4	19.0	19.4	16.6	21.4	20.8	20.4	20.1	17.5	0.6	196.9
钢管	t	80.3	72.4	61.0	73.2	73.1	61.2	78.3	74.2	75.2	72.4	65.2	3.6	789.8

两片拱肋中心间距 19.3m。之间采用 6 道"米"字横撑和 6 道"K"字横撑（图 3-158），在拱肋与桥面交汇处设 1 道肋间横撑（图 3-159）。"米"字、"K"字横撑由上、下弦 $\phi700$mm×

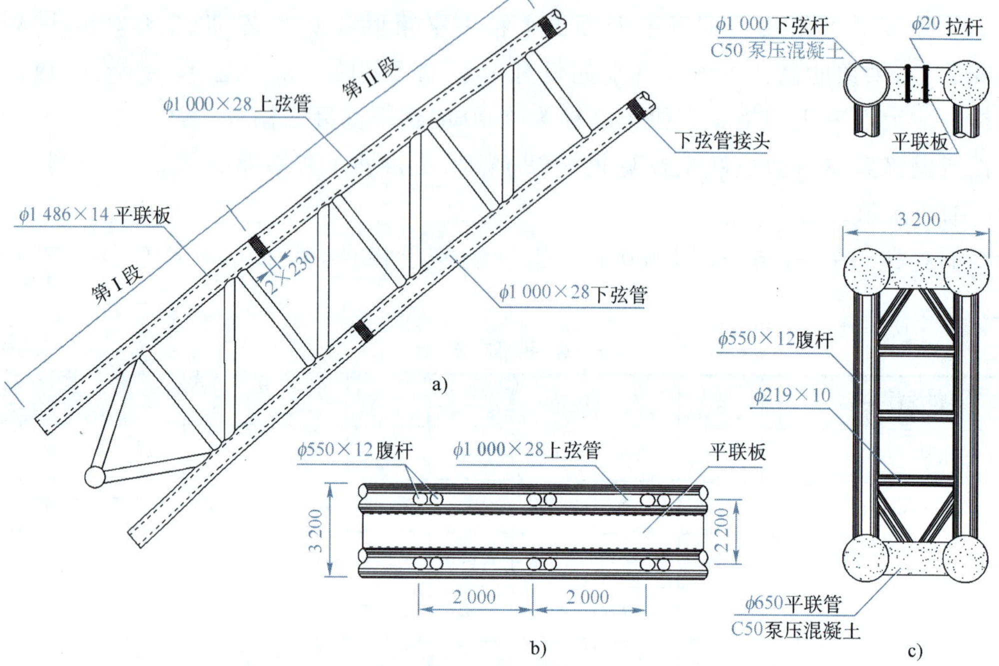

图 3-157　主拱肋

a)正面；b)平面；c)径向

14mm(直撑)、ϕ600mm×14mm(斜撑)及腹杆 ϕ299mm×8mm 组成钢管桁架。肋间横撑上、下弦采用 ϕ700mm×22mm 和腹杆 ϕ299mm×8mm 钢管。拱肋上、下弦管、平联管内、肋间横撑上、下弦管端部及平联板内灌注 C50 混凝土。主桥横撑工程数量见表 3-80 所列，边拱拱肋横撑如图 3-160 所示。

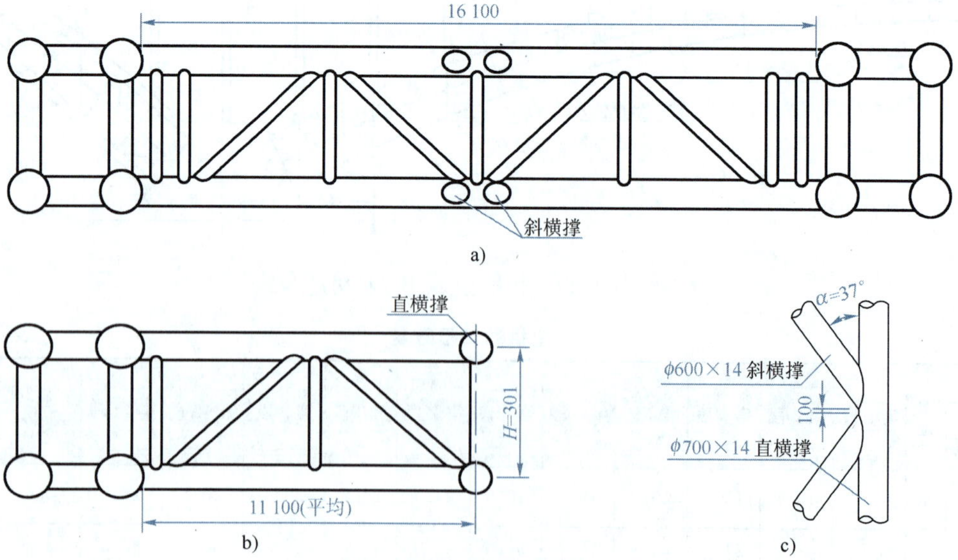

图 3-158　主拱拱肋 1 号横撑构造

a)直横撑；b)单边斜横撑；c)直斜连接成“K”字

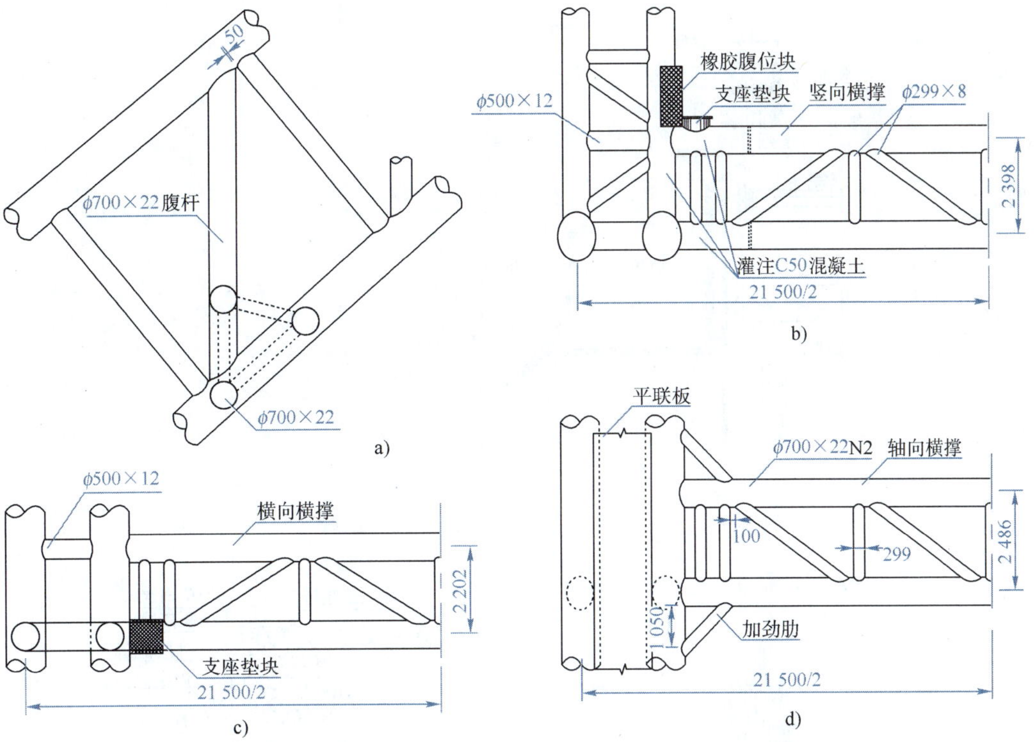

图 3-159 肋间横撑

a)正面;b)竖向横撑;c)横向横撑;d)轴向横撑

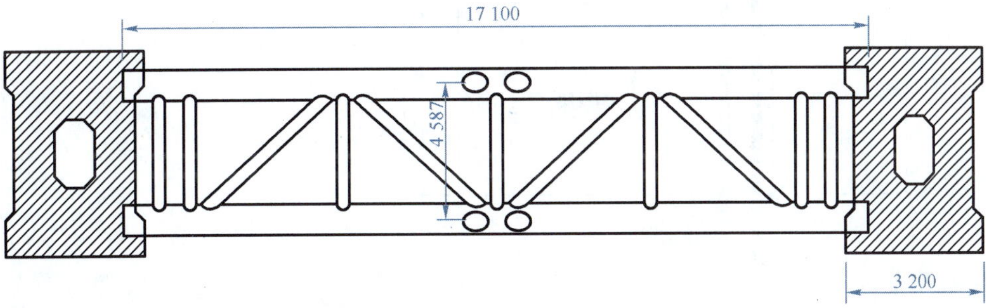

图 3-160 边拱拱肋 7 号横撑

主桥横撑工程数量 表 3-80

项 目	单 位	6 号	5 号	4 号	3 号	2 号	1 号
钢管	kg/个	20 191	19 768	29 897	29 372	28 966	19 116
α	度	K 字、45.2°	K 字、42°	米字、37°	米字、37°	米字、37°	K 字、37°
H	m	6.26	5.9	5.2	4.21	3.47	3.01

吊杆(图 3-161)分别锚于主拱拱肋的平联钢管顶和钢横梁的下翼缘,标准间距 8.0m,采用镀锌高强低松弛 $73\phi_{s}7$ 钢丝束,PE 防护。锚具采用 OVM-LZM 型冷铸镦头锚。吊杆工程数量见表 3-81 所列。

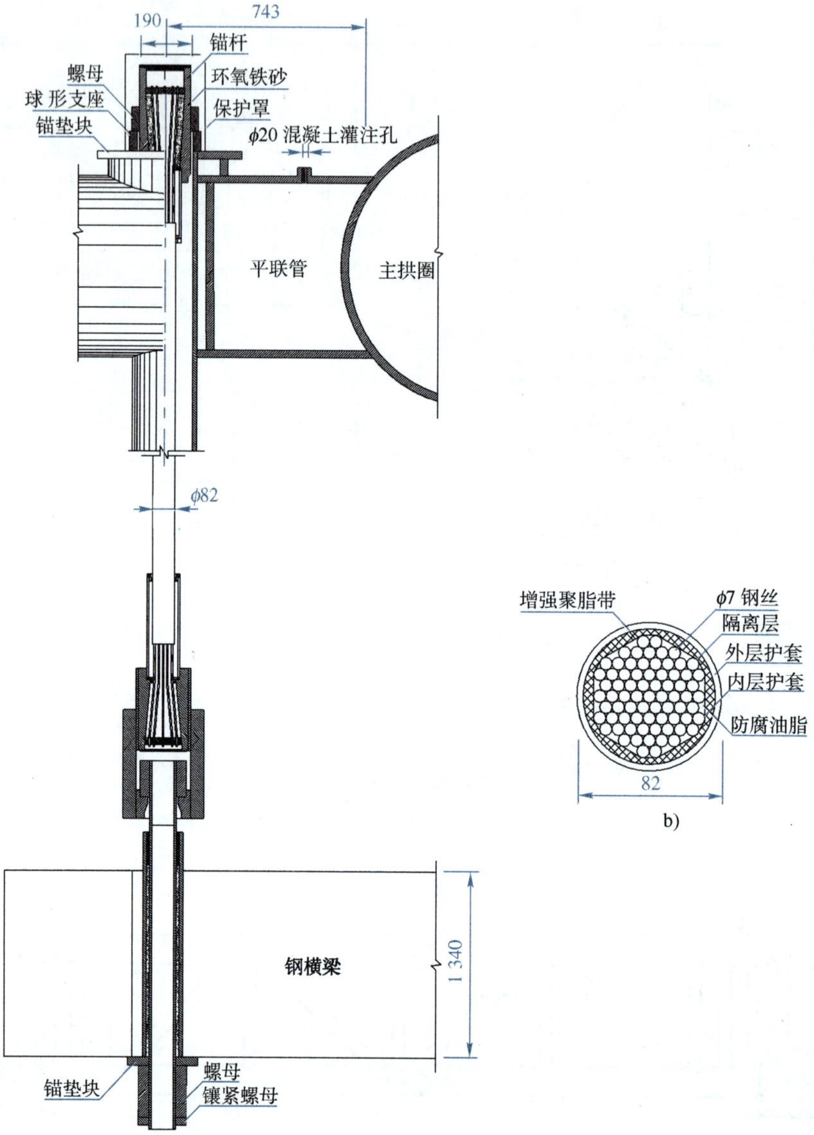

图 3-161 吊杆

a)正面；b)成品索断面

吊杆工程数量

表 3-81

吊索编号	理论长度	根数	重量(t)	吊索编号	理论长度	根数	重量(t)
D1	9.437	4	0.890	D11	44.184	4	3.955
D2	14.259	4	1.315	D12	46.104	4	4.124
D3	18.768	4	1.713	D13	47.758	4	4.270
D4	22.967	4	2.083	D14	49.149	4	4.393
D5	26.864	4	2.427	D15	50.279	4	4.493
D6	30.464	4	2.745	D16	51.150	4	4.570

续上表

吊索编号	理论长度	根数	重量(t)	吊索编号	理论长度	根数	重量(t)
D7	33.772	4	3.037	D17	51.764	4	4.624
D8	36.793	4	3.303	D18	52.122	4	4.655
D9	39.533	4	3.545	D19	52.224	2	2.332
D10	41.995	4	3.762	合计	274.852	74	62.236

系杆采用 PES15U1-31 环氧喷涂钢绞线无黏结预应力钢拉索体系，全桥共 22 束。为快捷施工、方便换索，设计采用 OVMXGK15-31 可调可换式系杆锚具。为方便换索，每边各留有一束备用束孔。系杆工程数量见表 3-82 所列。

系杆工程数量　　表 3-82

系杆编号	长度(m)	根数	重量(t)	系杆编号	长度(m)	根数	重量(t)	备注
1	526.026	2	35.245	4	535.840	4	71.802	
2	536.010	4	71.825	5	535.686	4	71.782	
3	535.856	4	71.805	6	535.670	4	71.780	合计 394.2t

3. 桥面系

桥面钢横梁 67 根，纵梁 396 根，检查车轨道梁 132 根，桥面板 452 块。大头钉、螺栓数量未计列。钢纵横梁工程数量见表 3-83 所列，桥面构造如图 3-162 所示，系杆如图 3-163 所示。

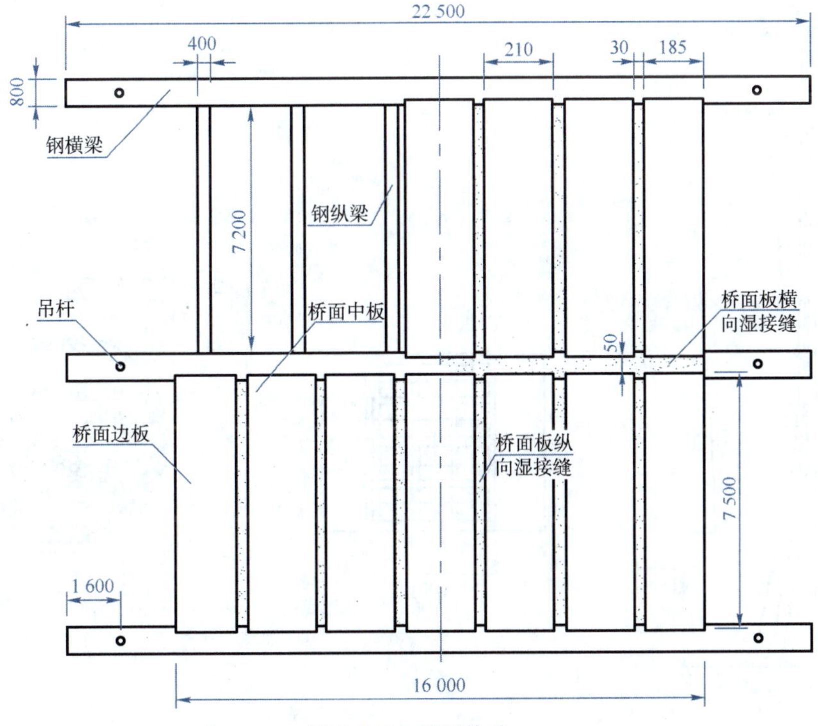

图 3-162　桥面构造

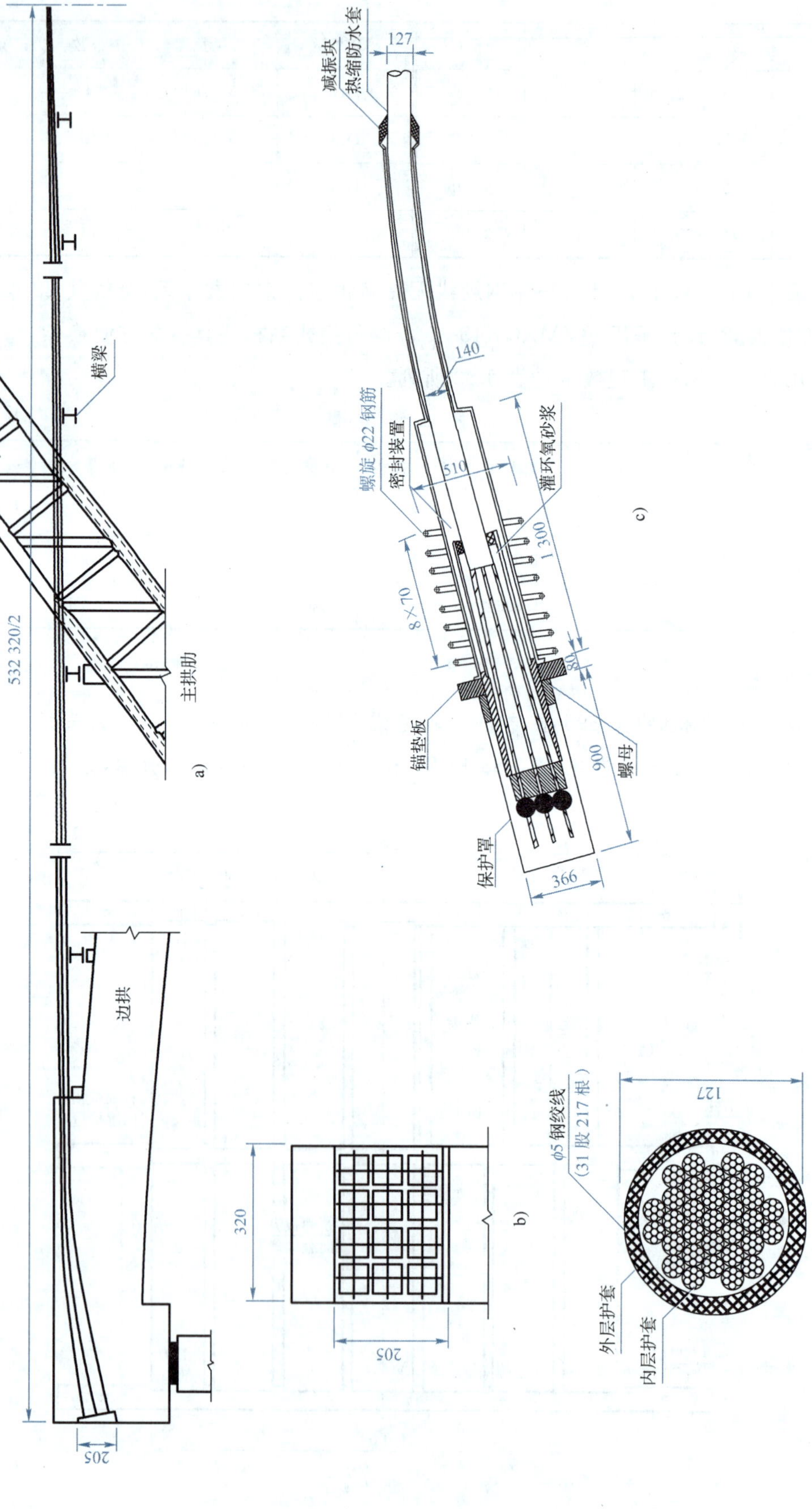

图 3-163　系杆

a) 正面；b) 端部截面；c) 构造；d) 成品索断面

钢纵横梁工程数量　　表 3-83

项　目	单　位	钢纵梁		钢横梁			检查车	
		中跨	边跨	立柱上	边跨上	吊杆上	中跨	边跨
钢板	kg/片	950.40	935.40	12 723	8 937	12 910	1 308.7	1 241.1
梁数	片	6×64	6×2	22	8	37	2×64	2×2

钢横梁 H3 表示为主桥吊杆横梁、H2 表示为立柱上横梁、H1 表示为边拱牛腿及拱肋与桥面相交处钢横梁。钢横梁构造如图 3-164 所示。

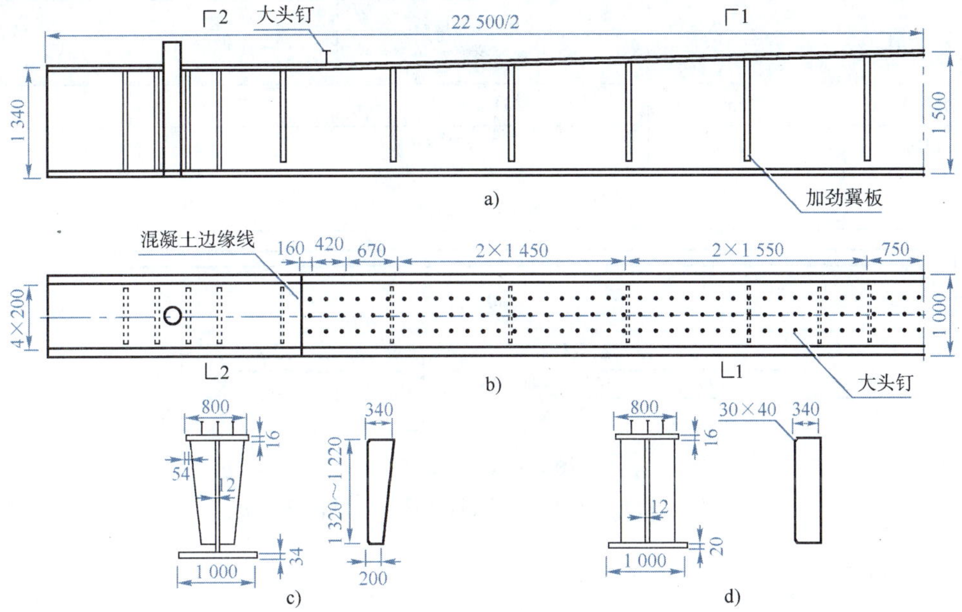

图 3-164　钢横梁构造

a)1/2 立面；b)1/2 平面；c)I-I 断面；d)II-II 断面

钢纵梁按构造要求和经济性考虑，选用翼缘系列 Q235B 热扎 H 型钢 HM400×300。钢纵梁构造如图 3-165 所示。

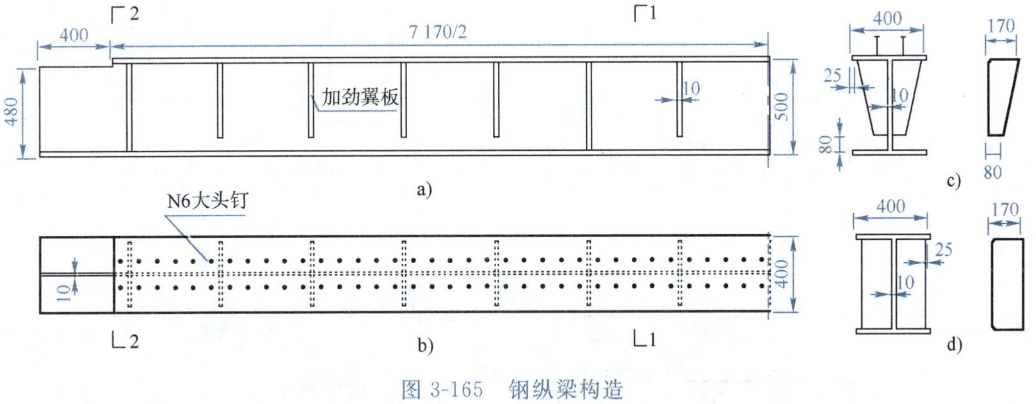

图 3-165　钢纵梁构造

a)1/2 立面；b)1/2 平面；c)I-I 断面；d)II-II 断面

桥面预制钢筋混凝土 π 型板上，现浇 8cm 厚钢纤维混凝土及 5cm 厚细粒式沥青混凝土铺装层构成。边墩采用盘式橡胶支座、主柱、牛腿上采用特殊设计的抗震双曲面钢支座。全桥基础均采用钻孔灌注桩。预制桥面板工程数量见表 3-84 所列，现浇桥面工程数量见表

3-85所列，桥面板如图 3-166 所示。

预制桥面板工程数量　　表 3-84

项　目	单　位	板长(7.5m)		板长(7.1m)		备　注
		中板	边板	中板	边板	
混凝土	m^3	2.08	1.85	1.97	1.76	全桥板长 7.5m 的中板 310 块，边板 128 块；板长 7.1m 的中板 10 块，边板 4 块
钢筋	kg/m^3	384	347	368	321	

现浇桥面工程数量　　表 3-85

项　目	单　位	30、50cm 宽纵横桥面接缝现浇混凝土	钢纤维混凝土	备　注
混凝土	m^3	264.70	675.80	
钢筋	kg/m^3	104	524	

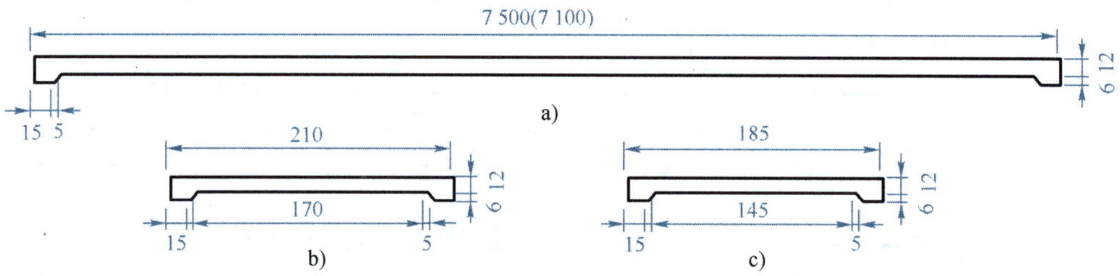

图 3-166　桥面板

a)中板、边板(纵向)；b)中板(横向)；c)边板(横向)

4. 下部构造

6 号、7 号为主桥墩(图 3-167)，5 号、8 号为边跨过渡墩(图 3-168)。主桥墩拱座、承台为大体积混凝土施工，其中设置 $\phi30\times2$ 冷却管。灌注桩混凝土中设置 3 根等距离 $\phi50\times2.5$ 超声波测声法检查钢管，管底封口。

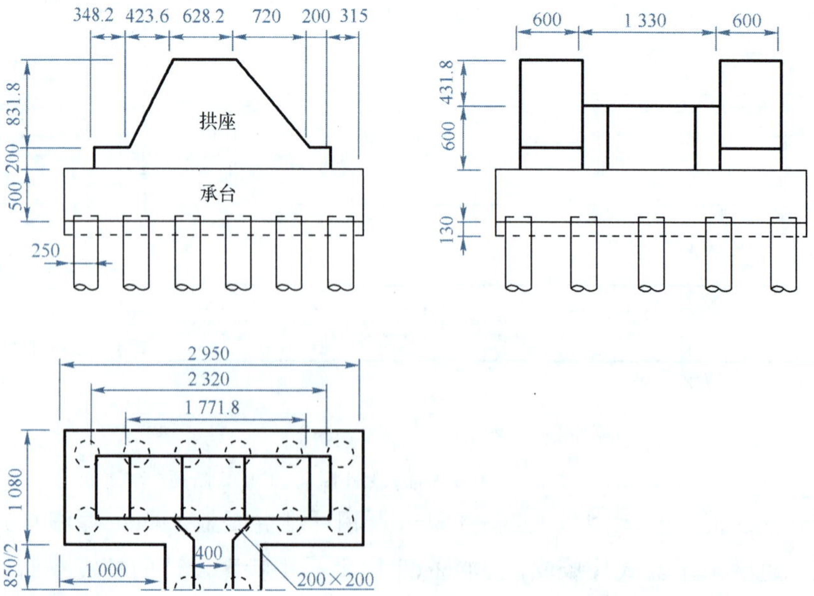

图 3-167　主桥墩

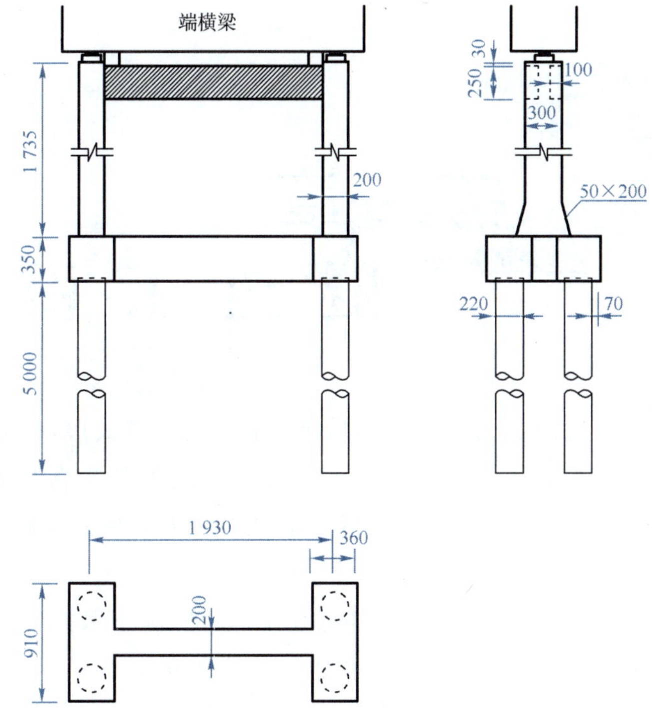
端横梁
30
250
100
300
1 735
200
50×200
350
220
70
5 000
1 930
360
910
200

图 3-168 过渡墩

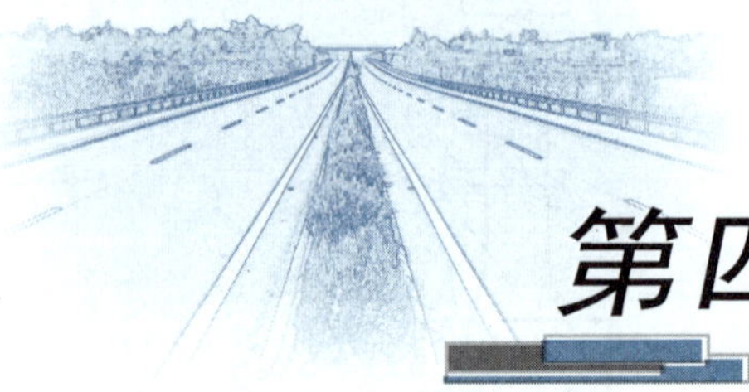

第四章 隧道工程

公路建设中修建隧道的目的是克服山岭地形障碍，改善线形，提高车速，缩短里程，节约燃料和时间，减少对植被的破坏，保护生态环境。隧道既能克服落石、坍方、雪崩等危害，又能保证路线平顺、行车安全和提高舒适性，使通行不受气候影响。公路隧道的基本要求如下：

(1)隧道应根据公路功能和发展需要，遵循安全、经济、利于保护生态环境的原则，结合隧道所处的地形、地质、施工运营、管理等条件进行的综合设计。

(2)应满足公路建筑限界的规定及与洞口两端路线技术标准的衔接；完成洞门、明洞、洞身工程，使其具有足够的强度、稳定性和耐久性，必要时采取辅助工程措施。

(3)按照排、防、截、堵相结合的原则进行隧道防水和排水设计，应使洞内、洞口与洞外构成完整的排水系统。

(4)从施工、运营安全出发，设置必要的横向通道；根据规范要求设置通风、照明、消防设施，以及装饰和运营管理等设施。

4.1 隧道分类与组成

公路隧道是为使道路从地层内部或水底通过而修建的人工构造物。按穿越障碍物性质，可分为山岭隧道和水底隧道；按地质条件可分为岩石隧道和一般软土隧道。《公路隧道设计规范》(JTG D70—2004)为山岭岩石隧道提供技术准则，适用于钻爆法为主要开挖手段的各级公路隧道设计。

4.1.1 隧道分类

公路隧道一般以穿越山岭障碍物，以水泥混凝土结构为主体，可按其埋置深度、选线位置、结构类型、长短大小来分类。

1.按埋置深度分类

埋置深度(覆盖层)较浅的隧道称为浅埋隧道，洞口浅埋段如果采用明挖方法施工，可称为明洞隧道。埋置较深的称为深埋隧道，多采用暗挖钻爆法施工。

2.按选线位置分类

为穿越山岭修建的隧道,称为越岭隧道。利用傍山(沿河)地形修建的隧道,称为傍山隧道。

3.按结构类型分类

高速公路、一级公路需要设置隧道时,一般设计为上、下行分离的独立双洞,称为分离式隧道。通过中墙相连的双洞(双向)多车道隧道,称为连拱隧道,在桥隧相连、隧道相连、地形条件限制等特殊地段上采用。高速公路、一级公路隧道可分双洞双向两车道和三车道断面,二级及二级以下公路隧道多采用单洞两车道断面。公路隧道结构如图 4-1 所示。

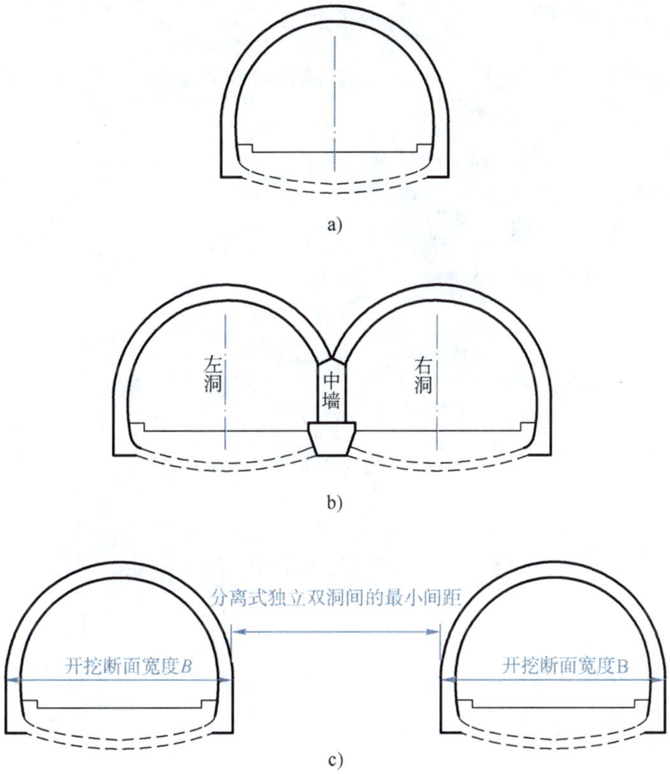

图 4-1　公路隧道结构

a)单洞;b)连拱;c)分离式

4.按长度分类

隧道长度是指进口、出口洞门端墙墙面之间的距离,即两端墙墙面与路面交线同路线中线交点间的距离。隧道长度不同,施工和运营管理要求则不同,使得设计和工程计价亦不同。

4.1.2 隧道组成

隧道有各种不同断面形状,但其构造组成大体相同,均由主体结构和附属工程两大部分组成,隧道工程层次结构如图 4-2 所示。

- 隧道工程
  - 主体结构
    - 主洞工程
      - 洞口
        - 洞门
        - 边坡、仰坡防护
        - 排水
      - 明洞
        - 明洞开挖
        - 明洞衬砌
          - 拱部及墙部
          - 仰拱
      - 洞身开挖
      - 洞身
        - 辅助工程措施
        - 复合式衬砌
          - 衬期支护
            - 锚杆
            - 挂网
            - 喷射混凝土
          - 二次衬砌
            - 拱部及墙部
            - 加强衬砌
            - 仰　拱
              - 整平层
              - 仰拱回填
              - 仰拱
      - 防排水工程
        - 路基管沟
        - 路面排水沟
      - 人行道或检修道（及电缆沟）
    - 横洞工程
    - 路面工程
      - 基层
      - 面层
  - 辅助坑道
    - 横通道
    - 平行导坑
    - 竖井
    - 斜井
    - 风道、风机房
  - 附属工程
    - 通风照明消防
    - 装饰工程
    - 运营管理设施

图 4-2　隧道工程层次结构

4.2　隧道技术指标

隧道是根据公路功能的需要，遵循安全、经济、保护生态环境的原则，结合所处地形、地质、施工、运营等条件进行设置。

4.2.1　隧道长度

《公路隧道设计规范》将公路隧道按其长度分为 4 类，见表 4-1 所列。

公路隧道按长度分类　　表 4-1

隧道分类	特长隧道	长隧道	中隧道	短隧道
隧道长度(m)	$L>3\,000$	$3\,000\geqslant L>1\,000$	$1\,000\geqslant L>500$	$L\leqslant 500$

高速公路、一级公路的隧道应设计为上、下行分离式的独立双洞。分离式独立双洞的最小净距，按对两洞结构彼此不产生有害影响的原则，结合隧道平面线形、围岩地质条件、断面形状和尺寸、施工方法等因素确定，一般情况可按表 4-2 取值。一座分离式双洞隧道，可按其围岩代表级别确定两洞最小净距。

分离式独立双洞间的最小净距 表 4-2

围岩级别	I	II	III	IV	V	VI
最小净距(m)	1.0×B	1.5×B	2.0×B	2.5×B	3.5×B	4.0×B

注:B为隧道开挖断面的宽度。

隧道纵坡不应小于0.3%,一般情况又不应大于3%。隧道内的纵坡形式,一般宜采用单向坡;地下水发育的长隧道、特长隧道可采用双向坡。

不设检修道或人行道的隧道,可不设紧急停车带,但应按500m的间距交错设置行人避车洞。人行横洞的设置间距可取250m,并不得大于500m;车行横洞的设置间距可取750m,并不得大于1 000m,长1 000~1 500m的隧道宜设一处,中、短隧道可不设。

4.2.2 隧道设计洪水频率标准

《公路隧道设计规范》规定,隧道设计洪水频率标准按表4-3取值。当观测洪水位高于标准值时,应按观测洪水设计;当观测洪水的频率在高速公路、一级公路超过1/300,二级公路超过1/100,三、四级公路超过1/50时,则应分别采用1/300、1/100和1/50的频率设计。

隧道设计水位的洪水频率标准 表 4-3

公路等级 隧道类别	高速公路、一级公路	二级公路	三级公路	四级公路
特长隧道	1/100	1/100	1/50	1/50
长隧道	1/100	1/50	1/50	1/25
中、短隧道	1/100	1/50	1/25	1/25

4.2.3 隧道建筑限界

公路隧道的横断面,主要是指隧道的净空断面,即衬砌内轮廓线所包围的空间,也称为内轮廓限界。包括隧道建筑限界,以及照明、通风等所需的空间断面。各级公路隧道的建筑限界如图4-3所示。在建筑限界(虚线)内,不得有任何构件侵入。隧道规范推荐采用的内轮廓,拱部为单心半圆,墙部和仰拱为大半径圆弧,墙部与仰拱之间采用小半径圆弧连接。

图中:

H——建筑限界高度;

W——行车道宽度;

L_L——左侧侧向宽度;

L_R——右侧侧向宽度;

C——余宽;当设置检修道或人行道时,不设余宽;当不设置检修道或人行道时,设余宽;当$V>100$km/h时余宽为0.5m,当$V\leqslant100$km/h时余宽为0.25m;

J——检修道宽度;

R——人行道宽度;

H——检修道或人行高度;

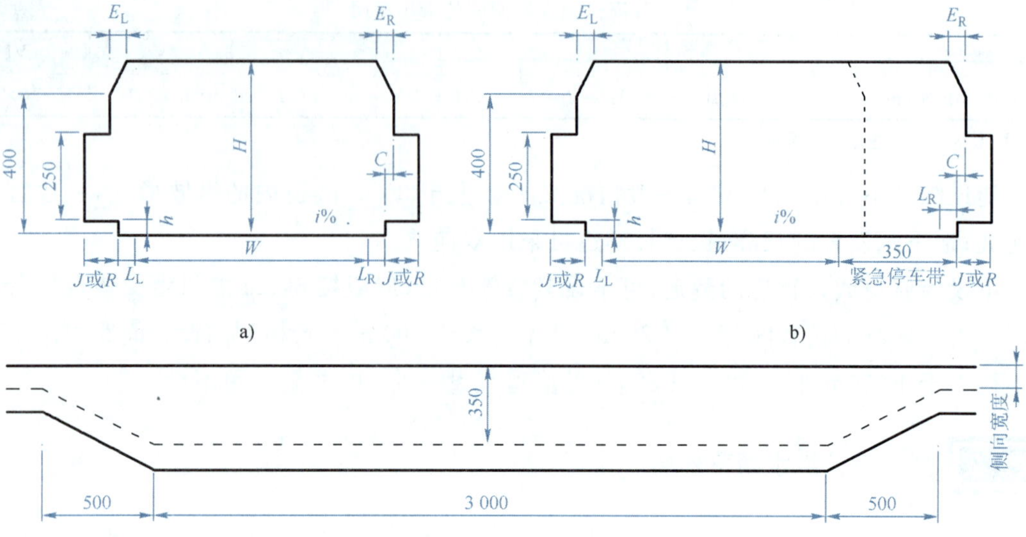

图 4-3 隧道建筑限界

a)主洞;b)紧急停车带;c)紧急停车带平面布置

E_L——建筑限界左顶角宽度,$E_L=L_L$;

E_R——建筑限界右顶角宽度,当 $L_R \leqslant 1m$ 时,$E_R=L_R$;当 $L_R>1m$ 时,$E_R=1m$。

1. 建筑限界

建筑限界净空高度是指隧道路面至建筑限界的距离,其应符合图 4-3 公路隧道建筑限界的规定。高速、一级、二级公路的净空高度 $H=5.0m$,三级、四级公路净空高度 $H=4.5m$。一般情况下一条公路上应采用同一净空高度。

高速、一级公路上、下行的分离式独立双洞隧道之间,应根据规范规定设置横向通道,即车行横洞、人行横洞等。

2. 建筑限界净宽

建筑限界净宽由行车道、侧向宽度和检修道或人行道组成。高速、一级公路隧道应在隧道两侧设置检修道,其宽度应大于或等于 0.75m;二级、三级(40km/h)公路隧道宜在两侧设置人行道,其宽度应大于或等于 0.75m;三级(30km/h)、四级公路隧道宜在两侧设置余宽。隧道最小侧向宽度应符合表 4-4 规定,人行道及检修道宽度应符合表 4-5 规定。

最小侧向宽度　　表 4-4

设计速度(km/h)	高速、一级公路				二级、三级、四级公路				
	120	100	80	60	80	60	40	30	20
左侧向宽度 L_L(m)	0.75	0.50	0.50	0.50	0.75	0.50	0.25	0.25	0.50
右侧向宽度 L_R(m)	1.25	1.00	0.75	0.75	0.75	0.50	0.25	0.25	0.50

当设置检修道或人行道时,不设余宽;当不设置检修道或人行道时,应设不小于 25cm 的余宽。

人行道及检修道宽度　　表 4-5

设计速度(km/h)	高速、一级公路				二级、三级、四级公路				
	120	100	80	60	80	60	40	30	20
人行道 R	—				1.00	1.00	0.75	0.25	0.25
检修道 J	≥0.75m				—				
步道高度 h(cm)	80～60	60～40	40～30	30～25	40～30	30～25	25 或 20		

特长、长隧道应在行车方向的右侧设置紧急停车带，紧急停车带建筑限界如图 4-4 所示。双向行车隧道，其紧急停车带应双侧交错设置。紧急停车带宽度，包含右侧侧向宽度应为 3.50m；长度应取 40m，其有效长度不应小于 30m。紧急停车带间距不宜大于 750m，一般与车行横洞同步设置。

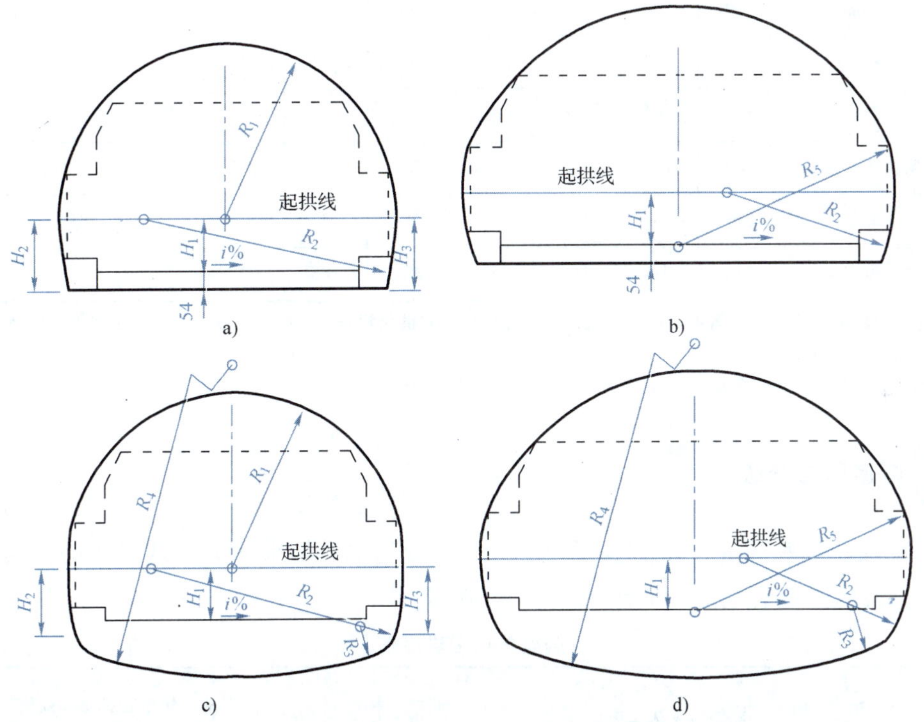

图 4-4　两车道隧道几何尺寸

a)主洞无仰拱；b)主洞有仰拱；c)紧急停车带无仰拱；d)紧急停车带有仰拱

各等级公路双车道隧道建筑限界净宽可参见表 4-6。单车道四级公路隧道应按双车道四级公路标准建设，右侧侧向宽度小于 2.50m。

两车道隧道建筑限界净宽　　表 4-6

设计速度(km/h)	高速、一级公路				二级、三级、四级公路				
	120	100	80	60	80	60	40	30	20
车道宽度(m)	3.75	3.75	3.75	3.5	3.75	3.5	3.5	3.25	3.0
车道数	双洞两车道				单洞两车道				
建筑限界净宽(m)	11.0	10.5	10.25	9.75	11.0	10.0	9.0	7.5	7

3. 隧道内轮廓尺寸

两车道隧道几何尺寸如图 4-4 所示。根据各公路等级设计速度的相应建筑限界，可分别计算出两车道内轮廓断面几何尺寸，表 4-7 所示为两车道隧道实例结果，三车道隧道亦可参考该方法计算。

两车道隧道内轮廓断面几何尺寸　　表 4-7

设计速度(km/h)		R_1	R_2	R_3	R_4	R_5	H_1	H_2	H_3	面积(m^2)	
										有仰拱	无仰拱
120	一般部	612	862	100	1 500	—	160	214	214	94.0	84.7
	紧急停车带	612	862	150	1 800	771	165	219	219	121.2	106.1
100	一般部	570	820	100	1 500	—	160	214	214	82.5	75.0
	紧急停车带	570	820	150	1 800	747	165	219	219	110.9	97.8
80	一般部	543	793	100	1 500	—	160	214	214	75.5	69.1
	紧急停车带	543	793	150	1 800	737	165	219	219	104.8	93.1
60	一般部	514	764	100	1 500	—	160	214	214	68.5	63.1
	紧急停车带	514	764	150	1 800	708.5	165	219	219	96.3	86.1

注：①隧道内轮廓线所围成的面积，为有仰拱断面计算面积；无仰拱面积是约定路面厚度为 54cm 后，与隧道内轮廓线围成的断面计算面积；

②图 4-4 中未能按实际横坡绘制，故表 4-7 中 H_3 按 H_2 数据列出。

4.2.4 隧道围岩分级

根据勘探和试验等资料、岩土类型及特征、围岩基本质量指标 BG，或修正的围岩质量指标[BQ]，公路隧道围岩划分为 6 级，见表 4-8 所列。

公路隧道围岩级别　　表 4-8

围岩级别	围岩或土体主要定性特征	围岩基本质量指标 BQ 或修正的围岩基本质量指标[BQ]
I	坚硬岩，岩体完整，巨整体状或巨厚层结构	＞550
II	坚硬岩，岩体较完整，块状或厚层状结构 较坚硬岩，岩体完整块状整体结构	550～451
III	坚硬岩，岩体较破碎，巨块(石)碎(石)状镶嵌结构 较坚硬岩或较软硬岩层，岩体较完整，块状或中厚层结构	450～351
IV	坚硬岩，岩体破碎，破裂结构；较坚硬岩，岩体较破碎～破碎，镶嵌破裂结构；较软岩或软硬岩互层，且以软岩为主，岩体较完整～较破碎，中薄层状结构	350～251
	土体：①压密或成岩作用的黏性土及性土；②黄土(Q_1、Q_2)③一般钙质、性质胶结的碎石土、卵石土、大块石土	

续上表

围岩级别	围岩或土体主要定性特征	围岩基本质量指标 BQ 或修正的围岩基本质量指标[BQ]
V	较软岩，岩体破碎；软岩，岩体较破碎～破碎；各类岩体，碎、裂状，松散结构	≤250
	一般第四系的半干硬塑的黏性土及稍湿至潮湿的碎石土，卵石土、圆砾土及黄土(Q_3、Q_4)。非黏性土呈松散结构，黏性土及黄土呈松软结构	
VI	软塑状黏性土及潮湿、饱和粉细砂层、软土等	

注：本表不适用于特殊条件的围岩分级，如膨胀性围岩、多年冻土等。

4.2.5 隧道交通工程

隧道交通工程及沿线设施的设置应符合总体设计要求，依据《公路隧道交通工程设计规范》施行，一般规定如下：

①公路隧道应采用反光标志、反光标线。高速公路、一级公路隧道洞口两端的标志、标线、视线诱导标及护栏与洞口的连接过渡等应进行专门设计。

②特长隧道和高速公路、一级公路的长隧道，应设置监控设施。

③隧道通风设施是根据交通组成和交通量增长情况，按照总体设计要求设置。

④高速公路、一级公路隧道，其长度大于100m时应设置照明设施；二级、三级、四级公路隧道，其照明设施可根据具体情况设置。

⑤特长隧道和高速公路、一级公路的长隧道，其重要电力负荷必须保证供电可靠、技术、经济合理。

⑥特长隧道和高速公路、一级公路的长隧道，必须配置报警设施、消防设施、救助设施等。二级、三级公路隧道可根据需要设置报警设施、消防设施、救助设施等。

4.2.6 施工计划

隧道设计应制订合理的施工计划，包括总工期要求、施工方法的确定、合理工区的划分、辅助通道、施工便道、弃渣场的设置、临时设施、监控量测方法等。

①应考虑隧道长度、断面、工期要求、地质条件和当地自然条件等，确定合理的施工方法和施工进度。

②工区划分应考虑隧道纵坡变化、水文与地质条件、渣场和便道修建条件以及土石方平衡等综合因素。

③应结合工程地质与水文地质超前预报、施工方法以及营运通风方式等，对辅助通道的设置目的、作用及必要性作出技术经济论证。

④必要时应根据隧道的建设规模、地质条件等，对主要施工机械设备、大型洞内临时设备、洞外的设备的技术指标作出要求。

4.3 隧道主体结构

构成隧道主体结构的主要内容有隧道开挖、主洞及横洞衬砌、防排水、路面等，如图 4-5 所示。

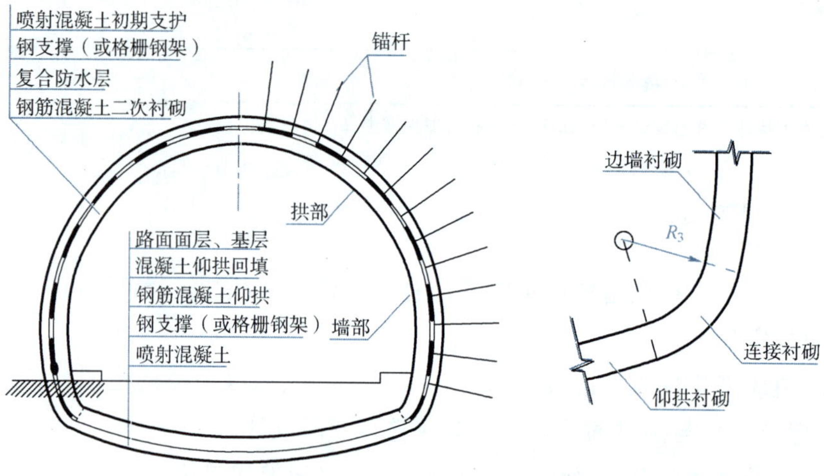

图 4-5 隧道构造

a)整体；b)墙踵

4.3.1 主洞工程

隧道主体工程由洞口、明洞、主洞(或称洞身、暗洞)三个部分组成。

1. 洞口

洞口工程是隧道出入口部分的建筑物，包括洞门、边坡防护、仰坡支挡构造物及排水设施和引道等。隧道洞口位置受地形或气象的影响，一般有图 4-6 所示的几种形式：

①坡面正交型—这是一种隧道轴线与坡面正交的理想形式。

②坡面斜交型—隧道轴线与坡面斜交进入，边坡切面与洞门为非对称，往往存在偏压，应讨论洞门形式和偏压的影响。

③坡面平行型—是一种极端的斜交情况，隧道在较长区段的单边覆盖层较薄，特别应考虑偏压，往往容易出问题，应尽量避免这种形式。

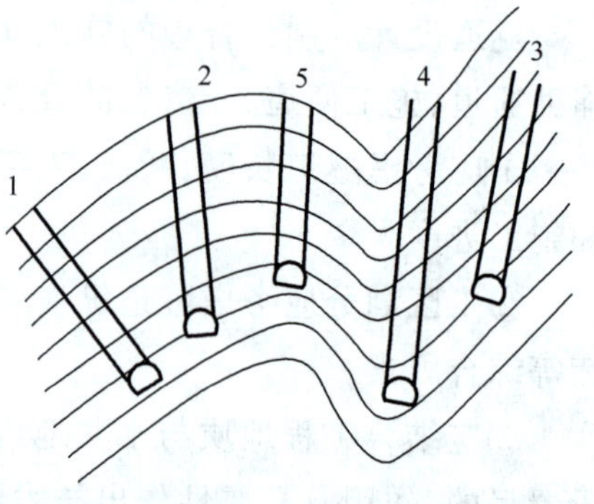

图 4-6 隧道洞口轴线与地形的关系

1-坡面正交型；2-坡面斜交型；3-坡面平行型；4-山脊突出进入型；5-沟谷部进入型

隧道洞口段是指隧道洞口暗挖进洞一定长度段，覆盖层厚度小于 2 倍的开挖隧道断面宽度。洞口段一般较洞身围岩条件差，埋深浅，受地形、环境影响较大，如地表水、气候等影响。因此，洞口段要求具有很高的抗风化能力和耐久性。隧道明洞段、洞口段、洞身段划分如图 4-7 所示。

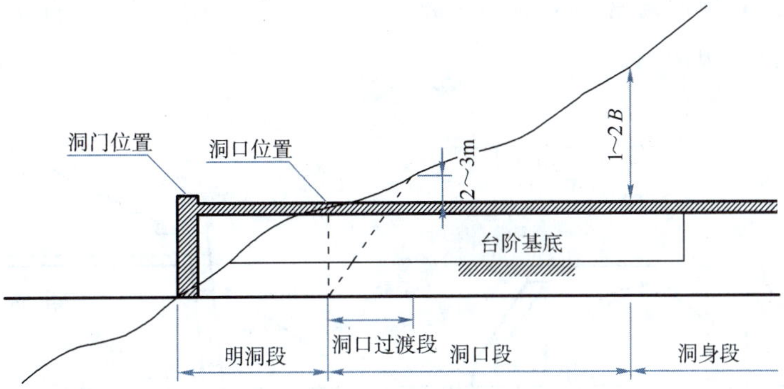

图 4-7　明洞段、洞口段与洞身段划分

1)洞门

洞门是为了保证边坡和仰坡稳定，并将仰坡流下的地表水引离隧道而在洞口修建的建筑物。洞门是隧道外露的惟一部分，起着保护洞口、美化和诱导作用。

(1)端墙式洞门

端墙式洞门适用于岩质稳定的 IV 级以下围岩和地形开阔的地区，是最常使用的洞门形式，如图 4-8 所示。根据地形也可做成台阶式洞门，如图 4-9 所示。

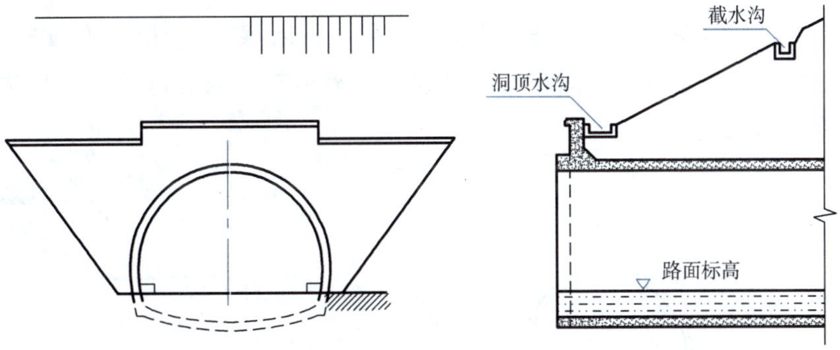

图 4-8　端墙式洞门

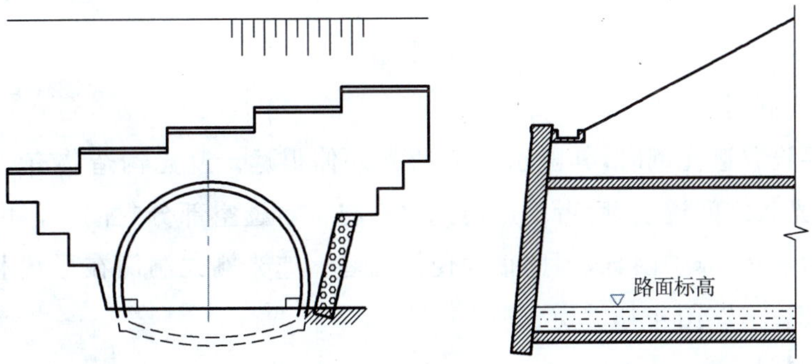

图 4-9　台阶式洞门

(2)翼墙式洞门

翼墙式洞门如图 4-10 所示,适用于地质较差的 III 级以上围岩,以及需要开挖路堑的情形。翼墙式洞门由端墙及翼墙组成。翼墙是为了增加端墙的稳定性而设置的,同时对路堑边坡起支挡作用。其顶面通常与仰坡面一致,顶面上一般均设置水沟,将端墙背面排水沟汇集的地表水排至路堑边沟内。

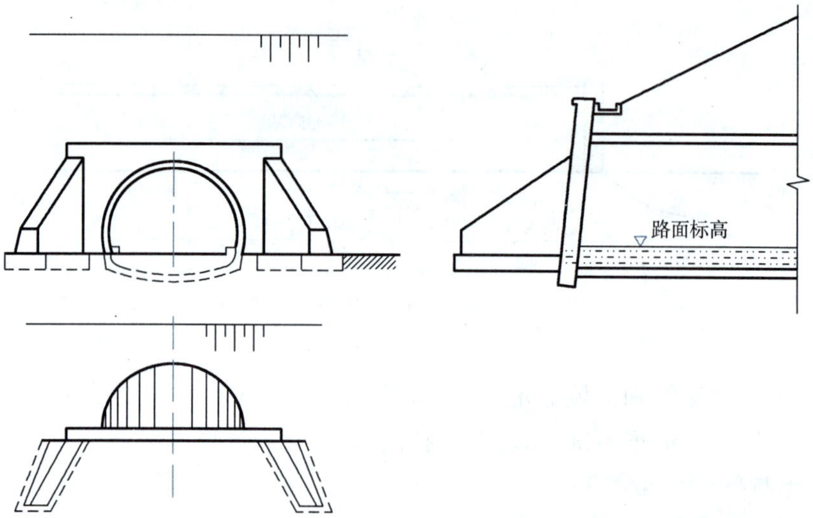

图 4-10　翼墙式洞门

(3)环框式洞门

当洞口岩层坚硬、整体性好,节理不发育,且不易风化,路堑开挖后仰坡极为稳定,并且没有较大的排水要求时采用。环框与洞口衬砌用混凝土整体浇筑,如图 4-11 所示。

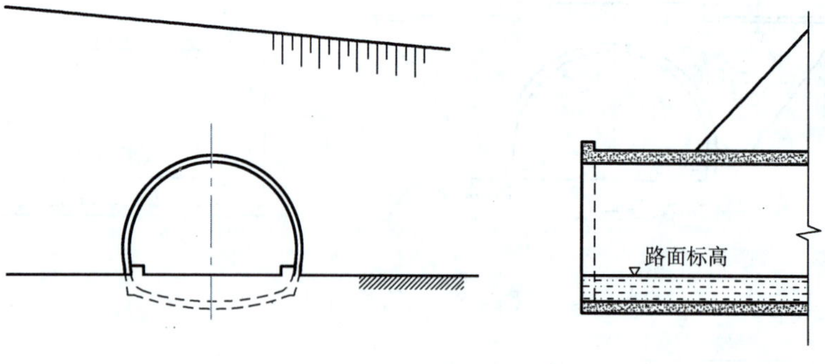

图 4-11　环框式洞门

(4)遮光棚式洞门

当洞外需要设置遮光棚时,其隧道入口通常外伸很远。遮光构造物有开放式和封闭式之分,前者将遮光板之间透空,后者则用透光材料将前者透空部分封闭。但由于透光材料上面容易沾染尘垢油污,养护困难,因此很少使用后者。遮光棚式洞门在形状上又分棚洞式和喇叭式,分别如图 4-12、图 4-13 所示。

(5)削竹式洞门

在洞口段地形平缓时选用。此形式可修饰周围景观,使洞门与之协调,如图 4-14 所示。

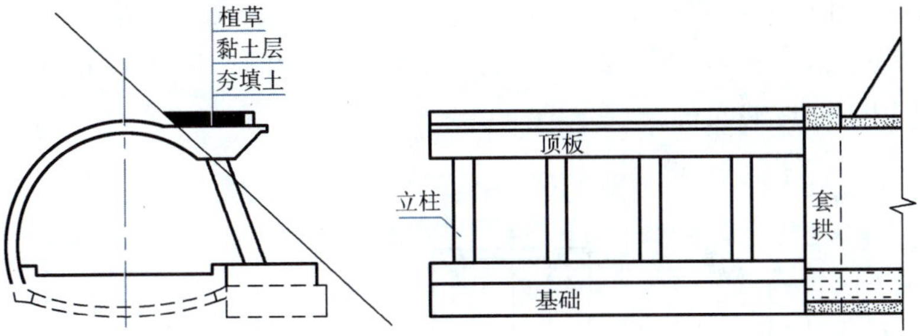

图 4-12　棚式洞门

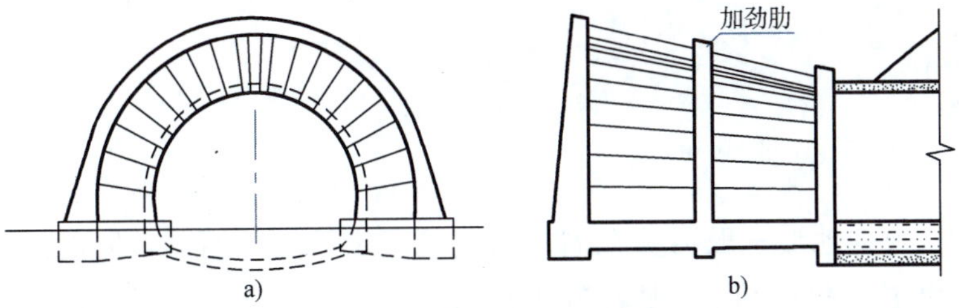

图 4-13　喇叭式洞门

a)正面；b)侧面

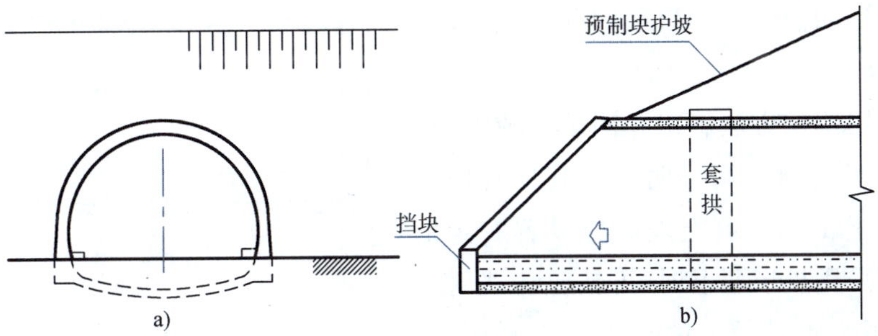

图 4-14　削竹式洞门

a)正面；b)侧面

2)边坡及仰坡防护

洞口仰坡坡脚至洞门墙背的水平距离不应小于 1.5m，洞门端墙与仰坡之间水沟的沟底至衬砌拱顶外缘的高度不应小于 1.0m，洞门墙顶应高出仰坡坡脚 0.5m 以上。洞门墙应根据实际需要设置伸缩缝、沉降缝和泄水孔。洞口边坡及仰坡必须保证稳定，其边坡、仰坡坡率及开挖最大高度见表 4-9 所列。

洞口边坡和仰坡坡率及开挖最大高度　　表 4-9

围岩分级	I、II			III		IV			V～VI	
边、仰坡坡率	贴壁	1∶0.3	1∶0.5	1∶0.5	1∶0.75	1∶0.75	1∶1	1∶1.25	1∶1.25	1∶1.5
最大高度(m)	15	20	25	20	25	15	18	20	15	18

3)洞口排水

洞口排水是根据地形、地质、气象，以及建设工程的实际情况，结合农田水利建设的需要，因地制宜地设置疏水设施。洞口和明洞顶须设置截水沟、排水沟，洞口边坡、仰坡应采取防护措施，如铺砌、抹面等以防止地表水的下渗和冲刷。要注意防止洞外雨水流入洞内，当洞口外路堑为上坡时，应在洞口外设置反排水沟或截流涵洞。图 4-15a)、b)适用于洞顶排水，图 4-15c)适用于仰坡截水沟。

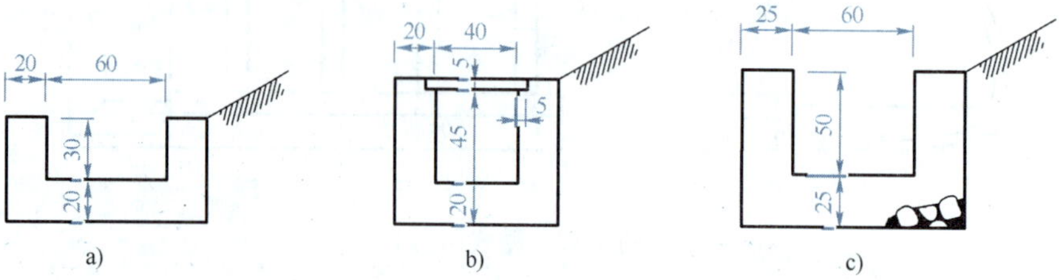

图 4-15　洞顶水沟

a)A 型；b)B 型；c)C 型

2. 明洞

隧道工程中，根据地形一般需要在洞门后建筑一定长度的明洞，即在路基与隧道洞口的不良地质、边坡塌方、岩堆、落石、泥石流等危害又不宜避开的地段，以及为了保证洞口的自然环境而延伸与隧道洞身的衔接，需设置明洞。实际工程中可将隧道明洞后的洞口段归并为洞身段，如图 4-16 所示。

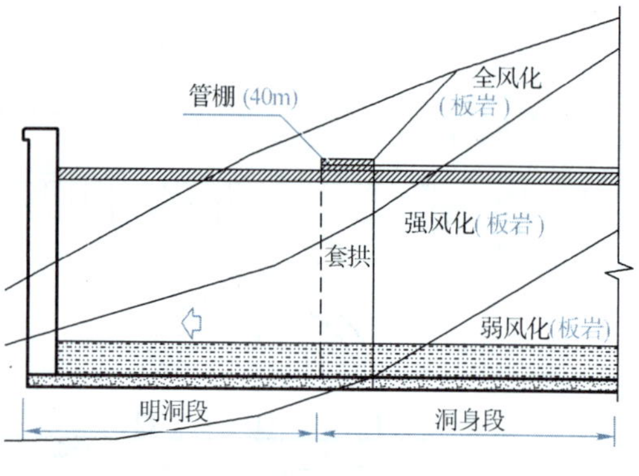

图 4-16　明洞段与洞身段划分

明洞是采用明挖方法施工并回填而成隧道，结构形式有拱形明洞和箱形明洞。其拱背回填土厚度不宜小于 1.5m，填土表面应设置一定的排水坡度。当采用拱形明洞时，可按整体式衬砌设计，拱形明洞可承受较大的垂直与水平压力。当边坡坍方量较大、落石较多且基础条件较好时，一般都宜采用拱形明洞。当净高、建筑高度受到限制或地基软弱的地段，则宜采用箱形明洞。当隧道位置处于下列情况时，一般设置成明洞：

①洞顶覆盖层薄，不宜大开挖修建路堑而又难于采用暗挖法修建隧道的地段。

②可能受到塌方、落石或泥石流威胁的洞口或路堑。

③铁路、公路、水渠和其他人工构造物必须在拟建公路的上方通过，而又不宜采用立交桥跨越。

棚洞是明洞的另一种形式。棚洞其基本构造由内边墙、外侧支撑结构(悬臂式棚洞无此结构)以及顶板三部分组成。内边墙一般采用挡墙结构，外侧支撑可根据地形、地质情况的不同做成钢架式、柱式、墙式结构。顶板可采用 T 形梁、Π 形梁或空心板截面构件。棚洞是采用明挖路堑后，构筑简支的顶棚架并(半幅)回填而成的隧道。其适用条件为：

①有少量塌方和落石的地段。

②内外墙底基础软硬差别较大，不适宜修建拱形明洞的地段。

③半路堑外侧地形狭窄或基岩埋深大并有条件设计为桩基的地段。

3.洞身

隧道主洞洞身是采取暗挖岩土空间经衬砌而成，其作用是支护隧道、防止岩石风化失稳、保证净空、防水排水。公路等级确定隧道建筑限界净高(H)，设计行车速度确定隧道建筑限界净宽。某隧道工程地质纵剖面，如图 4-17 所示。

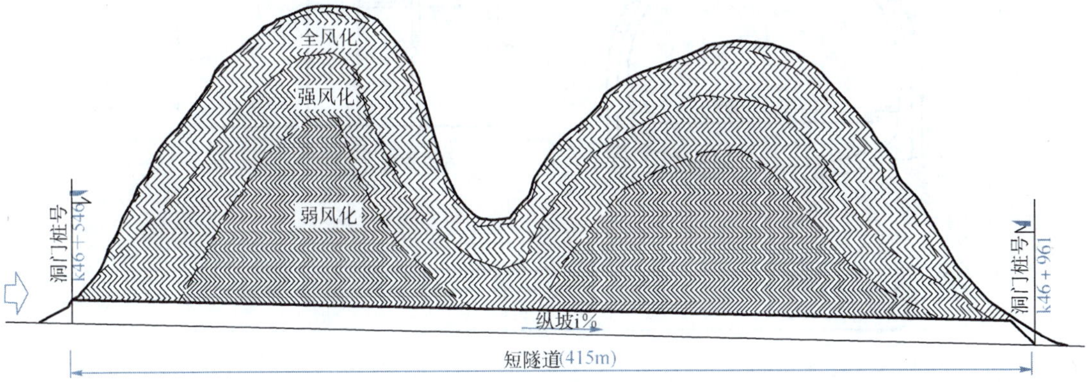

围岩级别	IV		III		IV	III	V		
长度(m)	15	33	20	50	95	107	40	40	15
衬砌型式	洞门	S4a	S4b	S3	S4b	S3	S5b	S5a	洞门
超前支护	超前小导管、超前锚杆				超前锚杆		超前小导管	长管棚	

图 4-17　隧道工程地质纵剖面

1)辅助工程措施

当隧道通过浅埋、严重偏压、岩溶流泥地段、软弱破碎地层、断层破碎带以及大面积淋水或涌水地段时，应采取必要的辅助工程措施。辅助工程措施主要有管棚、超前钻孔注浆、超前锚杆、地表砂浆锚杆、地表注浆加固、护拱、井点降水、深井排水等。以上各项可分为地层稳定措施和涌水处理措施。

(1)管棚

导管环向间距一般为 30～50cm，两组管棚间纵向应有不小于 3.0m 的水平搭接长度。导管外径 80～180mm，长度 10～45m，分段长 4～6m。注浆孔孔径 10～16mm，呈梅花形布置，间距 15～20cm，管棚示意如图 4-18 所示。

(2)超前小导管

小导管环向间距一般为 20～50cm，两组小导管间纵向应有不小于 1.0m 的水平搭接长度。小导管直径 42～50mm，长度 3～5m。注浆孔孔径 6～8mm，呈梅花形布置，间距 10～20cm。小导管支护示意如图 4-19 所示。

(3)超前钻孔注浆(又称长孔注浆)

它是把具有充填和凝胶性能的浆液材料，通过配套的注浆机具设备压入所需加固的地层中，经过凝胶硬化作用后充填和堵塞地层中缝隙，减小注浆区地层渗水系数及隧道开挖时的渗漏水量，并能固结软弱和松散岩体，使围岩强度和自稳功能得到提高。注浆孔应根据注浆范围、注浆长度、浆液材料、扩散半径以及工程要求等条件布置，注浆孔径 70～110mm，注浆孔间距按 1.5～1.6 倍浆液扩散半径确定，一般为 2～3m。浆液扩散半径为 1～2m。注浆

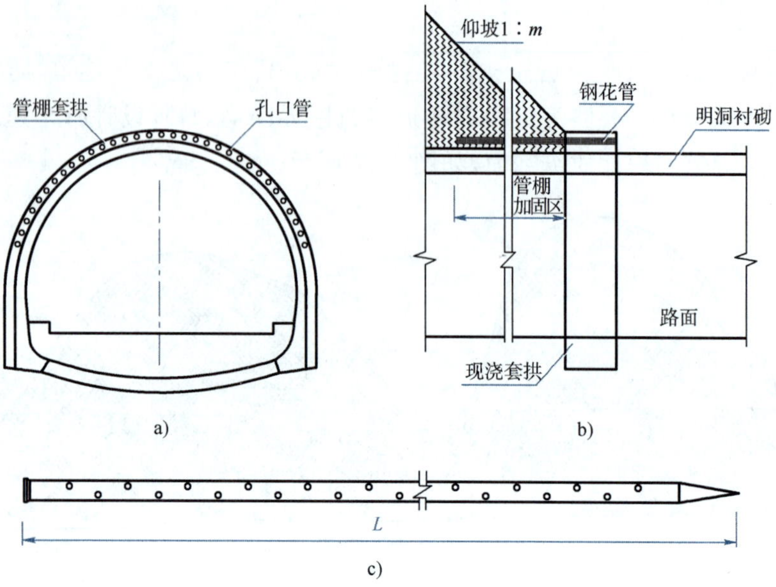

图 4-18 管棚支护

a)正面；b)侧面；c)钢花管

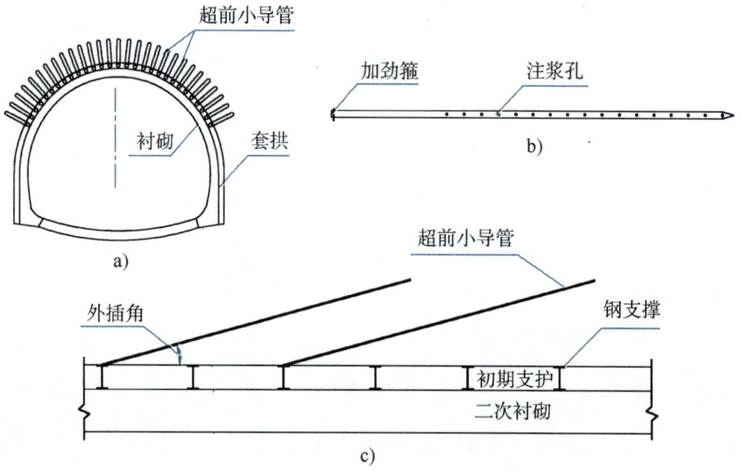

图 4-19 小导管支护

孔深一般为 15～30m，注浆范围为开挖轮廓线以外 1～3m。

(4)超前锚杆(又称斜锚杆)

一般适用于浅埋松散破碎的岩层，是沿隧道纵向在拱上部开挖轮廓线外一定范围内向前方倾斜一定外插角，或者沿隧道横向在拱脚附近向下方倾斜一定外插角的密排砂浆锚杆。前者称拱部超前锚杆，后者称为边墙超前锚杆。拱部超前锚杆设置范围宜为隧道拱部外弧全长的 1/6～1/2。Ⅳ级围岩锚杆间距 40～60cm，Ⅴ级围岩锚杆间距 30～50cm。锚杆直径 20～25mm，锚孔直径不应小于 40mm，锚杆长度 3～5m，两排超前锚杆间纵向应有不小于 1.0m的水平搭接长度。超前锚杆如图 4-20 所示。

(5)地表砂浆锚杆

间距一般为 1.0～1.5m，呈梅花形布置(图 4-21)。锚杆直径 16～22mm，长度可根据隧道覆盖层厚度确定，一般取地表至隧道拱部外缘线之间的距离。锚孔直径应大于杆体直径30mm，孔内填充不低于M20的水泥砂浆。

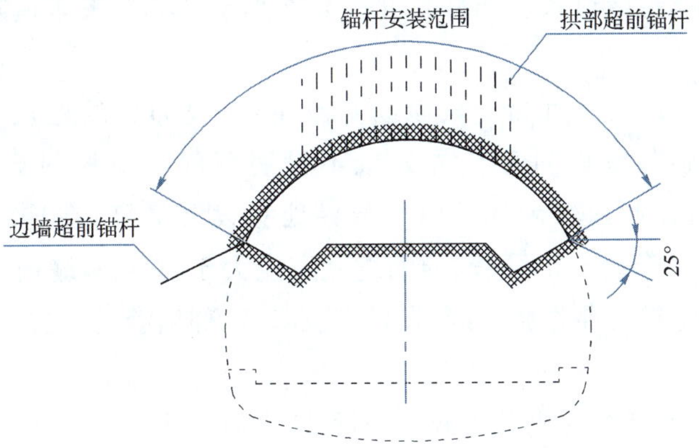

图4-20　超前锚杆

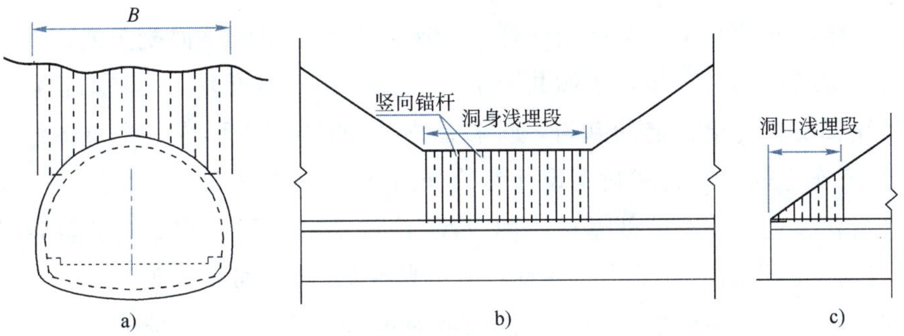

图4-21　地表锚杆

a)锚杆长度；b)洞身浅埋段；c)洞口浅埋段

(6)地表注浆加固

范围是沿隧道纵向超出不量地质地段5～10m。注浆孔竖向设置，注浆孔径不小于110mm，呈梅花形布置，深度根据实际情况确定。孔间距宜为单孔浆液扩散半径的1.4～1.7倍。

2)洞身开挖

隧道围岩横断面的各部分设计开挖尺寸，是按照公路隧道建筑限界标准加复合衬砌厚度等确定设计开挖线。开挖或称掘进是先导工作，在整个隧道施工过程中至关重要，一般分全断面法和台阶法两种不同的开挖方法。目前，较多的隧道工程采用新奥法以及光面爆破施工方法。

3)洞身衬砌

隧道衬砌结构设计的基本原则是最大限度地利用和发挥围岩的自承能力，及根据围岩地质条件、施工条件和使用要求采用衬砌形式。衬砌按功能可分为承载衬砌、构造衬砌和装饰衬砌，按使用材料可分模注混凝土、石料及混凝土预制块衬砌等。

(1)衬砌形式

隧道衬砌有喷锚式衬砌、整体式衬砌、复合式衬砌三种形式。

①喷锚式衬砌一它是由喷射混凝土、锚杆、钢筋网和钢支架等单独使用。喷射混凝土厚度不应小于50mm，不宜大于300mm，单层钢筋网喷射混凝土厚度不得小于80mm，双层钢

筋网喷射混凝土厚度不得小于150mm。钢筋网网格应按矩形布置，钢筋间距宜为150～300mm。锚杆应按矩形排列或梅花形排列，锚杆间距不得大于1.5m，间距较小时可采用长短锚杆交错布置，两车道隧道系统锚杆长度一般不小于2.0m，三车道隧道系统锚杆长度一般不小于2.5m。

②整体式衬砌—其截面可为等截面或变截面，对设仰拱的地段，仰拱厚度宜与拱圈厚度相同。明洞衬砌与洞内衬砌交界处或不设明洞的洞口段衬砌，在距洞口5～12m的位置应设沉降缝；在洞内软硬地层明显分界处宜设沉降缝；在连续V、VI级围岩中每30～80m应设一道沉降缝。沉降缝、伸缩缝缝宽应大于20mm，缝内可夹侵沥青木板或沥青麻丝。沉降缝、伸缩缝可兼作施工缝，在设有沉降缝、伸缩缝的位置，施工缝宜调整到同一位置。

③复合式衬砌—它是将衬砌分为两次进行，即由内外两层复合而成。其外层（即与围岩面接触的部分）常称初次柔性支护；内层常称为二次衬砌，一般采用现浇混凝土，又称为模注混凝土；其初期支护与二次衬砌之间设防水夹层。初期支护宜采用喷锚（锚杆、钢筋网、喷射混凝土）支护，锚杆支护宜采用全粘结锚杆。二次衬砌宜采用模筑混凝土或模筑钢筋混凝土结构。喷锚支护与二次衬砌相互依赖共同承受围岩的变形和压力。其基本特点是将围岩的松动压力经喷锚支护传给稳定的基岩，使围岩、支护、衬砌三者形成一个整体统一的承载结构。两车道、三车道隧道复合式衬砌设计参数分别见表4-10、表4-11所列。

仰拱是指在隧道两相对墙部基础之间，设置曲线形的水平支撑结构。隧道围岩较差地段应设置仰拱；当隧道墙部以下为整体性较好的坚硬岩石时，可不设仰拱。不设仰拱地段的衬砌墙部基底应置于稳固的地基上。在洞门墙厚度范围内，墙部基础应加深至洞门墙基础底相同的标高。

仰拱混凝土与隧道拱部、墙部结构要求一致，并与拱部、墙部同步施工。

设置仰拱的隧道，仰拱面以上至路面基础底面之间称为仰拱回填。一般可采用浆砌片石或片石混凝土密实回填。

不设置仰拱的隧道采用混凝土整平层，其厚度为10～15cm。

两车道隧道复合式衬砌设计参数　　表4-10

围岩级别	初期支护						二次衬砌厚度(cm)	
	拱部、墙部喷射混凝土厚度(cm)	锚杆(m)			钢筋网	钢支撑或格栅钢拱架	拱、墙混凝土	仰拱混凝土
		位置	长度	间距				
I	5	局部	2.0	—	—	—	30	—
II	5～8	局部	2.0～2.5	—	—	—	30	—
III	8～12	拱、墙	2.0～3.0	1.0～1.5	局部@25×25	—	35	—
IV	12～15	拱、墙	2.5～3.0	1.0～1.2	拱、墙@25×25	拱、墙	35	35
V	15～25	拱、墙	3.0～4.0	0.8～1.2	拱、墙@20×20	拱、墙、仰拱	45	45
VI	通过试验、计算确定							

三车道隧道复合式衬砌设计参数 表 4-11

围岩级别	初期支护						二次衬砌厚度(cm)	
	拱部、墙部喷射混凝土厚度(cm)	锚杆(m)			钢筋网	钢支撑	拱、墙混凝土	仰拱混凝土
		位置	长度	间距				
I	8	局部	2.0	—	局部	—	35	—
II	8～10	局部	2.5～3.5	—	局部	—	40	—
III	10～15	拱、墙	3.0～3.5	1.0～1.5	拱、墙 @25×25	拱、墙	45	45
IV	15～20	拱、墙	3.0～4.0	0.8～1.0	拱、墙 @20×20	拱、墙、仰拱	50,钢筋混凝土	50
V	20～30	拱、墙	3.5～5.0	0.5～1.0	拱、墙(双层) @20×20	拱、墙、仰拱	60,钢筋混凝土	60,钢筋混凝土
VI	通过试验、计算确定							

(2)选用衬砌形式

各等级公路隧道的衬砌形式选用见表 4-12 所列。

各等级公路采用的衬砌形式 表 4-12

公路等级	高速、一级、二级公路	三级、四级公路	
		洞口段 III、IV、V 级围岩条件	其他段
采用衬砌形式	复合式	复合式或整体式	喷锚式或其他形式

(3)隧道衬砌最小厚度

隧道建筑物各部结构的截面最小厚度值见表 4-13 所列。

隧道衬砌最小厚度值(cm) 表 4-13

建筑材料种类	隧道和明洞衬砌			洞口端墙、翼墙和洞口挡土墙
	拱圈	墙部	仰拱	
混凝土	20	20	20	30
片石混凝土	—	50	50	50
浆砌粗料石	—	30	—	30
浆砌片石	—	50	—	50

(4)加强衬砌

隧道工程在洞口段、围岩较差地段、横通道与主洞交叉段等情况，需要考虑增加隧道衬砌厚度：

①隧道洞口段应采取加强衬砌。它是根据地形、地质和环境条件确定，一般情况下两车道隧道应不小于10m，三车道隧道应不小于15m。

②围岩较差地段的衬砌应向围岩较好的地段延伸5～10m。偏压衬砌段应向一般衬砌段延伸，延伸长度是根据偏压情况确定，一般不小于10m。

③净宽大于3.0m的横洞(横通道)与主洞的交叉段均应采取加强段衬砌，如图4-22所示；加强段衬砌是向交叉洞延伸，主洞延伸长度不小于5.0m，横洞(横通道)延伸长度不小于3.0m。

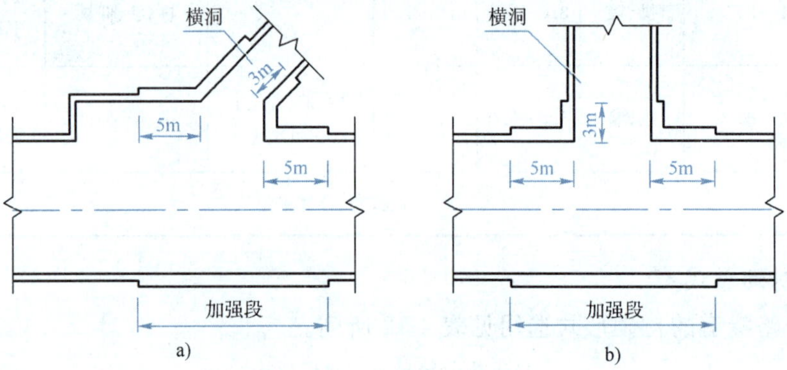

图4-22　洞内交叉口部加强衬砌

a)斜交；b)正交

4.防排水工程

防水与排水设施是隧道工程重要的组成部分。在设计和施工防排水系统中，应使得隧道不灌水、不漏水，特别是注重保护生态环境和农田水利排灌系统的完好无损。隧道衬砌防渗、滴水是采取堵、截、引排的方式形成防排水系统，隧道排水以洞口排水、路基排水、路面排水为主的三项措施。引排路基水、路面水以地下净水与路面污水分别排出的原则进行，对于路基排水量小的隧道只设置路基中央排水沟，对于路基排水量大的隧道除设置路基中央排水沟外，一般还应设置两路侧路基边缘排水沟。路基中央排水沟还具有排除路面底层地下渗水的功能，一般情况均要求设置。隧道路基排水设施如图4-23所示。

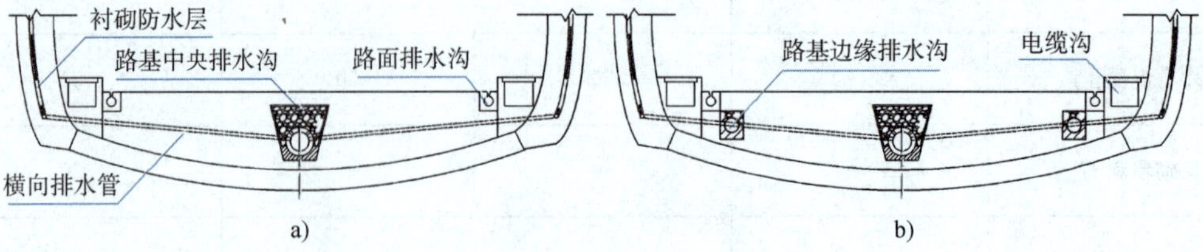

图4-23　隧道路基排水设施

a)中央沟；b)中央沟加上边缘沟

1)路基排水

隧道路基排水又可称为衬砌防排水。公路隧道衬砌的防排水方法很多,复合式防水层如图 4-24 所示。衬砌的防排水,首先是采取敷设聚氯乙烯塑料板、合成树脂防水卷材及防水混凝土等措施,然后将堵渗漏的水通过环向排水管、墙踵纵向水管、横向水管排至路基边缘排水沟或路基中央排水沟,如图 4-25 所示。

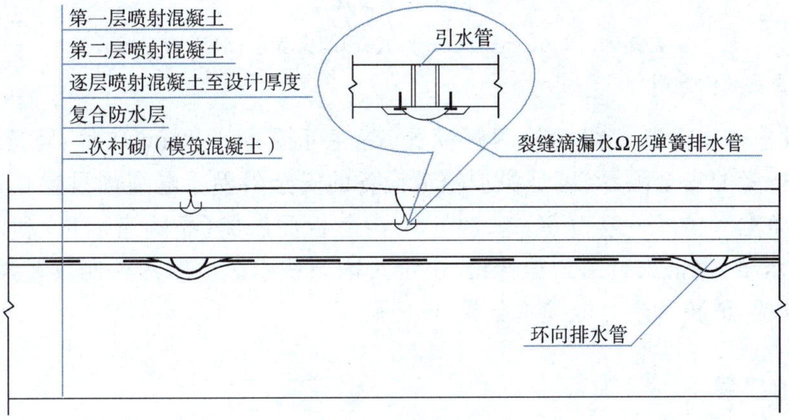

图 4-24　衬砌复合式防排水

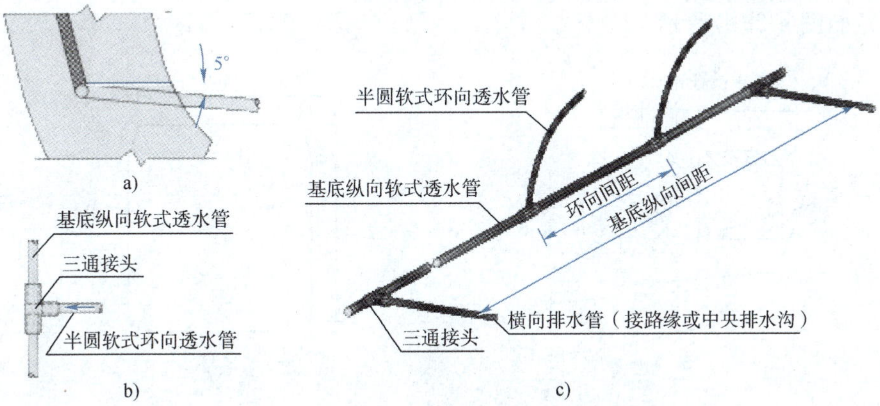

图 4-25　墙踵排水连接

a)剖面;b)墙踵纵向水管与环向水管连接;c)立体

初期支护的裂隙水和渗涌水,一般采用 Ω 形弹簧排水管接引排出。也可采用向围岩体内压注水泥浆或化学浆液,堵塞裂隙水和渗涌水孔。

隧道衬砌中的施工缝、变形缝等部位的防渗漏措施,一般采取专用的止水条(带)等嵌塞办法处理。

2)路面排水

路面排水一般是在路面边缘设置圆形、矩形开口排水沟,或设置矩形盖板排水沟,集中将路面水引排至洞口排水设施。洞内路面排水沟上,在一定长度范围内设置集水井,以防止路面排水沟堵塞。路面排水沟如图 4-26 所示。

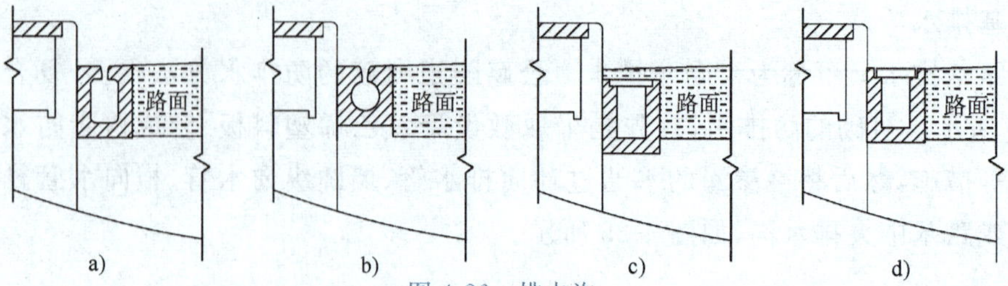

图 4-26 排水沟

a)矩形开口式;b)圆形开口式;c)固定盖板;d)活动盖板

5. 人行道或检修道

人行道或检修道在隧道路面的两侧设置,高度可按 20～80cm 取值,宽度取值见表 4-5 所列,其为步行者的安全限界,也是保护隧道设备的安全限界。电缆沟设置在人行道或检修道下方,沟的净宽×净高一般为 60cm×40cm,沟盖板面内侧(靠隧道墙边)和沟内外侧设置 5cm×5cm 排水槽,保证人行道或检修道、电缆沟内不积水。电缆沟一侧放置强电设备,另一侧放置弱电设备、消防管道。电缆沟如图 4-27 所示。

4.3.2 隧道横洞

上、下行分离式独立双洞的隧道之间应设置横向通道(一般是指长、特长隧道),其断面建筑限界一般应符合规范规定。车行横洞断面的建筑限界如图 4-28a)所示,人行横洞断面的建筑限界如图 4-28b)所示。

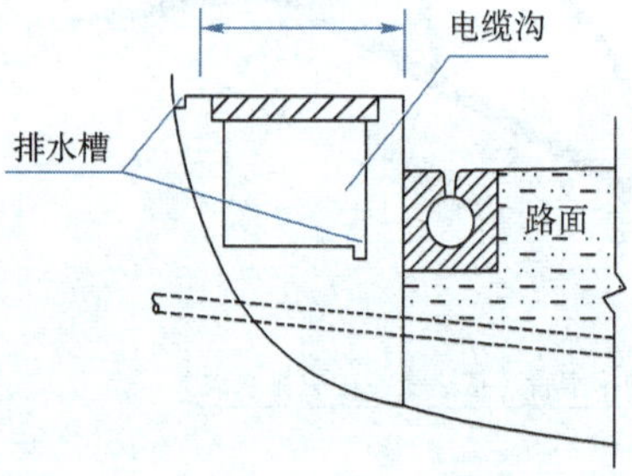

图 4-27 电缆沟

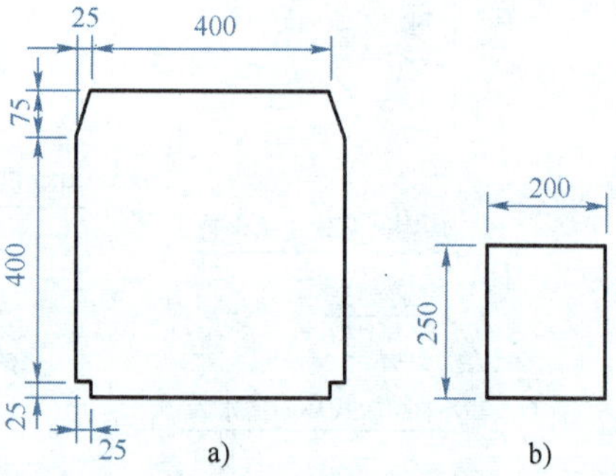

图 4-28 横洞断面建筑限界

a)车行;b)人行

4.3.3 隧道路面

公路隧道的洞内主要构筑物是路面。隧道路面一般采用普通混凝土、连续配筋混凝土、钢纤维混凝土结构。当洞内干燥无水、施工方便时,可采用沥青混合料上面层(一般厚为 8～10cm)与水泥混凝土下面层组成的复合式路面。

1. 路面基层

对于无仰拱隧道路面分别有整平层、面层,有仰拱隧道路面是直接在仰拱回填上铺装面层。基层一般采用混凝土结构,其厚度为 12～20cm。

2. 路面面层

公路隧道洞内行车道路面面层宜采用水泥混凝土路面，它能提高照明亮度，并具有耐久使用等优点。二级、三级、四级公路隧道路面一般采用设接缝的普通水泥混凝土面层，一级、高速公路隧道路面一般采用连续配筋混凝土面层或钢钎维混凝土面层，其设计应符合相关标准规范的有关规定。

4.4 辅助通道

为满足营运通风、救灾要求而设置的营运辅助通道有竖井、斜井、平行导坑、横通道、风道、地下风机房等；为增加施工开挖面而设置的施工辅助通道有竖井、斜井、平行导坑、横洞。一般情况下，隧道长度是选设辅助通道的基本条件，当隧道长度大于 3000m 时，为增辟开挖面，结合营运通风和救灾要求设置辅助通道。其类型、用途及适用条件见表 4-14 所列。

4.4.1 辅助通道形式

横通道多用于傍山线路靠河的一侧，其纵坡向外下坡，出口有河槽或谷地便于排水和堆渣，且有利于主洞的施工通风。横洞既增加了工作面又便于施工管理，是优选方案。

斜井适用于隧道覆盖层较薄，或虽厚但傍山有低洼地形时。为使机具材料运输与人员上下互不干扰，有时按主、副斜井分建。斜井底部设停车场，提升设备应有可靠的安全装置。

竖井是当隧道较长且无法设置横通道和斜井的条件，但在洞顶某一地段覆盖层较薄，且地质条件允许时设置。通常竖井都设在主隧道的一侧。竖井横断面有矩形和圆形，由井颈、井身、井窝和马头门组成。

平行导坑是在主隧道较长且覆盖层较厚，不宜采用其他形式辅助坑道时，尤其是在远景规划需增建第二线平行隧道时设置。平行导坑应先于主洞开工，根据工期和施工方法确定由平行导坑开向主洞的横通道数量。平行导坑在施工期间作为增加工作面的进出口和施工通风道，在涌水量大的主隧道运营期间，可作为排水通道起排水的作用。

风道和风机房是特长隧道必要的通风设施。

4.4.2 辅助通道衬砌参数

营运辅助通道一般需要模筑衬砌，施工辅助通道根据情况吸引可采用喷锚衬砌。辅助通道类型、用途及适用条件见表 4-14 所列，竖井衬砌参数见表 4-15 所列，斜井、平行导坑、横洞及风道衬砌参数见表 4-16 所列。

辅助通道类型、用途及适用条件　　表 4-14

类　型		主要用途	适用条件
竖井	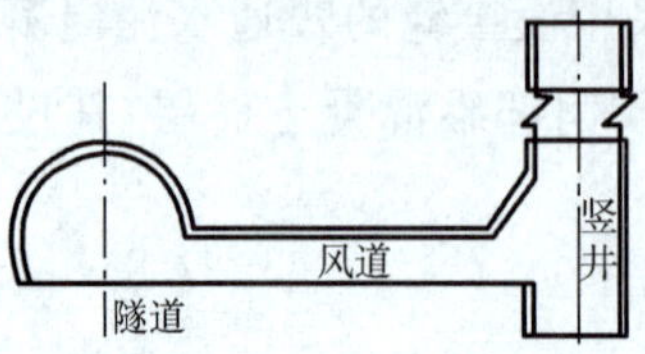	营运通风	特长隧道分段纵向式机械通风
		增加施工开挖面	长、特长隧道，地质条件较好；无设置横洞、斜井条件；洞顶局部地段覆盖较薄
斜井	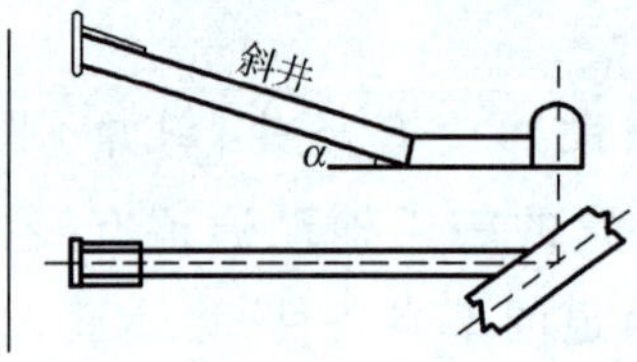	营运通风	特长隧道分段纵向式机械通风
		增加施工开挖面	长、特长隧道，地质条件较好；埋置不深；虽埋置深但隧道适宜位置外傍侧有低洼地形
横通道	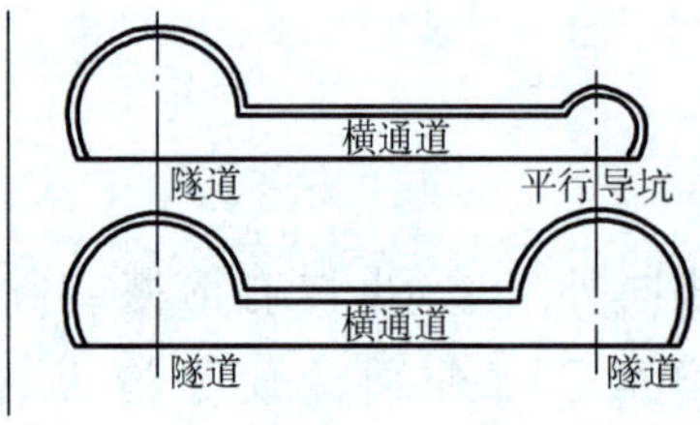	营运避难、救援通道	中、长、特长隧道，分离式双洞单向行车或隧道与平行导坑之间的连接
		增加施工开挖面，便于施工通风、运输	平行导坑与隧道的联络；分离式双洞的联络
地下风机房、风道	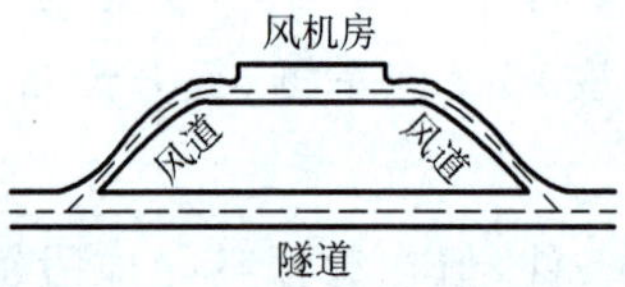	营运通风放置风机及机电设备	特长隧道；地质条件较好，设置竖井或斜井与隧道通风连接；风机与隧道连接
平行导坑	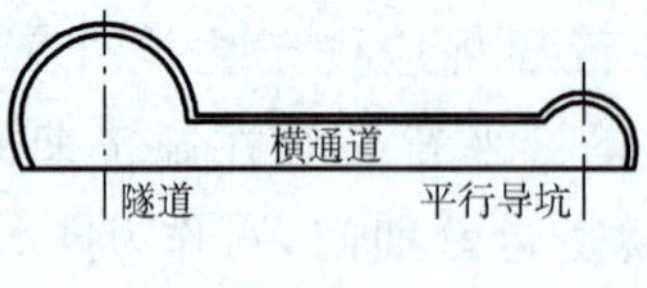	营运避难、救援通道	单洞双向行驶的长、特长隧道；远景规划修建第二条隧道时
		增加施工开挖面	长、特长深埋隧道；不宜采用其他辅助通道时
		超前探测地质情况	地质情况复杂
		排泄通道	有大量地下水或瓦斯
横洞	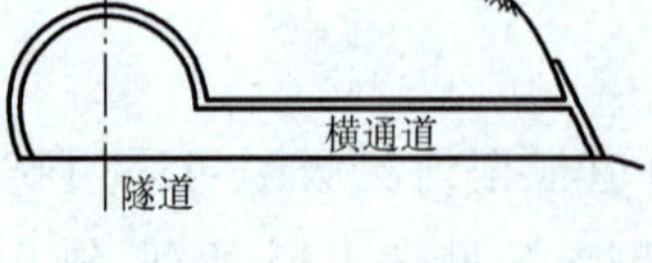	增加施工开挖面	傍山、沿河；桥隧相连施工干扰大或进出口场地狭窄；地质不良，进洞困难

竖井衬砌参数　　表 4-15

围岩级别	喷锚衬砌		混凝土衬砌	复合衬砌		
				初期支护		二次衬砌
	$D<5$m	5m$\leqslant D\leqslant$7m		$D<5$m	5m$\leqslant D\leqslant$7m	
I	喷混凝土厚 10cm	喷混凝土厚 10～15cm，必要时局部设锚杆	模筑混凝土或钢筋混凝土厚 30cm，砌体厚 40cm	—	—	—
II	喷混凝土厚 10～15cm，锚杆长 1.5～2m，间距 1～1.5m	喷混凝土厚 15～20cm，锚杆长 2～2.5m，间距 1m，配钢筋网，必要时加钢圈梁	模筑混凝土或钢筋混凝土厚 30cm，砌体厚 50cm	—	—	—
III	喷混凝土厚 15～20cm，锚杆长 2～2.5m，间距 1m，配钢筋网，必要时设钢圈梁	喷混凝土厚 20cm，锚杆长 2.5～3m，间距 1m，配钢筋网，加钢圈梁	混凝土或钢筋混凝土厚 40cm，砌体厚 60cm	混凝土厚 5～10cm，锚杆长 1.5～2m，间距 1m，必要时配钢筋网	喷混凝土厚 10～15cm，锚杆长 2～2.5，间距 1m，必要时局部配钢筋网	30cm
IV	—	—	混凝土或钢筋厚 50cm，砌体厚 70cm	喷混凝土厚 10～15cm，锚杆长 2～2.5cm，间距 1m，必要时配钢筋网	喷混凝土厚 15～20cm，锚杆长 2.5～3m，间距 0.75～1m，配钢筋网	40cm
V	—	—	混凝土或钢筋混凝土厚 60cm，砌体厚 80cm	喷混凝土厚 15～20cm，锚杆长 2.5～3m，间距 0.75～1m，配钢筋网，必要时配钢筋梁	喷混凝土厚 20～25cm，锚杆长 3～3.5m，间距 0.5～0.7m，配钢筋网，必要时配钢圈梁	50cm

注：①VI 级围岩地段应采用特殊支护措施；

②D 为竖井直径。直径大于 7m 的竖井应作专项设计。

斜井、平行导坑、横通道及风道衬砌参数　　表 4-16

围岩级别	喷锚衬砌	模筑混凝土衬砌	复合衬砌	
			初期支护	二次衬砌
I	5cm	20cm	不支护，局部喷混凝土或水泥砂浆护面	20cm
II	5cm	20cm	局部喷射混凝土，厚度 5cm	20cm
III	10cm，局部锚杆长 2～2.5m	25～30cm	喷混凝土厚 5～8cm，局部设锚杆，长 2m	20cm

续上表

围岩级别	喷锚衬砌	模筑混凝土衬砌	复合衬砌	
			初期支护	二次衬砌
IV	—	35～40cm	喷混凝土厚8～10cm，拱部设锚杆，长2～2.5m，间距1～1.2m，必要时拱部设钢筋网	25～30cm
V	—	45～50cm 必要时设仰拱	喷混凝土厚10～15cm，设系统锚杆，长2.5～3m，间距1m，设钢筋网	35～40cm， 必要时设仰拱

4.5 附属工程

附属工程主要包括通风照明消防设施、装饰工程、运营管理设施等，运营管理设施包括标志标线、管理及服务房屋、交通监控、通风与照明控制、紧急呼叫、火灾报警、防灾与避难、供配电与中央控制管理等。

4.5.1 通风照明消防设施

通风照明消防设施包括设备本身、洞室设置、挂件预埋、管线安装等内容，是根据交通条件和符合规范要求进行配置。

1. 通风

隧道内保持良好的空气是行车安全的必要条件，因此隧道应具备良好的通风设备以排出污浊空气，补充新鲜空气，或吹入新鲜空气，稀释污浊空气。隧道的通风方式有机械通风和自然通风两种。交通量小的中、短隧道可采用自然通风，交通量大的长隧道应采用机械通风。采用机械通风时，常采用纵向通风形式，配以射流风机，并按正常通风量的50%配置备用通风机。

隧道通风设施是根据交通组成和交通量增长情况，按照总体设计要求设置。人车混合通行的隧道长度不宜超过2 000m。通风设计必须考虑火灾对策，长度大于1 500m且交通量较大的隧道应考虑排烟设施。

2. 照明

高速公路、一级公路隧道，其长度大于100m时应设置照明设施；二级、三级、四级公路隧道，其照明设施可根据具体情况设置。隧道两侧墙面2m高度范围内，宜铺设反射材料。

在单向交通隧道中，应设置出口段照明；出口段照明长度取值60m。在双向交通隧道中，可不设出口段照明。照明的光源一般选用在烟雾中有较好的透视性的低压钠灯或显色性较好的荧光灯，而在隧道的出入口处，则选用小型、大光通量的高压钠灯或高压荧光灯。

3. 消防

为防止意外火灾，隧道洞内应根据要求设置消防洞室、灭火器洞室，洞外应设置消防水池。

4. 供电

隧道内供电分动力供电和照明供电。供电系统的设计必须执行国家技术经济政策，做到保证安全、供电可靠、技术经济合理。一般采用三相四线供电，供电系统宜采用380/220V交流电和中性接地变压器。

4.5.2 装饰工程

公路隧道是结合隧道位置和使用要求进行内壁装饰，内壁装饰高度不应低于路面以上2.0m。装饰材料有瓷砖、预制块件、油漆及涂料等，应具有无毒、耐火、吸水膨胀率低、反光率高、便于清洗、耐磨和耐用的特点。

4.5.3 运营管理设施

隧道的运营管理设施包括电力网路使用的电缆、通信、信号及标志，消防及救援设施，以及消音、收费设施等。救援设施包括避人洞及行人横洞和行车横洞。隧道内不设人行道时，除短隧道外，应设置避车洞，避车洞在洞内应两侧交叉布置。相邻双孔隧道之间按规定间距设置供巡查、维修、救援及车辆转换方向用的行人横洞和行车横洞。

长隧道必要时应设置报警、消防及其他应急设施。

4.6 隧道施工

公路隧道工程的施工是一个复杂的系统工程，其特点是除洞口和洞门是在露天施工外，其余各项工程都是在洞内不间断的进行施工作业。

4.6.1 新奥法施工

新奥法即奥地利隧道施工新方法(New Austrian Tunnelling Method)，是奥地利学者腊布希维兹首先提出的。它是以喷射混凝土和锚杆作为主要支护手段，通过监测控制围岩的变形，便于充分发挥围岩的自承能力的施工方法。锚喷支护技术与传统的钢木构件支撑技术相比，不仅仅是手段上的不同，更重要的是工程概念的不同，是人们对隧道及地下工程问题的进一步认识和理解。由于锚喷支护技术的应用和发展，导致隧道及地下洞室工程理论步入到现代化理论的新领域，也使隧道及地下洞室工程的设计和施工更符合地下工程实际，即设计理论—施工方法—结构(体系)工作状态(结果)的一致。因此，新奥法作为一种施工方法，已在世界范围内得到了广泛的应用。

1. 施工基本原则

新奥法施工的基本原则可以归纳为“少扰动、早支护、勤量测、紧封闭”。

①少扰动是指在进行隧道开挖时，尽量减少对围岩的扰动次数、扰动强度、扰动范围和扰动持续时间。因此要求能用机械开挖的就不用钻爆法开挖；采用钻爆法开挖时，要严格地进行控制爆破；尽量采用大断面开挖；根据围岩级别、开挖方法、支护条件选择合理的循环掘进进尺；自稳性差的围岩，循环掘进进尺应短一些；支护要尽量紧跟开挖面，缩短围岩应力松弛时间。

②早支护是指开挖后及时施作初期喷锚支护，使围岩的变形进入受控状态。这样做一方面是为了使围岩不致因变形过度而产生坍塌失稳；另一方面是使围岩变形适度发展，以充分发挥围岩的自承能力。必要时可采取超前预支护措施。

③勤量测是指以直观、可靠的量测方法和量测数据，准确评价围岩（或围岩加支护）的稳定状态，或判断其动态发展趋势，以便及时调整支护形式、开挖方法，确保施工安全和顺利进行。量测是现代隧道及地下工程理论的重要标志之一，也是掌握围岩动态变化过程的手段和进行工程设计、施工的依据。

④紧封闭一方面是指采用喷射混凝土等防护措施，避免围岩因长时间裸露而致使其强度和稳定性的衰减，尤其是对于易风化的软弱围岩；另一方面更重要的是指要适时对围岩施作封闭形支护，这样做不仅可及时阻止围岩变形，而且可使支护和围岩能进入良好的共同工作状态。

2. 施工程序

根据新奥法的施工技术要求和施工顺序，可划分为开挖、喷锚（初期支护）、模筑混凝土（二次衬砌）和装饰 4 个过程。

1）开挖

新奥法对隧道洞身的开挖爆破，是采用光面爆破或预裂爆破技术，辅以装载机装渣和大吨位的自卸汽车运渣等工序。新奥法最基本的特点是要求在施工过程中，每一循环开挖工序完成之后，在对下一循环中的炮位设计和支护工作之前，注意做好洞内的观察、测量研究分析工作，常简称为“量测”。然后对地质情况作出预报，据以调整支护形式和施工方案，是隧道施工过程中极为重要的一个工作环节。由于这项工作是在施工中进行的，所以又被称为信息化施工，它的主要评价指标是围岩体是否稳定和支护形式是否合理。为了切实做好隧道监控量测工作，在劳动组织中，一般都设有不少于 5 人的负责量测的专业小组，鉴于它与施工生产的密切关系和不同于一般的现场管理工作，故将其作为一线生产人员，计入劳动定额（概、预算定额）内，也就是说，把它作为组织生产要素的一个重要内容。

2）喷锚支护

公路隧道衬砌已经普遍采用喷锚技术，即复合式衬砌中的外层衬砌工艺，又称为初期柔性支护。喷锚支护一般在开挖后的渣堆上进行，在开挖后围岩自稳的 1/2 时间内完成。喷锚施工一般分喷射混凝土和锚杆两个工序。一是在爆破后，经找顶，进行初步清渣和初步喷混支护；二是在清渣工作全部结束后，按设计要求完成锚杆、挂钢筋网或铁丝网、喷射混凝土的全部工作。生产人员约 28 人，每一工作循环约需 8h，需要配备混凝土喷射机和凿岩机等设备。喷射混凝土又分干喷和湿喷两种。

3)防水隔离层

隧道开挖、喷锚支护后都可能出现渗漏水，一般情况下全断面铺设防水隔离层。防水层可采用夹层形式，其形式主要有无纺布＋防水卷材防水层、喷涂防水层等。在浇筑拱部、墙部衬砌混凝土时掺入防水剂，能提高防渗效果。

4)二次衬砌

二次衬砌是在围岩或围岩加喷锚支护稳定后适时施作。二次衬砌(和仰拱)过早施作，将使其承受较大的围岩压力，延误施作又不利于初期支护的稳定。对此，在施工中是通过监控、量侧，掌握围岩与支护结构的变化规律，及时调整支护与衬砌设计参数，确定施作时间。复合式衬砌的初期支护是帮助围岩实施初步稳定，喷锚支护是提供安全储备以及承受后期围岩压力。故二次衬砌可采用顺作方法，即由下而上、先墙后拱的施工顺序，连续浇筑混凝土。

4.6.2 矿山法施工

隧道开挖的另一种方法是矿山法，主要是开挖面积小，一般为 4～6m^2，又要求按顺序施工，以致严重制约施工进度。因此当隧道稍长时，则采取开挖平行导洞、横洞和竖井等辅助坑道来增加工作面，加快出渣、进料，加快施工进度，达到缩短施工工期的目的。由此相应地增加了工程费用和存在上述缺点，故实际工作中已较少采用。

4.6.3 明洞施工

明挖法是指挖开地面，由上向下开挖土石方至设计标高后，自基底由下向上顺序砌筑施工，完成隧道主体结构，最后回填基坑或恢复地面的施工方法。公路隧道施工中，明洞和棚洞都是采用明挖法施工。明洞的施工方法，有先墙后拱法、先拱后墙法和拱墙交替法三种。

1. 先墙后拱法

根据围岩条件，其开挖方法有路堑式、拱部明挖墙部拉槽(或挖井)和侧壁导坑法先做内墙。它们分别适用于下列不同情况：

①在施工过程中，临时开挖的边坡能保持稳定时，宜采用路堑方法开挖，即明挖直至基底标高，按设计要求先做好墙部后，安设拱架，修建拱圈。

②在土质松软或岩石破碎的地层中施工，如临时边坡不大，开挖后又能保持稳定时，则可采用拱部明挖墙部拉槽的方法开挖，即开挖到拱脚后，从墙部顶到基础底挖成直立的基槽或竖井来修建墙部，待拱圈完成后，再挖洞内全部土石方。

③在隧道的一侧覆盖层较薄，土质松散，侧压力较大，则宜采用侧壁导坑先做内墙的方法，即先开挖衬砌内边墙，为避免导洞过高，可分为两次进行，然后明挖衬砌外边墙，最后修建拱圈。

2. 先拱后墙法

先拱后墙法实际上仍属于上述路堑式的明洞施工方法，因边坡稳定性差，但拱脚地层又有一定的承载能力，可采用先拱后墙法施工，即将拱部明挖后，随之衬砌好拱圈，然后挖出洞内土石方建筑边墙，但应分段并左右交错地进行边墙的衬砌，以策安全。

3. 拱墙交替法

当隧道所在位置原地面坡度很陡，一侧处于临空状态。因地形限制不能先砌拱圈或地层松散等情况，先做拱圈可能产生较大沉陷时，则宜采用拱墙交替法进行施工，即先将悬空面的边墙做好，然后明挖修建拱圈，最后再修建另一侧边墙。

明洞顶部填土厚度应根据实际确定，为防止落石、崩坍危害时，填土的厚度不宜小于2.0m，当保护洞口的自然环境，则应按山坡的自然坡度填土。立交明洞上的填土高度，则应符合公路、铁路、沟渠及其他人工构造物的标高、自然环境以及美化要求和明洞的结构设计等综合考虑，合理确定。

在明洞施工过程中，要注意做好明洞的拱背和墙背的回填工作，拱脚处应用贫混凝土，边墙背后超挖部分，宜用片石混凝土或7.5号砂浆浆砌片石紧密回填。

4.6.4 施工水电

公路隧道工程的设计和施工是一个复杂的系统工程，其特点是除洞口和洞门是在露天施工外，其余各项工程都是在地下并要不间断的进行施工作业，故在整个施工过程中必须备有良好的照明和通风条件，还要进行洒水除尘。因此需要照明发电设施和空气压缩机供应站、修建蓄水供水系统等临时工程设施。

1. 供电

隧道供电必须满足动力和照明的需要，并确保施工安全。施工作业地段每平方米应不小于15W，已开挖成洞至弃渣处的运输地段都应设照明电灯，要求灯光充足均匀。若采用工业电力时，应修建由高压输电线路至工地变电站的电力线路。

2. 供气

隧道供气一是为风动工具提供原动力，二是为洞内施工人员送入新鲜空气或吸出污浊空气，常称为通风。除短隧道可采用自然通风外，其余各类隧道一般都采用管道通风，根据实践经验资料，每人约需新鲜空气 $3m^3/min$ 左右。空气压缩机站的生产能力，应能满足施工需要的风量，同时应使开挖面的风压不小于0.5MPa。机组宜选用固定式的电动空压机，若采用机动空压机，则配合的风量应比电动空压机增加20%。除按必需的风量选配机型外，一般还应考虑适当的备用量。

3. 供水

隧道的供水主要用于凿岩机钻孔用水、喷雾防尘、冲洗围岩面和石渣、衬砌用水。供水的水压应满足用水点的要求，应尽量利用高山水源筑池蓄水，水池应有一定的储水量和高程，以保证一般水风钻不小于 0.3MPa，喷射混凝土应不小于 0.5MPa。严寒地区要注意保温。

4.7 隧道工程实例

高速、一级公路上的短隧道常采用连拱结构。在隧道布线困难和解决占地多等问题时，以及克服连拱隧道施工复杂、造价高的缺点，采用小间距分离式结构，它是指隧道间中岩柱间距较小（小于规范规定的净距）；中、长、特长隧道一般采用标准分离式双洞（实际为单洞）结构。

4.7.1 复合式衬砌设计参数

某高速公路采用设计速度 100km/h 技术标准，其隧道复合式衬砌设计参数分别见表 4-17、表 4-18、表 4-19 所列。

标准分离式隧道复合式衬砌设计参数　　表 4-17

衬砌类型		围岩级别	初期支护				二次衬砌	辅助施工
			锚杆	钢筋网	喷射混凝土	钢拱架		
主洞	S5a	V 浅埋	D25 注浆锚杆 $L=3$m (纵)50×100(环)	ϕ8 钢筋网 20cm×20cm 双层	C20 喷射 厚 26cm	18 工字钢 间距 50cm	拱部、仰拱 45cm(钢筋)	超前管棚
主洞	S5b	V	D25 注浆锚杆 $L=3$m (纵)75×100(环)	ϕ8 钢筋网 20cm×20cm 单层	C20 喷射 厚 26cm	18 工字钢 间距 50cm	拱部 45cm 仰拱 45cm	超前小导管
主洞	S4a	IV 浅埋	D25 注浆锚杆 $L=3.0$m (纵)100×100(环)	ϕ8 钢筋网 20cm×20cm 单层	C20 喷射 厚 22cm	格栅钢拱架 间距 100cm	拱部 40cm 仰拱 40cm	超前锚杆
主洞	S4b	IV	ϕ22 药卷锚杆 $L=3.0$m (纵)120×100(环)	ϕ8 钢筋网 20cm×20cm 单层	C20 喷射 厚 22cm	格栅钢拱架 间距 100cm	拱部 40cm	超前锚杆
主洞	S3	III	ϕ22 药卷锚杆 $L=2.5$m (纵)120×120(环)	ϕ6 钢筋网 20cm×20cm 单层	C20 喷射 厚 10cm		拱部 30cm	
主洞	S2	II	ϕ22 药卷锚杆 $L=2.5$m 局部	ϕ6 钢筋网 20cm×20cm 局部	C20 喷射 厚 6cm		拱部 30cm	
紧急停车带段	ST4	IV	ϕ22 药卷锚杆 $L=3.5$m (纵)75×120(环)	ϕ8 钢筋网 20cm×20cm 单层	C20 喷射 厚 24cm	16 工字钢 间距 75cm	拱部、仰拱 45cm	超前锚杆
紧急停车带段	ST3	III	ϕ22 药卷锚杆 $L=3.0$m (纵)120×120(环)	ϕ6 钢筋网 20cm×20cm 单层	C20 喷射 厚 15cm		拱部 40cm	
紧急停车带段	ST2	II	ϕ22 药卷锚杆 $L=3.0$m 局部	ϕ6 钢筋网 20cm×20cm 局部	C20 喷射 厚 10cm		拱部 35cm	

小净距隧道复合式衬砌设计参数

表 4-18

衬砌类型		围岩级别	初期支护				二次衬砌	辅助施工
			锚杆	钢筋网	喷射混凝土	钢拱架		
主洞	XS5a	V级浅埋	外侧 D25 注浆锚杆 L=3.5m 内侧 R25 预应力注浆锚杆 L=4.5m 中部 D25 预应力拉杆筋	ϕ8 钢筋网 20cm×20cm 双层	C20 喷射厚 26cm	18 工字钢间距 50cm	拱部、仰拱 45cm(钢筋)	超前小导管
主洞	XS5b	V	外侧 D25 注浆锚杆 L=3.0m 内侧 R25 预应力注浆锚杆 L=4.5m 中部 D25 预应力拉杆筋	ϕ8 钢筋网 20cm×20cm 单层	C20 喷射厚 26cm	18 工字钢间距 75cm	拱部、仰拱 45cm	超前小导管
主洞	XS4a	IV级浅埋	外侧 D25 注浆锚杆 L=3.0m 内侧 R25 预应力注浆锚杆 L=4.5m 中部 D25 预应力拉杆筋	ϕ8 钢筋网 20cm×20cm 单层	C20 喷射厚 22cm	格栅钢拱架间距 100cm	拱部、仰拱 40cm	超前锚杆
主洞	XS4b	IV	ϕ22 药卷锚杆 L=3.0m 内侧 R25 预应力注浆锚杆 L=4.5m 中部 D25 预应力拉杆筋	ϕ8 钢筋网 20cm×20cm 单层	C20 喷射厚 22cm	格栅钢拱架间距 100cm	拱部 40cm	超前锚杆
主洞	XS3	III	ϕ22 药卷锚杆 L=2.5m 内侧 R25 预应力注浆锚杆 L=4.0m 中部 D25 预应力拉杆筋	ϕ6 钢筋网 20cm×20cm 单层	C20 喷射厚 10cm		拱部 30cm	
主洞	XS2	II	ϕ22 药卷锚杆 L=2.5m(局部设置)	ϕ6 钢筋网 20cm×20cm 局部	C20 喷射厚 6cm		拱部 30cm	
紧急停车带段	XST3	III	ϕ22 药卷锚杆 L=3.0m 内侧 R25 预应力注浆锚杆 L=4.0m 中部 D25 预应力拉杆筋	ϕ6 钢筋网 20cm×20cm 单层	C20 喷射厚 15cm		拱部 40cm	
紧急停车带段	XST3	III	ϕ22 药卷锚杆 L=3.0m(局部设置)	ϕ6 钢筋网 20cm×20cm 单层	C20 喷射厚 15cm		拱部 35cm	

连拱隧道复合式衬砌设计参数

表 4-19

衬砌类型	围岩级别	初期支护				二次衬砌	辅助施工
		锚杆	钢筋网	喷射混凝土	钢拱架		
SL5	V	D25 注浆锚杆 L=3.5m (纵)75×100(环)	ϕ8 钢筋网 20cm×20cm 双层	C20 喷射厚 27cm	20b 工字钢间距 75cm	拱部、仰拱 50cm(钢筋)	超前小导管
SL4	IV	D25 注浆锚杆 L=3.0m (纵)100×100(环)	ϕ6 钢筋网 20cm×20cm	C20 喷射厚 25cm	18 工字钢间距 100cm	拱部、仰拱 50cm(钢筋)	超前小钢管
SL3	III	D22 注浆锚杆 L=2.5m (纵)120×120(环)	ϕ6 钢筋网 20cm×20cm 单层	C20 喷射厚 15cm		拱部 40cm	
SL2	II	ϕ22 药卷锚杆 L=3.5m 局部	ϕ6 钢筋网 20cm×20cm 局部	C20 喷射厚 6cm		拱部 40cm	

4.7.2 单洞隧道实例

梨子坪隧道地处山岭及发育其间的河谷阶地地貌，高程 954.8m，相对高差 620m。岩性以灰白色、紫红色中厚层～厚层状石英砂岩为主，夹灰黄色粉砂岩、砂质页岩及少量薄层页岩。该公路隧道依据《公路工程技术标准》(JTG B01—2003)设计，采用二级公路技术标准，设计行车速度 60km/h，隧道限界净宽 10.0m，隧道净高 5.0m，设计荷载公路-II 级，建设工期 24 个月。

1. 平纵横设计

1)总体布置

该隧道在正常情况下双向行车。里程桩号 K8＋260～K11＋505，隧道总长度 3 245m，开挖洞渣共约 30 万 m^3，洞渣调配部分利用填筑路基，弃渣运出洞口外弃土场。单洞隧道总体布置如图 4-29 所示。

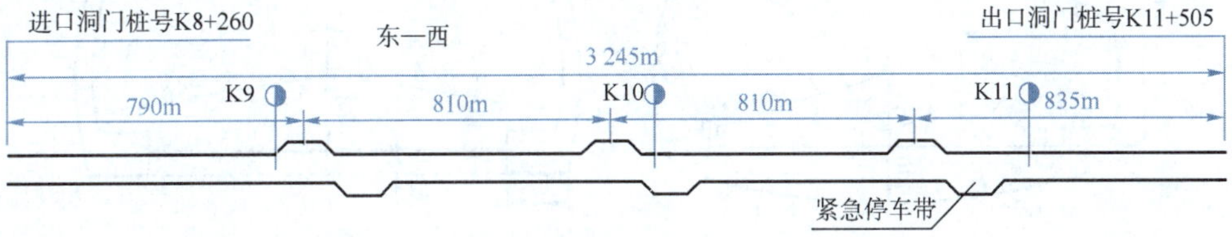

图 4-29 单洞隧道总体布置

2)标准横断面

该隧道车道宽度 3.5m，行车道宽度 3.5m×2，侧向宽度 0.5m，人行道宽度 1.0m，步道高度 0.4m，隧道主洞限界净宽 1.0＋0.5＋3.5×2＋0.5＋1.0＝10.0m。紧急停车带设置长度 40m，布置在行车方向右侧(双向交错)，间距约 800m，共设置 6 处。紧急停车带限界净宽 1.0＋0.5＋3.5×3＋1.0＝13.0m。标准横断面如图 4-30 所示。

3)围岩级别分段长度

根据《公路工程地质勘察规范》规定的围岩分级方法及地勘报告提供的各类岩组的物理力学参数、岩体结构、结构面发育特征及各项定性定量资料分析，该隧道围岩可分为 V、IV、III 级，见表 4-20 所列。

围岩级别分段长度(m) 表 4-20

明洞	V级浅埋	V级深埋	IV级	III级	IV级	V级浅埋	V级深埋	IV级	III级	IV级	V级浅埋	明洞	合计
	S5a	S5b	S4b	S3	S4b	S5a	S5b	S4b	S3	S4b	S5a		
8	72	120	560	204	90	90	35	20	150	20	31	9	3 245
各级围岩长度：S5a＝193m、S5b＝155m、S4b＝690m、S3＝1 950m、ST3＝240m、明洞＝17m													

2. 洞口

洞口工程所含内容包括洞门、洞口边坡及仰坡防护、洞口排水等。

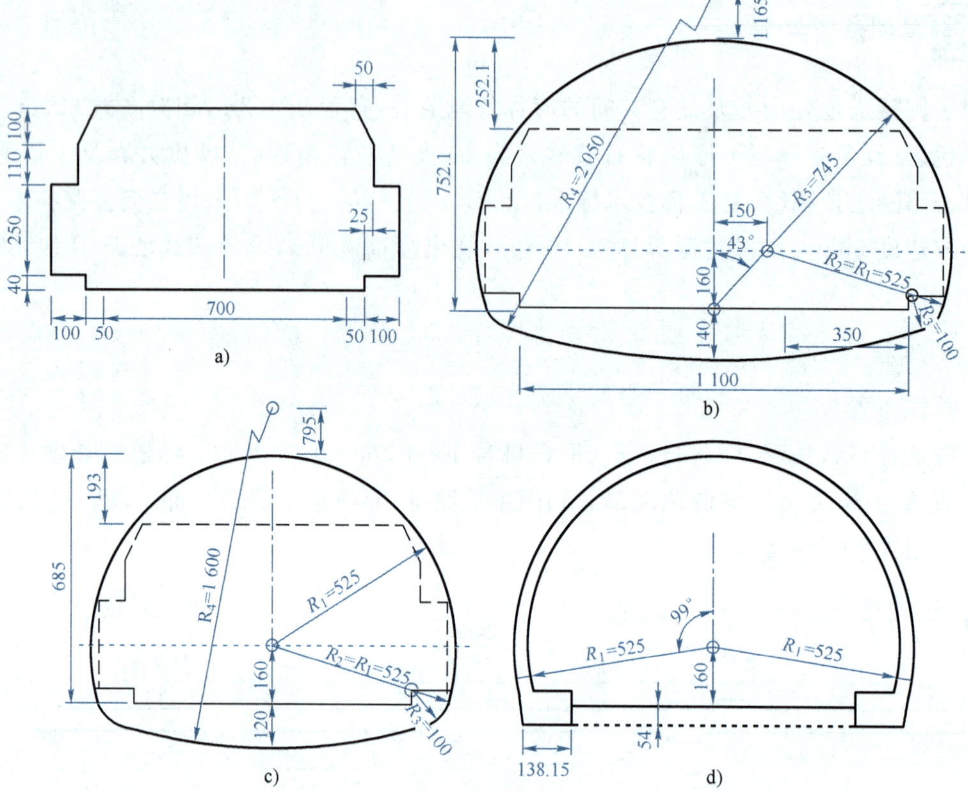

图 4-30　单洞隧道标准横断面

a)建筑限界;b)紧急停车带隧道段;c)主洞有仰拱;d)主洞无仰拱

1)洞门

该项目进口、出口均采用端墙式洞门。设计为增强洞门墙的稳定性,洞门与明洞衬砌之间采用两排 ϕ22 钢筋相连,钢筋长度 80cm,环向间距 40cm。洞门挖方工程数量计入明洞工程数量表。洞门工程如图 4-31、图 4-32 所示,工程量见表 4-21 所列。

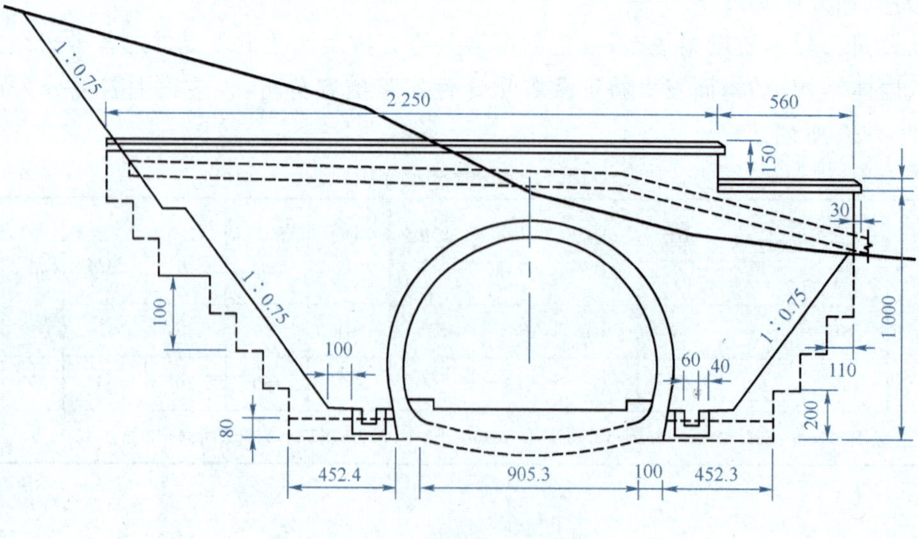

图 4-31　进口洞门正面

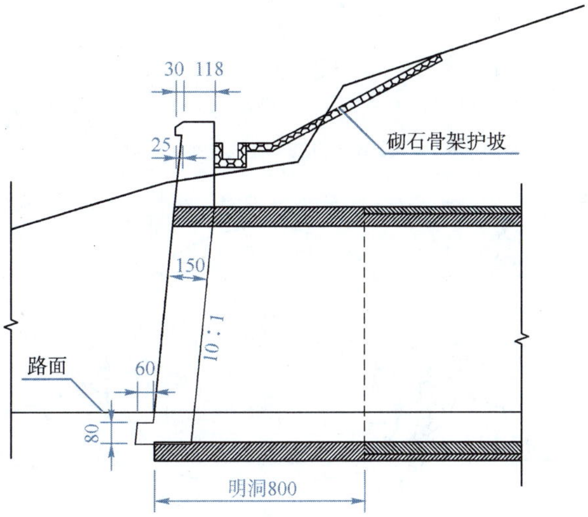

图 4-32　进口洞口侧面

洞口工程量　　表 4-21

材　料	单　位	数　量		合　计
		进口	出口	
C20 混凝土洞门墙	m^3	264	276	540
M7.5 浆砌片石骨架	m^3	23.7	25.8	49.5
仰坡植草防护	m^2	158.0	165.0	323
M7.5 浆砌片水沟	m^3	38.8	36.7	75.5
ϕ22 洞门连接钢筋	kg	244.36	244.36	489
M7.5 浆砌片挡土墙	m^3		79.4	79.4

2)洞口边坡仰坡防护

洞口边坡采用浆砌片石护面墙。洞口仰坡部分采用挂网喷锚防护，喷射 C20 混凝土厚度 10cm，砂浆锚杆长度 250cm，直径 ϕ22，间距 120cm×120cm，呈梅花形布设。钢筋网采用 ϕ6 钢筋，网格间距 20cm×20cm。部分采用浆砌片石骨架护坡。

3.明洞

两段明洞长度共 17m，包括隧道开挖、挂网喷锚防护(开挖坡面)、混凝土衬砌、回填，如图 4-30 所示。挂网喷锚防护的喷射 C20 混凝土，厚度 10cm；砂浆锚杆长 250cm、直径 ϕ22，间距 120cm×120cm，按梅花形布设；钢筋网采用 ϕ6 钢筋，网格 20cm×20cm。明洞工程如图 4-33 所示，工程量见表 4-22 所列。

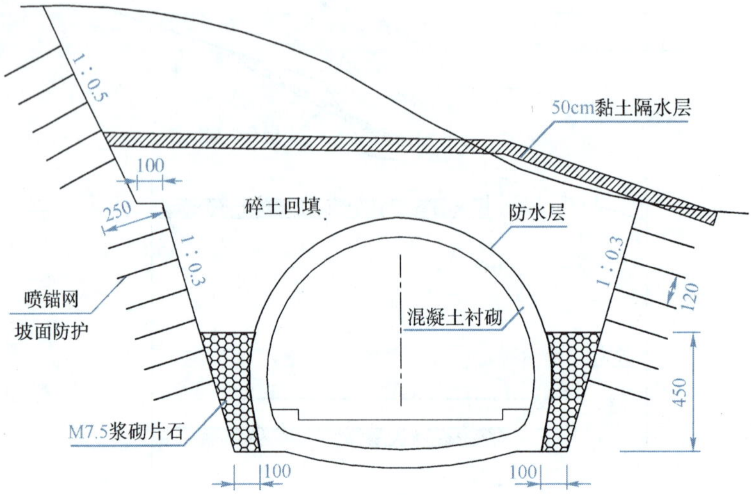

图 4-33　明洞断面

明 洞 工 程 量　　表 4-22

材　　料	单位	数　　量		合　　计
		进口	出口	
开挖	m^3	1 735	1 785	3 520
M7.5 浆砌片石回填	m^3	100	129.6	229.6
碎石土回填	m^3	614	710	1 324
黏土隔水层	m^3	94	105.3	199.3
C20 喷射混凝土	m^3	39.0	36.0	75
ϕ22mm 砂浆锚杆	kg	2 526	2 230	4 756
ϕ6mm 钢筋网	kg	866	799	1 665
拱圈 C25 钢筋混凝土	m^3	123.4	138.8	262.2
仰拱 C25 钢筋混凝土	m^3	65.1	73.3	138.4
仰拱回填	m^3	36	40.5	76.5
钢筋	kg	8 258	9 291	17 549
喷涂	m^2	152.8	171.9	324.7

4. 洞身

隧道衬砌结构除洞口段结合地形、地质条件设置明洞衬砌，采用明挖法施工外，隧道洞内其余段落均按新奥法原理进行设计。设计中采用柔性支护体系的复合式衬砌结构，即以锚杆、钢筋网、喷射混凝土、钢支撑或格栅钢拱架等共同组成初期支护体系。

1)隧道开挖方案

该隧道开挖采用新奥法施工,围岩开挖预留变形量可按现场施工量测值进行调整,设计的 S5a、S5b、S4b、S3 开挖预留变形量分别为 12cm、12cm、10cm、5cm,预留变形量的开挖量计入工程量中。隧道开挖方案如图 4-34 所示。

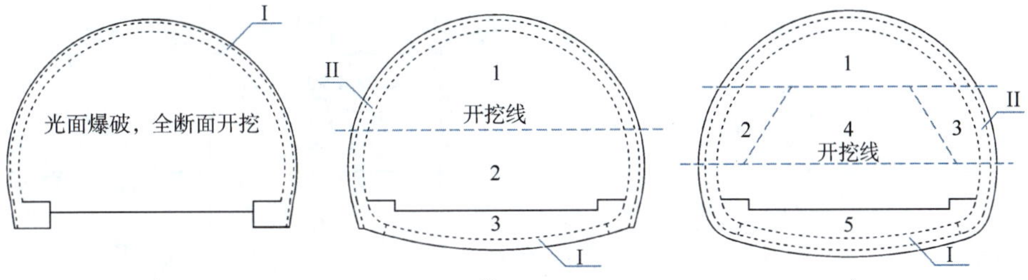

图 4-34 隧道施工方案

a)III 级围岩段;b)IV 级围岩段;c)V 级围岩段

图中阿拉伯数字表示开挖顺序,罗马字母表示二次衬砌顺序。对于 V、IV 级围岩段施工时,纵向台阶的长度视施工现场的实际情况确定。

2)洞身衬砌

隧道全长 3 245m,明洞 17m,洞身衬砌共 3 228m,锚杆布设按梅花形布置。衬砌工程量见表 4-23～表 4-27 所列,衬砌结构如图 4-35～图 4-39 所示。

S3 衬砌工程量 表 4-23

项目	单位	每延米工程数量	1 950m 总量	备注
开挖	m^3	75.8	147 810	
ϕ22 砂浆锚杆	kg	86.9	169 455	每环 14 根,间距 120cm×120cm
砂浆锚杆垫板	套	11.7	22 815	15cm×15cm×1cm
ϕ6 钢筋网	kg	33.3	64 935	
喷 C25 混凝土	m^3	2.7	5 265	
C25 衬砌混凝土	m^3	8.6	16 770	

S4b 衬砌工程量 表 4-24

项目	单位	每延米工程数量	690m 总量	备注
开挖	m^3	88.6	61 134	
ϕ50－4mm 超前导管	m	43.1	29 739	每环 30 根
ϕ22 砂浆锚杆	kg	205.6	141 864	每环 23 根,间距 100cm×100cm
砂浆锚杆垫板	套	23.0	15 870	15cm×15cm×1cm
ϕ6 钢筋网	kg	51.1	35 259	

续上表

项　目	单　位	每延米工程数量	690m 总量	备　注
格栅钢筋	kg	580.5	400 545	HRB335
纵向连接钢筋	kg	96.3	66 447	HRB335
角钢	kg	53.6	36 984	
钢板	kg	17.0	11 730	
螺栓、螺母	副	16	11 040	
C25 喷射混凝土	m^3	4.55	3 139.5	
C25 衬砌混凝土	m^3	8.66	5 975.4	
C25 现浇混凝土	m^3	4.33	2 987.7	仰拱
C10 片石混凝土	m^3	4.5	3 105	

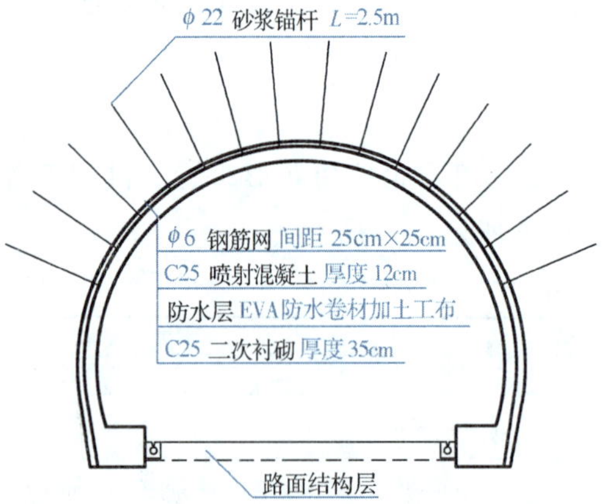

图 4-35　S3 衬砌结构

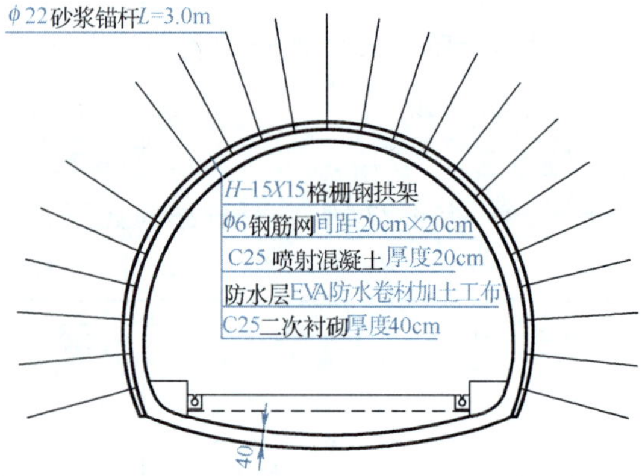

图 4-36　S4b 衬砌结构

S5b 衬砌工程量　　表 4-25

项　目	单　位	每延米工程数量	155m 总量	备　注
开挖	m^3	91.6	14 198	
水泥浆	m^3	2.0	310	
φ22 砂浆锚杆	kg	299.9	46 484.5	每环 23 根，间距 100cm×80cm(纵向间距)
砂浆锚杆垫板	套	28.8	4 464	15cm×15cm×1cm
φ6 钢筋网	kg	68.0	10 540	
I18 型钢支撑	kg	695.9	107 864.5	
纵向连接钢筋	kg	125.1	19 390.5	HRB335
钢板	kg	144.4	22 382	

续上表

项　目	单　位	每延米工程数量	155m 总量	备　注
螺栓、螺母	副	21.3	3 301.5	
喷 C25 早强混凝土	m^3	5.5	852.5	
C25 衬砌混凝土	m^3	9.7	1 503.5	
C25 现浇混凝土	m^3	4.9	759.5	仰拱
C10 片石混凝土	m^3	4.5	697.5	

S5a 衬砌工程量　　表 4-26

项　目		单　位	每延米工程数量	193m 总量	备　注
开挖		m^3	95.0	18 335	
水泥浆		m^3	2.0	386	
ϕ22 砂浆锚杆		kg	319.9	61 740.7	每环 23 根，间距 100cm×75cm(纵向间距)
砂浆锚杆垫板		套	30.7	5 925.1	15cm×15cm×1cm
ϕ6 钢筋网		kg	68.1	13 143.3	
I20a 型钢支撑		kg	1 302.2	251 324.6	
纵向连接钢筋		kg	177.9	34 334.7	HRB335
钢板		kg	219.9	42 440.7	
螺栓、螺母		付	37.3	7 198.9	
喷 C25 早强混凝土		m^3	9.1	1 756.3	含仰拱
C25 衬砌混凝土		m^3	9.7	1 872.1	
C25 现浇混凝土		m^3	4.9	945.7	仰拱
二衬钢筋	HPB335	kg	165.5	31 941.5	
	HRB335	kg	825.0	159 225	
C10 片石混凝土		m^3	4.5	18 335	

ST3 衬砌工程量　　表 4-27

项　目	单　位	每延米工程数量	240m 总量	备　注
开挖	m^3	106.8	25 632	开挖预留变形量为 7cm
ϕ22 砂浆锚杆	kg	126.7	30 408	每环 17 根，间距 120cm×120cm
砂浆锚杆垫板	套	14.2	3 408	15cm×15cm×1cm
ϕ6 钢筋网	kg	63	15 120	
喷 C25 混凝土	m^3	4.9	1 176	
C25 衬砌混凝土	m^3	10.8	2 592	

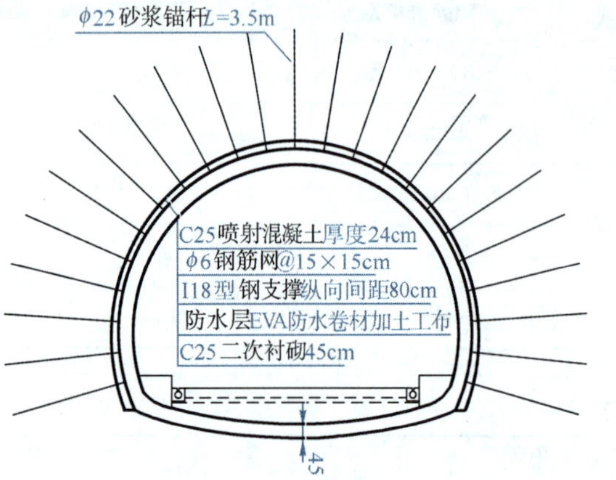

图 4-37　S5b 衬砌结构

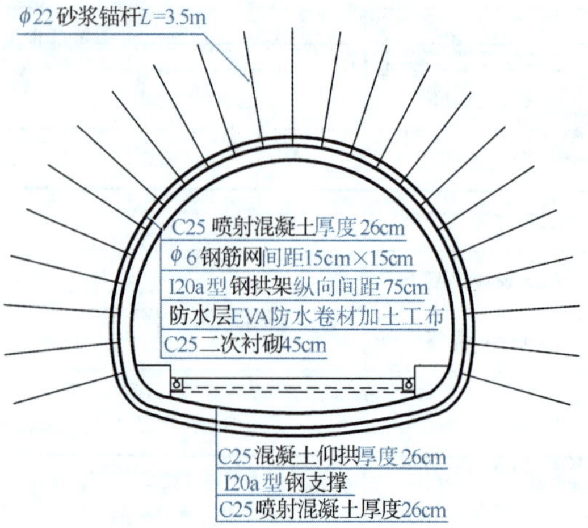

图 4-38　S5a 衬砌结构

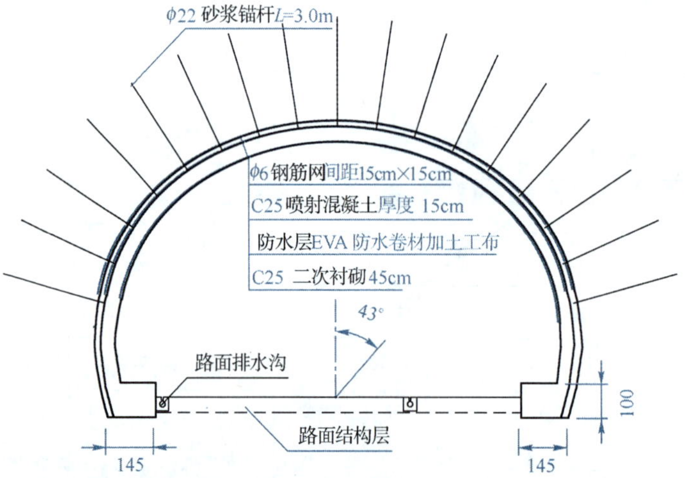

图 4-39　紧急停车带隧道段 ST3 衬砌结构

3)辅助工程措施

(1)管棚支护

管棚采用 ϕ89 热扎无缝钢管，壁厚 5mm，管节长度 4～6m，采用丝扣相接，接头相互错开。管口段 2.0m 钢管不开孔，其余部分按 15cm 间距交错设置注浆孔，孔径 12mm。超前注浆一般情况下采用水泥浆，水泥浆水灰比 1∶1，注浆孔口压力初压 0.5～1.0MPa，终压 1.5～2.5MPa。当地下水较大时则压注水泥—水玻璃浆液，水泥浆水灰比 1∶1，水泥浆与水玻璃体积比 1∶0.5，水玻璃浓度 35 波美度，注浆压力不变。管棚支护工程如图 4-40 所示。

(2)超前小导管

超前小导管采用无缝钢管，壁厚 4mm，管口段 80cm 范围内不开孔，其余部分按 15cm 间距交错设置注浆孔，孔径 8mm。一般情况下压注水泥浆，水泥浆水灰比 1∶1，注浆压力 0.5～1.0MPa。当地下水较大时则采用水泥—水玻璃浆液，水泥浆水灰比 1∶1，水泥浆与水玻璃体积比 1∶0.5，水玻璃浓度 35 波美度。超前小导管工程如图 4-41 所示。

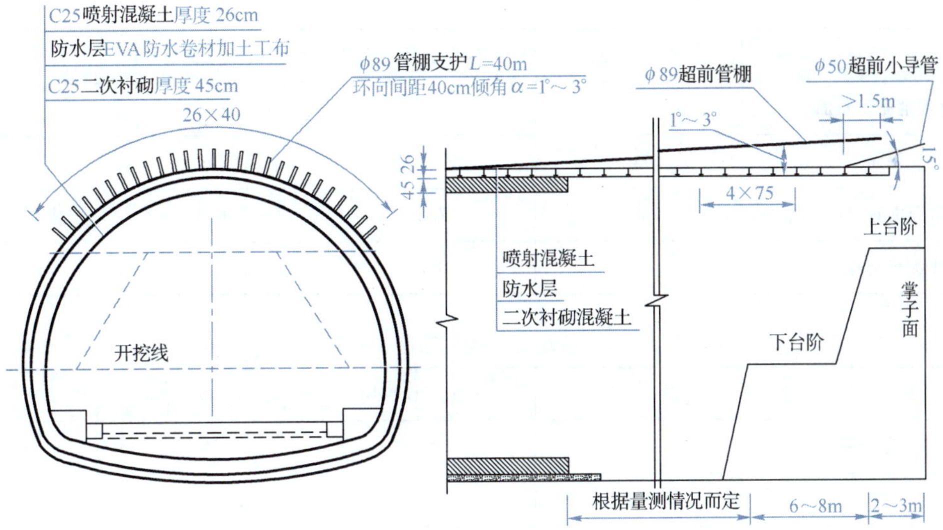

图 4-40 洞内管棚支护

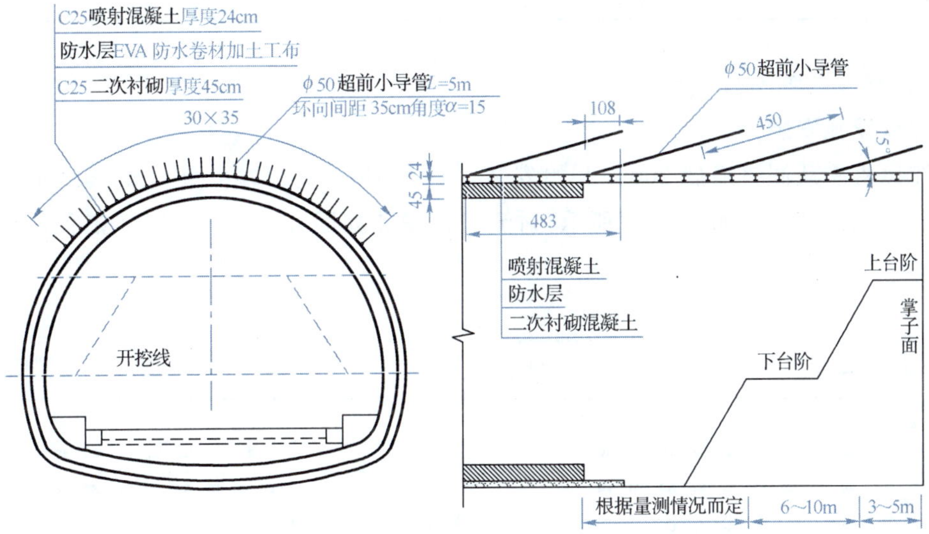

图 4-41 超前小导管

5.路面

隧道内路面采用 C40 水泥混凝土路面，厚度 24cm，下设 18cm 水泥稳定碎石基层。路面结构如图 4-42 所示，主洞、紧急停车带隧道段路面工程量分别见表 4-28、表 4-29 所列。

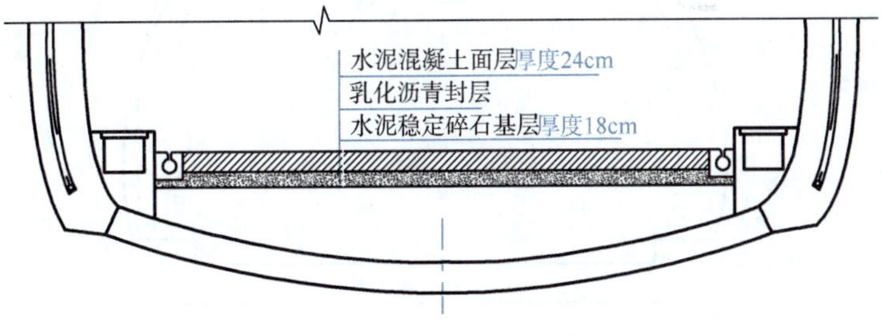

图 4-42 主洞路面结构

主洞路面工程量

表 4-28

项　　目	单　　位	每延米工程数量	3 005m 总量	备　　注
水泥混凝土路面	m^2	7.2	21 636	
钢筋	kg	—	24 449	
乳化沥青封层	m^2	7.2	21 636	
水泥稳定碎石	m^2	8.0	24 040	

紧急停车带隧道段路面工程量

表 4-29

项　　目	单　　位	每延米工程数量	240m 总量	备　　注
水泥混凝土路面	m^2	10.2	2 448	
钢筋	kg	—	2 766	
乳化沥青封层	m^2	10.2	2 448	
水泥稳定碎石	m^2	11.0	2 640	

6. 通风照明消防设施安装

1)通风设施安装

射流风机需从洞口退后 200m 开始安装，间距 110m，进口端安装 2×9 套，出口端安装 2×8套。通风设备布置如图 4-43 所示，射流风机安装如图 4-44 所示，安装工程量见表 4-30 所列。

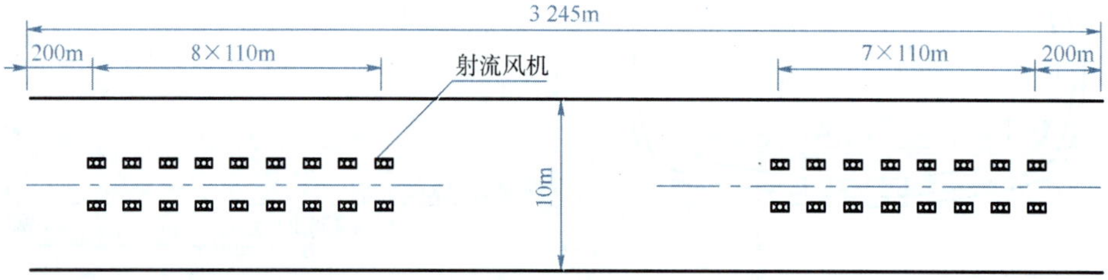

图 4-43　通风设备布置

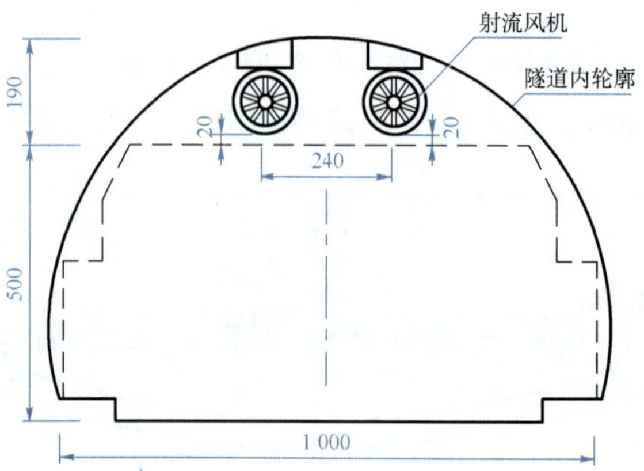

图 4-44　射流风机安装断面

射流风机安装工程数量 表 4-30

项 目	单 位	每套工程数量	总量 34 套	备 注
钢筋	kg	3 022	102 748	
型钢	kg	581	19 754	
钢板	kg	875	29 750	
螺栓、螺母	kg	17	578	

2)照明设施安装

照明设施按隧道纵轴向及两侧建筑限界 H 高度以外布设。在隧道纵轴向分别划分照明入口段、过渡段、中间段。照明灯具布设又分为基本照明、加强照明、应急照明灯具。入口段布设加强照明灯具间距约为 2m，中间段布设基本照明灯具间距约为 10m，应急照明灯具按隧道全长布置间距约为 10m。照明灯具布置如图 4-45 所示，安装断面如图 4-46 所示。

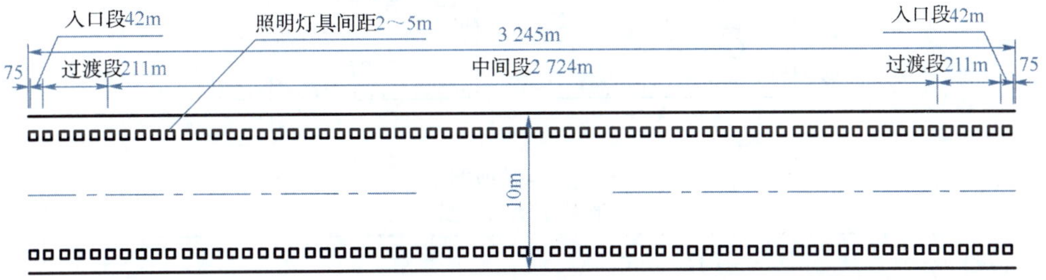

图 4-45 照明灯具布置

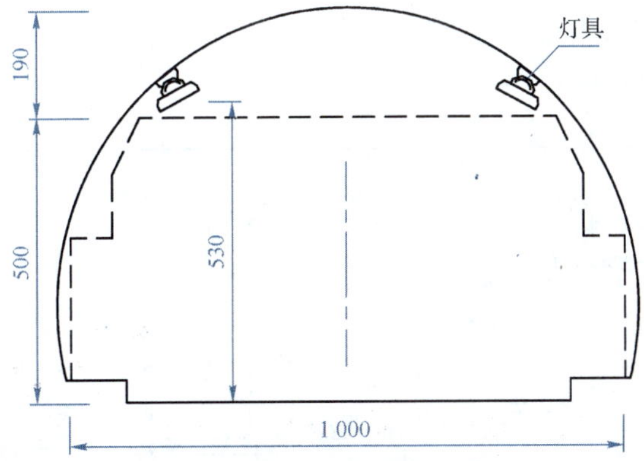

图 4-46 照明灯具安装断面

3)消防设施安装

洞内消防设施一般情况有灭火器洞室、消防洞室，洞外设置 300m^3 消防池。灭火器洞室如图 4-47 所示，消防洞室如图 4-48 所示，消防水池工程量见表 4-31 所列，消防池如图 4-49 所示。

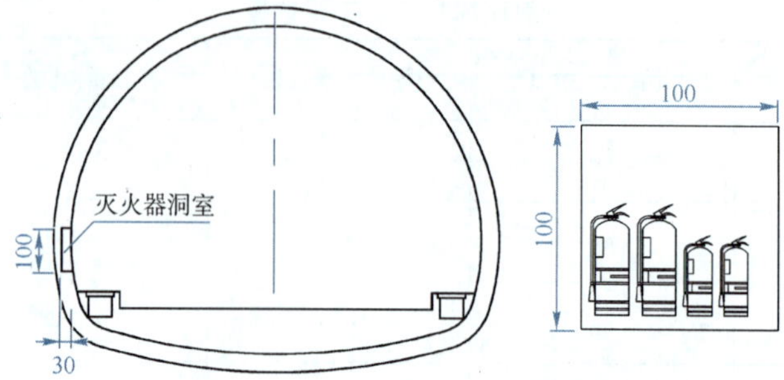

图 4-47　灭火器洞室

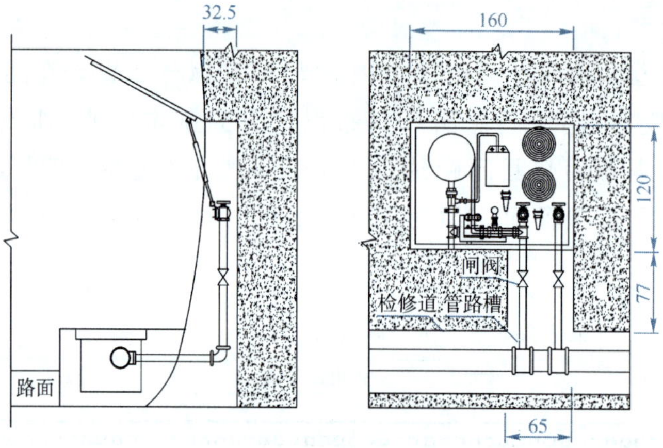

图 4-48　消防洞室

消防水池工程量　　表 4-31

项　　目	单　　位	数　　量	备　　注
水池混凝土	m^3	89.6	检修孔 m^3
钢筋	kg	—	
10cm 厚基础	m^3	11.5	
通风钢管	kg	—	钢梯 kg

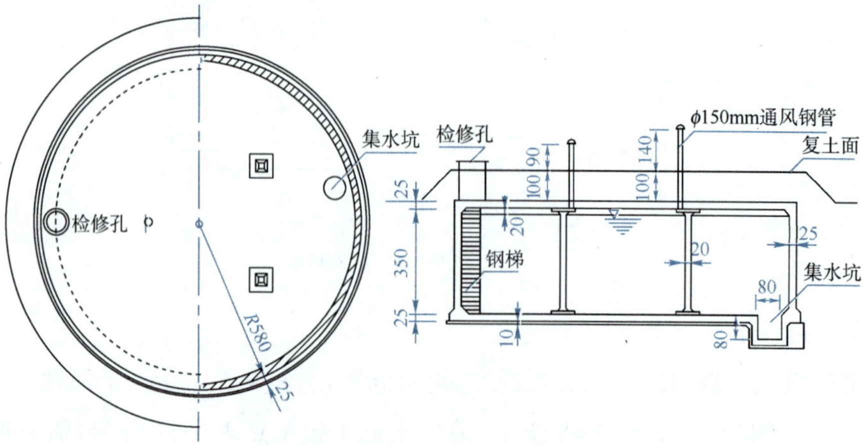

图 4-49　300m^3 消防水池

4.7.3 分离式隧道实例

云阳山隧道地处山地地形起伏大，山高坡陡，高程约200m。岩性以灰、深灰色中厚、厚层石英砂岩为主夹炭质页岩、粉砂质泥岩等。该公路隧道依据《公路工程技术标准》(JTG B01—2003)设计，采用高速公路技术标准，设计行车速度100km/h，隧道限界净宽10.75m，隧道净高5.0m，设计荷载公路Ⅰ级，建设工期36个月。

1. 平纵横设计

1)总体布置

本案例为山岭分离式高速公路隧道。左洞全长3 196m，出口为喇叭式洞门长度16.14m，明洞长13.86m；进口为端墙式洞门，明洞长15m，正洞长度3 151m。右洞全长3 230m，入口为喇叭式洞门长度16.14m，明洞长18.86m；出口为棚洞式洞门长度32m，明洞长6m，正洞长度3 157m。平纵断面如图4-50所示。小间距分离式隧道1 719m，标准分离式隧道。

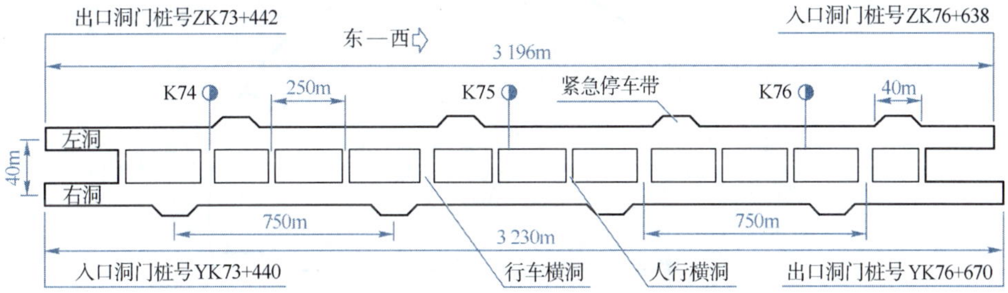

图4-50 分离式隧道总体布置

2)标准横断面

该隧道车道宽度3.75m，行车道宽度3.75m×2，侧向宽度L_L=0.5m、L_R=1.0m，检修道宽度$J_{左}$=0.75、$J_{右}$=1.0m，步道高度0.5m。隧道主洞建筑限界净宽0.75+0.5+3.75×2+1.0+1.0=10.75m；紧急停车带设置8处，建筑限界净宽0.75+0.5+3.75×2+3.5+1.0=13.25m。隧道与路基相接，路基宽度标准为整体式26.0m，分离式13.0m。主洞及紧急停车带部标准横断面如图4-51所示，横洞标准断面如图4-52所示。

3)围岩级别分段长度

根据《公路工程地质勘察规范》、《公路隧道设计规范》(JTG D70—2004)规定的围岩分级方法及地勘报告提供的分析资料，该隧道围岩可分为Ⅴ、Ⅳ、Ⅲ、Ⅱ级。左右线围岩级别分段长度见表4-32所列，右线隧道分岩衬砌数量见表4-33所列，左线隧道分岩衬砌数量省略，主洞工程数量见表4-34所列。

左右线围岩级别分段长度(m) 表4-32

衬砌形式	正洞							紧急停车带段			合计
	XS5a	S4a	S4b	XS4b	S3	XS3	S2	ST2	ST3	ST4	
长度(m)	243	558	60	668	2 652	808	984	55	200	80	6 308
围岩分级	Ⅴ	Ⅳ			Ⅲ		Ⅱ		Ⅲ	Ⅳ	洞口段118
	软石				次坚石		坚石		次坚	软石	

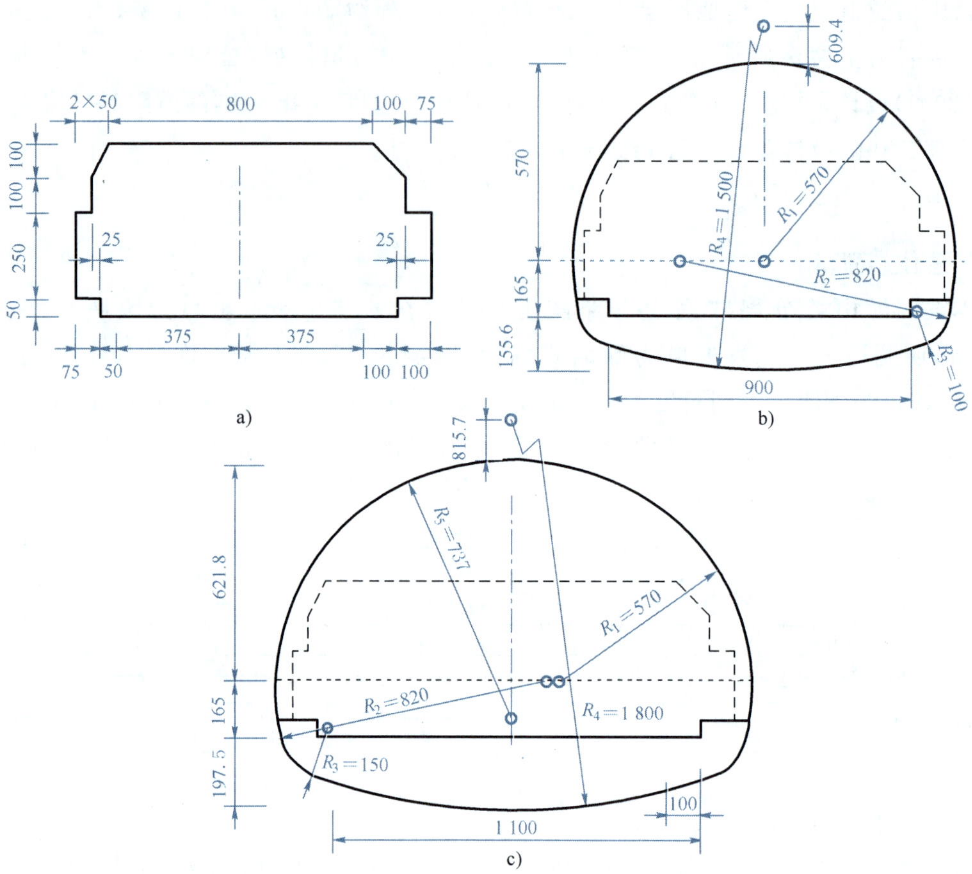

图 4-51　标准横断面

a)建筑限界；b)主洞衬砌内轮廓；c)紧急停车带部隧道内轮廓

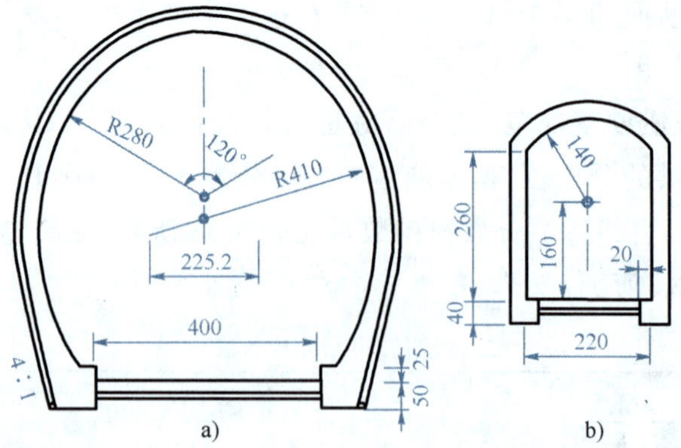

图 4-52　标准断面

a)车行横洞；b)人行横洞

右线隧道(总长 3 230m)分岩衬砌数量 表 4-33

<table>
<tr><th>段号</th><th>衬砌长度</th><th>围岩类别</th><th>衬砌形式</th><th>辅助措施</th><th>段号</th><th>衬砌长度</th><th>围岩类别</th><th>衬砌形式</th><th>辅助措施</th></tr>
<tr><td>1</td><td>16.14</td><td rowspan="3">V</td><td>喇叭洞口</td><td>—</td><td>22</td><td>115</td><td>III</td><td>S3</td><td>—</td></tr>
<tr><td>2</td><td>18.86</td><td>明洞</td><td>—</td><td>23</td><td>32</td><td>IV</td><td>S4a</td><td>超前锚杆 16 环</td></tr>
<tr><td>3</td><td>110</td><td>XS5a</td><td>管棚 40m、超前导管 31 环</td><td>24</td><td>47</td><td>III</td><td>S3</td><td>—</td></tr>
<tr><td>4</td><td>270</td><td>IV</td><td>XS4b</td><td>超前锚杆 135 环</td><td>25</td><td>117</td><td>II</td><td>S2</td><td>—</td></tr>
<tr><td>5</td><td>46</td><td rowspan="4">III</td><td>S3</td><td>—</td><td>26</td><td>40</td><td>IV</td><td>S4a</td><td>超前锚杆 20 环</td></tr>
<tr><td>6</td><td>40</td><td>ST3</td><td>紧急停车带</td><td>27</td><td>152</td><td>II</td><td>S2</td><td>—</td></tr>
<tr><td>7</td><td>15</td><td>S4a</td><td>—</td><td>28</td><td>50</td><td>IV</td><td>S4a</td><td>超前锚杆 25 环</td></tr>
<tr><td>8</td><td>13</td><td>S3</td><td>—</td><td>29</td><td>156</td><td rowspan="4">II</td><td>S2</td><td>—</td></tr>
<tr><td>9</td><td>28</td><td>IV</td><td>XS4b</td><td>超前锚杆 14 环</td><td>30</td><td>40</td><td>ST2</td><td>紧急停车带</td></tr>
<tr><td>10</td><td>266</td><td>III</td><td>S3</td><td>—</td><td>31</td><td>15</td><td>S3</td><td>—</td></tr>
<tr><td>11</td><td>26</td><td>IV</td><td>S4a</td><td>超前锚杆 13 环</td><td>32</td><td>39</td><td>S2</td><td>—</td></tr>
<tr><td>12</td><td>108</td><td>III</td><td>S3</td><td>—</td><td>33</td><td>605</td><td rowspan="2">III</td><td>S3</td><td>—</td></tr>
<tr><td>13</td><td>36</td><td>IV</td><td>S4a</td><td>超前锚杆 18 环</td><td>34</td><td>52</td><td>XS3b</td><td>—</td></tr>
<tr><td>14</td><td>60</td><td>III</td><td>S3</td><td>—</td><td>35</td><td>40</td><td>IV</td><td>ST4</td><td>紧急停车带</td></tr>
<tr><td>15</td><td>26</td><td>IV</td><td>S4a</td><td>超前锚杆 13 环</td><td>36</td><td>15</td><td rowspan="6">III</td><td>S4b</td><td>—</td></tr>
<tr><td>16</td><td>45</td><td>III</td><td>S3</td><td>—</td><td>37</td><td>365</td><td>XS3</td><td>—</td></tr>
<tr><td>17</td><td>25</td><td>IV</td><td>S4a</td><td>超前锚杆 12 环</td><td>38</td><td>40</td><td>XS4b</td><td rowspan="2">超前锚杆 10 环、管棚 40m</td></tr>
<tr><td>18</td><td>14</td><td>III</td><td>S3</td><td>—</td><td>39</td><td>20</td><td>XS5a</td></tr>
<tr><td>19</td><td>29</td><td>IV</td><td>S4a</td><td>超前锚杆 14 环</td><td>40</td><td>6</td><td>明洞</td><td>—</td></tr>
<tr><td>20</td><td>20</td><td>III</td><td>S3</td><td>—</td><td>41</td><td>32</td><td>棚洞</td><td>—</td></tr>
<tr><td>21</td><td>40</td><td>III</td><td>ST3</td><td>紧急停车带</td><td colspan="5">合计:衬砌=3 230vm、管棚 80m、超前锚杆 290 环</td></tr>
</table>

主洞工程量 表 4-34

项目		单位	正洞 5 973m	紧急停车带段 335m	合计
开挖	坚石	m³	87 576	6 353	93 929
	次坚石		313 822	27 600	341 422
	软石		161 290	11 136	172 426
C25	拱部		39 476.8	3 165.55	42 642.35
	墙部基础		13 536.2	962.05	14 498.25
	仰拱		6 615.05	1 626.8	8 241.85
C15 片石仰拱回填			9 548.5	3 259.2	12 807.7
C20 喷射混凝土超挖回填			4 033.63	968.4	5 002.03
C25 模筑混凝土超挖回填			7 113.6	158.4	7 272
C20 混凝土整平层			4 143.68	72.6	4 216.28
C20 喷射混凝土			19 229.8	1 991.55	21 221.3
衬砌钢筋		kg	326 835	—	326 835
钢支撑	钢筋		681 452	119 800	801 252
	型钢		465 735	87 040	552 775
ϕ25 自进式锚杆		m	10 376.1	2 560	12 936.1
ϕ25 中空砂浆锚杆			15 552	4 760	20 312
ϕ22 药圈锚杆			236 593	20 414.8	257 008.1
ϕ8 钢筋网		kg	275 448	21 060	296 507.9
ϕ6 钢筋网			27 823.5	12 128	39 951.5
防水层		m²	166 504	10 692.5	177 196.2

2. 洞口

西端洞口设计为(双)喇叭式洞门，东端洞口设计为棚洞式洞门。

1)喇叭式洞门

挡土墙采用花岗岩石板贴面装饰，门框采用白色外墙涂料装饰。喇叭式洞门如图 4-53 所示，工程量见表 4-35 所列。

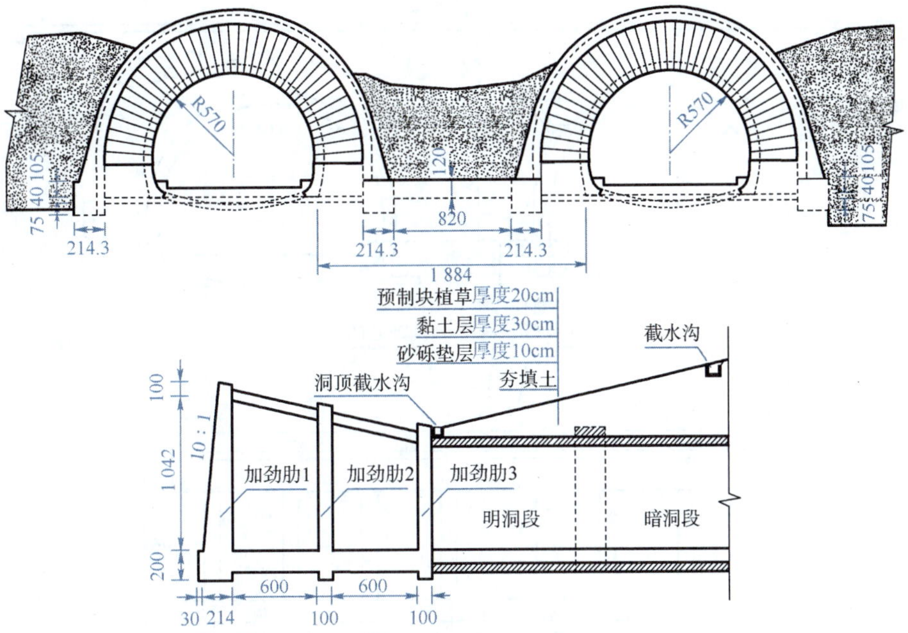

图 4-53　西端喇叭式洞门

喇叭式洞门工程数量　　表 4-35

项目		单位	左洞	右洞	合计
开挖	硬土	m^3	5 600	6 500	12 100
	软石		400	500	900
洞门	C25 拱圈及基础		356.8	356.8	713.6
	钢筋		13 120	13 120	26 240
	白色涂料饰面	m^2	70	70	140
回填土		m^3	2 790	3 330	6 120

2)棚洞式洞门

东端左洞口设置端墙式洞门,右洞口设置棚洞式洞门。立柱工程量计入端墙,立柱用石板饰面。棚洞洞门如图 4-54 所示,棚洞工程量见表 4-36 所列,洞门端墙工程量见表 4-37 所列。

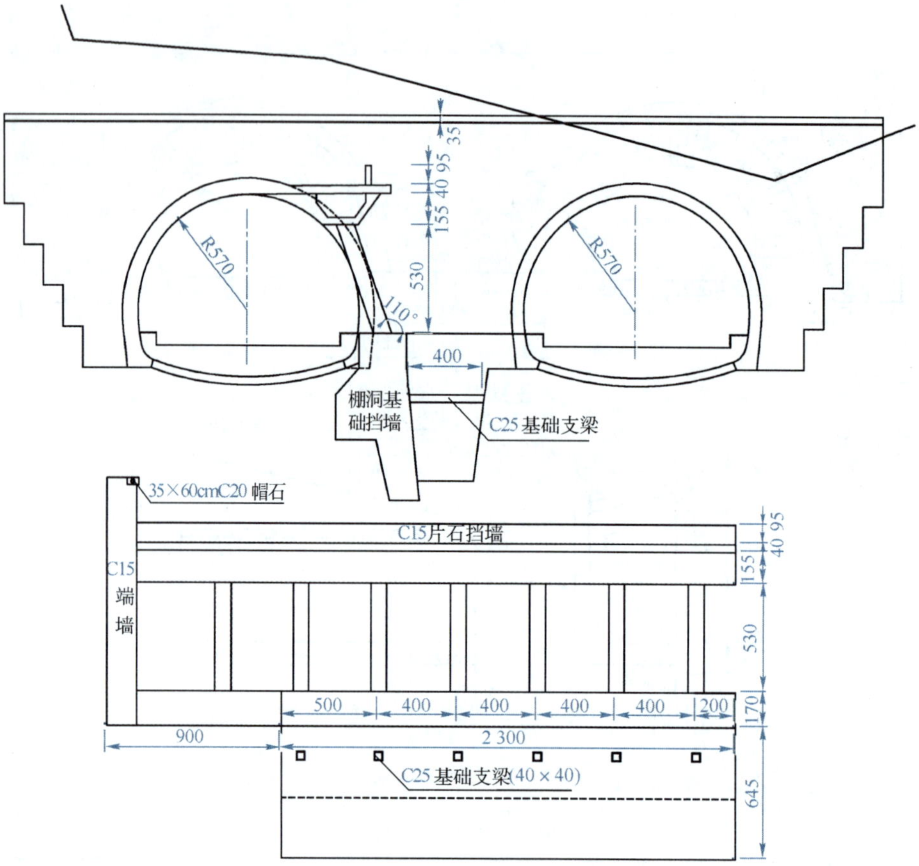

图 4-54　棚洞洞门

棚洞工程数量　　表 4-36

项目		单位	每米工程数量		合计32m
			回填段23m	半隧段9m	
开挖软石		m³	—	106.4	957.6
C25	拱部	m³	10.5/60	10.5/60	336.0
C25	内侧墙部及基础	m³	2.26/60	2.26/60	72.3
C25	外侧边墙	m³	26.83	26.83	858.6
C25	仰拱	m³	5.05/50	5.05/50	161.6
C15 片石仰拱回填		m³	6.04	6.04	193.3
M20 水泥砂浆		m³	16.6/2	—	381.8
C20 喷射混凝土		m³	—	5.23	47.1
C20 喷射混凝土超挖回填		m³	—	2.66	23.9
衬砌钢筋		kg	1 505	1 505	48 160
钢支撑	钢筋	kg	—	64	576
钢支撑	型钢及钢板	kg	—	538	4 842

续上表

项目	单位	每米工程数量		合计 32m
		回填段 23m	半隧段 9m	
M7.5 片石护拱	m^3	2.63	—	60.5
回填土		65	—	1 495
ϕ25 中空砂浆锚杆	m	—	56	504.0
ϕ22 药卷锚杆		—	9.3	83.7
ϕ8 钢筋网	kg	—	154	1 386
防水层	m^2	22	22	704.0
PVCϕ8 泄水管	m	—	0.8	7.2

洞门端墙工程量　　表 4-37

项目			单位	左洞	右洞
基坑开挖	硬土		m^3	450	770
	软石			2 700	4 300
端墙	C15 片石墙身			259.5	187.4
	镶面	水泥乳胶漆	m^2	15	15
		石板		173	105
	C20 帽石		m^3	7.5	5

棚洞工程半隧段预应力锚杆护坡如图 4-55 所示，预应力锚索构造如图 4-56 所示。

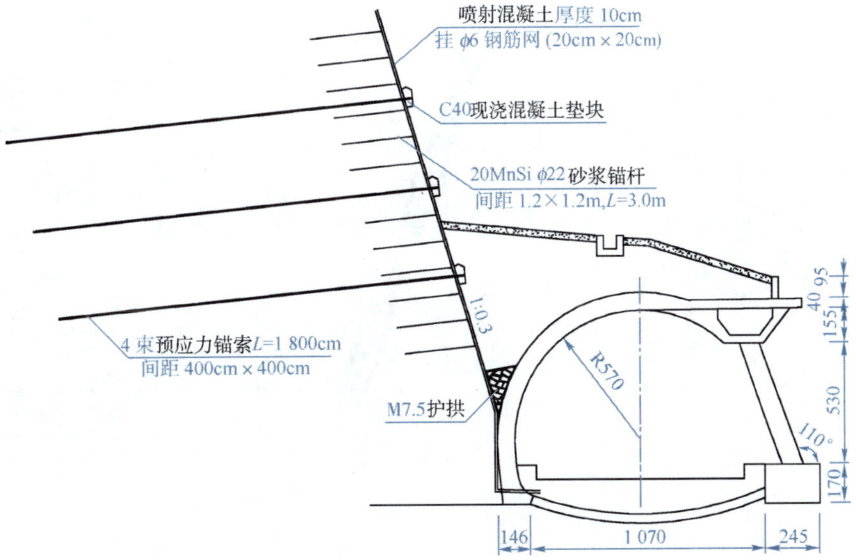

图 4-55　棚洞工程半隧段预应力锚杆护坡

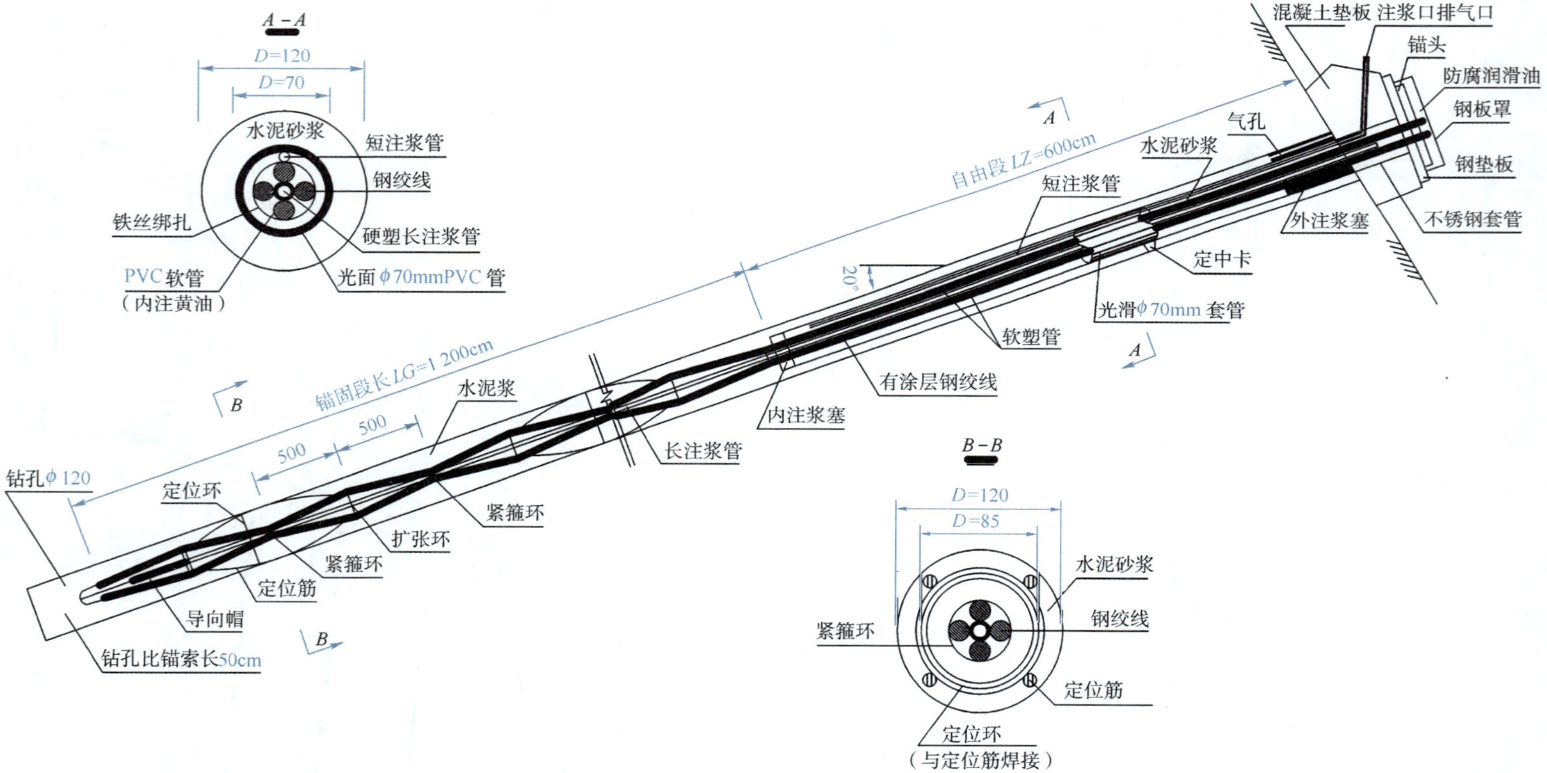

说明：

①预应力锚索采用 $\phi 4_j$ 15.24 (7 × φ5) 高强底松弛钢绞线。每根锚索设计张拉力450kN，采用XM15-4型锚具；

② 光面管可采用有效壁厚 2～3mm，PVC软管扩张环用φ10钢筋制作。锚固段孔内注浆宜采用525水泥拌制添加早强剂的M35的砂浆,并在0.1～0.2MPa的压力进行注浆。自由段孔内钢绞线刷防锈涂层后，涂润滑油并用软塑管包裹两端注黄油，软塑管与光面PVC管间在张拉后注水泥砂浆裹护；

③ 锚索施工从上到下，避免边坡长期暴露；

④ 施工步骤： a. 清孔，进行试放；b. 锚固段钢绞线除油、将其固定于长注浆管上（扩张点于扎紧点间距1m）； c. 安装定位骨架； d. 自由段钢绞涂油，固定于长注浆管上，裹软塑料管，套PVC管 ；e. PVC管外扎定中件，管内设置内注浆塞；f. 安装锚索，端头钢管和孔口外注浆塞； g. 先用0.4MPa压力将外注浆塞注满达到20MPa强度后通过长注浆管向孔内压注砂浆；h. 砂浆达到80%后，框架施工；i. 现浇孔外混凝土垫板，垫板中预留注浆口、排气口，安装锚具；j. 砂浆强度、混凝土垫板强度大于设计强度80%后，锚索张拉；k. 通过短注浆管给自由段空隙注浆，锚头封闭。

图 4-56 预应力锚索构造

3. 明洞

有 4 个洞口段，其明洞长度共 53.72m，半拱明洞段如图 4-57 所示，明洞段坡面喷锚防护如图 4-58 所示，半拱明洞段工程数量见表 4-38 所列。

半拱明洞段工程数量　　表 4-38

半拱明洞段每延米工程数量			喷锚防护每 $100m^2$ 工程数量			
项目	单位	数量	项目	单位	边坡	仰坡
C25 拱部厚度 60cm	m^3	10.1	ϕ22 锚杆	m	133	209
C25 内侧墙及基础	m^3	2.3	C20 喷射混凝土	m^3	10.0	13.4
C25 外侧边墙	m^3	26.7	挂 20×20ϕ6 钢筋网	m^2	100	100
C25 仰拱厚度 50cm	m^3	5.1				

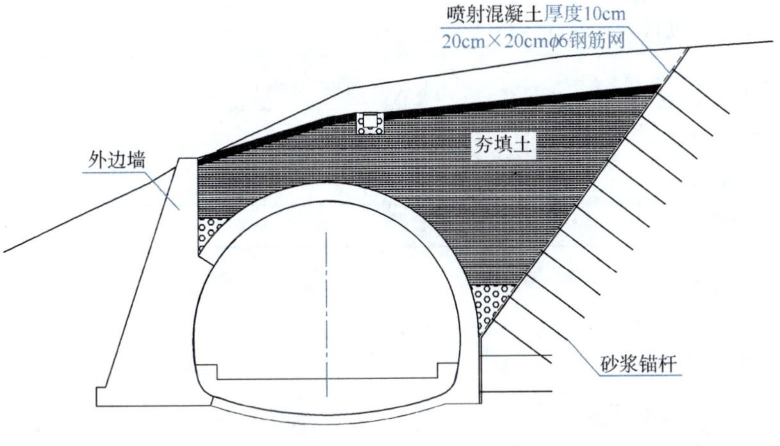

图 4-57　半拱明洞段

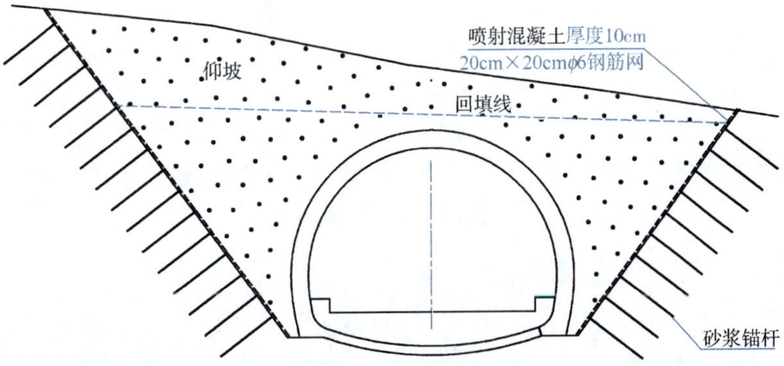

图 4-58　明洞段坡面喷锚防护

4. 主洞洞身

衬砌锚杆按梅花形布置，锚杆端部设托板，尺寸 150cm×150cm×6mm。防水层数量中已考虑松弛量与搭接量。

1)主洞 II 级围岩地段

开挖坚石数量中未考虑拱部、墙部预留变形量,超挖回填量按开挖断面的 1%计。S2 适用于 II 级围岩地段,其中局部设 20MnSiϕ22 药卷锚杆,L=250cm 纵横间距 120×120cm。XS2 适用于 II 级围岩小间距隧道,其中内墙设 20MnSiϕ22 药卷锚杆,L=400cm,纵横间距 120×120cm;外墙局部设 20MnSiϕ22 药卷锚杆,L=250cm。II 级围岩 S2、XS2 衬砌工程如图 4-59 所示,工程量见表 4-39 所列。

II 级围岩段衬砌工程量　　表 4-39

项目		单位	每米工程数量		衬砌数量 984m+0m
			S2	XS2	
开挖坚石		m^3	89	89	87 576
C25	拱部	m^3	5.65/30	5.65/30	5 559.6
	墙部及基础	m^3	1.92/30	1.92/30	1 889.28
C25 模筑混凝土超挖回填		m^3	0.9	0.9	885.6
C20 混凝土整平层		m^3	0.92	0.92	905.28
C20 喷射混凝土		m^3	1.94/8	1.94/8	1908.96
ϕ22 药圈锚杆		m	5	25	4 920
防水层		m^2	27.5	27.5	27 060

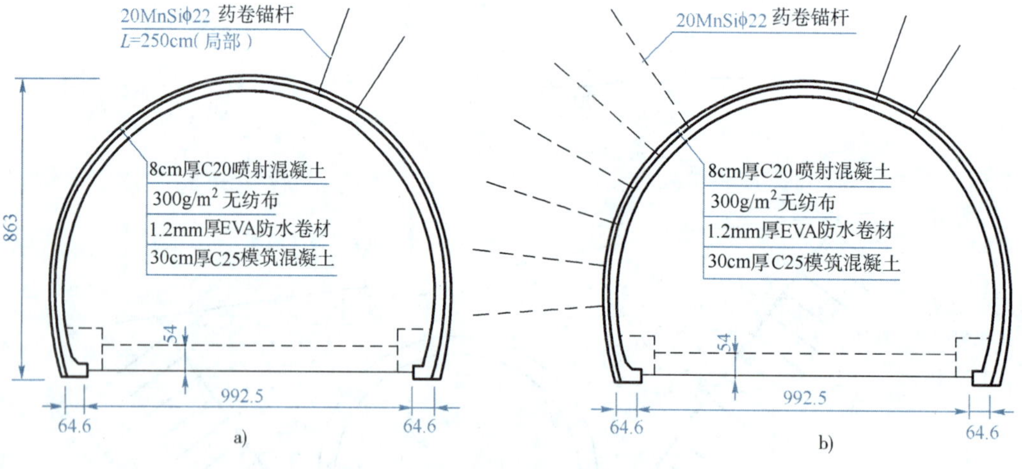

图 4-59　主洞 II 级围岩衬砌

a)S2;b)XS2

2)主洞 III 级围岩地段

开挖次坚石数量中,拱部、墙部计列 5cm 预留变形量。超挖回填量按开挖断面的 2%计。S3 适用于 III 级围岩地段,其中设 20MnSiϕ22 药卷锚杆,L=250cm,纵横间距 120×120cm。XS3 适用于 III 级围岩小净距隧道,其中内墙设 20MnSiϕ22 药卷锚杆,L=400cm,纵横间距 120×120cm,外墙设 20MnSiϕ22 药卷锚杆,L=250cm,纵横间距 120×120cm。III 级围岩 S3、XS3 衬砌工程如图 4-60 所示,工程量见表 4-40 所列。

III 级围岩段衬砌工程量　　表 4-40

项　　目		单位	每米工程数量		衬砌数量
			S3	XS3	2 652m+808m
开挖次坚石		m^3	90.7	90.7	313 822
C25	拱部		6.46/35	6.46/35	2 2351.6
	墙部及基础		2.17/35	2.17/35	7 508.2
C25 模筑混凝土超挖回填			1.8	1.8	6 228
C20 混凝土整平层			0.92	0.92	3 183.2
C20 喷射混凝土			2.45/10	2.45/10	8 477
ϕ22 药圈锚杆		m	36.5	42.9	13 1461.2
ϕ8 钢筋网		kg	42.2	42.2	146 012
防水层		m^2	27.9	27.9	96 534

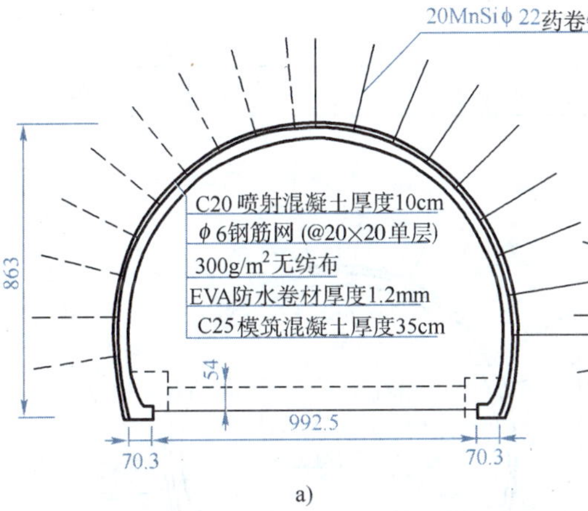

图 4-60　主洞 III 级围岩衬砌

a)S3；b)XS3

3)主洞 IV 级围岩地段

S4a 适用于 IV 级围岩地质相对破碎地段，S4b 适用于 IV 级围岩承载力大于 1 200kPa 地段，XS4b(衬砌工程未图示)适用于 IV 级围岩小净距深埋隧道。开挖软石数量中拱部、墙部 S4a 计 10cm 变形量，S4b、XS4bc 计 7cm 变形量。超挖回填量按开挖断面的 2.5%计算。

①衬砌 S4a 中设 20MnSiϕ22 药卷锚杆，$L=300$cm，纵横间距 100×100cm。

②衬砌 S4b 中设 20MnSiϕ22 药卷锚杆，$L=300$cm，纵横间距 120×100cm。

③衬砌 XS4b 中内墙设 20MnSiϕ22 药卷锚杆，$L=400$cm 纵横间距 100×100cm；其余设 20MnSiϕ22 药卷锚杆，$L=300$cm，纵横间距 100×100cm。

④初期支护中格栅钢拱架由 20MnSiϕ22 钢筋组成，段与段之间采用螺栓连接，ϕ22 钢筋焊接在 10×8×1cm 角钢上，纵向插入连接钢筋。钢拱架纵向间距 S4a、XS4b 为 100cm，S4b 为 120cm。20MnSiϕ22 锁脚药卷锚杆 S4a、S4b、XS4bc 均为 14m，已加计在工程数量表中。

IV 级围岩 S4a、S4b 衬砌工程如图 4-61 所示，工程量见表 4-41 所列。主洞 IV 级围岩段无仰拱、有仰拱格栅钢拱架结构如图 4-62 所示。

IV 级围岩段衬砌工程数量 表 4-41

项目		单位	每米工程数量			衬砌数量
			S4a	S4b	XS4b	558m+60m+668m
开挖软石		m^3	105.1	94.3	105.1	134 510.6
C25	拱部	m^3	7.41/40	7.41/40	7.41/40	9 529.26
	墙部及基础	m^3	2.69/40	2.43/40	2.69/40	3 443.74
	仰拱	m^3	4.03/40	—	4.03	4 940.78
C15 片石仰拱回填		m^3	6.5	—	6.5/40	7 969
C20 喷射混凝土超挖回填		m^3	2.63	2.35	2.63	3 365.38
C20 混凝土整平层		m^3	—	0.92	—	55.2
C20 喷射混凝土		m^3	5.61/22	5.59/22	5.61/22	7 213.26
钢拱架	钢筋	kg	511	422	511	651 806
	型钢及钢板	kg	102	85	102	130 152
ϕ22 药圈锚杆		m	89	74.2	62	95 530
ϕ8 钢筋网		kg	100.65	100.65	100.65	129 435.9
防水层		m^2	28.12	25.8	28.12	36 023.12

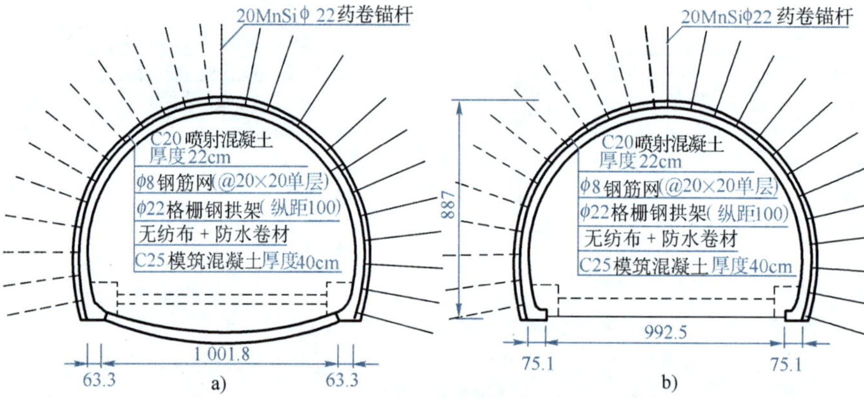

图 4-61 主洞 IV 级围岩衬砌

a)S4a;b)S4b

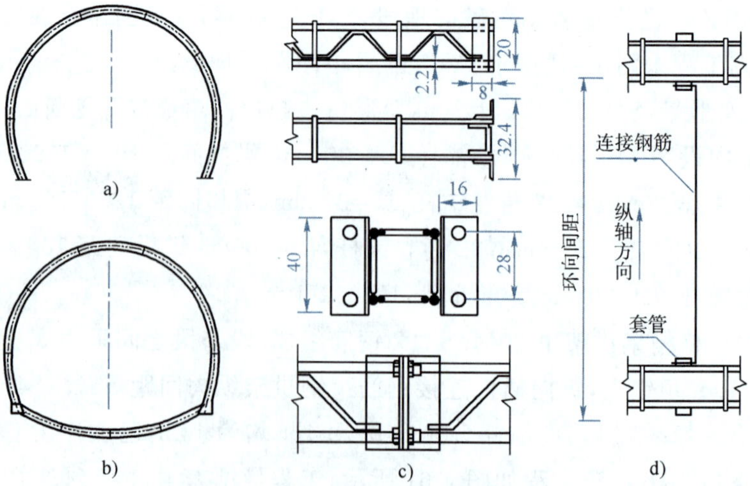

图 4-62 主洞 IV 级围岩段格栅钢拱架

a)无仰拱;b)有仰拱;c)角钢连接;d)纵向连接

4)主洞 V 级围岩地段

S5a 适用于隧道进出口浅埋 V 级围岩及局部破碎地段，XS5a 适用于隧道进出口浅埋 V 级围岩小净距隧道。开挖软石数量中，拱部、墙部计 10cm 变形量，超挖回填量按开挖断面的 2.5%计。

①衬砌 S5a 中设 D25 中空注浆加固锚杆，$L=300$cm，纵横间距 75cm×100cm。

②衬砌 XS5a 中内墙设 R25 自进式锚杆，$L=400$cm，纵横间距 75cm×100cm；其余设中空注浆锚杆，$L=300$cm，纵横间距 75cm×100cm。

③初期支护中设 18 工字钢支撑，环向间距 75cm，20MnSiϕ22 锁脚药卷锚杆 S5a、XS5a 长度均为 3.5m，已加计在工程数量表中。

④S5a、XS5a 拱圈衬砌厚 45cm 中配置钢筋，单洞每延米 1345kg。

V 级围岩段 S5a、XS5a 衬砌工程如图 4-63 所示，工程量见表 4-42 所列。主洞 V 级围岩无仰拱、有仰拱工字钢支撑结构如图 4-64 所示。

V 级围岩衬段砌工程数量　　表 4-42

项目		单位	每米工程数量		衬砌数量 243m
			S5a	XS5a	
开挖软石		m³	110.2	110.2	26 778.6
C25	拱部	m³	8.38/45	8.38/45	2 036.34
C25	墙部及基础	m³	2.86/45	2.86/45	694.98
C25	仰拱	m³	6.89/65	6.89/65	1 674.27
C15 片石仰拱回填		m³	6.5	6.5	1 579.5
C20 喷射混凝土超挖回填		m³	2.75	2.75	668.25
C20 喷射混凝土		m³	6.71/26	6.71/26	1 630.53
衬砌钢筋		kg	1 345	1 345	326 835
钢支撑	钢筋	kg	122	122	29 646
钢支撑	型钢及钢板	kg	1 381	1 381	335 583
ϕ25 自进式锚杆		m	—	42.7	10 376.1
ϕ25 中空砂浆锚杆		m	98	64	15 552
ϕ22 药圈锚杆		m	18.7	18.7	4 544.1
ϕ6 钢筋网		m	114.5	114.5	27 823.5
防水层		m²	28.34	28.34	6 886.62

5)紧急停车带段隧道衬砌

紧急停车带段隧道 ST2 适用于 II 级围岩、ST3 适用于 III 级围岩、ST4 适用于 IV 级围岩地段。拱部、墙部预留变形量 ST2 为 5cm、ST3 为 8cm、ST4 为 10cm，超挖回填量按开挖面的 2.5%计。初期支护 ST3 设格栅钢拱架，纵向间距 1.0m；ST4 设钢支撑，纵向间距 0.75m。II、III 级围岩 ST2、ST3 衬砌工程如图 4-65 所示，工程量见表 4-43 所列。

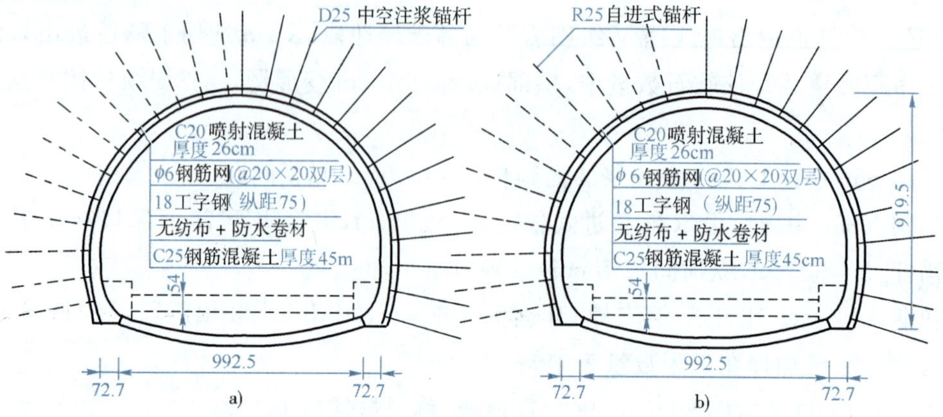

图 4-63 主洞 V 级围岩衬砌

a)S5a;b)XS5a

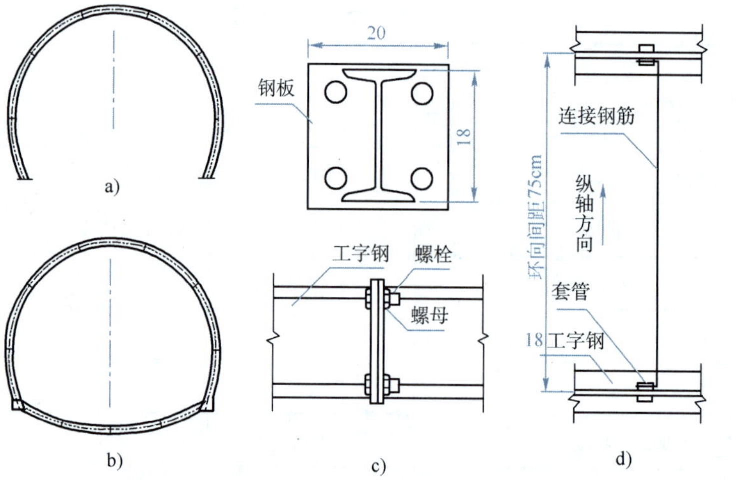

图 4-64 主洞 V 级围岩工字钢支撑

a)无仰拱;b)有仰拱;c)工字钢连接;d)纵向连接

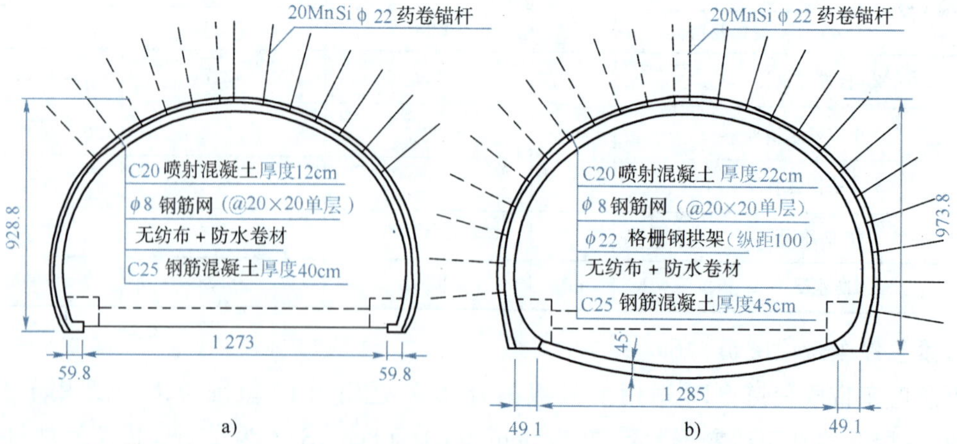

图 4-65 紧急停车带段隧道围岩衬砌

a)ST2;b)ST3

加紧急停车带段衬砌工程量　　表 4-43

项　目		单位	II 级围岩 ST2	III 级围岩 ST3	IV 级围岩 ST4	衬砌数量 55m+200m+80m
开挖	坚石	m^3	115.5	—	—	6 352.5
	次坚石		—	138	—	27 600
	软石		—	—	139.2	11 136
C25	拱部		8.53/40	9.63/45	9.63/45	3 165.55
	墙部及基础		2.27/40	2.99/45	2.99/45	962.05
	仰拱		—	5.81/45	5.81/45	1 626.8
C15 片石仰拱回填			—	11.64	11.64	3 259.2
C20 喷射混凝土超挖回填			—	3.45	3.48	968.4
C25 模筑混凝土超挖回填			2.88	—	—	158.4
C20 混凝土整平层			1.32	—	—	72.6
C20 喷射混凝土			3.33/12	6.29/22	6.88/24	1 991.55
钢支撑	钢筋	kg	—	561	95	119 800
	型钢及钢板		—	92	858	87 040
ϕ25 中空砂浆锚杆		m	—	—	59.5	4 760
ϕ22 药圈锚杆			31.25	86	18.7	20 414.75
ϕ25 自进式锚杆			—	—	32	2 560
ϕ8 钢筋网		kg	—	105.3	—	21 060
ϕ6 钢筋网			40	—	124.1	12 128
防水层		m^2	31.5	32	32	10 692.5

IV 级围岩 ST4 衬砌工程图未示意。其喷射 C20 混凝土厚度 24cm，采用双层 ϕ6 钢筋网，间距@20cm×20cm。药卷锚杆采用 20MnSiϕ22，长度 L=300cm，纵横间距 100cm×120cm。设 16 工字钢支撑，纵向间距 0.75m。防水层同 ST3，采用 C25 模筑筋混凝土厚度 45cm。

5. 横洞

该隧道中设置车行横洞、人行横洞，并加设防火卷闸门，平时关闭，一旦发生事故及时开启，受困人群疏散后关闭。主洞中线与车行横洞中线的交角 α_1、α_2 约为 110°、70°，人行横洞的交角 α_1、α_2 一般均为 90°。横洞平面如图 4-66 所示。

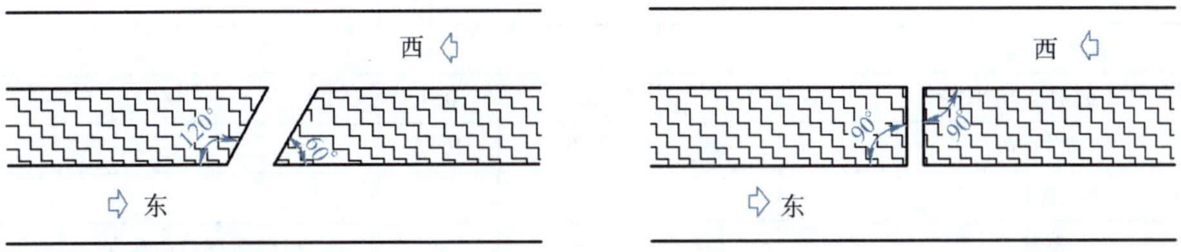

a)　　b)

图 4-66　横洞平面

a)车行；b)人行

1)车行横洞

车行横洞路面与主洞路面平齐,其纵断面如图 4-67 所示。

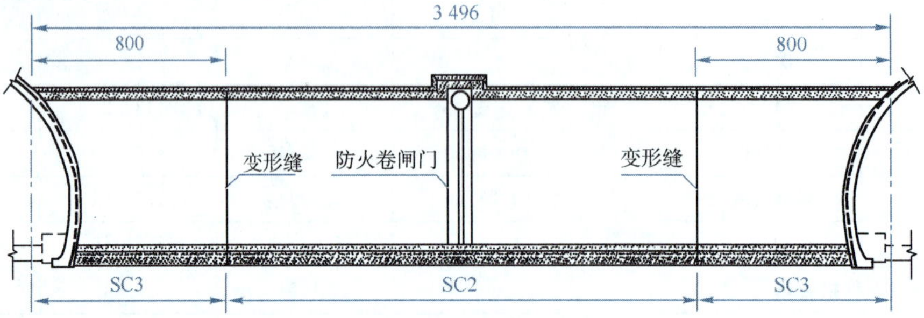

图 4-67　1 号车行横洞纵断面

II、III 级围岩车行横洞中间段采用 SC2 衬砌,II、III 级围岩车行横洞与主洞连接处采用 SC3 衬砌。车行横洞衬砌长度见表 4-44 所列。

车行横洞衬砌长度　　表 4-44

车行洞号	长度(m)	围岩级别	SC3	SC2	防火门	变形缝
			m		个	道
1	34.96	III	16	18.96	1	2
2	44.69	III	16	28.69	1	2
3	44.69	II	16	28.69	1	2
4	25.24	III	16	9.24	1	2
合计	149.58	—	64	85.58	4	8

(1)车行横洞衬砌

II、III 级围岩段衬砌 SC2、SC3 如图 4-68 所示,车行横洞与主洞交叉口部加强衬砌及紧急停车带隧道衬砌如图 4-69 所示,车行横洞衬砌工程数量见表 4-45 所列。

车行横洞工程数量　　表 4-45

项目		单位	SC2(一端)	SC3	备注
开挖	软石	m^3	—	—	
	次坚石	m^3	38.0	38.9	
C25 混凝土	拱圈		5.93	5.93	
	仰拱		—	—	
HEA 防水剂		kg	148.3	148.3	
C15 片石混凝土仰拱回填		m^3	—	—	
C25 混凝土(超挖回填)		m^3	1.77	1.78	
路面混凝土		m^2	4.0	4.0	
C20 混凝土整平层		m^3	0.4	0.4	
C20 喷射混凝土		m^3	0.87	1.75	
ϕ8 钢筋网		kg	—	70	
钢筋		kg	—	—	一端横洞口衬砌加强另计 223kg
16 工字钢		kg	—	—	一端横洞口初期支护加强另计 458.2kg
20MnSiϕ22 砂浆药卷锚杆		m	—	32.5	一端横洞口初期支护加强另计 135m
复合防水层	300g/m^2 无防布	m^2	19.1	19.1	
	1.2mm 厚 EVA 防水板	m^2	19.1	19.1	

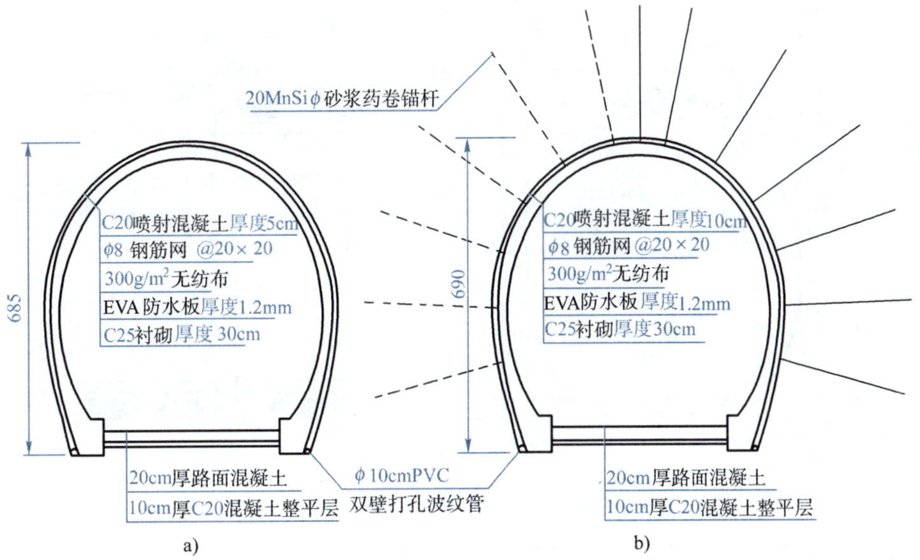

图 4-68 车行横洞衬砌

a）SC2；b）SC3

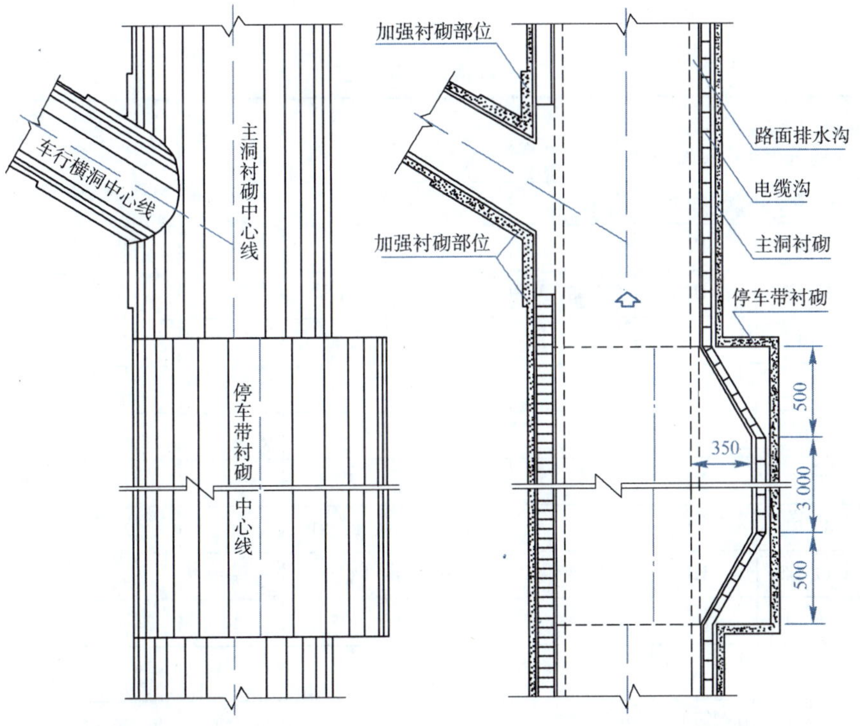

图 4-69 车行横洞与主洞交叉口部加强衬砌及紧急停车带段隧道衬砌

（2）行车横洞防火门洞室

行车横洞卷闸门洞室在拱部及边墙内侧设置一层 ϕ12 钢筋网。卷闸门洞室初期支护与其前后横洞初期支护参数相同。车行横洞防火门洞室如图 4-70 所示。

2）人行横洞

行人横洞路面与主洞检修道顶面平齐。SR1 衬砌适用 IV 级围岩地段以及 III 级围岩行

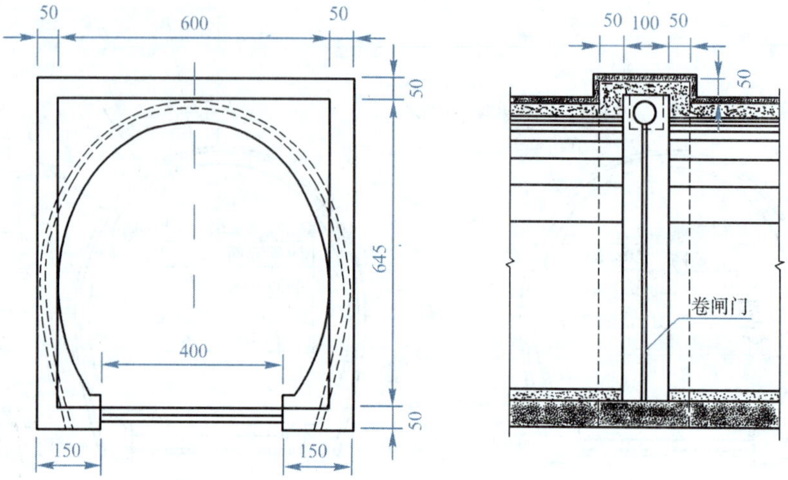

图 4-70　车行横洞防火门洞室

人横洞与主隧道相接地段，在 IV 级洞口段 4m 二次衬砌配置钢筋。SR2 衬砌适用 III 级围岩地段以及 II 级围岩行人横洞与主隧道相接地段。SR3 衬砌适用于 II 级围岩中间地段。超挖回填工程数量以超挖 10cm 计。人行横洞纵断面如图 4-71 所示，人行横洞衬砌长度见表 4-46 所列。

人行横洞衬砌长度　　表 4-46

人行洞号	长度(m)	围岩级别	SR1		SR2	SR3	防火门	沉浆缝	施工缝
			不配筋	配钢筋					
			m				个	道	
1	24.81	IV	16.81	8	—	—	2	2	1
2	36.97	III	8	—	28.97	—	2	2	1
3	40	III	8	—	32	—	2	2	1
4	40	II	—	—	8	32	2	2	1
5	40	II	16	4	4	16	2	2	1
6	38.2	III	8	—	30.2	—	2	2	1
7	30.91	III	8	—	22.91	—	2	2	1
8	14.24	III	8	—	6.24	—	2	2	—
合计	265.1	—	72.81	12	132.3	48	16	16	7

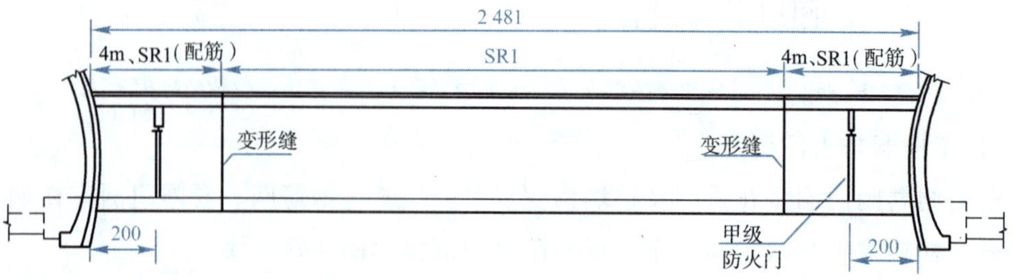

图 4-71　1 号人行横洞纵断面

(1)人行横洞衬砌

人行横洞 SR1 衬砌如图 4-72 所示，人行横洞 SR2、SR3 衬砌如图 4-73 所示，人行横洞衬砌工程数量见表 4-47 所列。

人行横洞衬砌工程数量　　表 4-47

项目		单位	每米工程量				备注
			SR1		SR2	SR3	
			不配筋	配钢筋			
开挖	坚石	m^3	—	—	—	9	
	次坚石		—	—	10.4	—	
	软石		10.9	10.9	—	—	
C25	拱部		0.9/30	0.9/30	0.7/25	0.6/20	
	墙部及基础		1.9/30	1.9/30	1.6/25	1.3/20	
C25 模筑混凝土超挖回填			1	1	1	0.9	
C20 混凝土整平层			0.5	0.5	0.2	0.2	
C20 喷射混凝土			1.1	1.1	0.9	0.5	
衬砌钢筋		kg	—	296	—	—	一端 SR1 加强衬砌另计 190kg
16 工字钢		—	—	—	—	—	一端 SR1 加强初期支护另计 271kg
ϕ22 药圈锚杆		m	25	25	22	—	一端 SR1 加强初期支护另计 72m
ϕ8 钢筋网		kg	21	21	16	—	
防水层		m^2	10.1	10.1	10.0	9.8	

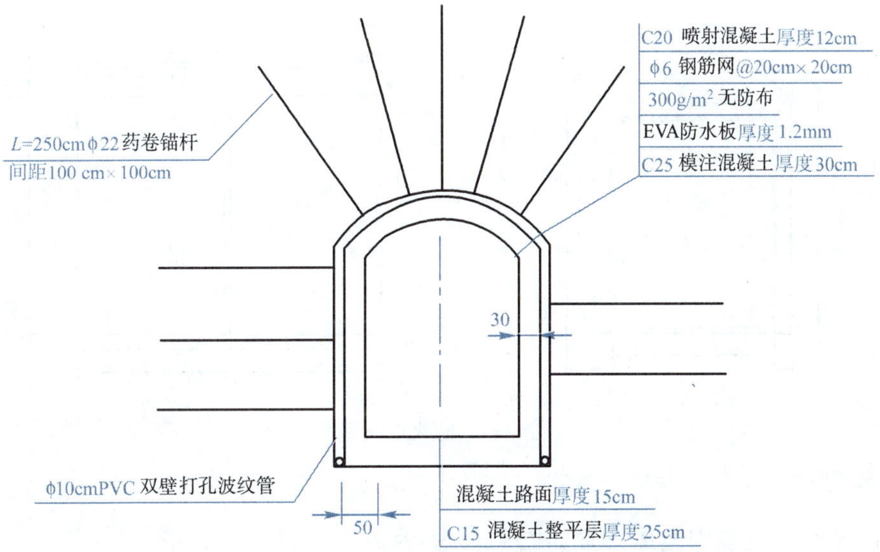

图 4-72　人行横洞 SR1 衬砌

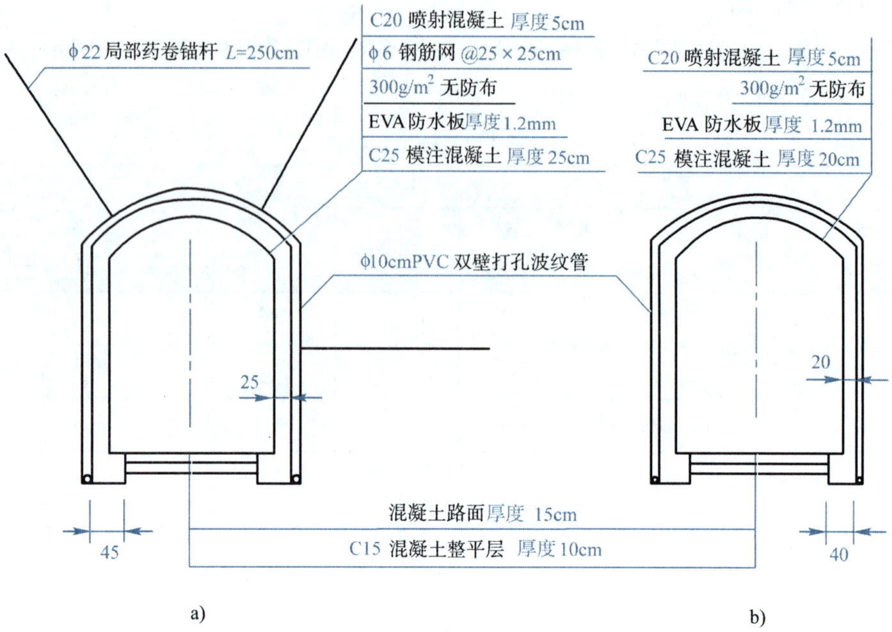

图 4-73　人行横洞衬砌

a) SR2；b) SR3

(2)人行横洞防火门洞室

防火门洞室如图 4-74 所示，人行横洞防火门洞室工程数量见表 4-48 所列。

人行横洞防火门洞室工程数量　　表 4-48

项　　目	单　　位	数　　量	备　　注
16 工字钢	kg/m	50.4/2.5	
M2.5 砖墙	m^3	0.5	
防火钢板卷闸门	幅	2	

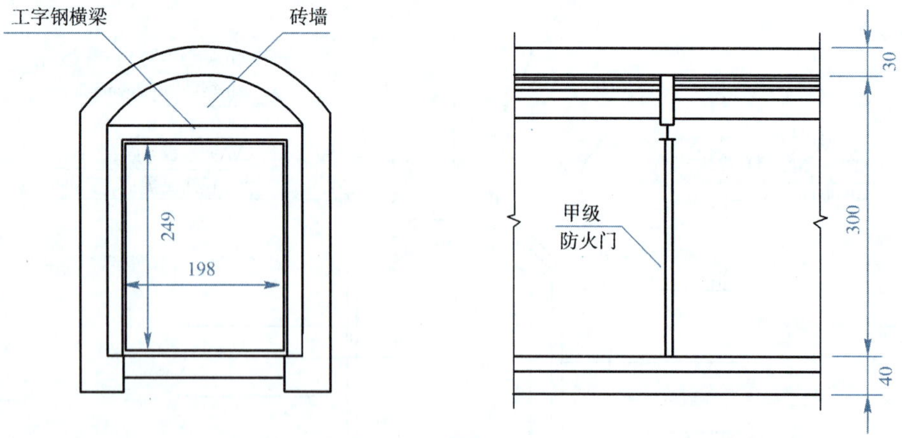

图 4-74　防火门洞室

6. 排水设施

隧道防排水与电缆沟整体布置如图 4-75 所示。

1)路基排水

(1)衬砌排水如图 4-76 所示。

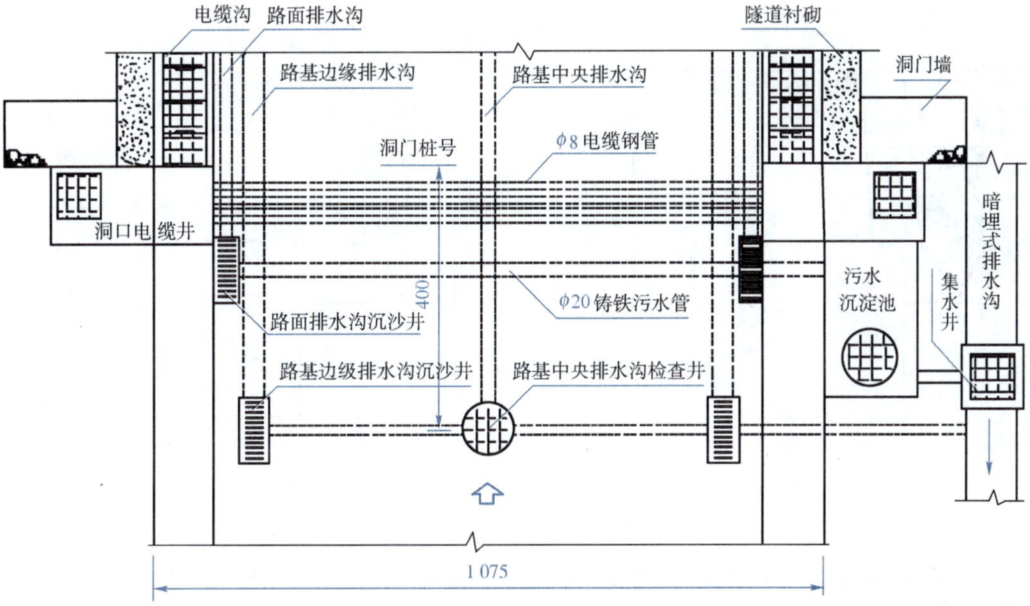

图 4-75 隧道防排水与电缆沟整体布置

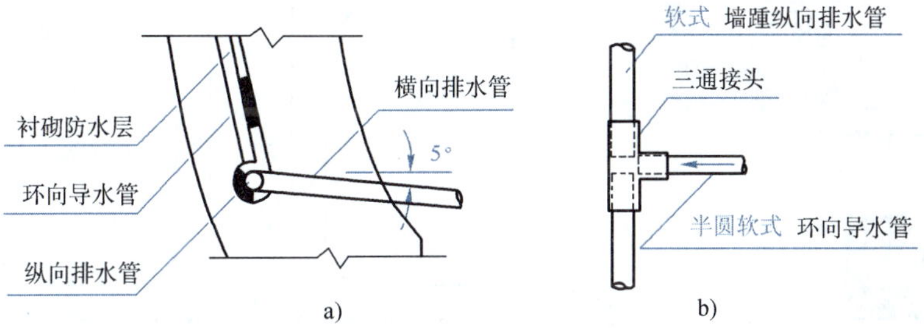

图 4-76 衬砌排水

a)正面;b)纵向环向排水管连接

(2)路基中央排水沟如图 4-77 所示,路基中央排水沟检查井如图 4-78 所示。

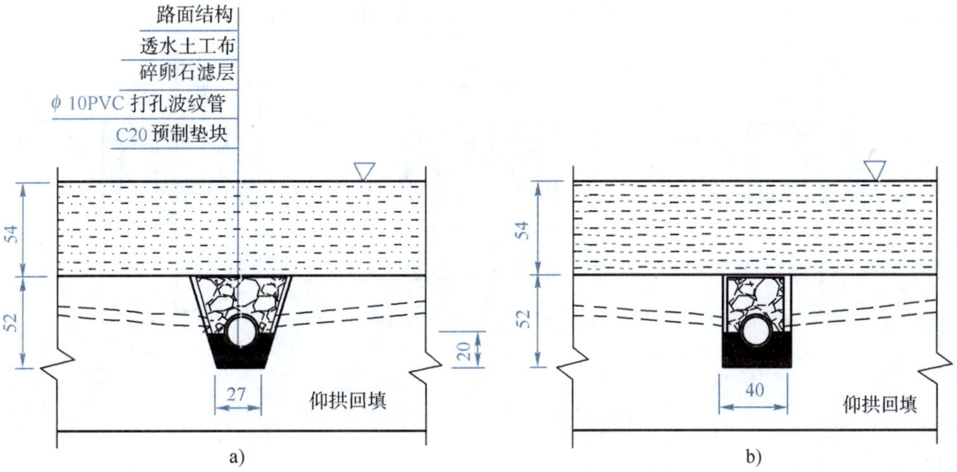

图 4-77 路基中央排水沟

a)无仰拱;b)有仰拱

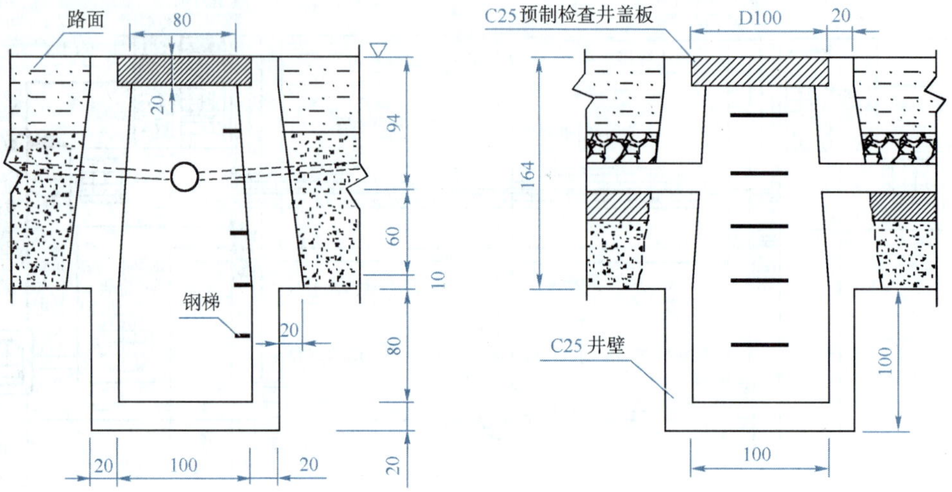

图 4-78　路基中央排水沟检查井

(3)路基边缘排水沟如图 4-79 所示，路基边缘排水沟沉砂井如图 4-80 所示。

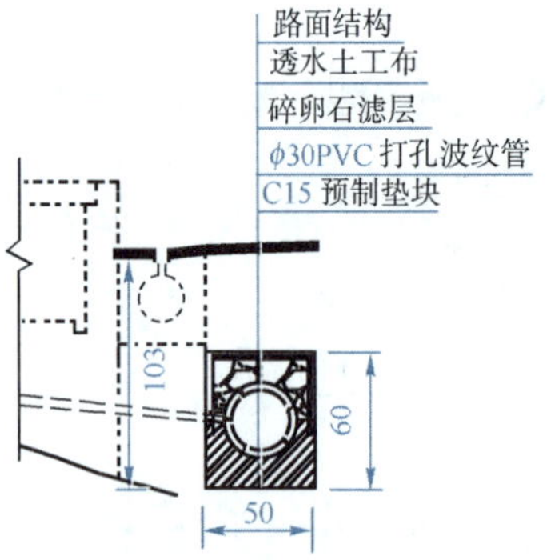

图 4-79　路基边缘排水沟

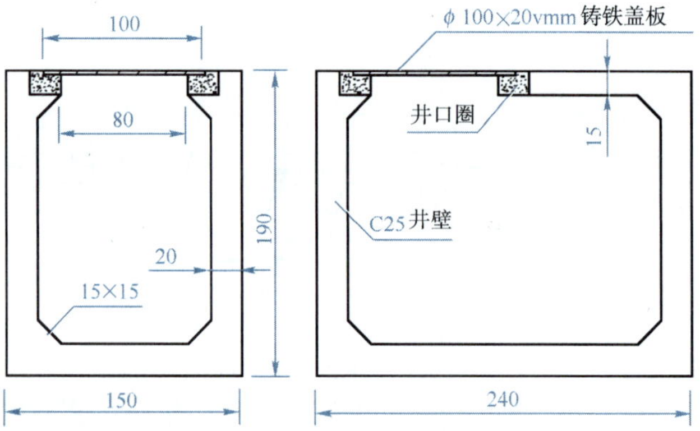

图 4-80　路基边缘排水沟沉砂井

2)路面排水

路面排水沟如图 4-81 所示，路面排水沟沉砂井如图 4-82 所示。

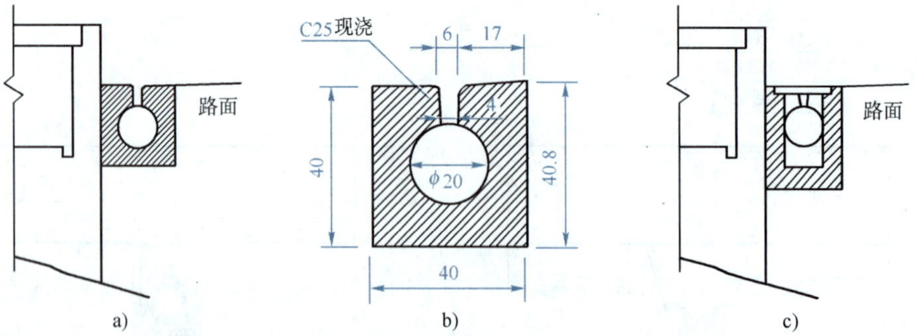

图 4-81　路面排水沟
a)正面；b)现浇断面；c)有沉砂井断面

7. 电缆沟井

1)电缆沟(图 4-83)

2)电缆井(图 4-84、图 4-85)

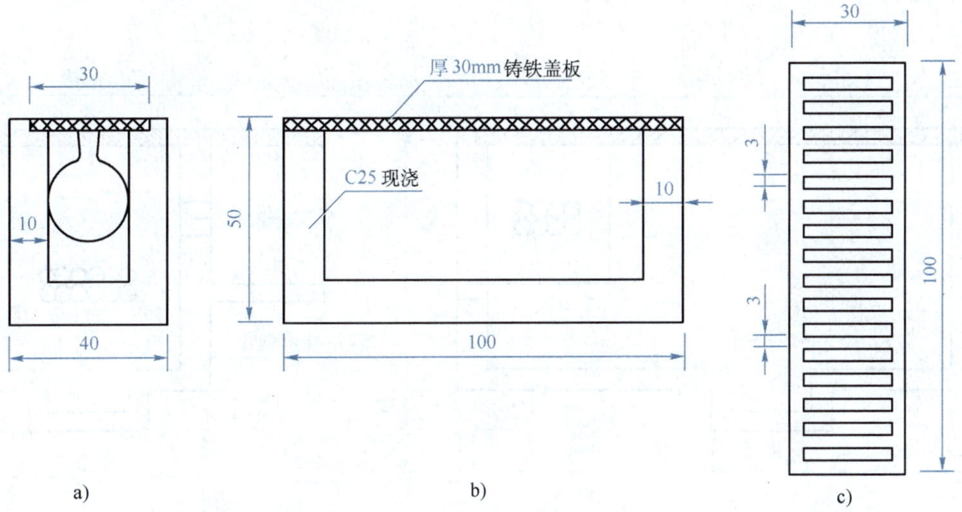

图 4-82　路面排水沟沉砂井

a)正面;b)侧面;c)铸铁盖板

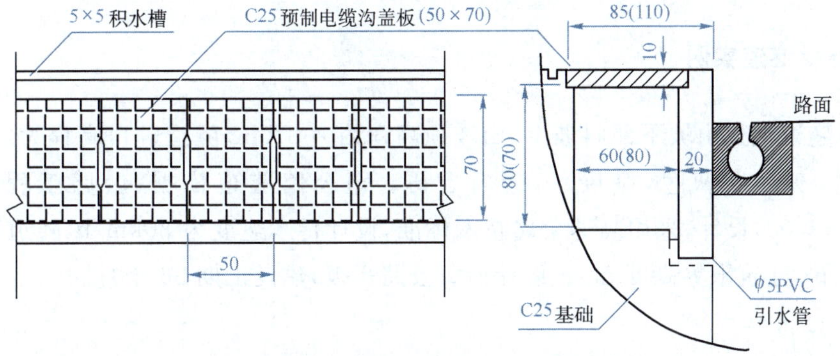

图 4-83　电缆沟

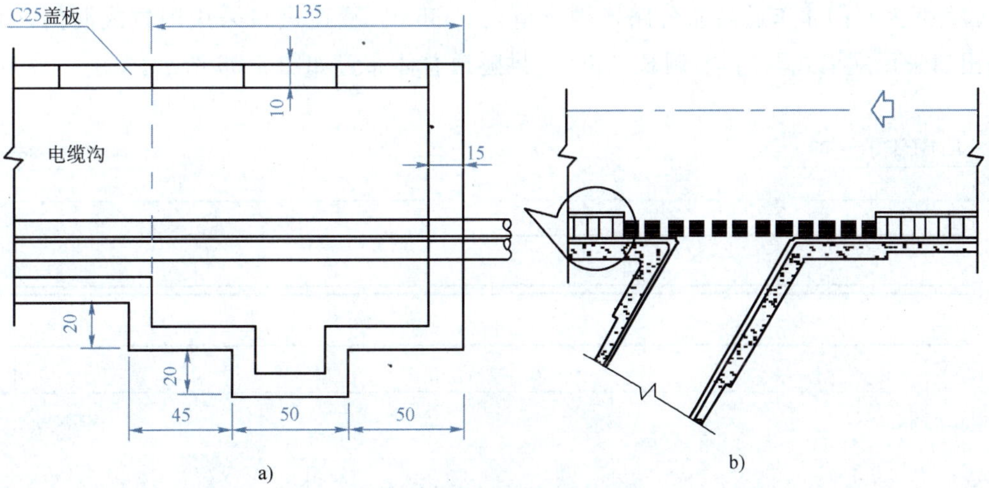

图 4-84　行车横洞口电缆井

a)横断面;b)平面布置

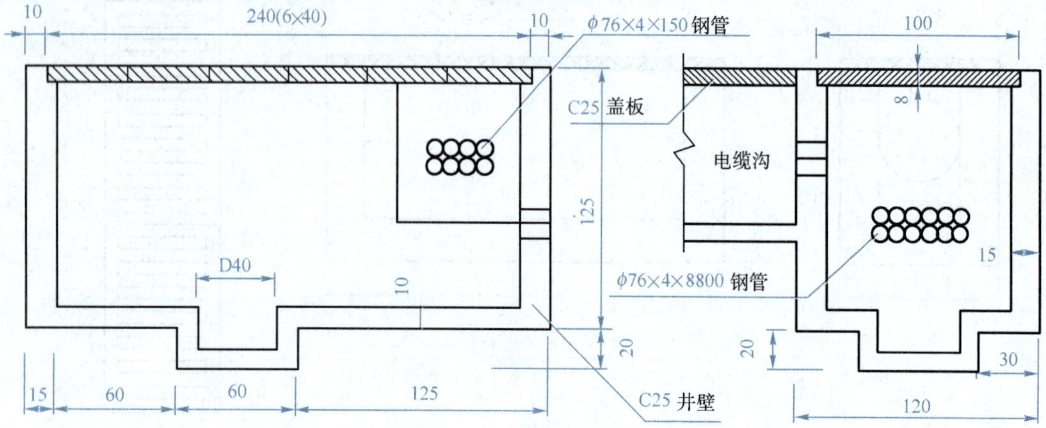

图 4-85　洞口电缆井

4.7.4 连拱隧道实例

土地坳隧道地处山坡下部斜坡上，山坡顶高程约为 370m，隧道进口高程为 299.6m。硅化砂质板岩，灰～青灰色，厚层状，岩石含砾。该公路隧道依据《公路工程技术标准》(JTG B01—2003)设计，采用高速公路技术标准，设计行车速度为 80km/h，隧道建筑限界净宽 2×10.25m，建筑限界高度 5m。设计荷载公路-I 级，建设工期 36 个月。

1. 平纵横设计

1)总体布置

本案例为双向 4 车道高速公路连拱隧道，长 335m。隧道进口采用削竹式洞门，明洞长 10m；出口采用端墙式洞门，明洞长 8m。连拱隧道总体布置如图 4-86 所示。

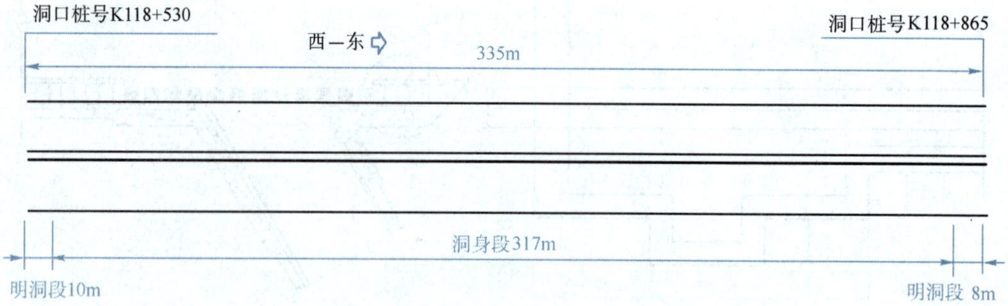

图 4-86　连拱隧道总体布置

2)标准横断面

该隧道车道宽度 3.75m，行车道宽 3.75m×2，侧向宽度 L_L=0.5m、L_R=0.5m，检修道宽度 $J_左$=1.0m、$J_右$=0.75m，步道高度 0.30m。隧道主洞建筑限界净宽 1.0+0.5+3.75×

2＋0.5＋0.75＝10.25m。隧道与路基相接，路基宽度为24.5m，标准横断面如图4-87所示。

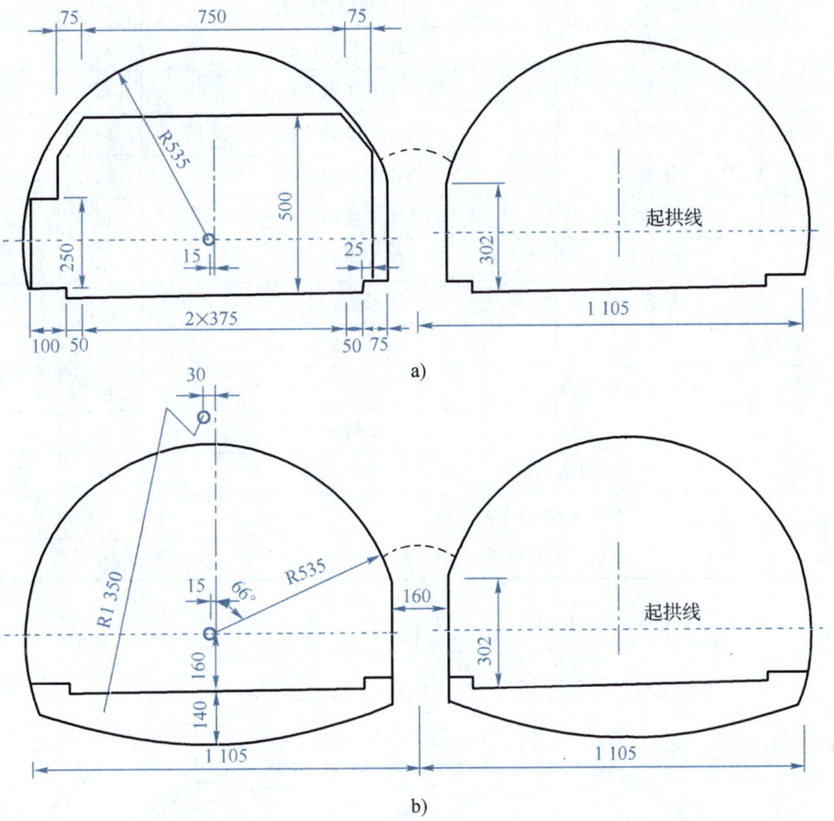

图4-87 连拱隧道标准横断面

a)无仰拱；b)有仰拱

3)围岩级别分段长度

根据《公路隧道设计规范》(JTG D70—2004)规定的围岩分级方法及地勘报告的分析资料，该隧道可分为III、IV、V级，见表4-49所列。

隧道围岩级别分段长度(m) 表4-49

围岩级别	V	V	IV	III	IV	V	V	合计
衬砌	明洞	SL5	SL4	SL3	SL4	SL5	明洞	
左洞	10	51	36	166	41	23	8	335
右洞	10	51	36	166	41	23	8	335
左洞＋右洞	明洞36m、V级148m、IV级154m、III级332m							670

2.洞门

1)西端洞口

西端洞口采用削竹式洞门。洞门工程如图 4-88 所示，工程数量见表 4-50 所列。

削竹式洞门工程数量　　表 4-50

项　　目		材　　料	单　位	数　　量
端墙	饰面	白色水泥乳胶漆	m^2	40.8
检查梯	梯身	M7.5 浆砌片石	m^3	3.1
	抹面	M7.5 浆砌片石	m^2	34.6
截水天沟	水沟	M7.5 浆砌片石	m^3	33
	抹面	M7.5 浆砌片石	m^2	145.2
急流槽	水沟	M7.5 浆砌片石	m^3	7.9
	抹面	M7.5 浆砌片石	m^2	21.3
开挖	土方	硬土	m^3	1 920
洞顶水沟		C20	m^3	1.39
洞外水沟		C25	m^3	4.8
		ϕ30 铸铁管	m	11.5
回填土石			m^3	1 890
土工格式(植草)			m^2	195
白色水泥乳胶漆			m^3	40.8

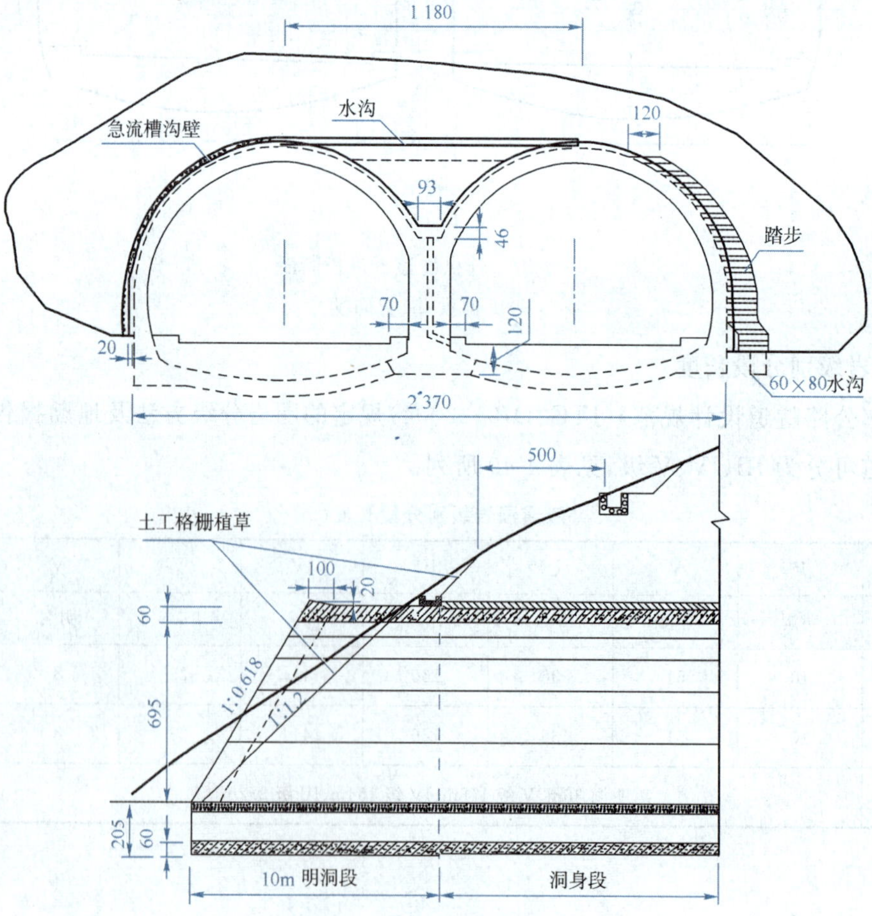

图 4-88　西端洞口削竹式洞门

2)东端洞口

东端洞口采用端墙式洞门，洞门工程如图 4-89 所示，工程数量见表 4-51 所列。

东端洞口工程数量　　表 4-51

项　目		材　料	单　位	数　量
端墙	墙身	C15 片石混凝土	m^3	463.2
	镶面	2cm 花岗岩贴面	m^2	293.2
检查梯	梯身及平台	M7.5 浆砌片石	m^3	5.8
	抹面	M7.5 浆砌片石	m^2	18.1
截水天沟	水沟	M7.5 浆砌片石	m^3	88.7
	抹面	M7.5 浆砌片石	m^2	401.6
洞顶	水沟	M7.5 浆砌片石	m^3	17.6
	抹面	M7.5 浆砌片石	m^2	98.8
开挖	土方	硬土	m^3	1 360.5
	石方	软石	m^3	4 081.5
回填	土石		m^3	589.2
边破防护		土工格式	m^3	1 667.2
预制混凝土块护面	预制混凝土	C15	m^3	24.5
	现浇混凝土	C15	m^3	5.1
	植草		m^2	212.8

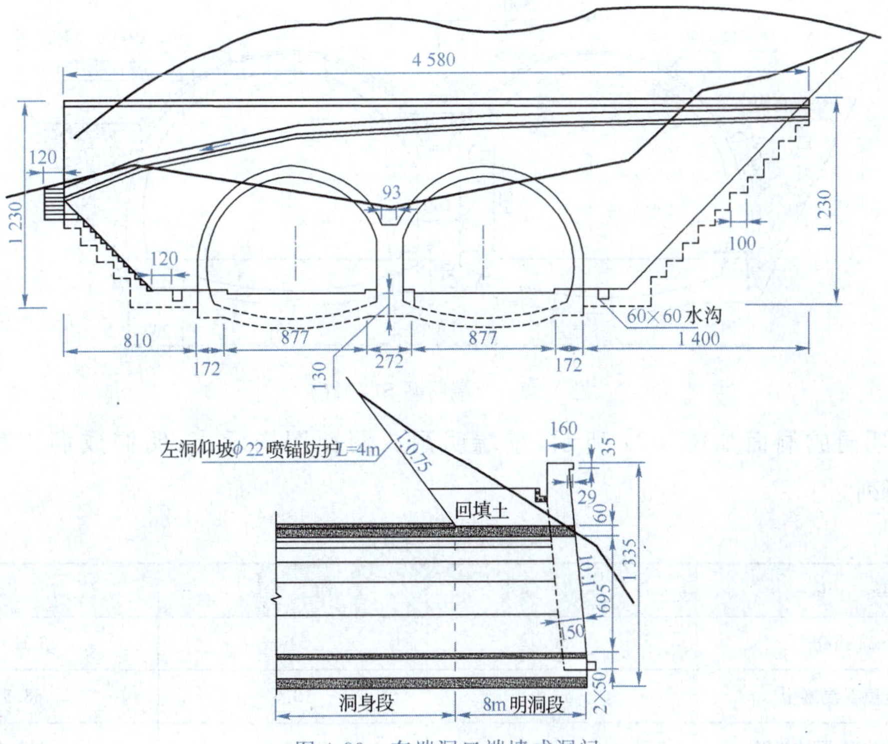

图 4-89　东端洞口端墙式洞门

3. 明洞

共有4个洞口，明洞总长度36m，分别为西端2×10m，东端2×8m。成洞面仰坡防护采用4m长ϕ22锚杆，挂30×30金属扩张网，喷射混凝土厚度10cm。明洞边坡防护采用2.5m长ϕ22锚杆，挂30×30金属扩张网及喷射混凝土10cm厚度。管棚支护的结构设计图及工程数量未列出，图4-90中仅作示意。西端明洞工程如图4-90所示，东端明洞工程图未示出，明洞工程数量见表4-52所列。

明洞衬砌工程数量　　表4-52

材料		单位	数量(每延米)		备注
			J0a	J0b	
C25	衬砌	m^3	25.1	24.6	东端明洞回填土等工程数量计列在洞口工程中
	中墙及基础	m^3	9.7	9.6	
	仰拱	m^3	9.8	10.7	
拱脚M7.5浆砌片石回填		m^3	20.5	20.5	
C10混凝土仰拱回填		m^3	14.1	14.6	
CCR911复合防水板		m^2	43.5	43.5	
MY8C塑料盲沟		m	3.0	3.0	
HEA防水剂(不计中墙)		kg	978.6	986.4	

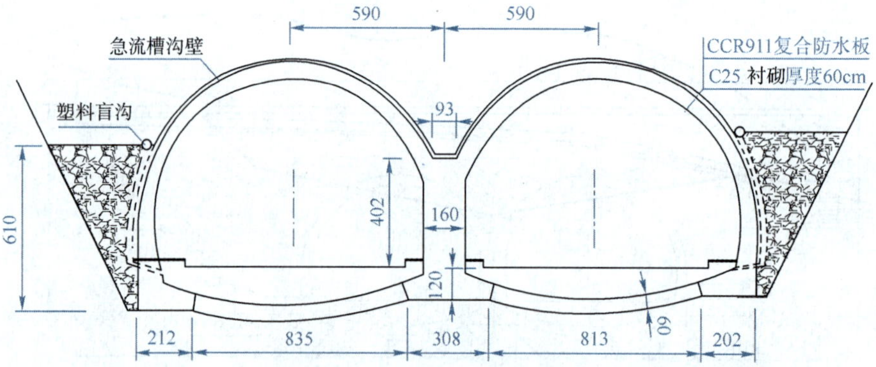

图4-90　西端明洞S1a衬砌

西端明洞成洞面如图4-91所示，东端明洞成洞面图未示出；明洞成洞工程数量见表4-53所列。

明洞成洞工程数量　　表4-53

项目	单位	西端	东端
ϕ22锚杆	m	540	1 124
C20喷射混凝土	m^3	12.5	88.5
挂30×30金属扩张网	m^2	55	617.2

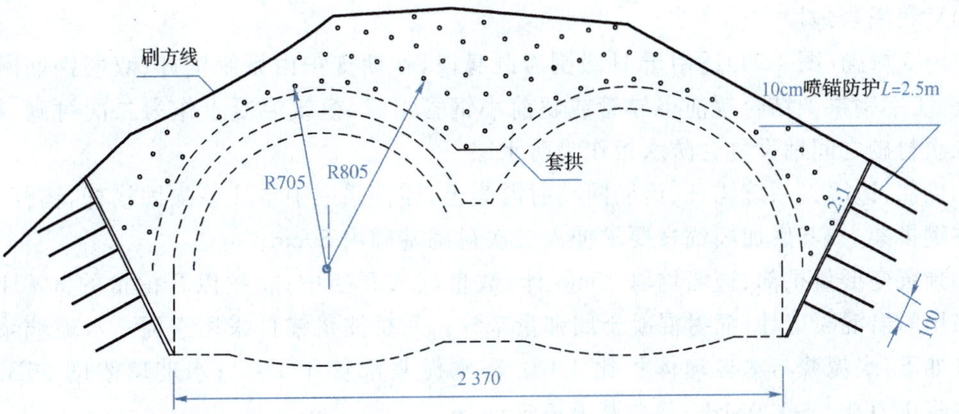

图 4-91　西端洞口成洞面加固

4. 主洞

衬砌锚杆梅花形布置，锚杆尾端加设 200mm×200mm×6mm 钢垫板和螺母。

1)开挖方案(图 4-92、图 4-93)

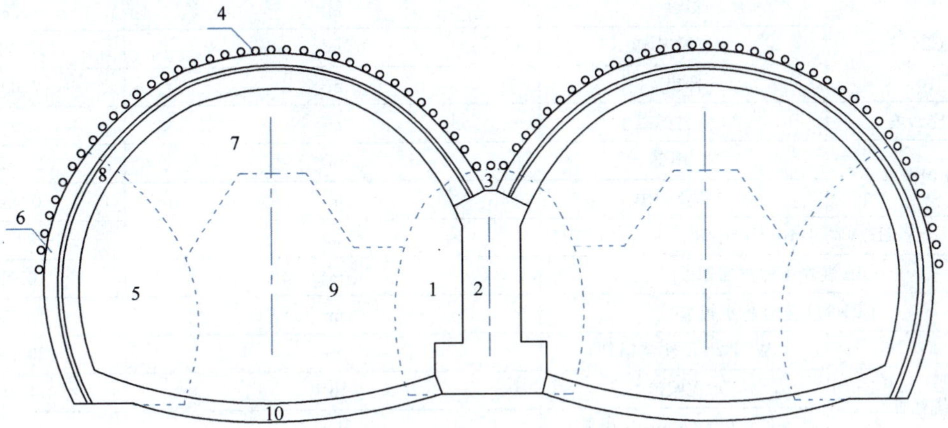

图 4-92　连拱隧道 II～III 级围岩开挖方案

1-中隔墙超前导洞开挖；2-导洞锚喷支护中；3-隔墙防水层、衬砌施工；4-左洞掌子面管棚施工；5-左侧导洞开挖；6-左侧导洞初期支护；7-左洞上部开挖、初期支护；8-左洞防水层、二次衬砌施工；9-左洞下部断面开挖；10—左洞仰拱施工

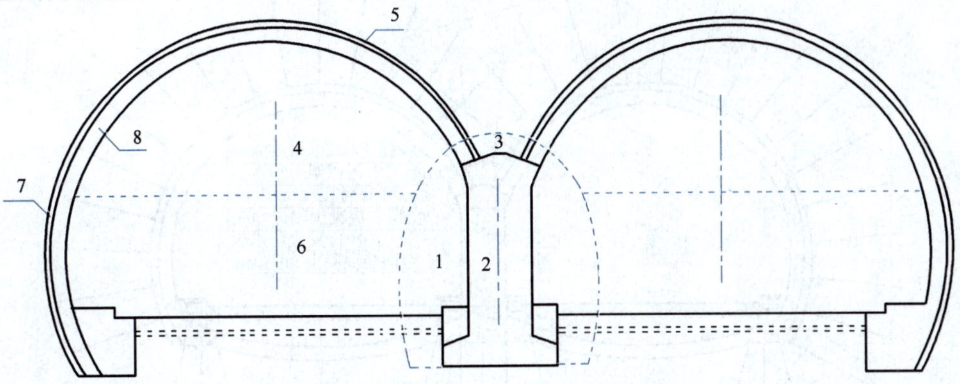

图 4-93　连拱隧道 IV～V 级围岩施工方案

1-中隔墙超前导洞开挖；2-导洞锚喷支护及中墙衬砌施工；3-中隔墙顶回填；4-左洞上部断面开挖；5-左洞上部断面初期支护；6-左洞下部断面开挖；7-左洞下部断面初期支护；8-左洞防水层施工，左洞衬砌施工

2)V级围岩地段

①SL5衬砌(图4-94)适用于II级围岩洞身段，初期支护由系统锚杆、双层钢筋网、喷射混凝土、工字钢拱架结合超前小导管或超前小钢管组成，模筑混凝土作为二次衬砌，初期支护与二次衬砌之间铺设复合防水板作为防水层。

②拱部、边墙设系统锚杆、钢筋网喷射混凝土，锚杆采用中空注浆加固锚杆，锚杆的尾端焊接在钢拱架上，基底加固锚杆要求伸入二次衬砌基础内50cm。

③预留变形量拱部、边墙均以15cm计，数量计入开挖中；超挖以开挖量的3%计，超挖回填采用喷射混凝土计；喷射混凝土回弹量未计。系统注浆锚杆采用水泥—水玻璃浆液，注浆参数如下：水泥浆与水玻璃体积比1∶0.5；水泥浆水灰比1∶1；水玻璃浓度35Be，模数2.4；注浆压力0.5～1.0MPa；注浆量0.056m^3/m。

SL5衬砌每延米工程量见表4-54所列。

SL5衬砌每延米工程量　　表4-54

材料		单位	数量
开挖(软石)		m^3	197.07
C25	衬砌	m^3	19.8
	中墙及基础	m^3	10.17
	仰拱	m^3	7.69
超挖回填	C20喷射混凝土	m^3	5.91
C20喷射混凝土	拱、墙部	m^3	10.83
	中墙及回填	m^3	0.43
HEA防水剂(不计中墙)		kg	769.7
C10混凝土仰拱回填		m^3	16.79
CCR911复合防水板		m^2	43.58
系统锚杆	WTD25型注浆锚杆	m	205.3
	水泥浆液	m^3	11.50
	200×200×6mm钢垫板	kg	84.9
	螺母	套	45.3
φ8钢筋网(20×20)		kg	309.36

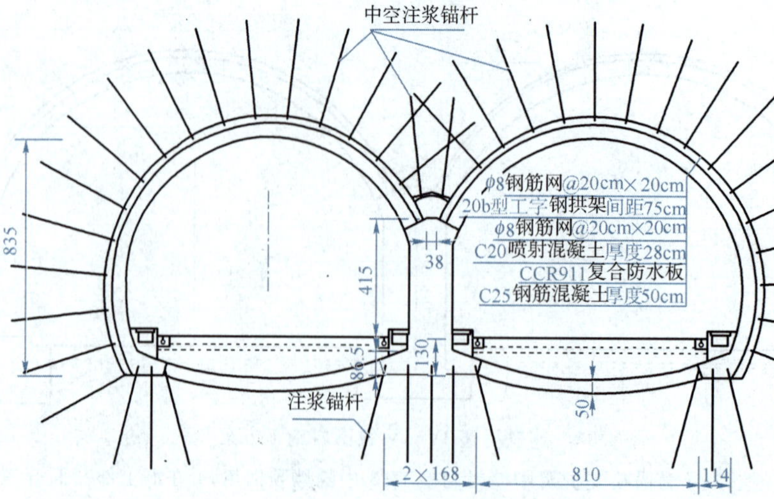

图4-94　V级围岩衬砌SL5

3)IV 级围岩地段

①SL4 衬砌(图 4-95)适用于 IV 级围岩,初期支护由系统锚杆、单层钢筋网、喷射混凝土组成,模筑混凝土作为二次衬砌,初期支护与二次衬砌之间铺设复合防水板作为防水层。

②拱部、边墙设系统锚杆、钢筋网喷射混凝土,锚杆采用早强药卷锚杆,锚杆的尾端焊接在钢筋网上,与喷射混凝土连成整体。

③预留变形量拱部、边墙均以 5cm 计,数量计入开挖中;超挖以开挖量的 3%计,超挖回填以 C25 混凝土计;喷射混凝土回弹量未计;防水层松弛量,搭接量已计入。

SL4 衬砌工程量见表 4-55 所列。

SL4 衬砌工程量 表 4-55

材料		单位	数量
开挖(次坚石)		m^3	197.1
C25	衬砌	m^3	19.51
	中墙及基础	m^3	7.91
	仰拱	m^3	9.71
C10 混凝土仰拱回填		m^3	14.5
C20 喷射混凝土	拱、墙部	m^3	10.04
	中墙及回填	m^3	0.46
ϕ8 钢筋网(20×20)		kg	171.45
HEA 防水剂(不计中墙及其基础)		kg	711.8
CCR911 复合防水板		m^2	43.59
系统锚杆	20MnSiϕ22 锚杆	kg	458.92
	ZW-II 药卷	m	154
20MnSiϕ22 基础加固砂浆锚杆		kg	89.40
超挖回填	C20 喷射混凝土	m^3	5.91

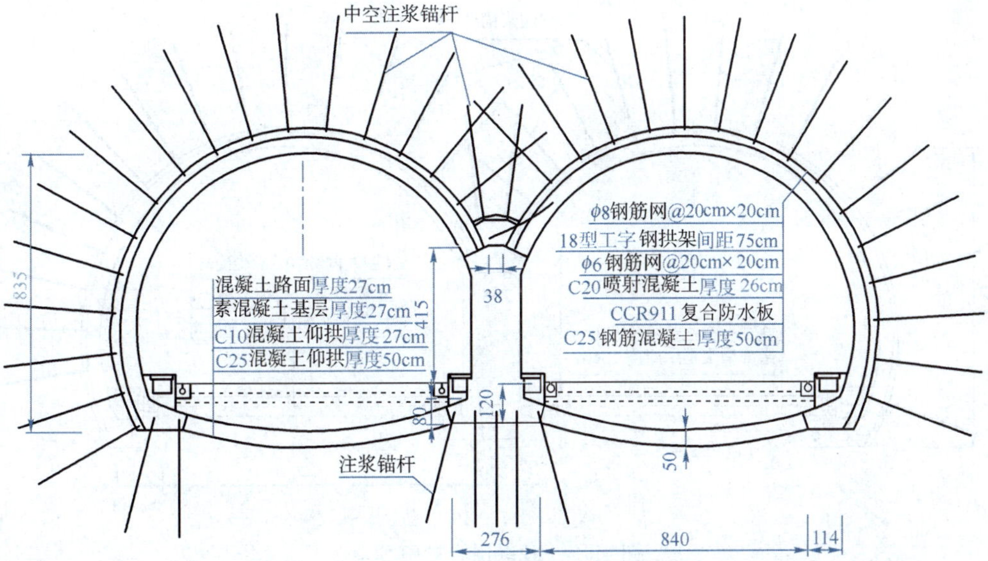

图 4-95 IV 级围岩衬砌 SL4

4)III 级围岩地段

①SL3 衬砌(图 4-96)适用于 III 级围岩,初期支护由系统锚杆、单层钢筋网、喷射混凝土组成,模筑混凝土作为二次衬砌,初期支护与二次衬砌之间铺设复合防水板作为防水层。

②拱部、边墙设系统锚杆、钢筋网喷射混凝土,锚杆采用早强药卷锚杆,锚杆的尾端焊接在钢筋网上,与喷射混凝土连成整体。

③预留变形量拱部、边墙均以 10cm 计,数量计入开挖中;超挖以开挖量的 3%计,超挖回填采用喷射混凝土计;喷射混凝土回弹量未计;防水层松弛量,搭接量已计入。当基底地基承载力小于 2000kPa 时衬砌应设置仰拱。

SL3 衬砌工程量见表 4-56 所列。

SL3 衬砌工程量 表 4-56

材料		单位	数量
开挖(次坚石)		m^3	164.5
C25	衬砌	m^3	15.01
	中墙及基础	m^3	9.58
C10 混凝土整平层		m^3	2.4
C20 喷射混凝土	拱、墙部	m^3	5.70
	中墙及回填	m^3	0.69
ϕ8 钢筋网(20×20)		kg	148.60
HEA 防水剂(不计中墙及其基础)		kg	558.6
系统锚杆	20MnSiϕ22 锚杆	kg	286.08
	ZW-II 药卷	m	96
超挖回填	C20 喷射混凝土	m^3	4.94
CCR911 复合防水板		m^2	43.44

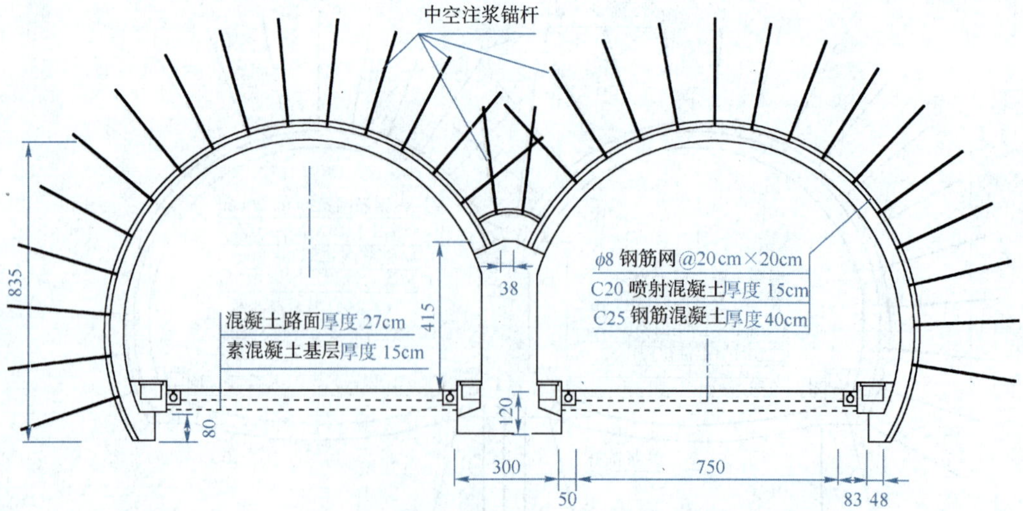

图 4-96 III 级围岩衬砌 SL3

5)管棚支护

洞口管棚套拱厚度 2.0m,混凝土 31.3m³/个,配置钢筋 2003kg;管棚支护(图 4-97)长度 40m(有 16m 和 28m),孔口管 ϕ127mm × 4mm × 2 000mm,钢花管 ϕ108mm × 6mm × 40 000mm;管棚支护段配钢拱架(图 4-98)。预支护钢支撑如图 4-99 所示。

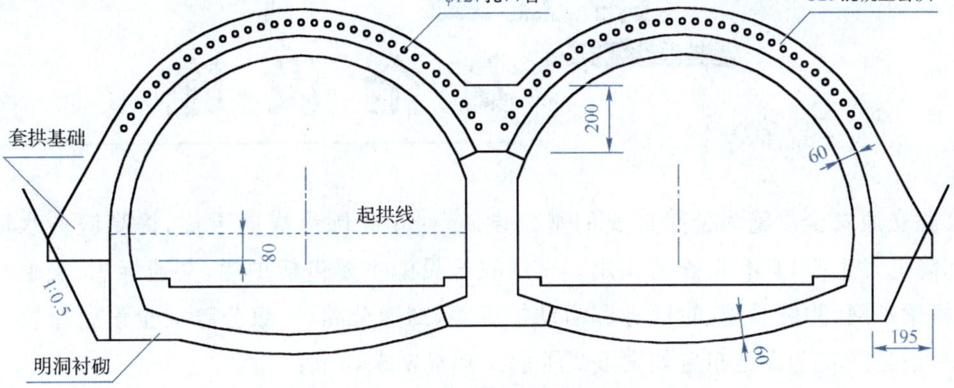

图 4-97 管棚支护

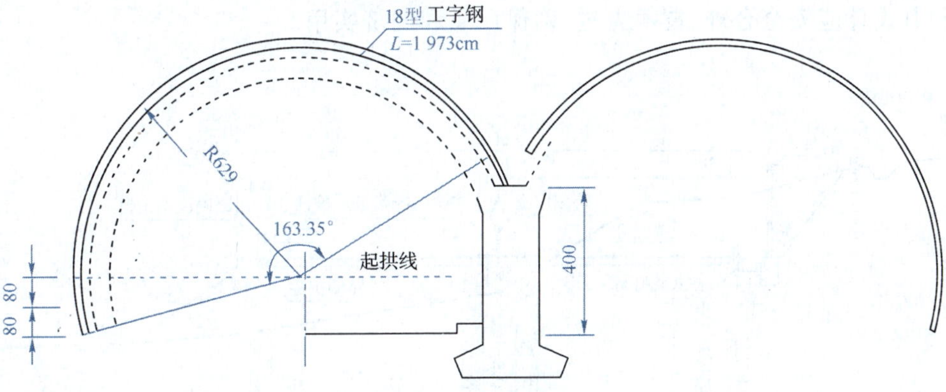

图 4-98 套拱钢拱架

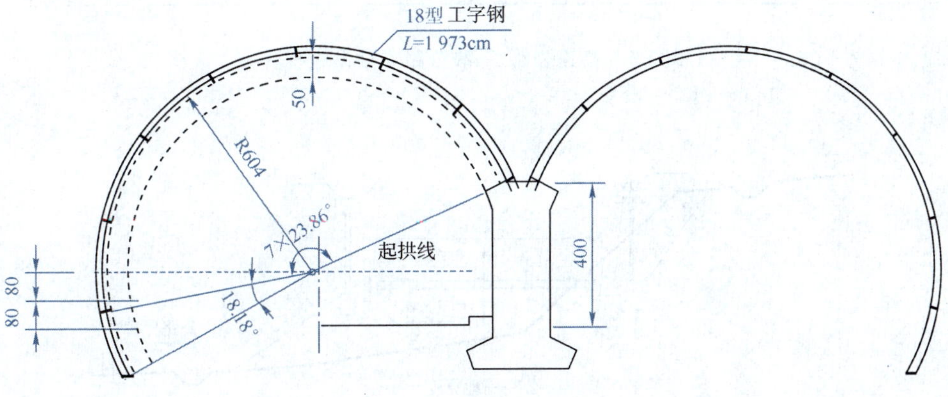

图 4-99 预支护钢支撑

第五章 安全设施

公路交通安全设施为公路重要的基础设施，对于排除纵横向干扰，提高服务水平，减轻事故和降低发生率，具有特殊的作用。交通安全设施主要包括护栏、交通标志、交通标线、隔离栅、桥梁护网、防眩设施、轮廓标和活动护栏等，高速公路、一级公路安全设施布置如图 5-1 所示，一般公路安全设施布置如图 5-2 所示。基本要求如下：

(1)应结合公路网与公路条件、交通条件、环境条件进行总体布置，应与公路主体工程和其他设施之间互相协调。

(2)其设计应安全合理、技术先进、确保质量和经济实用。

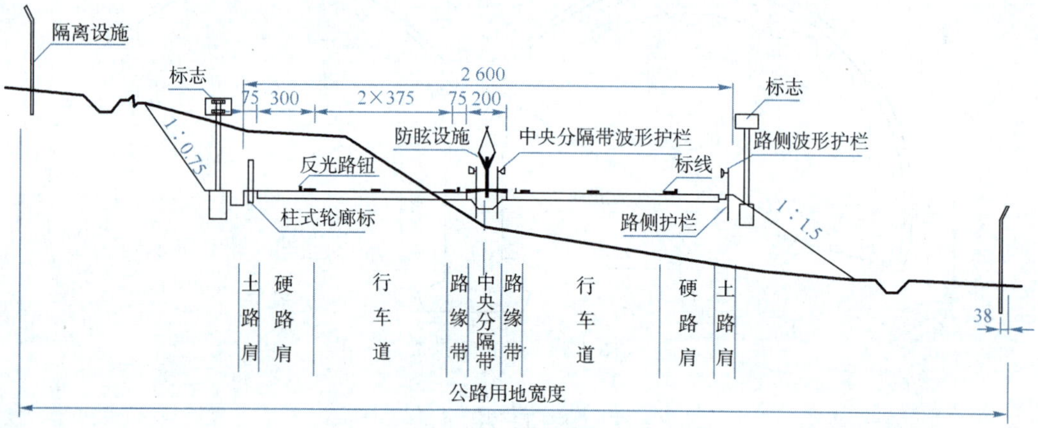

图 5-1 高速公路、一级公路安全设施布置

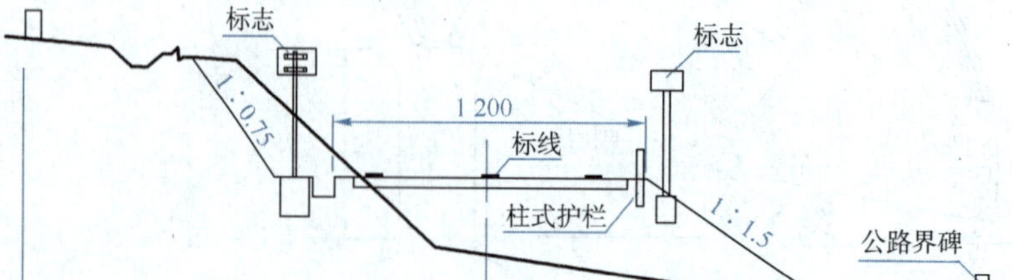

图 5-2 一般公路安全设施布置

5.1 护 栏

护栏是一种被碰撞后纵向吸能的结构，通过自体变形或车辆爬高来吸收碰撞能量，从而改变车辆行驶方向，阻止车辆越出路外或进入对向车道，最大限度地减少乘员的伤害。按其在公路中的纵向设置位置可分为路基护栏和桥梁护栏；按其在公路中的横向设置位置可分为路侧护栏和中央分隔带护栏；根据碰撞后的变形程度可分为刚性护栏、半刚性护栏和柔性护栏；按材料可分为砌石护栏、混凝土护栏和波形梁护栏。路基护栏防撞等级及适用条件见表 5-1 所列。

根据车辆驶出路外有可能造成交通事故等级，路基护栏和桥梁护栏是按表 5-1 的规定选取路侧护栏的防撞等级。因公路线形、运行速度、填土高度、交通量和车辆构成等因素易造成更严重碰撞后果的路段，应在表 5-1 的基础上提高护栏的防撞等级。

护栏防撞等级的适用条件　　表 5-1

<table>
<tr><th rowspan="2">公路等级</th><th rowspan="2">设计速度
(km/s)</th><th colspan="3">路基护栏交通事故等级</th><th colspan="2">桥梁护栏交通事故等级</th></tr>
<tr><th>一般事故或重大事故</th><th>单车特大事故或二次重大事故</th><th>二次特大事故</th><th>单车特大事故或二次重大事故</th><th>二次特大事故</th></tr>
<tr><td rowspan="2">高速公路</td><td>120</td><td rowspan="4">A、Am</td><td rowspan="3">SB、SBm</td><td>SS</td><td rowspan="3">SB、SBm</td><td>SS</td></tr>
<tr><td rowspan="2">100、80</td><td rowspan="2">SA、SAm</td><td rowspan="2">SA、SAm</td></tr>
<tr><td rowspan="2">一级公路</td></tr>
<tr><td>60</td><td>A、Am</td><td>SB、SBm</td><td>A、Am</td><td>SB、SBm</td></tr>
<tr><td>二级公路</td><td>80、60</td><td rowspan="3">B</td><td>A</td><td>SB</td><td>A</td><td>SB</td></tr>
<tr><td>三级公路</td><td>40、30</td><td rowspan="2">B</td><td rowspan="2">A</td><td rowspan="2">B</td><td rowspan="2">A</td></tr>
<tr><td>四级公路</td><td>20</td></tr>
</table>

公路护栏不同形式的路基护栏之间或路基护栏与桥梁护栏之间应进行过渡处理。路基护栏有缆索护栏、波形梁护栏、混凝土（墙式）护栏三种类型，桥梁护栏有金属梁柱式护栏、混凝土护栏、混凝土梁柱式护栏、组合式护栏 4 种类型。

5.1.1 路基护栏

设置于路基上的护栏称为路基护栏。路基护栏有缆索护栏、波形梁护栏、混凝土（墙式）护栏三种类型。路侧护栏按防撞等级可分为 B、A、SB、SA 和 SS 共 5 级，中央分隔带护栏按防撞等级可分为 Am、SBm 和 SAm 共 3 级。路基护栏类型及适用防撞级别见表 5-2 所列。

路基护栏类型及适用防撞级别　　表 5-2

护栏类型	护栏名称	高度(cm)	适用防撞级别
二波托架、梁板(310×85×3mm)、立柱 φ115×4.5mm	波形梁护栏	70	B
二波防阻块、梁板(310×85×4mm)、立柱 φ140×4.5mm		75	A、Am
组合型二波梁板(2×310×85×4mm)、立柱 2×φ140×4.5mm、2×横隔梁		75	Am
三波防阻块、梁板(506×85×4mm)、立柱□130×130×6mm		89	SB
三波防阻块(小)、梁板(506×85×4mm)、立柱□130×130×6mm 和 φ102×4.5mm、横梁		130	SA、SAm
三波防阻块(小)、梁板(506×85×4mm)、立柱□130×130×6mm		89	SBm
三波防阻块(大)、梁板(506×85×4mm)、立柱□130×130×6mm 和 φ102×4.5mm、横梁		130	SS
I 上托架、II 下托架	缆索护栏		B
III 上托架、II 下托架			A
F 型、单坡型、路侧座椅型	混凝土护栏		A、SB、SA Am、SBm、SAm
路侧加强(F)型			SA、SS
中央分隔带分离式 F 型、双坡型			A、SB、SA

1. 缆索护栏

缆索护栏是柔性护栏的主要代表形式，是由端部结构、中间端部结构、中间立柱、托架、缆索和索端锚具等组成。缆索护栏可设置在路侧、中央分隔带(对称布设)位置。

1)端部结构

端部是指缆索护栏的起终点锚固装置，包括端部立柱、斜撑、钢底板、索端锚固件和混凝土基础，端部立柱、斜撑、钢底板组成三角形支架。路侧 A 级、B 级端部结构分别如图 5-3、图 5-4 所示。

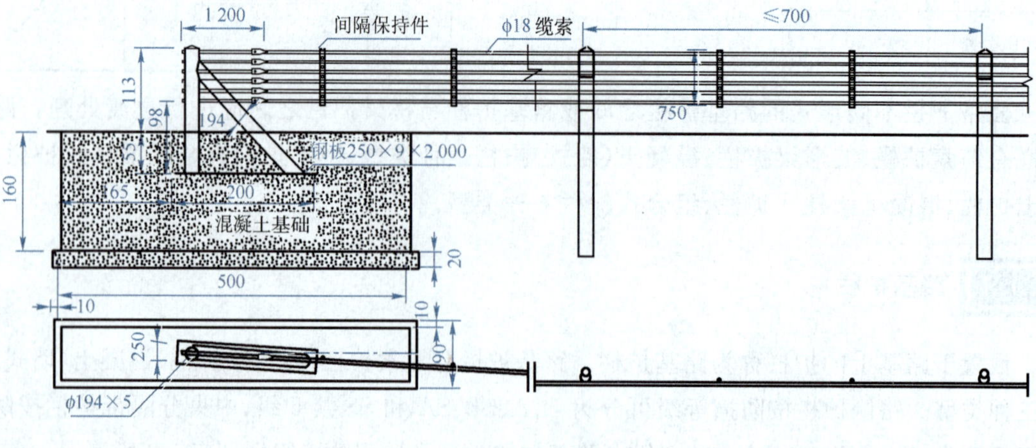

图 5-3　路侧 A 级端部结构

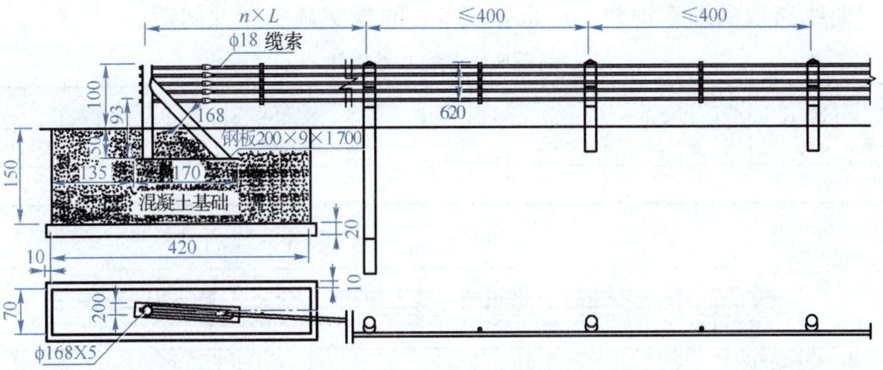

图 5-4　路侧 B 级端部结构(示意两根中间立柱在混凝土中)

2)中间柱

中间柱是设置在端部与端部之间或端部与中间端部之间或中间端部与中间端部之间的中间立柱，托架安装于立柱上起支撑并固定缆索的作用(图 5-5)。A 级、B 级缆索护栏中间柱外径均为 ϕ140×4.5mm，打入路基土中的深度 165cm，最大立柱间距 700cm。通过小桥中间立柱埋入桥梁混凝土中；通过通道、明涵等构造物，有地下管线的路段或其他不能达到规定埋置深度的路段，中间柱可设置混凝土基础，中间柱埋入深度 40cm，最大立柱间距 400cm，如图 5-6 所示。A 级、B 级缆索护栏中间立柱的地面以上高度、托架高度，如图 5-7 所示，托架宽度 192mm。

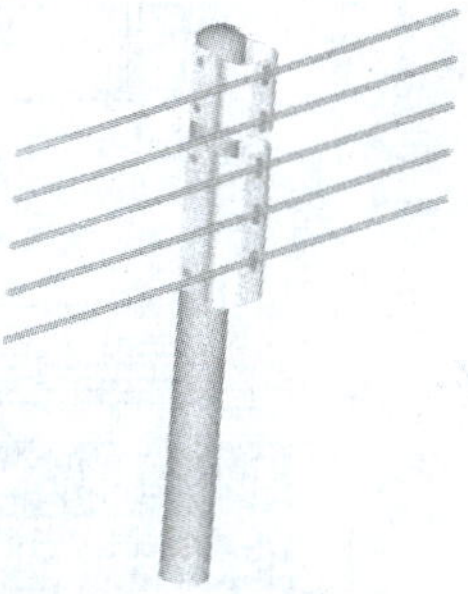
图 5-5　缆索护栏构造

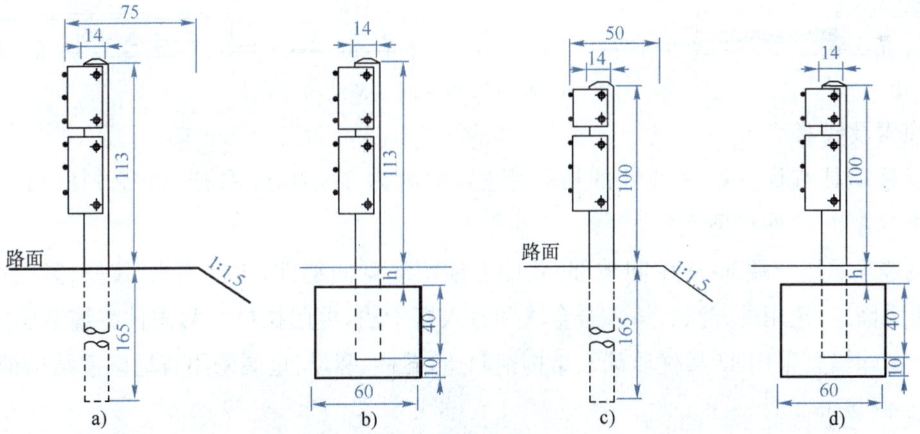

图 5-6　中间立柱

a)土中 A 级；b)混凝土中 A 级；c)土中 B 级；d)混凝土中 B 级

3)中间端部结构

连续设置缆索护栏，在一定长度范围内需要设置中间锚固装置，被称为中间端部。采用机械施工方式，缆索护栏长度超过 500m，设置一处中间端部；采用人工施工方式，缆索护栏长度超过 300，设置一处中间端部。

缆索护栏的中间端部结构由一对三角形支架、底板和混凝土基础组成。A 级缆索护栏中间端部总长 21m，B 级缆索护栏中间端部总长 12m，其结构分别如图 5-8、图 5-9 所示。

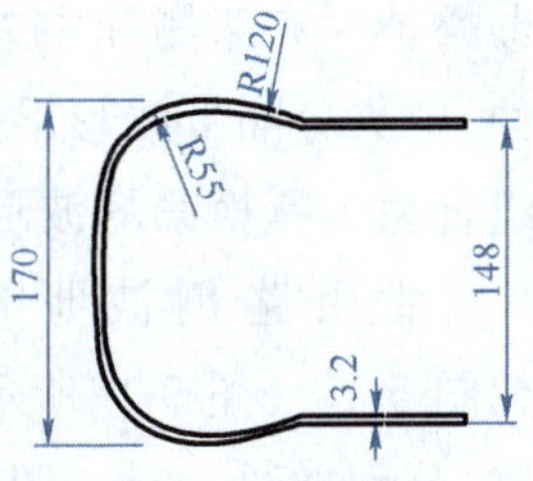

图 5-7　托架结构

设置于曲线路段的缆索护栏。应根据表 5-3 的规定调整立柱间距。

路基曲线部的立柱间距　　表 5-3

防撞等级	A级、B级		
曲线半径 R(m)	$120 \leqslant R \leqslant 200$	$200 < R \leqslant 300$	$R > 300$
立柱间距(m)	4	5	6

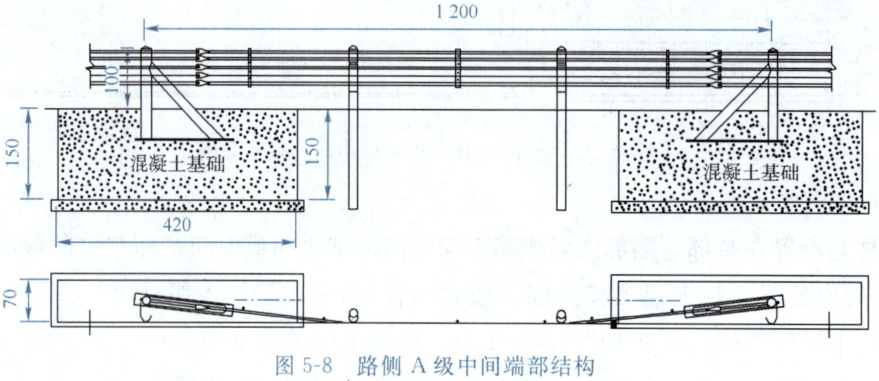

图 5-8　路侧 A 级中间端部结构

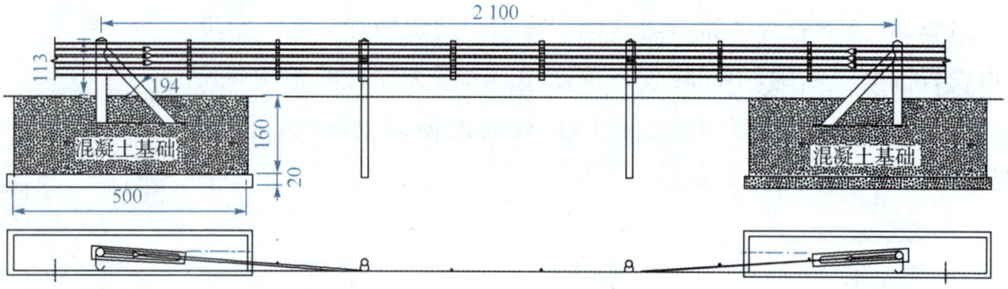

图 5-9　路侧 B 级中间端部结构

4)缆索及锚具

缆索采用具有优良耐腐蚀性的镀锌钢丝,构造为 3×7mm 右拧,外径 ϕ18mm。缆索的外径是指横断面的外接圆直径。

索端锚具是用于端部(或中间端部)立柱上锚定缆索的部件,包括锚头、拉杆、紧固件等。缆索在锚头中固定,选用的方法有铸入合金法和打入楔子法,再用拉杆及紧固件将缆索固定在端部立柱上。索端锚具采用 45 号优质碳素结构钢制造,螺栓、螺母、垫圈采用普通碳素结构钢。

2. 波形梁护栏

波形梁护栏是半刚性护栏的代表形式。采用波浪状钢护栏板相互拼接并由立柱支撑的连续结构,它利用土基、立柱、波形梁的变形来吸收碰撞能量,并迫使失控车辆改变方向。波形梁护栏有路侧和中央分隔带两种安装位置。路侧波形梁护栏分为有防阻块和无防阻块两种;中央分隔带波形梁护栏有分设型和组合型两类,分设型与路侧波形梁护栏 的构造相同,组合型为有横梁的波形梁护栏。

常用路侧波形梁护栏按防撞等级可分为 B、A、SB、SA、SS 共 5 级,分别如图 5-10～图 5-14所示。常用中央分隔带波形梁护栏按防撞等级可分为 Am、SBm、SAm 三级,分别如图 5-15～图 5-18所示。

波形梁护栏刚柔相兼,具有较强的吸收碰撞能量的能力,具有较好的视线诱导功能,能与道路线形相协调，外形美观，可在小半径弯道上使用，损坏处容易更换。对于车辆越出路(桥)外，有可能造成严重后果的区段，可选择加强型波形梁护栏。

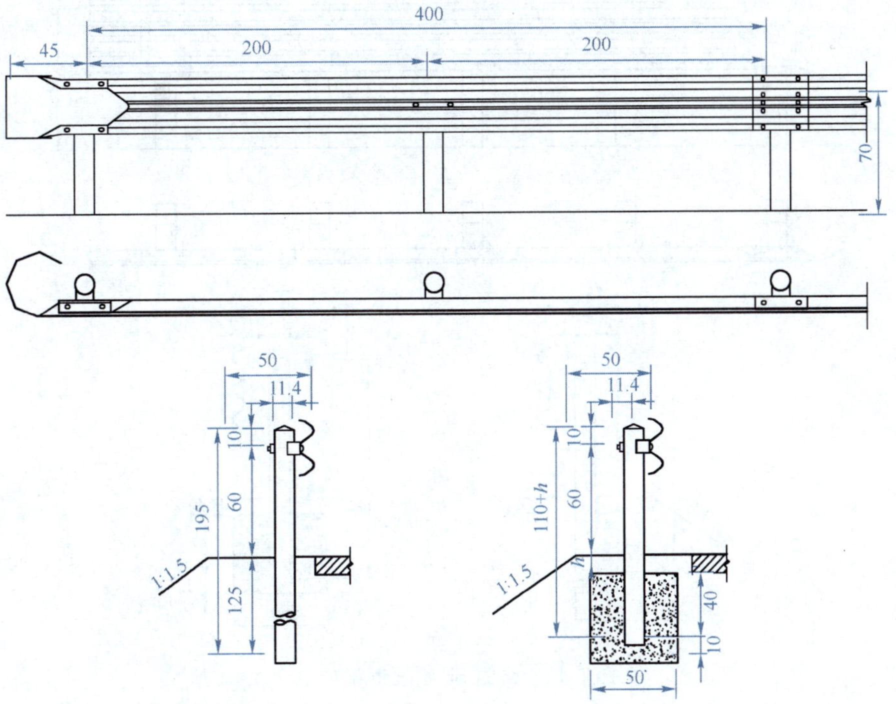

图 5-10 路侧 B 级波形梁护栏

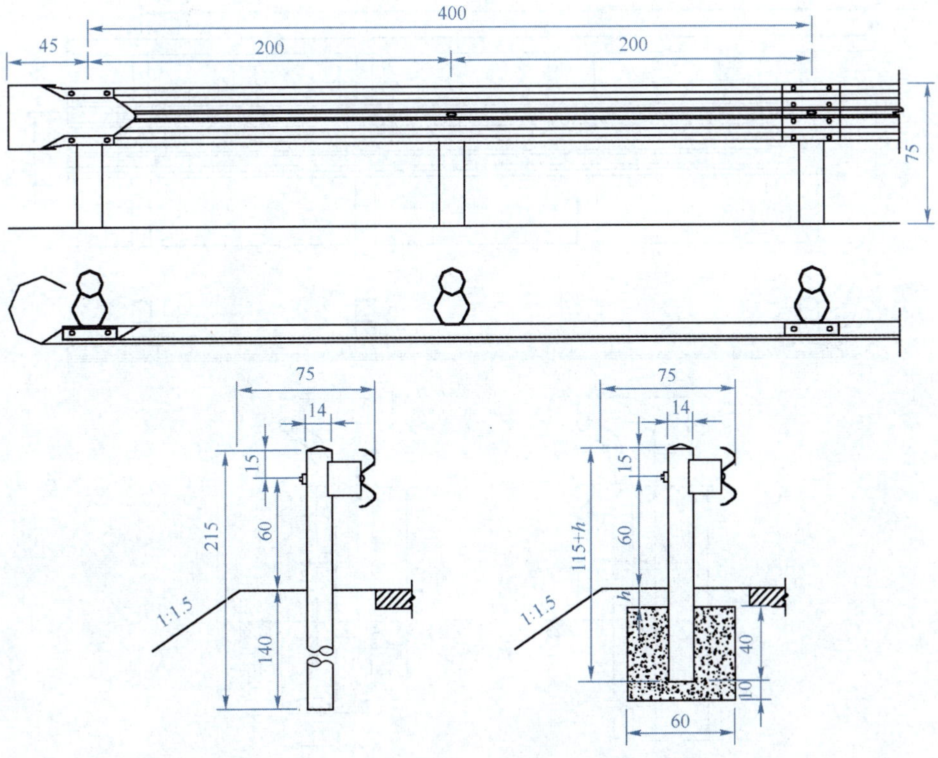

图 5-11 路侧 A 级波形梁护栏

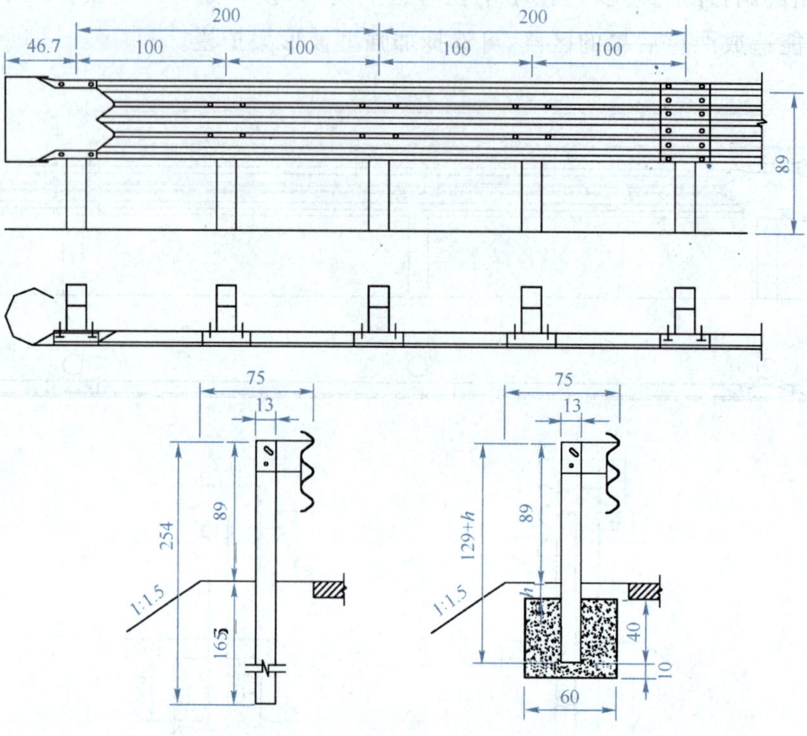

图 5-12　路侧 SB 级波形梁护栏

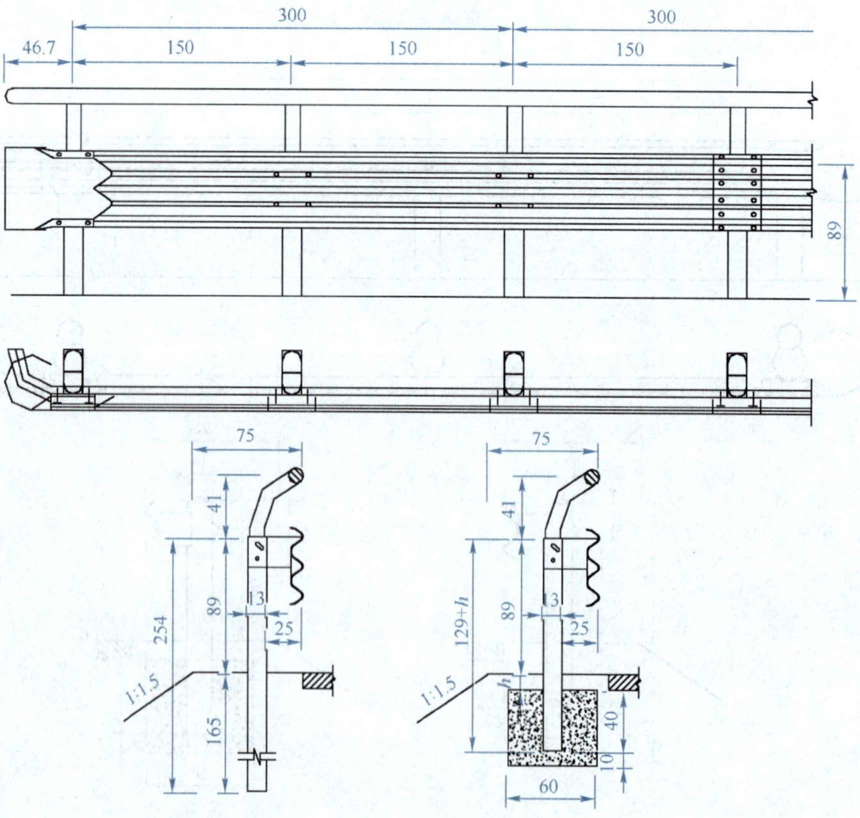

图 5-13　路侧 SA 级波形梁护栏

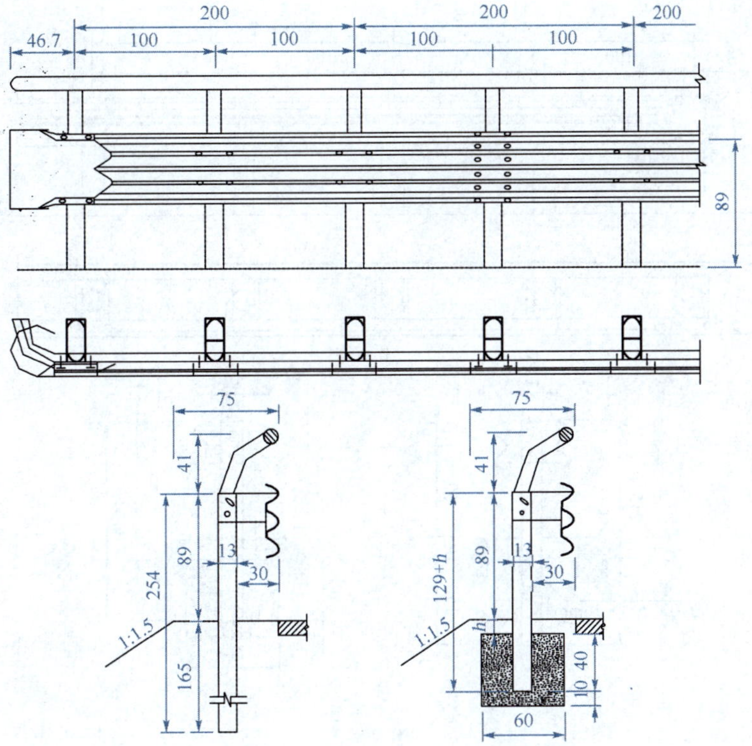

图 5-14　路侧 SS 级波形梁护栏

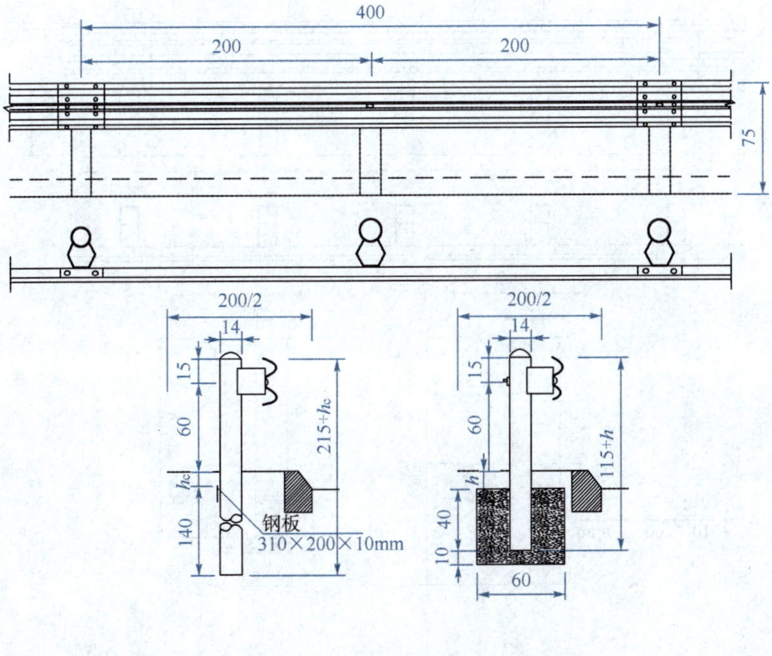

图 5-15　中央分隔带 Am 级波形梁护栏(分设型)

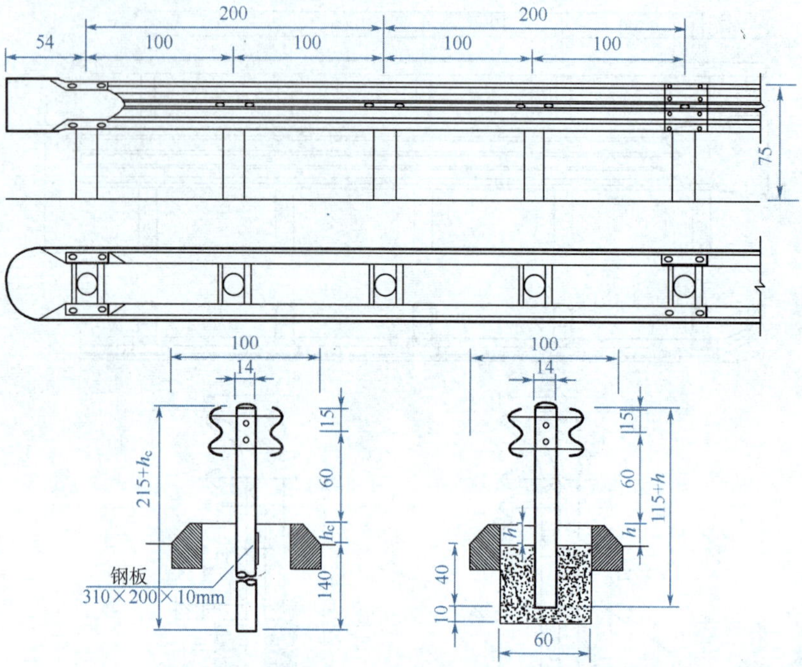

图 5-16　中央分隔带 Am 级波形梁护栏(组合型)

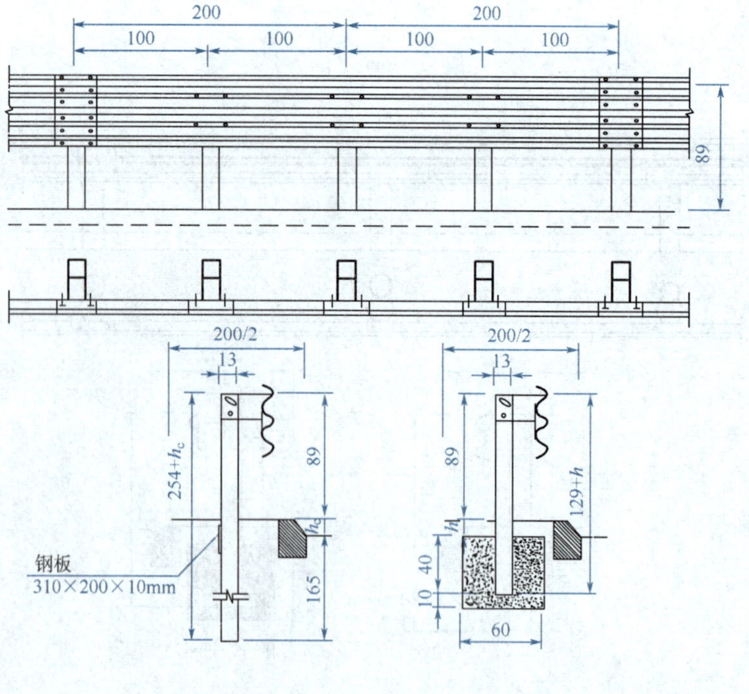

图 5-17　中央分隔带 SBm 级波形梁护栏

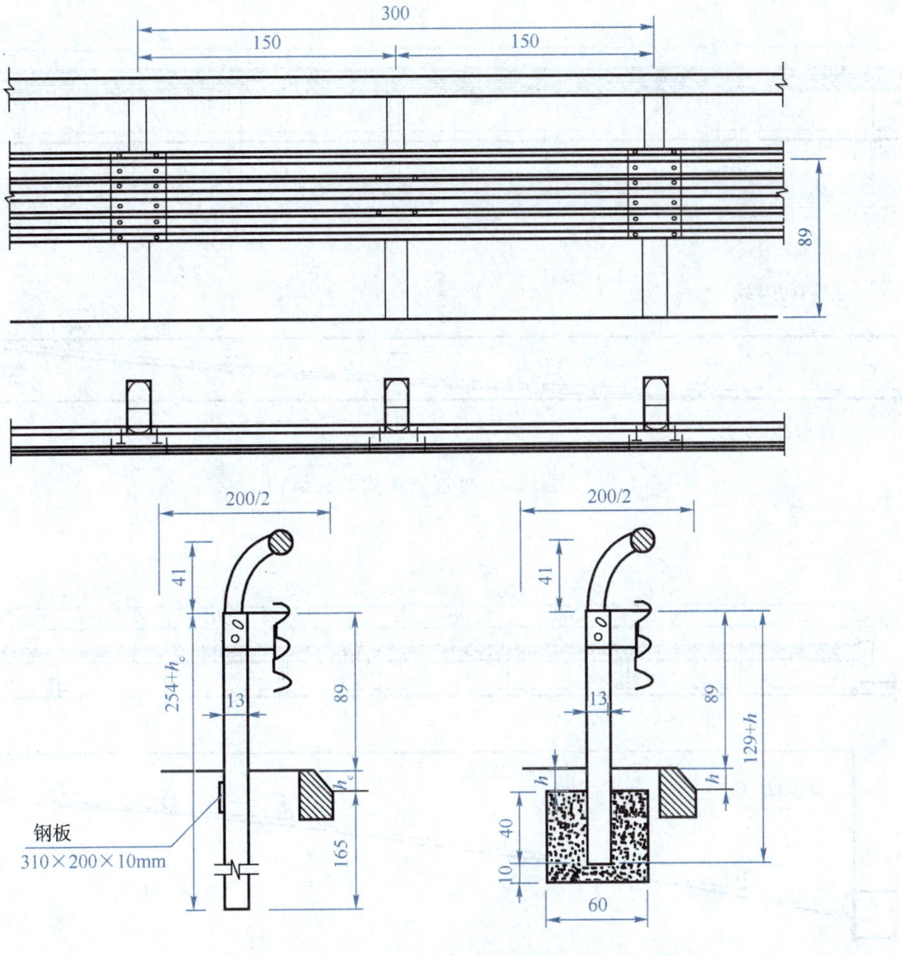

图 5-18　中央分隔带 SAm 级波形梁护栏

外展地锚式端头结构如图 5-19 所示，外展圆头式端头结构如图 5-20 所示，隧道洞口处护栏端部处理结构如图 5-21 所示，紧急电话处波形梁护栏结构如图 5-22 所示，BT-1 路基波形梁护栏与(桥梁)混凝土护栏连接结构如图 5-23 所示，中央分隔带(分设型)护栏端头构造如图 5-24 所示，三角地带护栏布置如图 5-25 所示。

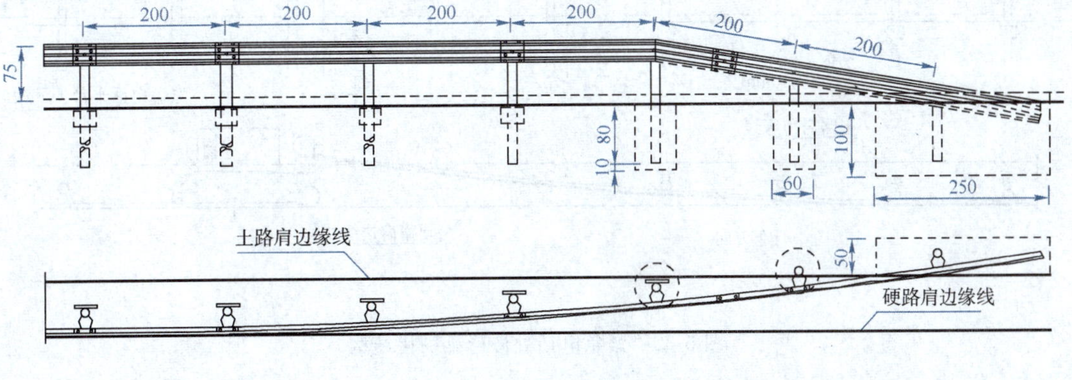

图 5-19　外展地锚式端头结构

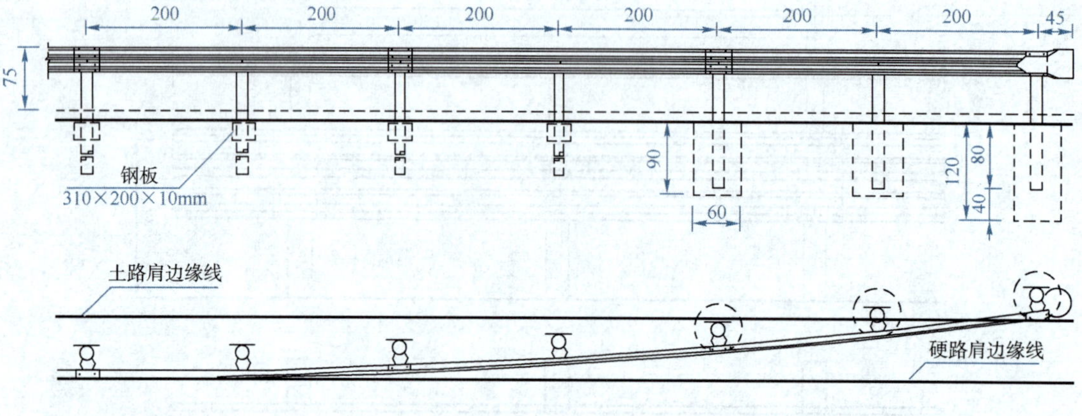

图 5-20　外展圆头式端头结构

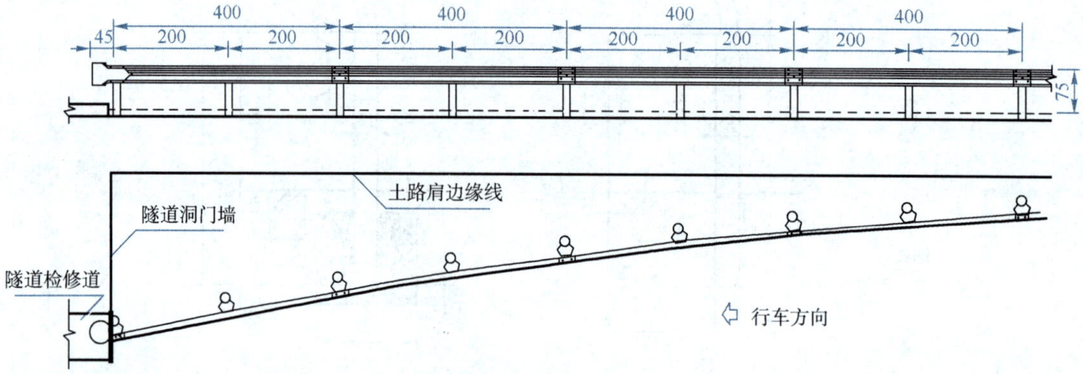

图 5-21　隧道洞口处护栏端部处理结构

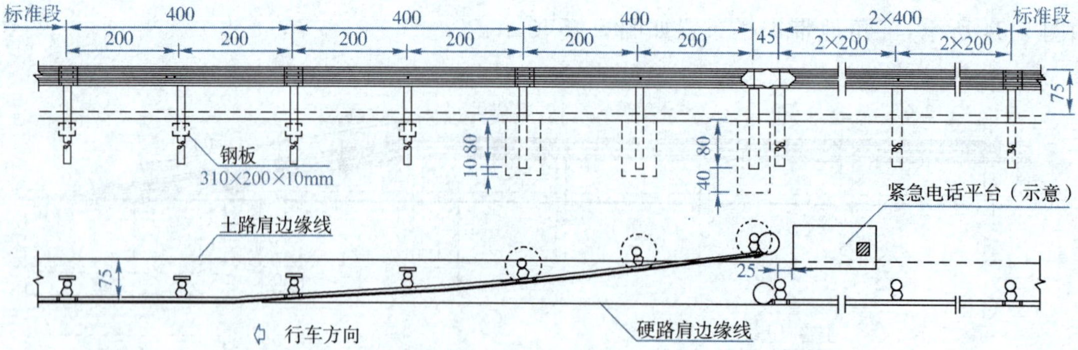

图 5-22　紧急电话处波形梁护栏结构

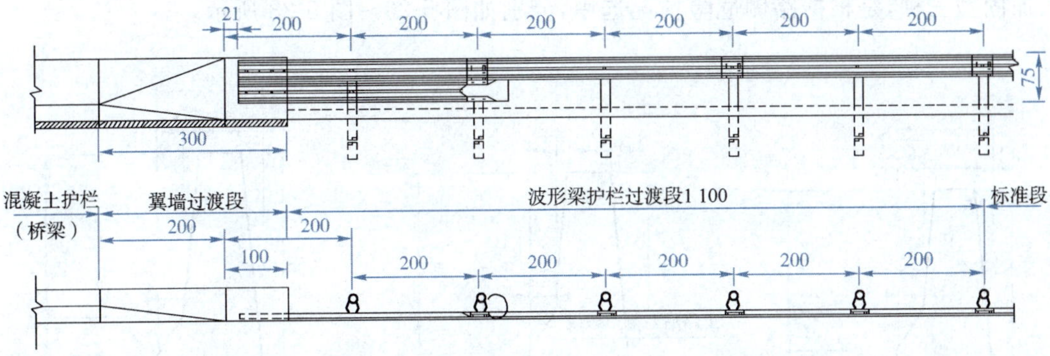

图 5-23　BT-1 路基波形梁护栏与(桥梁)混凝土护栏连接结构

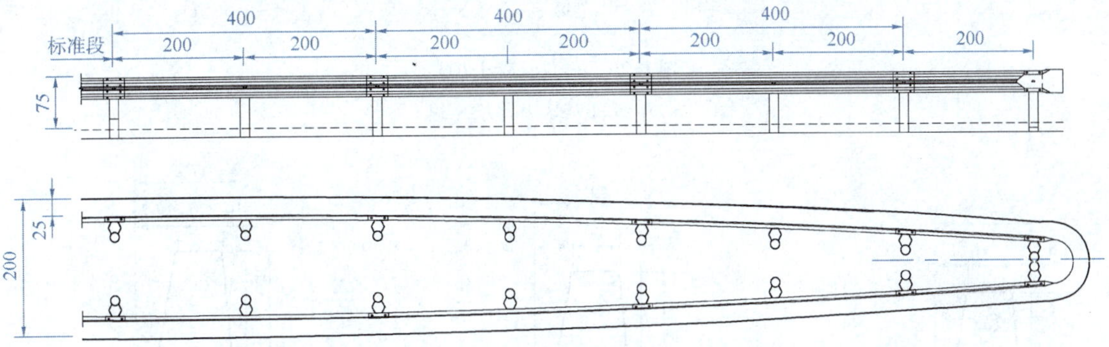

图 5-24　中央分隔带(分设型)护栏端头构造

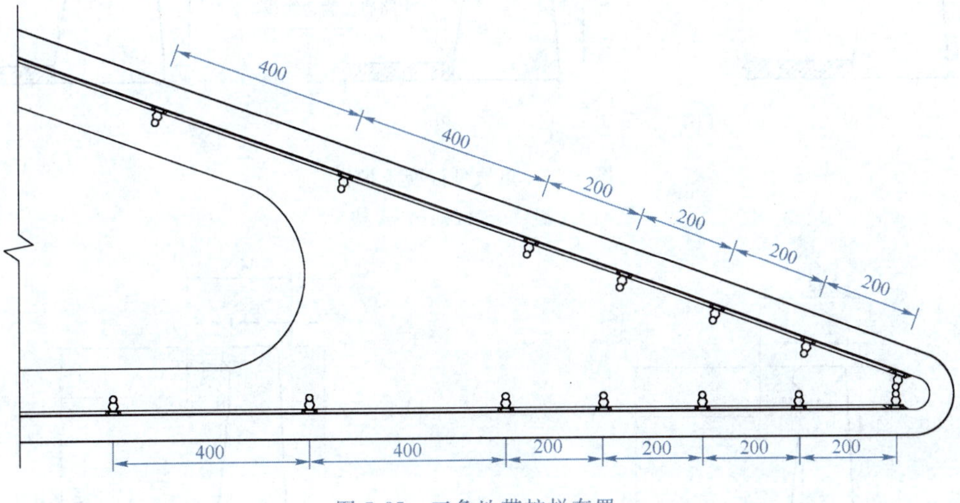

图 5-25　三角地带护栏布置

3. 混凝土护栏

混凝土护栏又称钢筋混凝土防撞护栏，其混凝土强度等级、配筋量和基础设置应通过设计计算确定，是一种基本不变形的护栏结构，称为刚性护栏，可设置在路侧、中央分隔带位置。

中央分隔带混凝土护栏按防撞等级可分为 Am、SBm 和 SAm 三级。

1)路侧混凝土护栏

路侧混凝土护栏按防撞等级可分为 A、SB、SA 和 SS 共 4 级，按构造可分为 F 型、单坡型、加固型三种，是根据路侧危险情况选用，分别如图 5-26～图 5-28 所示。

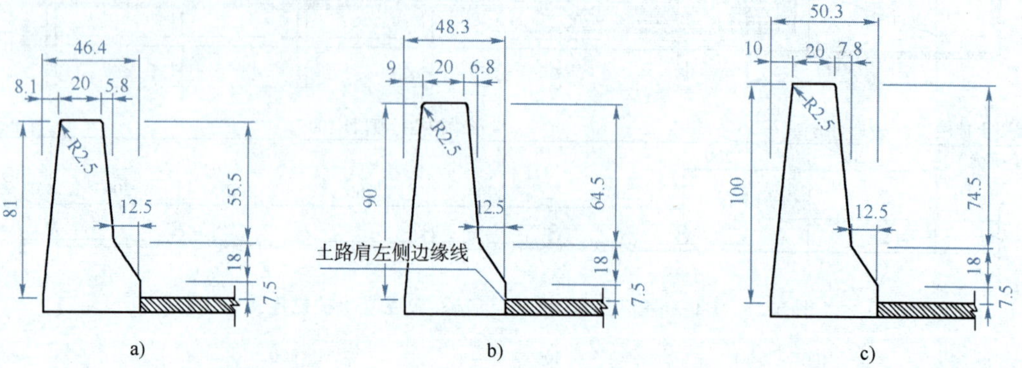

图 5-26　F 型混凝土护栏

a)A 级；b)SB 级；c)SA 级

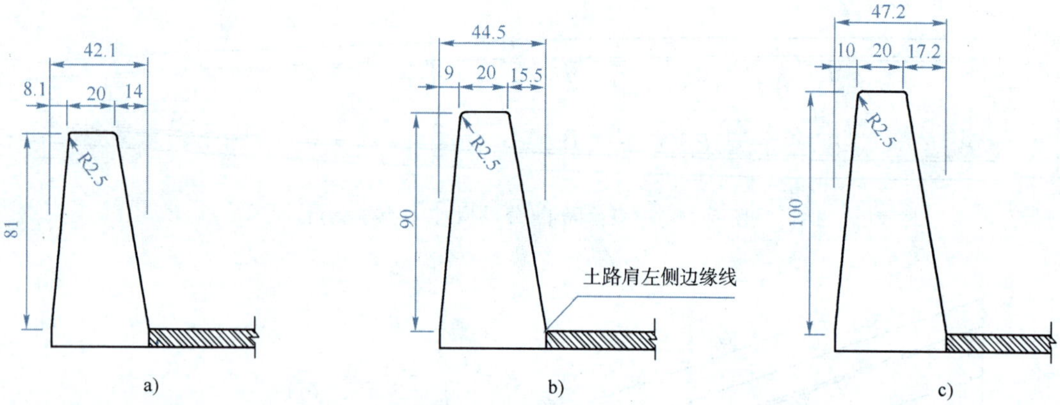

图 5-27　单坡型混凝土护栏

a)A 级；b)SB 级；c)SA 级

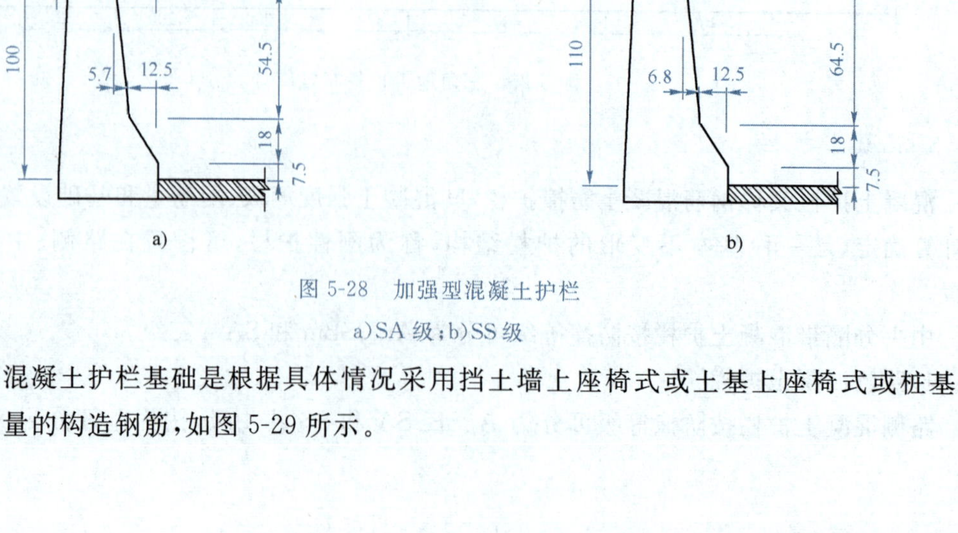

图 5-28　加强型混凝土护栏

a)SA 级；b)SS 级

路侧混凝土护栏基础是根据具体情况采用挡土墙上座椅式或土基上座椅式或桩基式，并配置适量的构造钢筋，如图 5-29 所示。

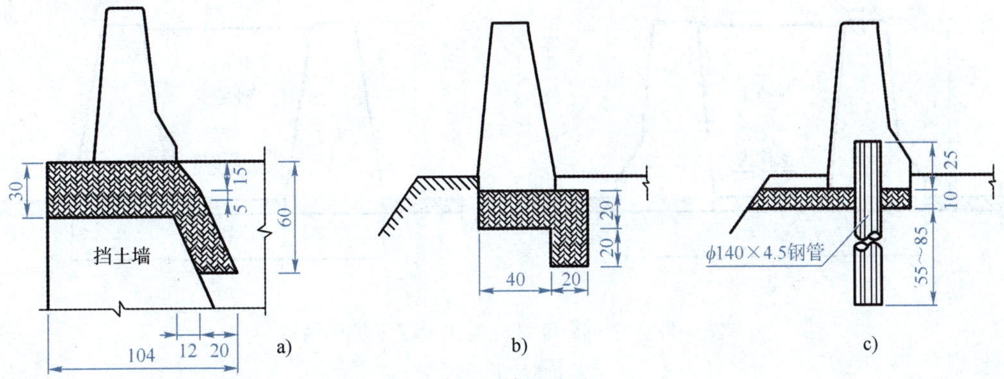

图 5-29 护栏混凝土基础

a)挡土墙上座椅式；b)土基上座椅式；c)桩基式

2)中央分隔带混凝土护栏

中央分隔带混凝土护栏按防撞等级可分为 Am、SBm 和 SAm 三级，可分为整体式、分离式两种，整体式、分离式又可分为 F 型、单坡型两种。选用是根据中央分隔带的宽度、构造物和管线分布情况予以确定。

①整体式中央分隔带混凝土护栏，分别如图 5-30、图 5-31 所示。

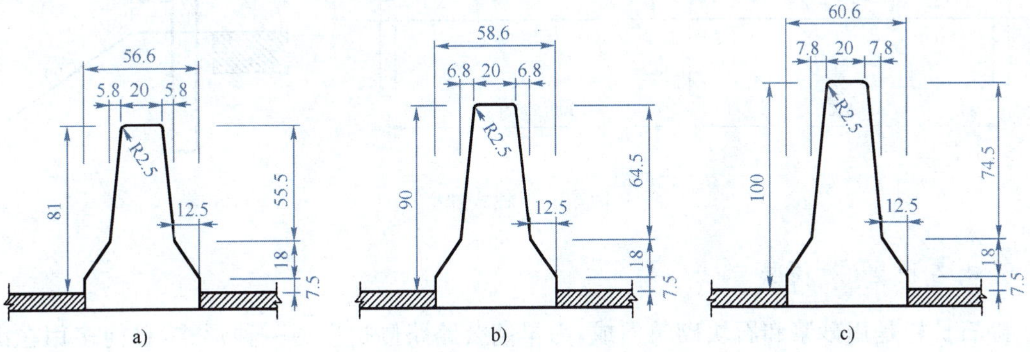

图 5-30 整体式 F 型中央分隔带混凝土护栏

a)Am 级；b)SBm 级；c)SAm 级

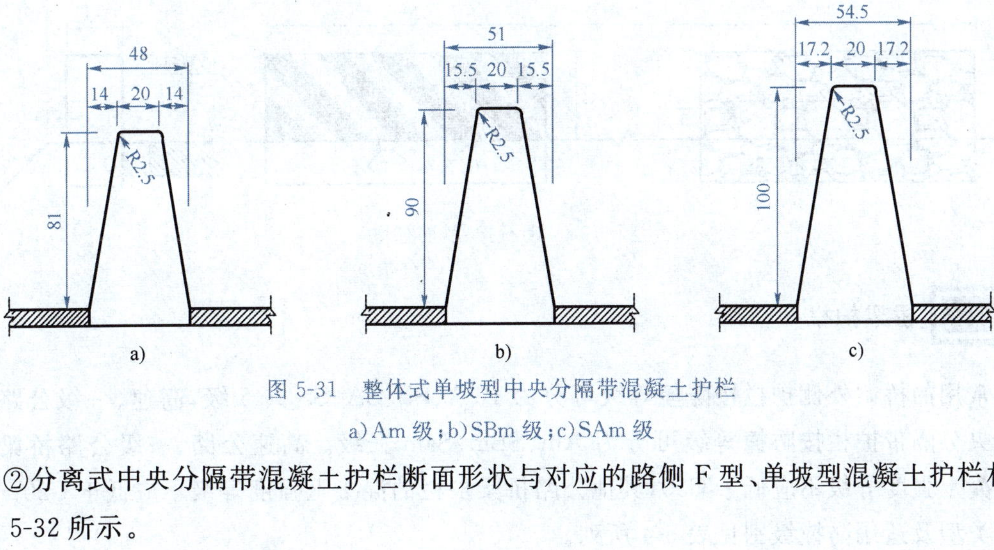

图 5-31 整体式单坡型中央分隔带混凝土护栏

a)Am 级；b)SBm 级；c)SAm 级

②分离式中央分隔带混凝土护栏断面形状与对应的路侧 F 型、单坡型混凝土护栏相同，如图 5-32 所示。

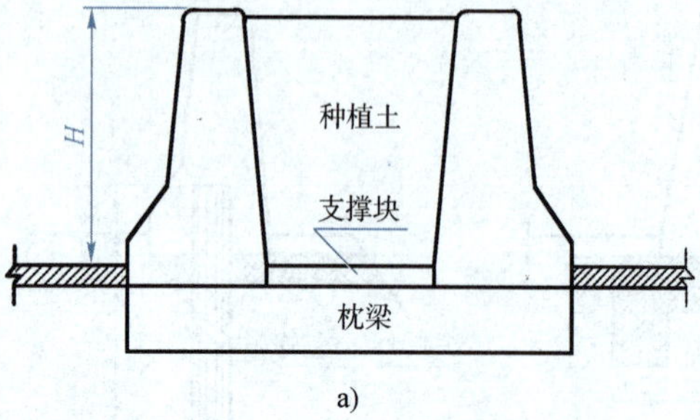

图 5-32 中央分隔带分离式混凝土护栏构造

a)F 型;b)单坡型

4. 柱式护栏

柱式护栏预示路堤填方段，用于二级及以下公路，如图 5-33 所示。

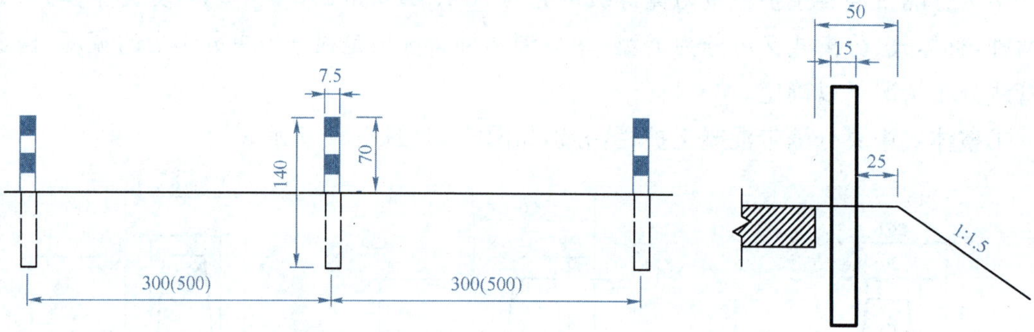

图 5-33 柱式护栏

5. 砌石护栏(防撞墩)

砌石护栏是用砂浆和石块砌筑而成，为早期公路路侧护栏的一种形式，目前多用在山区村道上，预示悬崖、深谷、深沟等险情地段，依靠自重起防护安全作用，如图 5-34 所示。

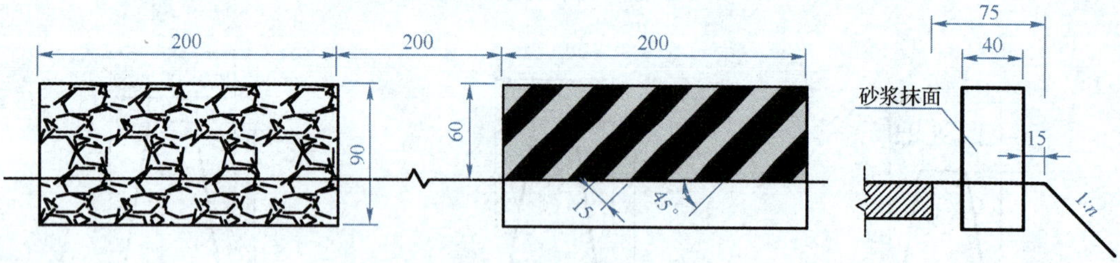

图 5-34 砌石护栏(防撞墩)

5.1.2 桥梁护栏

常用的桥梁外侧护栏按防撞等级可分为 B、A、SB、SA、SS 共 5 级，高速、一级公路的桥梁中央分隔带护栏按防撞等级可分为 Am、SBm、Sam 三级。高速公路、一级公路桥梁护栏的混凝土强度等级不应低于 C30，其他公路桥梁护栏的混凝土强度等级不应低于 C20。桥梁护栏类型及适用防撞级别见表 5-4 所列。

桥梁护栏类型及适用防撞级别 表 5-4

护栏类型及规格	护 栏 名 称	高 度（cm）	适用防撞级别
立柱间距≤2m	金属梁柱式护栏	$H\geqslant90$、$H\geqslant100$、	B、A、Am
立柱间距≤1.5m		$H\geqslant100$、$H\geqslant125$、$H\geqslant150$	SB、SA、SS SBm、SAm
	缆索护栏		
	波形梁护栏		
I、II 型	混凝土梁柱式护栏	80	B、A、Am
F 型	混凝土护栏	81、90、100	A、SB、SA Am、SBm、SAm
单坡型		81、90、100	A、SB、SA
加强型		100	SA、SS
	组合式护栏	81、90、100	A、SB、SA Am、SBm、SAm

注：钢筋混凝土梁柱式护栏立柱纵向长度 2m，立柱间净距 2m。

1. 缆索护栏

桥梁缆索护栏分 B 级、A 级两种，其端部结构、中间端部结构与路基缆索护栏形式完全相同，中间柱结构分别如图 5-35、图 5-36 所示。

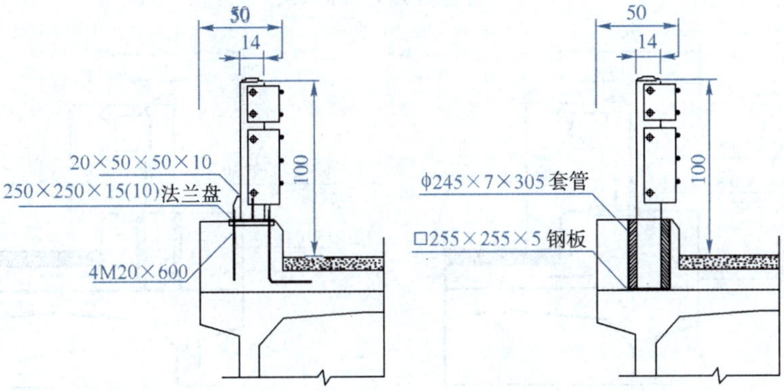

图 5-35 B 级中间立柱
a)螺栓连接；b)埋入式

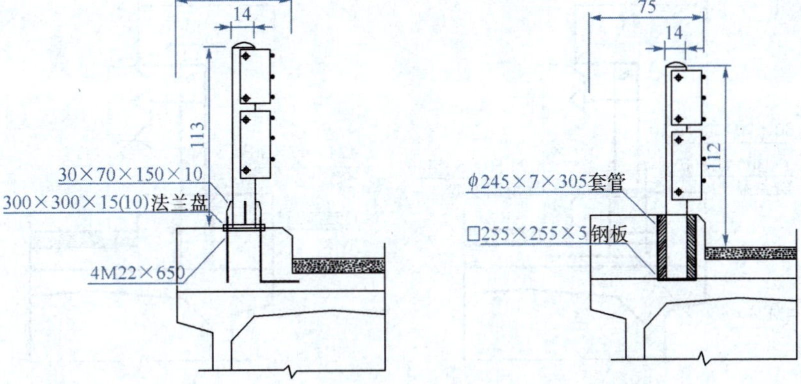

图 5-36 A 级中间立柱
a)螺栓连接；b)埋入式

2. 波形梁护栏

桥梁波形梁护栏分 B 级、A 级、SB 级、SA 级、SS 级、Am(分设型)级、Am(组合型)级、SBm 级、SAm 级 9 种，其波形梁板、托架、防阻块等结构与路基波形梁护栏对应防撞等级的形式相同，各防撞等级立柱结构分别如图 5-37～图 5-45 所示。

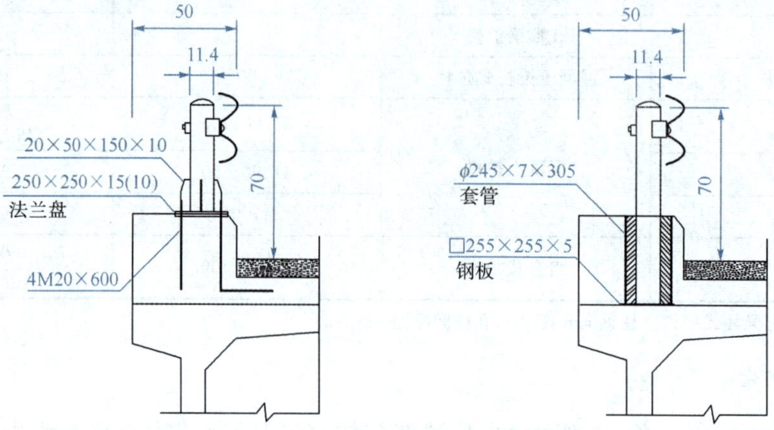

a)　　b)

图 5-37　桥梁 B 级波形梁护栏

a)螺栓连接；b)埋入式

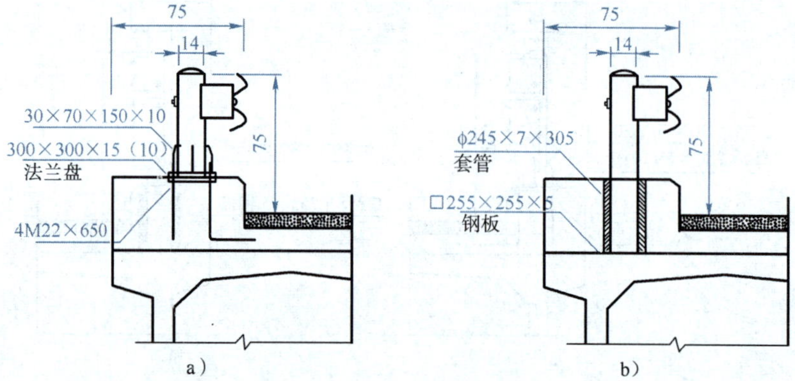

a)　　b)

图 5-38　桥梁 A 级波形梁护栏

a)螺栓连接；b)埋入式

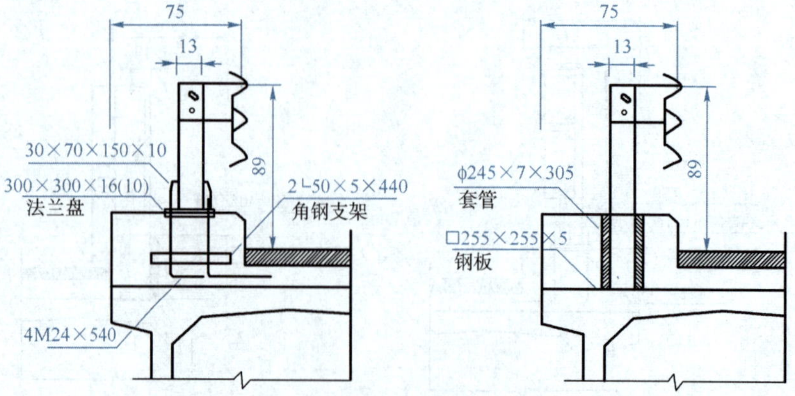

a)　　b)

图 5-39　桥梁 SB 级波形梁护栏

a)螺栓连接 ；b)埋入式

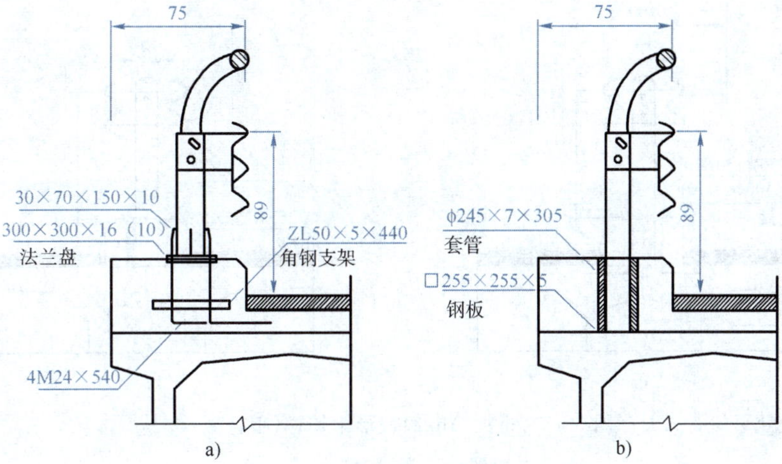

图 5-40 桥梁 SA 级波形梁护栏

a)螺栓连接；b)埋入式

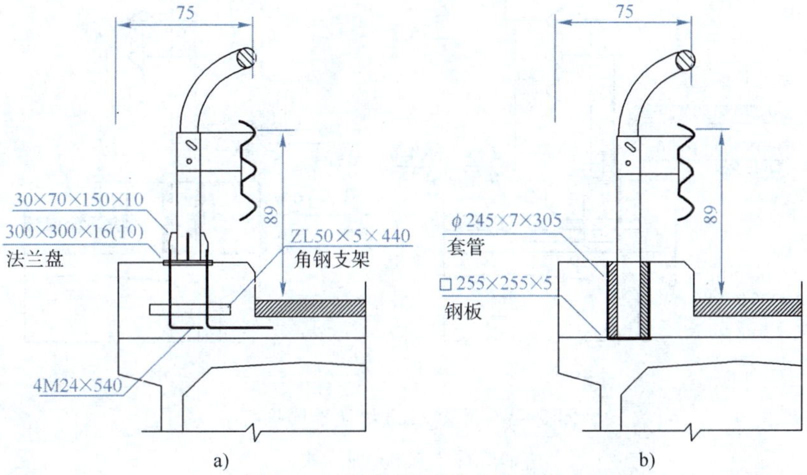

图 5-41 桥梁 SS 级波形梁护栏

a)螺栓连接；b)埋入式

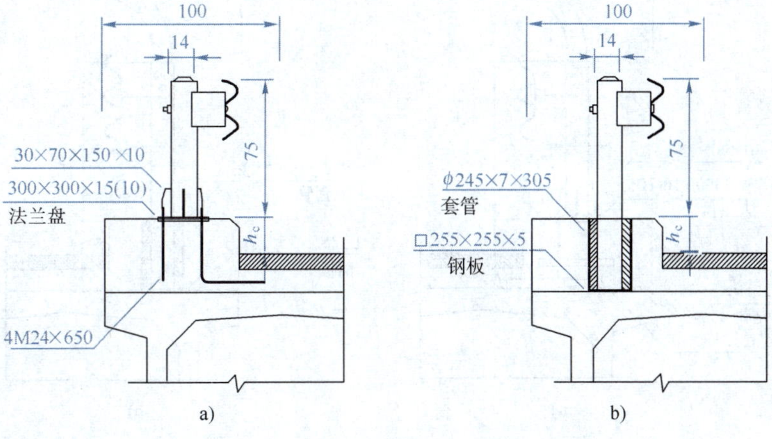

图 5-42 桥梁 Am 级波形梁护栏(分设型)

a)螺栓连接；b)埋入式

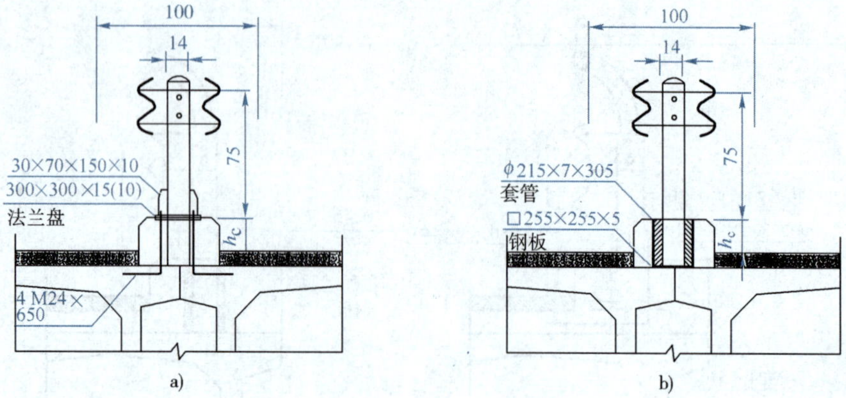

图 5-43　桥梁 Am 级波形梁护栏(组合型)

a)螺栓连接;b)埋入式

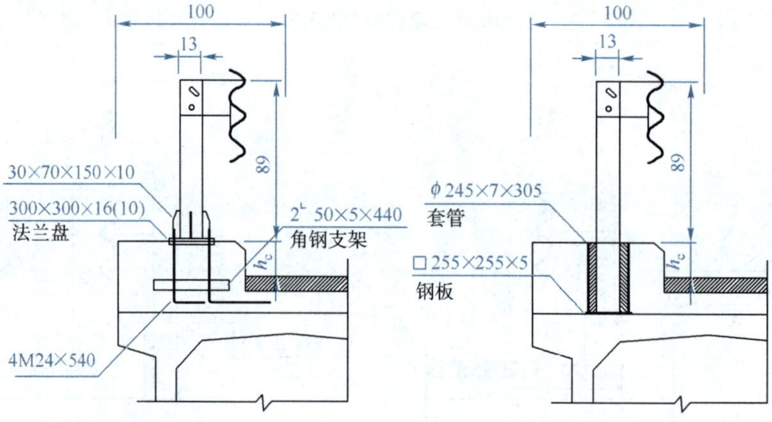

图 5-44　桥梁 SBm 级波形梁护栏

a)螺栓连接;b)埋入式

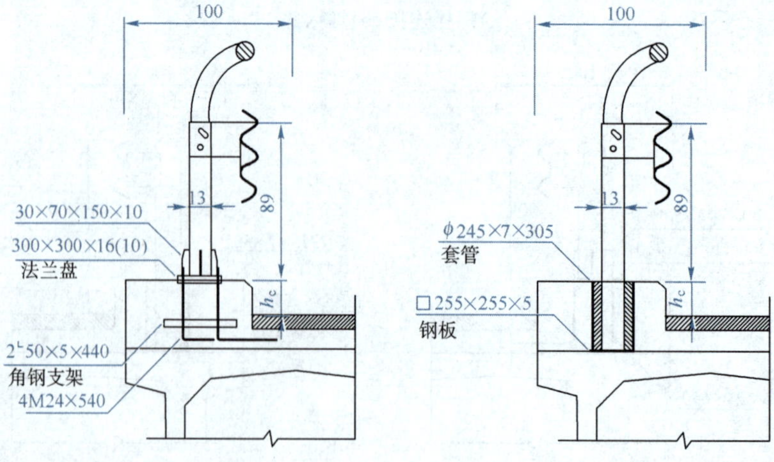

图 5-45　桥梁 SAm 级波形梁护栏

a)螺栓连接;b)埋入式

3. 混凝土护栏

混凝土护栏按构造可分为 F 型、单坡型、加强型三种形式。经试验验证，不得随意改变护栏迎撞面形状，但其背面可根据实际情况采用合适的形状。分别如图 5-46～图 5-48 所示。

护栏迎撞面混凝土的钢筋保护层厚度不得小于 4.0cm。

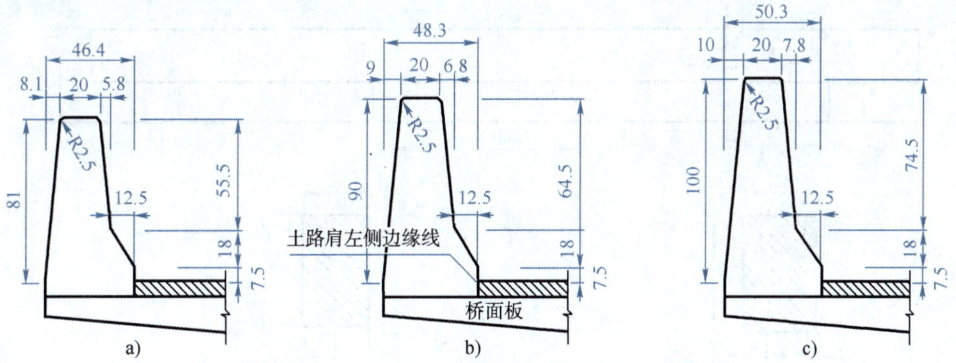

图 5-46 F 型混凝土护栏

a) A、Am 级；b) SB、SBm 级；c) SA、SAm 级

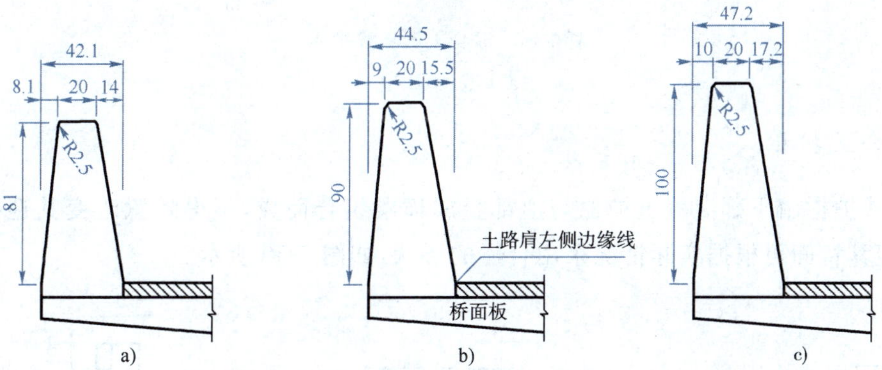

图 5-47 单坡型混凝土护栏

a) A 级；b) SB 级；c) SA 级

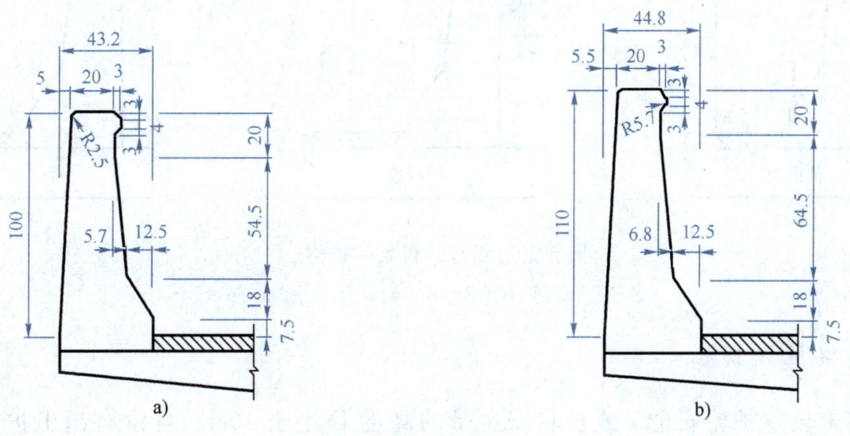

图 5-48 加强型混凝土护栏

a) SA 级；b) SS 级

4. 混凝土梁柱式护栏

对于 B、A、Am 防撞等级的桥梁护栏，可以采用钢筋混凝土梁柱式护栏。其横梁纵向长度 2m，立柱间净距 2m。特点是既有梁柱式结构的通透性，外形美观，又可以使失控车辆在碰撞过程中爬升吸能，导向性好。采用预制安装施工方法，施工速度快，如图 5-49 所示。

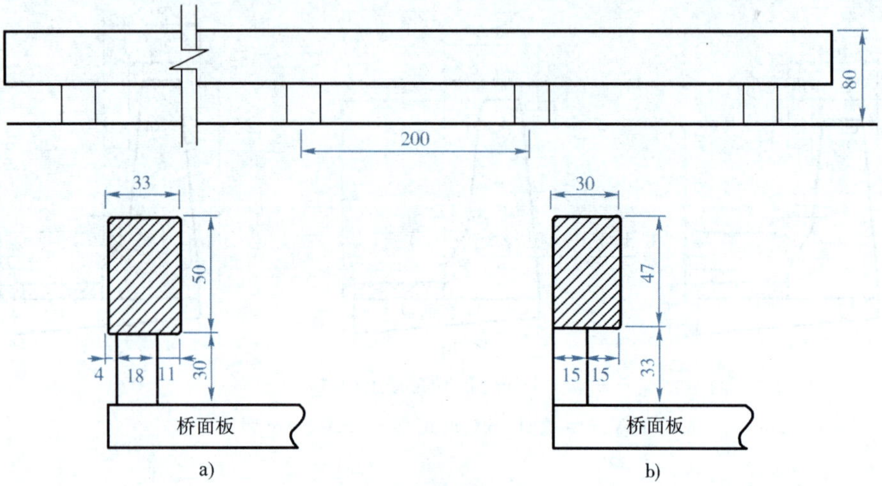

图 5-49　混凝土梁柱式护栏

a)I 型；b)II 型

5. 组合式护栏

组合式护栏由下部混凝土护栏与上部金属横梁组合而成，不得随意改变其迎撞面的截面形状，但其背面可根据实际情况采用合适的形状，如图 5-50 所示。

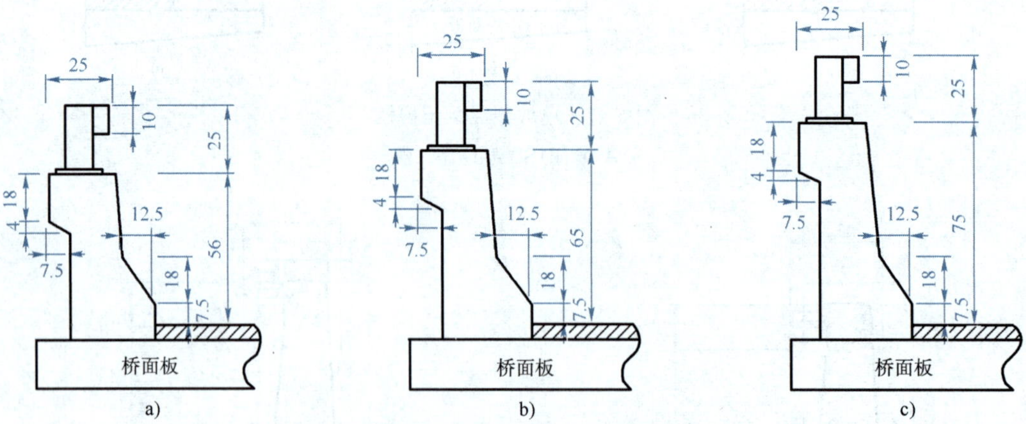

图 5-50　组合式桥梁护栏构造

a)A、Am 级；b)SB、SBm 级；c)SA、SAm 级

6. 金属梁柱式护栏

当桥梁未设置护轮安全带或护轮安全带的高度 D 小于 10cm、且没有超出护栏面时，各防撞等级的桥梁护栏构造如图 5-51 所示。当护轮安全带伸出护栏面的距离大于或等于 25cm、且护轮安全带高度 $D \geqslant 10\text{cm}$ 时，则桥梁护栏高度 H 应在图 5-51 的基础上增加 D。

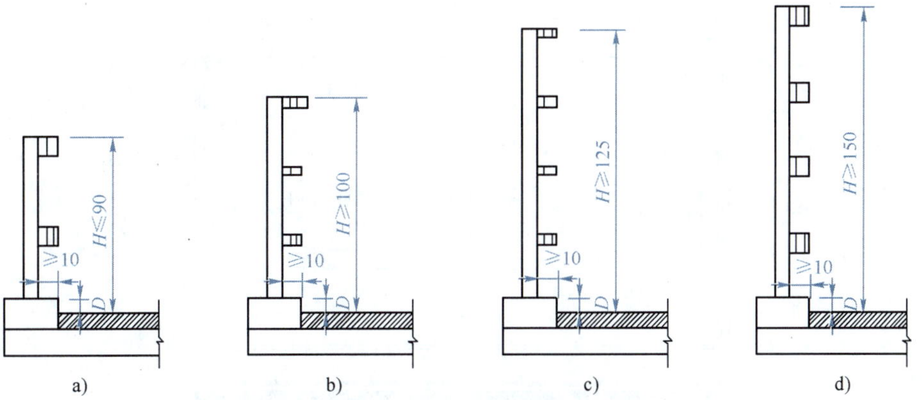

图 5-51 金属制桥梁护栏

a)B级(G≥10cm);b)A、SB级(G≥5cm);c)SB、SA级(G≥5cm);d)SA、SS级(G≥10cm)

5.2 交通标志

交通标志体现公路交通特点,使驾驶员准确确定自己所处的位置,找到正确的目的地。交通标志被人们称之为“无声的交警”,它向人们提示着在行车、走路时该怎样走,应注意什么交通信息,对维护交通秩序、保障行车安全起着极其重要的作用。交通标志树状结构如图 5-52 所示。

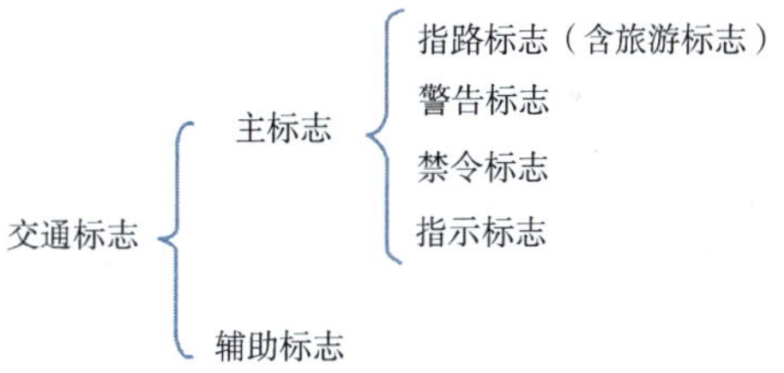

图 5-52 交通标志树状结构

5.2.1 指路标志

指路标志通常为矩形(除地点识别标志、里程碑、分和流标志外),蓝色底白色字符(一般道路),或绿色底白色字符(高速道路),(传递道路方向、距离信息的标志)用来指示市镇村的境界、目的地、方向、距离、高速公路的出入口、服务区、著名地点等。指路标志用来道路使用者提供沿线路径的地名、方向和距离;或与之相交道路的编号;著名的名胜古迹;游乐休息回服务区等。指路标志如图 5-53 所示。

指路标志主要有:

①道路编号、方位标志;

②收费站标志;

③交叉口方向、地点标志;

④服务区标志;

⑤出口预告及出口标志;

⑥情报标志;

⑦地点、方向、距离标志;

⑧交通指示标志。

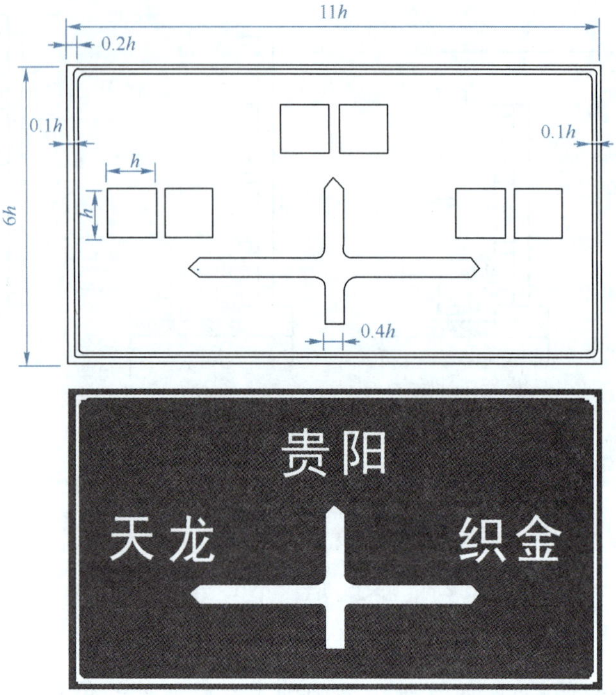

a)

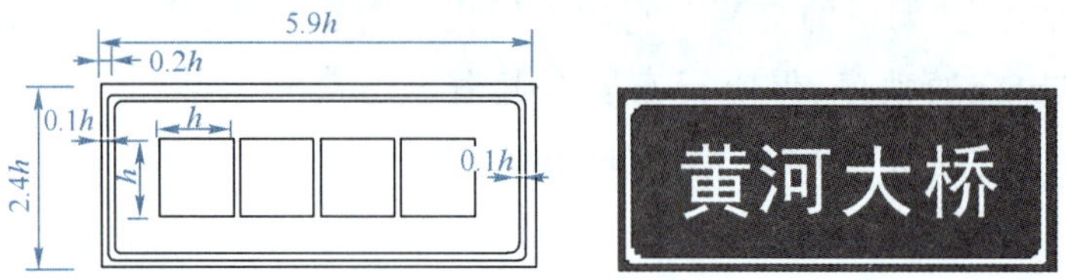

b)

图 5-53 指路标志

a)路 10;b)路 2

5.2.2 警告标志

警告标志通常为等边三角形,顶角朝上。黄色底黑边黑图案(或白色底红边黑,或深蓝色)图案。用于警告驾驶人员注意前方路段存在的危险及应采取的措施,如交叉口、急弯、铁路道口、易滑、路面不平、傍山陷路等。

警告标志用来向道路使用者提供道路沿线存在的危险或应该注意的路段,提高警觉,并准备防范应变之措施。警告标志到危险地点的距离,应根据计算行车速度确定。如受实际地形限制,可酌情变更。但其设置位置必须明显,并不得少于安全停车视距。警告标志如图 5-54所示。

警告标志主要有:

①交叉路口标志;

②隧道标志;

③急弯路标志;

④渡口标志;

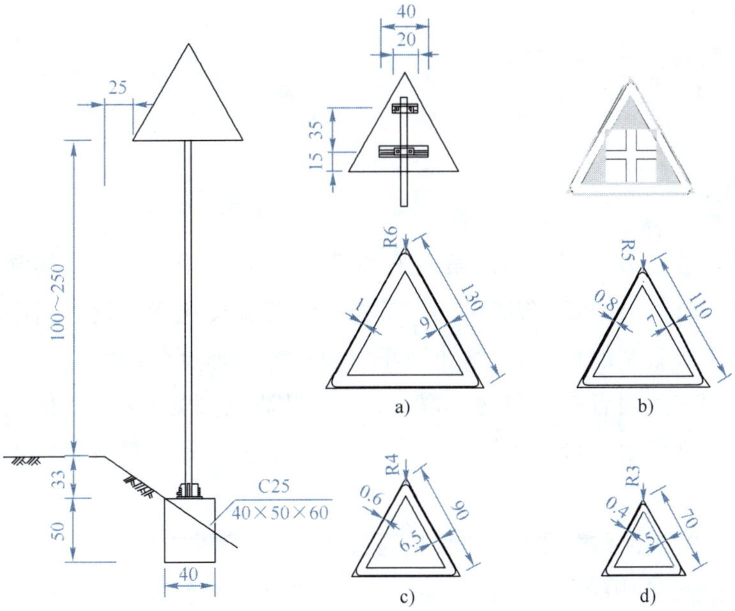

图 5-54　警告标志

a) 100km/h≤V≤120km/h; b) 71km/h≤V≤99km/h; c) 40km/h≤V≤70km/h; d) V<4km/h

⑤反向弯路标志；

⑥驼峰桥标志；

⑦连续弯路标志；

⑧路面不平标志；

⑨陡坡标志；

⑩过水路面(漫水桥)标志；

⑪窄路、窄桥标志；

⑫铁路道口标志；

⑬双向交通标志；

⑭叉形符号；

⑮注意行人、儿童、牲畜标志；

⑯斜杆符号；

⑰注意信号灯标志；

⑱注意非机动车标志；

⑲注意落石标志；

⑳事故易发路段标志；

㉑注意横风标志；

㉒慢行标志；

㉓易滑标志；

㉔注意障碍物标志；

㉕傍山险路标志；

㉖施工标志；

㉗堤坝路标志；

㉘注意危险标志；

㉙村庄标志。

5.2.3 禁令标志

禁令标志通常为圆形、八角形、顶角向下的等边三角形(图 5-55)。其颜色，除个别标志外，为白色、红圈、红杠、黑图案，图案压杠。是根据道路和交通量情况，为保障交通安全而对车辆行为加以禁止或限制的标志，如禁止通车、禁止停车、速度限制等。

①禁令标志用来使用者表示交通之遵行、禁止、限制等规定，必须严格遵守。

②禁令标志设于距禁制事项附近的适当地点，一般需设置在最醒目的地方，并随标志设置目的而改变。

③禁令标志对行驶路线的限制，如禁止通行等；有对行驶方向的限制，如禁止左转、直行等；有对某种车辆行驶的限制，如禁止机动车通行，禁止大型车通行等；有对某种驾驶行为的限制，如禁止超车、禁止掉头、禁止停车等；有对交叉口控制方式发规定，如停车让行标志，减速让行标志。有对行人的限制，如禁止行人通行等。

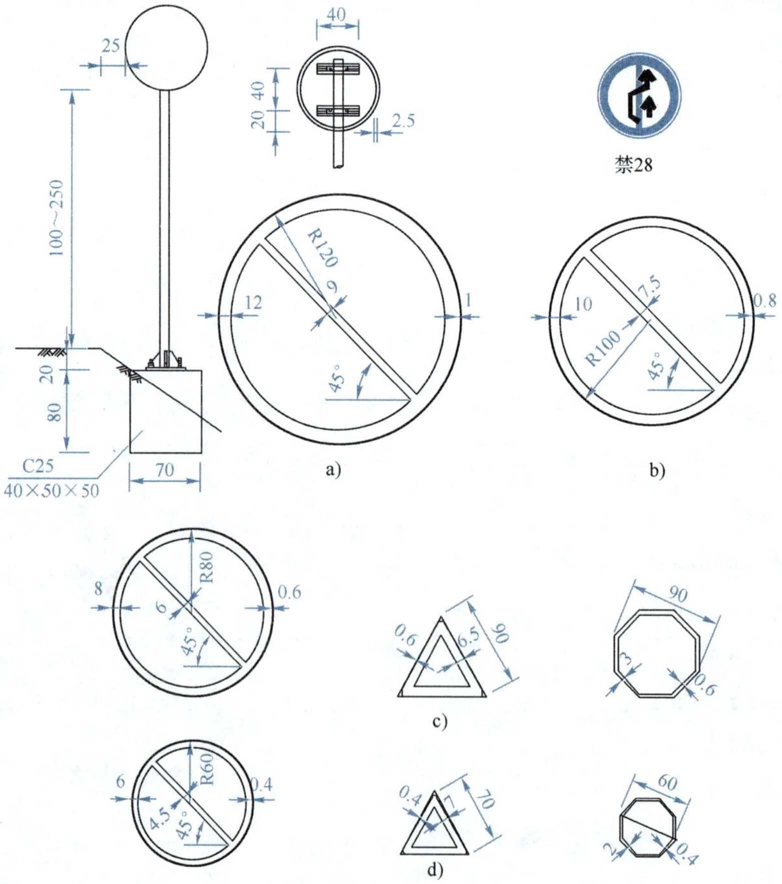

图 5-55 禁令标志

a)$100km/h \leqslant V \leqslant 120km/h$；b)$99km/h \leqslant V \leqslant 71km/h$；c)$40km/h \leqslant V \leqslant 70km/h$；d)$V < 40km/h$

禁令标志主要有：

①禁止通行标志；

②禁止向左(右)转弯标志；

③禁止驶入标志；

④禁止直行标志；

⑤禁止机动车通行标志；

⑥禁止向左向右转弯标志；

⑦禁止载货汽车通行标志；

⑧禁止直行和向左转弯(直行和向右转弯)标志；

⑨禁止三轮机动车通行标志；

⑩禁止掉头标志；

⑪禁止大型(小型)客车通行标志；

⑫禁止超车标志；

⑬禁止汽车拖、挂车通行标志；

⑭解除禁止超车标志；

⑮禁止拖拉机通行标志；

⑯禁止车辆停放标志；

⑰禁止农用运输车通行标志；

⑱禁止鸣喇叭标志；

⑲禁止二轮摩托车通行标志；

⑳限制高度标志；

㉑禁止某两种车通行标志；

㉒限制质量标志；

㉓禁止非机动车通行标志；

㉔限制轴重标志；

㉕禁止畜力车通行标志；

㉖限制速度标志；

㉗禁止人力(客、货)三轮车通行标志；

㉘解除限制速度标志；

㉙禁止人力车通行标志；

㉚停车让行标志；

㉛禁止骑自行车下坡(上坡)标志；

㉜减速让行标志；

㉝禁止行人通行标志；

㉞会车让行标志。

5.2.4 指示标志

指示标志通常为圆形、矩形，蓝色底白色图案，是指车辆和行人按规定方向、地点行进的标志，如直行、左转、右转、单向行驶、步行街等；指示标志向公路使用指示行进的信息，主要用来指示准许行驶发方向，如向左（向右）转弯、靠右侧（或靠左侧）行驶等，设于行车道的入口处。指示标志如图5-56所示，指示标志尺寸与计算行车速度的关系见表5-5所列。

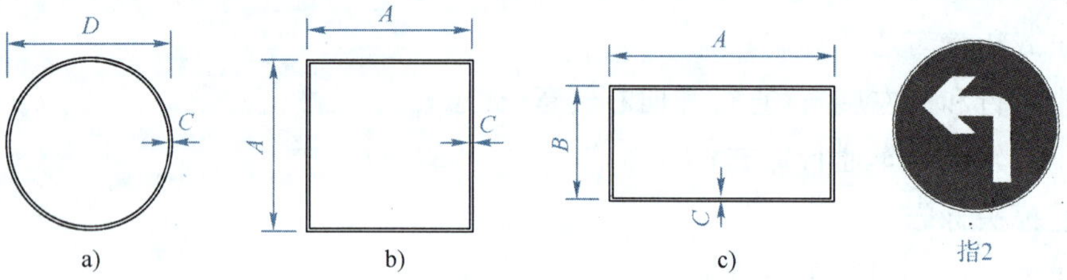

图5-56 指示标志

a）圆形；b）正方形；c）长方形

指示标志尺寸与计算行车速度的关系　　表5-5

计算行车速度(km/h)	100～200	71～99	40～70	<40
圆形直径 D(cm)	120	100	80	60
正方形边长 A(cm)	120	100	80	60
长方形边长 $A\times B$(cm)	190×140	160×120	140×100	—
单行线标志长方形 $A\times 8$(cm)	120×60	100×50	80×40	60×30
会车先行标志正方形 A(cm)	—	—	80	60
衬边宽度 C(cm)	1.0	0.8	0.6	0.4

指示标志主要有：

①直行标志；

②鸣喇叭标志；

③向左（向右）转弯标志；

④最低限速标志；

⑤直行和向左转弯（直行和向右转弯）标志；

⑥干路先行标志；

⑦向左和向右转弯标志；

⑧会车先行标志；

⑨靠左侧（靠右侧）道路行驶标志；

⑩人行横道标志；

⑪立交行驶路线标志；

⑫车行行驶方向标志；

⑬环岛行驶标志；

⑭专用车道标志；

⑮单行路标志；

⑯允许掉头标志；

⑰步行标志。

5.2.5 标志牌支架及基础

双柱标志基础如图 5-57 所示，单柱标志基础如图 5-58 所示，龙门架标志基础如图 5-59 所示。

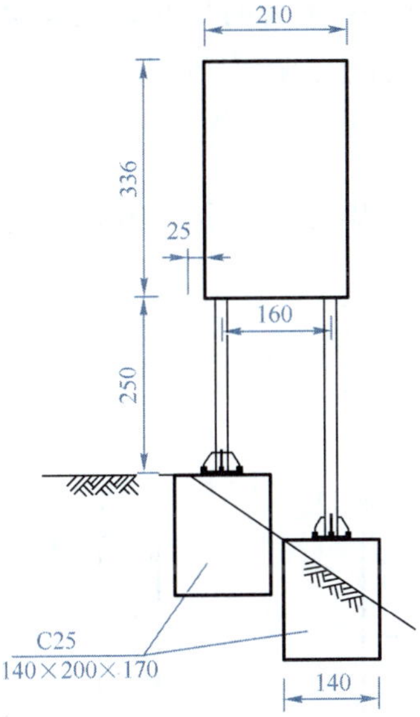

图 5-57　双柱标志基础

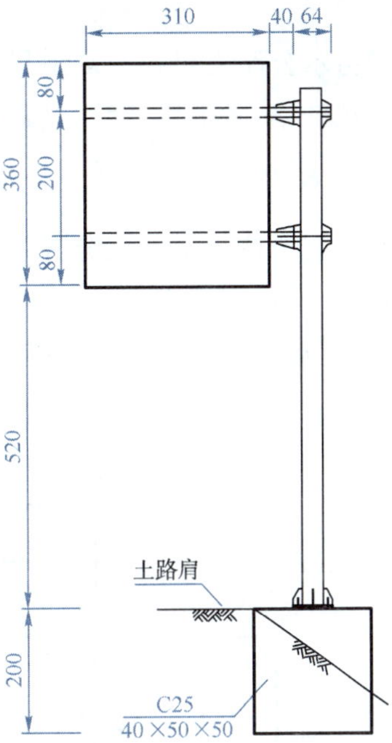

图 5-58　单柱标志基础

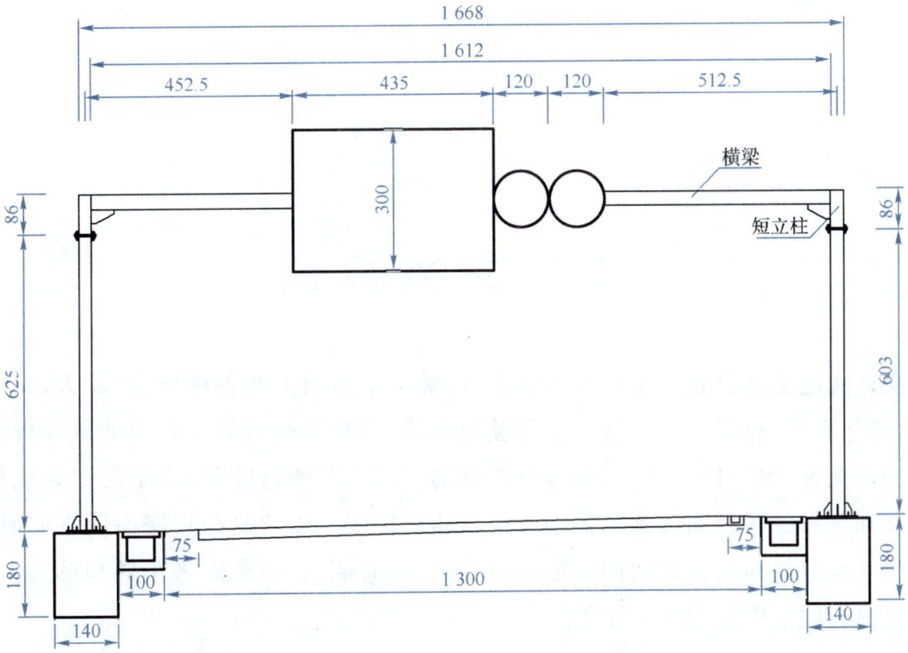

图 5-59　龙门架标志基础

5.2.6 百米桩、里程碑与公路界碑

1. 百米桩

百米桩柱体为白色，国道用红色、省道用蓝色、县道用黑色。设在公路右侧里程碑之间，每 100m 设一个。

2. 里程碑

用于指示公路之里程。国道里程数字超过 4 位数时，采用大的尺寸。里程碑柱体为白色。国道用红字，省道用蓝字，县道用黑字。设于公路前进方向的右侧，每隔 1km 设一块。

3. 公路界碑

设在公路两侧用地范围分界线上。界碑为白色，字用黑色。一般每隔 200～500m 设置一块，曲线段可适当加密。

百米桩、里程碑、公路界碑如图 5-60 所示。

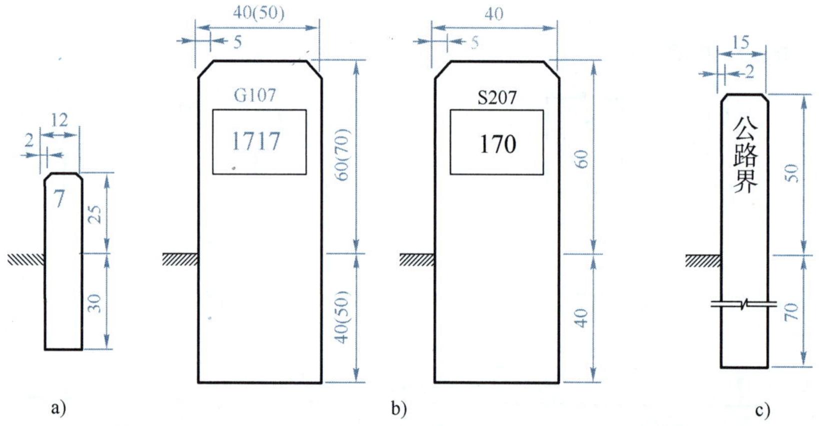

图 5-60　指路标志

a)百米桩；b)里程碑；c)公路界碑

5.3 交通标线

交通标线是交通设施的重要组成部分，由标画于路面上的各种线条、箭头、文字、立面标记、突出路标和轮廓标等构成，是引导驾驶员视线、管制驾驶员驾车行为的重要设施。因此，对标线的可见性、耐久性、易施工性等有严格的要求。车辆行驶时，无论是白天或黑夜，都能由于光泽和色彩的反衬而清晰地识别和辨认路面标线。无论是沥青路面或水泥混凝土路面标线涂料必须保持与路面之间的紧密结合，在一定时期内，不会因为车辆和行人来往通行而剥落。交通标线宽度见表 5-6 所列。

交通标线宽度　　表 5-6

设计速度(km/s)		车行道边缘线(cm)	车行道分界线(cm)	路面中心线(cm)
120、100		20	15	—
80、60	高速、一级公路	20	15	—
	二级公路	15	10	15
40、30		15	10	15
20	双车道	—	—	10
	单车道	—	—	—

5.3.1 纵向标线(行车方向)

纵向标线如图 5-61～图 5-63 所示,共 14 种:

①车行道中心线　颜色为白色或黄色,作用是分隔对向行驶的交通流。

②车道分界线　白色虚线,用来分隔同向行驶的交通流。

③车行道边缘线　白色,用来表明车行道边线。

④停止线　白色,表示车辆等候放行信号,或停车让行的停车位置。

⑤减速让行线　白色,表示车辆必须减速让行。

⑥导流线　白色,表示车辆需按规定的路线行驶,不得轧线越线。

⑦车行道宽度渐变段标线　与中心线一致。

⑧接近路面障碍物标线　颜色与中心线一致,表示车辆须绕过路面障碍物行驶。

⑨停车标线　白色实线,表示车辆停放位置。

⑩港湾式停靠站标线　白色,表示车辆通向专门的分离引道和停靠位置。

⑪出入口标线　白色,是为驶入或驶出匝道车辆提供安全交汇,减少突出部位碰撞的标线。

⑫导向箭头　白色箭头实线,用以引导行车方向。

⑬导向道线　黄色实线,画在路口停车线以外,用以标明导向车道。

⑭导流带　白色条纹带,画在畸形路口或路面,用来分导车流。

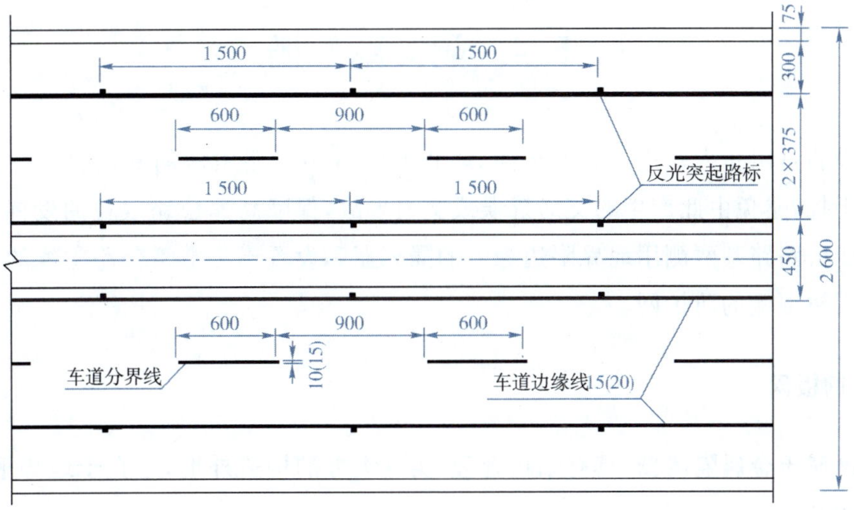

图 5-61　高速、一级公路标线

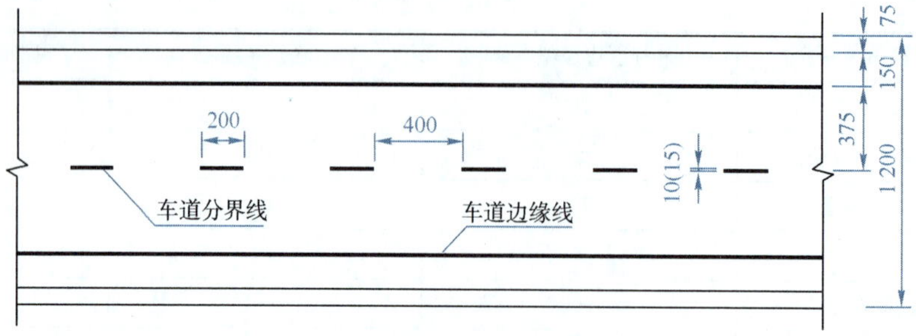

图 5-62 二级及二级以下公路标线

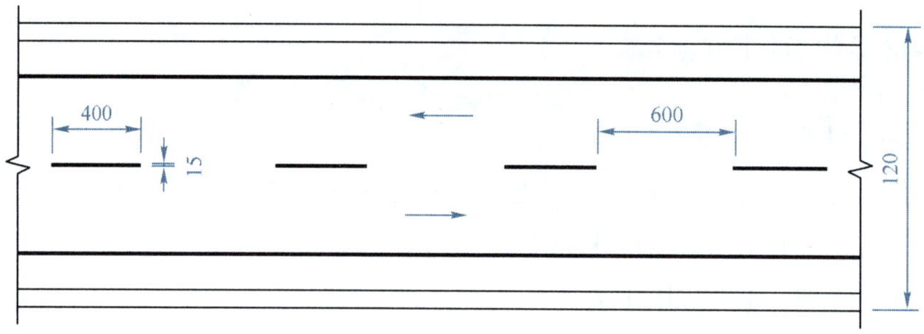

图 5-63 双向车道路面中心线

5.3.2 横向标线

与道路行车方向成角度设置的标线。包括以下两种：

①人行横道线 白色条纹。

②禁停线 黄色网状条纹，一般用于重要单位、部门前，禁止车辆在内停放。

5.3.3 字符标线

标画于路面上的文字、数字及各种图形符号，用以指示或限制车辆行驶的标记。

5.4 隔离栅

隔离设施是阻止人畜进入高速公路，防止非法占用公路用地的基础设施。它可有效地排除横向干扰，避免由此产生的交通延误或交通事故，保障高速公路效益的发挥。隔离设施包括设置于公路路基两侧用地界限边缘上的隔离栅和设置于与上跨公路主线的分离式立交桥或人行天桥两侧的防护网。

5.4.1 钢板网

钢板网属于金属隔离栅，具有结构合理、美观大方的构造外形，适宜于地势平坦路段，但单位造价较高。

钢板网隔离栅构造如图 5-64 所示。

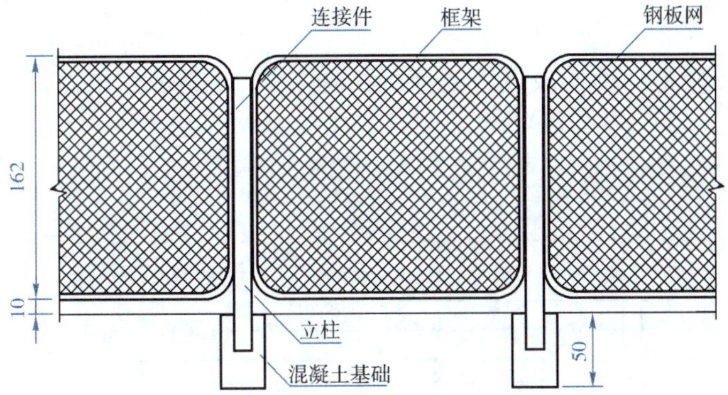

图 5-64　钢板网隔离栅构造

5.4.2 电焊网

电焊网如图 5-65 所示。

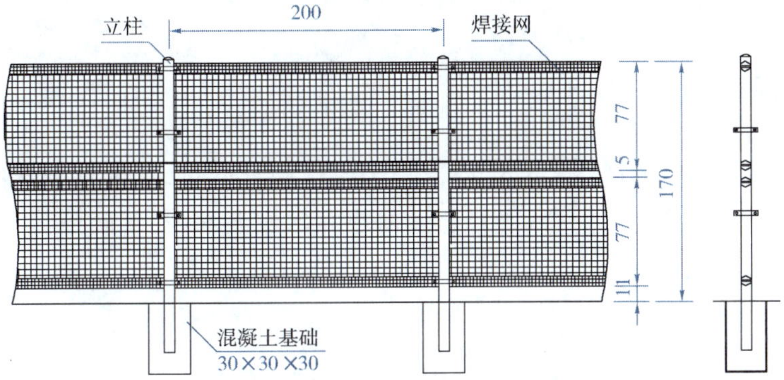

图 5-65　圈状端头电焊网一般构造

5.4.3 编织网(金属网型)

编织网隔离栅比较适宜于地势起伏不平的路段,如图 5-66 所示。

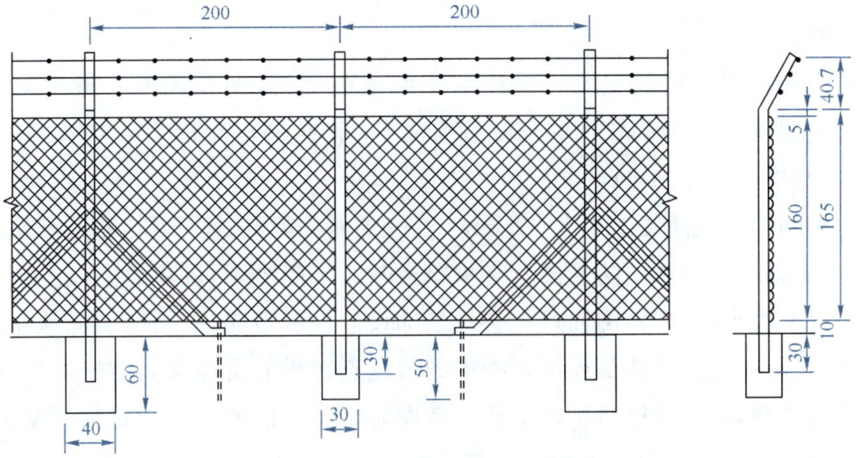

图 5-66　编织网加刺钢丝隔离栅一般构造

5.4.4 刺铁丝网

刺铁丝网隔离栅是一种比较经济适用的结构形式，但美观性较差，故主要适用于临时隔离，如图 5-67 所示。

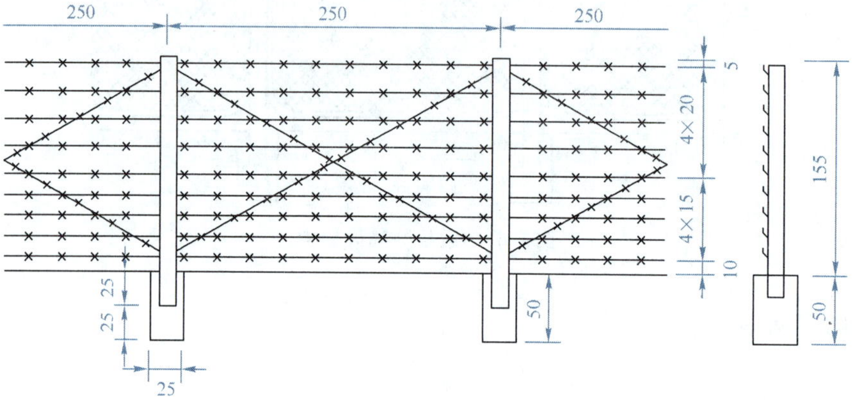

图 5-67　刺钢丝隔离栅一般构造

5.4.5 常青绿篱

在互通立交区域、服务区、停车区、收费站、管理(局)所等处及设置刺铁丝网隔离栅的路段，隔离栅的设置宜与绿化相配合，选择合适的小乔木或灌木，在管辖地界范围形成绿篱，以有效地增强该区域的景观。

5.5 桥梁护网

高速公路上跨桥和人行天桥上有人向桥下抛扔物品，或大风把桥上的杂物刮到高速公路上，或是桥上行驶车辆装载的物品散落到高速公路上。一旦上述情况发生，往往会使在高速公路上正常行驶的车辆猝不及防而引发交通事故。因而在上述结构物的两侧设置防护网是非常必要的。

桥梁防护网的结构形式主要是采用编织网或电焊网，网孔尺寸一般不宜大于 5cm×5cm，以防止危及车辆安全的较大的东西落到桥下。防护网应与桥梁结构作为一个整体统一考虑，并注意与周围环境的协调。

桥梁防护网的设置高度为 1.8～2.1m。在交通量大，行人密度高、临近城镇厂矿等地点可取上限，反之则取下限值。防护网宜与桥梁横断面比例协调，避免给人以憋闷压抑感。如桥梁两侧设置混凝土护栏时，网面可从护栏顶部设计。否则，防护网网面应从桥面起算。在空旷的原野，上跨立交桥往往是周围地物中的最高点在桥上设置金属防护网后，则其遭雷击的危险性大大增强，因而桥梁防护网一般宜考虑防雷保护接地设计。对交通量大、临近城镇厂矿的桥梁更应引起设计者的注意。防雷接地的阻抗一般应小于等于 1Ω。

桥梁防护网的结构验算主要考虑人畜的破坏和风荷载，可以参照桥梁栏杆的有关规定取值，如图 5-68 所示。

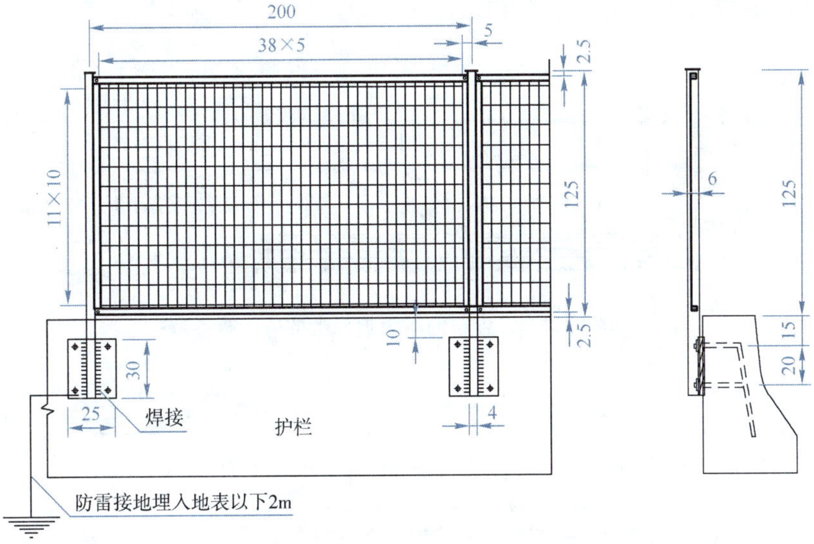

图 5-68 桥梁防护网一般构造

5.6 防眩设施

防眩设施既要有效地遮挡对向车辆前照灯的眩光，又能满足横向通视好、能看到斜前方，并对驾驶员心理影响小的要求。防眩设施的设置应考虑设施的连续性，避免在两段防眩设施中间留有短距离间隙。如长距离设置防眩设施时，防眩设施的形式或颜色宜有一定的变化。

5.6.1 防眩板

防眩板应以一定长度的独立结构段为制造和安装单元，这种结构段的长度一般小于12m，视采用材料、工艺情况而定。防眩板设置在道路上，免不了要遭受失控车辆的冲撞而损害。为减轻损害的严重程度，方便更换维修，设计时应每隔一定距离使前后相互分离，使各段互不相连。这样做既有利于加工制作和运输安装，而且从防止温度前后应力破坏的角度来说也是必要的。防眩板没一独立段的长度可与护栏的设置间距相协调，选择 4m、6m、8m、12m 或稍长一些都是可以的。设置在混凝土护栏上的防眩板如图 5-69 所示，设置在波形梁护栏上的防眩板如图 5-70 所示，设置在护栏中央分隔带的防眩板如图 5-71 所示。

5.6.2 植树防眩

在中央分隔带上植树是最先试验采用的防眩措施(图 5-72)，它具有防眩、美化路容、降低噪声和诱导交通等多种功能。植树防眩特别适用于较宽的中央分隔带，作为道路总体景观的一部分，与自然环境相协调，给驾驶员提供了绿茵连绵、幽美舒适的行车环境。道路绿化是视野所及范围内行车的重要参照物。

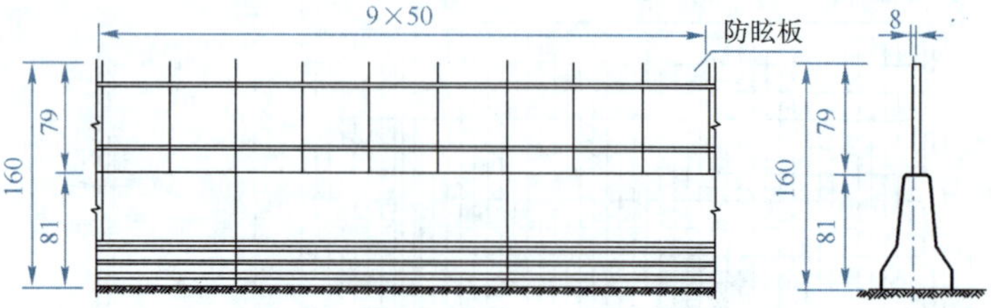

图 5-69　设置在混凝土护栏上的防眩板

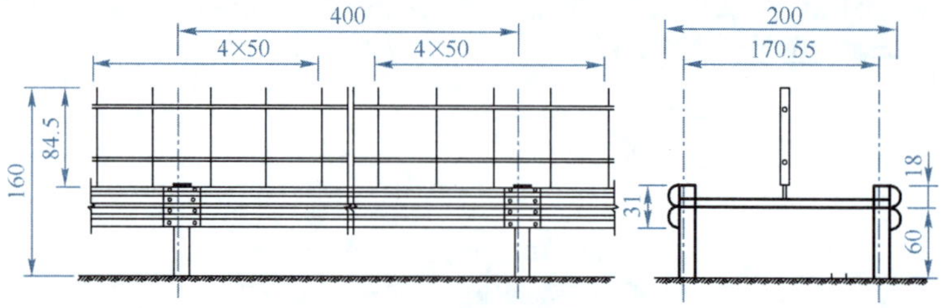

图 5-70　设置在波形梁护栏上的防眩板

以一定间距植树防眩的形式应注意路线的走向。当路线走向与太阳运行方向接近垂直时，不宜采用植树防眩，因在这种情况下，树木遮挡太阳光在路面上形成阴影，树木间透过的太阳光洒在路面上，给行驶中的驾驶员造成一晃一晃明暗相间的炫目感觉，它对驾驶员视觉功能的损害比夜间照灯的炫目更为严重。

另外，以一定间距植树防眩的形式，夜间的前照灯射距离之外，树丛隐约像一个人站立在中央分隔带上，由于心理定式作用的影响，驾驶员很难迅速区别是树还是人，高速行驶时会感到极度的紧张。

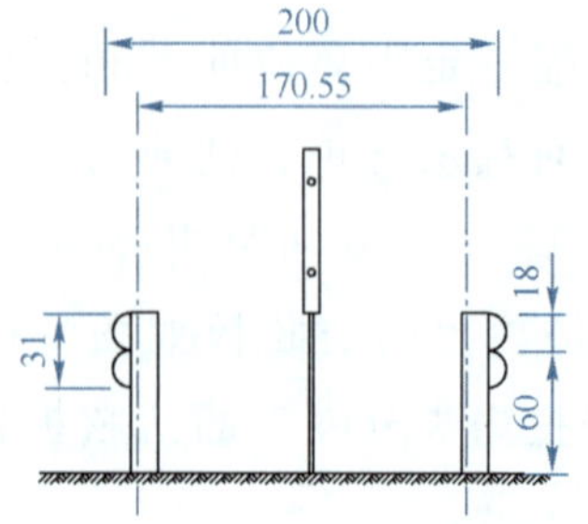

图 5-71　设置在护栏中央分隔带的防眩板

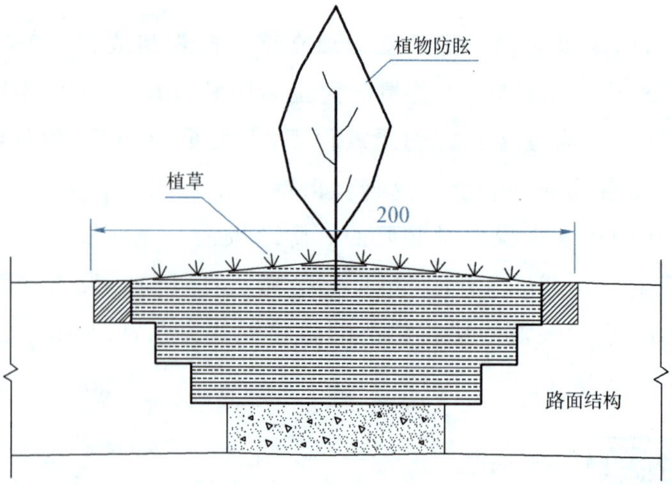

图 5-72　植物防眩

因而，从某种程度上来说，密集植树防眩比间隔植树防眩应用广一些。但密集植树防眩也有不利的一面，即阻碍了驾驶员的横向通视，使其不能很好地观赏车道左侧的景观，视野变窄，并有压迫感和单调感，容易疲倦打瞌睡。故密集植树防眩的高度不宜超过 1.40m，一般比 1.20～1.40m 为宜。

密集植树和以某一间距植树防眩都有一定的缺陷，因而近年来国外比较推崇一种所谓的自由栽植方式。

5.7　轮　廓　标

高速、一级公路的主线，以及互通立交、服务区、停车场的进出匝道或连接道，应连续设置轮廓标。轮廓标的公路前进方向左、右侧对称设置。在直线段，其设置间距为 50m(附设于护栏上时，其间距可为 48m)。路宽变化及有其他危险的路段，应适当加密轮廓标的间隔。轮廓标是沿公路土路肩设置的，用以指示公路方向、车行道边界的视线诱导设施，是一种指示设施而不是警告设施。

5.7.1　柱式轮廓标

设置于土中的柱式轮廓标，由柱体、反射体和基础组成。柱体为三角形，顶面斜车行道，主体部分为白色，在距路面 55cm 以上的部分有 25cm 的黑色标志，在黑色标志的中间有一块 18cm×4cm 的反射体，柱体为白色，反射体可由反光片、反光膜制作，反光等级应为二级以上。如图 5-73 所示。

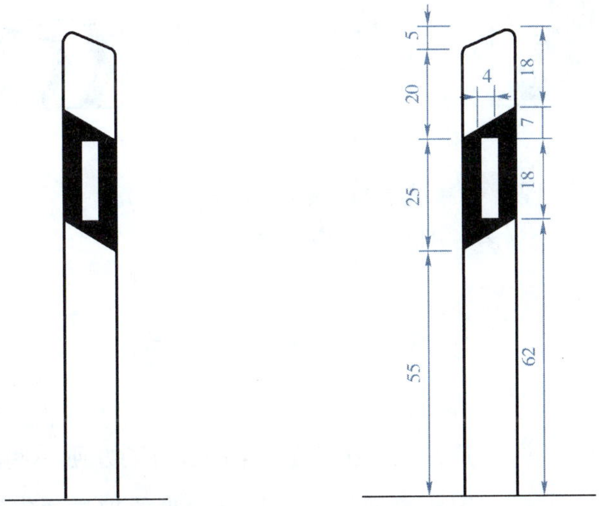

图 5-73　轮廓标

5.7.2　附着式轮廓标

附着式轮廓标由反射体、支架和连接件组成。反射体可由反光片、反光膜制作反光等级应为二级以上。如图 5-74 所示。

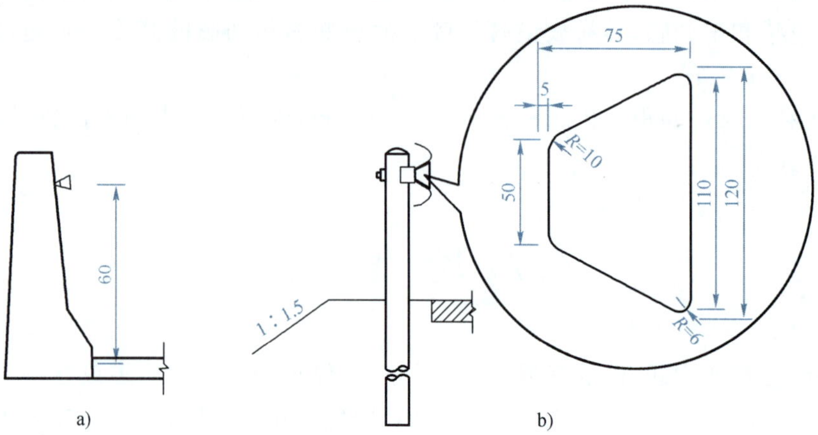

图 5-74　附着式梯形轮廓标

a)在混凝土护栏上；b)在波形梁护栏上

5.7.3 线形诱导

线形诱导标志的颜色规定为：指示性线形诱导标为白色蓝图案，警告性线形诱导标为白底红图案，如图 5-75 所示。

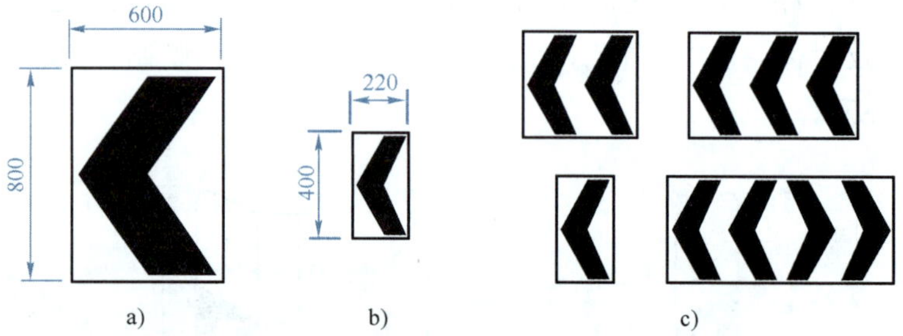

图 5-75　线形诱导标志

a)I 型；b)II 型；c)诱导标组合

5.8 活动护栏

活动护栏是护栏的一种，它是在设立护栏的道路上，为了方便一些特种车辆，如救援车，养护作业车的行驶需要，每隔一定距离取消双向道路中央的护栏而安装的可以自由活动的护栏，如遇紧急情况，管理部门可以打开护栏，以方便这些车辆的通过。

5.8.1 插板式活动护栏

由护栏片、反射体、预埋基础等组成，其中护栏片由直管、弯管、立柱等钢管构件焊接而成。每片长度应为 2～2.5m 之间。基础可采用预埋套管抽换式立柱基础，其强度等级不得低于 C20。基础套管顶面高程应高出路面 20mm 左右，在套管周边可设置混凝土斜坡。

这种护栏的优点是可最大限度地利用中央分隔带开口的长度。缺点是插拔操作不便、插拔孔易积土、美观性不够。如图 5-76 所示。

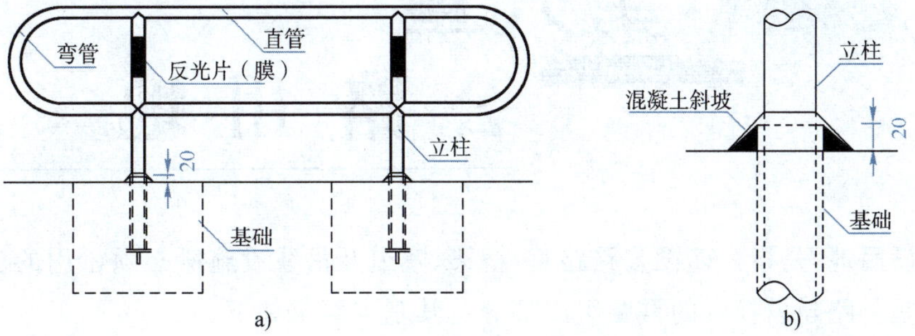

图 5-76 插板式活动护栏

a)构造；b)柱套管构造

5.8.2 充填式活动护栏

由多块护栏预制块连接而成。护栏预制块可采用塑料或玻璃钢制作。断面型式可采用 F 型或单坡型混凝土护栏的断面型式，预制块中空，可以充填水或细砂。充填式活动护栏预制块的每块长度不应小于 2m，在两端应设置便于护栏块连接的企口。如图 5-77 所示。

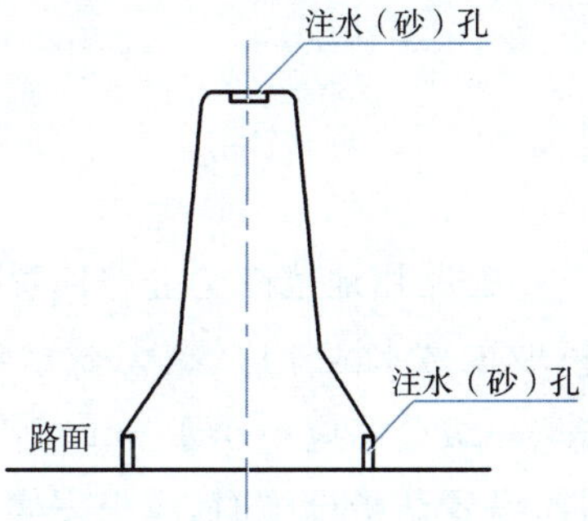

图 5-77 充填式活动护栏构造

5.8.3 伸缩式活动护栏

其优点是安装、操作简便。缺点是结构比较复杂、收拢后开口较小，被车辆碰撞后形成碎片，影响行车安全，且造价高、维修困难。

第六章 公路用地

公路建设用地，是指为建设公路路基、桥梁、隧道及沿线设施所必须占用的土地，征迁所发生的费用是公路建设投资的重要组成部分。其基本要求如下：

(1)节约土地是我国的国策。公路建设工程，必须遵循经济合理的原则，提高土地利用率。凡有荒地可以利用的不占用耕地，凡有劣地可以利用的不占用良田。

(2)工程使用土地必须符合国家有关土地管理、环境保护、水土保持等法规的要求，防止水土流失和环境污染。按工程设计内容和整治要求，由有关部门核定用地面积，以及将整治费、补偿费列入工程成本。

6.1 公路用地范围

公路用地范围为公路路堤两侧水沟外边缘（无水沟时为路堤或护坡道坡脚）以外，或路堑坡顶截水沟外边缘（无截水沟为坡顶）以外不小于 1m 范围内的土地；有条件的地段，高速、一级公路应不小于 3m 范围，二级公路应不小于 2m 范围。在风沙、雪害等特殊地质地带，设置防护设施时，应根据实际需要确定用地范围。桥梁、隧道、互通立体交叉、平面交叉、交通安全设施、服务设施、管理设施、绿化以及料场、苗圃等用地，应根据实际需要确定用地范围。

6.1.1 公路建设用地原则

(1)公路建设项目应根据公路建设的需要，综合考虑环境资源、资金等技术经济条件，本着科学、合理和节约用地的原则确定建设规模。

(2)公路建设项目用地应符合国家土地利用总体规划，重视农业生产的需要，应尽量利用荒地、劣地，少占用耕地，特别是基本农田保护区的土地。

(3)公路建设项目用地，应统筹规划，采取改地、造地、复垦等综合措施节约用地。

(4)路线应尽量绕避基本农田，在线路方案比选中应从技术经济方面论证项目用地的合理性。

(5)靠近城市或通过基本农田及经济作物区的高填路堤地段，应在技术经济比较的基础上，尽量考虑设置防护、桥梁等设施。

(6)路基、交叉工程土石方调配,尽量移挖作填和集中取弃土,并与改田、造地相结合,以减少施工方和取土坑、弃土堆用地。

(7)在环境与技术条件可能的情况下,应尽量降低路堤高度。

(8)为保护耕地,应优先考虑采用吹(填)砂或粉煤灰等填筑路堤,减少取土占地。

(9)对集中取弃土的取土场、坑和弃土场、堆,隧道弃渣给排水管网及其他地下工程用地,如仍能恢复使用的,可列为临时用地,并按国家有关规定进行复垦,恢复利用。

(10)公路工程通信、监控、供电系统的管线,在符合技术经济和安全的条件下,在公路用地范围内宜采用共沟架设方式。

(11)改建和扩建工程应充分利用老路,尽量减少新增用地面积。

(12)公路用地范围内,不得修建非路用建(构)筑物。

公路建设是在沿线征用国有土地和集体所有土地,征用土地及地上建筑物、构造物、附着物一般采用费用补偿安置方式。

6.1.2 公路路基用地

公路路基横断面设计(图 6-1)包括路基、边沟、碎落台、护坡道、填方或挖方边坡、截水沟等内容,公路用地范围应为两侧公路界碑范围内。

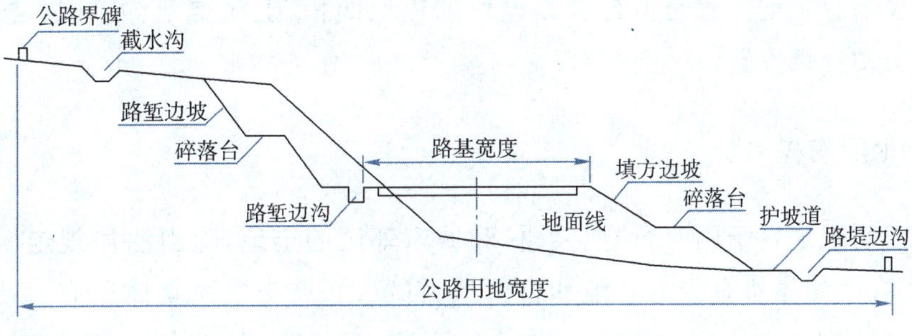

图 6-1　公路路基横断面设计示意图

6.1.3 桥梁、交叉、隧道工程用地

与公路配套建设的项目有公路桥梁、交叉工程、隧道等,用地面积根据相应的工程设计计算。

1.桥梁工程用地

主要是指大桥、特大桥的桥台、常水位以上河道宽度范围以外的上部构造面积。但不计算常水位以上河道宽度范围以内的上部构造用地及两岸桥头引道工程用地。

2.交叉工程用地

包括互通式立体交叉、分离式立体交叉。互通式立体交叉用地是指互通主线与匝道、匝道与匝道、匝道与被交叉公路范围所围区域,其中包括线路宽度范围内的收费广场用地;主线下穿的分离式立体交叉用地是指一定长度的被交叉公路,主线上跨的分离式立体交叉用地是指一定长度的改线被交叉公路。

3.隧道工程用地

主要由隧道洞口的接线段路基、洞门仰坡、分离式隧道路基及路基间三角区等用地组成。隧道洞内部分不计算工程用地。

6.1.4 公路沿线设施用地

为实施公路管理和养护，提供交通服务等设施，其用地面积根据管理、养护、服务房屋和服务设施设计计算。

(1)收费设施用地包括综合楼、生活楼、管理处(所)道路和停车场等。

(2)服务设施用地包括服务区、停车区范围内的占地面积。

(3)监控通信设施用地包括监控通信中心、监控通信分中心、监控通信所。

(4)养护设施用地是指养护工区房屋或道班房、机具停置场的占地面积。

6.2 补偿安置费

公路建设项目征地安置是依据公路设计的用地面积、土地类型、人口数，按照被征地的原用途给予费用补偿安置。

6.2.1 土地所有权

城市市区的土地属于国家所有。农村和城市郊区的土地，除由法律规定属于国家所有的以外，属于农民集体所有。宅基地和自留地、自留山，属于农民集体所有。就总体而言都属于国土，从形式上分为国有土地和集体土地两类。国有土地、集体土地可以依法确定分配给单位或个人使用。国家为了公共利益的需要，可以依法对国有土地、集体土地实行征用，国家实行占用耕地补偿制度。

6.2.2 征地补偿费

征地补偿费以“亩”为单位计算，其中包括土地补偿费、安置补助费、青苗补偿费三项内容。被征地农民安置途径有农业生产安置、重新择业安置、异地移民安置等，由公路沿线的当地政府根据实际选择安置途径予以安排。

被征土地可分为农用地、未利用地、重建地。农用地根据第一产业中的作用，主要可分成耕地、林地、湿地和草地、农用设施地。

1.耕地

耕地可处分为水田、旱土、菜地、鱼塘。有灌溉条件可种植水稻的耕地称为水田；无灌溉条件靠天然降水生长小麦、玉米、高粱等作物的耕地称为旱土；种植蔬菜的耕地称为菜地；专业养殖鱼虾(或附带灌溉)的称为鱼塘。耕地又可按土质优劣、日照时间长短、产量高低等划分为一、二、三类。

2.林地

林地可分为果园茶园、经济林地、其他林地。果园茶园是指平整成块、开沟成厢、成片培育种植的果树、茶园、桑植林地及苗圃;经济林地系指平整成块、成片种植规则的油茶、油桐、造纸用材等经济林木地;其他林地是指以生产木材、竹材为主要目的粗放种植的林地。林地可按自然条件、林木郁闭度等划分为一、二、三类。

3.湿地

湿地包括湖泊、水库。湖泊系指天然积水区(常水位线以下的面积)的低洼地;水库系指人工修建(总库容量大于10万m^3、常水位线以下的蓄水面积)的洼地。

4.其他设施地

其他设施地包括直接服务于农业生产的沟、渠、机耕道、田埂、水塘、堤坝等农田水利用地,公用设施(如道路、桥梁),公益事业(学校、医院、商业区、政府及相关机构等)用地,企业用地和村民宅基地。

5.未利用地(荒地)

未利用地包括荒山、荒地,是指目前还未利用的土地或难利用的土地。

征地分类及类别见表6-1所列。

征地分类　　表6-1

征地分类		类别	说明
耕地	水田	一	土壤肥沃、日照充足、自流排灌、旱涝保收、一年三熟或两熟的高产垅田
		二	土壤较肥沃、日照充足、灌溉条件好、旱涝保收、一年两熟或一熟的中产冲田
		三	土壤肥力低、灌溉条件差,靠降雨灌溉的中低产望天田、高岸田或新开荒的田
	旱土	一	地势平坦、土壤肥沃、平整成厢、日照充足,排灌条件好,旱涝保收
		二	地面坡度<15%、土壤肥沃、平整成厢、日照充足,灌溉条件较好
		三	地面坡度<25%、土壤、日照、灌溉条件一般的旱土或新开荒地
	菜地	一	阳光充足、土壤肥沃、灌排水沟交错、有园艺喷管设施或为大棚种植的专业菜地
		二	阳光充足、土壤肥沃、有水池、灌排水沟的菜地
		三	土壤、日照、灌溉条件一般的菜地
	鱼塘	一	有砌砖石或混凝土护坡,有砌砖石沟、渠可排灌水,有充氧设备
		二	有砌砖石沟、渠可排灌水,有一般养殖设备
		三	有土沟、渠自然排灌水,养殖设备不齐全

续上表

征地分类		类别	说明
林地	果园茶园	一	土壤肥沃、常年垦复、平整成块、开沟成厢、种植规则,水利自然条件好
		二	土壤较肥沃、常年垦复、平整成块、种植规则,水利自然条件较好
		三	土壤肥力低、常年垦复、平整成块、种植规则,水利自然条件一般
	经济林地	一	常年垦复、平整成块、开沟成厢、种植规则,水利自然条件好
		二	常年垦复、平整成块、种植规则,水利自然条件较好
		三	常年垦复、平整成块、种植规则,水利自然条件一般
	其他林地	一	人工成片造林地
		二	成片,林木郁闭度>60%,自然生长的用材乔木林地
		三	成片,林木郁闭度>30%,自然生长的灌木林地
湿地	湖泊		天然积水区,常水位线以下面积的低洼地
	水库		人工修建,总库容量>10 万 m^3,常水位线以下蓄水面积的洼地
其他用设施地	农业生产设施		沟、渠、机耕道、田埂、水塘、堤坝等农田水利用地
	宅基地		被征地面上的居民宅基地,公益事业的学校、医院、商业区、政府及相关机构等屋基地,企业厂房
	公用设施		道路、桥梁等用地一般情况下不征,作为改移还建工程处理
荒地	荒山、荒地		是指树木郁闭度<10%,生长杂草的土地

6.2.3 征地补偿标准

国家为进一步加强和改进征地补偿安置工作,合理利用土地,保护被征地农民合法权益,国土资源部下发了《关于完善征地补偿安置制度的指导意见》(国土资发[2004]238 号)。意见指导各省(市)制定统一年产值标准、统一年产值倍数、征地区片综合地价、土地补偿分配,要求土地补偿和安置补助费合计按 30 倍计算,尚不足部分由当地人民政府统筹安排。

公路建设项目的土地补偿费倍数一般为 8~16、安置补助费倍数一般为 6~14,按照年产值标准和年产值倍数关系计算土地补偿和安置补助费。

水田的年产值包括稻草、豆类和春夏秋季收获农作物的价值,旱土的年产值包括全年收获农作物的价值。

6.2.4 拆迁补偿费

公路建设项目拆迁安置是在公路设计用地范围内,测量被征地的地上建筑物、构造物、附着物的类型、数量,采用费用补偿安置。拆迁补偿费按照确认的数量、结构类型、使用性质计算。

公路建设被征地上的建筑物、构造物、附着物种类较多,包括生产、生活房屋,电力、电讯等设施等,见表 6-2 所列。

拆迁种类　　表 6-2

土地种类		类别	单位	说明
房屋	混凝土房	一	m^2	三层以上框架结构，全部钢筋混凝土，现浇（或预制）混凝土楼板、屋面
		二	m^2	全部钢筋混凝土结构，现浇（或预制）混凝土楼板、屋面
	砖混房	一	m^2	钢筋混凝土承重结构，砖墙，现浇或预制混凝土楼板，瓦屋面
		二	m^2	砖墙，钢筋混凝土预制小梁，现浇或预制混凝土楼板，瓦屋面
	砖木房	一	m^2	木柱屋架砌二四砖墙结构，瓦屋面
		二	m^2	木柱屋架一二砖墙结构，瓦屋面
	杂屋	一	m^2	全部一二砖墙，石棉瓦屋面
		二	m^2	砖砌或木柱，杉木皮或油毛毡屋面
	注：①房屋拆迁面积：平房、多层建筑按各层（外墙面）建筑面积计算，突出外墙面的柱、台阶、挑雨棚、出檐等部分不另计建筑面积；②有围护结构（或外走廊）可另计结构外围水平面积，楼梯不设室内而设在室外且有顶棚按水平投影计算全部建筑面积，无顶棚按水平投影计算一半建筑面积			
地坪	三合土地坪		m^2	m^2
	水泥地坪		m^2	m^2
	水磨石地坪		m^2	m^2
池	三合土池		m^3	厚 5cm
	砌砖池		m^3	水泥砂浆砌砖
	砌砖水泥面池		m^3	砌砖、水泥砂浆抹面
迁坟	土坟		冢	土堆
	水泥砂浆抹面坟		冢	三合土或水泥砂浆抹面，土围
	砌石坟		冢	混凝土堆，砌石围
围墙	土砖围墙		m^2	土筑或砌土砖
	青（红）砖围墙		m^2	二四眠墙、二四空斗墙
	水泥预制块围墙		m^2	水泥预制块砂浆砌筑
井	土井		m	直径 1.5m、深度 3m 以内
	砌砖石井		m	直径 1.5m、深度 8m 以内，井壁砌砖石厚 25cm

6.3　土地开发及税费

国家规定非农业建设经批准占用的耕地，按照“占多少，垦多少”的原则，由占用耕地的单位负责开垦与所占用耕地的数量和质量相当的耕地；没有条件开垦或开垦的耕地不符合要求的，应当按照省、自治区、直辖市的规定缴纳耕地开垦费，专款用于开垦新的耕地。

6.3.1 土地开发费

土地开发费用(或基金)项目见表6-3所列。

县级以上地方人民政府可以要求占用耕地的单位，将所占用耕地的耕作层土壤用于新开垦耕地、劣质地或其他土地的土壤。

6.3.2 税费

公路建设征地必须按照国家规定缴纳税费、管理费等，见表6-3所列。

征地开发费及税费项　表6-3

序　号	土地开发费	序　号	税　费
1	耕地开垦费	1	耕地占用税
2	新菜地建设基金	2	征迁管理费
3	森林植被恢复费	3	……
4	防洪保安基金		
5	水土流失防治费		
6	……		

6.3.3 免征项目

在各省(市)的公路建设项目一般被列为重点工程，个别征地开发费及税费项可以减或免，见表6-4所列。

征地开发费及税费减免项　表6-4

序　号	土地开发费	序　号	税　费
1	防洪保安基金(可免)	1	耕地占用税(可减)
2	新菜地建设基金(可免)	2	……
3	水土流失防治费(在建设项目中提出了防治方案可免)		
4	……		

6.4 公路用地指标

国家交通部编制，建设部、国土资源部批准的《公路建设项目用地指标》(建标[1999]278

号)，其中分为总体指标和单项指标，可参照施行。

6.4.1 基本规定

用地指标是编制、评估和审批公路建设项目可行性研究报告，确定建设项目用地规模的依据；是编制和审查初步设计文件，核定和审批建设项目用地面积的标准。公路建设项目用地总体指标按平原区、微丘区、山岭重丘区三类地形划分，并对应三类地形分为高、中、低三个层次。地形与层次划分原则见表 6-5 所列。

地形与层次划分　　表 6-5

地形划分		层次划分(指标适用条件)	
地形类别	解释		
平原区	指地形平坦，无明显起伏，地面自然坡度≤3°的地区	水网密集地区	高值
		其他地区	中值
		西北干旱地区	低值
微丘区	指起伏不大的丘陵，地面自然坡度>3°～≤20°，相对高差在 200m 以内的地区	水网密集地区	高值
		其他地区	中值
		西北干旱地区	低值
山岭重丘区	指地面自然坡度>20°，相对高差为 200～1 000m 的地区	其他地区	高值
		弱风化基岩，第四纪松散地层覆盖厚的地区	中值
		微风化或弱风化基岩地区	低值

6.4.2 公路用地总体指标

公路用地总体指标中分为公路建设项目用地指标和代征地指标，分别按照高速公路、一级、二级、三级、四级公路的设计速度和路基宽度标准编制。一般情况下公路建设项目用地由公路建设项目单位管理使用，代征地由公路管理部门管理使用。

公路建设项目用指标包括公路用地范围内的路基、桥涵、隧道、交叉、防护、沿线设施等用地面积，但不包括铺道、支线的用地面积。铺道、支线用地面积应根据其公路等级，按照公路用地单项指标另计。

公路建设项目用地总体指标以及公路公里为计量单位，以公路建设项目主线起点至终点的长度(若有隧道工程，应扣除隧道两洞口间的长度)乘以相应的用地指标，即为该建设项目的总体用地面积。公路用地总体指标见表 6-6 所列，每增减 1m 路基宽度指标见表 6-7 所列。

公路用地总体指标(hm^2/km)　　表 6-6

类型	公路等级 路基宽度(m) 地形类别		高速			一级			二级		三级		四级	
			28	26	24.5	26	24.5	23	12	10	8.5	7.5	6.5	4.5
公路建设项目征地	平原区	高	7.732	7.532	—	6.684	6.534	—	3.161	—	2.535	—	2.243	—
		中	7.400	7.200	—	6.434	6.284	—	3.042	—	2.505	—	2.183	—
		低	7.101	6.901	—	6.221	6.071	—	2.952	—	2.445	—	2.153	—
	微丘区	高	8.418	8.150	—	7.405	7.205	—	3.304	—	2.570	—	2.254	—
		中	8.068	7.800	—	7.134	6.935	—	3.118	—	2.540	—	2.195	—
		低	7.747	7.478	—	6.892	6.693	—	3.021	—	2.481	—	2.177	—
	山岭重丘区	高	—	—	9.687	—	—	7.954	—	4.178	—	3.122	2.844	2.446
		中	—	—	8.878	—	—	7.438	—	3.873	—	2.921	2.684	2.286
		低	—	—	7.882	—	—	6.949	—	3.566	—	2.718	2.523	2.125
代征地	平原微丘区		0.102			0.072			0.034		0.027		0.024	
	山岭重丘区		0.103			0.084			0.046		0.033		0.032	

每增减 1m 路基宽度指标(hm^2/km)　　表 6-7

地形类别	高速公路	一级公路
平原区	0.100 0	0.100 0
微丘区	0.134 1	0.132 9
山岭重丘区	0.199 4	0.199 0

6.4.3 公路用地单项指标

公路建设项目可按路基工程、大桥工程、交叉工程、隧道工程、沿线设施单项指标编制用地数量。

1.路基工程用地指标

路基工程用地指标主要包括路基、护道、排水和防护、中小桥梁、涵洞等工程项目用地，但不包括特殊地质和地形需增加的路侧用地，不包括种植多行林带、线外设施的用地，应根据实际情况确定用地宽度。路基工程用地指标以路基公里为计量单位，路基长度中不包括大桥、特大桥、隧道、互通式立体交叉、分离互通式立体交叉长度。

平原微丘区的路基工程用地指标是根据表 6-8 路基平均填挖高度计算。公路用地总体指标见表 6-9 所列，每增减 1m 路基宽度指标见表 6-10 所列，每增减 1m 路基填挖高度调整指标见表 6-11 所列。

路基平均填挖计算高度(m) 表 6-8

地　形	高速公路	一级公路	二级公路	三级公路	四级公路
平原区	3.6	3.6	1.3	1.1	0.8
微丘区	4.4	4.4	2.0	1.4	1.1

公路用地总体指标(hm^2/km) 表 6-9

类型	公路等级 / 路基宽度(m) / 地形类别		高速			一级			二级		三级		四级	
			28	26	24.5	26	24.5	23	12	10	8.5	7.5	6.5	4.5
路基工程征地	平原区	高	5.560	5.360	—	5.360	5.210	—	3.154	—	2.524	—	2.234	—
		中	5.440	5.240	—	5.240	5.090	—	3.034	—	2.494	—	2.174	—
		低	5.320	5.120	—	5.120	4.970	—	2.944	—	2.434	—	2.144	—
	微丘区	高	6.512	6.253	—	6.253	6.060	—	3.298	—	2.559	—	2.243	—
		中	6.354	6.094	—	6.094	5.901	—	3.111	—	2.529	—	2.184	—
		低	6.194	5.936	—	5.936	5.742	—	3.013	—	2.470	—	2.166	—
	山岭重丘区	高	—	—	8.260	—	—	6.921	—	4.191	—	3.110	2.836	2.358
		中	—	—	7.573	—	—	6.496	—	3.884	—	2.909	2.676	2.196
		低	—	—	6.648	—	—	6.070	—	3.575	—	2.706	2.515	2.036
代征地	平原微丘区		0.102			0.072			0.034		0.027		0.024	
	山岭重丘区		0.103			0.084			0.046		0.033		0.032	

每增减 1m 路基宽度调整指标(hm^2/km) 表 6-10

地形类别	高速、一级公路	地形类别	高速、一级公路
平原区	0.100 0	山岭重丘区	0.206 0
微丘区	0.136 0		

每增减 1m 路基填挖高度调整指标(hm^2/km) 表 6-11

地形类别	高速、一级公路	地形类别	高速、一级公路
平原区	0.300 0	微丘区	0.418 7

2. 大桥工程用地指标

大桥工程用地指标可按下式计算。列式中不包括桥头公园等景观工程的用地面积，需要时应根据实际情况另计。

$$S = kB(L - l)/10\,000$$

式中：S——大桥工程用地面积；

k——大桥工程用地综合系数，见表6-12所列；

B——桥梁上部构造的建筑宽度(m)，上、下行桥梁包括中间带宽度；

L——桥梁长度(m)；

l——河道常水位时的水面宽度。

大桥工程用地综合系数　　表6-12

地　形	桥梁分类	高速公路	一级公路	二级公路	三级公路	四级公路
平原微丘区	大桥	1.101	1.161	1.293	1.326	1.407
	特大桥	1.032	1.077	1.153	1.160	1.160
山岭重丘区	大桥	1.149	1.182	1.319	1.390	1.462
	特大桥	1.053	1.098	1.161	1.169	1.169

3. 交叉工程用地指标

高速公路互通式立体交叉的用地面积计算，需要考虑主线、被交公路等级和宽度、选用的立体交叉形式、地形和地物影响等因素较多。因此在设计互通式立体交叉之前估算其用地面积，与设计后计算的用地面数量比较将会有较大的偏差。一般情况下，拟建互通式立体交叉的用地数量是在已有的互通式立体交叉资料中类比计算，表6-13列举了单喇叭型、双喇叭型互通式立体交叉的用地指标。用地指标分高、中、低层次，分别表示受地形影响较大、受地形影响一般、不设匝道收费站。

高速公路互通式立体交叉用地指标(hm²/座)　　表6-13

互通形式		单喇叭型					双喇叭型	
交叉肢数		三			四		四	
主线	路基宽度	28	26	24.5	26	24.5	26	24.5
	长度	1 000m						
被交公路	公路等级	二级					一级	
	路基宽度	12	12	12	12	12	26	24.5
	长度	1 000m						
用地指标	高	14.38	14.11	13.91	24.44	24.24	41.85	41.44
	中	12.71	12.44	12.24	22.44	22.24	36.91	36.50
	低	11.38	11.11	10.91	17.88	17.57	30.98	30.57

分离式立体交叉的用地指标按1.896hm²/座计算。一般情况下考虑被交公路为二级公路的工程规模(表6-14)，被交其他等级公路的用地指标可不予调整。

分离式立体交叉建设工程规模　　表 6-14

被交叉公路等级	二　级	被交叉公路等级	二　级
被交叉公路长度(m)	600	被交叉公路宽度(m)	12.00

通道的用地指标按 0.106hm²/座计算，其指标适用于汽车式通道。一般情况下考虑被交公路为四级公路的工程规模(表 6-15)，被交其他等级公路的用地指标可不予调整。

计算通道用地指标的工程规模　　表 6-15

被交叉公路等级	四　级	被交叉公路等级	四　级
被交叉公路长度(m)	100	被交叉公路宽度(m)	7.00

4. 隧道工程用地指标

隧道进出口路基接线段高、中、低三个层次，是依据路基最大挖深为条件划分(表 6-16)，隧道工程进出口路基接线段用地指标见表 6-17 所列。分离式隧道路基及路基间三角区用地指标见表 6-18 所列，其中高、中、低三个层次划分条件与公路用地总体指标层次划分相同。

隧道用地指标的高、中、低层次划分　　表 6-16

层次分类	隧道进出口路基最大挖深(m)	层次分类	隧道进出口路基最大挖深(m)
高	>20	低	<10
中	10～20		

隧道工程进出口接线段用地指标(hm^2/km)　　表 6-17

围岩类别	高速公路			一级公路			路基标准宽度每增减 1m
	路基标准宽度 24.5m						
	24.5m			23m			
	高值	中值	低值	高值	中值	低值	
I	15.393	14.000	12.789	14.006	13.158	11.949	0.0832
II	13.790	13.090	11.726	13.072	12.193	10.991	
III	11.681	10.798	9.602	11.151	10.266	9.074	
IV	11.149	10.260	9.072	10.672	9.786	8.596	
V	11.149	10.260	9.072	10.672	9.786	8.596	
VI	10.617	9.731	8.540	10.191	9.328	8.115	

分离式隧道路基及路基间三角区用地指标(hm²/km)　　表 6-18

围岩类别	高速公路			一级公路			路基标准宽度每增减 1m
	路基标准宽度						
	2×12.25m			2×11.25m			
	高值	中值	低值	高值	中值	低值	
I	11.986	11.309	10.208	10.004	9.684	9.359	0.206
II	11.524	10.733	9.733	9.520	9.119	8.807	
III	10.536	9.788	8.874	8.665	8.296	7.888	
IV	10.291	9.542	8.637	8.466	7.997	7.664	
V	10.291	9.542	8.637	8.466	7.997	7.664	
VI	9.942	9.299	8.320	8.273	7.797	7.521	

5.沿线设施用地指标

沿线设施用地主要包括收费设施、服务设施、监控通信设施、养护设施的用地。

①收费设施主要是指收费站必要的综合楼、生活楼、道路和停车场等。收费设施分主线收费站和匝道收费站两类，工程建设规模见表 6-19 所列，其中高限值适用于 6 车道公路，低限值适用于4 车道公路。收费设施的用地指标，是由收费车道数、建筑面积等因素确定，用地指标见表 6-20 所列。

收费设施工程建设规模　　表 6-19

收费设施类型	收费车道数(条)	建筑面积(m²/座)	每增减一个收费车道
主线收费站	12	1 500～1 700	100
匝道收费站	6	800～1 000	

收费设施用地指标(hm²/座)　　表 6-20

收费设施类型	用地指标	每增减一个收费车道
主线收费站	0.866 7～1.000 0	0.041 7～0.046 7
匝道收费站	0.333 3～0.466 7	

主线收费站的收费广场及过渡段用地指标见表 6-21 所列，指标中已扣除主线行车道及中间带宽度范围内的用地数量。

主线收费站的收费广场及过渡段用地指标（hm^2/处）　　表 6-21

公路等级	行车道宽度及中间带宽度(m)	收费车道数		收费广场及过渡段用地指标	每增减一个收费车道调整指标
高速公路	2×15+4.5	6	13	2.160	0.145
	2×11.25+4.5	5	11	1.578	0.119
	2×7.5+4.5	4	7	0.676	0.086
	2×7.5+3.5			0.700	0.087
	2×7.5+2.5			0.724	0.088
	2×7.0+2.5			0.749	0.089
一级公路	2×7.5+3.0	3	5	0.339	0.071
	2×7.0+2.5			0.371	0.071
二级公路	9.0	3	3	0.258	0.601
	7.0			0.287	0.063

②高速、一级公路沿线可按一定间距分别设置服务区或停车区两类服务设施，工程建设规模见表 6-22 所列，其中高限值适用于 6 车道公路，低限值适用于 4 车道公路。服务设施用地指标见表 6-23 所列。

服务设施建设规模　　表 6-22

服务设施类型	建筑面积（m^2/处）	设置间距(km)
服务区	5 500～6 500	50
停车区	1 000～1 500	25

服务设施用地指标（hm^2/处）　　表 6-23

服务设施类型	用 地 指 标	服务设施类型	用 地 指 标
服务区	4.000 0～5.333 3	停车区	1.000 0～1.200 0

③监控通信设施工程建设规模见表 6-24 所列，监控通信设施用地指标见表 6-25 所列。

监控通信设施工程建设规模　　表 6-24

监控通信设施类型	建筑面积（m^2/处）	设 置 间 距
监控通信中心	8 000	每个省(市)设一处
监控通信分中心	3 000～4 000	每路设一处
监孔通信所	800～1 200	50km

监控通信设施用地指标（hm^2/处）　　表 6-25

监控通信设施类型	用 地 指 标	监控通信设施类型	用 地 指 标
监控通信中心	2.000 0	监控通信所	0.333 3～0.666 7
监控通信分中心	1.333 3～1.666 7		

④养护设施工程建设规模见表6-26所列，养护设施用地指标见表6-27所列，表中道班房主要用于二级、三级、四级公路，高限值适用于二级公路，低限值适用于三级、四级公路。

监控通信设施工程建设规模　表6-26

养护设施类型	建筑面积(m^2/处)	设置间距(km)
养护工区	1 200～1 500	40
道班房	500～800	30

监控通信设施用地指标(hm^2/处)　表6-27

养护设施类型	用地指标	养护设施类型	用地指标
养护工区	0.666 7～1.000 0	道班房	0.300 0～0.500 0

6.5 公路建设临时用地

临时工程服务于公路建设项目主体工程，在公路建设过程是必然发生的。因此，在公路建设资金中，应按工程设计计列必要的临时用地费用。

6.5.1 临时工程种类

为进行主体建筑安装工程施工，施工中必须使用临时场地和修建生产和生活用的建筑物、构造物，其中包括便道、便桥、路基土石方借土场、弃土场、堆料场、拌和场、施工企业驻地房屋和道路及仓库等。

6.5.2 临时用土补偿

公路用地总体指标、单项指标中不包括临时工程用地，其使用的土地面积必须根据建设工程的需要进行计算，并与当地政府签订临时用地协议，按有关规定给予临时用地补偿费、青苗补偿费、拆迁补偿费。

6.5.3 临时用土使用期

临时用地的使用期一般与公路建设期相同，使用期满后，公路建设项目单位负责复垦，如没有条件复垦应按有关规定支付临时用地复垦费。

第七章 工程造价

公路建设项目设计始终经历一个由粗到细、由浅入深的阶段，一般为工程可行性研究报告到初步设计到施工图设计的三个过程，应始终遵循技术标准、规范和沿线的实际情况确定路线方案和桥梁及隧道方案。公路建设项目由技术标准确定建设规模，复杂庞大，项目前期工作和实施施工等各阶段都在不同程度地分析建设项目造价，不同阶段针对大致相同的工程内容用不同的要求和方法，编制各阶段造价文件。

7.1 建设项目前期工作

建设项目前期工作主要包括公路网规划、工程可行性研究、工程勘察设计三个步骤。

7.1.1 公路网规划的概念

公路网规划是公路建设中一项重要的前期工作，是制订公路建设中长期规划、选择建设项目的主要依据；是确保公路建设合理布局，有秩序和协调发展，防止建设决策和布局随意性、盲目性的重要手段。公路网规划的主要任务是进行OD调查，剖析、评价现有公路状况，根据客货流分布特点、发展态势及交通量、运输量的生成及变化特征，提出规划期内公路发展的总目标和大布局；公路网规划划分不同路线的性质、功能及技术等级，拟定主要路线的走向和主要控制点，列出分期实施的建设序列，提出确保实施规划目标的政策与措施，科学地预测发展需要。

7.1.2 公路工程建设内容

公路工程建设内容按任务与分工不同，分为能够实现固定资产简单再生产的维修保养，公路各部位寿命周期内固定资产需要更新的大中修（或技术改造），基本建设固定资产新投入（或再投入）三个方面，如图7-1所示。

公路工程建设内容
- 维修保养
- 大中修
- 基本建设
  - 新建
  - 扩建
  - 重建

图7-1　公路工程建设内容

7.1.3 公路基本建设项目

公路项目建设是将投资转化为固定资产的过程。建设项目（图7-2）具有特定的对象和建设规模，有一定的时间限制，有技术经济性和资金限制的要求，建设项目是一次性设计和实施，具有庞大性、复杂性和系统性，有新技术、新工艺要求。公路建设项目在满足使用功能和安全要求的前提下，应是资源节省与环境相协调。

- 公路基本建设项目
  - 投资再生产性
    - 新建
    - 扩建
    - 重建
  - 建设资金筹措
    - 国家投资
    - 银行贷款
    - 企业投资
  - 项目使用功能
    - 高速公路——汽车专用主干道
    - 一级公路——疏散交通干道
    - 二级公路——区域干线公路
    - 三级公路——区间农村公路
    - 四级公路——通村公路
  - 行政隶属关系
    - 国道
    - 省道
    - 县道

图 7-2　公路基本建设项目

7.1.4 基本建设项目前期工作程序

公路基本建设前期工作程序包括以下 5 个方面的内容：

①根据规划，进行预可行性研究，编制项目建议书和估算。本阶段是建设项目前期工作中的第一个环节，是投资决策前对拟建项目的轮廓设想，是推荐一个拟建项目的初步说明。预可依据国民经济与社会发展长远规划、路网规划和地区规划，通过踏勘和调查，对拟建项目的规模、技术标准提出建议，按路线长度、路基宽度编制估算，并论述项目建设的必要性、条件的可行性和获得效益的可能性。

②根据批准的项目建议书进行工程可行性研究，编制工程可行性研究报告和估算。本阶段是在项目决定兴建之前，对国家的产业政策、国民经济长期发展规划、地区经济与社会发展规划及综合运输体系、路网状况，对建设项目的地位和作用，建设条件，环境保护、社会经济效益等，进行全面的调查分析和经济评价，就建设项目的必要性、技术可行性、经济合理性和实施的可能性方面进行综合研究。通过踏勘和调查（1∶10 000 地形图）拟定多个（大）方案比较，确定起终点和走廊带、技术标准、建设规模、工程投资（按主要工程量编制）和资金筹措方案等提出论证报告。工程可行性研究报告一经批复则视为项目立项，投资估算则是经济评价的计算基数和控制初步设计概算的依据。

③根据批准的工程可行性研究报告，编制初步设计文件和概算。本阶段是通过外业导线、水准点测量和水文、地质等初勘，根据工可确定的路线起终点、技术标准、建设规模，在 1∶2 000地形图工可拟定的走廊带范围内进行平、纵、横设计（作局部方案比较），拟定公路修建原则，制订设计方案，计算主要工程量，提出施工方案意见，提供文字说明及图表资料，编制设计概算。初步设计概算如超过工可估算的 10%或有其他主要技术指标需要变更时，主管部门将要求重新编制和报批工可报告。公路工程初步设计一经批复，其概算为工程建设的最高限额。

④根据批准的初步设计文件，编制技术设计文件（技术难度大的特殊情况下进行）和修

正概算。本阶段是根据批准的初步设计资料，通过外业补充的勘测资料，对重大、复杂的技术问题进行科学实验、专题研究，加深勘探调查及分析比较，解决初步设计中遗留问题，落实技术方案，修整施工方案，计算主要工程数量，编制修正概算。公路工程技术设计一经批复，其修正概算为工程建设的最高限额。

⑤根据批准的初步设计或技术设计文件，编制施工图设计文件和预算。本阶段需要进行外业平、纵、横实地测量和水文、地质等详勘定测，根据批准的初步设计（或技术设计）和定测资料，进一步审定修建原则，确定技术措施，细化工程设计并提出详细的施工方案，绘制详细的设计图和工程数量表，编制施工图预算。

7.1.5 公路建设项目实施程序

公路建设项目实施程序包括以下6个方面的内容：

①根据批准的施工图设计文件，编制项目招标文件。

②根据批准的项目招标文件、资格预审结果和公路建设计划，组织项目招标投标。

③根据国家有关规定，进行征地拆迁等施工前准备工作，编制项目开工报告。

④根据批准的项目开工报告，组织项目实施。

⑤项目完工后，编制竣工图表和工程决算，办理项目验收。

⑥竣工验收合格后，组织项目后评价。

项目实施阶段是对建设项目进行科学管理，合理的组织，监督和协调，有效的使用人力、物力和财力，节约资源。项目实施通常采用招投标方式选择施工单位。施工结算是按工程量清单项目计量，以及按计量支付细则要求进行。施工期间的结算通常称为中期支付，最终结算称为终期支付。项目竣工验收前，需按要求编制竣工图文件和竣工决算。

7.2 工程造价管理

随着公路建设项目前期工作的不断深入，经过各阶段线路总体方案和局部方案（和路基、路面、桥梁、隧道等方案）设计和进一步作技术经济比较与优化，各阶段的工程实物量将相继发生有增有减的变化。尽管如此，造价文件较全面地记载同一项目各阶段设计工程量对应的计价内容，用资金投入态势实质性地表现建设工程造价。由此说明前期工作确定建设工程方案和造价，工程可行性研究报告阶段编制的估算表现为粗拟造价，初步设计阶段编制的概算表现为控制造价，施工图设计阶段编制的预算表现为最终造价。

技术与经济的关系互为补充，一方面是从路网规划的宏观管理上需要选择技术标准，另一方面从工程经济性上需要最终确定技术标准和工程方案。经过优化的工程和合理的工程计价方法，其下阶段与上阶段造价比较，一般是呈递减趋势。总的说来设计方案一经确定，工程实物量就客观存在，由工程实物量体现建设规模，由工程造价反映投资规模。工程造价管理从建设项目立项开始，到设计审查、审批，到施工招标及实施，直至竣工验收都相应存在造价管理，具体体现在公路规划、设计、施工三个阶段。就工程造价管理而言，表现为工程投资的价格管理和工程费用管理两大内容。

7.3 工程计价依据

公路工程技术标准(JTG B01—2003)和规范代表了国内公路工程设计与施工的先进技术和先进水平，是公路工程建设的行业标准，体现了安全、环保以及以人为本的指导思想和建设理念，是必须遵守的准绳。公路工程技术标准和规范是设计的依据，直接指导工程计价。

7.3.1 计价办法

计价办法是根据国家税费政策、工程技术标准、工程建设程序和内容等制定，现行公路工程估算编制办法、公路工程概算预算编制办法、清单计量规则符合国家有关规定，能够准确地指导项目建设各阶段工程计价，为目前公路建设项目工程计价的依据。计价办法主要包括计价规则和计价程序，还包括工料机消耗以外的其他费用需要的计价标准(如其他工程费、间接费计算标准)，建筑安装工程费以外的工程建设其他费用(如建设项目管理费、前期工作费等)。在计价办法中用以规定比例数计算某项工程费用，这些比例数称为费用定额。计价办法中还规定了人工费单价的计算规定。

7.3.2 计价定额

工程计价采用的定额是指在正常施工条件下，完成规定计量单位的符合国家技术标准和规范(包括设计、施工、验收等技术规范)和计量评定标准，并反映了一定时期施工技术和工艺水平所必要的工料机消耗量的额定标准。一般情况及在一定时期内，工料机消耗量定额相对稳定。由于各阶段(设计与施工的时间先后)深度不同，方法和参数也就不一样，引起工程内容归并也不同，则确定的计价定额和规则有所不同。公路工程施工定额是编制公路工程预算定额的基础，指导施工计时、计件；预算定额是编制施工图预算、清单预算、投标报价的依据，又是编制公路工程概算定额的基础；概算定额是编制初步设计概算、修正设计概算的依据，又是编制公路工程估算指标的基础；估算指标是编制工程可行性研究报告估算的依据，又是编制公路工程综合指标的基础；综合指标是编制工程预可行性研究报告估算的依据。

7.3.3 工程设计文件

公路建设项目的工程设计是依据技术标准和规范，利用地形通过勘察和设计的一项(包括成熟的)技术产品，或多或少地进行了内部的方案和技术经济比较论证，再经决策部门组织评审，反复论证，得到补充完善后，工程设计才能是合格的产品，才被称为设计文件，是工程计价的依据。

7.3.4 施工方案与施工组织设计

工程设计需要对特殊结构以及新技术、新工艺、新材料提出技术要求，由设计单位作技术交底。对于路基滑坡处治、桥梁深水基础等大型施工方案，由建设单位组织施工调查，拟定施工方案，进行施工组织设计，经过决策部门技术评审后的文件，是工程计价的依据。对于一般工程，遵从设计图纸中提出的施工方案或依据施工组织设计提出的方案进行计价。

7.4 计量计价规则

工程实物需要计价必然需要计量，工程计价原则中包含了全部工程量计算规则内容，故称为计量计价规则。其规则仍然由公路工程技术标准和规范、工程设计和施工方案作指导，虽在现行工程定额说明及备注中有一部分规定，但仍需要工程技术和工程经济人员在实践中充分意识技术标准和规范、工程设计和施工方案的内涵，从无形到有形地充实计量计价法则，从总体上把握国家相关规定和经济政策，保证计价依据、计量计价规则的准确性，要特别注重工程技术与经济相结合的原则。

7.5 工程计价内容

工程造价是工程技术与经济相结合的价格计算，客观地容纳了工程方案和工程计量，各阶段造价及时地、本原地反映设计内容和工程价格，分别起到预测和控制作用，起到评价工程方案和经济效果的作用。

7.5.1 分部计价

公路工程估算、概算、预算中的总投资费用均由建筑安装工程费、设备及工器具购置费、工程建设其他费用、预备费 4 个部分组成。招标清单预算中的费用组成内容主要包括对应工程预算中的建筑安装工程费、设备及工器具购置费部分、专项暂定金、不可预见费等。

7.5.2 项目节计价

公路建设项目的建筑安装工程内容分为单位工程、分部工程、分项工程三个层面，分别与计价模式的项、目、节相对应，建筑安装工程费组成内容如图 7-3 所示。

7.5.3 分项工程计价

路基工程是建筑安装工程中的一项单位工程，其中包含土石方工程、排水设施、防护工程、特殊路基处理4项分部工程。分部工程中又包含了若干个需要计价的分项工程，无论项目大小分项工程都有发生，它是工程的实体。例如工程概算的土石方工程中包含了土方、石方、土和石方压实等分项工程。分项工程是工程计价的最小单元，是对应子目（项）费用的合计。公路工程采用实物量计价法，即为实物工程数量乘以工程定额，再按计价办法计取其他直接费、现场经费、间接费。实物量计价法也可称为定额计价法。分项工程费计算必须完全包含符合设计要求的工程内容所需的全部费用，是公路工程造价的基本组成部分，是工程造价中一项繁杂的工作，分项工程费用组成内容如图7-4所示。

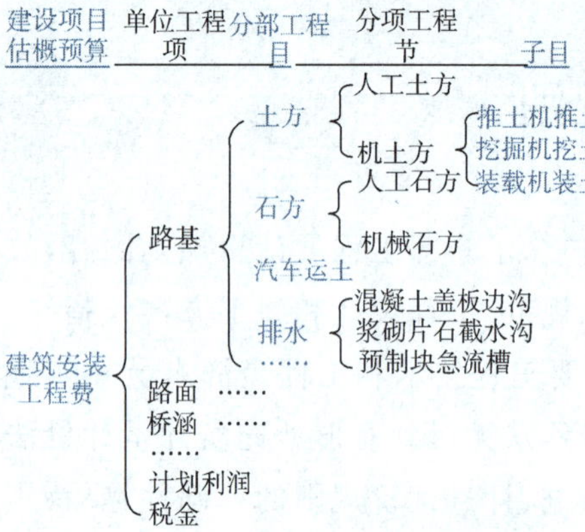

图7-3 建筑安装工程费组成

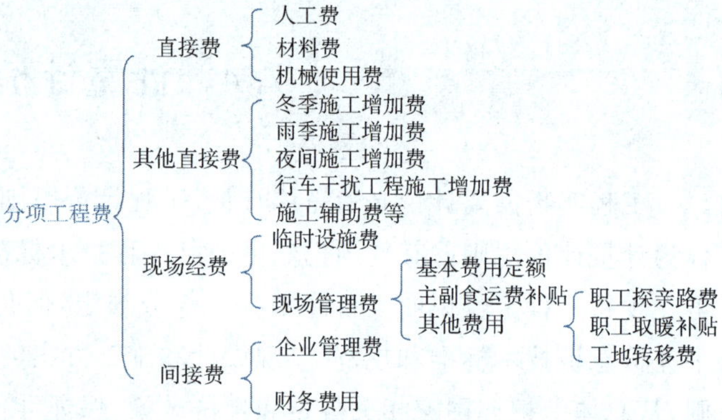

图7-4 分项工程费用组成

一般情况分部工程是按工程结构、施工工艺划分。例如桥梁施工中的上、下部工程可分为两个分部工程；分项工程是按工程部位、施工方法（和材料、工序）划分，例如桥梁施工中的下部工程可分为基础、桥墩、盖梁三个分项工程。一个阶段造价的若干分部、分项工程内容繁多，相同施工部位的工程内容在估算、概算、预算中又存在计价的差异。因此，应更多地掌握施工方法，掌握不同设计阶段的工程计价内容，是工程造价的关键。

公路建筑安装工程费的计价包括设计图表中的全部内容，即针对路基、路面、桥涵、交叉、隧道工程、其他工程及沿线设施等内容的计价。

7.6 工程造价指标

工程技术主要以技术为特征，它的另一个特征就是工程的经济性，用以经济效果体现工程技术的生命力。工程技术生存在自然科学环境和经济环境中，技术是重要的条件和手段，经济是技术的物质基础。工程建设是经济事件，不能脱离方案的合理性与经济效果的评价。公路建设项目技术方案和经济效果评价，是在各阶段方案的优化和技术经济指标的预测分析过程中进行。项目前期工作的过程就是寻求最佳工程方案的过程，采取循序渐进的方法，发挥工程技术与经济分析的作用，以获取最佳技术与经济效果，充分体现公路、桥梁和隧道等设计安全、工程优化、确定对环境的最小破坏和最经济的工程造价。因此，技术经济指标是核准工程造价的基础，它具有多层次宏观和微观、前期和后期的立体性、指导生产的实用性、分析内容的定量性、经济效果的对比性等作用。

技术经济指标在各阶段设计中比比皆是，同时对应存在工程量指标，即以工程量大小表现工程规模。总结归纳起来工程的经济性可由两组数据体现：一是标志单位工程价格特征的技术经济指标；二是标志实物单位数量特征的工程量指标。在每个建设项目各设计阶段不同的时期中，工程造价都在进行工程量指标和技术经济指标的分析，在其分析过程中可大量的借鉴和类比同类工程（横向）、前后阶段（纵向）的工程量指标和技术经济指标进行分析比较，才能得出最有效的分析结果。工程经济分析需要一个完整的指标体系，从某种意义上讲技术经济指标不能孤立地存在，必然内含技术指标、工程量指标、材料价格等内容，广泛地体现工程技术和工程价值的两个方面。但由于公路工程的复杂性和所处地域不同，技术经济指标的应用不能成为标准化的指数，只能认同为相对数借以模仿和比拟。

7.6.1 工可估算指标

公路工程可行性研究报告阶段包括推荐方案和技术经济比较方案的工程内容，根据技术标准、沿线地形、地质条件进行工程设计，同时参考以往其他项目的工程设计图纸（初步设计、施工图设计），估算拟建项目工程数量。工可阶段所含工程内容全面，但工程量概括性和综合性强，造价指标应用较多，建筑安装工程主要综合土和石方工程、排水设施、防护工程、特殊路基处理，以及路面、桥梁和涵洞、隧道、交叉工程、沿线设施、安全和服务设施、支线工程等项内容。

估算计量计价规则为：路基建筑以土石方的开挖方＋借方为计价方，不考虑松方压实系数计价，土石方远运距离较大时适当增加运输费用；砌石、混凝土圬工按实体结构计量计价，隧道、一般桥梁工程按面积平方米计价；钢筋工程作为材料消耗量综合在结构物定额中一并计价，如隧道洞身的混凝土衬砌所需钢筋用量已综合在定额中；其他工程（包括零星工程、清除场地、绿化工程、临时工程等）以费用定额取费方式计价。

工可估算的造价指标（表 7-1～表 7-3）主要表现在分部工程、单位工程上，不存在分项工程造价指标，所以编制的内容中只要有错误，影响程度较大，故除分析造价指标以外，还应在建设项目的实际情况等各个方面进行把握。

高速公路工可（估算）造价指标（路基宽度 26m）　　表 7-1

项目	工程或费用名称	单　位	工 程 内 容	工程量指标	技术经济指标
	第一部分—建筑安装工程				
一	路基工程	公路公里			
1	土方	m^3	土方开挖，石方开炸，运输、填筑及碾压，零星工程等；其中包括互通主线土石方工程量	扣桥隧后每公里 10～20 万 m^3	18 元/m^3
2	石方	m^3			42 元/m^3
3	排水与防护	m^3	挖基，砌石，混凝土现浇、预制和安装，其他排水与防护；砌石与混凝土圬工各占一定比例	扣桥隧后每公里 4～8 千 m^3/km	300 元/m^3

续上表

项目	工程或费用名称	单　位	工 程 内 容	工程量指标	技术经济指标
4	特殊路基处理	公路公里	软土处理、高路堤和深路堑的处治措施		
	软土处理	km	塑料排水板、袋装砂井、振冲桩、抛石挤淤，碎(砾)石垫层，坡脚防护等	1km	每公里280～360万元
二	路面	m^2			
1	水泥混凝土路面	m^2	中央分隔带，路面排水，路面垫层、基层、水泥混凝土面层	22.5m^2/m	280元/m^2
2	沥青混凝土路面	m^2	中央分隔带，路面排水，路面垫层、基层、沥青混凝土面层	22.5m^2/m	310元/m^2
三	桥梁涵洞	公路公里			
1	涵洞	m/道	挖基，基础，洞身，洞口铺砌，钢筋工程，拱盔支架等	46m/道	92 000元/道
2	跨径大于20m中桥及大桥	m/座			
	预应力混凝土空心板桥	m/座	围堰，挖基，下部和上部结构，桥面系，桥头搭板，钢筋工程，桥梁支架，桥台锥坡等	26m^2/m	59 000元/m
	预应力混凝土T形梁桥	m/座	围堰，挖基，下部和上部结构，桥面系，桥头搭板，钢筋工程，桥梁支架，桥台锥坡等	26m^2/m	64 000元/m
	预应力混凝土箱形梁桥	m/座	围堰，挖基，下部和上部结构，桥面系，桥头搭板，钢筋工程，桥梁支架，桥台锥坡等	26m^2/m	66 000元/m
3	特大桥(连续箱梁结构)	m/座	围堰，挖基，下部和上部结构，桥面系，桥头搭板，钢筋工程，桥梁支架，桥台锥坡等	26m^2/m	15.8万元/m
四	隧道	公路公里	洞口工程，隧道开挖、出渣，辅助工程措施，喷锚支护、二次衬砌，防排水，装饰工程、隧道路面、通风消防照明等	10.5m^2/m	76 000元/m
五	交叉工程及沿线设施	公路公里			
1	交叉工程	处			

续上表

项目	工程或费用名称	单　位	工 程 内 容	工程量指标	技术经济指标
	互通		不含互通范围的主线工程量		
	枢纽互通	处	跨线桥、匝道、被交道		3 000 万元/处
	单喇叭互通	处	跨线桥、匝道、被交道		1 200 万元/处
	分离式立体交叉	处	跨线桥、被交道	$10m^2/m$	20 000 元/m
	通道	道	涵洞式、小桥式	$4m^2/m$	25 万元/道
	天桥	座	人行天桥、车行天桥、渡槽式	$4.5m^2/m$	35 万元/座
2	安全设施	公路公里	护栏、交通标志、标线、隔离栅、桥梁护网、防眩设施、轮廓标和活动护栏等		110 万元/km
3	服务管理设施	公路公里	通信、监控、供电、收费等设备安装，收费、服务、管理房屋，通信、供电线路及管道安装		85 万元/km
4	支线工程	km			

二级公路工可(估算)造价指标(路基宽度 12m)　　表 7-2

项目	工程或费用名称	单　位	工 程 内 容	工程量指标	技术经济指标
	第一部分—建筑安装工程				
一	路基工程	公路公里			
1	土方	m^3	土方开挖，石方开炸，运输、填筑及碾压，零星工程等	每公里 2.5～6 万 m^3	16 元/m^3
2	石方	m^3			36 元/m^3
3	排水与防护	m^3	挖基，砌石，其他排水与防护	每公里 1.6～3.6 千 m^3/km	190 元/m^3
4	特殊路基处理	公路公里			
	软土处理	km	塑料排水板、袋装砂井、振冲桩、抛石挤淤，碎(砾)石垫层，坡脚防护等	1km	110 万元/km
二	路面	m^2			
1	水泥混凝土路面	m^2	垫层、基层、水泥混凝土面层	$10.5m^2/m$	150 元/m^2
2	沥青混凝土路面	m^2	垫层、基层、沥青混凝土面层	$10.5m^2/m$	180 元/m^2
三	桥梁涵洞	公路公里			
1	涵洞	m/道	挖基，基础，洞身，洞口铺砌，钢筋工程，拱盔支架等	24m/道	42 000 元/道
2	跨径大于 20m 中桥及大桥	m/座			

续上表

项目	工程或费用名称	单　位	工 程 内 容	工程量指标	技术经济指标
	预应力混凝土空心板桥	m/座	围堰，挖基，下部和上部结构，桥面系，桥头搭板，钢筋工程，桥梁支架，桥台锥坡等	$12m^2/m$	28 000 元/m
	预应力混凝土T形梁桥	m/座	围堰，挖基，下部和上部结构，桥面系，桥头搭板，钢筋工程，桥梁支架，桥台锥坡等	$12m^2/m$	30 000 元/m
3	特大桥(连续箱梁结构)	m/座	围堰，挖基，下部和上部结构，桥面系，桥头搭板，钢筋工程，桥梁支架，桥台锥坡等	$12m^2/m$	73 000 元/m
四	隧道	公路公里	洞口工程，隧道开挖、出渣，辅助工程措施，喷锚支护、二次衬砌，防排水，装饰工程、隧道路面、通风消防照明等	$11m^2/m$	34 000 元/m
五	交叉工程及沿线设施	公路公里			
1	交叉工程	处			
	平面交叉(公路与公路)	处	路基土石方、排水与防护、涵洞工程等	1	56 000 元/处
	分离式立体交叉	处	跨线桥、被交道	$10m^2/m$	20 000 元/m
	通道	道	涵洞式、小桥式	$4m^2/m$	11 万元/道
2	安全设施	公路公里	护栏、交通标志、标线、桥梁护网		34 000 元/km
3	服务管理设施	公路公里	供电、收费设备安装，收费、管理房屋		42 000 元/km

特殊路基处理(估算)造价指标　　　表 7-3

项　目	工程或费用名称	单　位	工 程 内 容	工程量指标	技术经济指标
	特殊路基处理	公路公里			
1	软土处理	km			
2	红黏土及膨胀土处理	m^3	挖除，回填		40 元/m^3
3	岩溶处理	m^3	人工挖孔，回填混凝土		200 元/m^3
4	采空区注浆处理	m^3	钻孔，砂浆灌片石，注浆，砌筑挡墙		170 元/m^3
5	高路堤土工格栅及强夯处治	m^2	整平、铺设、固定土工格栅，强夯路基		23 元/m^2
6	高边坡锚杆格子梁	m^3	挖基坑、浇筑混凝土，钻孔、锚杆制作安装(ϕ28mm、$L=15$m)、灌浆		3 200 元/m^3 17 000 元/t 80 元/m^2

7.6.2 初步设计概算

该阶段设计的工程项目内容较工可报告详细，但仍然应用了以往施工图设计常规的工程结构图纸和工程量指标。如桥梁只绘制桥型图、上下部结构图等，应用施工图设计的梁体圬工、钢筋等工程量指标予以计价；涵洞工程分类并按洞身、洞口计算圬工数量和计价。

概算计量计价规则为：路基建筑以土石方的开挖方＋借方为计价方，并考虑松方压实系数计价，土石方按调配的运输里程计量计价，零星工程以公里为单位计价；砌石、混凝土圬工按结构实体计量计价；桥梁钢筋工程按部位（如上部、下部结构、桥面铺装等）计量计价，其他工程项目的钢筋作为材料消耗量综合在结构物定额中一并计价，如钢筋混凝土挡土墙、钢筋混凝土圆管涵、盖板涵的钢筋用量已综合在定额中；挖基坑工程综合在结构物定额中计价。

初步设计概算是确定建设项目投资额度的重要阶段，为下阶段施工图设计提供技术参数，其设计内容和造价指标不同程度的影响类似建设项目工可报告的研究。由于初步设计进一步细化，分析图纸和编制工程概算时应更多的掌握分项工程设计内容和造价指标（如机械石方、盖板边沟、D150cm 钻孔灌注桩等技术经济指标），分析设计数量时同样更多地把握分部工程、单位工程的数量指标（如石方工程、排水设施、路面工程等），并进行纵横两个方向的造价指标对照，可以得到更准确的工程造价。公路工程初步设计概算粗略的造价指标见表 7-4 所列，如果全部列出与施工图预算造价指标大致相同；需要详细的概算造价指标时，可从施工图预算造价指标中摘录，但应注意所含的工程内容。

初步设计（概算）造价指标　　表 7-4

项目	工程或费用名称	单　位	工 程 内 容	工程量指标	技术经济指标
	第一部分　建筑安装工程	公路公里			
一	路基工程	公路公里			
1	土方	m^3	占土石方总量的 30%～70%		
	机械土方	m^3	推土机推运（本段利用）30%，挖掘机挖装 70%		3.9 元/m^3
	自卸车配合挖掘机运输土方	m^3	汽车平均远运 2km		11.3 元/m^3
	机械碾压土方	m^3			6.1 元/m^3
2	石方	m^3	占土石方总量的 30%～70%		
	机械石方	m^3	软石、次坚石、坚石比例 55∶40∶5，装载机装 85%		28.0 元/m^3
	自卸车配合挖掘机运输石方	m^3	汽车平均远运 2km		17.8 元/m^3
	机械碾压石方	m^3			7.4 元/m^3
3	排水清淤	m^3	抽水机排水，挖掘机挖装，自卸汽车平均运 1km		15.6 元/m^3

续上表

项目	工程或费用名称	单　位	工 程 内 容	工程量指标	技术经济指标
4	零星工程	km	整修路拱、边坡，挖截水沟、土质台阶，填前压实、零星回填土方		4.5万元
5	纵向排水设施	m	砌石与混凝土圬工各占百分比约为85∶15～100∶0		
	路堑边沟	m^3			
	路堤边沟	m^3			
	截水沟	m^3			
	急流槽	m^3			
	平台排水沟	m			
	渗沟	m			
6	防护工程	公路公里	砌石与混凝土圬工各占百分比约为90∶10～100∶0		
	植草护坡	m^2			
	挂网喷混植草护坡	m^2			
	骨架护坡	m^3			
	砌石护坡	m^3			
	预制块护坡	m^3			
	砌石护面墙	m^3			
	骨架锚杆护坡	m^2			
	砌石挡土墙	m^3			
7	特殊路基处理	km			
	……				
二	路面工程	公路公里			
三	桥梁涵洞工程	公路公里			
四	交叉工程	公路公里			
五	隧道工程	公路公里			
六	其他工程及沿线设施	公路公里			
七	临时工程	公路公里			
八	管理、养护及服务房屋	公路公里			

7.6.3 施工图设计预算

公路工程施工图设计比初步设计更细化，基本对应分项工程内容进行设计，计量计价规则也基本对应分项工程内容，项目非常之多。公路工程预算造价指标见表7-5～表7-12所列。

路基土石方(预算)造价指标 表7-5

项目	工程或费用名称	单 位	工 程 内 容	数 量 指 标	技术经济指标
1	场地清理	km			
1)	人工伐树推土机挖树根	棵	砍倒，断枝，运出路基外		16元/棵
2)	清除表土	m^3	推土机推挖表土至路基外		3.0元/m^3
3)	挖除旧沥青混凝土路面	m^3	机械挖除旧路面		33元/m^3
4)	凿除钢筋混凝土建筑物	m^3	人工凿除		120元/m^3
2	挖方	m^3			
1)	挖土方	m^3	人工挖，挑/车运		
①	人工挖土方	m^3	挖松，装、挑/车运、卸		
	挖普通土	m^3	挖松，装、运20/50m、卸		12元/m^3
	挖硬土	m^3	挖松，装、运20/50m、卸		17元/m^3
	手推车增运	m^3	增运10m		0.5元/m^3
	手扶拖拉机增运	m^3	增运50m		0.5元/m^3
	机动翻斗车增运	m^3	增运50m		0.5元/m^3
②	机械挖土方	m^3	推土机/铲运机挖、运，挖掘机挖、装		
	推土机推普通土	m^3	推土、运20m、卸土		2.0元/m^3
	推土机推硬土	m^3	推土、运20m、卸土		2.5元/m^3
	推土机增运	m^3	增运10m		0.6元/m^3
	挖掘机挖装普通土	m^3	挖土，装车，推土机清理余土		2.4元/m^3
	挖掘机挖装硬土	m^3	挖土，装车，推土机清理余土		2.8元/m^3
	装载机装土	m^3	装车		1.4元/m^3
2)	挖石方	m^3			
①	人工开炸石方	m^3	人工打眼、装药、爆破，人/车运石渣出坑外，检平石质基底		
	软石	m^3	开炸，装、运20/50m、卸		19.5元/m^3
	次坚石	m^3	开炸，装、运20/50m、卸		28.0元/m^3
	坚石	m^3	开炸，装、运20/50m、卸		39.4元/m^3

续上表

项目	工程或费用名称	单　位	工 程 内 容	数 量 指 标	技术经济指标
	手推车增运	m^3	增运 10m		1.0 元/m^3
	手扶拖拉机增运	m^3	增运 50m		0.6 元/m^3
	机动翻斗车增运	m^3	增运 50m		0.7 元/m^3
②	机械开炸石方	m^3	机械打眼、装药、爆破，汽车运石渣出坑外，检平石质基底		
	软石	m^3	开炸，推土机清运 20m、卸		11.7 元/m^3
	次坚石	m^3	开炸，推土机清运 20m、卸		19.3 元/m^3
	坚石	m^3	开炸，推土机清运 20m、卸		29 元/m^3
	推土机增运	m^3	增运 10m		1.4 元/m^3
	装载机装软石	m^3	装车		2.2 元/m^3
	装载机装次坚石、坚石	m^3	装车		2.9 元/m^3
3)	挖淤泥	m^3	挖掘机挖、装		7.0 元/m^3
3	填方	m^3			
1)	路基填方	m^3	运输土方，打碎耙平土块，洒水晾干土壤，分层夯实		
①	填方压实				
	土方(二级公路)	m^3	机械碾压		7.2 元/m^3
	土方(高速公路)	m^3	机械碾压		7.2 元/m^3
	石方(二级公路)	m^3	机械碾压		7.2 元/m^3
	石方(高速公路)	m^3	机械碾压		7.2 元/m^3
②	利用土填筑	m^3			
	本段利用土(二级公路)	m^3	推土机推运 60m，压实		7.2 元/m^3
	本段利用土(高速公路)	m^3	推土机推运 60m，压实		8.2 元/m^3
	远运利用土(二级公路)	m^3	自卸汽车运 1km，压实		11.8 元/m^3
	远运利用土(高速公路)	m^3	自卸汽车运 1km，压实		12.8 元/m^3
③	利用石填筑	m^3			
	本段利用石(二级公路)	m^3	推土机推运 60m，压实		11.3 元/m^3
	本段利用石(高速公路)	m^3	推土机推运 60m，压实		12.5 元/m^3
	远运利用石(二级公路)	m^3	自卸汽车运 1km，压实		12.7 元/m^3
	远运利用石(高速公路)	m^3	自卸汽车运 1km，压实		18.3 元/m^3

续上表

项目	工程或费用名称	单 位	工 程 内 容	数 量 指 标	技术经济指标
④	借土方	m^3	挖掘机挖土、装,运,压实		
	普通土	m^3	挖、装,运 1km,压实	2.4+7+4.8	14.2 元/m^3
	硬土	m^3	挖、装,运 1km,压实	2.8+7+4.8	14.6 元/m^3
	自卸汽车运土方	m^3	增运 1km		7.0 元/m^3
	自卸汽车增运土方	m^3	增运 1km		0.9 元/m^3
	自卸汽车运石方	m^3	增运 1km		11.4 元/m^3
	自卸汽车增运石方	m^3	增运 1km		1.5 元/m^3
⑤	洒水车洒水		洒 1km(未计水费)		11.3 元/m^3
	增运		洒水车增运 0.5km		0.5 元/m^3
2)	结构物台背回填	m^3	挖、装、运填料,整平,压实		
4	零星工程	km			
1)	挖土质台阶	m^2	画线挖土,台阶宽不小于 1m		
	普通土	m^2			2.7 元/m^2
	硬土	m^2			4.2 元/m^2
2)	填前挖松	m^2	人工将土挖松		0.5 元/m^2
3)	填前压实	m^2	人工原地面平整,洒水、晾干压实		
	压路机压实	m^2	平整,压实		0.3 元/m^2
	人工夯实	m^2	平整,压实		2.4 元/m^2
4)	零填及挖方路基碾压	m^2	机械推松、整平土方,压路机往复碾压		
5)	整修路基	km			
	整修路拱	m^2	机械整修路拱		0.2 元/m^2
	整修边坡(≤二级公路)	km	修整,铺平,拍实		2.4 万元/km
	整修边坡(>二级公路)	km	修整,铺平,拍实		1.1 万元/km

纵向排水设施(预算)造价指标 表 7-6

项目	工程或费用名称	单 位	工 程 内 容	工程量指标	技术经济指标
0	基本项				
	挖基坑	m^3	人工挖土,清运出坑外,取土回填,夯实		29 元/m^3
	抹面	m^2	砂浆配制,抹平,养生		10 元/m^2

续上表

项目	工程或费用名称	单　位	工 程 内 容	工程量指标	技术经济指标
	预制构件钢筋	t	钢筋制作		5 200 元/t
	预制构件	m^3	混凝土配制，浇筑，养生		500 元/m^3
	预制构件运输	m^3	人工装卸，汽车运输		58 元/m^3
	预制构件安装				52 元/m^3
	C15 现浇混凝土	m^3	混凝土配制，浇筑，养生		240 元/m^3
	C20 现浇混凝土	m^3	混凝土配制，浇筑，养生		250 元/m^3
	C25 现浇混凝土	m^3	混凝土配制，浇筑，养生		260 元/m^3
	砌筑片石		砂浆配制，砌筑片石，勾缝，养生		220 元/m^3
	砂砾垫层	m^3			85 元/m^3
	沉降缝	m^2	填塞沥青麻絮		180 元/m^2
1	砌石矩形盖板边沟	m^3	60cm×60cm 水沟，挖基坑，砌筑片石、抹面，盖板预制、运输、安装，钢筋制作	0.82m^3/m 15.8kg/m^3	390 元/m^3 320 元/m
2	砌石矩形边沟	m^3	60cm×60cm 水沟，挖基坑，砌筑片石、抹面	0.72m^3/m	260 元/m^3 187 元/m
3	预制块梯形边沟	m^3	60cm×60cm 水沟，挖基坑，铺砂砾垫层，预制块、运输、安装，现浇混凝土	0.2m^3/m	820 元/m^3 164 元/m
4	暗埋式水沟	m^3	宽度 180cm 水沟，挖基坑，现浇混凝土，ϕ20cm 预制混凝土水管、运输、安装，铺设土工布，填碎石，填土	2.1m^3/m	310 元/m
5	集水井	个	138cm×138cm×182cm 集水井，挖基坑，现浇混凝土、砌筑、抹面，预制盖板、运输、安装，钢筋制作	2.1m^3/个	660 元/个
6	砌石梯形截水沟	m^3	60cm×60cm 水沟，挖基坑，砌筑、抹面	0.85m^3/m	270 元/m^3 230 元/m
7	挖截水沟(普通土)	m^3	挖 60cm×60cm 水沟	0.72m^3/m	22.7 元/m^3 16.3 元/m
8	挖截水沟(次坚石)	m^3	挖 60cm×60cm 水沟	0.72m^3/m	32.6 元/m^3 23.5 元/m
9	砌石山坡急流槽	m^3	70cm×40cm 急流槽，挖基坑，砌筑、抹面	1.5m^3/m	270 元/m^3 405 元/m

续上表

项目	工程或费用名称	单 位	工 程 内 容	工程量指标	技术经济指标
10	预制块路堤急流槽	m^3	25cm×15cm 急流槽，挖基坑，预制、运输、安装，钢筋制作，进出口现浇混凝土	0.041m^3/m	970 元/m^3 39.8 元/m
11	管式路堑急流槽	m^3	ϕ315mmPVC 管急流槽，挖基坑，运输、安装，钢筋制作	0.15m^3/m	230 元/m
12	平台排水沟	m	矩形 30cm×30cm 水沟，挖基坑，预制、运输、安装	0.09m^3/m	660 元/m^3 59.4 元/m
13	路堑管式渗沟	m	80cm×160cm 渗沟，挖基坑，现浇混凝土，埋设 ϕ200mmPVC 管，铺设土工布，填碎石，夯填土	1.28m^3/m	260 元/m
14	路基盲沟	m^3	60cm×80cm 盲沟，挖基坑，砌筑片石、抹面，盖板预制、运输、安装，钢筋制作	1.22m^3/m	390 元/m^3 476 元/m

防护工程(预算)造价指标 表 7-7

项目	工程或费用名称	单 位	工 程 内 容	工程量指标	技术经济指标
0	基本项				
	砌筑片石		砂浆配制，搭移跳板，砌筑片石，勾缝，养生		230 元/m^3
	C25 现浇混凝土	m^3	混凝土配制，浇筑，养生		270 元/m^3
	钻孔	m	钻 ϕ80mm 孔，综合岩土		200 元/m
	锚杆制作、安装	t	ϕ32mm 粗钢筋		8 600 元/t
	注浆	m^3	水泥砂浆		360 元/m^3
1	满铺草皮护坡	m^2	人工铺筑、拍紧，木钉锚固		8.8 元/m^2
2	播种草籽护坡	m^2	人工播草籽，黏土压盖		5.6 元/m^2
3	三维网植草护坡	m^2	钻孔、钢筋制作安装、注浆，挂网，播种草，黏土压盖	钢筋 1kg/m^2	42 元/m^2
4	挂网喷混植草护坡	m^2	钻孔、锚杆制作安装、注浆，挂网，喷射混合料		65 元/m^2
5	拱形骨架护坡	m^3	挖基坑，砌片石骨架及护坡道，内播种草籽	0.24m^3/m^2	68 元/m^2 283 元/m^3

续上表

项目	工程或费用名称	单 位	工 程 内 容	工程量指标	技术经济指标
6	方格形骨架草皮护坡	m^3	挖基坑，现浇混凝土骨架及砌片石护坡道，内播种草籽	(0.14+0.03) m^3/m^2	53 元/m^2 312 元/m^3
7	砌石护坡（浸水）	m^3	挖基坑，砌片石	0.43m^3/m^2	150 元/m^2 349 元/m^3
8	预制块护坡（实心）	m^3	挖基坑，预制混凝土块，安装	0.077m^3/m^2	54 元/m^2 701 元/m^3
9	预制块护坡（空心）	m^3	挖基坑，预制混凝土块，安装	0.030m^3/m^2	24 元/m^2 800 元/m^3
10	砌石护面墙	m^3	挖基坑，砌片石	0.51m^3/m^2	180 元/m^2 353 元/m^3
11	钢筋混凝土框架锚杆护坡	m^2	挖基坑，现浇混凝土框架，钻孔，锚杆制作、安装，注浆	0.16m^3/m^2 18kg/m^2	330 元/m^2 18 300 元/t
12	砌石挡土墙	m^3	砌片石		200 元/m^3

路面工程（预算）造价指标　　表 7-8

项目	工程或费用名称	单 位	工 程 内 容	工程量指标	技术经济指标
1	沥青混凝土路面	m^2			
1)	4%水泥稳定碎石底基层厚度20cm	m^2	厂拌运输 1km，摊铺碾压		34 元/m^2
2)	5%水泥稳定碎石基层厚度 34cm	m^2			64 元/m^2
3)	基层混合料增运	m^3	增运 1km		1.9 元/m^3
4)	稳定土厂拌设备安拆	座	生产能力 100t/h		7.3 万元/座
5)	7cm 沥青混凝土下面层	m^3	AC-25I		761 元/m^3
6)	6cm 沥青混凝土中面层	m^3	AC-20I		1 015 元/m^3
7)	4cm 改性沥青混凝土上面层	m^3	改性沥青马蹄脂 SMA-13		1 617 元/m^3
8)	沥青混合料增运	m^3	增运 1km		1.9 元/m^3
9)	沥青混合料拌和设备安拆	座	生产能力 100t/h		47 万元/座
10)	封层	m^2	稀浆封层		5.1 元/m^2
			1cm 沥青表处		9.3 元/m^2

续上表

项目	工程或费用名称	单 位	工 程 内 容	工程量指标	技术经济指标
11)	透层	m^2	石油沥青透层		4.1 元/m^2
			乳化沥青透层		3.3 元/m^2
12)	黏层	m^2			3.0 元/m^2
2	桥梁过渡板	m^3	水泥混凝土		642.6 元/m^3
3	紧急停车带路面	m^2			
1)	5%水泥稳定碎石基层	m^2	厚度 34cm		64 元/m^2
2)	透层+封层	m^2			13.4 元/m^2
3)	水泥混凝土面层	m^2	厚度 20cm		66 元/m^2
4)	水泥搅拌车增运	m^2	运输 1km		3.8 元/m^3
4	中央分隔带	m			
1)	路缘石	m^3	15×17cm	0.05m^3/m	525.4 元/m^3
2)	回填种植土	m^3		0.8m^3/m	21.5 元/m^3
3)	增运	m^3			1.2 元/m^3
5	路面排水	m^2			
1)	路肩沟	m	深沟形	0.04m^3/m	14.37 元/m
2)	中沟	m	槽式	0.13m^3/个	92 元/m
3)	中沟集水井	个		0.45m^3/个	940 元/m
4)	中央分隔带渗沟	m	挖基,预制安装槽式沟,铺土工布,填碎石	0.08m^3/m	116 元/m
5)	渗沟集水井	个		0.05m^3/m	200 元/个
6)	横向排水管	m	PVC 管 ϕ200mm		156 元/m
			水泥管 ϕ50cm	0.09m^3/m	270 元/m
6	路面结构排水	m			
1)	路堤碎石盲沟	m	铺土工布,填碎石,培路肩		48 元/m
2)	路堑碎石盲沟	m	铺土工布,填碎石,预制块安装,安装 ϕ50mmPVC 管长 25cm	预制块厚 10cm 0.055m^3/m	52 元/m
7	沥青表面处治路面	m^2			
1)	砂砾垫层 15cm	m^2	厚度 15cm		8 元/m^2
2)	级配碎石底基层	m^2	厚度 15cm		16 元/m^2
4)	增运	m^2	厚度 20cm		0.39 元/m^2

续上表

项目	工程或费用名称	单　位	工 程 内 容	工程量指标	技术经济指标
5)	沥青表处	m^2	厚度 $3cm^2$		24 元/m^2
8	水泥混凝土路面	m^2			
1)	级配碎石底基层厚度 20cm	m^2			25.4 元/m^2
2)	5%水泥稳定碎石基层厚度 18cm	m^2			28.4 元/m^2
3)	15t 自卸汽车增运	m^2	运输 1km		0.27 元/m^2
4)	水泥混凝土面层	m^2	厚度 22cm		76 元/m^2
			厚度 24cm		87 元/m^2
			厚度 25cm		92 元/m^2
			厚度 27cm		116 元/m^2
5)	水泥搅拌车增运	m^2	运输 1km		3.8 元/m^2
6)	水泥混凝土拌和站设备安拆	座			8.8 万元/座
7)	培路肩	m^3	培土，压实		16 元/m^3

桥梁工程(预算)造价指标　　表 7-9

项目	工程或费用名称	单位	工程内容	数 量 指 标			技术经济指标
				圬工	钢筋	钢绞线	
一	上部构造						
1	拱桥						
1)	板拱						
2)	双曲拱						
3)	箱形拱		两肋钢筋混凝土箱形拱($L_0=90m$)				
	底、顶板		现浇混凝土	229.6	153		
	腹板		预制混凝土	139.5	86		
	隔板		预制混凝土	5.7	137		
	肋间系梁		预制混凝土	20.1	120		
	排架立柱及系梁		现浇混凝土	167.5	84		
	盖梁		现浇混凝土	150.7	83		
2	空心板						
1)	8.6m 钢筋混凝土空心板(中板，宽 1.49m)						

续上表

项目	工程或费用名称	单位	工程内容	数量指标			技术经济指标
				圬工	钢筋	钢绞线	
	预制安装	片		3.24m³/片	289kg/m³		
	铰缝及接头	片		0.44m³/片	—		
	现浇层	片		8.6×1.49×10=128m³/片			
	8.6m钢筋混凝土空心板(边板,宽1.665m)						
	预制安装	片		3.69m³/片	269kg/m³		
	铰缝及接头	片		0.44m³/片	—		
	现浇层	片					
2)	10m钢筋混凝土空心板(中板,宽1.49m)						
	预制安装	片		3.81m³/片	341kg/m³		
	铰缝及接头	片		0.49m³/片	—		
	现浇层	片					
	10m钢筋混凝土空心板(边板,宽1.665m)						
	预制安装	片		4.29m³/片	304kg/m³		
	铰缝及接头	片		0.49m³/片	—		
	现浇层	片					
3)	13m钢筋混凝土空心板(中板,宽1.49m)						
	预制安装	片		5.2m³/片	241kg/m³		
	铰缝及接头	片		0.9m³/片	77kg/m³		
	现浇层	片					
	13m钢筋混凝土空心板(边板,宽1.495m)						
	预制安装	片		5.3m³/片	264kg/m³		
	铰缝及接头	片	C30混凝土现浇	0.9m³/片	77kg/m³		
	现浇层	片					

续上表

项目	工程或费用名称	单位	工程内容	数量指标			技术经济指标
				圬工	钢筋	钢绞线	
4)	20m钢筋混凝土空心板(中板,宽0.99m)						
	预制安装	片	预制安装梁	12.5m^3/片	360kg/m^3		
	铰缝及接头	片					
	现浇层	片					
	20m钢筋混凝土空心板(边板,宽1.345m)						
	预制安装	片	预制安装梁	13.7m^3/片	392kg/m^3		
	铰缝及接头	片					
	现浇层	片					
5)	16m预应力混凝土空心板(中板,宽1.49m)						
	预制安装	片	预制安装梁,后张预应力	10.1m^3/片	180kg/m^3	33kg/m^3	
	铰缝及接头	片					
	现浇层	片					
	16m预应力混凝土空心板(边板,宽2.245m)						
	预制安装	片	预制安装梁,后张预应力	11.8m^3/片	165kg/m^3	41kg/m^3	
	铰缝及接头	片					
	现浇层	片					
6)	20m预应力混凝土空心板(中板,宽1.24m)						
	预制安装	片	预制安装梁	12.8m^3/片	71.8kg/m^3	44.1kg/m^3	25 100元/片
	铰缝及接头	片		0.054m^3/m	3kg/m		21元/m
							14.5元/m
	现浇层	片					

续上表

项目	工程或费用名称	单位	工程内容	数量指标			技术经济指标
				圬工	钢筋	钢绞线	
	20m预应力混凝土空心板(边板,宽1.37m)						
	预制安装	片	预制安装梁	14.2m^3/片	69.1kg/m^3	39.7kg/m^3	27 400元/片
	绞缝及接头	片		0.054m^3/m	3kg/m		21元/m
							14.5元/m
	现浇层	片					
7)	25m预应力混凝土空心板(中板,宽1.49m)						
	预制安装	片	预制安装梁,后张预应力	18.4m^3/片	232kg/m^3	40kg/m^3	
	绞缝及接头	片					
	现浇层	片					
	25m预应力混凝土空心板(边板,宽1.845m)						
	预制安装	片	预制安装梁,后张预应力	21.9m^3/片	226kg/m^3	44kg/m^3	
	绞缝及接头	片					
	现浇层	片					
3	T梁						
1)	20m预应力混凝土T梁(中梁,宽1.98m)						
	预制安装	片		13.0m^3/片	214kg/m^3	21kg/m^3	
	封锚端及现浇板	片		3.0m^3/片	241kg/m^3		
	现浇层	片					
	20m预应力混凝土T梁(边梁,宽1.99m)						
	预制安装	片		12.9m^3/片	204kg/m^3	24kg/m^3	
	封锚端及现浇板	片		1.9m^3/片	367kg/m^3		

续上表

项目	工程或费用名称	单位	工程内容	数量指标			技术经济指标
				圬工	钢筋	钢绞线	
	现浇层	片					
2)	25m 预应力混凝土 T 梁(中梁)						
	预制安装	片		19.2m³/片	189kg/m³	28.2kg/m³	
	封锚端及现浇板	片		2.8m³/片	199kg/m³		
	现浇层	片					
	25m 预应力混凝土 T 梁(边梁)						
	预制安装	片		19.5m³/片	179kg/m³	30.7kg/m³	
	封锚端及现浇板	片		1.9m³/片	1 292kg/m³		
	现浇层	片					
3)	30m 预应力混凝土 T 梁(中梁)						
	预制安装	片		23.0m³/片	193kg/m³	28kg/m³	
	封锚端及现浇板	片		3.0m³/片	273kg/m³		
	现浇层	片					
	30m 预应力混凝土 T 梁(边梁)						
	预制安装	片		22.8m³/片	185kg/m³	31.5kg/m³	
	封锚端及现浇板	片		1.9m³/片	420kg/m³		
	现浇层	片					
4	箱梁						
1)	20m 钢筋混凝土箱梁(单箱双室,宽 11.7m)	m³	支架,装模,钢筋制作,现浇混凝土	6.51m³/m	351kg/m³		
	25m 钢筋混凝土箱梁(单箱双室,宽 11.2m)	m³	支架,装模,钢筋制作,现浇混凝土	6.54m³/m	353kg/m³		
2)	60m 预应力混凝土悬浇箱梁	m³					
3)	100m 预应力混凝土悬浇箱梁	m³					

续上表

项目	工程或费用名称	单位	工程内容	数量指标			技术经济指标
				圬工	钢筋	钢绞线	
4)	100m 预应力连续刚构箱梁						
5	钢管拱桥梁						
6	斜拉桥						
7	悬索桥						
二	下部构造						
1	桥台						
1)	扩大基础+U形台						
	基础	墩	C20 现浇混凝土	$163m^3$/墩	$11.6kg/m^3$		
	台身及侧墙	墩	C20 片石混凝土	$481.3m^3$/墩	—		
	台帽	墩	C25 现浇混凝土	$50.5m^3$/墩	$48.2kg/m^3$		
	背墙	墩					
	抗震挡块	墩					
	支座垫石	个	C30 现浇混凝土	$0.07m^3$/个	$552kg/m^3$		
2)	桩基础+肋形台						
	4×ϕ150cm 桩基础	墩					
	承台	墩					
	台身(肋)	墩					
	盖梁	个					
	耳墙	墩					
	背墙	墩					
	抗震挡块	墩					
	支座垫石	个					
3)	桩基础+柱式台						
※	2×ϕ150cm 桩基础	墩		$103.4m^3$/墩	$69.8kg/m^3$		
	盖梁	个		$15.5m^3$/个	$140kg/m^3$		
	耳墙	墩		$0.56m^3$/墩	$75.4kg/m^3$		
	背墙	墩		$3.21m^3$/墩	$118.2kg/m^3$		
	抗震挡块	墩					

续上表

项目	工程或费用名称	单位	工程内容	数量指标			技术经济指标
				圬工	钢筋	钢绞线	
	支座垫石	个		0.02m^3/个	315kg/m^3		
※	桩基础＋柱式台						
	3×ϕ150cm 桩基础	墩					
	盖梁	个					
	耳墙	墩					
	背墙	墩					
	抗震挡块	墩					
	支座垫石	个					
2	桥墩						
1)	扩大基础＋重力式墩						
	扩大基础	墩					
	墩身	墩					
	墩帽	墩					
	台上立墙	墩					
2)	桩基础＋重力式墩						
	6×ϕ150cm 桩基础	墩					
	承台	墩					
	墩身	个					
3)	扩大基础＋柱式墩						
	扩大基础	墩	(2.7×2.7＋4.2×4.2)×1.0m，现浇 C25 混凝土	24.9m^3/墩	25kg/m^3		
	2×ϕ120cm 墩柱	墩	高 6.8m，现浇 C30 混凝土	15.4m^3/墩	165kg/m^3		
	盖梁(配 2×ϕ120cm 墩柱)	个	9.6×1.4×1.2m，现浇 C30 混凝土	15.0m^3/个	170kg/m^3		
	抗震挡块	墩	1.4×0.25×0.3，现浇 C30 混凝土	0.21m^3/墩			
	支座垫石	个					

续上表

项目	工程或费用名称	单位	工程内容	数量指标			技术经济指标
				圬工	钢筋	钢绞线	
4)	桩基础＋圆柱墩＋盖梁						
①	2×ϕ150cm 桩基础	桩	C25 现浇混凝土	$1.77m^3/m$	$87.2kg/m^3$		
	桩系梁	墩					
	2×ϕ120cm 墩柱	墩	C30 现浇混凝土	$1.13m^3/m$	$72.6kg/m^3$		
	墩系梁	墩	5.4m×1.3m×1m，现浇 C25 混凝土	$7.2m^3$/墩	$72.6kg/m^3$		
	盖梁(配 2×ϕ120cm 墩柱)	个	11.6m×1.9m×1.2m，现浇 C30 混凝土	$24.7m^3$/个	$172kg/m^3$		
	抗震挡块	墩		$0.3m^3$/墩	$380kg/m^3$		
	支座垫石	个	1.6m×0.6m×0.1m，现浇 C30 混凝土	$0.096m^3$/个	$382kg/m^3$		
②	桩基础＋圆柱墩＋盖梁						
	2×ϕ200cm 桩基础	桩	C25 现浇混凝土	$3.14m^3/m$	$71.7kg/m^3$		
	桩系梁	个	4.9m×1.6m×1.8m，现浇 C25 混凝土	$18.9m^3$/墩	$38.5kg/m^3$		
	2×ϕ160cm 墩柱	墩	C30 现浇混凝土	$2.01m^3/m$	$71.7kg/m^3$		
	墩系梁	个	5.3m×1.0m×1.3m，现浇 C30 混凝土	$7.0m^3$/墩	$73.1kg/m^3$		
	盖梁(配 2×ϕ120cm 墩柱)	个	11.6m×1.8m×1.2m，现浇 C30 混凝土	$23.3m^3$/墩	$182kg/m^3$		
	抗震挡块	墩					
	支座垫石	个					

涵洞工程(预算)造价指标 表 7-10

项目	工程或费用名称	单位	工程内容	数量指标		技术经济指标
				圬工	钢筋	
1	圆管涵					
1)	Φ1.50m 孔径					

续上表

项目	工程或费用名称	单位	工 程 内 容	数 量 指 标		技术经济指标
				圬工	钢筋	
	涵身预制安装	m	壁厚 14cm，C30 预制混凝土（填土高度 4.5m）	0.72m^3/m	167kg/m^3	1 150 元/m
	涵身基础	m	宽度 2.08m，C20 现浇混凝土	1.65m^3/m		420 元/m
	洞口端墙墙身	端	M7.5 砌片石，厚度 40cm	2.7m^3		620 元/端
	洞口端墙基础	端	挖基坑，M7.5 砌片石	0.6m^3		160 元/端
2)	Φ1.25m 孔径					
	涵身预制安装	m	壁厚 12cm，C30 预制混凝土（填土高度 6.7m）	0.52m^3/m	163kg/m^3	820 元/m
	涵身基础	m	宽度 1.79m，C20 现浇混凝土	1.36m^3/m		350 元/m
	端墙墙身	端	M7.5 砌片石，厚度 40cm	2.2m^3		570 元/端
	端墙基础	端	M7.5 砌片石	0.5m^3		130 元/端
3)	Φ1.00m 孔径					
	涵身预制安装	m	壁厚 10cm，C30 预制混凝土（填土高度 4.3m）	0.35m^3/m	132kg/m^3	490 元/m
	涵身基础	m	宽度 1.5m，C20 现浇混凝土	0.93m^3/m		240 元/m
	端墙墙身	端	M7.5 砌片石，厚度 30cm	1.3m^3		340 元/端
	端墙基础	端	M7.5 砌片石	0.4m^3		100 元/端
4)	Φ0.75m 孔径					
	涵身预制安装	m	壁厚 8cm，C30 预制混凝土（填土高度 4.3m）	0.27m^3/m	121kg/m^3	360 元/m
	涵身基础	m	宽度 1.21m，C20 现浇混凝土	0.71m^3/m		180 元/m
	端墙墙身		C20 混凝土，厚度 30cm	1.0m^3		260 元/端
	端墙基础		M7.5 砌片石	0.35m^3		90 元/端
2	盖板涵					
1)	4.0m×3.0m		整体式基础			
	盖板混凝土	m	4.5m×0.45m 盖板，C30 预制混凝土，填土高度 4.4m	2.0m^3/m	124kg/m^3	
	涵台	m	宽 0.55m，C20 现浇混凝土	3.1m^3/m		
	涵台基础	m	5.5m×0.6m，挖基坑，C20 现浇混凝土	3.3m^3/m		

续上表

项目	工程或费用名称	单位	工 程 内 容	数量指标		技术经济指标
				圬工	钢筋	
2)	4.0m×4.0m		整体式基础			
	盖板混凝土	m	4.5m×0.45m盖板,C30预制混凝土,填土高度8.8m	2.0m³/m	75kg/m³	
	涵台	m	宽0.65m,C20现浇混凝土	5.0m³/m		
	涵台基础	m	5.7m×0.75m,挖基坑,C20现浇混凝土	4.65m³/m	39kg/m³	
3)	2.0m×2.0m		分离式基础			
	盖板混凝土	m	2.4m×0.25m盖板,C30预制混凝土,填土高度3.6m,	0.59m³/m	68kg/m³	
	涵台	m	宽0.55m,C20现浇混凝土	2.1m³/m		
	涵台基础	m	2m×0.95m×0.6m,挖基坑,C20现浇混凝土	1.14m³/m		
	涵底铺砌		厚度0.4m,砌片石	0.8m³/m		
3	箱涵					
1)	2.5m×3m					
	涵身混凝土	m	壁厚0.35m,C30现浇混凝土,填土高度6.7m	4.36m³/m	161kg/m³	
	涵身基础	m	0.1m×3.6m,C20现浇混凝土	0.36m³/m		
	砂砾垫层		0.5m×3.6m	1.8m³/m		
2)	3m×3m					
	涵身混凝土	m	0.3m壁厚,C30现浇混凝土,填土高度2.9m	3.98m³/m	163kg/m³	
	涵身基础	m	0.1m×4.0m,C20现浇混凝土	0.4m³/m		
	砂砾垫层		4.0m×0.5m	2m³/m		
4	拱涵					
1)	4m×3m					
	拱圈	m	厚度0.35m,M15浆砌MU40块石,填土高度4m	1.78m³/m		

续上表

项目	工程或费用名称	单位	工 程 内 容	数 量 指 标		技术经济指标
				圬工	钢筋	
	护拱	m	M7.5 砌片石	1.98m^3/m		
	侧墙	全涵	M7.5 砌片石	3.47m^3		
	涵台	m	M7.5 砌 MU30 块石	9.83m^3/m		
	涵台基础	m	M7.5 砌片石	2.99m^3/m		
	帽石	全涵		1.1m^3		
5	八字洞口					
1)	配 Φ1.5m 圆管涵			9.0m^3		2 380 元/端
	八字翼墙	端	M7.5 砌片石	2.6m^3		670 元/端
	翼墙基础	端	挖基坑,M7.5 砌片石	2.4m^3		700 元/端
	洞口铺砌	端	M7.5 砌片石	1.9m^3		490 元/端
	截水墙	端	挖基坑,M7.5 砌片石	2.1m^3		600 元/端
2)	配 Φ1.25m 圆管涵			6.5m^3		1 730 元/端
	八字翼墙	端	M7.5 砌片石	1.7m^3		440 元/端
	翼墙基础	端	挖基坑,M7.5 砌片石	1.8m^3		520 元/端
	洞口铺砌	端	M7.5 砌片石	1.2m^3		310 元/端
	截水墙	端	挖基坑,M7.5 砌片石	1.8m^3		520 元/端
3)	配 Φ1.0m 圆管涵			4.3m^3		1 160 元/端
	八字翼墙	端	M7.5 砌片石	0.96m^3		250 元/端
	翼墙基础	端	挖基坑,M7.5 砌片石	1.2m^3		350 元/端
	洞口铺砌	端	M7.5 砌片石	0.67m^3		170 元/端
	截水墙	端	挖基坑,M7.5 砌片石	1.5m^3		430 元/端
4)	配 Φ0.75m 圆管涵			2.7m^3		715 元/端
	八字翼墙	端	M7.5 砌片石	0.44m^3		110 元/端
	翼墙基础	端	挖基坑,M7.5 砌片石	0.74m^3		220 元/端
	洞口铺砌	端	M7.5 砌片石	0.29m^3		75 元/端
	截水墙	端	挖基坑,M7.5 砌片石	1.2m^3		340 元/端
6	一字洞口					
1)	2.0m×2.0m 盖板涵		盖板厚度 30cm			
	一字端墙		M7.5 砌片石	11.3		

续上表

项目	工程或费用名称	单位	工 程 内 容	数 量 指 标		技术经济指标
				圬工	钢筋	
	端墙基础		挖基坑，M7.5 砌片石	2.2		
	洞口铺砌		M7.5 砌片石	9.5		
	截水墙		挖基坑，M7.5 砌片石	3.6		
	锥坡及基础		挖基坑，M7.5 砌片石	6.9		
	锥坡填土			7.8		
2)	4.0m×3.0m 盖板涵		盖板厚度 50cm			
	一字端墙		M7.5 砌片石	26.1		
	端墙基础		挖基坑，M7.5 砌片石	3.8		
	洞口铺砌		M7.5 砌片石	27.3		
	截水墙		挖基坑，M7.5 砌片石	5.4		
	锥坡及基础		挖基坑，M7.5 砌片石	13.7		
	锥坡填土			29.5		

隧道工程(预算)造价指标　　表 7-11

项目	工程或费用名称	单位	工 程 内 容	工程量指标	技术经济指标
	净宽 9m 隧道工程	m	配路基宽度 8.5m		
1	洞口及明洞				
	洞口开挖及防护	个	洞口开挖，截水沟，防护	土石方 2 000m^3/个	11 万元/个
	削竹式洞门	m	拱部墙部，仰拱，仰拱回填，钢筋制作	混凝土 88.9m^3/m 钢筋 1 326kg/m	16 200 元/m
	明洞	m	拱部墙部 仰拱 仰拱回填 砌片石 钢筋制作	15.92m^3/m 4.12m^3/m 5.85m^3/m 3.42m^3/m 64kg/m^3	17 200 元/m
2	洞身	m			
1)	V 级围岩浅埋	m			
	洞身开挖	m^3	开挖软石	90.0m^2/m	11 000 元/m
	初期支护(小导管间距环向 0.4m29根，纵向 0.75m)	m^3	超前小导管 ϕ42mm×2.5mm×3 500mm 锚杆 钢筋网 钢支撑 喷射混凝土	331kg/m 143kg/m 154kg/m 1 394kg/m 5.96m^3/m	28 000 元/m

续上表

项目	工程或费用名称	单位	工 程 内 容	工程量指标	技术经济指标
	二次衬砌	m^3	拱部墙部 仰拱 仰拱回填 钢筋制作		13 300 元/m
2)	IV 级围岩深埋	m			
	洞身开挖	m	开挖软石	87.8m^2/m	16 200 元/m
	初期支护(小导管间距环向 0.5m 25 根,纵向 2m)	m	超前小导管 ϕ42×2.5×3 500mm 锚杆 钢筋网 格栅钢拱架 喷射混凝土	214kg/m 109kg/m 154kg/m 544kg/m 5.25m^3/m	21 700 元/m
	二次衬砌	m^3	拱部墙部 仰拱 仰拱回填 钢筋制作		9 600 元/m
3)	IV 级围岩浅埋	m			
	初期支护		钢支撑	759kg/m	
4)	……				
	……				
	净宽 10m 隧道工程				
	净宽 10.5m 隧道工程				
	净宽 11m 隧道工程				

安全设施(预算)造价指标　　表 7-12

项目	工程或费用名称	单　位	工 程 内 容	工程量指标	技术经济指标
1	诱导护栏	m			66 元/m
2	移动护栏	m			52 元/m
	伸缩式活动护栏	m/处		40m/处	850 元/m
3	顺接过渡段	m			500 元/m
4	单坡面混凝土护栏	m			200 元/m
5	波形钢板护栏		埋设立柱,安装波形钢板护栏		
	路侧 A 级 Gr-A-4E	m			168 元/m
	路侧 A 级 Gr-A-2E	m			226 元/m
	路侧 SB 级 Gr-SB-2E	m			391 元/m
	路侧 SA 级 Gr-SA-3E	m			426 元/m
	路侧 A 级 Gr-A-4C	m			203 元/m

续上表

项目	工程或费用名称	单 位	工 程 内 容	工程量指标	技术经济指标
	路侧 A 级 Gr-A-2B2	m			193 元/m
	中央分隔带	m	A 级 Gr-Am-4E		173 元/m
	路侧 B 级 Gr-B-4E	m			120 元/m
	路侧 B 级 Gr-B-2E	m			158 元/m
	分流端头	m/处		8m/处	806.65 元/处
	合流端头	m/处		8m/处	532.72 元/处
	上游端头	m/处		12m/处	260.77 元/处
	下游端头	m/处		8m/处	267.02 元/处
	中央分隔带开口部	m/处		16m/处	518.82 元/处
6	隔离栅				
	焊接网	m			115 元/m
	裹塑刺铁丝	m			62 元/m
7	防落物网	m			188 元/m
8	公路标线				
	1.8mm 厚	m^2			41 元/m^2
	4.5mm 厚	m^2			88 元/m^2
9	轮廓标				
	柱式轮廓标	个			106 元/个
	附着式轮廓标	个			13 元/个
10	铝合金标志				
	单柱式标志牌	块			2 140 元/块
	双柱式标志牌	块			17 320 元/块
	悬臂式标志牌	块			15 430 元/块
	门架式标志牌	块			40 220 元/块
	附着式标志牌	块			110 元/块
	里程牌	块			470 元/块
11	突起路标	个			16 元/个
12	防撞筒	个			550 元/个
13	防眩板				
	芭蕉形防眩板	块			98 元/块
	人字形防眩板	块			73 元/块
	橄榄形防眩板	块			73 元/块
	竹艺形防眩板	块			98 元/块
14	隔离墙	m			179 元/块
15	里程碑	块			76 元/块
16	百米桩	块			24 元/块
17	公路界碑	块			50 元/块

第八章 工程材料

工程材料是路基、路面、桥梁、隧道等结构物的物质基础。在结构物建造费用中，一般用于材料的费用占30%～50%，某些重要工程甚至可达70%～80%。因此，除考虑结构物安全性以外，节约工程投资，合理选配和使用材料也是一个重要环节。其基本要求如下：

(1)工程材料应在技术性能、适用性等方面，满足工程设计和建造的需要，满足工程质量(设计使用周期)和安全性要求。

(2)应采取必要的方法和手段检测工程材料的技术性能等内容。遵循价值规律，实行市场调节价(工程材料价格)，极少数价格实行政府指导价。

8.1 材料分类

随着公路(及其桥梁、隧道)建筑技术的发展，用于路基及结构物建筑的工程材料不仅在品种上日益增多，而且对其质量要求也不断提出新的要求。

1.按工程部位分类(图8-1)

- 工程材料
  - 路基
    - 土
    - 岩石
    - 土工布及格栅
  - 构造物
    - 原材料
      - 木材和竹材
      - 砂石料
      - 无机结合料(主要指石灰和水泥)
      - 有机结合料(主要指石油沥青、煤沥青等)
      - 钢材和铸铁件
    - 半成品
      - 稳定土、混合料(如水泥砂浆、水泥及沥青混凝土等)
      - 预制构件(如圆管涵、桥梁上部构件、混凝土方桩等)
      - 小型预制构件

图8-1 材料按工程部位分类

2.按产品及材质分类(图8-2)

工程材料的技术指标性能的检验，是通过适当的试验手段检测得到。材料试验有物理性质、力学性质、化学性质、工艺性质等内容，技术指标一般采用国家标准和行业标准。

- 工程材料
  - 地方材料
    - 原木、锯材、枕木、木质胶合板
    - 毛竹、竹编胶合板
    - 砂、石、土、石灰、水泥、水泥混合料
    - 砖、砌块、预制板(如隔音板、空心板)
    - 预制排水管沟(如圆管涵、路肩沟)
  - 沥青产品
  - 钢铁产品
    - 钢板、工字钢、角钢、槽钢(桥梁结构钢)
    - 钢筋(光圆钢筋、带肋钢筋)、高强钢丝、钢绞线、钢丝绳
    - 圆钢、方钢、钢管、钢板桩
    - 高强螺栓、铸铁及铁件
    - 铸铁管、铸铁篦
  - 有色金属
    - 纯金属加工产品(如铜、铝、镍等)
    - 合金加工产品(如铝合金、铜合金、镍合金等)
    - 硬质合金(分钨钴、钨钛钽钴、钨钛钴、碳化钛镍铝、钢结硬质合金 5 类)
  - 其他材料
    - 爆破材料
    - 五金制品
    - 电工器材
    - 化轻产品
    - 燃料油脂
    - 专用材料

图 8-2 材料按产品及材质分类

8.2 地方材料

在公路路基、路面、桥梁、隧道工程中,大量使用地方材料。土石料既可作为路基体及构造物基础的填料,又可作为生产石灰、水泥的原材料。用这些胶结制品与石料拌和成混合料可作为砌体工程的填缝料,又可作为路面半刚性及刚性基层料,还可为构造物预先制作出形状各异的半成品部件。工程所称集料是指在混合物中起骨架或填充作用的砂石粒料,包括砂、砾石(卵石)、碎石、石屑等。工程上一般将集料分为细集料和粗集料两类。在水泥混凝土中,细集料是指粒径小于 4.75mm 的天然砂、机制砂;粗集料是指碎石和砾石(卵石)。木和竹材料在工程中很少使用,一般临时用作工程构造物的垫木、木桩、挡板等。

8.2.1 木材

树木一般分为针叶树和阔叶树两大类,木材是由树木加工而成。木材分为原木、原条、锯材、特种用材和人造板材等品种。

1. 原木

原木是经伐倒、去枝并按一定规格截成一定长度的木材,一般原木分为一、二、三等。原木按用途规定材长,刨切材长一般在 260~320cm,直径以长短径(去皮厚)平均数检量。

2. 锯材

锯材分特等和一、二、三等 4 个等级，凡经纵向锯割出的任何一面称为材面。板材的宽度尺寸为厚度尺寸 2 倍以上，方材的宽度尺寸小于或等于厚度尺寸。

3. 枕木

枕木按材质分一、二两个等级，普通枕木又分 I 型规格为 250cm×22cm×16cm、II 型规格为 250cm×20cm×14.5cm。公路工程中将枕木用作垫木。

8.2.2 竹材

在工程施工中，竹材主要用作脚手架、跳板、竹桩等。

1. 毛竹

毛竹又名楠竹、江南竹。高 10～20cm，胸径 10～20cm。毛竹产量大，条杆顺直，根梢粗细均匀，根部管壁厚在 1cm 以上，用途广泛。

2. 台竹

台竹高 10～13cm，胸径 10cm 左右，根部厚度 6～7mm。产量和用途仅次于毛竹。

3. 淡竹

淡竹长 6～13cm，胸径 3～6cm，细长节疏，材质柔韧，易于劈篾，可制作工艺品。

8.2.3 竹木制品

竹木制品有胶合板，主要用作安全隔离、小体积水泥混凝土模板等；另有做成测量用、铺设草皮护坡用的小竹或木桩。

1. 普通胶合板

普通胶合板按性能分有耐气候、耐水、耐潮、不耐潮 4 类，其厚度分 3mm、5mm、7mm、9mm 等规格，即为胶合板的层数，幅面尺寸常用规格为 2 440mm×1 220mm。

2. 竹编胶合板

竹编胶合板按性能分有耐气候、耐冷水、耐沸水、不耐沸水 4 类。其厚度＜7mm 为薄型板，厚度≥7mm 为厚型板，幅面尺寸常用规格为 2 440mm×1 220mm。

3. 硬质纤维板

硬质纤维板以植物纤维为原料，密度大于 0.8g/cm^3；其物理性能和外观质量分为特级、一级、二级和三级，厚度分为 2.5mm、3mm、3.2mm、4mm、5mm 5 种规格，幅面尺寸常用规格为 2 440mm×1 220mm。

8.2.4 土

土是岩石风化物，由于土在形成过程中所受风化应力不同，具有不同的沉积形式，主要类型有残积、坡积、洪积、冲积、淤积、冰积和风积。土作为地球表面的覆盖层，是人类以至整个生物界赖以生成的根本。植物生长利用地表土，被称之为土壤，在公路路基体施工中一般不能使用，但必须充分利用这些由千百年形成的土壤作为公路绿化的种植土。

土的成分、结构和性质千变万化，有地质分类、土壤分类、粒径分类、结构分类等。公路工程用土以粒径分类，大致可分为4类，如图8-3所示。

- 土
  - 巨粒土
    - 漂石土：粒径 $d>60$mm，含量100%～75%的土
    - 卵石土：粒径 $d>60$mm，含量<75%、≥15%的土
  - 粗粒土
    - 砾类土：粒径 60mm≥$d>20$mm，含量≥50%
    - 砂类土：粒径 60mm≥$d>20$mm，含量<50%
  - 细粒土
    - 粉质土：粒径 $d>0.074$mm
      - 含量≤25%
        - 高液限粉土
        - 低液限粉土
      - 含量>25%、≤50%的土
        - 含砾高液限粉土
        - 含砾低液限粉土
        - 含砂高液限粉土
        - 含砂低液限粉土
    - 黏质土：粒径 $d>0.074$mm
      - 含量≤25%
        - 高液限黏土
        - 低液限黏土
      - 含量>25%、≤50%
        - 含砾高液限黏土
        - 含砾低液限黏土
        - 含砂高液限黏土
        - 含砂低液限黏土
    - 有机质土
      - 有机质土高液限粉土
      - 有机质土低液限粉土
      - 有机质土高液限黏土
      - 有机质土低液限黏土
  - 特殊土
    - 黄土——低液限黏土
    - 膨胀土——高液限黏土
    - 红黏土——高液限粉土

图8-3　土分类体系

对于土的透水性、压实和水稳性要求，可以从土的粒组划分及粒组级配找到规律，如图8-4所示。

- 土
  - 碎石土——粒径大于2mm的颗粒含量超过土全重50%
  - 砂土——粒径大于2mm的颗粒含量不超过土全重50%，且塑性指数 I_p 不大于1
  - 黏性土——塑性指数 I_p 大于3
  - 特殊性土——包括淤泥和质土、红黏土及人工填土

图8-4　各类土的工程分类

土的物理学特征由土的孔隙比 e，天然含水量 ω，塑限含水量 ω_p，重度 γ，黏聚力 c，内摩擦角 ϕ 表示。土的工程性质主要有：

①土密度是指土单位体积的质量，即工程质量控制必须测定的容重，压实土的密度一般在1 690～1 880kg/m^3之间，天然土的密度(单位重)一般为1 400kg/m^3。

②土体强度是指土的颗粒之间的联结强度，一般用黏聚力及内摩擦角表示；土质的不同状态(如孔隙比、含水量)，其强度不同。

③土的渗透性是指水渗透通过土的多孔介质的现象，水液体通过某两点具有压力时产生土的孔隙水渗流。

④土的膨胀性是指土的颗粒及土中矿物吸水后会引起膨胀，使体积增大。土在水的作用下引起的膨胀与土的塑性指数有关，如塑性指数$I_p=10$，膨胀量$S=4.5\%\sim10\%$。

⑤天然含水量细粒土类中的黏质土，如孔隙比$e=0.5\sim0.6$、重度$\gamma=20kN/m^3$、黏聚力$c=15kPa$的情况下塑限含水量$\omega_p=12.5\%\sim15.4\%$，天然含水量$\omega=19\%\sim22\%$。

8.2.5 砂

在自然条件作用下形成的，粒径在0.16～5mm以下的天然石屑，称为砂。天然砂可分为河砂、湖砂、山砂和海砂。河砂颗粒圆滑，比较洁净，分布较广，工程上广泛采用。天然砂的粗细程度可以用细度模数(或称细度量表示)见表8-1所列。

砂的分类　　表8-1

砂　组	粗　砂	中　砂	细　砂	砂　组	粗　砂	中　砂	细　砂
细度模数M_x	3.7～3.1	3.0～2.3	2.2～1.6	平均粒径(mm)	>0.5	0.5～0.35	0.35～0.25

将石质良好的岩石经机械破碎轧制成粒径在0.16～5mm以下的石屑，称为机制砂。其特点是砂粒具有尖锐棱角，石粉(小于0.15mm)含量高，约10%～20%，故必须过筛才能使用。砂含泥量不大于3%，泥块含量不大于1%。

8.2.6 砾石

岩石经自然风化而成的粒径在5～150mm的颗粒称为砾石，或称为卵石，粒径大于80mm的称为大卵石。砾石可分为河砾石、山砾石和海砾石。砾石含泥量不大于1%，泥块含量不大于0.5%。构造物普通混凝土常用砾石规格为2cm、4cm、6cm、8cm。

8.2.7 岩石(石材)

岩石俗称石头，又称天然岩石。公路用石材，要求空隙小，不透水，无裂隙，坚硬，耐冻，耐磨，强度高，未经风化。

1.岩石分类

在地壳中各种化学元素在一定条件下促成了不同的矿物，不同矿物又按一定规律促成各种岩石。组成岩石的矿物称为岩矿物。大多数岩石是由两种以上造岩矿物组成，按岩石的成因分类如图8-5所示。

- 岩石
  - 岩浆岩
    - 深成岩：花岗岩、正长岩、闪长岩、辉长岩、辉岩、橄榄岩
    - 浅成岩：花岗斑岩、正长斑岩、闪长玢岩、辉绿岩
    - 喷出岩：流纹斑岩、粗面岩、安山岩、玄武岩
  - 沉积岩
    - 火山碎屑岩：火山集块岩、火山角砾岩、凝灰岩
    - 沉积碎屑岩：砾岩、砂岩、粉砂岩
    - 黏土岩：泥岩、页岩
    - 化学及生物化学岩：石灰岩、白云岩
  - 变质岩
    - 片理状岩：片麻岩、片岩、千枚岩、板岩
    - 块状岩：大理岩、石英岩、蛇纹岩

图 8-5 岩石分类

2. 物理性质

坚硬岩石的主要物理性质经验值见表 8-2 所列。

岩石主要物理力学性质指标验算值 表 8-2

岩石分类		容重(g/cm³)	相对密度(比重)	孔隙率(%)	吸水率(%)	极限抗压强度(MPa)		软化系数
						干	饱和	
坚硬岩石	岩浆石	2.5～2.92	2.6～2.95	1.0～4.5	0.14～2.00	100～280	80～250	0.70～1.00
	沉积岩	2.6～2.87	2.70～2.90	0.95～3.50	0.2～3.00	74～160	60～120	0.70～0.90
	变质岩	2.6～2.85	2.70～2.90	0.2～3.76	0.10～0.71	80～150	62.5～120	0.69～0.84

注：半坚硬岩石物理力学性质指标验算值省略。

3. 块状石料

1)构造物建筑石料

构造物建筑石料制品主要有片石、块石、方块石、粗料石、细料石、镶面石等。

①片石 形状不受限制，但薄片石料不得使用。一般片石其中部最小尺寸应不小于 15cm，体积不小于 0.01m³，每块质量一般在 30kg 以上。用于圬工工程主体的片石，其极限抗压强度应不于 30MPa，用于附属圬工工程的片石，其极限抗压强度应不小于 20MPa。

②块石 块石形状大致方正，无尖角，有两个较大的平行面，边角可不加工。其厚度应小于 20cm，宽度为厚度的 1.5～2.0 倍，长度为厚度的 1.5～3 倍。砌缝宽度一般不大于 20mm，个别边角砌缝宽度可达 30～35mm，石料强度应符合设计文件规定。

③方块石 石料大致方正，厚度不小于 20cm，宽度为厚度的 1.5～2 倍，长度为厚度的 1.5～4 倍，砌缝宽度不大于 20mm。强度应符合设计文件规定。

④粗料石 形状和极限抗压强度应符合设计文件规定，其表面凹凸相差不大于 10mm，砌缝宽度小于 20mm。

⑤细料石 形状和极限抗压强度应符合设计文件规定，表面凹凸相差不大于 5mm，砌缝宽度小于 15mm。

⑥镶面石 应选用坚硬岩石，较耐腐蚀。

2)路面铺砌石料

路面铺砌石料制品主要有整齐块石、半整齐块石及不整齐块石。

①整齐块石　大方块 300mm×300mm×(120～150)mm，小方块 120mm×120mm×250mm。岩石的抗压强度不低于 100MPa，洛杉矶磨耗率不大于 5%。

②半整齐块石　规格见表 8-3 所列。

铺砌用半整齐块石的技术规格　　表 8-3

类　别	名　称	高度 h(mm)	长度 l(mm)	宽度 b(mm)
条石	矮条石	90～100	150～300	120～150
	中条石	110～130	150～300	120～150
	高条石	140～150	150～300	120～150
方块石	矮方块石	80～90	70～100	70～100
	高方块石	90～100	80～110	80～110
弹衔石	方头弹衔石	100～130	80～100	60～80

③不整齐块石　又称拳石，要求顶面为平面，底面与顶面基本平行，顶面积与底面积之比大于 40%～60%。规格见表 8-4 所列。

铺砌用不整齐块石的技术规格　　表 8-4

类　别	名　称	高度 h(mm)	顶面直径 d_1(mm)	顶面积与底面积之比 A_2/A_1(%)，不小于
拳石	矮拳石	120～140	100～316	40
	中拳石	150～160	120～180	60
	高拳石	200～220	120～200	60
	特高拳石	220～250	150～250	60
弹衔石	乱弹衔石	100～130	(100～130)×(50～80)	—

4. *碎石料*

碎石是由硬质岩石经人为破碎、筛分而成的粒径大于 5mm 的岩石颗粒，碎石含杂质少，具有棱角，表面粗糙。混凝土用碎石质量标准见表 8-5 所列。

混凝土用碎石质量标准　　表 8-5

级配情况	粒级(mm)	筛孔尺寸(圆孔，mm)								
		2.5	5	10	15	20	25	30	40	50
		累计筛余(按质量计%)								
连续级配	5～10	95～100	80～100	0～15	0					
	5～15	95～100	90～100	30～60	0～10	0				
	5～20	95～100	90～100	40～70		0～10				
	5～30	95～100	90～100	70～90		15～45		0～5	0	
	5～40		95～100	75～90		30～65			0～5	0

注：单粒级碎石质量标准省略。

碎石泥土杂物含量不大于1%，针片状颗粒含量不大于15%。构造物普通混凝土常用碎石规格为2cm、4cm、6cm、8cm；水泥、沥青混凝土路面常用碎石规格为0.8cm、1.5cm、2.5cm、3.5cm、5cm、6cm、7cm、8cm。

8.2.8 石灰

石灰是以碳酸盐类岩石为原料，经过900℃～1 300℃高温煅烧而成，按氧化镁含量的不同可分为钙质石灰和镁质石灰两类。石灰又称白灰，按制作品质又可分为生石灰和消石灰。生石灰又可称为块灰，消石灰又可称为熟石灰。如果将生石灰加水过筛熟化后可制成石灰膏，将生石灰磨碎又可制成生石灰粉。

生石灰、生石灰粉和消石灰按质量不同分为优等品、一等品、合格品三个等级。建筑石灰执行现行质量标准《建筑生石灰》(JC/T 479—92)、《建筑生石灰粉》(JC/T 480—92)和《建筑消石灰粉》(JC/T 481—92)的规定，石灰的氧化镁含量划分界限可参考表8-6的规定。

钙质石灰和镁质石灰分类界限　　表8-6

品种 / 氧化镁含量(%) / 类别	生石灰	生石灰粉	消石灰粉
钙质石灰	≤5	≤5	<4
镁质石灰	>5	>5	≥4

8.2.9 水泥

水泥是由一定比例的熟料、石膏、活性混合料等组成。水泥用途广泛，被用于路基边坡防护和排水设施、路面、桥涵、隧道、房屋等构造物的混凝土工程和砌筑工程。水泥属于水硬性无机胶凝材料，加水调制后，能将砂石散状材料胶结成具有一定物理力学性质整体形状，如水泥加砂石料和水拌制的混凝土是可塑性砂石浆体，经过物理化学作用后可变成坚硬的固体。水泥混凝土及砂浆既能在空气中硬化，又能在水中硬化。

1. 水泥分类

为提高水泥早期强度，我国水泥型号分为普通型和早强型。水泥品种繁多，一般分类如图8-6所示。

- 按水泥用途
  - 普通水泥
  - 专用水泥
  - 特种水泥
- 按矿物组成
  - 硅酸盐水泥
  - 铝酸盐水泥
  - 硫酸盐水泥
  - 磷酸盐水泥
  - 氟铝酸盐水泥
  - 火山灰质性水泥
  - 其他活性水泥
- 按技术特性
  - 快硬水泥
  - 水化热水泥
  - 抗硫酸盐水泥
  - 膨胀水泥
  - 耐高温水泥

图8-6　水泥分类

在公路工程中通常采用硅酸盐水泥，其分类见表8-7所列，5种水泥的主要特性见表8-8所列。

硅酸盐水泥分类　　表 8-7

用　途		技术标准
普通硅酸盐水泥	建筑用水泥	硅酸盐水泥、普通硅酸盐水泥(GB 175—99)
		矿渣、火山灰质、粉煤灰硅酸盐水泥(GB 1344—99)
		砌筑水泥(GB 3183—97)
		中热、低热矿渣硅酸盐水泥(GB 200—89)
		微集料火山灰质、微集料粉煤灰硅酸盐水泥(ZBQ 11001—84)
		磷渣硅酸盐水泥(ZBQ 11008—88)
		无收缩快硬硅酸盐水泥(ZBQ 11009—88)
特种硅酸盐水泥	道路水泥	道路硅酸盐水泥(GB 13693—92)
	膨胀水泥	低热微膨胀水泥(GB 2938—97)
	抗硫酸盐水泥	抗硫酸盐硅酸盐水泥(GB 748—83)
	快硬水泥	快硬硅酸盐水泥(GB 199—90)
	白水泥	白色硅酸盐水泥(GB 2015—91)
	油井水泥	油井硅酸盐水泥(GB 10238—88)
	大坝水泥	中热硅酸盐、低热矿渣硅酸盐水泥(GB 200—89)

5 种水泥的主要特性　　表 8-8

名　称	硅酸盐水泥		普通硅酸盐水泥	矿渣硅酸盐水泥	火山灰质硅酸盐水泥	粉煤灰硅酸盐水泥
简称	硅酸盐水泥		普通水泥	矿渣水泥	火山灰水泥	粉煤灰水泥
	Ⅰ型	Ⅱ型				
代号	P·Ⅰ	P·Ⅱ	P·O	P·S	P·P	P·F
主要成分	熟料中不掺混合料	掺加≤5%石灰石或粒化矿渣	硅酸盐熟料中掺6%～15%混合材料	硅酸盐熟料中掺20%～70%粒化矿渣	硅酸盐熟料中掺20%～50%火山灰质混合料	硅酸盐熟料中掺20%～40%粉煤灰
堆积密度(kg/m^3)	1 000～1 600		1 000～1 600	1 000～1 200	900～1 000	900～1 000

水泥特性主要有硬化、早期强度、水化热、抗冻性、耐热性、抗渗性等。水泥的技术标准主要是细度、凝结时间、稳定性和强度。水泥标号是评价水泥强度的依据，按国标(GB 175—99)普通硅酸盐水泥分为32.5、32.5R、42.5、42.5R、52.5、52.5R 6个强度等级。

2. 水泥浆

水泥浆由水泥和水搅拌而成，主要用作填充和补漏。各种水泥浆单位重1 450kg/m^3。

①促凝水泥浆　水灰比为0.55～0.6之间，促凝剂为水泥重量的1%。

②快凝水泥胶浆　它是用水泥和促凝剂直接拌和，根据使用条件不同，配合比一般为水

泥：促凝剂＝1：0.55～0.6或1：0.8～0.9。

③环氧树脂水泥浆　配合比及配制为环氧树脂：二丁酯：固化剂：水泥＝10：2：2：10。配制方法是先将环氧树脂和二丁酯搅拌均匀后，加入固化剂拌匀，再加入水泥搅拌，待用。

3. 水泥砂浆

水泥砂浆主要用来砌筑圬工和修饰各类结构物表面。砌筑砂浆组成材料主要有水泥、掺和料（石灰、黏土和粉煤灰等）、细集料、外掺剂、水。抹面砂浆组成材料主要有水泥、石灰、石膏、电石膏、黏土、砂、炉渣、有色石子、麻刀、纸筋、颜料等。水泥砂浆强度等级有M5、M7.5、M10、M12、M15等，技术要求28天养护。常用水泥砂浆参考配合比见表8-9所列。

常用水泥砂浆参考配合比　　表8-9

砂浆名称	体积配合比	用途	砂浆名称	体积配合比	用途
石灰水泥砂浆	1：1：6	比较潮湿的部位	水泥白石子浆	1：2	水磨石面
水泥砂浆	1：2.5	构造物墙面	水泥白云石白石子浆	1：1：2	水刷石面
水泥石膏锯末砂浆	1：1：5：3	要求吸音的部位			

4. 水泥混凝土

水泥混凝土是由水泥、石灰、石膏类无机胶结料和水，与集料按一定比例拌和、整形、养护而成的人造石材。其中水泥（和水）占水泥混凝土体积的22%～35%，砂石料占66%～78%。此外，常在水泥混凝土中加入（水泥重量的1%～5%）各种外加剂以改善性能。水泥混凝土是用量最大、用途最广的建筑材料，可分为现浇水泥混凝土和预制水泥混凝土。公路工程现浇水泥混凝土有基础、路面、柱和梁、隧道等，预制水泥混凝土有桩、梁、板、管、小型构件等。水泥混凝土分类见表8-10所列。

水泥混凝土分类　　表8-10

分类方法		名称	特性
按施工工艺	现浇类	普通混凝土	一般现浇工艺施工的塑性混凝土
		泵送混凝土	用混凝土泵浇灌的流动性混凝土
		灌浆混凝土	先铺好粗集料，之后强制注入水泥砂浆的混凝土，适用于大型基础等大体混凝土工程
		喷射混凝土	用压缩空气喷射施工的混凝土，较多用于隧道衬砌和路基边坡防护工程，又可分干喷和湿喷两种工艺
	预制类	振压混凝土	振动加压工艺用于制作混凝土板类构件
		挤压混凝土	以挤压机成形，用于长线台座法的空心板，T形梁等构件
		离心混凝土	以离心机成形，用于混凝土管状构件
按配筋方式	无筋类	素混凝土	用于基础或垫层的低标号混凝土、片石混凝土
	配筋类	钢筋混凝土	用普通钢筋加强的混凝土
		预应力混凝土	用先张法、后张法或化学方法使混凝土预压，以提高其抗拉、抗弯强度的配筋混凝土。可用于桥梁结构和其他构造物
		纤维混凝土	用钢纤维、聚脂纤维等加强的混凝土，用于要求抗冲击、抗拉、抗弯性能好的结构

水泥混凝土强度等级可分为C15、C20、C25、C30、C35、C40、C50、C60等，技术要求28天养护。水泥混凝土性能有和易性、强度、容重、弹性模量、收缩、徐变、热工性能、抗冻性和耐久性。实践中，满足构造物设计强度、耐久性和经济性要求，水泥混凝土的配合比应通过计算和试配确定。

①普通水泥混凝土　平均配合比水泥用量见表8-11所列，按1：2.14：3.82：0.54相对用量比例，可以计算得出细集料、粗集料和水的用量。

普通水泥混凝土平均配合比(每立方米)　表8-11

集料的最大粒径(mm)	水泥(kg)	细集料(kg)	粗集料(kg)	水(kg)
20	357	760	1 360	193
40	312	670	1 200	168
80	267	570	1 020	144

②高强水泥混凝土　强度等级不小于C50的混凝土称为高强水泥混凝土。要求选用优质高强等级水泥，用量400～550kg/m^3；水中不能含影响水泥硬化的杂质，采用磁化水可提高混凝土强度30%～50%；集料强度应为混凝土强度等级的2倍，C60～C70混凝土试配参见表8-12所列。

强度60MPa混凝土配合比　表8-12

水灰比	泵送剂(%)	材料用量(kg/m^3)				28天强度(MPa)
		水泥	水	细集料	粗集料	
0.33	1	500	165	606	1 229	70.2
0.35	1.2	550	195	566	1 020	62
0.33	1.4	550	180	572	1 118	65
0.36	1.4	500	180	634	1 125	35

③轻集料混凝土　它是用轻组集料、轻细(或普通砂)、水泥和水配制而成的混凝土，其干表观容重≤1 950kg/m^3，水泥最小用量250kg/m^3、最大用量550kg/m^3。轻集料的主要性能指标见表8-13所列。

轻集料主要性能指标　表8-13

类别	轻集料名称	轻集料混凝土		
		名称	容重等级	可能达到的强度等级
天然轻集料混凝土	浮石	浮石混凝土	1.2～1.8	C15～C20
	火山渣	火山渣混凝土		
工业废料轻集料混凝土	炉渣	炉渣混凝土	1.6～1.8	C20～C30
	膨胀矿渣珠	膨胀矿渣珠混凝土		
	粉煤灰陶粒	粉煤灰陶粒混凝土		C40～C50

8.2.10 普通砖和砌块

普通砖根据制造工艺和所用原料不同可分为烧制普通砖、粉煤灰砖、蒸压灰砂砖等，砌块包括空心混凝土块和蒸压加汽混凝土块等。

1. 普通砖

普通砖长×宽的面称为大面，长×厚的面称为条面，宽×厚的面称为顶面。一般外形尺寸约为长∶宽∶厚＝4∶2∶1。

①烧结普通砖　经砖坯焙烧而成。按主要材料不同分为实心黏土砖、页岩砖和煤矸石砖等，按外观质量分为优等品和合格品，外形尺寸为长 240mm、宽 115mm、厚 53mm，每立方米 684 块，每立方米 1 800kg。

②粉煤灰砖　它是以粉煤灰、石灰为主要原料，掺加适量石膏和集料，经制坯、压制成形，高压或常压蒸气养护而成的实心体。按外观质量、强度、抗冻性和干缩值分为优等品、一等品和合格品，外形尺寸为长 240mm、宽 115mm、厚 53mm，每立方米 1 155～1 500kg。

③蒸压灰砂砖　它是以砂和石灰为主要原料(灰砂比 8∶92)，经坯料成形、蒸压养护而成的实心体。按抗压强度和抗折强度不同分为 25、20、15、10 4 个级别，按外观质量分为优等品、一等品和合格品，外形尺寸为长 240mm、宽 115mm、厚 53mm，每立方米 1 800kg。

④烧结多孔砖　它是以黏土、页岩和煤矸石为原料，经焙烧而成。按抗压强度和抗折强度不同分为 30、25、20、15、10、7.5 6 个级别，按外观质量和物理性能分为优等品、一等品和合格品；烧结多孔砖的型号分为 M 型和 P 型，外形尺寸见表 8-14 所列。

烧结多孔砖规格和孔洞　　表 8-14

型号	外形尺寸(mm)			孔洞(mm)		
	长	宽	厚	圆孔直径	非圆孔内切直径	手抓孔
M	190	190	90	≤22	≤15	(30～40)×(75～85)
P	240	115	90			

2. 砌块

①小型空心混凝土块　它是以水泥混凝土为原料，规格尺寸 390mm×190mm×190mm，按抗压强度分为 3.5、5.0、7.5、10.0、15.0 5 个级别，按含水率指标分为 M 级和 P 级，按抗渗指标分为 S 级和 Q 级，按外观质量分为一等品和二等品。

②中型空心混凝土块　它是以水泥混凝土为原料，规格尺寸为长 500mm、600mm、800mm、1 000mm，宽 200mm、240mm，高 400mm、800mm、900mm。按抗压强度分为 35、50、75、100、150 5 个级别，外观质量不能缺棱和掉角；15 次冻融循环后的抗冻性检测：强度损失≤15%，外观无明显疏松、剥落、裂缝。

③蒸压加汽混凝土块　有水泥、矿渣和砂，水泥、石灰和砂，水泥、石灰和粉煤灰三种配料方式。规格尺寸为长 600mm，宽 75mm、100mm、125mm、150mm(以 25mm 递增)，高

200mm、250mm、300mm，长 600mm，宽 60mm、120mm、180、240mm（以 60mm 递增），高 240mm、300mm。按抗压强度分为 10、25、35、50、75 5 个级别。外观质量：最大缺棱≤100mm，最大掉角≤70mm，平面最大弯曲≤5mm，不允许有贯穿裂纹。抗冻性的强度损失≤20%。在温度 50±1℃，相对湿度 28%～32%的条件下，干燥收缩值应≤0.8mm/m。

8.3 沥青产品

沥青是由天然出产或各种有机物经热加工后得到的产品，它是由多种分子量大小不等的烃类（环烃、烷烃和芳香烃）组成的复杂混合物。按在自然界中获取沥青的方式一般分为地沥青和焦油沥青两大类。地沥青又称天然沥青，是在天然产状的情况下直接获取的一种材料；也可在加工其他油品过程之后，最后加工得到石油沥青。焦油沥青是在有机物（煤、页岩、木材等）中干馏而得到焦油，再经加工得到焦油沥青；焦油沥青中所含有机物质不同，加工得到煤沥青、页岩沥青、木沥青等。沥青分类如图 8-7 所示。

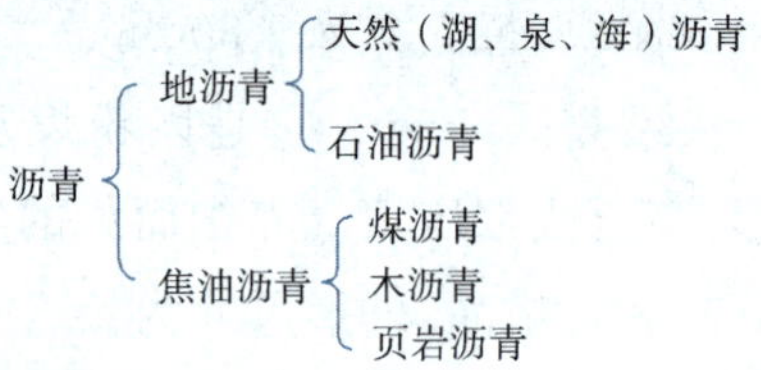

图 8-7　沥青分类

沥青的物理特征参数有黏结性、感温性、黏附性、流变性、耐久性。道路石油沥青分级见表 8-15 所列。

道路石油沥青分级　　表 8-15

沥青等级	适用范围
A 级沥青	各公路等级，任何层面
B 级沥青	高速公路、一级公路沥青下面层及以下的层面，二级及二级以下各层面；用作改性沥青、乳化沥青、乳化改性沥青、稀释沥青的基质沥青
C 级沥青	三级及三级以下各层面

8.3.1 石油沥青

石油沥青分黏稠石油沥青和液体石油沥青。液体石油沥青按凝结速度还可分为快凝、中凝、慢凝 3 个等级。石油沥青标号见表 8-16 所列。

道路石油沥青标号　　表 8-16

沥青名称		标号
黏稠石油沥青		160 号、130 号、110 号、90 号、70 号、50 号、30 号
液体石油沥青	快凝	AL(R)-1、AL(R)-2
	中凝	AL(M)-1、AL(M)-2、AL(M)-3、AL(M)-4、AL(M)-5、AL(M)-6
	慢凝	AL(S)-1、AL(S)-2、AL(S)-3、AL(S)-4、AL(S)-5、AL(S)-6

8.3.2 煤沥青

煤沥青与石油沥青相比，主要是煤沥青的温度稳定性低。煤沥青按稠度可分为软煤沥青和硬煤沥青。软煤沥青是黏稠液体或半固体产品，用于铺筑路面的软煤沥青可按其黏度和有关技术性质分为 T-1、T-2、T-3、T-4、T-5、T-6、T-7、T-8、T-9 共 9 个标号。硬煤沥青是脆硬固体产品，不能直接用于铺筑路面，但可用蒽油回配成软煤沥青。

8.3.3 乳化沥青

乳化沥青主要由沥青、水和乳化、稳定剂组成。制作过程是将黏稠石油沥青加热至流动态，经机械力的作用，而形成细小的微粒（直径为 2～5μm），分散在有乳化剂和稳定剂的水中，由于乳化剂和稳定剂的作用构成均匀稳定的乳状液。乳化沥青从分子化学结构上表现为：一端为亲水基团；另一端为亲油基团。乳化剂分类见表 8-17 所列，稳定剂分类见表 8-18 所列，乳化沥青代号见表 8-19 所列。

乳化剂分类　表 8-17

离子类型	离子型			非离子型
	阴离子	阳离子	两性离子	
示例	羧酸盐	季铵盐	甜菜碱型	多元醇型

稳定剂分类　表 8-18

类型	示例
有机稳定类	聚乙烯醇、聚丙烯酰胺、聚乙烯醇、羟甲基纤维素钠、糊精、MF 废液等
无机稳定类	氯化钙、氯化镁、氯化铵、氯化铬等

乳化沥青代号　表 8-19

类型	代号	类型	代号
阳离子乳化沥青	PC-1、PC-2、PC-3、BC-1	非离子乳化沥青	PN-2、BN-1
阴离子乳化沥青	PA-1、PA-2、PA-3、BA-1		

乳化沥青的主要优点是不需要加热可直接用于施工，受低温季节影响小，常温下洒布均匀；可用于铺筑封层，表面处治、贯入式、沥青碎石、沥青混凝土等路面。其缺点是路面成形时间长，稳定性差。乳化沥青按其分裂速度，可分为快裂、中裂、慢裂三种类型。

8.3.4 改性沥青

改性沥青是指掺加橡胶、树脂类高分子聚合物等改性剂，或采用对沥青轻度氧化加工等措施，使沥青性能得到改善。改性沥青可单独或复合采用高分子聚合物、天然沥青及其他改性材料制作，分类如图 8-8 所示。

- 改性沥青
  - 掺改性剂
    - 耐疲劳抗裂——添加聚合物
      - 橡胶类
      - 热塑性橡胶类
      - 热塑性树脂类
    - 改善黏附性——添加金属皂、消石灰等
    - 抗老化——添加受阻酚、受阻胺等
  - 物理改性——硫黄、石棉、木质纤维等
  - 调和沥青——掺加天然沥青（湖、泉、海底沥青）

图 8-8　改性沥青分类

根据掺加改性剂的不同，得到的改性沥青就不同。改性剂改善了沥青的力学性能，增强沥青高温下稳定、耐疲劳和低温抗裂性。改性剂分类见表 8-20 所列，聚合物改性沥青代号见表 8-21 所列。

改性剂分类　　表 8-20

分　类	改　性　剂
橡胶类	天然橡胶、丁苯橡胶(SBR)、氯丁橡胶、聚丁二烯橡胶、聚异戊二烯橡胶、乙丙橡胶、丁丙橡胶、丁基橡胶、丁腈橡胶
热塑性橡胶类	苯乙烯嵌段共聚物：苯乙烯-丁二烯-苯乙烯(SBS)、苯乙烯-异戊二烯-苯乙烯、苯乙烯-聚乙烯/丁基-聚乙烯
热塑性树脂类	热塑性树脂：聚氯乙烯、聚乙烯(PE)、聚丙烯、聚苯乙烯、乙烯-乙酸乙烯酯共聚物(EVA)

聚合物改性沥青代号　　表 8-21

类　型	BSB(类)	BSB(II 类)	EVA、PE(III 类)
代　号	I-A、I-B、I-C、I-D	II-A、II-B、II-C	III-A、III-B、III-C、III-D

乳化改性沥青可分为喷洒乳化改性沥青和拌和乳化改性沥青，代号分别为 PCR、BCR。

8.4　钢铁产品

钢铁产品可称为黑色金属，包括钢、钢材、铁和铸铁，含碳量一般在 2%以下。钢铁产品牌号命名一般采用由代表屈服强度的汉语拼音字母 Q，屈服强度数值用 MPa 表示，依据钢的硫(S)、磷(P)含量多少用 A、B、C、D 4 个等级表示，脱氧方法用符号 F、b、Z、TZ 表示。

8.4.1　钢材分类

钢的性能可以用物理性能、化学性能、机械性能和工艺性能衡量。本质不发生变化的物理性能有密度、热膨胀性、导热性、导电性、磁性和熔点等。在外力作用下的机械性能有弹性、强度、塑性、冲击韧性、断裂韧性、蠕变极限、持久极限和应力松弛率。钢的分类如图 8-9 所示。

- 钢
  - 按化学成分
    - 碳素钢
      - 低碳钢——含碳量 0.25%以下
      - 中碳钢——含碳量 0.25%～0.6%
      - 高碳钢——含碳量大于 0.6%
    - 合金钢
      - 低合金钢——合金元素总含量一般小于 3.5%
      - 中合金钢——合金元素总含量一般小于 3.5%～10%
      - 高合金钢——合金元素总含量大于 10%
  - 按工艺性质分
    - 铸钢——可浇注成形，通常含碳量 0.12%～0.6%
    - 压钢——采用热轧、冷轧或冷拔
    - 锻钢——采用锤打或锻压
  - 按用途分
    - 结构钢
      - 普通碳素结构钢
      - 优质碳素结构钢
      - 普通低合金结构钢
      - 合金结构钢
    - 工具钢
      - 碳素工具钢——通常含碳量 0.65%～1.35%
      - 合金工具钢——通常要求硬度高、耐磨、热处理变形小
      - 高速工具钢
    - 特殊钢
      - 不锈钢
      - 耐热钢
      - 抗磨钢
    - 专用钢
      - 钢筋钢——轧制钢筋混凝土用带肋钢筋
      - 桥梁钢
      - 钢轨钢

图 8-9 钢分类简介

8.4.2 钢材性能及牌号

公路工程构造物中的钢结构和钢筋混凝土结构，大量使用钢材。钢的分类很多，公路工程通常采用按化学成分分类的低碳钢，按质量分类的普通钢和优质钢，按用途分类的结构钢、工具钢、特殊钢(不锈钢)等。根据使用条件和特点，使用的钢材应具有良好的综合力学性能，可焊接性和抗蚀性等技术要求。

①碳素结构钢 国标(GB 700—88)规定，按屈服点的数值(MPa)分为 5 个强度级(牌号)，按硫、磷杂质含量分为 4 个质量等级，见表 8-22 所列。

碳素结构钢拉伸力学性能 表 8-22

牌号	等级	拉伸试验												
		屈服点 σ_s(MPa)						抗拉强度 σ_b(MPa)	断后伸长率 δ(%)					
		钢材厚度(或直径)d(mm)≮							钢材厚度(或直径)d(mm)≮					
		≤16	>16～40	>40～60	>60～100	>100～150	>150		≤16	>16～40	>40～60	>60～100	>100～150	>150
Q195	—	(195)	(185)	—	—	—	—	315～390	33	32	—	—	—	—
Q215	A B	215	205	195	185	175	165	335～410	31	30	29	28	27	26

续上表

牌号	等级	拉伸试验												
		屈服点 σ_s(MPa)						抗拉强度 σ_b(MPa)	断后伸长率 δ(%)					
		钢材厚度(或直径)d(mm)≮							钢材厚度(或直径)d(mm)≮					
		≤16	>16~40	>40~60	>60~100	>100~150	>150		≤16	>16~40	>40~60	>60~100	>100~150	>150
Q235	A B C D	235	225	215	205	195	185	375~460	26	25	24	23	22	21
Q235	A B	255	245	235	225	215	205	410~510	24	23	22	21	20	19
Q275	—	275	265	255	245	225	215	490~610	20	19	18	17	16	15

②低合金高强度结构钢　它是在碳素结构钢的基础上加入<5%的合金元素(锰、硅、钒、钛)而成,强度、耐磨性、耐蚀性等均优于碳素结构钢。

③桥梁结构钢　加入钒、铌、钛、氨等微量元素可改善结构钢性能。桥梁结构钢牌号4个,牌号后加字母"q",如Q235q。

④热轧光圆钢筋　它是一种条形钢材,由碳素结构钢或低合金结构钢的钢坯热轧而成。热轧光圆钢筋牌号有4种,如HPB325,是选用热轧(Hot rolled)、光圆(Plain)、钢筋(Bars)的英文单词字首组成。

⑤冷轧带肋钢筋　它是将冷却的热轧圆盘条,在其表面轧制带有长度方向均匀分布的三面或两面横肋。冷轧带肋钢筋牌号有5种,如CRB550,是选用冷轧(Cold rolled)、带肋(Ribbed)、钢筋(Bars)的英文单词字首组成。

低合金高强度结构钢、桥梁结构钢、热轧光圆钢筋、带肋钢筋的牌号、等级和尺寸见表8-23所列。

钢材牌号、等级和尺寸　　表8-23

低合金高强度结构钢	牌号	Q295	Q345	Q390	Q420	Q460
	等级	A、B	A、B、C、D、E	A、B、C、D、E	A、B、C、D、E	C、D、E
桥梁结构钢	牌号	Q235q	Q345q	Q370q	Q420q	
	等级	C、D	C、D、E	C、D、E	C、D、E	
热轧光圆钢筋	牌号	HPB235				
	公称直径(mm)	8、10、12、14、16、18、20				
热轧带肋钢筋	牌号	HRB335	HRB400	HRB500		
	公称直径(mm)	6、8、10、12、14、16、18、20、22、25、28、32、36、40、50				
冷轧带肋钢筋	牌号	CRB550	CRB650	CRB800	CRB970	CRB1170
	公称直径(mm)	4~12	4.00、5.00、6.00			
	用途	普通混凝土	预应力混凝土			

⑥钢板和钢带　按钢的轧制方法分有冷轧和热轧钢板和钢带。按厚度分为 4mm 以下的薄板、4～20mm 的中板、20～60mm 的厚板、＞60mm 的特厚板。钢带是指成卷，宽度＞600mm。

⑦结构用钢管　有热轧无缝钢管和焊接钢管两类。焊接钢管由钢带卷形焊接而成，依据管径大小又分为直缝焊和螺旋焊两种。圆环每米体积计算 $V=\pi\times\delta\times(D-\delta)$，$D$ 为钢管外径，δ 为钢管壁厚。

⑧热轧普通型钢（工、槽、角钢）　工字形截面型材分普通工字钢和轻型工字钢两种，型号以截面高度厘米数表示，普通工字钢为 10～55 号，轻型工字钢为 I11～I70 号；腹板厚度和翼缘宽度不同，则同一号工字钢用 a、b、c 区分。槽形截面型材分普通槽钢和轻型槽钢两种，型号以截面高度厘米数表示，普通槽钢为 5～40 号，轻型槽钢为[5～[40 号。直角形截面型材分等边角钢和不等边角钢两种，型号以肢长厘米数表示，等边角钢为 2～20 号，不等边角钢为 2.5/1.6～20/12.5 号。

⑨预应力混凝土用钢丝　按加工状态分为冷拉钢丝和消除应力钢丝两类，消除应力钢丝按松弛性能又分为低松弛级和普通松弛级钢丝。钢丝常用直径见表 8-24 所列，其代号为：

a. 冷拉钢丝（Cold Draw Wire）WCD；

b. 低松弛钢丝（Lower Relaxation Wire）WLR；

c. 普通松弛钢丝（Normal Relaxation Wire）WNR。

钢丝按外形分为光圆钢丝、螺旋肋钢丝和刻痕钢丝，代号分别为 P、H 和 I。

预应力混凝土用钢丝直径　　表 8-24

类　型	公称直径(mm)
光圆钢丝	3.00、4.00、5.00、6.00、6.25、7.00、8.00、9.00、10.00、12.00
螺旋肋钢丝	4.00、4.80、5.00、6.00、6.25、7.00、8.00、9.00、10.00
三面刻痕钢丝	≤5.00、＞5.00
冷拉钢丝	3.00、4.00、5.00、6.00、7.00、8.00
消除应力光圆及螺旋肋钢丝	4.00、4.80、5.00、6.00、6.25、7.00、8.00、9.00、10.00、12.00
消除应力光圆及螺旋肋钢丝	≤5.00、＞5.00

⑩预应力混凝土用钢绞线　一般采用低松弛、光圆钢丝捻制，仅规定（1×3）钢绞线采用刻痕钢丝。钢绞线按结构分 5 种规格，代号分别为：

a. 用 2 根光圆钢丝捻制的钢绞线　　1×2

b. 用 3 根光圆钢丝捻制的钢绞线　　1×3

c. 用 3 根刻痕钢丝捻制的钢绞线　　1×3I

d. 用 7 根光圆钢丝捻制的标准型钢绞线　　1×7

e. 7 根光圆钢丝捻制又经模拔的钢绞线　　（1×7）C

如公路桥梁工程常用的 1×7 结构钢绞线直径为 15.24mm（等于公称直径 15.20mm＋允许偏差 0.04mm），每根钢绞线单位重量 1.101kg/m。

⑪预应力混凝土用钢棒　它分为光圆、螺旋槽、螺旋肋及带肋 4 种，又分普通松弛和低

松弛两个等级，按延性又分 35 和 25 两个延性等级，按抗拉强度又分 1 080MPa、1 230MPa、1 420MPa、1 570MPa 4 个强度等级。其直径见表 8-25 所列。

预应力混凝土用钢棒直径　　表 8-25

类　型	公称直径(mm)	类　型	公称直径(mm)
光圆	6.00、7、8、10、11、12、13、14、16	螺旋肋	6.00、7、8、10、12、14
螺旋槽	7.1、9、10.7、12.6	带肋	6.00、8、10、12、14、16

⑫预应力混凝土用高强精轧螺纹钢筋　表面采用热轧方式制作螺纹，可以在任意截断处用带有内螺纹的连接器或锚具进行对接锚固，不需要焊接。其牌号和直径见表 8-26 所列。

预应力混凝土用高强精轧螺纹钢筋牌号和直径　　表 8-26

牌　号	鞍钢 AJL735、AJL785、AJL800、AJL930、AJL1080，天津 JL540、JL800、JL930
公称直径(mm)	18、25、32、40，推荐使用 25、32

⑬中强预应力钢筋　用于中小预应力混凝土结构构件，如用于板类、电杆、水泥管等构件中。产品牌号和直径见表 8-27 所列。

中强预应力钢筋牌号和直径　　表 8-27

冷轧带肋钢筋	牌号	CRB650、CRB800、CRB970、CRB1170
	公称直径(mm)	4、5、6
中强度钢预应力混凝土钢丝	种类	620/800、780/970、980/1 270、1 080/1 370
	公称直径(mm)	4、5、6、7、8、9

⑭冷拔低碳钢丝　它是指用碳素结构钢 Q235 盘条为原料，经多次拉拔，其直径缩减成钢丝。直径 5mm 的冷拔低碳钢丝，采用直径 8mm 盘条拔制，直径 4mm 的冷拔低碳钢丝，采用直径 6.5mm 盘条拔制，型号分甲、乙级两类。

⑮桥梁缆索用热镀锌钢丝　按松弛性能分有松弛性能要求和无松弛性能要求两类。其中有松弛性能要求的又分 I 级松弛和 II 级松弛两类，公称直径有 5mm 和 7mm 两种。

⑯高强度低松弛预应力热镀锌钢绞线　适用于拉索、固定拉力构件结构及不直接与混凝土砂浆接触的预应力结构，由 7 根热镀锌钢丝组成的低松弛钢绞线。其公称直径有 12.5mm、12.9mm、15.2mm、15.7mm。

⑰钢绞线、钢丝束无黏结预应力筋　它是以专用防腐润滑脂作涂料层，由聚乙烯塑料作保护套的钢绞线或碳素钢丝束，护套厚度 0.8～1.2mm。施工时张拉端和锚固端必须清除护套和油脂，张拉后再用砂浆填充覆盖。

⑱缓黏结预应力筋　在结构中具有与灌浆预应力筋相同的力学性能，对钢材的防腐蚀作用大大增强。

⑲不锈钢板　按组成特征分奥氏体型、奥氏体—铁素体型、铁素体型、马氏体型和沉淀硬化型 5 类；按制作方法分冷轧板和热轧板。单位重量 7.75～7.98t/m^3。

⑳钢轨　轻轨用碳素钢或低合金钢制造，重轨和起重机钢轨用平炉、氧气转炉冶炼的镇静钢制造。其牌号及型号见表 8-28 所列。

钢轨牌号及型号　　表 8-28

类别		项目						
轻轨	碳素钢	牌号	50Q			55Q		
		型号	≤12kg/m			≤30kg/m		
	低合金钢	牌号	45SiMnP		50SiMnP		36CuCrP	
		型号	≤12kg/m		≤30kg/m		15～30kg/m	
重轨		牌号	YB350－63	GB183－63	GB182－63	专外线 69－030	GB181－63	YB(T)68－87
		型号	33kg/m	38kg/m	43kg/m	45kg/m	50kg/m	60kg/m
起重机钢轨		牌号	QU70	QU80	QU100	QU120		
		型号	52.80kg/m	63.69kg/m	88.96kg/m	118.10kg/m		

㉑钢丝绳　按捻制方法分为捻制方向、绳与股捻制、接触状态捻制三类；按钢丝表面状态分为光面钢丝、A 级镀锌钢丝、AB 级镀锌钢丝、B 级镀锌钢丝；按绳芯分为纤维芯、天然纤维芯、合成纤维芯、金属丝绳芯、金属丝股芯。其结构及直径见表 8-29 所列。

优质钢丝绳结构及直径　　表 8-29

典型结构	6×7	6×9W	6×19S	6×19W	6×25Fi	6×26SW	6×29Fi	6×31SW
直径范围(mm)	2～36	14～36	9～36	8～40	14～44	13～40	16～44	12～46
典型结构	6×36SW	6×41SW	6×49SWS	6×55SWS	6×37S	8×19S	8×19W	8×25Fi
直径范围(mm)	12～52	32～48	36～60	36～64	18～52	11～44	10～48	18～52

8.4.3 铸铁

生铁是含碳量大于 2% 的铁碳合金，按主要用途分为炼钢用生铁、铸造用生铁、冷铸车轮用生铁、球墨铸铁用生铁等。铸铁是将生铁经过配料、重熔并浇注成铸铁件的产品，分灰铸铁、可锻铸铁、球墨铸铁和耐热铸铁等。其牌号表示方法见表 8-30 所列。

生铁和铸铁牌号表示方法　　表 8-30

类　别	名　　称	代　号	牌号表示方法实例	说　　明
生铁	炼钢用生铁	L	L04、L08、L10	生铁以代号和数字表示，数字表示平均含硅量的千分之几
	铸造用生铁	Z	Z34 或铸 34、Z26 或铸 26	
	球墨铸铁用生铁	Q	Q10、Q12、Q16	
铸铁	灰铸铁	HT	HT100	铸铁以代号、阿拉伯数字或化学元素符号表示
	球墨铸铁	QT	QT400－17	
	耐模铸铁	MT	MTCulPTi－150	
	冷硬铸铁	LT	LTCrMoR	
	……			

铸铁管随铸铁管连接形式分为承插式、带盘式和承插带盘式；按用途分为给水铸铁管和排水铸铁管。铸铁件品种规格繁多，如隧道排水沟沉沙井铸铁盖板、桥面排水铸铁管盖板等。

8.5 常用有色金属

有色金属产品分为冶炼产品、加工产品和铸造产品三大类。加工产品分金属加工和合金加工两类产品。合金加工产品的代号用汉语拼音字母、添加的元素符号、成分数字组成。

8.5.1 铝合金

铝合金产品牌号表示方法见表 8-31 所列，部分铝合金产品规格见表 8-32 所列。

铝合金产品牌号表示方法　　表 8-31

产品名称	组　别	铝合金产品牌号举例	
铝及铝合金	防锈铝	二号防锈铝	LF2
	硬铝	十二号硬铝	LY12
	锻铝	二号锻铝	LD2
	超硬铝	四号超硬铝	LC4

铝合金产品规格　　表 8-32

铝及铝合金板(mm)			铝及铝合金管(mm)				铝及铝合金棒(mm)		
牌号	状态	厚度	牌号	状态	外径	壁厚	牌号	状态	厚度
LF2	R	5～8	LF2	R、M			LF6	R	<200
	Y	0.3～4		Y	≤55	≤2.5			≥200
LF3	R	5～50	LY11	CZ 挤	≤120		LF12	R	≤150
LF6	R	5～50		CZ 挤	>120		LY13	R、CZ	≤22
LY16	CZ	11～80	LF6	R、M					>22～150

8.5.2 硬质合金

在路基和桥梁施工中，常用硬质合金开炸岩石或钻孔灌注桩钻孔钻头。硬质合金按化学成分及使用特性，分为钨钴合金、钨钛钽（铌）钴合金、钨钛钴合金、碳化钛镍合金、钢结硬质合金 5 类。凿岩工具硬质合金制品规格见表 8-33 所列。

凿岩工具硬质合金制品型号　　表 8-33

类　型	型　号
K10 型硬质合金片	K1016、K1020、K1026、K1030、K1032、K1034、K1036、K1036A、K1038、K1038A、K1040、K1040A、K1040B、K1043、K1043A、K1043B、K1046、K1046A、K1049、K1054
K20 型硬质合金片	K2012、K2013、K2014、K2015、K2017、K2019、K2020、K2020A、K2022、K2024、K2026、K2028、K2030、K2032、K2035、K2041、K2045、K2053
K21 型硬质合金片	K2114、K2116、K2118、K2120、K2126、K2126A、K2128、K2128A、K2130、K2130A、K2132、K2132A、K2135、K2135A、K2139、K2143

8.6 其他材料

公路工程施工中，还经常使用爆破器材、五金制品、电工器材、化工产品、燃料油脂和专用工业材料。

8.6.1 爆破器材

爆破器材又称火工产品，分为军用和民用两类，包括炸药、雷管和导火线。起爆器材包括雷管、导火索、导爆索。

①爆破炸药　分类型号见表 8-34 所列。硝铵类炸药地面仓库单一库房最大允许容量 200t，炸药仓库间殉爆安全距离 50m。

爆破炸药分类型号　　表 8-34

类　型	型号和主要成分
硝铵类炸药	包括铵梯炸药、铵梯油炸药、铵松蜡炸药和铵油炸药
硝化甘油类炸药	粉状硝化甘油类炸药、可塑性胶体炸药(又叫胶质炸药)
芳香族硝基炸药	梯恩梯炸药(代号 TNT，常用作硝铵类炸药敏化剂)、苦味酸炸药
黑火药	主要成分为硝酸钾(约 60%～70%)、硫黄(约 15%～25%)、木炭粉(约 15%～25%)

②雷管　可分为火雷管和电雷管。火雷管又分 6 号和 8 号两种，电雷管分类如图 8-10 所示。

- 电雷管
  - 瞬发电雷管
    - 普通瞬发电雷管
    - 煤矿许用瞬发电雷管
  - 延期电雷管
    - 普通延期电雷管
      - 秒延期电雷管
      - 半秒延期电雷管
      - 1/4 秒延期电雷管
      - 毫秒延期电雷管
    - 煤矿许用毫秒延期电雷管

图 8-10　电雷管分类

③导火线　可分为导火索、导爆索。导火索以火点燃，用于引爆火雷管和炸药。普通导火索表面为棉线和纸的本色，爆速慢。导爆索用雷管起爆，以引爆炸药包。导爆索爆速很快，每秒可达 6000m，可使爆破从一个发生地点迅速传到另一个爆破地点或若干个爆破地点，即可使各爆破点炸药爆炸几乎在同一时间起爆。导爆索线芯是采用猛度大，爆速高的太安或黑索制作(装药量不少于 11.0kg/m)，按外包缠结构分棉线导爆索和塑料导爆索。

8.6.2 五金制品

五金制品主要有焊接产品、紧固件、水暖器材和建筑小五金等。

1. 焊接产品

焊接产品包括焊条、焊丝和焊锡，是公路构造物钢筋焊接的重要材料。按焊接方式分为平面焊、立面焊、仰面焊和横焊。

①焊条　分为碳钢焊条、低合金钢焊条、不锈钢焊条、铸铁焊条、堆焊焊条、铜焊条、铝焊条、特种焊条。型号第一位由字母“E”表示焊条，第二位以后用数字或字母或化学元素。其类型和型号见表 8-35 所列。

各类焊条类型和型号　表 8-35

类　型		型　号
碳钢焊条	E43	E4301、E4303、E4310、E4311、E4312、E4313、E4315、E4316、E4320、E4322、E4323、E4324、E4327、E4328
	E50	E5001、E5003、E5011、E5014、E5015、E5016、E5018、E5024、E5027、E5028、E5048
低合金焊条	E50	E5010-×、E5011-×、E5015-×、E5016-×、E5018-×、E5020-×、E5027-×
	E550	E5500-×、E5503-×、E5510-×、E5511-×、E5513-×、E5515-×、E5516-×、E5518-×、E5516-C3、E5518-×C3
	E60	E6000-×、E6010-×、E6011-×、E6013-×
铸铁焊条	铁基	EZC、EZCQ
	镍基	EZNi-1、EZNi-2、EZNiFe-1、EZNiFe-2、EZNiFe-3、EZNiCu-1、EZNiCu-1、EZNi-1Cu、EZNiFeCu
	其他	EZFe-1、EZFe-2、EZV
不锈钢焊条		E0-5Mo-××、E1-5MoV-××、E0-7Mo-××、E0-9Mo-××、E1-9Mo-××、E1-11MoVNi-××、E2-11MoVNiW-××、E1-13-××、E0-13-5Mo-××、E0-17-××
堆焊焊条		EDP××-××、EDR××-××、EDCr××-××、EDMn××-××、EDCrMn××-××、EDCrNi××-××；ED××-00、ED××-03、ED××-15、ED××-16、ED××-08
铜焊条		TCu、TCuSi、TCuSnA、TCuAl、TCuMnAl
铝合金焊条		TAl、TAlSi、TAlMn
特殊用途焊条		TS202、TS304、TS404

②焊丝　分为铸铁焊丝、铝焊丝、铜焊丝。其类型和型号见表 8-36 所列。

各类焊丝类型和型号　表 8-36

类　型		型　号
铸铁焊丝		RZC-1、RZC-2RZCH、RZCQ-1、RZCQ-2
铝焊丝	纯铝	SAl-1、SAl-2、SAl-3
	铝镁	SAlMg-1、SAlMg-2、SAlMg-3、SAlMg-5
铜焊丝	黄铜	HSCuZn-1、HSCuZn-2、HSCuZn-3、HSCuZn-4
	白铜	HSCuZnNi、HSCuNi
	青铜	HSCuSi、HSCuSn、HSCuAl、HSCuAlNi

③焊锡　分为无焊剂芯焊料和树脂芯焊锡丝两类，按牌号分 A、B 两级。其牌号见表 8-37 所列。

各类焊锡(焊料)牌号　　表 8-37

类　型	牌　号
焊锡	HLSn95PbA(B)、HLSn90PbA(B)、HLSn65PbA(B)、HLSn63PbA(B) HLSn30PbSbA(B)、HLSn25PbSbA(B)、HLSn20PbA(B)、HLSn18PbSbA(B)

2. 紧固件

紧固件通常是指螺纹连接件和铆接件。螺纹连接属于可拆连接可重复利用，铆接属于不可拆连接一次性使用。螺纹连接包括螺栓连接、双头螺柱连接、螺钉连接及地脚螺栓连接等，紧固件一般由螺栓、螺母、垫圈组成，分类有普通六角头螺栓、高强度大六角头螺栓、地脚螺栓、金属胀锚螺栓、铆钉、销等。其类型见表 8-38 所列。

紧固件直径和长度　　表 8-38

类　型		规　格
普通六角头	A、B 级	M16、M18、M20、M22、M24、M27、M30、M36、M42、M48、M56、M64(长度范围 55～400mm)
	C 级	M16、M18、M20、M22、M24、M27、M30、M36、M42、M48、M56、M64(长度范围 55～500mm)
高强度大六角头		M16、M20、M22、M24、M27、M30(长度范围 40～360mm)
金属胀锚		M16、M18、M20、M22、M24、M27、M30、M36、M42、M48(长度范围 220～1500mm)
粗指半圆头铆钉		16mm、18mm、20mm、22mm、24mm、30mm、36mm(长度范围 25～200mm)

3. 建筑小五金

建筑小五金是指铁钉、钢(铁)丝、金属网、门窗附件、皮带扣。

①铁钉　按形状分为圆钉、大头钉(油毡钉)、骑马钉、水泥钉等。圆钉按钉杆直径分为重型(Z)、标准型(b)和轻型(q)三种。其类型见表 8-39 所列。

铁钉直径和长度　　表 8-39

类　型	规　格(mm)
圆钉	1.0、1.1、1.2、1.4、1.6、1.8、2.0、2.2、2.5、2.8、3.1、3.4、3.7、4.1、4.5、5.0、5.5、6.0、6.5(长度范围 10～175)
大头钉	2.5、2.8、3.1、3.4(长度范围 15～30)
骑马钉	1.8、1.8、2.0、2.2、2.8(长度范围 13～30)
水泥钉	1.2、1.6、1.8、2.2、2.5、2.8、3.2、3.6、4.0、4.5、5.0、5.5、6.0、6.5、7.0、8.0、9.0(长度范围 10～150)

②铁丝　分为低碳铁丝和镀锌铁丝。低碳铁丝按用途分为一般用(I 类)、制钉用(II 类)和建筑用(III 类)。其类型见表 8-40 所列。

铁 丝 直 径　　表 8-40

类　型	规　格(mm)
低碳铁丝	0.16、0.18、0.2、0.22、0.25、0.28、0.3、0.35、0.4、0.45、0.5、0.55、0.6、0.7、0.8、0.9、 1、1.2、1.4、1.6、1.8、2、2.2、2.5、2.8、3、3.5、4、4.5、5、5.5、6、7、8、9、10
镀锌铁丝	0.20、0.23、0.25、0.31、0.33

③金属网　分为钢板网、镀锌电焊网和筛网。钢板网尺寸及重量见表8-41所列，镀锌电焊网尺寸见表8-42所列，筛网尺寸见表8-43所列。

钢板网尺寸及重量　　表8-41

网厚 d（丝梗厚）	(菱形)网格尺寸			网面尺寸		单位重量（kg/m²）
	高	宽	丝梗宽	高	长	
mm						
0.8	10	25	1.14	2 000	1 000	1.43
1	10	25	1.15	2 000	1 000	1.81
2	18	50	2.03	2 000	4 000	3.54
4	22	60	4.5	2 000	2 200	12.85
6	32	80	7	2 000	2 000	20.6

镀锌电焊网尺寸　　表8-42

网厚 d（丝梗厚）	(菱形)网格尺寸		网面尺寸		周边露头长
			长	高	
mm					
20×20	50.8×50.8	1.8～2.5	30 000	914	≤2.5
10×10	25.4×25.4				
04×04	12.7×12.7	0.5～0.9			≤1.5
03×03	9.53×9.53				
02×02	6.35×6.35				

筛网尺寸　　表8-43

网孔尺寸(mm)	1 系列		2 系列	
	丝径(mm)	开孔率(%)	丝径(mm)	开孔率(%)
10	2.6	63	1.6	74.3
20	4.5	66.6	3.2	74.3
30	6.5	67.6	4.5	75.6
50	9	71.7	6	79.7
75	10	77.8	7	83.5
100	13	78.3	7.5	86.5

8.6.3 电工器材

电工器材品种繁多，施工中常用的有照明器材、电线电缆、电瓷和绝缘材料等。

1. 照明器材

施工现场、就近的生活区，及公路过城镇路段、桥上都需要安装照明。照明器材有灯泡和灯管、常用灯具、电器附件。

①灯泡和灯管　根据发光原理不同，分为白炽光源和气体放电光源。白炽光源型号一般由三部分组成，气体放电光源型号一般由两部分组成。第一部分为字母，表示光源特征和型号；第一、二、三部分由数字组成，表示光电特性，如电压、功率、颜色。灯头（或灯座）分插口式、螺口式、插脚式等。灯泡及灯管产品规格见表 8-44 所列。

灯泡及灯管产品规格　表 8-44

名　称	产 品 规 格
普通灯泡(PZ)	220V/230V-15W、25W、36W、40W、55W、60W、100W、150W、200W
卤钨灯管(LZG)	110V/220V-200W、300W、500W、1 000W、1 500W、2 000W
直管荧光灯(YZ)	220V-4W、6W、8W、12W、13W、15W、20W、30W、36W、40W、65W
环行荧光灯(YH)	220V-20W、22W、30W、32W、40W
荧光水银灯(GGY)	220V-50W、80W、125W、175W、250W、400W、1 000W
普通高压钠灯泡	220V-35W、50W、70W、100W、150W、250W、400W、1 000W
显色高压钠灯泡(NG)	220V-150W、250W、400W
荧光高压汞灯泡(GYZ)	220V-160W、250W、450W、750W
聚光灯泡(JG)	220V-300W、500W、1 000W
低压灯泡(JZ)	6V-10W、20W，12V-15W、25W、40W、60W，36V-15W、25W、40W、60W、100W
水下照明灯泡(SX)	110V-1 000W、1 500W，220V-1 000W、1 500W
红外线灯泡(HW)	110V-250W、220V-250W

②常用灯具　按用途分为民用、工矿、水面和水下、路上交通、航空等灯具；按照明作用分为防爆、医疗、摄影等灯具。常用的有日光灯具、高压钠灯头、路灯（柱）、高杆灯等。常用路灯和高杆灯尺寸见表 8-45 所列。

路灯和高杆灯尺寸　表 8-45

名　称		型　号	功　率	光　源	投照半径	平均照度	灯杆高
路灯	高压钠路灯	ZBN434a	1.2	2×400W	4.6		7
	高压钠柱灯	ZBN422	2.4	6×400W	7		9
	高压水银灯	ZBY422b	2.8	7×400W	4.5		12
高杆灯	简易型	ZBN440a	3.2	8×400W	30	15	15
	中型	GZBN400-2	6.0	15×400W	35	20	18
	升降型	ZBN4610	8	20×400W	50	20	25

③电器附件　适用于线路布线和启闭电路等附件，包括导管（槽）、安装盒、接线盒、吊线合、开关、插头、插座、连接器、转换器、控制器、保护器等，产品规格见表 8-46 所列。

电器附件产品规格　　表 8-46

序号	类别名称		规格
1	电气导管（槽）		10mm、12mm、15mm、16mm、20mm、24mm、15mm、32mm、40mm、12.5×32mm、12.5×37mm
2	安装盒	75 系列	65×65×60、65×65×50、65×65×40、90×65×60、90×65×50、90×65×40、115×65×60、115×65×50、115×65×40mm
			140×65×60、140×65×50、140×65×40、110×90×60、110×90×50、110×90×49mm
		86 系列	75×75×60、75×75×50、75×75×40、135×75×60、135×75×50、135×75×40mm
3	接线盒		6A、15A
4	吊线盒		4A、6A、10A
5	开关		1A、2.5A、4A、6A、10A、16A、20A、25A、32A、40A、63A
6	插头		4A、6A、10A、15A、25A、40A
7	插座		10A、15A、25A、40A
8	连接器		10A、15A
9	转换器		5A、10A、13A、15A、16A
10	耦合器		10A、15A
11	控制器		−60kPa、−30kPa、1kPa、1MPa、2MPa、4MPa、40～1 000℃、30%～100%、0～40℃、0～100℃、20～100℃、30～90℃、40～150℃
			40～200℃、40～300℃、40～500℃、80～160℃、−60～170℃、−40～−10℃、−30～100℃、−25～15℃、30min、60min、120min
12	保护器		4A、10A、15A、20A、100℃、150℃、200℃、300℃
			0.1～0.5A、0.4～1A、0.75～2A、0.75～20A、1～5A、1～16A、10～40A、4～10A、10～50V、30～90V、100～200V
13	断路器		4A、10A、15A、20A

2. 电线电缆

电线电缆分为裸电线、电力电缆、绝缘电线电缆、漆包线（绕组线）等。

①裸电线　又称裸电绞线，产品规格及截面积见表 8-47 所列。

裸电线产品规格及截面积　　表 8-47

标准	产品规格
GB 12970.2—91	TJ——裸硬铜绞线，截面积 101～400mm²；LJ——铝绞线，截面积 16～800mm²；用于高、低压架空电力线路，铝合金线具有较大的抗拉强度，跨越挡距大
	TJR1（1 型软铜绞线）、TJRX1（1 型镀锡软铜绞线），截面积 0.1～1 000mm²，9 根/D0.12mm～61 股×19 根/D1.05mm，用于电气设备及电子电器的元件接线

②电力电缆　额定电压分 600～1 000V、3 600～6 000V、6 000～10 000V 共三个等级。其产品规格及截面积见表 8-48 所列。

电力电缆产品规格及截面积　　表 8-48

GB 12976.1～2—91		产品规格
钢带 ZQD22	芯数×截面	3×25mm²、3×35mm²、3×50mm²、3×70mm²、3×95mm²、3×120mm²、3×150mm²
	外径	30.1mm、32mm、35.7mm、38.7mm、42mm、46mm、50.5mm
	质量(1km)	2 474kg、2 919kg、3 720kg、4 551kg、5 652kg、6 827kg、8 430kg
细钢丝 ZQD32	芯数×截面	2×25mm²、2×35mm²、2×50mm²、2×70mm²、2×95mm²、2×120mm²、2×150mm²
	外径	27.9mm、29.5mm、31.3mm、35.1mm、37.9mm、41.1mm、44.1mm
	质量(1km)	2 329kg、2 675kg、3 132kg、3 925kg、4 761kg、5 860kg、6 913kg

ZQD22——不滴流油浸纸绝缘铅套钢带铠装聚氯乙烯套电力电缆，ZQD32——不滴流油浸纸绝缘铅套细钢丝铠装聚氯乙烯套电力电缆

③绝缘电线电缆　按用途分为布电线(B)、移动式软电缆(Y)、电焊机用电缆(YH)、架空电缆(JK)、安装用线(A)、连接用软电线(R)、矿山爆破用电缆(UB)。按外套分为橡套电缆(表 8-49)、橡皮绝缘电线(表 8-50)和塑料绝缘电线(表 8-51)。

橡套电缆(软线)型号和用途　　表 8-49

标　准	产品名称、型号及用途
GB 5013.2—85	YQ/YQW——通用轻型橡套软电缆、YZ/YZW——通用中型橡套软电缆、YZ/YZW——通用中型橡套软电缆，均用于移动电气设备等，额定电压 300V，YQ/YQW 芯数×标准截面有：2×0.3mm²、2×0.5mm²、3×0.3mm²、3×0.5mm²
	YH——天然胶护套电焊机电缆、YHF——氯丁胶护套电焊机电缆，均用于电焊机二次侧接线及连接电焊钳，额定电压 200V，YH/YHF 标准截面有：10mm²、16mm²、25mm²、35mm²、50mm²、70mm²、95mm²、120mm²、150mm²、185mm²

橡皮绝缘电线型号和用途　　表 8-50

标　准	产品名称、型号及用途
JB 1601—75	BX——铜芯橡皮线，BLX——铝芯橡皮线，固定敷设用，额定电压 500V，标准截面有：0.75mm²、1mm²、1.5mm²、2.5mm²、4mm²、6mm²、10mm²
GB 3958—83	RXS——橡皮绝缘编织双绞软电线，用于室内照明灯具、家具电器和工具作软接线额定电压 300V，标准截面有：2×0.3mm²、2×0.5mm²、2×0.75mm²、2×1.0mm²、2×1.5mm²、2×2.5mm²、2×4mm²

塑料绝缘电线型号和用途　　表 8-51

标　准	产品名称、型号及用途
GB 12527—90	JKV-0.6/1——0.6/1kV 铜芯聚氯乙烯绝缘架空电缆，JKLV-0.6/1——0.6/1kV 铝芯聚氯乙烯绝缘架空电缆，均用于架空固定敷设及作引户线；额定电压 600/1000V，标准截面为：10mm²、16mm²、25mm²、35mm²、50mm²、70mm²、95mm²、120mm²、150mm²、185mm²、240mm²

续上表

标　准	产品名称、型号及用途
GB 5023.4—86	AV——铜芯聚氯乙烯绝缘安装电线，AVR——铜芯聚氯乙烯绝缘安装软电线，用于电器、仪表、电子设备及自动化装置作安装电线，额定电压 300V，标准截面为：0.5mm²、0.75mm²、1.0mm²、1.5mm²、2.5mm²、4.0mm²、6.0mm²
GB 5023.3—85	RV——铜芯聚氯乙烯绝缘连接软电线，RVB——铜芯聚氯乙烯绝缘纹型连接软电线，用于家用电器、小型电动工具、仪器仪表及动力照明，额定电压 300/450V，标准截面为：0.5mm²、0.75mm²、1.0mm²、1.5mm²、2.5mm²、4.0mm²、6.0mm²

④漆包线(Q)　按绝缘材料分为聚酯类漆(Z)、缩醛类漆(Q)、聚氨酯类漆(A)、环氧类漆(H)等，漆膜厚度又可分 1 级、2 级、3 级，导体材料可用铜(T)、铝(L)。漆包圆铜线规格参数见表 8-52 所列。

漆包圆铜线普通规格参数　　表 8-52

标称直径(mm)	标称电阻(Ω/m)	室温击穿电压			导体质量(kg/km)
		1 级	2 级	3 级	
0.02	54.41	120	250	—	0.002 8
0.04	13.6	250	475	—	0.011 2
0.10	2.18	500	950	1 400	0.069 9
0.20	0.544	1 800	3 500	5 100	0.280 0

3. 电瓷和绝缘材料

该类产品包括常用瓷及玻璃绝缘子、避雷器(针)、绝缘材料。常用瓷及玻璃绝缘子包括高压线路刚性绝缘子、高压线路悬式绝缘子、低压线路绝缘子、布线用绝缘子、通信线路绝缘子。避雷器分阀式避雷器、金属氧化物避雷器。绝缘材料产品分 6 大类，即常用漆绸漆布、层压板、层压管、漆管、层压棒。工程上常用漆、树脂和胶类，锓集纤维制品类，层压制品类。

8.6.4 化轻产品

化轻产品包括土工合成材料、混凝土外加剂和工程常用涂料、塑料、橡胶及轻工产品等。

1. 混凝土外加剂

混凝土在制作过程中加入少量(约水泥重量的 5%)微量材料——外加剂，可改善水泥混凝土工艺，且在硬化后具有新的特性。外加剂分类见表 8-53 所列。

混凝土外加剂分类　　表 8-53

类　别		适 用 范 围
减水剂	普通减水剂	各种大模板、滑模，大体积、泵送混凝土施工；减水，提高强度或改善和易性
	高效减水剂	用于钢筋密集、截面窄小及混凝土不易振捣的部位；配制流动混凝土或早强高强混凝土
早强剂及早强减水剂		用于蒸气混凝土、早强混凝土，提高混凝土早期强度

续上表

类别	适用范围
引气剂及引气减水剂	用于防水混凝土、轻集料混凝土、泵送混凝土;增加含气量,改善和易性,提高抗冻性
缓凝剂及缓凝减水剂	用于大体积混凝土、泵送混凝土及滑模施工;延缓凝结时间,降低水化热
防冻剂	冬季0℃以下混凝土施工,使混凝土在负温下水化,达到预期强度
膨胀剂	用于地下防水及基础后浇缝、防水堵漏等,减少干缩
速凝剂	用于喷射混凝土,速凝,提高早期强度

2. 涂料

涂料旧称油漆,系有机高分子胶体混合物的溶液或粉末。涂料对被涂敷物起保护作用、装饰作用、着色标志以及其他特殊作用。涂料(漆)型号第一部分成膜物质代号(字母),第二部分基本名称(二位数字),第三部分序号表示同类产品间的组成、配比或用途。如C04-2,表示醇酸树脂瓷漆。成膜物质及代号、基本名称及代号和辅助材料代号,分别见表8-54~表8-56所列。

成膜物质及代号　　表8-54

序号	代号	涂料名称	主要成膜物质
1	Y	油脂漆类	天然植物油、鱼油、合成油等
2	T	天然树脂漆类	松香及其衍生物、虫胶、乳酪素、动物胶、大漆及其衍生物等
3	F	酚醛树脂漆类	酚醛树脂、改性酚醛树脂、二甲苯树脂
4	L	沥青漆类	天然沥青、煤焦沥青、硬脂酸沥青、石油沥青
5	C	醇酸树脂漆类	甘油醇酸树脂、改性醇酸树脂、季戊四醇及其他醇类的醇酸树脂等
6	A	氨基树脂漆类	脲醛树脂,三聚氰胺甲醛树脂等
7	Q	硝基漆类	硝基纤维素、改性硝基纤维素
8	M	纤维素漆类	乙酸纤维、苄基纤维、乙基纤维、羟甲基纤维、乙酸丁酸纤维等
9	G	过氯乙烯漆类	过氯乙烯树脂、改性过氯乙烯树脂
10	X	烯树脂漆类	聚二乙烯基乙炔树脂、氯乙烯共聚树脂、聚乙酸乙烯及其共聚物、聚乙烯醇缩醛树脂、聚苯乙树脂、含氟树脂、氯化聚丙烯树脂、石油树脂等
11	B	丙烯酸漆类	丙烯酸树脂、并烯酸共聚树脂及其改性树脂
12	Z	聚酯漆类	饱和及不饱和聚酯树脂
13	H	环氧树脂漆类	环氧树脂、改性环氧树脂
14	S	聚氨酯漆类	聚氨基甲酸酯
15	W	元素有机漆类	有机硅、有机钛、有机铝等
16	J	橡胶漆类	天然橡胶及其衍生物、合成橡胶及其衍生物
17	E	其他漆类	以上16类包括不了的成膜物质,如无机高分子材料、聚酰亚胺树脂等

基本名称及代号

表 8-55

代号	基本名称	代号	基本名称	代号	基本名称	代号	基本名称
00	清油	17	皱纹漆	40	防污漆	64	可剥漆
01	清漆	18	裂纹漆	41	水线漆	66	感光涂料
02	厚漆	19	晶纹漆	42	甲板漆	67	隔热涂料
03	调和漆	20	铅笔漆	43	船壳漆	80	地板漆
04	磁漆	22	木器漆	44	船底漆	81	鱼网漆
05	粉末涂料	23	罐头漆	49	耐酸漆	82	锅炉漆
06	底漆	30	(浸渍)绝缘漆	50	耐碱漆	83	烟囱漆
07	腻子	31	(覆盖)绝缘漆	52	防腐漆	84	黑板漆
09	大漆	32	(绝缘)磁漆	53	防锈漆	85	调色漆
11	电泳漆	33	(黏合)绝缘漆	54	耐油漆	86	标志漆
12	乳胶漆	34	漆包线漆	55	耐水漆	98	胶液
13	其他水溶性漆	35	硅钢片漆	60	耐火漆	99	其他
14	透明漆	36	电容器漆	61	耐热漆		
15	斑纹漆	37	电阻漆	62	示温漆		
16	锤纹漆	38	半导体漆	63	涂布漆		

辅助材料名称及代号

表 8-56

名称	代号	辅助材料型号
稀释剂	X	硝基漆稀释剂(香蕉水)X-1、X-2、过氯乙烯漆稀释剂 X-3、氨基漆稀释剂 X-4、丙烯酸漆稀释剂 X-5、醇酸漆稀释剂 X-6、环氧漆稀释剂 X-7
防潮剂	F	硝基漆防潮剂 F-1、过氯乙烯漆防潮剂 F-2
催干剂	G	G-1、G-2
脱漆剂	T	T-1、T-2、T-3
固化剂	H	

常用颜料有红丹、黄丹、铅铬黄、钛白粉、锌氧粉、立德粉、银粉(又称涂料铝粉)等。

公路标线漆(涂料)分为常温型和热塑型两类。每一类中又分不反光型(A 型)和反光型(B 型)两种，反光型标线中混有玻璃珠。1L 常温标线漆配 0.8kg 玻璃珠，$1m^2$ 热塑标线配 0.17kg 玻璃珠，$1m^2$ 常温标线的标线漆用量不大于 0.19kg。

3. 塑料制品

塑料主要是以有机合成树脂加各种添加剂经加热、加压塑制而成的一种高分子有机材料。塑料易成形、加工简单、成本低。

①薄膜　它是指厚度在0.25mm以下的平整而柔软的塑料制品。根据材料不同分为聚氯乙烯、聚乙烯、聚丙烯；按加工工艺分为吹塑薄膜、压延薄膜和拉伸薄膜等。高密度聚乙烯吹塑薄膜规格见表8-57所列。

高密度聚乙烯吹塑薄膜规格　表8-57

品　名	厚　度(mm)	折径宽度(mm)	长度(m)		
			优等	一级	合格
高密度聚乙烯吹塑薄膜	0.007、0.01、0.015、0.02、0.025、0.03、0.035、0.04、0.045、0.05～0.1	≥70	≥100	≥50	≥50
包装用聚乙烯吹塑薄膜	0.02、0.03、0.04、0.05、0.06、0.08、0.1、0.12、0.15、0.18、0.2	≤70～>1 000	—	≥25	≥25
农用聚乙烯吹塑薄膜	0.04、0.06、0.08、0.1、0.12、0.14	≤1 500	—	≥25	≥15

公路工程中使用的混凝土节水保湿养护膜，是由聚乙烯吹塑薄膜及功能性高分子吸收材料复合而成，能够高效节水、节工和省能，仅浇一次水，就可在一个养护期内保持所需要的湿度和温度。该膜每平方米固水0.5～1.0kg，可适用于水泥稳定土基层和面层、墩柱和梁体等，养护后的混凝土，各项指标均达到或超过美国ASTM C309—98a标准。

②塑料板材　其分类主要有聚氯乙烯板、聚丙烯板、聚乙烯板、聚四氟乙烯板等。四氟板规格见表8-58所列。

四氟板规格　表8-58

厚　度(mm)	宽　度(mm)	长　度
0.5、0.6、0.7、0.8、0.9、1.0、1.2、1.5、2.0、2.5	60、90、120、150、200、250、300、600、1 000、1 200、1 500	厚度1.5mm，长度≥300mm 其他厚度，长度≥500mm

在软土地基处理中使用的塑料排水板是带状复合型结构，采用高压聚乙烯为原料，中间为挤出成形的塑料板芯，是排水板的骨架和通道。其断面呈并联十字形，由35条筋、34条槽组成芯板，宽100±2mm，厚为(3.5～6.0)±0.5mm，芯板外包化纤无纺布起隔土滤膜作用。塑料排水板适用于打设深度规格有4种：A型<15m，B型<25m，C型<35m，D型<40m。

③塑料管　其分类主要有聚乙烯管、聚氯乙烯管、聚丙烯管等。聚氯乙烯管又分通信用聚氯乙烯(PVC)管、排水用硬聚氯乙烯(PVC-U)管和给水用硬聚氯乙烯(PVC-U)管，见表8-59所列。

聚氯乙烯管规格　表8-59

类　型	规格尺寸(外径 ϕ)(mm)
通信用聚氯乙烯(PVC)管	110、100、75、63
排水用硬聚氯乙烯(PVC-U)管	50、75、90、110、125、160
给水用硬聚氯乙烯(PVC-U)管	20、26、32、40、46、50、60、63、75、88、90、110

4. 橡胶制品

橡胶是一种高分子材料，根据原料来源不同分为天然橡胶和合成橡胶两类。

①橡胶板　按性能和用途，分为普通橡胶板、耐酸碱橡胶板、耐油橡胶板、耐热橡胶板、电绝缘橡胶板、石棉橡胶板。工业硫化橡胶板起到耐酸碱、耐油和耐热的作用。橡胶板规格

尺寸见表 8-60 所列。

橡胶板规格　　表 8-60

类　型	规格尺寸(mm)
工业硫化橡胶板	厚度 0.5、1、1.5、2、2.5、3～6、8、10、12、14、16、18、20、22、25、30、40、50，宽度 500～2 000
电绝缘橡胶板	厚度 4、6、8、10、12，宽度 1 000、1 200
石棉橡胶板	厚度 0.5、1、1.5、2、2.5、3，宽度 500、620、1 200、1 260、1 500，长度 500、620、1 000、1 200、1 350、1 500、4 000

②胶管　工程上常用的有空气管(风压管)、输水管、吸水管、钢丝编织胶管、氧气管、乙炔管、排吸泥胶管、蒸汽胶管等。胶管规格见表 8-61 所列。

胶管规格　　表 8-61

类　型	规格尺寸(mm)
空气胶管	外径 5、6、8、10，壁厚 2.5；外径 13、16，壁厚 3；外径 19、22、25，壁厚 3.2；外径 32、38、45、51，壁厚 3.8；外径 64、76，壁厚 4
输水胶管	外径 13、16，壁厚 2.8；外径 19、22、25，壁厚 3；外径 32、38、45、51，壁厚 3.5；外径 64、76、89、102、127、152，壁厚 4
蒸气胶管	外径 12.5、16、19、20，壁厚 3.2；外径 25、31.5、38、40、50、51、63、80，壁厚 3.5
排吸泥胶管	外径 200、250、275，壁厚 6；外径 400，壁厚 8.5；外径 460、560，壁厚 9；外径 700、900，壁厚 13

③橡胶止水带　主要用于混凝土构造物变形缝、伸缩缝、施工缝的预埋闭缝。普通橡胶止水带是利用橡胶的高弹性和压缩变形的特点，在荷载作用下产生弹性变形，而起到有效紧固密封，防止构造物的漏水、渗水作用。在普通橡胶止水带的基础上，目前改进生产了遇水膨胀橡胶止水带。使之遇水膨胀后增加了止水带与构造物的紧密度，从而提高了止水、防水性能，解决了长期困扰人们的环绕渗漏问题。膨胀橡胶止水带如图 8-11 所示。

④新型遇水橡胶止水条　主体材料是无机矿物原料，具有耐老化、抗腐蚀、无污染等特性。适用于混凝土施工缝、后浇缝及穿墙管、板缝、墙缝的止水抗渗和混凝土裂缝漏水的治理。阻水原理是先预置于渗漏水缝隙内部，在约束条件下(即被混凝土包裹的状态下)遇水膨胀，封堵，阻隔水源。该种材料膨胀倍率高，有较强的平衡自愈能力，可自行封堵因沉降而出现的新的微小裂隙，防水、抗渗效果优于普通橡胶及塑料止水条。遇水橡胶止水条如图 8-12 所示。

图 8-11　膨胀橡胶止水带

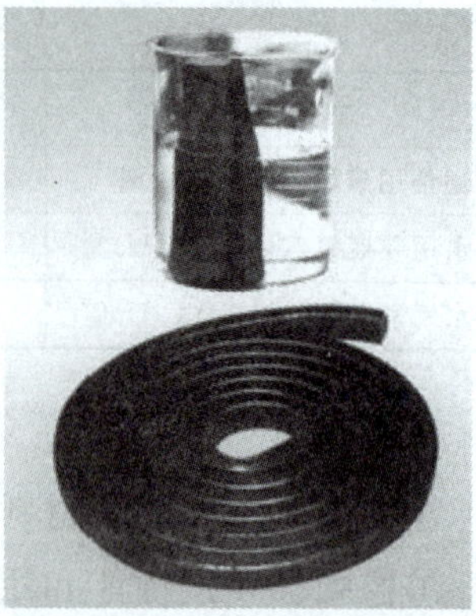

图 8-12　遇水橡胶止水条

5. 轻工产品

工程上常用的轻工产品有麻袋、塑料编织袋、石棉绳、衬垫石棉板、石棉粉、乳化型脱模剂等。

①麻袋 主要原料是洋麻和黄麻。缝制方式有缝两边袋、缝一底一边袋和缝底袋三种。麻袋分正品和副品。根据技术条件不同又分1号袋、2号袋、3号袋、4号袋、5号袋5个品名,其规格参数见表8-62所列。

麻袋规格参数 表8-62

品名		1号袋	2号袋	3号袋	4号袋	5号袋
尺寸(mm)	长	107	107	90	105	112
	宽	74	74	58	74	68
自重(kg/个)		0.93	0.93	0.61	0.74	1.00

②石棉绳 用于各种设备保温隔热或填衬。分类有扭绳、圆绳、方绳等。

③石棉板 用石棉纤维、植物纤维和粘接材料混合制成,用于内燃机缸垫及管道连接件密封垫片内衬。

④石棉粉 用碳酸钙、碳酸镁或耐火土等粉末与石棉纤维混合配制而成,用于包裹各种蒸气管道、锅炉有热散发的设备表面,起保温隔热作用。

⑤脱模剂 用于混凝土浇注施工中涂刷或喷涂内模板面,气温0℃以下不宜使用。脱模剂现场使用配合比见表8-63所列。

现场使用配合比 表8-63

脱模剂:水(质量或体积比)	适用范围
1:1~2	现浇筒子模、立模
1:3~4	露天热模施工
1:3~6	预制厂蒸气养护模板、浇水养护模板

8.6.5 燃料和油脂

燃料是指煤炭、冶金焦炭、石油燃料等。润滑油分汽油机润滑油、柴油机润滑油、蒸气机润滑油、齿轮油、空气压缩机油、机床导轨油、仪表油等,此外还有液压油、刹车油、导热油、变压器油、溶剂油等。润滑脂分为钙基润滑脂、钠基润滑脂、锂基润滑脂、钙钠基润滑脂、石墨钙基润滑脂、铝基润滑脂、高温润滑脂、低温润滑脂等。

1. 煤炭

煤炭是地表植物经地壳运动,被埋藏于地下,经久远年代的高温高压而形成,是我国主要能源之一,它既是工业原料,又是人民生活所需燃料。煤炭按成因分类有泥煤、褐煤、烟煤和无烟煤。火力强和耐烧的是无烟煤,并可制成煤气;按用途、加工方法和质量规格分类有精煤、粒级煤、洗选煤、原煤、低质煤。其产品规格见表8-64所列。

煤炭产品规格　　表 8-64

类别	品种名称	粒度(mm)	类别	品种名称	粒度(mm)	类别	品种名称	粒度(mm)
精煤	冶炼用炼焦精煤	<50,<80或<100	粒级煤	洗特大块	>100	洗选煤	混末煤	0～25
	其他用炼焦精煤			特大块			洗末煤	0～13
粒级煤	洗中块	25～50,20～60		洗小块	13～25,13～20		末煤	0～13
	中块	25～50		小块	13～25		洗粉煤	0～6
	洗混中块	13～50,13～80		洗粒煤	6～13		粉煤	
	混中块			粒煤		原煤	原煤	不限
	洗混块	>13,>25	洗选煤	洗原煤	不限		水采原煤	
	混块			洗混煤	0～50	低质煤	原煤	不限
	洗大块	50～100,>5		混煤			中煤	0～50
	大块			洗混末煤	0～25,0～20		煤泥	0～1

2. 石油燃料

石油燃料主要有汽油、柴油、重柴油、煤油和重油等。汽油、柴油和重柴油主要用作内燃机燃料;煤油主要为灯用燃料;重油主要用作动力锅炉燃料。石油燃料规格见表 8-65 所列。

石油燃料规格　　表 8-65

类型	燃料规格
汽油	汽油:66 号、70 号,车用汽油:90 号、93 号、97 号,无铅车用汽油:90 号、93 号、95 号
柴油	优级品:10 号、0 号、-10 号、-20 号、-35 号、-50 号, 一级品:10 号、0 号、-10 号、-20 号、-35 号、-50 号, 合格品:10 号、0 号、-10 号、-20 号、-35 号、-50 号
重柴油	10 号、20 号、30 号
重油	20 号、60 号、100 号、200 号
煤油	优级品、一级品、合格品

8.6.6 专用材料

专用材料有桥梁橡胶支座、索鞍、橡胶伸缩缝、锚具、塑料排水板、波形梁护栏钢板和立柱、防眩板、反光膜、金属网等。

1. 桥梁橡胶支座

桥梁支座类型可分为盆式支座、板式支座、球冠式支座等。如图 8-13 所示。

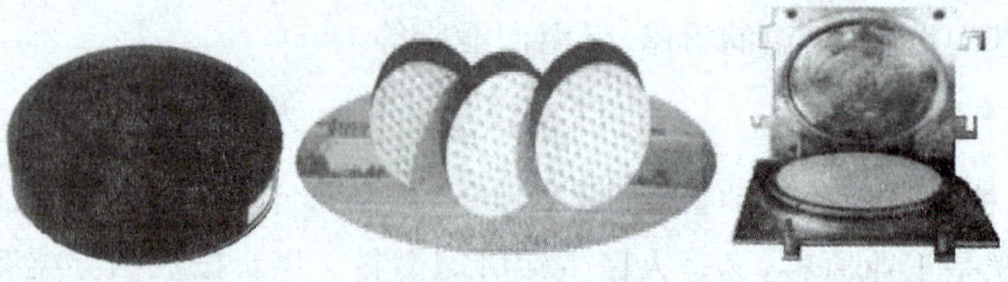

a)　　b)　　c)

图 8-13　橡胶支座

a)普通板式橡胶支座;b)聚四氟乙烯板式橡胶支座;c)盆式橡胶支座

盆式橡胶支座按支座活动方向又分为竖向转动和纵向与横向滑动的双向活动支座(SX)、竖向转动和单一方向滑动的单向活动支座(DX)、竖向转动的固定支座(GD)。按适用温度又分为常温型(−25℃～＋60℃)和耐寒型(−40℃～＋60℃)两种。单向和双向支座由上座板(不锈钢滑板或聚四氟乙烯滑板)、中间钢板、钢密封圈、橡胶板、低盆和地脚螺栓组成;单向支座沿活动方向设有导向挡板。固定支座由顶板、凸板、钢密封圈、橡胶板、低盆和地脚螺栓组成。盆式橡胶支座规格见表 8-66 所列。

盆式橡胶支座规格 表 8-66

橡 胶 种 类	常温型采用氯丁橡胶,耐寒型采用天然橡胶、三元乙丙橡胶
支座竖向承载力分 18 级	1 000、1 250、1 500、2 000、2 500、3 000、3 500、4 000、5 000、6 000、7 000、8 000、9 000、10 000、12 500、15 000、17 500、20 000kN

板式支座由多层橡胶片和薄钢板黏合硫化制成,按满足水平移动分类有聚四氟乙烯板式橡胶支座、普通(水平不移动)板式橡胶支座,按板面可分矩形和圆形。

2. 波形梁护栏钢板和立柱

波形梁护栏(图 8-14)包括波形梁钢板、立柱、柱帽、防阻块、端头、托架螺栓、螺母、垫圈、横梁垫片等构件。波形梁钢板按截面分有 A 型、B 型两种。A 型钢板厚 3mm,每米理论重量 11.4kg;B 型钢板厚 4mm,每米理论重量 14.6kg。立柱管径 140mm,管壁厚 4.5mm,每米理论重量 15.0kg;管径 114mm,管壁厚 4.5mm,每米理论重量 12.2kg。

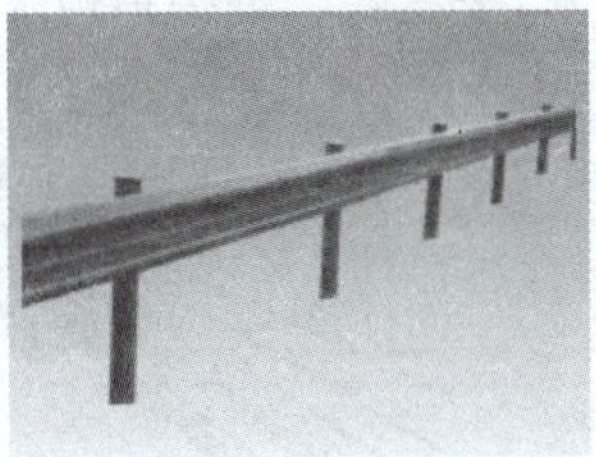
图 8-14 波形梁护栏

3. 锚具

锚具是预应力专用材料,按作用不同分为夹(楔)片锚、镦头锚、锥形锚等。

XM15 型锚具属于夹片式锚(图 8-15),有预压锚固体系,可用来张拉锚固标准强度为 1 860MPa的 ϕ15.2 规格的钢绞线和 7ϕ5 高强丝束。

DM 型镦头锚(图 8-16)体系包括 A 型、B 型、C 型和 K 型 4 种锚具。可锚固标准强度为 1 570MPa、1 670MPa 的 ϕ5、ϕ7mm 高强钢丝,用于后张法预应力混凝土构件中,钢丝镦头成形采用 LDYBZ2×2/50 形电动油泵。

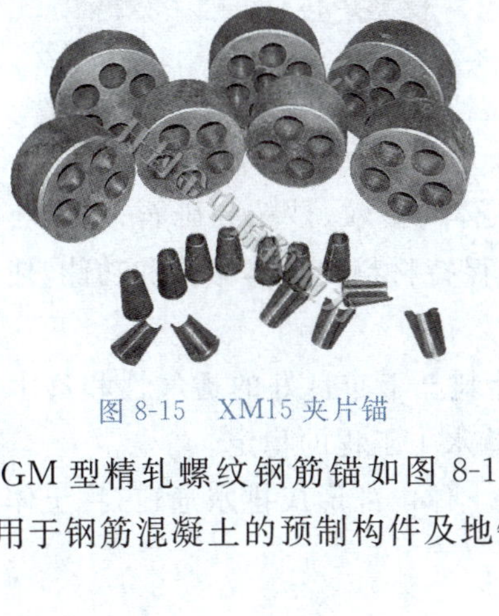
图 8-15 XM15 夹片锚

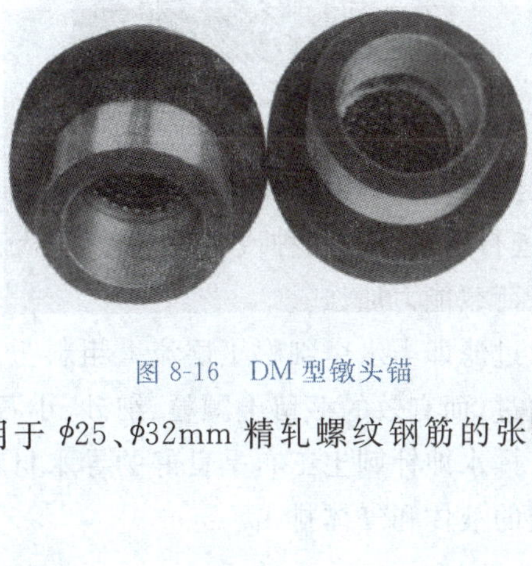
图 8-16 DM 型镦头锚

YGM 型精轧螺纹钢筋锚如图 8-17 所示,可用于 ϕ25、ϕ32mm 精轧螺纹钢筋的张拉锚固,适用于钢筋混凝土的预制构件及地锚中。

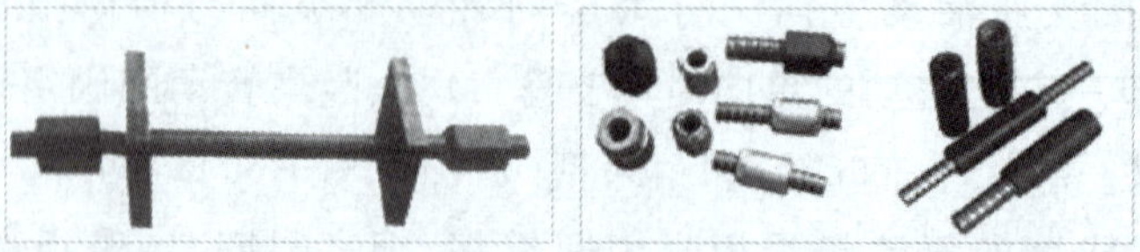

图 8-17　YGM 型精轧螺纹钢筋锚

DGZ 钢质锥形锚如图 8-18 所示，它由锚环、锚腮及锚具板三部分组成。工作原理是通过张拉预应力钢丝顶压锚塞，把钢丝楔紧在锚圈与锚塞之间，借助摩擦力传递张拉力，利用钢丝回缩力带动锚塞向锚圈内滑行，使钢丝进一步楔紧。DGZ 型锚具，可锚固标准强度为 1 570MPa、1 670MPa 的 $\phi 5$、$\phi 7$mm 高强钢丝束，配用 YC850、YC1 500 千斤顶、ZB50 油泵张拉顶压锚固。

4. 土工合成材料

土工合成材料分为土工织物、土工膜、土工复合材料和土工特种材料(其中包括土工格栅和格室)4 大类。

1)土工织物

土工织物是一种透水性材料，按制作方法不同，分类如图 8-19 所示。

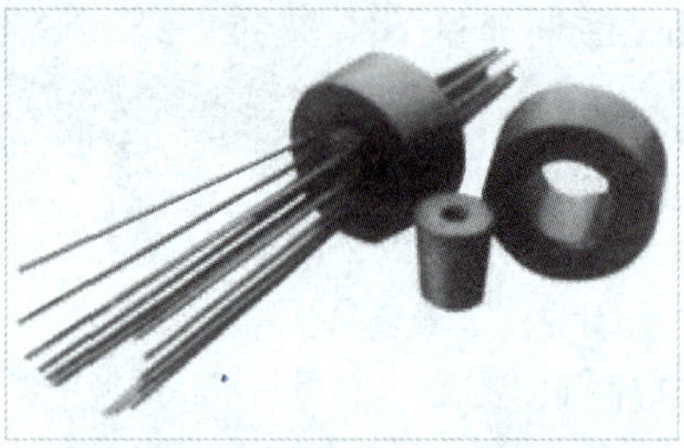

图 8-18　DGZ 钢质锥形锚具

- 土工织物
  - 织造（有纺土工布）
    - 单丝
    - 多丝（图 8-20）
    - 裂膜
  - 非织造（无纺土工布）
    - 热黏合
    - 化学黏合
    - 机械黏合（针刺）
  - 编织土工布

图 8-19　土工织物分类

有纺高强土工布如图 8-20 所示。

针刺土工布如图 8-21 所示，采用优质涤纶短纤维材料，功能有隔离、过滤、排水与加筋作用。

图 8-20　有纺高强土工布

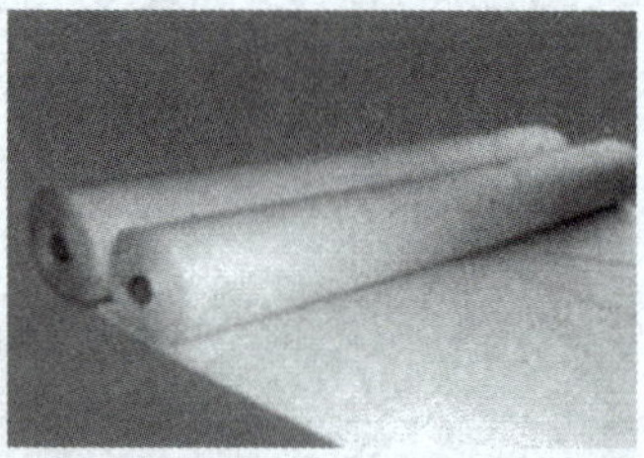

图 8-21　针刺土工布

隔离即利用土工布的物理性质对建筑材料(如土体与砂粒、砂粒与砾石、土体与混凝土等)进行隔离。使两种或多种材料间不流失、不混杂，保持材料的整体结构和功能，使构造物承受荷载能力加强。

过滤即当水由细料土层流入粗料土层时，利用针刺土工布良好的透气性和透水性使水流通过，而有效的截留土颗粒、细砂、小石料等，以保持水土工程的稳定。

排水即针刺土工布是良好的导水材料，它可以在土体内部形成排水通道，将土体结构内多余的液体和气体排出。

加筋即利用针刺土工布增强土体的抗拉强度和抗变形能力，增加结构的稳定性，改善土体质量。

2）土工格栅

主要有用于路基体和边坡防护的双向、单向拉伸塑料土工格栅，有用于路面（反射裂纹）补强的玻璃纤维土工格栅。

双向土工格栅如图 8-22 所示，是用高分子聚合物材料，在纵向和横向都具有较大的拉伸强度，适应于大面积永久性承载地基的补强和防止地面塌陷。

单向拉伸土工格栅如图 8-23 所示，是一种定向线性状态并形成分布均匀、节点强度高的长椭圆形网状整体结构。此种材料适应于各类土，是一种加筋加固材料，能够构建具有相当高的拉伸强度和拉伸模量土体结构，伸长率在 2%～5%，拉伸强度大于 150MPa，防止路基土流失造成的路基变形、开裂。

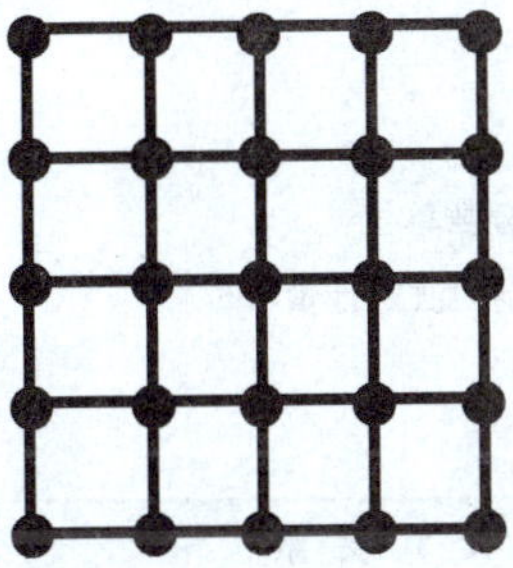

图 8-22　双向土工格栅

图 8-23　单向土工格栅

玻璃纤维土工格栅如图 8-24 所示，是一种用于路面增强、加固软土地基的优良土工合成材料。在处理沥青路面反射裂纹应用上，已成为不可替代的材料。该产品是以高强无碱玻璃纤维通过国际先进的经编工艺制成网状基材，经表面涂覆处理而制成的半刚性制品。具有经、纬双向很高的抗拉强度和较低的延伸率，并具有耐高温、耐低寒、抗老化、耐腐蚀等性能。

3）土工格室

伸缩自如，运输时可缩叠起来，使用时可张开并充填土石或混凝土料，构成具有强大侧向限制和较大刚度的结构体。还可用来做成垫层，处理软弱地基增大地基的承载能力，也可铺设在坡面上构成坡面防护结构。

高强度土工格室如图 8-25 所示，由整体窗内用单根筋制作，格室高度为 5～50cm，网格尺寸根据需求制作，抗拉强度不小于 150MPa，延伸率不大于 15%。

图 8-24　玻璃纤维土工格栅

图 8-25　土工格室

8.7 附　录

本节录入法定计量单位、公路工程材料、金属等物料单位质量、常用字母和符号等内容，供参考。

8.7.1 法定计量单位

我国法定单位是以国际单位制(SI)为基础，同时选用了一些非国际单位制的单位构成，包括图 8-26 中的内容。法定计量单位见表 8-67 所列。

法定计量单位
- SI 单位
  - 基本单位
  - 辅助单位
  - 导出单位
- SI 词头
- SI 单位的十进制倍数和分数单位
- 国家选定的非国际单位制的法定计量单位

图 8-26　法定计量单位

法定计量单位　　表 8-67

名　称		符号	换算关系
长度	千米	km	1 千米＝1 公里＝2 市里＝0.621 4 英里
	米	m	1 米＝10 分米＝100 厘米＝1 000 毫米＝3 市尺＝3.280 8 英尺＝1.093 6 码
	分米	dm	1 分米＝0.1 米＝3 市寸
	厘米	cm	1 厘米＝0.01 米＝0.393 7 英寸
	毫米	mm	1 毫米＝0.1 厘米
面积	平方千米	km^2	1 平方千米＝1 平方公里＝100 公顷＝0.386 1 平方英里
	平方米	m^2	1 平方米＝100 平方分米＝10 000 平方厘米＝9 平方市尺＝10.763 9 平方英尺
	平方分米	dm^2	1 平方分米＝0.01 平方米
	平方厘米	cm^2	1 平方厘米＝0.000 1 平方米
	市亩		待改革单位，1 市亩＝666.67 平方米＝0.066 67 公顷
	公顷	ha	1 公顷＝15 市亩＝10 000 平方米
体积	立方米	m^3	1 立方米＝1 方＝1 000 立方分米＝100 000 0 立方厘米＝35.314 7 立方英尺
	立方分米	dm^3	1 立方分米＝0.001 立方米
	立方厘米	cm^3	1 立方厘米＝0.000 001 立方米
容积	升	L(l)	1 升＝1 公升＝1 立升＝0.001 立方米＝0.22 英加仑，1 000 升＝6.289 8 桶(石油业)
	分升	dL，dl	1 分升＝0.1 升
	厘升	cL，cl	1 厘升＝0.01 升
	毫升	mL，ml	1 毫升＝0.001 升

续上表

名称		符号	换算关系
质量	吨	t	1吨＝1 000千克＝0.984 2英吨＝1.102 3美吨
	千克	kg	1千克＝1 000克＝1公斤＝2市斤＝2.204 6磅(常衡)，1磅＝0.453 6千克
	克	g	1克＝10分克＝15.432 4格令，1格令＝1/7 000磅＝64.798 91毫克
	分克	dg	1分克＝10厘克，1盎司＝2.834 95分克＝28.349 5克
	厘克	cg	1厘克＝10毫克
	毫克	mg	10毫克＝0.000 001千克
时间	年	a	1年＝12个月＝365天
	月	m	1月＝30天或31天
	天	d	1天(日)＝24h＝昼＋夜＝上午(am)＋下午(pm)＋夜
	时	h	1[小]时＝60分＝3 600秒
	分	min	1分＝60秒
	秒	s	1秒＝1/60分
频率	赫兹	Hz	1赫兹＝1周
	千赫	kHz	1千赫＝1千周
	兆赫	MHz	1兆赫＝1兆周
温度	摄氏度	℃	1摄氏度＝1开，冰点0℃、沸点100℃
	开	K	1开[尔文]＝1摄氏度
力、重力	牛	N	1牛[顿]＝10^5达因，1千克力(kgf)＝9.806 65N
压力、压强、应力	帕	Pa	1帕[斯卡]＝10^{-3}巴，1标准大气压＝101.325千帕
	千帕	kPa	1千帕＝10^3帕
	兆帕	MPa	1兆帕＝10^6帕
功、能、热	焦	J	1焦[耳]＝10^7尔格
功率	瓦	W	1马力＝735.499瓦[特]
发光强度	坎	cd	1坎[德拉]≈1烛光
光照度	勒	lx	1勒[克斯]＝10^{-4}辐透

8.7.2 公路工程材料汇编

工程实体完全消耗原材料数量，消耗辅助材料、构(配)件、零件、半成品、成品等数量；由于部分辅助材料不是一次性消耗，则计算其周转摊销数量。故在一个建设项目中有完全消耗的工程材料和周转摊销的工程材料，完全消耗的工程材料一般另计场内运输及操作损耗数量。

工程材料一般均具有品名、规格、型号、产品质量(等级)标准等要素，公路工程主要材料汇编见表8-68所列。

公路工程主要材料

表 8-68

品　名	规　格	单位	单位重(kg)	场内运输及操作损耗(%)	参考价格
原木	混合规格	m^3	750.00	5.0	780.00
锯材	枋料、板料混合规格	m^3	650.00	15.0	1 170.00
枕木	垫木用 160mm×220mm×250mm	m^3	650.00	5.0	1 040.00
纤维板	5mm 厚	m^2		5.0	3.50
胶合板(三夹)	3.5mm 厚、244cm×122cm	m^2		5.0	8.50
胶合板(五夹)	5mm 厚、244cm×122cm	m^2		5.0	13.30
胶合板(九夹)	9mm 厚、244cm×122cm	m^2		5.0	15.50
竹梢(长 1.2m)		根	2.00	5.0	1.10
竹梢(长 2.2m)		根	4.00	5.0	1.60
光圆钢筋	圆钢筋 ϕ16mm 以内	t	1 000.00	2.5	3 600.00
带肋钢筋	低合金钢筋	t	1 000.00	2.5	3 650.00
预应力粗钢筋		t	1 000.00	4.0	3 600.00
钢绞线	ϕ5mm×7	t	1 000.00	4.0	6 500.00
波纹管钢带		t			5 365.47
R32 自进式注浆锚杆		m			30
预应力锚杆		m			25
冷拔低碳钢丝	ϕ5mm 以内冷拔丝	t	1 000.00	4.0	4 800.00
型钢	槽钢、工字钢、角钢等	t	1 000.00	6.0	3 680.00
钢板	5 号 δ11～13mm	t	1 000.00	6.0 连接板 20	4 100.00
圆钢	ϕ40mm 以上	t	1 000.00	6.0	3 200.00
钢轨		t	1 000.00	6.0	3 150.00
钢管	无缝钢管(包括钢管配件)	t	1 000.00	4.0	4 960.00
镀锌钢板	δ1.5～2mm	t	1 000.00	6.0	5 890.00
钢钎	优质碳素工具钢(19～26mm)	kg		20.0	4.00
空心钢钎	优质碳素工具钢	kg		20.0	6.00
ϕ50mm 取心钻头		个		20.0	220.00
合金钻头		个			36.00
钢丝绳	混合规格	t	1 000.00	2.5	5 860.00
电焊条	3.2、4mm	kg		10.0	5.10
高强螺栓		kg		4.0	10.10
膨胀螺栓	ϕ10mm 包括套管、螺母、平垫及弹簧	套		4.0	4.1
型钢立柱	镀锌(包括斜撑)	t	1 000.00		5 200.00
波形钢板(二波)	热镀锌(包括端头板、撑架)	t	1 000.00		5 600.00

续上表

品　　名	规　　格	单位	单位重(kg)	场内运输及操作损耗(%)	参考价格
波形钢板(三波)					6 200.00
钢护筒		t	1 000.00		5 000.00
钢模板		t	1 000.00		5 300.00
组合钢模板		t	1 000.00		4 400.00
门式钢支架		t	1 000.00		4 100.00
合金片		kg			155.10
镀锌钢板托架		t	1 000.00		5 400.00
缆索		t	1 000.00		7 000.00
钢支座		t	1 000.00		7 600.00
四氟板式橡胶支座		dm^3	3.20		90.00
板式橡胶支座		dm^3	3.20		60.00
盆式橡胶支座(DX型)	3 000KN	个			4 170.00
	4 000KN	个			5 820.00
	5 000KN	个			7 876.00
	7 000KN	个			12 060.00
	10 000KN	个			19 110.00
	15 000KN	个			31 790.00
	20 000KN	个			44 300.00
盆式橡胶支座(SX型)	3 000KN	个			3 300.00
	4 000KN	个			5 100.00
	5 000KN	个			6 730.00
	7 000KN	个			10 430.00
	10 000KN	个			17 120.00
	15 000KN	个			28 410.00
	20 000KN	个			39 640.00
盆式橡胶支座(GD型)	3 000KN	个			3 160.00
	4 000KN	个			4 870.00
	5 000KN	个			5 900.00
	7 000KN	个			9 640.00
	10 000KN	个			15 500.00
	15 000KN	个			28 200.00
	20 000KN	个			39 810.00
毛勒伸缩缝(国产)	伸缩量 80mm/排,重量 80kg/m·排	t	1 000.00		43 100.00
毛勒伸缩缝(国产)	伸缩量 40～60mm/排	m			1 300
毛勒伸缩缝(国产)	伸缩量 80mm/排	m			2 450

续上表

品　名	规　格	单位	单位重(kg)	场内运输及操作损耗(%)	参考价格
毛勒伸缩缝(国产)	伸缩量160mm/排	m			5 800
毛勒伸缩缝(国产)	伸缩量240mm/排	m			9 000
毛勒伸缩缝(国产)	伸缩量320mm/排	m			11 800
毛勒伸缩缝(进口)	伸缩量80mm/排	m			3 450
毛勒伸缩缝(进口)	伸缩量160mm/排	m			9 000
毛勒伸缩缝(进口)	伸缩量240mm/排	m			16 774
毛勒伸缩缝(进口)	伸缩量320mm/排	m			22 268
毛勒伸缩缝(进口)	伸缩量400mm/排	m			27 890
毛勒伸缩缝(进口)	伸缩量480mm/排	m			31 979
毛勒伸缩缝(进口)	伸缩量560mm/排	m			39 960
毛勒伸缩缝(进口)	伸缩量640mm/排	m			45 300
GQF-Z80型伸缩缝		m			1 400
GQF-Z160伸缩缝		m			5 000
型钢橡胶伸缩缝		m			2 100.00
填缝料		t	1 000.00	5.0	5 760.00
切缝机刀片		片		5.0	284.00
石料锯片		片		5.0	60.00
ϕ20mm镀锌钢管	包括接头零件	m	1.73	2.5	7.90
ϕ32mm镀锌钢管	包括接头零件	m	3.32	2.5	14.90
ϕ50mm镀锌钢管	包括接头零件	m	5.17	2.5	23.90
Dn20镀锌水管螺纹阀门	包括活接头	个		2.0	12.30
Dn32镀锌水管螺纹阀门	包括活接头	个		2.0	25.00
Dn50镀锌水管螺纹阀门	包括活接头	个		2.0	41.40
岩心管及沉淀管		m		2.0	50.00
三通管		个			29.65
钻杆		m		2.0	60.00
PVC胶		kg			7.66
ϕ50mmPVC管		m		5.5	9.50
ϕ110mmPVC管		m		5.5	36.50
ϕ160mmPVC管		m		5.5	79.96
ϕ200mmPVC管		m		5.5	166.8
ϕ250mmPVC管		m		5.5	216.2
ϕ315mmPVC管		m		5.5	347
HC-3.5半圆软式透水管		m			10.00

续上表

品　名	规　格	单位	单位重（kg）	场内运输及操作损耗（%）	参考价格
钢绞线群锚（3孔）	包括夹片	套	6.00	2.0	80.00
钢绞线群锚（5孔）	包括夹片	套		2.0	125
钢绞线群锚（6孔）	包括夹片	套		2.0	150
钢绞线群锚（7孔）	包括夹片	套	10.50	2.0	170.00
钢绞线群锚（8孔）		套			192
钢绞线群锚（9孔）		套			216
钢绞线群锚（10孔）		套			240
钢绞线群锚垫板		t	1 000.00		5 600.00
轧丝锚具		kg		2.0	15.00
突起路钮		个		1.6	15.00
玻璃钢防眩板		块		1.0	38.30
施工标志牌	塑钢	块		1.0	350.00
不锈钢板	0.2～0.5mm厚度	kg		6.0	31.00
聚四氟乙烯滑板		kg		20.0	50.00
板式橡胶伸缩缝	混合规格	m	186.00		375.00
聚氯乙烯塑料板	δ1.5mm	m^2	2.00	5.0	22.70
聚氯乙烯塑料管	ϕ25mm	m	0.27	6.0	3.40
铁件	包括扒钉、螺栓、拉杆、夹板、垫圈、抱箍、钢模连接件、管扣、夹具等	kg		2.0	4.80
铁钉	混合规格	kg		2.0	4.60
8～12号铁丝	镀锌铁丝	kg		2.0	4.30
20～22号铁丝	镀锌铁丝	kg		2.0	5.00
吊顶轻钢龙骨	4.2m/kg	kg		6.0	16.20
铁皮	26号镀锌铁皮	m^2	4.32	铁皮2.0 铁皮管6.0	25.40
钢板标志	包括板面、立柱、横梁、法兰盘、垫板及其他金属附件	t	1 000.00		7 000.00
铝合金标志	包括板面、立柱、横梁、法兰盘、垫板及其他金属附件	t	1 000.00		11 800.00
铸铁管		kg			2.40
铸铁篦子板	460mm×280mm×10mm	个		1.0	32.00
胶管		m	2.00	4.0	23.40
钢板网	网眼尺寸25mm×76mm	m^2	4.82	2.5	21.10
照明灯具	日光灯GA1812×40W占70%、NC高压钠灯100～250W占30%	盏		1.0	160.00

续上表

品　名	规　格	单位	单位重(kg)	场内运输及操作损耗(%)	参考价格
锥形交通标		个		1.0	20.00
警示灯		个		1.0	85.00
电缆	$35mm^2$ 三芯铝芯连地	m		5.0	35.00
电线	6～$25mm^2$BLX 铝芯 500V	m		5.0	2.70
裸铝线	$35mm^2$ 钢芯铝绞线	m		5.0	5.00
橡皮线		m		5.0	6.80
皮线		m		5.0	5.40
橡胶条		kg		2.5	31.40
底漆	热熔标线用	kg		2.0	13.00
环氧沥青漆		kg		2.0	17.90
油漆		kg		2.0	13.80
标线漆	常温型(含反光玻璃珠)	kg		2.0	14.80
热熔涂料		kg		4.0	6.20
涂料	毛面涂料	kg		4.0	3.00
水泥乳胶漆		kg			12.50
防火涂料		kg			10
反光玻璃珠		kg		2.0	5.60
反光膜		m^2		10.0	185.00
玻璃钢轮廓柱标		根			130.00
环氧树脂		kg		2.0	28.20
聚氨酯固化剂		kg		2.0	45.50
胶合剂		kg		2.0	5.10
密封胶		kg		2.0	96.00
钢板胶		kg		2.0	134.00
建筑胶		kg		2.0	45.00
裂缝胶		kg		2.0	168.00
防水土工布		m^2			9.00
透水土工布		m^2	0.60	2.0	8.30
土工格栅		m^2			9.80
玻璃纤维土工格栅	(65×65kN/m)	m^2			7.8
乙二胺		kg		3.0	28.00
丙酮	注胶用	kg		3.0	10.50
塑料排水板	96g/m	m	0.096	2.0	1.60
碳纤维布		m^2			280.00
彩条布		m^2		5.0	2.00
麻袋		个	1.30	1.0	3.80
草袋		个	1.80	4.0	1.40

续上表

品　名	规　格	单位	单位重(kg)	场内运输及操作损耗(%)	参考价格
草绳		kg		4.0	0.60
二丁酯		kg		3.0	28.00
草籽		kg		3.0	80.00
除草剂		kg			14.00
锯末		m^3		2.0	70.80
柔毡	1.5mm 厚	m^2		2.5	13.00
油毛毡	400g,0.915m×21.95m	m^2	1.75	2.5	2.26
防水卷材		m^2			26
黏土小青瓦		千块		3.0	52.50
水泥瓦	385mm×235mm(含石棉)	千块		3.0	442.00
水泥脊瓦	460mm×190mm(含石棉)	千块		3.0	575.20
石棉瓦	1 820mm×725mm	张		3.0	19.40
石棉脊瓦	460mm×190mm	块		3.0	3.30
玻璃布	0.2mm 厚	m^2		2.5	1.60
麻絮		kg		2.0	4.70
32.5 级水泥		t	1 000.00	2.0	320.00
42.5 级水泥		t	1 000.00	2.0	360.00
白水泥		t	1 000.00	2.0	420.00
注入器	壁可法补用	套		3.0	35.00
注胶嘴	壁可法补用	个		3.0	1.20
硝铵炸药	1 号、2 号岩石硝铵炸药	kg		1.0	6.00
导火线	120s/m	m	0.02	6.0	0.80
普通雷管	8 号铜管	个	0.004	3.0	0.60
灭火器		个		3.0	160.00
石油沥青		t	1 000.00	3.0	3 400.00
改性沥青		t			4 800.00
煤		t	1 000.00	7.0	340.00
电		kW·h			1.00
水		m^3	1 000.00		1.00
玻璃(5mm 厚)		m^2			28.00
玻璃(3mm 厚)		m^2	7.50	5.0	16.00
石膏板	吸音板 600mm×600mm×9mm	m^2		5.0	12.60
青(红)砖	240mm×115mm×53mm	千块	2 600.00	1.0	220.00
生石灰		t	1 000.00	3.0	180.00
土	路面用堆方	m^3	1 400.00	4.0	5.00
砂	路面用堆方	m^3	1 500.00	4.0	25.50
中(粗)砂	混凝土、砂浆用堆方	m^3	1 500.00	4.0	27.00

续上表

品　　名	规　　格	单位	单位重(kg)	场内运输及操作损耗(%)	参考价格
砂砾	堆方	m^3	1 700.00	2.0	22.00
天然级配砂砾	堆方	m^3	1 700.00	2.0	20.00
黏土	堆方	m^3	1 400.00	4.0 调浆用 14.0	12.00
膨润土		t	1 400.00	4.0	300.00
砾石(1cm)		m^3	1 650.00	2.0	24.00
砾石(2cm)	最大粒径 2cm 堆方	m^3	1 650.00	2.0	24.00
砾石(4cm)	最大粒径 4cm 堆方	m^3	1 650.00	2.0	20.20
砾石(6cm)	最大粒径 6cm 堆方	m^3	1 650.00	2.0	18.60
片石	码方	m^3	1 600.00	2.0	28.00
煤渣	过筛净渣堆方	m^3	800.00	2.0	9.40
石棉		kg		2.0	5.41
粉煤灰	堆方	m^3	930.00	3.0	19.50
风化石	堆方	m^3	1 700.00	2.0	19.00
矿粉	粒径＜0.007 4cm，重量比＞70％	t	1 000.00	3.0	95.00
白石子	堆方	m^3	1 500.00	2.0	137.90
碎石(2cm)	最大粒径 2cm 堆方	m^3	1 500.00	2.0	38.80
碎石(4cm)	最大粒径 4cm 堆方	m^3	1 500.00	2.0	38.80
碎石(6cm)	最大粒径 6cm 堆方	m^3	1 500.00	2.0	36.90
碎石(8cm)	最大粒径 8cm 堆方	m^3	1 500.00	2.0	36.90
碎石	未筛分碎石统料堆方	m^3	1 500.00	2.0	37.50
石屑	粒径≤0.8cm 堆方	m^3	1 500.00	2.0	41.50
路面用碎石(1.5cm)	最大粒径 1.5cm 堆方	m^3	1 500.00	2.0	38.80
路面用碎石(2.5cm)	最大粒径 2.5cm 堆方	m^3	1 500.00	2.0	38.80
路面用碎石(3.5cm)	最大粒径 3.5cm 堆方	m^3	1 500.00	2.0	38.80
路面用碎石(5cm)	最大粒径 5cm 堆方	m^3	1 500.00	2.0	38.40
路面用碎石(6cm)	最大粒径 6cm 堆方	m^3	1 500.00	2.0	36.90
路面用碎石(7cm)	最大粒径 7cm 堆方	m^3	1 500.00	2.0	36.90
纸筋		kg			1.20
稻草		kg			0.30
麻刀		kg			3.30
瓷砖(150mm×75mm)		块		1.5	0.50
瓷砖(150mm×150mm)		块		1.5	0.80

续上表

品　　名	规　　格	单位	单位重(kg)	场内运输及操作损耗(%)	参考价格
瓷砖(600×600mm)		块		1.5	48.00
块石	码方	m^3	1 850.00	1.5	52.00
粗料石	实方	m^3	2 600.00	1.0	134.00
细料石	实方	m^3	2 600.00	1.0	186.00
大理石板	500mm×500mm×20mm	m^2	53.00	1.0	230.00
花岗岩板		m^2			102
混凝土空心砖(190mm×90mm×60mm)		块		1.0	0.30
混凝土空心砖(190mm×90mm×90mm)		块		1.0	0.40
混凝土空心砖(390mm×190mm×90mm)		块		1.0	0.80
混凝土空心砖(190×190×190mm)		块		1.0	0.60
混凝土预制方桩	10cm×12cm×160cm	根		3.0	16.00
混凝土预制管(ϕ200×2 000mm)		m		1.0	22.00
混凝土预制管(ϕ300×2 000mm)		m		1.0	34.00
混凝土预制管(ϕ400×2 000mm)		m		1.0	48.00
普通水嘴(直径 20mm)		个			8.00
丝扣式水表(直径 20mm)		个			140.00
钢防盗门		m^2			350.00
铝合金防盗窗		m^2			180.00
钢防盗窗		m^2			80.00
铝合金卷闸门		m^2			180.00
铝合金卷闸门活动小门		个			165.00
铝合金卷闸门电动装置		套			3 200.00
实木地板		m^2			140.00
草皮		m^2	100.00	10.0	4.00
拉伸网草皮		m^2	100.00	10.0	14.00
土壤改良液		kg		3.0	4.00
花卉		棵		10.0	6.00
绿篱		m		10.0	36.00
乔木(裸根)		棵		10.0	12.00
乔木(带土球)		棵		10.0	24.00
灌木(裸根)		棵		10.0	18.00
灌木(带土球)		棵		10.0	28.00
竹		棵		10.0	5.60
丛竹		丛		10.0	14.00

8.7.3 金属等物料单位质量表

金属等物料单位质量表见表 8-69～表 8-74 所列。

热轧等边角钢理论质量表　　表 8-69

尺寸			kg/m	尺寸			kg/m
b	d	r		b	d	r	
20	3	3.5	0.889	90	6	10.0	8.350
	4		1.145		7		9.656
25	3		1.124		8		10.946
	4		1.459		10		13.476
30	3	4.5	1.373		12		15.940
	4		1.786	100	6	12.0	9.366
36	3		1.656		7		10.830
	4		2.163		8		12.276
	5		2.654		10		15.120
40	3	5.0	1.852		12		17.898
	4		2.422		14		20.611
	5		2.976		16		23.257
45	3		2.088	110	7		11.928
	4		2.736		8		13.532
	5		3.369		10		16.690
	6		3.985		12		19.782
50	3	5.5	2.332		14		22.809
	4		3.059	125	8	14.0	15.504
	5		3.770		10		19.133
	6		4.465		12		22.696
56	3	6.0	2.624		14		26.193
	4		3.446	140	10		21.488
	5		4.251		12		25.522
	6		6.568		14		29.490
63	4	7.0	3.907		16		33.393
	5		4.822	160	10	16.0	24.729
	6		5.721		12		29.391
	8		7.469		14		33.987
	10		9.151		16		38.518
70	4	8.0	4.372	180	12		33.159
	5		5.397		14		38.383
	6		6.406		16		43.542
	7		7.398		18		48.634
	8		8.373	200	14	18.0	42.894
75	5	9.0	5.818		16		48.680
	6		6.905		18		54.401
	7		7.976		20		60.056
	8		9.030		24		71.168
	10		11.089				
80	5		6.211				
	6		7.376				
	7	9.0	8.525				
	8		9.658				
	10		11.874				

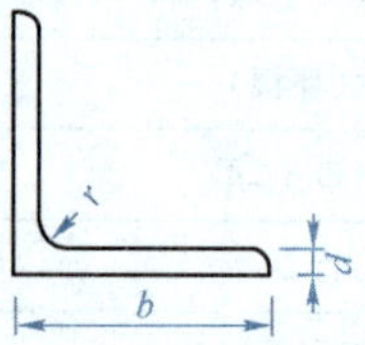

热轧槽钢理论质量表 表 8-70

尺寸				kg/m
h	b	d	r	
50	37.0	4.5	7.0	5.438
63	40.0	4.8	7.5	6.634
65	40.0	4.3	7.5	6.709
80	43.0	5.0	8.0	8.045
100	48.0	5.3	8.8	10.007
120	53.0	5.5	9.0	12.059
126	53.0	5.5	9.0	12.318
140	58.0	6.0	9.5	14.535
	60.0	8.0		16.733
160	63.0	6.5	10.0	17.240
	65.0	8.5		19.752
180	68.0	7.0	10.5	20.174
	70.0	9.0		23.000
200	73.0	7.0	11.0	22.637
	75.0	9.0		25.777
220	77.0	7.0	11.5	24.999
	79.0	9.0		28.453
240	78.0	7.0	12.0	26.880
	80.0	9.0		30.628
	82.0	11.0		34.396
250	78.0	7.0	12.0	27.410
	80.0	9.0		31.335
	82.0	11.0		35.260
270	82.0	7.5	12.5	30.838
	84.0	9.5		35.007
	86.0	11.5		39.316

尺寸				kg/m
h	b	d	r	
280	82.0	7.5	12.5	31.427
	84.0	8.5		35.823
	86.0	11.5		40.219
300	85.0	7.5	13.5	34.463
	87.0	9.5		39.173
	89.0	11.5		43.883
320	88.0	8.0	14.0	38.083
	90.0	10.0		43.107
	92.0	12.0		48.131
360	96.0	9.0	16.0	47.814
	98.0	11.0		53.466
	100.0	13.0		59.118
400	100.0	10.5	18.0	58.928
	102.0	12.5		65.208
	104.0	14.5		71.488

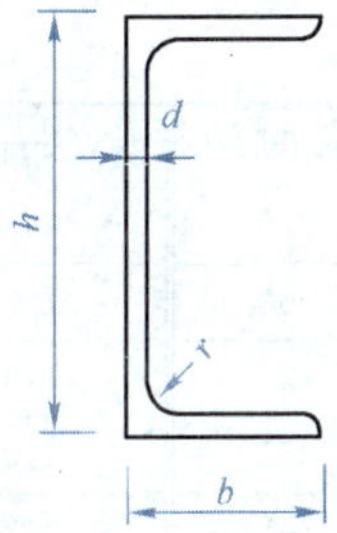

热轧工字钢理论质量表 表 8-71

尺寸				kg/m
h	b	d	r	
100	68.0	4.5	6.5	11.261
120	74.0	5.0	7.0	13.987
126	74.0	5.0	7.0	14.223
140	80.0	5.5	7.5	16.890
160	88.0	6.0	8.0	20.513
180	94.0	6.5	8.5	20.143
200	100.0	7.0	9.0	27.929
	102.0	9.0	9.0	31.069

尺寸				kg/m
h	b	d	r	
220	110.0	7.5	9.5	33.070
	112.0	9.5	9.5	36.524
240	116.0	8.0	10.0	37.477
	118.0	10.0	10.0	41.245
250	116.0	8.0	10.0	38.105
	118.0	10.0	10.0	42.030
270	122.0	8.5	10.5	42.825
	124.0	10.5	10.5	47.064

续上表

尺寸				kg/m	尺寸				kg/m
h	*b*	*d*	*r*		*h*	*b*	*d*	*r*	
280	122.0	8.5	10.5	43.492	500	158.0	12.0	14.0	93.654
	124.0	10.5	10.5	47.888		160.0	14.0	14.0	101.504
300	126.0	9.0	11.0	48.084		162.0	16.0	14.0	109.354
	128.0	11.0	11.0	52.794	550	166.0	12.5	14.5	105.335
	130.0	13.0	11.0	57.504		168.0	14.5	14.5	113.970
320	130.0	9.5	11.5	52.717		170.0	16.5	14.5	122.605
	132.0	11.5	11.5	57.741	560	166.0	12.5	14.5	106.316
	134.0	13.5	11.5	62.765		168.0	14.5	14.5	115.108
360	136.0	10.0	12.0	60.037		170.0	16.5	14.5	123.900
	138.0	12.0	12.0	65.689	630	176.0	13.0	15.0	121.407
	140.0	14.0	12.0	71.341		178.0	15.0	15.0	131.298
400	142.0	10.5	12.5	67.598		180.0	17.0	15.0	141.189
	144.0	12.5	12.5	73.878					
	146.0	14.5	12.5	80.158					
450	150.0	11.5	13.5	80.420					
	152.0	13.5	13.5	87.485					
	154.0	15.5	13.5	94.550					

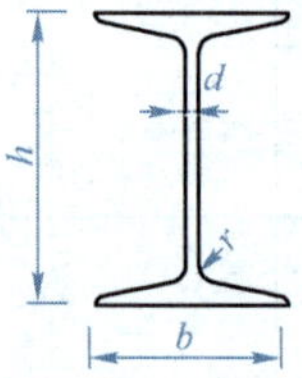

钢板理论质量表　　表 8-72

d(mm)	kg/m²	*d*(mm)	kg/m²	*d*(mm)	kg/m²	*d*(mm)	kg/m²
0.20	1.570	1.5	11.78	10.0	78.50	29.0	227.7
0.25	1.963	1.6	12.56	11.0	86.35	30.0	235.5
0.27	2.120	1.8	14.13	12.0	94.20	32.0	251.2
0.30	2.355	2.0	15.70	13.0	102.1	34.0	266.9
0.35	2.748	2.2	17.27	14.0	109.9	36.0	282.6
0.40	3.140	2.5	19.63	15.0	117.8	38.0	298.3
0.45	3.533	2.8	21.98	16.0	125.6	40.0	314.0
0.50	3.925	3.0	23.55	17.0	133.5	42.0	329.7
0.55	4.318	3.2	25.12	18.0	141.3	44.0	345.4
0.60	4.710	3.5	27.48	19.0	149.2	46.0	361.1
0.70	5.495	3.8	29.83	20.0	157.0	48.0	376.8
0.75	5.888	4.0	31.40	21.0	164.9	50.0	392.5
0.8	6.280	4.5	35.33	22.0	172.7	52.0	408.2
0.9	7.065	5.0	39.25	23.0	180.6	54.0	423.9
1.0	7.850	5.5	43.18	24.0	188.4	56.0	439.6
1.1	8.635	6.0	47.10	25.0	196.3	58.0	455.3
1.2	9.420	7.0	54.95	26.0	204.1	60.0	471.0
1.3	9.813	8.0	62.80	27.0	212.0		
1.4	10.99	9.0	70.65	28.0	219.8		

热轧圆钢、方钢、六角钢理论质量表

表 8-73

d 或 a(mm)	圆钢 d	方钢 a	六角钢 a	d 或 a(mm)	圆钢 d	方钢 a	六角钢 a
	kg/m				kg/m		
5.5	0.186	0.237	—	42	10.87	13.8	11.99
6	0.222	0.283	—	45	12.48	15.9	13.77
6.5	0.260	0.332	—	48	14.21	18.1	15.66
7	0.302	0.385	—	50	15.42	19.6	17
8	0.395	0.502	0.435	53	17.3	22	19.1
9	0.499	0.636	0.551	55	18.6	23.7	—
10	0.617	0.785	0.680	56	19.3	24.6	21.32
11	0.746	0.950	0.823	58	20.7	26.4	22.87
12	0.888	1.130	0.979	60	22.2	28.3	24.5
13	1.040	1.330	1.150	63	24.5	31.2	26.98
14	1.210	1.540	1.330	65	26	33.2	28.72
15	1.390	1.770	1.530	68	28.5	36.3	31.43
16	1.580	2.010	1.740	70	30.2	38.5	33.3
17	1.780	2.270	1.960	75	34.7	44.2	—
18	2.000	2.540	2.200	80	39.5	50.2	—
19	2.230	2.830	2.450	85	44.5	56.72	—
20	2.470	3.140	2.720	90	49.9	63.6	—
21	2.720	3.460	3.000	95	55.6	70.8	—
22	2.980	3.800	3.200	100	61.7	78.5	—
23	3.260	4.150	3.600	105	68	86.5	—
24	3.550	4.520	3.920	110	74.6	95	—
25	3.850	4.910	4.250	115	81.5	104	—
26	4.170	5.310	4.600	120	88.8	113	—
27	4.490	5.720	4.960	125	96.3	123	—
28	4.830	6.150	5.330	130	104	133	—
29	5.180	6.600	—	140	121	154	—
30	5.550	7.060	6.120	150	139	177	—
31	5.920	7.540	—	160	158	201	—
32	6.310	8.040	6.960	170	178	227	—
33	6.710	8.550	—	180	200	254	—
34	7.130	9.070	7.860	190	223	283	—
35	7.550	9.620	—	200	247	314	—
36	7.990	10.200	8.810	220	298	—	—
38	8.900	11.300	9.820	250	385	—	—
40	9.870	12.600	10.880				

其他物料单位质量表 表 8-74

名　称	单位质量	说　明	名　称	单位质量	说　明
1. 木材(kg/m³)			3. 土石(kg/m³)		
三夹板	556～590	椴木 3.5mm 厚、244cm×122cm	玄武岩	2 940	
五夹板	571	椴木 5mm 厚、244cm×122cm	花岗岩	2 800	
木屑板	1 040		花岗岩片石	1 540	堆方
刨花板	600		大理石	2 600	
甘蔗板	381～400		石灰岩	2 640	
锯末	200～250	加防腐剂为 300	石灰岩片石	1 520	堆方
2. 金属(kg/m³)			白云岩片石	1 600	堆方
铸铁	7 250		页岩片石	1 480	堆方
铸材	7 800		矿渣	1 100	
钢材	7 850		石粉	1 600	
低碳钢	7 850	含碳 0.1%	炉渣	850	
中碳钢	7 820	含碳 0.4%	腐殖土	1 550	
高碳钢	7 810	含碳 1%	4. 砖、砌块(kg/m³)		
不锈钢	7 750	含碳 13%	红砖	1 800	240mm×115mm×53mm，684 块/m³
紫铜	8 900		八五煤渣砖	1 700～1 800	960～970 块/m³
黄铜	8 500		耐火砖	1 900～2 200	230mm×110mm×65mm，609 块/m³
铝	2 700		黏土坯	1 200～1 500	
铝合金	2 550～2 950	铸铝	水泥空心砖	980	
铝板	2 730		瓷面砖	1 780	150mm×150mm×8mm，5 556 块/m³
防锈铝	2 650～2 670		马赛克	12	厚 5mm
锌	7 050		碎砖	1 200	堆方
锌板	7 200		腐殖土	1 500～1 600	
铸锌	6 860		砂土	1 800	
锡	7 350				
锑	6 670				
铅	11 400				
铅板	11 370				
铅丝	11 277				
银	10 500				
水银	13 600				

续上表

名　称	单位质量	说　明	名　称	单位质量	说　明
5.石灰水泥（kg/m^3）			7.圬工（kg/m^3）		
生石灰块	1 100	堆方	浆砌细料石	2 640	花岗岩
生石灰粉	1 200	堆方	浆砌细料石	2 560	石灰岩
熟石灰膏	1 350		浆砌粗料石	2 480	花岗岩
石灰膏	900		浆砌粗料石	2 400	石灰岩
石灰砂浆	1 700		干砌料石	2 080	花岗岩
纸筋石灰泥	1 600		干砌料石	2 080	石灰岩
石灰三合土	1 750	石灰:砂子:卵石	干砌块石	2 100	
水泥	1 450	散装	浆砌红砖	1 800	
水泥	1 600	袋装压实	沥青混凝土	2 300	
石棉	1 000	压实	沥青碎石	2 200	
石棉	400	堆置	沥青砂	2 300	
6.沥青及其他			水泥砂浆	2 000	
原石油	860		石棉水泥浆	1 900	
石油沥青	1 000～1 100		碎砖混凝土	1 850	
乳化沥青	980～1 050		素混凝土	2 300	不振捣
煤沥青	1 340		素混凝土	2 400	振捣
煤焦油	1 000	桶装	泡沫混凝土	400～600	
焦油	1 200	桶装	加气混凝土	550～750	
煤油	800		钢筋混凝土	2 400～2 500	
汽油	740		泥结碎(砾)石	2 100	
柴油	850	桶装	建筑垃圾	1 500	
机械油	950		纤维塑料	1 400	
润滑油	740				
沥青漆	1 130				
桐油	940				
水玻璃	1 360～1 500				
普通玻璃	2 500				

8.7.4 常用字母和符号(表 8-75～表 8-78)

运算符号　　表 8-75

符　号	应　用	意义或读法	符　号	应　用	意义或读法
=	$a=b$	a 等于 b	≪	$a\ll b$	a 远小于 b
≠	$a\neq b$	a 不等于 b	≫	$a\gg b$	a 远大于 b
≙	$a\triangleq b$	a 相当于 b	∞		无穷[大]或无限[大]
≈	$a\approx b$	a 约等于 b	%		百分比
∝	$a\propto b$	a 与 b 成正比	( )		圆括号或小括号
∶	$a:b$	a 比 b	[ ]		方括号或中括号
<	$a<b$	a 小于 b	{ }		花括号或大括号
>	$a>b$	a 大于 b	±		正或负
⩽	$a\leqslant b$	a 小于或等于 b	max		最大
⩾	$a\geqslant b$	a 大于或等于 b	min		最小
$a+b$		a 加 b			
$a-b$		a 减 b			
$ab, a\cdot b, a\times b$		a 乘以 b 注:有小数点符号时,数的相乘只用叉			
$ab, a/b, ab^{-1}$		a 除以 b 或 a 被 b 除			
a^p		a 的 p 次方或 a 的 p 次幂			
$\|a\|$		a 的绝对值,a 的模			
$n!$		n 的阶乘。$N\geqslant1$ 时,$n!=1\times2\times3\cdots x_n$,$n=0$ 时,$n!=1$			

希腊字母表　　表 8-76

大　写	小　写	读　音	大　写	小　写	读　音
Α	α	alpha(阿尔法)	Ν	ν	nu(纽)
Β	β	beta(贝塔)	Ξ	ξ	xi(克西)
Γ	γ	gamma(伽马)	Ο	ο	omicron(奥米克戎)
Δ	δ	delte(德尔塔)	Π	π	pi(派)
Ε	ε	epsilon(依普西隆)	Ρ	ρ	rho(柔)
Ζ	ζ	zeta(戴塔)	Σ	σ	sigma(西格马)
Η	η	eta(艾塔)	Τ	τ	tau(陶)
Θ	θ	theta(西塔)	Υ	υ	upsilon(宇普西隆)
Ι	ι	iota(约塔)	Φ	ϕ	phi(斐)
Κ	κ	kappa(卡帕)	Χ	χ	chi(喜)
Λ	λ	lambda(拉姆达)	Ψ	Ψ	psi(普)
Μ	μ	mu(米尤)	Ω	ω	omega(奥米伽)

拉丁字母表

表 8-77

字母		近似读音	字母		近似读音
大写	小写		大写	小写	
A	*a*	爱	N	*n*	爱恩
B	*b*	皮	O	*o*	欧
C	*c*	西	P	*p*	批
D	*d*	低	Q	*q*	克由
E	*e*	衣	R	*r*	啊耳
F	*f*	爱夫	S	*s*	爱斯
G	*j*	基	T	*t*	提
H	*h*	爱曲	U	*u*	由
I	*i*	啊伊	V	*v*	维衣
J	*j*	街	W	*w*	搭不留
K	*k*	开	X	*x*	爱克斯
L	*l*	爱耳	Y	*y*	外
M	*m*	爱姆	Z	*z*	挤

汉语拼音字母表

表 8-78

大写	小写	读音	大写	小写	读音
A	*a*	啊	N	*n*	讷
B	*b*	玻	O	*o*	喔
C	*c*	雌	P	*p*	坡
D	*d*	得	Q	*q*	欺
E	*e*	鹅	R	*r*	日
F	*f*	佛	S	*s*	思
G	*j*	哥	T	*t*	特
H	*h*	喝	U	*u*	乌
I	*i*	衣	V	*v*	维
J	*j*	基	W	*w*	屋
K	*k*	科	X	*x*	希
L	*l*	勒	Y	*y*	一
M	*m*	摸	Z	*z*	资

参考文献

Cankaowenxian

1 中华人民共和国行业标准.公路工程技术标准(JTG B01—2003).北京:人民交通出版社,2004.

2 中华人民共和国行业标准.公路路基设计规范(JTG D30—2004).北京:人民交通出版社,2004.

3 中华人民共和国行业标准.公路水泥混凝土路面设计规范(JTG D40—2002).北京:人民交通出版社,2002.

4 中华人民共和国行业标准.公路水泥混凝土路面施工技术规范(JTG F30—2003).北京:人民交通出版社,2003.

5 中华人民共和国行业标准.公路沥青路面设计规范(JTJ 014—97).北京:人民交通出版社,1997.

6 中华人民共和国行业标准.公路沥青路面施工技术规范(JTG F40—2004).北京:人民交通出版社,2004.

7 中华人民共和国行业标准.公路桥涵设计通用规范(JTG D60—2004).北京:人民交通出版社,2004.

8 中华人民共和国行业标准.公路桥涵施工技术规范(JTJ 041—2000).北京:人民交通出版社,2000.

9 中华人民共和国行业标准.公路隧道设计规范(JTG D70—2004).北京:人民交通出版社,2004.

10 中华人民共和国行业标准.公路建设项目环境影响评价规范(JTG B03—2006).北京:人民交通出版社,2006.

11 中华人民共和国行业标准.公路交通安全设施设计规范(JTG D81—2006).北京:人民交通出版社,2006.

12 中华人民共和国行业标准.公路交通安全设施施工技术规范(JTG F71—2006).北京:人民交通出版社,2006.

13 中华人民共和国行业标准.高速公路交通工程及沿线设施设计通用规范(JTG D80—2006).北京:人民交通出版社,2006.

14 中华人民共和国行业标准.高速公路交通安全设施设计及施工技术规范(JTJ 074—94).北京:人民交通出版社,1994.

15 中华人民共和国行业标准.公路工程名词术语(JTJ 002—87).北京:人民交通出版社,1987.

16 中华人民共和国行业标准.县乡公路水泥混凝土路面设计与施工.北京:人民交通出版社,2003.

17 交通部公路司.新理念公路设计指南.北京:人民交通出版社,2005.

18 交通部公路司.降低造价公路设计指南.北京:人民交通出版社,2005.

19 刘伯莹,姚祖康.公路设计工程师手册.北京:人民交通出版社,2002.

20 陈胜营,汪亚干,张剑飞.公路设计指南.北京:人民交通出版社,2000.

21 杨锡武.特殊路基工程.北京:人民交通出版社,2006.

22 殷永高,屠筱北.公路地基处理.北京:人民交通出版社,2002.

23 刘玉卓.公路工程软基处理.北京:人民交通出版社,2002.

24 李嘉.公路设计百问.北京:人民交通出版社,2003.

25 邓学钧,黄晓明.路面设计原理与方法.北京:人民交通出版社,2001.

26 黄晓明,朱湘.沥青路面设计.北京:人民交通出版社,2002.

27 邵旭东.桥梁工程(第1版).北京:人民交通出版社,2003.

28 陈明宪.斜拉桥建造技术.北京:人民交通出版社,2003.

29 邵旭东.桥梁设计百问.北京:人民交通出版社,2003.

30 周昌栋,谭永高,宋官保.悬索桥上部结构施工.北京:人民交通出版社,2003.

31 李杨海,程潮洋,鲍卫刚,郑学珍.公路桥梁伸缩装置.北京:人民交通出版社,1997.

32 李宁军,曹文贵,刘生.隧道设计与施工百问.北京:人民交通出版社,2004.

33 关宝树.隧道工程施工要点集.北京:人民交通出版社,2002.

34 吕康成,崔凌秋等.隧道防排水工程指南.北京:人民交通出版社,2004.

35 黄成光.公路隧道施工.北京:人民交通出版社,2001.

36 李峻利.交通工程设施设计.北京:人民交通出版社,2001.

37 孙大权.公路工程施工方法与实例.北京:人民交通出版社,2002.

38 张立明,何欢,王小寒.AutoCAD2004道桥制图.北京:人民交通出版社,2004.

39 长安大学.工程材料.北京:人民交通出版社,2001.

40 中国钢结构协会.建筑钢材手册.北京:人民交通出版社,2005.

41 李立寒,张南鹭.道路建筑材料.北京:人民交通出版社,2003.

42 严家伋.道路建筑材料.北京:人民交通出版社,1999.

43 杨文渊.实用土木工程手册.北京:人民交通出版社,1998.

44 伍必庆.道路建筑材料.北京:人民交通出版社,2006.

45 张俊义.桥梁施工常用数据手册.北京:人民交通出版社,2005.

46 孙家驷.道路设计资料集2(路线测设).北京:人民交通出版社,2000.

47 中华人民共和国行业标准.公路工程岩石试验规程(JTG E41—2005).北京:人民交通出版社,2005.

48 于本信.怎样修好沥青混凝土路面.北京:人民交通出版社,2005.

49 中华人民共和国行业标准.公路路线设计规范(JTG D20—2006).北京:人民交通出版社,2006.

50 中华人民共和国行业标准.公路交通安全设施设计细则(JTG T D81—2006).北京:人民交通出版社,2006.
51 周德培,张俊云.植被护坡工程技术.北京:人民交通出版社,2003.
52 沈其明,李红镝,刘燕,何寿.公路工程概预算手册.北京:人民交通出版社,2004.
53 交通部第一公路工程总公司.公路施工手册(桥涵).北京:人民交通出版社,1999.
54 刘天玉.交通环境保护.北京:人民交通出版社,2004.
55 张起森.公路施工组织及概预算.北京:人民交通出版社,1995.
56 姚玲森.桥梁工程.北京:人民交通出版社,1996.
57 王晓谋.基础工程(第三版).北京:人民交通出版社,2003.
58 时思.工程经济学.北京:科学出版社,2004.
59 姜早龙.工程经济学.长沙:中南大学出版社,2005.
60 中华人民共和国国家标准.钢结构设计规范(GB 50017—2003).北京:人民交通出版社,2003.
61 蔡倩倩,许履瑚,梁在中,沈永欢.实用数学书册.北京:科学出版社,2004.
62 杨文渊.简明公路施工手册.北京:人民交通出版社,1999.
63 杨理准,武吉中,余军.公路施工手册基本作业.北京:人民交通出版社,1998.
64 交通部.公路工程国内招标文件范本.北京:人民交通出版社,2003.
65 工程勘察设计收费标准使用手册.北京:中国市场出版社,2004.
66 交通部第一公路工程总公司.道路建筑工程材料手册.北京:人民交通出版社,1997.
67 周直,崔新媛.公路工程造价原理与编制.北京:人民交通出版社,2002.
68 赵明阶,何光春,王多垠.边坡工程处治技术.北京:人民交通出版社,2003.
69 C. J. Lawrence, Low cost engineering and vegetative measures for stabilising roadside slopes in Nepal: Vegetation and slopes: stabilization, protection and ecology. Proc. conference, Oxford, 1994, ed .
D. H. Barker (Thomas Telford, for ICE), 1995, pp. 142-151.
70 Jiirgen Bode and Richard Y. K. Fung. Cost Engineering with Quality Function Deployment. Computers ind. Engng Vol. 35, Nos 3-4, pp. 587-590, 1998.
71 G. S. Wasserman. On How to Prioritize Design Requirements During the QFD Planning Process. *Lie* Transactions, 25, No. 3, 59-65 (1993).
72 Y. Akao. Quality Function Deployment: Integrating Customer Requirements into Product Design. Productivity Press, Cambridge, MA (1990).
73 Nasiru Dantata, Ali Touran, James Wang. An analysis of cost and duration for deconstruction and demolition of residential buildings in Massachusetts Resources, Conservation and Recycling 44 (2005) 1-15.
74 J. Bode and R. Y. K. Fung. Integrating Cost Considerations in Quality Function Deployment. Working Report No. 38, Uni-Leipzig (1997).